Daniela Schetar
Friedrich Köthe

Friaul

AF634264

» Miei vin turbit che âghe clare.
Besser trüber Wein als klares Wasser. «

(Friulanisches Sprichwort)

Impressum

Daniela Schetar, Friedrich Köthe
Reise Know-How Friaul

erschienen im
Reise Know-How Verlag Peter Rump GmbH,
Osnabrücker Str. 79, 33649 Bielefeld

© Reise Know-How Verlag Peter Rump GmbH
1. Auflage 2023
Alle Rechte vorbehalten.

ISBN 978-3-8317-3739-0

Gestaltung und Bearbeitung
Umschlag: Peter Rump, der Verlag (Layout);
Gritta Deutschmann (Realisierung)
Inhalt: G. Pawlak, Wayan Rump, der Verlag (Layout);
Gritta Deutschmann (Realisierung)
Fotonachweis: Daniela Schetar, Friedrich Köthe (sk), Adobe Stock (Autorennachweis jeweils am Bild)
Kartografie: Thomas Buri, Ingenieurbüro K. Wendler
Lektorat: Jessika Zollickhofer

Druck und Bindung
Hinckel-Druck GmbH, Wertheim

Bibliografische Information der Deutschen Nationalbibliothek
Die Deutsche Nationalbibliothek verzeichnet diese Publikation in der Deutschen Nationalbibliografie; detaillierte bibliografische Daten sind im Internet über http://dnb.dnb.de abrufbar.

Anzeigenvertrieb
KV Kommunalverlag GmbH & Co. KG,
Alte Landstraße 23, 85521 Ottobrunn,
Tel. 089-928096-0, info@kommunal-verlag.de

Reise Know-How-Bücher finden Sie in allen gut sortierten Buchhandlungen. Falls nicht, kann Ihre Buchhandlung unsere Bücher hier bestellen:
D: Prolit, prolit.de und alle Barsortimente
A: Freytag-Berndt und Artaria KG, freytagberndt.com
CH: AVA Verlagsauslieferung AG, ava.ch
B, LUX, NL: Willems Adventure, willemsadventure.nl
oder direkt über den Verlag: **www.reise-know-how.de**

Bildlegende Umschlag und Vorspann
Titelfoto: Das idyllische Panorama von Monte Lussari, AdobeStock, Tommaso Lizzul
Vordere Umschlagklappe:
Rocca Bernarda (sk),
kleines Foto: Nova Gorica, Sveta Gora (sk)

S. 1: Rocca Bernarda (sk)
S. 2/3: Abbazia di Rosazzo (sk)

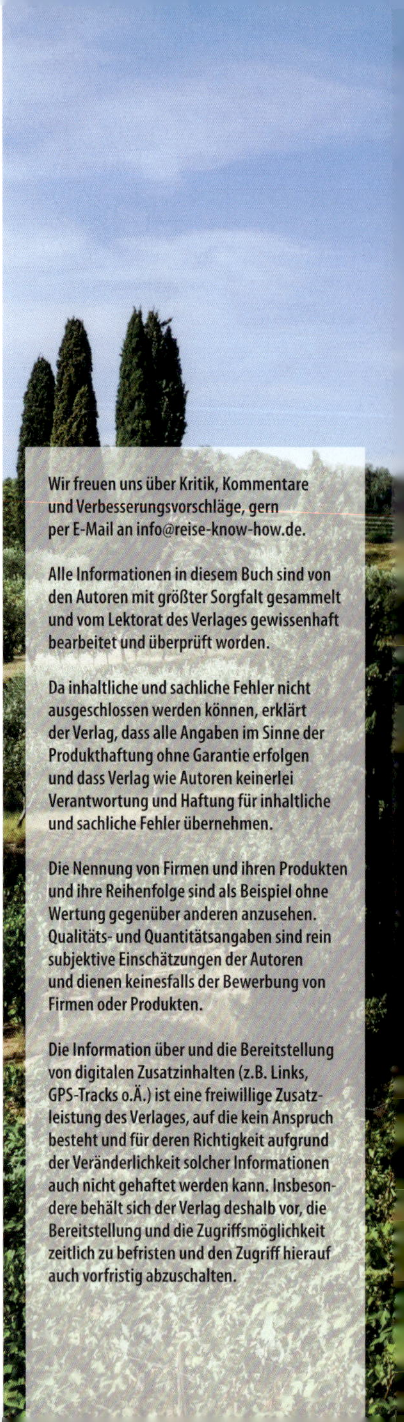

Wir freuen uns über Kritik, Kommentare und Verbesserungsvorschläge, gern per E-Mail an info@reise-know-how.de.

Alle Informationen in diesem Buch sind von den Autoren mit größter Sorgfalt gesammelt und vom Lektorat des Verlages gewissenhaft bearbeitet und überprüft worden.

Da inhaltliche und sachliche Fehler nicht ausgeschlossen werden können, erklärt der Verlag, dass alle Angaben im Sinne der Produkthaftung ohne Garantie erfolgen und dass Verlag wie Autoren keinerlei Verantwortung und Haftung für inhaltliche und sachliche Fehler übernehmen.

Die Nennung von Firmen und ihren Produkten und ihre Reihenfolge sind als Beispiel ohne Wertung gegenüber anderen anzusehen. Qualitäts- und Quantitätsangaben sind rein subjektive Einschätzungen der Autoren und dienen keinesfalls der Bewerbung von Firmen oder Produkten.

Die Information über und die Bereitstellung von digitalen Zusatzinhalten (z.B. Links, GPS-Tracks o.Ä.) ist eine freiwillige Zusatzleistung des Verlages, auf die kein Anspruch besteht und für deren Richtigkeit aufgrund der Veränderlichkeit solcher Informationen auch nicht gehaftet werden kann. Insbesondere behält sich der Verlag deshalb vor, die Bereitstellung und die Zugriffsmöglichkeit zeitlich zu befristen und den Zugriff hierauf auch vorfristig abzuschalten.

Daniela Schetar
Friedrich Köthe

FRIAUL

Vorwort

Wenn Sie wissen, wo die Region Friaul (italienisch Friuli, slowenisch Furlanija, friulanisch Friûl) liegt, gehören Sie definitiv zum Kreis der Italienkenner. Die recht willkürlich verlaufende Trennlinie zum westlichen Nachbarn Veneto macht es schwierig zu unterscheiden, wo Friaul endet und Veneto beginnt. Zur weiteren Verwirrung trägt bei, dass Friaul als Verwaltungsregion den Namen Friuli Venezia Giulia (Friaul-Julisch Venetien) trägt. Also gehört es doch zu Venetien? Nein, das Friaul ist eine eigenständige Region von großem landschaftlichem, kulturellem und kulinarischem Reiz. Nicht zu vergessen das Outdoor-Angebot, das Wandern, Radfahren, Klettern, Wassersport und sogar Höhlentrekking umfasst.

Von den markanten Zinnen der Dolomiten über die tief eingeschnittenen Täler Karniens und den letzten ungezähmten Wildfluss Tagliamento bis zu den lieblichen Weinhügeln des Collio reihen sich von Nord nach Süd landschaftliche Highlights aneinander. An der Adria läuft das Friaul an einer Küste aus, die zahllose Naturschönheiten besitzt, wie schroffe Felsbuchten, kilometerlange Sandstrände und schilfbewachsene Wasserlabyrinthe der Flussmündungen. Ähnlich vielfältig sind die kulturellen Hinterlassenschaften der Völker, die hindurchzogen, eroberten und herrschten, angefangen bei Rom über Byzanz, die Langobarden und Venedig bis hin zu Napoleon und Habsburg. Viele Städte sind venezianisch geprägt, Kirchen und Burgen reich ausgestattet, Künstler wie Pordenone und Tiepolo haben sich mit Fresken und Gemälden verewigt. Triest mit seiner kaiserlichen Architektur, einem Zuckerbäckerschloss und Kaffeehäusern prägte wiederum Habsburg.

Das Friaul diente seit Anbeginn der Zeit als Korridor zwischen den Menschen nördlich der Alpen und dem Mittelmeer, und neben friedlichen Handelskontakten bot es auch eine Bühne für

003f sk

▷ San Pietro di Feletto

Kriege: Der schrecklichste wurde von 1914 bis 1918 zwischen dem Königreich Italien und den Kaiserreichen Österreich-Ungarn und Deutschland u.a. in den friulanischen Bergen ausgetragen. Zahllose Museen, Denkmäler, Friedhöfe erinnern an diese „Grande Guerra", die Italien schließlich verlor. Mögen heutigen Besuchern die allgegenwärtigen Mahnmale zu heroisierend, zu pathetisch erscheinen – in ihnen spiegelt sich das Leiden einer Region, die zum Kriegsschauplatz wurde.

Friaul grenzt im Osten an Slowenien und im Norden an Österreich. Slowenisch und Deutsch werden hüben, Friulan und Italienisch drüben gesprochen. Die politischen Grenzen stellen keine kulturellen dar. Die Einflüsse der verschiedenen Völker verdichten sich auch in der Küche zu einem ungemein appetitlichen Crossover aus italienischer Leichtigkeit, slawischer Würze und österreichischer Mehlspeis-Seligkeit. Das Ganze in einer Trattoria am Meer oder mit Blick über Weinberge genossen – was könnte besser schmecken? Dazu ein Glas Wein aus dem Collio oder Karst, und der liebe Gott ist ein guter Mann!

Ihre
Daniela Schetar & Friedrich Köthe

Inhalt

☒ Die Drei Zinnen in den Dolomiten

177fsk

Wanderungen und Radtouren in diesem Buch

Wanderungen

Radtouren

8 Praktische Reisetipps A – Z 448

178f sk

Kirche in Gorizia

9 Land und Leute 486

10 Anhang 504

Karten

Übersichtskarten

Ortspläne

Thematische Karte

Hinweise zur Benutzung

Nicht verpassen!

Die Highlights der Region erkennt man an der **gelben Hinterlegung**.

UNSER TIPP:

... steht für spezielle Empfehlungen der Autoren: abseits der Hauptpfade, persönlicher Geschmack.

Der Schmetterling

... zeigt an, wo man besonders gut Natur erleben kann oder Angebote im Bereich des nachhaltigen Tourismus findet.

Kinder-Tipps

Das Symbol kennzeichnet Sehenswürdigkeiten, Unterkünfte und Aktivitäten, an denen auch kleine Friaul-Urlauber ihre Freude haben.

Verweise auf die Stadtpläne

4 Die farbigen Nummern in den „Praktischen Tipps" der Ortsbeschreibungen verweisen auf den jeweiligen **Karteneintrag**.

Updates nach Redaktionsschluss

Auf der Produktseite dieses Reiseführers in unserem Internetshop finden Sie zusätzliche Informationen und **wichtige Änderungen**.

Preiskategorien Unterkünfte

Unterkunft für zwei Personen im Doppelzimmer mit Frühstück.

① bis 75 €
② 75–125 €
③ 125–175 €
④ 175–250 €
⑤ über 250 €

Preiskategorien Restaurants

① bis 15 €
② 15–25 €
③ 25–40 €
④ 40–75 €
⑤ über 75 €

GPS-Koordinaten in diesem Buch

Die GPS-Koordinaten in diesem Buch sind generell als geografische Koordinaten (Breite und Länge, Lat./Lon.) in **Dezimalgrad** angegeben, also z. B. so: GPS N 46.882958, E 11.407875.

GPS-Tracks

GPS Für zahlreiche der im Buch vorgestellten Wanderungen stehen auf www.reise-know-how.de **GPS-Tracks** im Format gpx zum kostenlosen Download bereit. Sie finden die Daten auf der Produktseite dieses Titels.

Die Regionen im Überblick

1 Golf von Triest | 24

Lange (touristisch) unterschätzt, erwacht **Triest** aus seinem Dornröschenschlaf. Die italienische Hafenstadt vibriert vor Ideen, Projekten und Trends. Und punktet mit ihrem multikulturellen Erbe, das sich auch in Sprache und Kultur der archaischen Dörfer des **Carso,** des Karstes, manifestiert.

2 Collio | 80

Die **Weinhügel des Collio,** der wild rauschende Isonzo und die schneebedeckten **Gipfel der Julischen Alpen** begleiten diese stille Landschaft entlang der slowenischen Grenze. Sie lädt ein zum Radfahren, Wandern und Genießen der besten Collio-Tropfen.

3 Nördliche Adriaküste | 118

Die Namen der Badeorte sind Legende: **Jesolo, Caorle, Lignano, Bibione, Grado** versprechen breite Strände mit feinem Sand, ordentlich in Reihen präsentierte Sonnenschirme und bunter Trubel im Sommer. Dazwischen: Naturoasen an den Flussmündungen von Piave und Isonzo.

4 Zwischen Isonzo und Tagliamento | 184

Mit den Flüssen raus aus den Bergen in die weiten Ebenen des Friaul, wo mauerbewehrte Städtchen von umkämpften Handelswegen zeugen und Künstler wie Tiepolo Meisterwerke hinterließen. **Udine,** die alte Hauptstadt des Friaul, lockt mit Kunst wie mit Genuss.

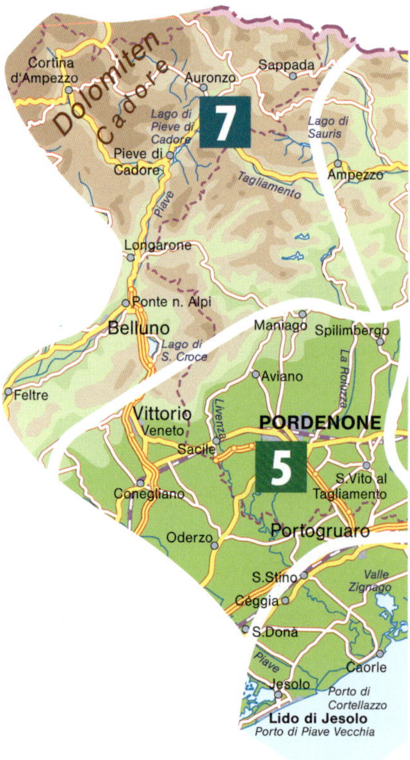

5 Zwischen Tagliamento und Piave | 252

Venezianisches Flair liegt in der Luft über den Piazze der westfriulischen Städtchen wie **Pordenone** oder **Conegliano.** Für das besondere Flirren über den Weinkellern sorgt der bekannteste Perlwein der Region, der **Prosecco.** Danach trainiert Wandern oder Radfahren entlang rauschender Wildflüsse die Genuss-Kalorien ab.

6 Karnische und Julische Alpen | 326

Eingereiht zwischen Dolomiten und Karawanken bildet die Kette der Karnischen und Julischen Gipfel eine der am wenigsten bewanderten Regionen im Alpenkamm. Mittelpunkt ist das lebhafte **Tolmezzo,** spirituelles Zentrum der mit Traumpanorama gesegnete **Monte Lussari.** Motorrad- und Radfahrer mit extremen Passstrecken-Ambitionen finden hier die perfekte Spielwiese.

7 Dolomiten | 376

Majestätisches Hochgebirge, bizarr erodierte Felsnadeln und von Almwiesen und Bergwald bedeckte Hänge locken im Sommer Wanderer und Bergsteiger an, im Winter die Skibegeisterten. Doch auch die Kultur kommt nicht zu kurz: Mit **Feltre** findet sich hier eines der schönsten Renaissance-Städtchen der Region.

Reiserouten und Touren

Friaul-Julisch Venetien gehört zu einer der vielfältigsten Regionen in Italien – es gibt also eine Menge Interessantes zu sehen, und man sollte sich **Zeit nehmen.** Wer zwei Wochen mitbringt, wird die Gegend zwischen Meer und Hochgebirge recht gut kennenlernen, die eine oder andere Wanderung unternehmen, ab und an ins Wasser springen und in den Städten die bedeutendsten Sehenswürdigkeiten und Ausstellungen besuchen können.

Verkehrsmittel

Das Wegenetz ist feinmaschig und sehr gut ausgebaut. Bahn und Busse bilden das Rückgrat des öffentlichen Verkehrssystems. Doch die Fahrpläne insbesondere der Buslinien sind auf die Bedürfnisse der Werktätigen zugeschnitten und an den Wochenenden stark eingeschränkt. Das eigene Fahrzeug verspricht also Flexibilität und Unabhängigkeit – vor allem, wenn man in die Berge will: Die Wanderungen beginnen teilweise an sehr abgelegenen Plätzen.

Wer aber vorhat, von Stadt zu Stadt zu reisen, sich mehr mit Kultur zu beschäftigen und die Geschichte in den großen städtischen Museen zu erleben, der ist mit öffentlichen Verkehrsmitteln gut bedient. Und will man dennoch einmal übers Land fahren, finden sich fast überall Mietwagen.

Routenvorschläge

Im Folgenden sind drei Routen beschrieben. Route 1 macht in sieben Tagen mit den Highlights des Friaul, Julisch Venetiens und der Randgebiete vertraut. Route 2 ist eine Vier-Tage-Tour, die sich auf den Küstenbereich und die Sehenswürdigkeiten im direkten Hinterland konzentriert. Route 3 ist ein Leckerbissen für Motorradfahrer (und Autofahrer, die enge – sehr enge – Straßen nicht scheuen): Passfahrten bis zum Abwinken.

Route 1: Highlights in Friaul-Julisch Venetien

Eine Woche ist kurz, deshalb muss man sich auf die absoluten Highlights beschränken und eine gesunde Balance zwischen kulturell Bedeutendem und Naturerlebnis suchen.

Dauer: Sieben Tage mit sechs Übernachtungen
Transport: Eigenes Fahrzeug
Reisezeit: Ganzjährig

1. Tag: Am Nachmittag in **Triest** angekommen, bezieht man sein Zimmer für zwei Nächte und macht sich nochmal auf: für ein Bad an der Riviera oder in einem der städtischen **Strandbäder.** Am nächsten Morgen geht es zum Spaziergang durch die Stadt – ein voller Tag sollte eingeplant werden, dazu mittags ein Besuch in einem **Buffet** und nachmittags in einem **Kaffeehaus.**

2. Tag: Mit dem Wagen geht es in den Süden nach **Muggia** für ein bisschen Fischeratmosphäre und anschließend hinauf in den küstennahen Karst. Vielleicht ein Besuch der Tropfsteine in der **Grotta Gigante** oder auf einem **Wein- oder Olivenölgut?** Am Nachmittag stehen Schlösser auf dem Programm: **Miramare** und **Duino** (und zum Abschluss und zur Abkühlung wieder ein Sprung ins Meer).

3. Tag: Für die Weiterfahrt wählt man die Strecke durch das Weinanbaugebiet des Carso über **Gradisca d'Isonzo** und **Cormòns** nach **Udine** – mit zahlreichen Möglichkeiten, bei Weingütern haltzumachen. Der spätere Nachmittag ist für die Entdeckung Udines reserviert.

4. Tag: Highlight der Kulinarik ist **San Daniele** mit Wein und Schinken, fürs Auge gibt's die Flusslandschaften des **Tagliamento** mit seinem unglaublich breiten Bett aus rundgeschliffenen, blendend weißen Steinen. Eine kleine Rundtour führt zu den zahlreichen **Burgen und Schlössern** des Friaul. Übernachten kann man in **Gemona del Friuli** und sollte dabei das nahe **Venzone** nicht verpassen – erdbebengeplagtes Land, das sich bemerkenswert erholt hat.

5. Tag: Jetzt führt die Tour ins Gebirge! Über Tolmezzo gelangt man ins **obere Tagliamento-Tal** zu den wunderschönen Fresken in den Kirchlein westlich von Ampezzo – dort Bademöglichkeit in den **Pozze Smeraldine** – und in einem weiten Bogen über die Pässe Razzo und Rioda in die Bergdörfer **Sauris di Sotto/Sopra** mit vor Ort gebrautem Bier und den berühmten geräucherten Schinken und Wurstwaren. Unterkunft findet man z.B. im **Val Pesarino,** dessen Gemeinde **Pesariis** für die zahllosen Großuhren bekannt ist.

6. Tag: Der Weg führt wieder nach Osten in die Täler Richtung Tarvisio – bei einem Abstecher ins **Val Resia** kann man ganz speziellen Knoblauch kaufen. Durch das Tal **Canale di Raccolana** gelangt man über den Nevea-Pass und den Predil-See an **Cave del Predil** vorbei nach **Tarvisio,** den letzten Übernachtungspunkt. Am Nachmittag bringt einen die Gondelbahn hoch zum Pilgerziel **Monte Lussari.**

7. Tag: Von Tarvisio aus schaut man vormittags noch bei den malerischen **Laghi di Fusine** vorbei, dann geht es auf der Autobahn und unter den Felbertauern hindurch nach Hause.

Route 2: Vier Tage am Meer

Endlose goldgelbe, weite Strände und flaches, azurblaues Wasser locken jedes Jahr Hunderttausende ans Meer. Dass es dann auch noch – neben den vorzüglichen Fischlokalen an der Küste und in den Lagunen – viel Kultur im Hinterland gibt, nimmt man nur allzu gerne mit.

Dauer: Vier Tage mit drei Übernachtungen
Transport: Eigenes Fahrzeug
Reisezeit: Mai bis Oktober

1. Tag: Triest kennen Sie schon, aber vielleicht fahren Sie erst vormittags los, um bei **Monfalcone** in einem Lokal am Meer eine leichte Fischmahlzeit einzunehmen und sich für die nächste Station zu stärken. **Aquileia** ist einer der geschichtsträchtigsten Orte des Friaul. Der Abend klingt an der **Isonzo-Mündung** aus – rechtzeitig im Albergo Caneo reservieren; die Bettenzahl ist begrenzt.

2. Tag: Grado auf seinem Landsporn ist das nächste Ziel. Hätte man Zeit, ließe sich mit dem Kanu eine Fahrt in der Lagune unternehmen. So schlendert man durch die Altstadt und an den Hafenbecken entlang und macht sich dann auf den Weg über den Damm ins Landesinnere zur Festungsstadt **Palmanova** und anschließend nach **Marano Lagunare,** ein Fischerörtchen par excellence – trotz der nahen Touristenhochburgen wie Lignano oder Bibione. Unterkunft findet man am Strand in **Lignano Sabbiadoro**.

3. Tag: Nach ausgiebigem Frühstück (und morgendlichem Bad) geht es ins Landesinnere zu den Ausgrabungen von **Concordia Sagittaria** und ins historische Herz des romantischen **Portogruaro.** Noch ein Stück weiter liegt die Renaissance-Stadt **Pordenone** – ebenfalls ein sehr lohnendes Ziel. Zurück am Meer lässt man Lignanos Nachbarort Bibione jenseits der Isonzo-Mündung „links liegen" und besucht stattdessen das wesentlich hübschere **Caorle.** Hier lässt sich hervorragend bummeln und shoppen. Nach dem Abendessen geht's ins Bett – oder auf den Corso.

4. Tag: Jenseits der Piave-Mündung beginnt der 25 km lange Strand, der sich ab **Jesolo** bis **Punta Sabbioni** hinzieht (wo man sich nach Venedig einschifft). Goldgelb, weit, mit flachem Wasser und einer Kette aus Hotels, Pensionen, Restaurants und Zeltplätzen ist es der wahr gewordene Traum eines Adria-Urlaubs.

Route 3: Pässe pur

Rauf und runter, links und rechts, durch Haarnadelkurven zum Himmel hinauf und über weite Serpentinen wieder hinab in die Täler: Die Alpenkette Nordostitaliens ist ein einzigartiger Leckerbissen für Liebhaber der nicht enden wollenden Kurvenfahrt auf zwei Rädern und gehört mit zum Schönsten und Ursprünglichsten in Europa. Blanker Fels wechselt mit sattgrünen Almen ab, und über allem steht das tiefe Blau, das es nur im Hochgebirge gibt.

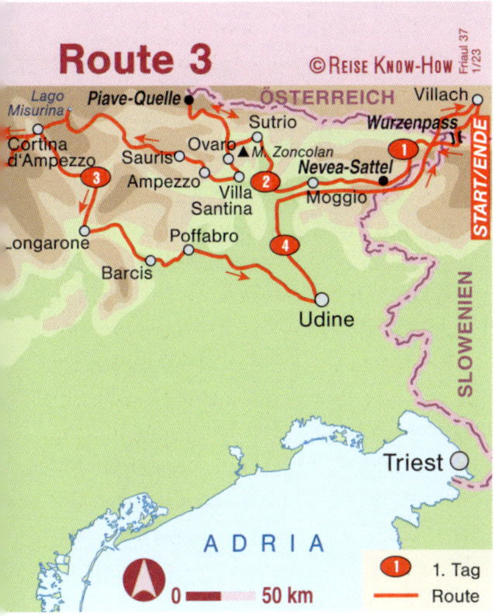

Dauer: Vier Tage mit drei Übernachtungen
Transport: Motorrad/Pkw
Reisezeit: spätes Frühjahr bis Herbst

1. Tag: Auf der Autobahn (oder abseits der Mautstrecken auf Passstraßen) geht es nach **Villach** und über den **Wurzenpass** (1073 m) kurz nach Slowenien und hinüber ins Friaul. Durch Tarvisio hindurch fährt man, sich südlich haltend, nicht ganz hoch zum Predil-Pass (1156 m), sondern kurz davor hinüber zum **Nevea-Sattel** (1190 m). Wieder am Tagliamento geht es durch den Canal del Ferro nach Norden bis Pontebba und durch das kurvige **Aupa-Tal** nach **Moggio Udinese.** Die 120 km sollten als Einstieg reichen.

2. Tag: Heute werden schon höhere Sphären erreicht. Man fährt über Tolmezzo ins But-Tal nach **Sutrio,** auf der schmalen SP123 hinauf zum **Zoncolan-Sattel** (1750 m) und steil hinunter nach **Ovaro** – insgesamt 44 Kehren. Die nächste Bergstraße beginnt bei Sappada und führt hoch zur **Piave-Quelle** (1840 m). Dann ist *dead end,* man kurvt denselben Weg hinunter. Zurück bei Ovaro und weiter nach Villa Santina erreicht man bei **Ampezzo** den Abzweig der Straße über den **Passo Pura** (1428 m) nach **Sauris di Sotto/Sopra.** Dahinter geht es über den **Rioda-Sattel** (1800 m) und den **Razzo-Sattel** (1760 m) hinüber nach Venetien und ins Cadore. Aus dem Ansiei-Tal schwingt sich die Straße dann wieder hoch zum Passo Tre Croci (1809 m). Kurz davor gibt es am **Lago Misurina** unterhalb der Drei Zinnen mehrere Hotels. Alternativ fährt man bis **Cortina d'Ampezzo** weiter. 240 km stehen auf dem Zähler der Tageskilometer.

3. Tag: Von Cortina aus ist der **Passo di Falzarego** (2105 m) erfülltes Sehnsuchtsziel. Wer für die Rundumsicht noch höher hinauf will, nimmt die Seilbahn auf den Lagazuoi (2762 m). Auf der anderen Seite unten geht es gleich wieder hoch – ab Andraz auf SP563 und SP641 am Marmolada-Massiv vorbei zum **Passo Fedaia** (2057 m). Von Canazei im Tal nimmt man für den Rückweg die SR48 über das **Pordoijoch** (2239 m) und gelangt wieder nach Andraz. Ein kurzes Stück im Tal nach Süden gefahren, nimmt man nun die SP251/SP638 zurück in Richtung Cortina – sie führt über den **Passo di Giau** (2233 m). Für den Rückweg in Richtung Villach kann man die SS51 wählen, vom Piave-Tal bei Longarone die SR251 zum Lago di Barcis und von dort die Nebenstrecke SP63 über **Poffabro** weiter nach **Udine.** Das waren 300 km, Zeit für die Nachtruhe.

4. Tag: Am Morgen geht es über die Autobahn oder die parallel verlaufende SS52 nach **Villach** (120 km) und heim.

Wintersport
Wintersportsaison in den Bergen, bei guter Schneelage bis April.

Estate in Città
Udine feiert mit Jazz, Volksmusik, Orgelkonzerten und Theater den Sommer.

Mitte Juni, Beginn der Sommerferien
Ganz Italien zieht ans Meer.

JAN | FEB | MÄR | APR | MAI | JUN

Fiaccolata
Am Abend des 1. Januars brettern Skiläufer mit Fackeln vom Monte Lussari ins Tal.

Rogo della Vecia
Zur Mitte der Fastenzeit wird in Pordenone symbolisch Gericht über die Wintergeister gehalten und eine Strohhexe verbrannt.

Wandersaison
Im April beginnt die Wandersaison im Flachland und in den niedrigeren Alpenregionen. Sie endet im Oktober.

Aria di Festa
Am letzten Juni-Wochenende feiert San Daniele seinen Schinken. Mit Musik und Wein.

LEGENDE

- Winter
- Frühling/Herbst
- Sommer

Beach on Fire
Das längste Feuerwerk der Welt lässt Ende August in Cavallino-Treporti das Saisonfinale erstrahlen.

Mittelfest
Cividale del Friuli und Nova Gorica (Slowenien) schlagen beim Kultur- und Musikfestival Mitte Juli Brücken über Sprach- und Ländergrenzen.

Palio
Feier von Feltres Anschluss an Venedig im Jahr 1404 am ersten August-Wochenende.

Badesaisonende
Sie startet an der nördlichen Adria Anfang Juni und endet Mitte Oktober.

JUL | AUG | SEP | OKT | NOV | DEZ

Wandersaison
Im Hochgebirge beginnt die Wandersaison (bis etwa Mitte Oktober).

Weinlese
In den Weinregionen wie dem Collio und dem Karst werden von Mitte Oktober bis Ende November Feste gefeiert, und die Buschenschänken öffnen ihre Tore.

Weihnachtsmärkte
Weihnachtsmärkte sorgen in der ganzen Region für Stimmung, besonders hübsch in Sauris oder Triest.

Rievocazione storica della Macia
Mittelalterfest und Jahrmarkt Mitte August in Spilimbergo.

Barcolana
Die Segelregatta am zweiten Oktober-Wochenende in Triest ist eine der größten der Welt.

Ferragosto
Der 15. August ist höchster Marienfeiertag und läutet zugleich das Ende der Feriensaison ein.

Fünf Orte zum Staunen

004f sk

Triests Zuckerbäckerschloss Miramare | 61

Erzherzog Ferdinand lebte auf dem Schloss, bevor er in der Neuen Welt als Kaiser Maximilian von Mexiko herrschen durfte. Sein Wirken war von kurzer Dauer, nach nur drei Jahren ließ Benito Juárez ihn erschießen. Des Kaisers Frau kehrte zurück, verfiel dem Wahnsinn und lebte noch für ein paar Jahre im Schloss am Meer, bevor sie wegzog und schließlich in Belgien verstarb.

005f sk

Auf den Spuren früher Christen | 130

Aquileia, Unesco-Weltkulturerbe, wirkt auf den ersten Blick nicht besonders attraktiv. Doch: Bereits vor 1700 Jahren erbauten Christen hier ein Gotteshaus, ein zweites folgte um das 11. Jh. Wer in der majestätischen Basilika zu den Mosaiken der ersten Kirche hinuntersteigt, wird bewegt sein, ganz gleich ob gläubig oder nicht. Versprochen!

006f sk

Das Tempelchen von Cividale | 209

Die groben Langobarden? Man glaubt es nicht! Cividales Oratorio di Santa Maria in Valle aus dem 8. Jh. ist schönste Kirchenkunst, die Stuck- und Steinmetzarbeit aufs Allerbeste ausgeführt, und die Atmosphäre lässt ehrfürchtig erschauern: Vor über 1000 Jahren haben die kriegerischen Langbärte hier ein Glanzstück sakraler Architektur geschaffen.

007f sk

Musik gegen den militärischen Ernst | 244

Die zentrale Piazza drei Fußballfelder groß, breite Gassen wie mit dem Lineal gezogen, der Grundriss ein neunzackiger Stern, gesichert durch Mauern, Tore und Bastionen. Palmanova war ein Militärprojekt des Barock und wirkt bis heute seltsam steril. Nur nicht, wenn auf der Piazza Grande musiziert wird: Veranstalter haben sie als ideale Open-Air-Location für Klassik und Pop entdeckt.

008 f sk

Ein Badeort erfindet sich neu | 170

Jesolo? Sind das nicht die 1960er? Sonnenschirme, Frittenbuden, Pizzabäcker und quietschbunte Souvenirs? Ja, aber: Stararchitekten haben seitdem futuristische Hochhäuser gebaut, Superdesigner Hotels eingerichtet, Landschaftsgestalter den Strand verwandelt, Sterneköche Gourmet-Tempel eröffnet. Jesolo ist plötzlich *alla moda*.

Fünf Strände in den Bergen

Waldbad am Natisone | 218

Der Kieselstrand von Purgessimo versteckt sich im Wald und ist (fast noch) ein Geheimtipp. Wenn die Büros schließen, füllt sich das Uferbankett mit Angestellten, die etwas Abkühlung suchen, bevor es wieder in die Stadt zu einem Aperitivo und dann nach Hause geht – man kennt sich, man grüßt sich und sieht sich am nächsten Tag wieder.

009f sk

Bergsee mit Panorama | 371

Der Lago del Predil, der Raibler See, ist immerhin 30 m tief – allerdings nur im Winter. Im Sommer schrumpft er und hinterlässt breite, helle Kieselstrände, die die Einwohner der angrenzenden Täler aufsuchen, um zu schwimmen oder zu paddeln. Das Gebirgspanorama auf fast 1000 m Höhe tut das Seine dazu, dass der Ausflug gelingt.

010f sk

Klamm mit Wasserfall | 373

Man muss schon genau aufpassen, dass man die Tafel am Sträßlein im Raccolana-Tal hoch zum Nevea-Sattel nicht übersieht. Die Cascata del Rio Repepeit ist zwar nicht hoch, läuft dafür aber anmutig und gleichmäßig eine Wand hinunter in die enge Klamm, die sich anschließend zu einem intimen, strandgesäumten Bachlauf verbreitert – perfekt für eine Abkühlung im klaren Bergwasser.

011f sk

Mitten im Flussbett | 347

Sommerhitze lastet über dem Tagliamento, und breiter geht ein Flussbett nicht. Die rundgeschliffenen Kiesel blenden die Augen, deshalb Sonnenbrille auf und ab ins kühle Nass, das in schmalen Kanälen versucht, das Meer zu erreichen. Kaum vorstellbar, was hier während der Schneeschmelze passiert: ein brüllendes Wasserinferno.

012f sk

Gumpen in der Schlucht | 273

Um eine halbe Stunde Spaziergang kommt man nicht herum, dann aber steht man an den smaragdfarbenen Gumpen des Val Tramontina und darf baden, picknicken und fotografieren! Seit dem ersten Auftritt auf Instagram avancierten die Pozze Smeraldine zu einem der zehn schönsten Badeplätze Italiens. Ruhe darf man hier natürlich nicht erwarten.

013f sk

Fünf Plätze zum Träumen

014f sk

Von Märtyrern und Trauben | 305

Das Kirchlein San Pietro di Feletto berauscht mit Fresken, die Details der Martyrien zeigen. Der Blick vom Kirchenvorplatz bringt Betrachter wieder auf den Boden irdischer Genüsse. Denn davor staffeln sich die je nach Jahreszeit sattgrünen oder in allen Herbsttönen leuchtenden Prosecco-Hügel zu einem verführerischen Spumante-Panorama.

015f sk

Wo Dichter träumen | 63

„Wer, wenn ich schriee, hörte mich denn aus der Engel Ordnungen?", ruft der Dichter in seiner ersten Duineser Elegie. Auf den Terrassen des Castello Duino den Blick im tiefen Blau der Adria verlierend kann man den Ruf nur allzu gut verstehen. Und sich in die Vergangenheit träumend Rilke ganz nahe sein, wie er hier wandelte und aus Gefühlen Verse komponierte.

016f sk

Wein, Mönch und Rosen | 99

Auf einem Hügel, umstanden von Zypressen, Weinreben und Rosensträuchern, haben es sich die Mönche der Abbazia di Rosazzo nahe Udine hübsch gemacht. Auf den Terrassen mit uraltem Mauerwerk, im Garten und zwischen den Spalieren der Reben ist den einen die Kontemplation, den anderen die freie Fantasie gegeben. Hier oben scheint der Blick über die Landschaft und ins Innere besonders klar.

017f sk

Traum vom Frieden | 213

Darf man an so einem Ort vom Frieden träumen? Man muss sogar! Am Monte Matajur tobte 1918 eine der Isonzo-Schlachten. Schützengräben, Artilleriestellungen und Unterstände wurden entlang des Kamms des Kolovrat hergerichtet – zur Mahnung der Lebenden, zur Erinnerung an die sinnlos Dahingeschlachteten. Weit nach unten ins Tal reicht der Blick.

018f sk

Komm mit ins E-Boot, Luise! | 445

Kanäle, tote Arme, kleine Seen und schmale Wasseradern: Der Piave dümpelt auf seinem Weg zur Adria einfach so herum, macht Bögen, versteckt sich hinter Schilf … Wasservögel fliegen auf, wenn das E-Boot vorbeigleitet, der Fluss gluckert verspielt. Ob beim Angeln träge der Tag vorbeizieht oder das Boot Richtung Mündung treibt – es ist herrlich entspannt.

Fünf Orte mit Aussicht

Grenzblicke | 372

Punktgenau steht der Mangart auf der Grenzlinie zwischen Friaul und Slowenien. Die Straße hinauf zum Sattel unterhalb des Gipfels ist ein gewagt in den Fels gehauenes Asphaltband mit Tunneln, ungezählten Kehren und atemraubenden Ausblicken, vorbei an Festungen, Wiesen und Felswänden. Vom Sattel sind es noch zwei bis drei Stunden zum Kreuz, aber die Sicht vom Parkplatz reicht vielen.

Pilgerdorf am Gipfel | 361

Jedem Pilger, wie es ihm gefällt: Die einen machen sich auf den mühevollen Weg die Hänge hinauf, die anderen schweben mit der Kabinenbahn in die Höhe. Ein ganzes Dorf ist 950 m über dem Val Canale auf dem Monte Lussari zum Wallfahrtsort geworden, mit allem Drum und Dran: Herbergen, Wirtschaften und Devotionalienverkauf. Der Ausblick? Fantastisch!

Fortezza di Osoppo | 225

Wer teilt sich den Wunsch auf beste Ausblicke mit den Touristen? Das Militär! Das breite Tal des Tagliamento genoss als mögliche Angriffsroute immer das besondere Augenmerk der Generalität, die es entprechend sichern ließ. Das Sperrfort ist verfallen, aber sein „Mastkorb“ erhalten. Hochgestiegen, zeigt sich der Fluss als weißes Band.

Balcone del Friuli | 212

Der Name ist Programm. Offiziell heißt das nahe Cividale liegende und nur über ein schmales Sträßlein erreichbare Dorf Valle di Soffumbergo. Ein paar Häuser, eine Kirche, am Wochenende ein Kiosk – das war's. Um zum Aussichtspunkt zu kommen, muss man fünf Minuten bergan steigen. Und dann? Hinsetzen, gucken und staunen.

Hoch – höher – Seiltanz | 391

Das Panorama der Berge rund um die Cinque Torri ist natürlich gigantisch, wie die fünf Türme selbst. Eine völlig abgedrehte Aussicht bietet sich den Abenteuerlustigen, die eine der Felsnadel besteigen, sich aufs Seil schwingen und hinüber zum Nachbarn balancieren – zwischen Himmel und Erde sollen Freiheit und Sicht einfach grenzenlos sein.

1 Golf von Triest

» Nach langer Vernachlässigung erwacht die Hafenstadt am Golf des Nordostendes der Adria aus ihrem Dornröschenschlaf. Sie vibriert vor Ideen, Projekten und Trends, wie es sich für eine multikulturelle Metropole eben gehört.

◁ Schloss Miramare vor den Toren von Triest

DIE VERGESSENE SCHÖNE HINTER DER DORNENHECKE

Wie eine Sackgasse wirkte der Schlauch entlang der Küste: Auf der Landseite das „blockfreie“ sozialistische Jugoslawien, auf der anderen Seite das Meer. Ein 30 km langer Korridor am Golf von Triest, ein Kanal zwischen dem Ferienort Grado bei der Isonzo-Mündung im Norden und dem Beginn der Istrischen Halbinsel im Süden. Trotz der überschaubaren Länge ist dieser Küstenabschnitt erstaunlich vielfältig: goldgelbe Sandstrände bei Sistiana für den perfekten Strandurlaub, felsig-malerische Klippen bei Duino für Weitsicht und Romantik, ewig lange Strandpromenaden bei Triest für den sonntäglichen Spaziergang und das erfrischende Sommerbad oder Fischerdorf-Atmosphäre in Muggia. Und wer Kultur mag, wird Stadt und Golf lieben: von der Antike bis zur Neuzeit, von Klassik bis Moderne ist alles vorhanden – adrett verpackt in Museen und zu Festen und Veranstaltungen auf die

Straßen gebracht. Außerdem? Wein, Olivenöl, bedächtige Kaffeehäuser und kulinarische Abenteuer, Wanderungen im geheimnisvollen Karst, Bootsfahrten zu prächtigen Schlössern, Radausflüge zur Weinprobe, Baden in Buchten und, und, und … Der Nordosten Italiens ist das exakte Gegenteil von langweilig! Versprochen!

Triest

■ 0 m üNN, 201.600 Einw., Udine 70 km, Gorizia 45 km, Venedig 160 km, slow. Name Trst, österr. Name Triest

Autobahnen winden sich an Schloten vorbei, senken sich zwischen Lagerhallen ab und schwingen sich wieder hoch in die Lüfte, um einen besseren Blick auf die Rohre und Flammen der Petrochemie freizugeben und das abblätternde Grau von Industrieanstrichen besonders wirkungsvoll zur Geltung zu bringen. Die Ankunft in Triest auf dem Landweg ist sicherlich nicht das Erhebendste, was man sich vorstellen kann, und auch auf dem Seeweg lässt die Skyline ganz beträchtlich zu wünschen übrig. Doch wer die „Dornenhecke" aus Industriegebäuden überwunden hat, wird staunend die Augen aufreißen. Im Zentrum glänzen die **Paläste der k. u. k. Monarchie,** die Prunkbauten der **Versicherungen und Reedereien,** die einst ganze Flotten unter ihrer Flagge vereinten. Hinter prächtigen Fassaden verbergen sich großbürgerliche Wohnräume, eine Vielzahl an privaten Sammlungen und eine ganze Reihe vorzüglicher **Museen.** In Triest war das große Geld zu Hause, man leistete sich etwas und schämte sich nicht dafür.

Orientierung

Verwirrend mag im ersten Moment die Nordung der meisten Touristenkarten von Triest erscheinen, denn sie weist nach Süden. Tatsächlich ist das Hafenbecken jedoch nördlich der Stadt und die Prunkfassade des Rathauses an der zentralen **Piazza Unità d'Italia** ist nach Nordwesten ausgerichtet. Am einfachsten ist es, sich irgendwie zur Hafenpromenade durchzuschlagen, dieser Richtung Bahnhof zu folgen und seinen Wagen dort im Parkhaus abzustellen. Die **Parkplatzsituation** um die Altstadt herum ist katastrophal und für den Stadtsäckel gewinnbringend. Wo immer möglich, ist mit blauer Farbe Parkraum markiert und ein Parkautomat aufgestellt. Östlich

NICHT VERPASSEN!

- Triestiner Kaufmannspracht auf der **Piazza Unità d'Italia** erleben | 32
- Spaziergang zum Kapitol mit der **Kathedrale** | 37
- Pause in einem **historischen Kaffeehaus** | 48
- Imbiss in einem **Triestiner Buffet** | 55
- **Miramare**, Märchenschloss eines unglücklichen Kaisers | 61
- Abstieg in die Unterwelt: **Grotta Gigante** | 69

Diese Tipps erkennt man an der gelben Markierung.

Triest

Übernachtung
10 Residence Al Granzo
16 Hotel B&B
21 Albergo alla Posta
28 Hotel Istria

Einkaufen/Sonstiges
13 Trieste Green Tour
14 Surf Trieste
26 Einkaufszentrum Il Giulia
33 Mercato Coperto
37 Liquorificio Artigianale Piolo & Max
38 Torrefazione Guatemala

Nachtleben
2 Loft
4 Stazione Rogers
27 Round Midnight
30 Gran Malabar
35 Barakin San Giusto

Essen und Trinken
1 Trattoria Da Mario
3 Osteria Istriano
5 Pier
6 Il Pinguino
7 Eataly
8 La Bottega di Trimalcione
9 Nero di Seppia
11 Mimi e Cocotte
12 Buffet da Siora Rosa
15 Al Faro
17 Gelateria Zampolli
18 Pepenero Pepebianco
19 Il Posto delle Fragole
20 Pizzeria Casa Peperino
22 Buffet da Rudy
23 Sbecolez
24 Caffè San Marco

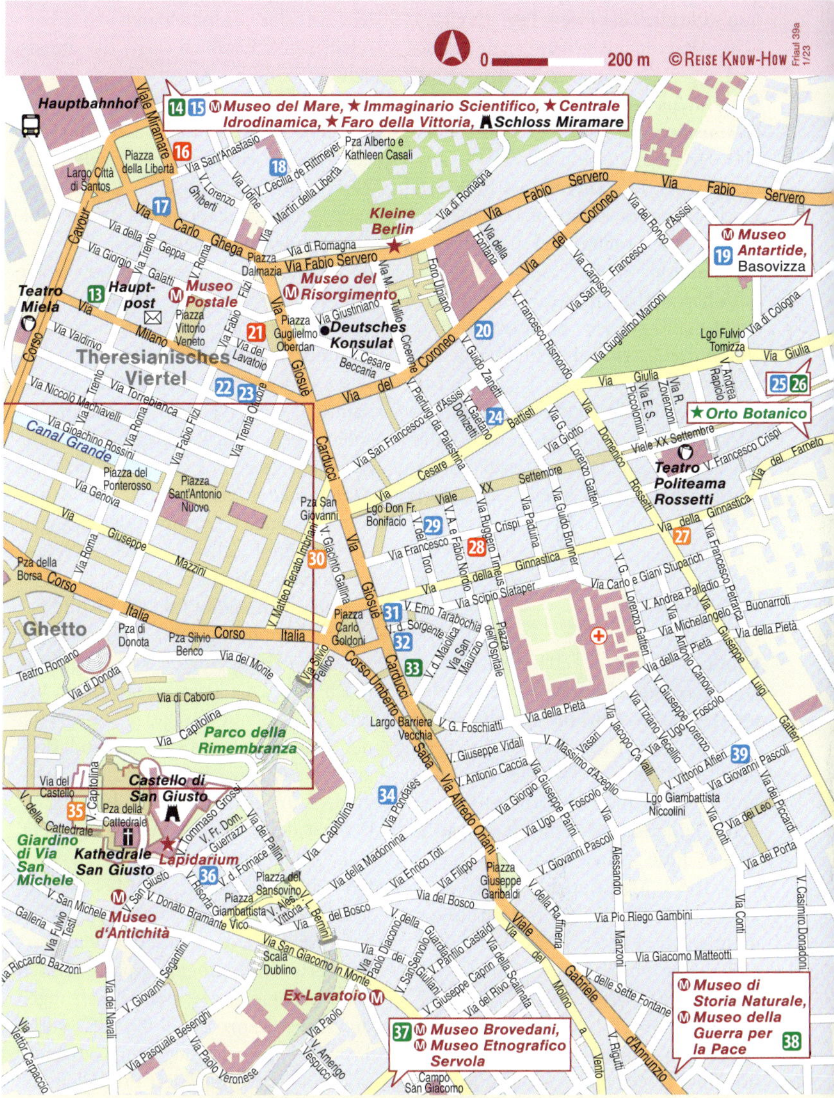

25 Antica Trattoria Suban
29 Pizzeria Al Civicosei
31 Trattoria alla Sorgente
32 Buffet L'Approdo
34 Rustiko
36 Antica Hostaria da Libero
39 ErbOsteria

und südöstlich der Piazza liegt die eigentliche **Altstadt** mit gewundenen Straßen und engen Gassen. Der Bereich entlang des **Hafens** wurde unter Kaiser *Joseph I.* künstlich aufgeschüttet und bebaut. Hier verlaufen die Straßen schon wesentlich gerader. Das **Theresianische Viertel** nordöstlich des Zentralplatzes mit den Resten des Großen Kanals schließlich ließ Kaiserin *Maria Theresia* auf Salinen schachbrettartig anlegen. Die meisten Sehenswürdigkeiten befinden sich in diesen drei Vierteln und sind bequem zu Fuß erreichbar. Wem der Weg hinauf zur **Burg** zu mühselig ist (zu Fuß 600 m und 60 Höhenmeter), nimmt ab dem Bahnhof den Bus Nr. 24 zum Castello di San Giusto (tagsüber in kurzen Abständen, passiert auch die Piazza Unità d'Italia).

Geschichte

Funde im Karst des Triestiner Hinterlandes zeigen, dass die Gegend schon um 450.000 v. Chr. in der **Altsteinzeit** besiedelt war. Um 1500 v. Chr. zogen die Bewohner der Gegend auf Hügel und befestigten sie mit Trockenmauern, deren Fundamente heute noch sichtbar sind – diese frühen Siedlungen heißen **Castellieri**. Man nimmt an, dass Triest auf eines dieser Hügeldörfer zurückgeht, denn als die Römer im Istrischen Krieg 177 v. Chr. vorbeizogen, gab es bereits eine Ortschaft.

Um 50 v. Chr. wurde **Tergesta** zur römischen Kolonie erklärt. Unter römischer Herrschaft gedieh die Stadt und wuchs, aber bereits im 2. Jh. machten sich die Einflüsse des Christentums immer stärker bemerkbar, dessen eines Zentrum bei **Aquileum/Aquileia** in der unmittelbaren Nachbarschaft lag. Schließlich siegte der christlich-oströmische Kaiser *Theodosius* in der Schlacht von Bora über die Heiden und über Westrom unter dem vom Goten *Arbogast* eingesetzten *Eugenius*. Der Zerfall des Weströmischen Reiches begann mit der Aufteilung des Reiches, die damit endgültig besiegelt war.

Im 5. und 6. Jh. gab es immer wieder Einfälle von Barbaren; Triest lag aber abseits der Hauptmarschrouten über die Julischen Alpen und war davon nur selten direkt betroffen, indirekt aber dadurch, dass Westrom seine Einflusssphäre verlor und Triest ab 539 Ostrom/Byzanz zugerechnet wurde. 788 brachte *Karl der Große* Istrien, Friaul und den Karst in einer Grenzmark des Heiligen Römischen Reiches Deutscher Nation zusammen – **Austriae Italiae**.

1295 wurde Triest **Freie Stadt** und bestimmte zukünftig seine Regierungsgeschäfte mit dem Großen Rat selbst. 1368 machte Venedig Triest de facto zum Vasallen, doch nur für kurze Zeit. Nach der Schlacht von Chioggia und dem anschließenden Friedensschluss von Turin kam Triest 1381 in den Machtbereich des **Patriarchen von Aquileia**. Das folgende Jahrhundert sah Triest mal bei den Österreichern, mal bei den Venezianern. Schließlich blieb es ab 1509 bei Österreich, das damit über vier Jahrhunderte (mit einem napoleonischen Zwischenspiel bzw. drei Besetzungen durch die Franzosen: 1797, 1805/6 und 1809–13) einen Zugang zum Mittelmeer besaß. 1717 wurde Triest **Freihafen**, die Salinen wurden trockengelegt und die Stadt vergrößerte sich.

Bis weit ins 19. Jh. hinein war das Mittelmeer eine der wichtigen politischen

Bühnen der Weltgeschichte. 1831 wurde das Versicherungsunternehmen Assicurazioni Generali gegründet, 1836 die Reederei Lloyd Triestino und 1838 entstand der Versicherer Riunione Adriatica di Sicurtà. In diesen Gründungen spiegelt sich wider, wo das Geld lag – im **Handel,** und den betrieb man mit Wonne und Einfallsreichtum. 1857 verband die **Südbahn** Wien mit dem Adriahafen, einen weiteren Schub brachte die Eröffnung des Suezkanals 1869, der die Schifffahrtswege zum Indischen Subkontinent entschieden verkürzte.

Parallel zu der Expansion auf wirtschaftlichem Gebiet traten aber mit der Revolution von 1848 patriotische, teils sezessionistische Bewegungen in ganz Europa auf, und auch die Jugend von Triest blieb davon nicht unberührt. Man wollte mehr Unabhängigkeit von den Habsburgern in Wien, teilweise wurde schon der Ruf nach einem Anschluss an Italien laut. Der **Dreibund** sollte dem schließlich entgegenwirken. Deutschland, Österreich-Ungarn und Italien verpflichteten sich 1882 zur gegenseitigen Waffenhilfe gegen Aggressoren, was sich auch auf innenpolitische Anschlusswünsche auswirkte: Nationalitalienische Strömungen in Triest konnten von Italien offiziell nicht mehr unterstützt werden. Der Dreibund war ein Markierungspunkt auf dem Weg in den **Ersten Weltkrieg** und wurde schließlich 1915 mit der Kriegserklärung Italiens an die Mittelmächte einseitig aufgekündigt.

Mit dem Ende des Krieges wurde Triest **italienisch**, bekam Italien das, was es nicht brauchte – einen Hafen –, und Österreich wurde das genommen, was die Stadt über Jahrhunderte florieren ließ, ein Güterumschlagplatz am Meer, über den ein erklecklicher Teil seines Handels lief. Triest verfiel in einen Dornröschenschlaf. Daran änderte auch der **Zweite Weltkrieg** nichts, den Triest unter deutscher und an dessen Ende für 40 Tage unter jugoslawischer Besatzung sah. Schließlich einigten sich die Siegermächte (zu ihnen gehörte auch das Jugoslawien Titos) auf eine Aufteilung des Karstes in eine **Zone A** (Triest und sein Hinterland), verwaltet von der alliierten Militärregierung, und eine **Zone B** (Istrien) unter jugoslawischer Verwaltung. Beide Zonen sollten nominell unabhängig, ihre Verwalter so etwas wie Mandatsmächte sein. Es klappte nicht: 1954 wurde Triest endgültig italienisch, Istrien jugoslawisch.

1965 schuf man die **Verwaltungsregion Friaul-Julisch Venetien** und erklärte Triest zu deren **Hauptstadt**. Erst im Jahr 1975 normalisierte sich das Zusammenleben zwischen beiden Staaten auch vertraglich (die Menschen hatten schon lange vorher im kleinen Grenzverkehr wirtschaftliche Beziehungen gepflegt) – der **Vertrag von Osimo** machte die Grenze zwischen Zone A und Zone B zur Staatsgrenze. 1991 schließlich bekam Triest einen neuen Nachbarn – Slowenien.

2019 gerieten Stadt und Provinz in die Kritik der europäischen Nachbarn. Triest will – so ein italienisch-chinesisches Abkommen – mit seinem Tiefseehafen und der vorzüglichen Anbindung an die Bahnwege Mittel- und Osteuropas ein wesentlicher Baustein der **Neuen Seidenstraße** werden, eines der wichtigsten geopolitischen Expansionsprojekte Chinas. Ans Reich der Mitte verkauft werden (wie das griechische Piräus) soll der Hafen allerdings nicht.

Sehenswertes

Piazza Unità d'Italia

Ein Spaziergang durchs Zentrum und hinauf zur Burg könnte an der Piazza Unità d'Italia beginnen, der einstigen Piazza Grande, deren Kopfende das Rathaus ziert, der **Palazzo del Municipio** von 1875. Er stand wegen seines eklektizistischen Stils – die Fassade vereinigt alles, was in Mitteleuropa damals an Figurativ-Manieristischem zu finden war – immer in der Kritik, hat aber in der Dämmerung, in sanftem Gelb illuminiert, durchaus seinen Reiz. Der Platz war nicht immer zum Meer hin offen, erst im 19. Jh. bekam er seine jetzige Gestalt.

Vor dem Palazzo symbolisiert die **barocke Brunnenanlage** die vier für die damalige Zeit (1751) wichtigen Kontinente, und eine Ehrensäule erinnert an *Karl VI.*, der durch sein Verdikt, Triest zum Freihafen zu machen, für dessen Reichtum sorgte.

Den **Palazzo Modello** an der nordöstlichen Ecke (Via Bartoli) schuf der Architekt *Giuseppe Bruni* 1873 als Programm für die Fassadengestaltung des gesamten Platzes (was aber schließlich nicht realisiert wurde).

In der 1839 erbauten **Casa Stratti** direkt nebenan – Triestiner Klassizismus – befindet sich das ebenso alte **19** **Caffè degli Specchi** (Spiegel-Café) mit illustrer Gästeliste, darunter *Rilke, Svevo* und *Joyce*. Es war im 19. Jh. aber auch Treffpunkt der Irredentisten, einer panitalienischen Bewegung, die den „Anschluss" Triests und der „Volkstumsgebiete" Istrien und Trient/Südtirol betrieb.

Zum Meer hin schließt die nördliche Seite des Platzes seit 1905 der **Palazzo del Governo** ab; der heutige Sitz der Präfektur ist ein Werk des Wiener Architekten *Emil Artman* im Secessionsstil unter Verwendung von Mosaikschmuck aus Murano-Glas. Im Palast befindet sich auch die außerordentlich wertvoll ausgestattete Residenzwohnung des italienischen Präsidenten, die allein ihm zusteht. Besuchen lässt sich der Palast nur virtuell.

- **Palazzo del Governo,** www.prefettura.it

An der Südostecke steht mit dem **Palazzo Pitteri** das älteste Gebäude des Platzes (1780). Es entstand als Wohnpalast des Kaufmanns *Domenico Plenario* und gehört heute dem 1936 gegründeten – inzwischen von der Allianz übernommenen – Lloyd Adriatico.

Das anschließende, mit fünf Sternen geadelte, 1873 errichtete **16** **Hotel Duchi d'Aosta** liegt nicht umsonst so exklusiv und kann auf eine lange Tradition zurückblicken. Bereits im 3. Jh. stand hier das *Hospitium Magnum* (Wohnquartier römischer Soldaten); ihm folgte

Die Highlights für Kinder

- Natur als Multimedia im **Wissenschaftszentrum** | 46
- Dinos und andere Tiere im **Naturgeschichtlichen Museum** | 46
- Abenteuer in den Bäumen im **Trieste Adventure Park** | 67
- Tropfsteine und Dunkelheit in der **Grotta Gigante** | 69
- **Bootsfahrt nach Muggia** mit Delfino Verde Navigazione | 74

ab dem 14. Jh. die *Locanda del Porto*, die als *Locanda Grande* im Jahr 1700 zur größten Herberge der Stadt avancierte.

1880 bis 1883 wurde der zum Meer hin abschließende **Palazzo del Lloyd Triestino** im italienischen Neo-Renaissance-Stil erbaut. Die zwei Skulpturengruppen in den Nischen der Gebäudeenden sind Allegorien des Süßwassers (Landseite) und des Meerwassers.

Um die Piazza Unità d'Italia

Nördlich der Piazza, zwischen Präfektur und Casa Stratti hindurchgegangen, steht das **Verdi-Theater,** das Opernhaus, am gleichnamigen Platz. Der Baumeister *Matthäus Pertsch* (der auch Venedigs La Fenice verantwortete) ließ sich von der Mailänder Scala inspirieren. Eröffnet wurde es 1801 mit der Oper *Ginevra di Scozia* (Jennifer von Schottland), die der bayerische Komponist *Johann Simon Mayr* eigens dafür geschrieben hatte.

■ **Teatro Giuseppe Verdi,** Piazza Verdi, Tel. 04 06 72 22 10, www.teatroverdi-trieste.com, Führungen (englisch, 40 Min.) Di–Fr 9–13, Sa 10–16 Uhr, 3 €.

Wenige Schritte führen von der Südostecke des Platzes zum hochinteressanten **Orientmuseum** im 1747 erbauten, gräflichen Palazzetto Leo (in dem *Casanova* 1772 länger gewohnt haben soll). Ausgestellt sind die Asiatica der Familie, wie chinesisches und japanisches Porzellan, kostbare Gewänder, Waffen und Rüstungen von Samurai und Drucke. Eigene Abteilungen führen in die Religion Japans ein, und auch dessen Theater wird beleuchtet.

■ **Museo d'Arte Orientale,** Via San Sebastiano 1, Tel. 04 03 22 07 36, www.museoarteorientaletrieste.it, Do–So 10–17 Uhr, Eintritt frei.

☐ Säulendenkmal für den Habsburger Kaiser Karl VI. auf der Piazza Unità d'Italia

025f sk

Triest Zentrum

Essen und Trinken

2 Trattoria Ai Fiori
3 Hops Beerstrò
11 Torrefazione La Triestina
13 Gelato Marco
14 Kapuzinerkeller
16 Harry's Piccolo
19 Caffè degli Specchi
20 Da Pepi buffet
21 Caffè Tommaseo
24 Ristorante Al Barattolo
25 Pasticceria La Bomboniera
26 Trattoria da Giovanni
27 Illy-Caffè
32 Antico Caffè Torinese

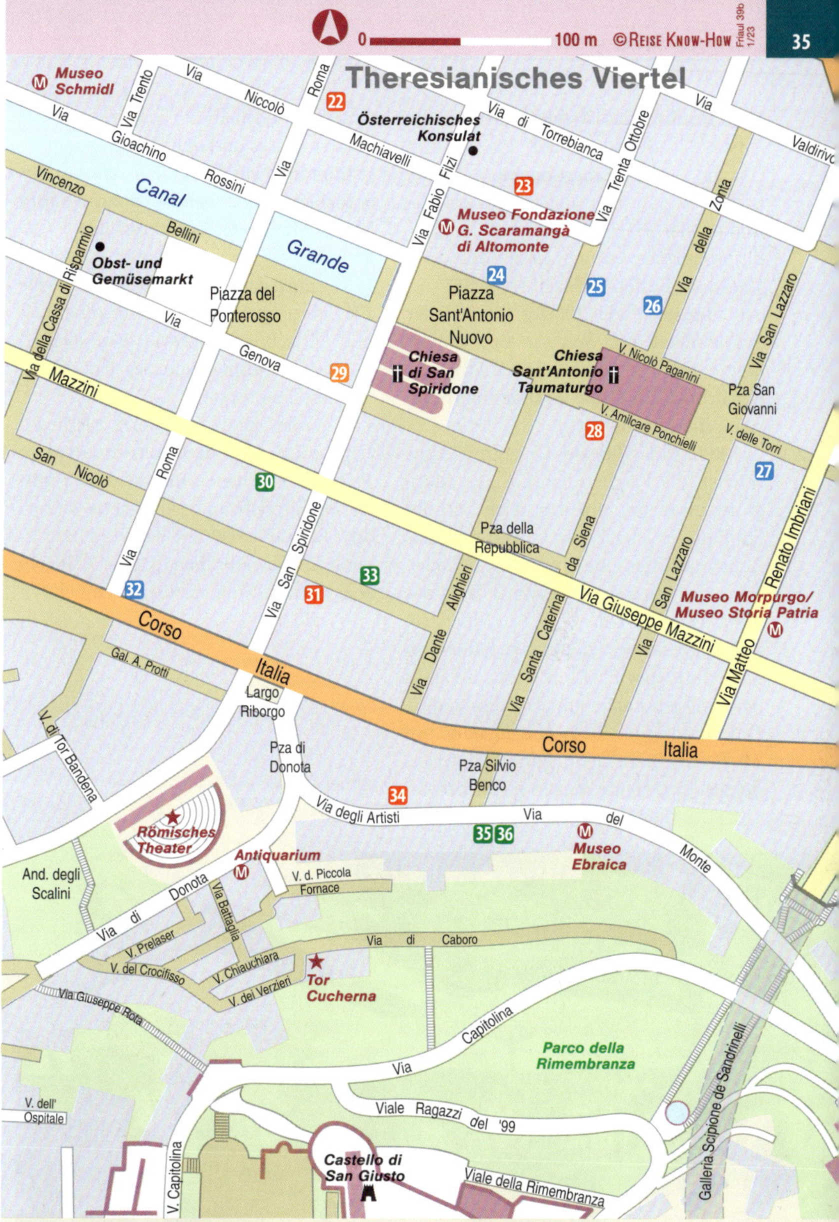

Einkaufen/Sonstiges

15 Katastrofa
30 Enoteca Bischoff
33 Libreria Antiquaria Saba
35 Nature Point
36 Tea Time

Nachtleben

4 Knulp Bar
6 Mastro Birraio
7 BARbacan
8 Viva
18 Gran Bar Unità
29 Enoteca Nanut

Hier beginnt das **Viertel Cavana,** die Altstadt südwestlich der Piazza, mit Gassen, verkehrsberuhigten Zonen, Läden, Restaurants und Straßencafés – und an der **Piazza Hortis** mit der Traditionsadresse „Siora Rosa“ für eine Triestiner Buffet-Mahlzeit (→ S. 55). An der Südostseite des Platzes spaziert der Schriftsteller *Italo Svevo* in Bronze entlang – das Pendant zu *James Joyce* auf der Brücke am Canal Grande im Theresianischen Viertel.

100 m südöstlich des Orientmuseums wachen die Kirchen Santa Maria Maggiore und San Silvestro leicht erhöht am Fuß des Hügels San Giusto über das Zentrum (über eine Treppe erreichbar). Grobes Mauerwerk verweist auf das hohe Alter der **Chiesa di San Silvestro.** Die Legende besagt, dass sich hier im 3. Jh. die ersten Christen Triests im Haus der Heiligen *Euphemia* getroffen hätten. Das romanische Bauwerk entstand im 11. Jh. im Basilikastil (Fundamente aus dem 9. Jh.). Heute nutzen es die protestantischen Gemeinden des Helvetischen Bekenntnisses und der Waldenser.

Ein wenig verblasst die Kirche vor der barocken Pracht der Nachbarin **Santa Maria Maggiore;** das ehemalige Jesuitenkolleg aus dem 17. Jh. bewohnen seit 1922 Franziskaner. Der Hochaltar wurde 1717 fertiggestellt und bildet inhaltlich und optisch eindrucksvoll eine Einheit mit dem Apsisgemälde der Unbefleckten Empfängnis.

Von hier kann man kurz beim gut erhaltenen **Arco di Riccardo** aus dem 1. Jh. vorbeischauen (50 m südlich hinter San Silvestre an der Piazzetta Riccardo). Er war einst Teil der Stadtbefestigung des flavianischen Triests, vielleicht aber auch Zugang zu einem Tempel.

Marktstand nahe der Piazza Hortis

026f-sk

Geht man nun entlang der schmalen, von Restaurants und Bars gesäumten Piazza del Barbacan – einer der abendlichen Ausgeh-Hotspots – Richtung Süden und auf der Via della Rotonda weiter, gelangt man nach knapp 200 m zur **Biblioteca Hortis** mit drei Museen: Das **Petrarca-Piccolomini-Museum** ist im Besitz einer der weltweit bedeutendsten Handschriften-, Bücher- und Drucksammlungen, darunter *Petrarcas* Erstausgaben von „Canzoniere" und „Trionfi" (1470) und ein Brief *Enea Silvio Piccolominis.* Zwei weitere Museen widmen sich Leben und Werk der Schriftsteller **James Joyce** und **Italo Svevo** und deren Aufenthalt in der Stadt.

■ **Museo Petrarchesco Piccolomineo/Museo Sveviano/Museo Joyciano,** Via Madonna del Mare 13, Tel. 04 06 75 81 84, https://museopetrarchesco.it; www.museosveviano.it und https://museojoycetrieste.it, Mo–Sa 9–13, Mi auch 14–18 Uhr, Eintritt frei.

027f sk

Der Arco di Riccardo aus altrömischer Zeit

Auf dem Burgberg

Zwischen San Silvestre und Santa Maria Maggiore beginnt die Via della Cattedrale hoch zur Kathedrale, vorbei am netten Terrassengarten **Giardino di Via San Michele** (Sommer 8–20.15, Winter 8–18.15 Uhr, Spielplatz, Toiletten) und dem Museum Museo d'Antichità J. J. Winckelmann (s.u.).

Die Fassade der fünfschiffigen **Kathedrale San Giusto** ist stark asymmetrisch, da das Gotteshaus durch Zusammenlegung zweier nebeneinanderstehender Kirchen entstand: der zwischen dem 9. und 11. Jh. erbauten, dreischiffigen Santa Maria Assunta und einer kleineren Gedächtniskapelle. Anfang des 14. Jh. hat man dann zwei Seitenschiffe abgetragen und ein einziges Mittelschiff konstruiert. Im Inneren sind die ursprünglichen Mauern auf dem Boden symbolisch festgehalten. Besonders beachtenswert sind die byzantinischen Mosaike in der Kalotte der rechten Apside aus dem 11. Jh. Die Cappella del Tesoro bewahrt die Reliquien der Basilica Minor. Im Baptisterium von 1380 stammt das sechseckige Taufbecken aus dem 9. Jh. Den Glockenturm (90 Stufen) darf man besteigen und die Aussicht genießen. Auf dem Hügel befand sich einst das römische Forum. Auch die Seitenpfosten des Kirchenportals erinnern daran: Die Grabstele mit den Köpfen der altrömischen Familie *Barba* wurde längs geteilt und – mit den Außenseiten zueinander gekehrt – eingemauert. Auf der Piazza lädt der Kiosk Barakin zu einer Pause ein.

■ **Cattedrale di San Giusto,** Piazza della Cattedrale, www.sangiustomartire.it, Mo–Sa 8–18.30, So 9–19.30 Uhr; Torre Campanaria April–Sept. 9–17.30, März/Okt. 9–12, 14.30–17 Uhr, 2 €.

Auf dem römischen Forum bilden die Stümpfe der Säulen – die **Antiche Colonne di San Giusto** – mit den Bäumen zusammen malerische Spaliere. Das Monumentaldenkmal **Monumento ai Caduti** erinnert an die Gefallenen des Ersten Weltkriegs – für das faschistische Italien des Jahres 1935 ein Befreiungskampf, kam doch Triest „heim ins Reich". Auf weißem Sockel beklagen vier klassische Helden mit Schilden gerüstet und in schwarzer Bronze den Tod eines der Ihren.

Rechts der Kathedrale befindet sich der Eingang zum **Antikenmuseum Winckelmann.** Für die ausgesprochen reichhaltige Sammlung sollte man sich Zeit nehmen. Prähistorische Funde der Umgebung, römische und mittelalterliche Ausstellungsstücke und auch Griechisches und Ägyptisches (u.a. ein Holzsarkophag mit einer Frauenmumie) sind im Fundus. Im Lapidarium steht ein kleiner Tempel zu Ehren von *J. J. Winckelmann,* dem Begründer der neueren Archäologie, der 1768 in Triest Opfer eines Raubmordes wurde.

■ **Museo d'Antichità J. J. Winckelmann,** Piazza della Cattedrale 1, Tel. 040 30 86 86, https://museoantichitawinckelmann.it, Di–So 10– 17 Uhr, Eintritt frei.

Den Hügel schließt die **Festung,** das Museo del Castello di San Giusto, ab. Ihre Ursprünge liegen im 14. Jh., als sich Tri-

028f sk

est unter die Fittiche Österreichs begab und Friedrich III. von Habsburg den Bau für seinen Statthalter beauftragte. Immer wieder erweitert, erhielt es im 16. Jh. seine heutige Ausdehnung. Von den Mauern genießt man die Weitsicht über Stadt, Land und Meer. Das Museum zeigt Waffen vom 13. bis zum 19. Jh., Möbel, Teppiche und Gemälde. Das **Lapidarium Tergeste** der Burg (nördlich um die Festung herumgehen und in die Via Tommaso Grossi) erzählt in der im 16. Jh. errichteten Bastion Lalio die Geschichte des römischen Tergeste u.a. mit den Mosaiken aus einer Villa.

■ **Museo del Castello di San Giusto,** Piazza Cattedrale 3, Tel. 040 30 93 62, https://castellodisangiustotrieste.it, Di–So 10–19, Winter bis 17 Uhr, 5 €.

Rund ums ehemalige Ghetto

Zurück nimmt man die Via Capitolina, kürzt über die Treppen hinunter zur Via di Caboro ab und gelangt vorbei am **Tor Cucherna** (das einst zur Stadtbefestigung des 14. Jh. gehörte; *cucherna* ist Dialekt für „gucken") zum Antiquarium und dem **Römischen Theater** aus dem 1. Jh. Zu jener Zeit lag das Theater noch direkt am Meer, unterhalb befand sich der Hafen mit Molen und Kai. Wenn es regnete, wurden Volk und Statthalter mit Planen geschützt und konnten sich so im Trockenen an den Gladiatorenkämpfen ergötzen. Im **Antiquarium** sind Reste des Aquädukts (mit einem Inspektionszugang) zu sehen, das die antike Stadt mit Wasser aus dem Rosandra-Tal versorgte.

■ **Antiquarium,** Via Donota, www.beniculturali.it, nur nach Vereinbarung unter Tel. 04 04 26 14 11.

Dem Theater westlich schräg gegenüber steht die **Chiesa del Rosario,** die Rosenkranzkirche von 1635. Hier beginnt das 1696 durch kaiserlichen Erlass begründete **Jüdische Ghetto von Triest,** das damals hohe Mauern (mit drei von Soldaten bewachten Toren) – heute Via di Tor Bandena im Osten, Via Malcanton im Westen und Via delle Becchiere im Norden – umgrenzten. In den engen Gassen sind Antiquitätengeschäfte, Künstlerateliers, Galerien und natürlich die eine oder andere Kneipe untergekommen und das Pflaster ist perfekt saniert worden – das Armenviertel von einst ist hip.

Durch das Viertel hindurch gelangt man zur Piazza della Borsa mit dem von einem Herkuleskopf gekrönten Ghettozugang **Portizza** und zur **Börse**. Früher war hier ein Wasserweg, auf dem die Altstadt versorgt wurde. Die klassizistische Börse wurde 1799–1806 errichtet, das Jugendstilhaus (Bartoli-Gebäude) gegenüber 1905. Unten am Meer kommt man nun zum Caffè Tommaseo und zur von *Matthäus Pertsch* erbauten **Kirche San Nicolò dei Greci** der griechisch-orthodoxen Gemeinde, mit einer bedeutenden Ikonen-Sammlung im angeschlossenen Museum.

■ **Tempio di San Nicolò dei Greci,** Riva III Novembre 7, www.comgrecotrieste.it, Kirche Mo–Sa 9–12.30, 15.30–19.30, So 9–12.30 Uhr, Museum Mi 15.30–18.30, Do/Fr 9.30–12.30, Sa 9.30–12.30, 15.30–18.30 Uhr, Eintritt frei.

☐ Apsiskalotte in der Kathedrale San Giusto Martire

Theresianisches Viertel

Am Canal Grande befindet man sich mitten im **Borgo Teresiano** (der Neustadt), entstanden gegen Mitte des 18. Jh. durch Trockenlegung der Salinen und Anlage rechtwinkliger Straßen. Im Süden begrenzt der Corso Italia das Viertel, im Norden der Bahnhof und der alte Freihafen.

Die **Piazza della Libertà** entstand 1878 mit dem Bau des **Hauptbahnhofs.** Zeitüblich geriet er palastartig – ein eklektizistisches Bauwerk, das die italienische und österreichische Neo-Renaissance des Platzes ergänzt.

Im Südosten begrenzt die **Piazza Oberdan** das Viertel. Das **Risorgimento-Museum** erinnert an die Gefallenen von 1848 und die Jahre bis zum Ersten Weltkrieg. Eine Gedenkstätte würdigt den Namensgeber der Piazza: *Guglielmo Oberdan*, ein Triestiner Patriot, der 1882 Kaiser *Franz Joseph* ermorden wollte und am Würgegalgen starb (für die einen ein Terrorist, für die anderen ein Held).

■ **Museo del Risorgimento,** Via XXIV Maggio 4, Tel. 040 36 16 75, www.museodelrisorgimentotrieste.it, Do–So 10–17 Uhr, Eintritt frei.

In der Nähe der Piazza Oberdan steigt man in die Unterwelt zum (grammatikalisch nicht einwandfreien) **Kleine Berlin** ab. 1943 – nach Italiens Kapitulation – erklärte die Wehrmacht die Stadt zum Teil der „Operationszone Adriatisches Küstenland". Es entstanden u.a. ein Netz an Luftschutzbunkern nur für deutsche Soldaten (mit Geheimbereichen der SS) und ein eigenes städtisches Bunkersystem für Zivilisten.

■ **Kleine Berlin,** kleineberlin@cat.ts.it oder Tel. 33 92 53 97 12, Einstieg gegenüber Via Fabio Severo 11, nach Voranmeldung jeden 3. Fr zwei Führungen (18 und 20 Uhr).

Am Westende des **Canal Grande** reihen sich an der Hafenpromenade Corso Cavour nach Norden prächtige Paläste aneinander. Richtung Süden heißt sie Lungomare, dann Riva Tre Novembre. Dort steht an der Kanalecke der gewaltige **Palazzo Carciotto** auf einer Grundfläche von fast einem halben Hektar, errichtet 1805 für einen griechischen Händler und ab 1831 Sitz der gerade gegründeten *Assicurazioni Generali Austro-Italiche*, der heutigen Generali. Später zog die Hafenverwaltung ein, in den nächsten Jahren soll daraus ein Geschäftshaus mit Luxushotel und Läden werden.

Ursprünglich war der 330 m lange Kanal um einiges länger und besaß wegen der Boote zwei **Drehbrücken.** Als Rostschutz erhielten die Eisenkonstruktionen rote und grüne Farbanstriche und neue Namen (Ponte Rosso und Ponte Verde). Nach und nach wurden der Kanal verkürzt und die Dreh- durch Steinbrücken ersetzt. Die breiten Seitenpromenaden sind für abendliche Spaziergänge beliebt, die Cafés und Restaurants sorgen mit Schirmen für Schatten.

Östlich schließt ihn die **Piazza Sant'Antonio** ab; die Südseite dominieren die byzantinisch angehauchten Kuppeln und Außenmosaike der 1885 fertiggestellten **Dreifaltigkeitskirche Sankt**

[>] Die Kirche Sant'Antonio Taumaturgo beim Canal Grande

029f-sk

Spyridon, Sitz des serbisch-orthodoxen Bischofs von Italien, Österreich, Malta und der Schweiz. Besonders wertvoll sind die vier Ikonen (in der unteren Reihe zwischen den Torbögen der Ikonostase): die Muttergottes, Jesus, San Spiridione und Verkündigung.

■ **Tempio serbo-ortodosso della Santissima Trinità e di San Spiridione,** Via Genova 12, www.comunitaserba.org, Di–Sa 8.30–12.30, 16–19, So 8.30–12.30 Uhr.

An der östlichen Schmalseite der Piazza ragen stolz die klassizistischen Säulen

Suum cuique: Religionsfreiheit mit Tradition

Triest ist stolz darauf, dass es so viele Kirchen unterschiedlicher Glaubensrichtungen besitzt. Es spricht für den Freigeist der Handelsstadt und ihre Toleranz Reisenden gegenüber, die aus aller Welt kamen, um in Triest ihren Geschäften nachzugehen. Waldenser, Griechisch-Orthodoxe, Juden, Anglikaner, Serbisch-Orthodoxe, Muslime, Katholiken und Anhänger der Kirche des Augsburgischen Bekenntnisses konnten neben vielen anderen in der Stadt ihre Religion ausüben, ohne dass sie Repressalien ausgesetzt waren. Der Kosmopolitismus der Stadtoberen ging aber noch weiter: So konnten die Glaubensgemeinschaften auch die Sprache für die Schulerziehung ihrer Kinder wählen, Häuser kaufen und verkaufen und einen eigenen Friedhof unterhalten.

(ionischer Ordnung) der katholischen **Kirche Sant'Antonio** empor (1823–49). Ionische Säulen tragen auch das Gewölbe des einschiffigen Gotteshauses (dennoch das größte der Stadt). Die von italienischen und deutschen Künstlern besorgte Ausstattung gibt sich eher karg.

■ **Chiesa Sant'Antonio Taumaturgo,** Piazza Sant'Antonio, www.diocesi.trieste.it, Mo–Sa 7–12, 16–18, So 16–18 Uhr.

An der Nordwestecke der Piazza entführt das **Scaramangà-Museum** in die Vergangenheit Triests. 1962 in der Beletage einer griechischstämmigen Familie eingerichtet, zeigt es Möbel und eine außerordentliche Sammlung an Stichen und Dokumenten, darunter 1000 Jahre alte Landkarten.

■ **Museo Fondazione G. Scaramangà di Altomonte,** Via Filzi 1, http://scaramanga.it, Tel. 040 63 15 85, Di und Fr 10–12 Uhr, Eintritt frei.

Hinter der Kirche Sant'Antonio (über Via delle Torri und Via Imbriani) zeigt das **Morpurgo-Museum** in einem Palast (1875) den Lebensstil eines großbürgerlichen Triestiner Haushalts. Möblierung, Gemälde und Keramiken sind so vorzüglich, dass sich Filmteams die Klinke in die Hand geben.

■ **Museo Mario Morpurgo de Nilma,** Via Imbriani 5, Tel. 04 06 75 40 39, www.museomorpurgo.it, Di 9–13 Uhr, Eintritt frei, Führung nach Voranmeldung (60 Min.) 55 €.

Die Südseite des Kanals ist – glaubt man modebewussten Triestinerinnen – das „bessere" Viertel, wenn auch zum Bahnhof hin asiatische Geschäfte die Läden mit Alta Moda verdrängen. An der **Piazza del Ponterosso** verspeisen Traditionsbewusste im Buffet Al Vecio Canal „Schweinernes", auf der Roten Brücke schlendert der bronzene *James Joyce* und mitten auf dem Platz sprüht seit 1753 ein **Brunnenputto** Wasser – der Giovannin del Ponterosso.

Tipp: An der Westseite des Platzes führen Treppen in den Untergrund zu einem **Bagno Pubblico** – eines der wenigen verbliebenen öffentlichen Duschbäder Italiens (mit Toiletten).

Am neuen Hafen

Südwestlich der Piazza Unità dell'Italia, dem Hotel Savoia Excelsior Palace gegenüber, finden sich die **Stazione Marìttima** und das **Kongresszentrum** von Triest. Hier gibt es auch mehrere gute Fischrestaurants, und wenn sich nicht gerade die Gebirgswinde mit Eiseskälte in die Kleider der Passanten krallen, ist es angenehm, spazieren zu gehen. Pfeift dagegen die Bora, fällt es schwer, auf den Füßen zu bleiben.

Am Molo Venezia gibt das **Meeresaquarium** einen Überblick über die Unterwasserfauna der Welt mit Schwergewicht auf dem adriatischen Raum. In der ersten Etage sind Schlangen und Krabbeltiere zu sehen.

■ **Acquario Marino,** Riva Nazario Sauro 1, Tel. 040 30 62 01, www.aquariomarinotrieste.it, Do–Di 9–19, Winter bis 13.30 Uhr, 4,50 €, Kinder 3 €.

Das Aquarium teilt sich den Gebäudekomplex mit dem Ausstellungszentrum **Salone degli Incanti.** Ursprünglich war

030f sk

es die 1913 im Liberty-Stil errichtete Pescheria Centrale (ihr Wassertank befand sich im „Campanile"). Die riesige Fischhalle beeindruckte auch *Francis Ford Coppola:* In „Der Pate Teil II" wählte er sie als Drehort für die Ankunft von Vito Corleone auf Ellis Island/USA.

Gleich daneben wurde 2017 eine moderne Halle errichtet. Wer die deutschen Filialen von 7 **Eataly** mag, wird den darin untergebrachten Fresstempel und seinen Spezialitätenmarkt lieben.

Quert man von hier die Piazza Venezia, kommt man an der nächsten Ecke zum **Revoltella-Museum.** Die Residenz der Familie *Revoltella* ist als Beispiel fürstlicher Wohnkultur vielleicht schöner als das Schloss Miramare. *Revoltella* kam ursprünglich aus Venedig und war Stellvertreter von *Ferdinand de Lesseps,* dem Präsidenten der Suezkanal-Gesellschaft. Neben der grandiosen Einrichtung ist die ausgezeichnete Sammlung Moderner Kunst mit klassischen und modernen Werken beachtenswert. Im Sommer hat das Dachterrassen-Café Donnerstag und Freitag bis 22 Uhr offen.

■ **Civico Museo Revoltella,** Via Diaz 27, Tel. 04 06 75 43 50/41 58, www.museorevoltella.it, Mi–Mo 10–19 Uhr, 7 €.

Im Häuserblock dahinter steigt man im **Istrisch-Dalmatinischen Museum** in den Obergeschossen der Geschichte der italienischen Bevölkerung Dalmatiens und Istriens nach und erfährt alles über ihre Vertreibung aus dem kommunistischen Jugoslawien.

■ **Civico Museo della Civiltà Istriana,** Fiumana e Dalmata, Via Torino 8, Tel. 040 63 91 88, www.irci.it, Do–So 10–17 Uhr, 3 €.

Die Fontana del Giovannin auf der Piazza del Ponterosso im Theresianischen Viertel

In einer Villa aus dem 18. Jh. eine Straße weiter südlich ist das **Sartorio-Museum** ein weiteres Beispiel großbürgerlicher Lebensart. Beachtenswert ist die Porzellansammlung der ehemaligen, aus Ligurien stammenden Besitzer.

■ **Museo Sartorio,** Largo Papa Giovanni XXIII 1, Tel. 040 30 14 79, http://museosartoriotrieste.it, Do–So 10–17 Uhr, Eintritt frei.

Zurück am Wasser und ein Stück entlang des **Jachtbeckens** (Bacino Sacchetta) erstrecken sich die Hafenanlagen mit den großen Molen für den Containerumschlag.

Am westlichen Ende des Bacino an der Via Giulio Cesare ist das **Eisenbahnmuseum** in den ehemaligen Bahnhofsgebäuden der k. u. k. Eisenbahn unterkommen. Elf Dampflokomotiven, eine E-Lok, ein Dieseltriebwagen, Straßenbahnen und andere Memorabilien lassen die Herzen aller Eisenbahnfans höherschlagen. Von hier fährt auch zweimal im Jahr ein historischer Dampfzug nach Servola, Aurisina, Opicina und über Rozzol zurück.

■ **Museo Ferroviario Campo Marzio,** Tel. 04 03 79 41 85, www.facebook.com/museoferroviario.triestecampomarzio, Mi, Sa, So 9–13 Uhr, 5 €.

Der 33 m hohe (aufgelassene) **Leuchtturm La Lanterna** auf dem Molo Teresiano entstand 1833 als Landmarke und als Fort. Die Schießscharten erlaubten eine Rundumverteidigung. Der Turm lieh auch dem **Meeresbad La Lanterna** seinen Namen. Es liegt dem Jachthafen abgewandt auf der Westseite; die Einheimischen nennen es „El Pedocin“ (Die Muschel). Das Strandbad (man mag es kaum glauben) ist zweigeteilt: Der größere Abschnitt des Kiesstrandes ist den Frauen vorbehalten und seit 1903 durch einen hohen Sichtschutz vom Männerbereich getrennt.

■ **Bagno Marino La Laterna,** Molo Fratelli Bandiera 3, Tel. 040 30 59 22, 15. Mai–30 Sept. 7.30/8–18.30/19.30 Uhr, 1 €.

An der Promenade zwischen dem Molo Teresiano und dem Bahnhof sind einige Bronzestatuen zu entdecken: **Nazario Sauro,** vor dem Molo dei Bersaglieri, war österreichischer Staatsbürger italienischer Abstammung und trat 1914 als Offizier der Marine Italiens bei; 1916 gefangen genommen, ließ ihn die Donaumonarchie als Verräter hinrichten. Die **Ragazze di Trieste** (die Mädchen von Triest) gegenüber der Piazza Unità kurz vor dem Molo Audace stellen zwei Mädchen dar, die emsig an einer *Tricolore* nähen, mit der die italienischen Gebirgsjäger 1918 empfangen werden sollen (einer von ihnen betritt gerade Land). Der Erfinder **Josef Ressel** brachte eine Schraube als Schiffsantrieb zum praktischen Erfolg, erhielt dafür ein Patent und steht am Canal Grande.

Außerhalb des Zentrums

Am Alten Hafen

Einen guten Kilometer sind es vom Haupteingang des Bahnhofs meerseitig nach Norden zum Alten Hafen mit seinen Magazinen und der ehemaligen – heute als Ausstellungszentrum genutzten – **Centrale Idrodinamica** (das Pumpenwerk, das den Druck für die mit

Schwarze Jahre

Zwei Monumente in und um Triest erinnern an eine mörderische Vergangenheit. Die **Risiera di San Sabba** war schon vor dem Zweiten Weltkrieg nicht mehr als Reismühle in Betrieb. Sie wurde von Deutschland 1943, nach dem Zusammenbruch des italienischen Faschismus unter *Mussolini,* erst als **Kriegsgefangenenlager** für Italiener verwendet und dann zu einem **Konzentrationslager** umgebaut. Es diente sowohl als Vernichtungslager mit eigenen Krematorien als auch als Selektions- und Durchgangslager für Transporte in die großen Vernichtungslager wie Auschwitz oder Mauthausen. In der Risiera sollen 3000 bis 5000 Menschen umgekommen sein – vergast, erschlagen oder erschossen.

■ **Museo della Risiera di San Sabba,** Via Giovanni Palatucci 5 (Anfahrt mit Buslinien 10/20), Tel. 040 82 62 02, www.risierasansabba.it, tgl. 9–19 Uhr, Eintritt frei.

Die **Karstschlucht von Basovizza** ist eine ehemalige Kohlegrubenregion mit vielen Schächten. Sie war Schauplatz mehrerer nicht bis ins Letzte aufgeklärter **Massaker.** Schon während des Zweiten Weltkriegs wurde beim Zusammenbruch der italienischen Administration kurzfristig – bevor die deutsche Wehrmacht einmarschierte – das entstandene Machtvakuum in Triest von istrischen Unabhängigkeitskämpfern verschiedener Couleur gefüllt und es kam zu **Massenhinrichtungen** italienischer Bürger, die Pogromcharakter annahmen. Im Frühjahr 1945 schließlich, nach Abzug der Deutschen, marschierte die **Jugoslawische Armee** über den Karst und begann Missliebige, Kollaborateure, aber auch Widerständler gegen die deutsche Besatzung (wenn sie denn Antikommunisten waren) zu verhaften und zusammen mit deutschen Soldaten in Lager zu stecken. Aus diesen Lagern heraus wurden wohl mehrfach ganze Gruppen nach Basovizza geführt, ermordet und in die Schächte geworfen. Das Denkmal an der Karstschlucht von Basovizza will mahnend an diese dunkle Zeit erinnern.

■ **Foiba di Basovizza,** Anfahrt (12 km) von Triest nach Osten auf der SS14 und in Basovizza auf eine schmale Straße rechts abbiegen (Schild!).

Wasserhydraulik betriebenen Kräne des alten Hafens bereitstellte).

Im Magazin 26 zeigt in der zweiten Etage das **Meeresmuseum** mit erstaunlich vielen und fein gearbeiteten Schiffsmodellen aus allen erdenklichen Epochen und historischen Stichen anschaulich die Entwicklung von Triest als Hafenstadt. Unter anderem zu sehen: ein Modell des Laboratoriumsschiffs des Radiopioniers *Guglielmo Marconi.* Im Parterre widmet sich das **Deposito Lloyd** als eigene Abteilung der Geschichte der Reederei.

■ **Museo del Mare,** Magazzino 26, Porto Vecchio, Tel. 34 57 15 91 32 , https://museodelmaretrieste.it, Do–Di 9–13.30 Uhr, 4,50 €, Kind 3 €.

■ **Deposito Lloyd,** Magazzino 26, Porto Vecchio, geöffnet wie Museo del Mare, Eintritt frei.

Ebenfalls im Magazinkomplex, aber ein Haus weiter, ist das **Wissenschaftszentrum** untergebracht, eine Multimedia-Ausstellung zu den Themen Naturphänomene, innovative Technik und Triest im Wissenschaftsbetrieb – viel zum Anfassen, Experimentieren, Schauen und Erleben.

Science Centre Immaginario Scientifico, Magazzino 26, Porto Vecchio, Tel. 040 22 44 24, www.immaginarioscientifico.it, Di–So 10–18 Uhr, 5 €.

Im Osten

2 km östlich der Piazza Unità erstreckt sich über 1 ha der schöne, friedvolle und lehrreiche **Botanische Garten.** Zwölf Abteilungen weist der 1842 gegründete Park aus, darunter ein „Formaler Garten", „Ornamentale Pflanzen", Zimmerpflanzen und ein Lotos-Garten.

Orto Botanico, Via Marchesetti 2 (Anfahrt mit Buslinien 25/26), Tel. 040 36 00 68, https://ortobotanicotrieste.it, April–Okt. Mi–Mo 9–13 Uhr.

5 km südöstlich der Piazza zeigt das **Naturgeschichtliche Museum** Lebensformen als Skelette oder als vollständige Präparate von fast allen Kontinenten aus Gegenwart und Vergangenheit. Besonders eindrucksvoll ist Antonio, der im Villaggio del Pescatore ausgegrabene, am vollständigsten erhaltene Dinosaurier Italiens *(Tethyshadros insularis)*. Gegründet haben das Museum Triestiner Bürger im Jahr 1846.

Museo di Storia Naturale, Via dei Tominz 4 (Anfahrt mit Buslinie 18), Tel. 04 06 75 86 58, www.museostorianaturaletrieste.it, Mo/Mi–Fr 10–17, Sa/So 10–19 Uhr, 3 €, Kind 2 € (auch gültig für das Kriegsmuseum).

031f sk

So schön können Leuchttürme sein: Faro della Vittoria

Wenige Schritte vom Naturgeschichtlichen Museum versteht sich das **Kriegsmuseum für den Frieden** mit einer Ausstellung über den Ersten Weltkrieg als Friedensbotschafter. Zu sehen sind zahlreiche Fahrzeuge, Panzer, Kanonen, Uniformen und Schiffsmodelle.

Museo della Guerra per la Pace „Diego de Henriquez", Via Costantino Cumano 22, Tel. 04 06

Triest: Zugabe!

■ **Museo Postale e Telegrafico della Mitteleuropa,** Piazza Vittorio Veneto 1 (Hauptpost), Tel. 04 06 76 42 64, Mo–Sa 9–13, Do auch 15–18 Uhr. Rekonstruktion eines alten Postamtes, Formulare und Gerätschaften zum Postwesen.

■ **Museo Teatrale Carlo Schmidl,** Via Rossini 4, Tel. 04 06 75 40 68, www.museoschmidl.it, Di–So 10–17 Uhr, 4 €. 200 Jahre Theater im Palazzo Gopcevich mit Kostümen, Plakaten und Fotos, zusammengetragen vom Musikverleger und Sammler *Schmidl* (1859–1943).

■ **Museo Greco Orientale,** Riva 3 Novembre 7, Tel. 040 63 56 14, www.comgrecotrieste.it, Mi 15.30–18.30, Do/Fr 9.30–12.30, Sa 9.30–12.30, 15.30–18.30 Uhr. Kunstmuseum mit einer wertvollen Ikonensammlung des 15.–19. Jh.

■ **Museo Commerciale/Museo del Caffè di Trieste,** Via San Nicolò 7 (II. Etage), Tel. 04 06 70 12 69, nur nach Voranmeldung. Museum zur Geschichte der 1755 gegründeten Handelskammer. Angeschlossen ist das Kaffeemuseum mit einer Ausstellung zu den historischen Kaffeemühlen der Stadt.

■ **Museo di Storia Patria,** Via Imbriani 5, Tel. 04 06 75 40 39, www.museostoriapatria.it, Di 9–13 Uhr. Museum in der ersten Etage des Palastes Morpurgo mit stadtgeschichtlicher Abteilung, Kostümen und einer Kunstsammlung.

■ **Sinagoga/Museo della Comunità Ebraica,** Via del Monte 5/7, Tel. 040 63 38 19, www.triestebraica.it, Synagoge: Führungen So 10/11.30, Mo 17, Di 10.30, Mi 17, Do 16 Uhr, 7 €, Museum: Mo/Mi/Fr 10–13, Di 16–19, Do 10–16 Uhr, 6 €, Kombiticket 10 €. Synagoge von 1912, Museum zur Geschichte der jüdischen Gemeinde und der Flucht vor Nazi-Deutschland.

■ **Basilica Paleocristiana,** Via Madonna del Mare, Tel. 04 04 26 14 11, Mi 10–12 Uhr. Fundamente mit Mosaiken einer frühchristlichen Basilika.

■ **Ex-Lavatoio di San Giacomo,** Via San Giacomo in Monte, Tel. 040 22 55 62, nur nach Voranmeldung. Ausstellung zum Leben der Waschfrauen im 19. Jh.

■ **Museo Casa di Osiride Brovedani,** Via Alberti 6, Tel. 36 66 76 67 99, www.fondazionebrovedani.it, Di 15–18, Do 10–13, 1./3. So 10–13 Uhr. Museum zum Leben des Triestiner Unternehmers, der – wegen seiner jüdischen Mutter denunziert – über ein Jahr in deutschen KZs verbrachte.

■ **Museo della Bora,** Via Belpoggio 9, Tel. 040 30 74 78, www.museobora.org, nur nach Voranmeldung. Winziges Museum, das sich dem „Wind" auf experimentelle Weise annähert.

■ **Speleovivarium Erwin Pichl,** Via Guido Reni 2/C, Tel. 37 01 52 59 18, https://sastrieste.it, Okt.–Juni So 10.30–12.30 Uhr. Spezialmuseum zur Höhlenforschung im Triestiner Karst und zur Tierwelt im Dunklen, in einem ehemaligen Luftschutzbunker.

■ **Museo Etnografico Servola,** Via del Pane Bianco 52, Tel. 040 83 07 92, nur nach Voranmeldung. Ethnografisches Museum zum ländlichen Leben in einem Bauernhaus eines (heute eingemeindeten) Dorfes.

75 46 99, www.museodiegodehenriquez.it, Mo/Mi–Fr 10–17, Sa/So 10–19 Uhr, 3 € (auch gültig für das Naturgeschichtliche Museum).

5 km nordöstlich der Piazza Unità widmet sich das aufwendig und eindrücklich gestaltete **Antarktis-Museum** der Forschungsgeschichte des Südpols mit Schwergewicht auf den Reisen von *Shackleton, Amundsen, Scott* und den italienischen Expeditionen.

■ **Museo Nazionale dell'Antartide,** Via E. Weiss (Anfahrt mit Buslinie 12, Haltestelle Parco San

Jenseits der Cappuccino-Grenze – Triestiner Kaffeekultur

In Triest bekommt der verwirrte Toskana-Freund auf seine Cappuccino-Bestellung hin eine kleine Tasse und im Kaffee schwimmt nur ein Klecks Milchschaum. Warum? Triest ist die Stadt der **Cappuccino-Grenze!** Was machen? Ihn genießen – oder wollen Sie mit dem Kellner streiten? Natürlich dürfen Sie das, aber bitte nur professionell: Zum Beispiel könnte der Klecks Milchschaum – der **gocciato,** kurz *goccia* (gibt es da nicht so ein Mörderspiel?) – nicht direkt in der Mitte liegen, oder er ist so breit verlaufen, dass es dem Genießer nicht möglich ist, seitlich den Zucker in die Tasse gleiten zu lassen. Da ist eine Beschwerde fällig, denn es ist kaum vorstellbar, dass so der Kaffee schmecken könnte. Das ist professionell und jeder Kellner wird für Sie Verständnis aufbringen – oder auch nicht. Diskutieren Sie mit dem Nebentisch, ob der gocciato bevorzugt in einem Glas oder einer Tasse zu trinken ist und ob gar die Verwendung des falschen Gefäßes in offenem Streit enden sollte. Um die ganze Sache noch komplizierter zu machen: Der Cappuccino ist eigentlich nicht ganz ein *gocciato*, da er „etwas mehr", aber auch wirklich nur ein ganz klein wenig mehr Milchschaum abbekommt. Und darüber, welche Temperatur die Tasse haben muss, um ein bestimmtes Aroma hervorzukitzeln, wollen wir gar nicht erst reden. Wer also einen Cappuccino will, wie er den Weg auf venezianische Tische findet, ordert am besten einen **cappuccino italiano** – schließlich ist man in Friaul.

Zugezogene sollen angeblich nie bis in die Tiefen des **Geheimwissens** von Triestiner Kaffeetrinkern vordringen. Sei's drum, die Kaffeehäuser sind hübsch und ein angenehmer Aufenthaltsort. Notfalls bestellt man eben einen Tee. Natürlich trifft man hier nicht mehr *James Joyce, Italo Svevo* oder *Umberto Saba,* die alle gern bei Braunem und Schwarzem disputierten, doch begegnet man vielleicht dem einen oder anderen Hitzkopf, der es irgendwann zu

Giovanni), Tel. 040 56 78 89, www.mna.it, Di–Fr 9.30–13, Sa 10–16 Uhr, 6 €.

Im Norden

Nimmt man die Hochstraße beim Bahnhof, die östlich der Küstenstraße verläuft, erreicht man den Leuchtturm **Faro della Vittoria** (2,5 km vom Bahnhof). Er ist exakt 68,85 m hoch und steht 60 m über dem Meer; sein Licht in 115 m Seehöhe ist 60 km weit zu sehen. Er gehört damit zu den stärksten Leuchtfeuern der Welt. Die erste Ebene ist für atemraubende Ausblicke zugänglich (auch Lift). Auf der Kuppel des Leuchtfeuers steht eine 7,2 m hohe (namengebende) Siegesfigur als Symbol für die Heimkehr Triests in die Arme Italiens. Die Basis teilt sich der Turm mit einem 8,6 m großen Seemann, unter ihm hängt der Anker einer von der Deutschen Marine 1943 versenkten italienischen Korvette. In die beiden Strandbäder jenseits

Großem und in die Annalen der Literaturwelt bringen wird.

Mit einem Vorurteil muss auch noch aufgeräumt werden: Die **Kaffeehaustradition Triests** ist beileibe nicht auf Österreich-Ungarn zurückzuführen – sie stammt aus Venedig, dessen Sitten nachzueifern den Triestinern des 16. Jh. erste Bürgerpflicht war. Und so sorgten sie auch bald für eine eigene Produktion und gründeten mehrere **Röstereien** – die *torrefazioni*.

Im Zentrum, Stadtplan S. 34

21 **Caffè Tommaseo,** Piazza Nicolò Tommaseo 4, Tel. 040 36 26 66, https://caffetommaseo.it. Das Kaffeehaus gehört zu den unbedingt besuchenswerten Adressen, es war eines der ersten der Stadt (1830) und Treffpunkt der Künstlerszene.

19 **Caffè degli Specchi,** Piazza Unità dell'Italia 7, Tel. 040 36 80 33, www.caffespecchi.it. Modern eingerichtet und dennoch mit Tradition, es befindet sich direkt am Hauptplatz, sodass man gut das Treiben beobachten kann.

32 **Antico Caffè Torinese,** Corso Italia 2, Tel. 04 02 60 01 53, www.anticocaffetorinese.ts.it. Auch wenn es von außen nicht so wirkt – seit 1919 holzgetäfelte Jugendstilgemütlichkeit; einen der raren Sitzplätze zu ergattern ist eine Herausforderung.

25 **Pasticceria La Bomboniera,** Via XXX Ottobre 3, Tel. 040 63 27 52, www.facebook.com/LaBombonieraTs. Jugendstil-Konditorei und Kaffeehaus mit Rezepten aus österreichisch-ungarischer Zeit für süße Sünden wie Sacher oder Linzer zum Kaffee.

27 **Illy-Caffè,** Via Due Torri, Tel. 040 76 52 51. Aus der Reihe tanzt das modern-minimalistisch möblierte Café Illy – für Geschichtsvergessene, die dennoch guten Kaffee unter Einheimischen genießen wollen.

11 **Torrefazione La Triestina,** Via di Cavana 2, Tel. 040 30 65 86, www.torrefazionelatriestina.it. Familienrösterei mit Tradition und Mischungen für die ungeahnte Geschmacksexplosion und ein „Aha, so also sollte ein Espresso sein". Kleine Bar für die Verkostung und Vorort-Entscheidung, auch Geschirr, Maschinen und Tee.

Außerhalb des Zentrums, Stadtplan S. 28

24 **Caffè San Marco,** Via Battisti 18A, Tel. 04 02 03 53 57, www.caffesanmarco.com. Geht auf das Jahr 1914 zurück, hier trafen sich die Intellektuellen am Vorabend des Ersten Weltkriegs, um die Lage zu diskutieren; Kaffeehaus, Restaurant, Buchhandlung und Veranstaltungsort für Konzerte und Lesungen.

der Gleise – unterhalb des Leuchtturms Richtung Triest – dürfen nur Mitglieder der Hafenbehörde und der Eisenbahn, öffentlich zugänglich sind aber die Strände nördlich an der Pineta di Barcola (Lungomare Benedetto Croce → S. 67).

■ **Faro della Vittoria,** Strada del Friuli (Anfahrt: Buslinien 42/44 vom Bahnhof), Tel. 040 41 04 61, April–Mitte Okt. Sa/So 15–19 Uhr, Eintritt frei.

Praktische Tipps

Informationen

■ **Trieste Info Point,** Piazza Unità d'Italia 4/B, 34121 Triest, Tel. 04 03 47 83 12, tgl. 9–18 Uhr.

■ **Web:** www.triestecultura.it, www.discover-trieste.it, www.turismofvg.it

■ **FVGcard:** Kostenvergünstigungen bei der Nutzung einiger Hotels, Restaurants, Verkehrsmittel und Museen in der gesamten Region Friaul-Julisch Venetien; Gültigkeitsdauer 48 Std. oder 7 Tage, 25 € bzw. 39 €, www.turismofvg.it/fvg-card.

Stadtführungen

- **Hop-on-Hop-off-Tour:** www.hoptour.it, Abfahrt Molo Audace (an der Piazza Unità), 13 Haltestellen zwischen dem Hafen, der Kathedrale und Schloss Miramare, im Sommer tgl. 10, 12.15, 14, 15.45 und 17.30 Uhr (Winter nur Fr–So), 11 €/Tag, Ticket im Bus.
- **Geführte Stadtspaziergänge** in englischer Sprache organisiert das Tourismusbüro an mehreren Tagen im Monat, 2 Std., 12 € (mit FVGcard frei). Alternativ können Sie sich mit einem beim Tourismusbüro auch in Deutsch erhältlichen **Audioguide** durch Triest lotsen lassen (5 €, 8 € mit zwei Kopfhörern).

Unterkunft

Im Zentrum, Stadtplan S. 34

28 **Hotel Centrale**①-②, Via Ponchielli 1, Tel. 040 63 94 82, www.triestehotelcentrale.com. 24 Zimmer in den oberen Etagen und super Lage praktisch am Canal Grande, günstige Zimmer mit Etagenbad, en suite etwas teurer; gutes Frühstück.

10 **Hotel Capitelli**②, Via Trauner 1 (Ecke Via Capitelli), Tel. 32 74 47 54 05, www.hotelcapitelli.it. Einfaches, renoviertes Altstadthotel mit freundlich eingerichteten, preiswerten Zimmern mitten im Geschehen rund um die Piazza Barbacan.

22 **Nuovo Albergo Centro**②, Via Roma 13, Tel. 04 03 47 87 90, www.hotelcentrotrieste.it. Einfachere Unterkunft mit Zimmern mit eigenem Bad außerhalb, aber auch Doppelzimmer mit eigenem Bad.

34 **Hotel Città di Parenzo**②, Via Degli Artisti 8, Tel. 040 63 11 13, www.cittadiparenzo.it. Zentrales, sauberes Komforthotel zu günstigen Preisen; Parkgarage 250 m entfernt.

Unser Tipp: 9 **Barbacan Boutique Hotel**②-③, Piazza Barbacan 3, Tel. 04 02 47 10 15, https://barbacanboutiquehotel.business.site. Die elf Zimmer im Ausgehviertel um die Piazza sind geschmackvoll eingerichtet und bieten allen Komfort. Die Unterkunft verdient daher mehr als die zwei vergebenen Sterne.

Unser Tipp: 12 **Hotel James Joyce**②-③, Via dei Cavazzeni 7, Tel. 040 31 10 23, www.hoteljamesjoyce.com. Sympathisches Hotel in einem Stadthaus von 1770 im Gassengewirr des ehemaligen Ghettos, 14 klar und modern-unaufdringlich möblierte Zimmer; angenehmes Personal, gutes Frühstück und Valet-Service fürs Auto.

31 **Hotel Continentale**③-④, Via San Nicolò 25, Tel. 040 63 17 17, www.continentalehotel.com. Vier-Sterne-Hotel zentral im Theresianischen Viertel gelegen; 47 Zimmer und alle Einrichtungen eines Hauses dieser Kategorie.

16 **Grand Hotel Duchi d'Aosta**④**,** Piazza Unità d'Italia 2, Tel. 04 07 60 00 11, www.duchi.eu. Zentral gelegen, Luxus in einem alten Palast, direkt dahinter residiert man in der Dependance hochmodern und stylisch, das Restaurant 16 **Harry's Piccolo**④ gilt als beste Adresse Triests; mit zwei Michelin-Sternen geschmückte Küche (Tel. 040 66 06 06, www.harrystrieste.it, Di–Sa 19.30–21.30, So 12.30–14.30 Uhr).

1 **B&B Adelaide**①, Piazza Hortis 7/3, Tel. 33 92 66 01 09. Sehr zentral gelegenes B&B mit drei klimatisierten Zimmern mit eigenem Bad (über den Flur) und gutem Frühstück; geschmackvoll im 60er-Jahre-Retrostil eingerichtet und aufmerksam geführt, zwei Nächte Mindestaufenthalt.

23 **Smartrooms**①, Via Niccolò Machiavelli 28, Tel. 34 20 46 12 20, www.smartrooms.it. 100 m vom Canal Grande nächtigt man sehr günstig in Zimmern mit eigenem Bad und sehr, sehr günstig mit Etagenbad. Sauber, praktisch, gut.

17 **Torrebianca**②, Via Pozzo del Mare 1, Tel. 34 20 46 12 20. Zwei Zimmer mit eigenem Bad in der 2. Etage eines Palazzo, die Lage 50 m von der Piazza Unità ist natürlich perfekt.

Außerhalb des Zentrums, Stadtplan S. 28

10 **Residence Al Granzo②,** Piazza Venezia 6/7, Tel. 040 30 03 93, www.algranzo.it. Zwölf angenehme, modern möblierte Apartments und Wohnungen über dem gleichnamigen Restaurant, ausgestattet mit allem Komfort und sehr gut gepflegt.

16 **Hotel B&B②**, Via Sant'Anastasio 1, Tel. 04 09 70 01 22, www.hotel-bb.com. Eines der Häuser, die alles Überflüssige weglassen und auf Design, Komfort sowie Zweckmäßigkeit setzen; direkt am Bahnhof.

21 **Albergo alla Posta③**, Piazza Oberdan, 1, Tel. 040 36 52 08, www.albergopostatrieste.it. Zentral gelegenes, modern eingerichtetes Traditionshotel, angenehmes Haus, allerdings mit etwas kleinen Zimmern.

28 **Hotel Istria①**, Via Ruggero Timeus 5, Tel. 040 37 13 43, https://hotelistria.com. Ein günstigeres Hotel (modern, sauber, teils Zimmer mit Bad) im Zentrum (10 Gehminuten vom Canal Grande) gibt es nicht. Man muss dafür mit dessen Hellhörigkeit leben; Ohrstöpsel angeraten.

Essen und Trinken

Für eine schnelle Mahlzeit, ein ausgedehnteres Lunch oder auch ein Abendessen sollte man mindestens einmal ein Buffet aufsuchen (→ Exkurs „Schnelle Mahlzeit mit Charme"). Zur Einstimmung auf das kulinarische Triest sei auch die Lektüre des Bändchens „Triest, Stadt der Winde" von *Veit Heinichen* (→ Exkurs „Die Toten vom Karst") und *Ami Scabar* empfohlen (Insel Verlag, Berlin 2012) – kulinarische Traditionen der Vielvölkerstadt mit zahlreichen, gut nachkochbaren Rezepten.

Im Zentrum, Stadtplan S. 34

2 **Ai Fiori③-④,** Piazza Attilio Hortis 7, Tel. 040 30 06 33, www.aifiori.com, Mo–Sa 19.30–22.30, Di–Sa auch 12.30–14.30 Uhr. Sympathische Trattoria mit feinen Fischspezialitäten. Mit dem Degustationsmenü kann man nicht falschliegen.

3 **Hops Beerstrò②-③,** Via di Cavana 15/A, Tel. 04 02 46 93 36, www.facebook.com/hopsbeerstro, tgl. 18–23, Di–So auch 12.30–15 Uhr. Fusionsküche im Bistro mit Stäbchen und Craftbier – jung, frisch, außergewöhnlich, ein Genuss für Auge und Zunge.

14 **Kapuzinerkeller②-③,** Via Pozzo del Mare 1, Tel. 040 30 79 97, https://kapuzinerkellertrieste.it, Mo–Sa 12–15, 19–1 Uhr. „Bayerischer Bierkeller" unter gotischem Gewölbe mit erstaunlicher Folkloreausstattung für Heimwehkranke; die gedirndelte Bedienung bringt Geselchtes, Würste, Brezn … solche Sachen eben.

24 **Al Barattolo②-③,** Piazza Sant'Antonio Nuovo 2/D, Tel. 040 63 14 80, https://albarattolo.it, tgl. 10.30–23 Uhr. Angenehm ist die Terrasse auf der schönen Piazza, auch im Gastraum sitzt man gut. Die Küche ist solide, aber nicht besonders einfallsreich. Großer Vorteil: Sie ist durchgehend geöffnet.

16 **Harry's Piccolo④,** s. o. bei „Unterkunft": Grand Hotel Duchi d'Aosta.

Außerhalb des Zentrums, Stadtplan S. 28

34 **Rustiko①**, Via della Madonnina 19/A, Tel. 34 00 86 34 72, www.rustiko-trieste.com, Mo–Sa 12–15, 19–23.30, So 19–24 Uhr. Serbische Wohlfühlkneipe mit bestem Traditionsessen vom Balkan, von Cevapcici bis Bohnensuppe, von Sarma bis Palatschinken. Große Portionen, günstige Preise und gut gelauntes Personal.

19 **Il Posto delle Fragole①**, Via de Pastrovich 4, Tel. 040 57 87 77, www.ilpostodellefragole.eu, Mo–Fr 8–15.30, 17–22 Uhr. *Osteria sociale* (sprich sehr günstig) mit einfachen, aber guten Menüs um 12 €; in der ehemaligen Psychiatrischen Anstalt etwas abseits, schöner Freisitz mit Blick aufs Grüne.

23 **Sbecolez①-②,** Via XXX Ottobre 12, Tel. 04 00 64 42 79, www.facebook.com/sbecolez, Mo–Sa 12–24, So 12–17 Uhr. Einfache Hausmannskost aus dem Friaul und aus Istrien mit täglich etwas variierender Karte; Freisitz und sympathisches Personal.

31 **Trattoria alla Sorgente②,** Via delle Sorgente 2, Tel. 34 79 39 65 19, www.facebook.com/trattoria.

Triestiner Olivenöl

Nicht umsonst findet in Triest jedes Jahr an einem langen Wochenende Mitte Mai die **Olivenölmesse Olio Capitale** statt, zu der sich fast 200 Olivenölproduzenten aus ganz Italien in den modernen Ausstellungshallen am Alten Hafen mit Händlern aus aller Welt treffen und ihre Produkte vorstellen. Denn auch der Triestiner Karst (wie das nahe Istrien) besitzt eine lange Tradition in der Olivenbaumkultivierung, wobei man – wegen der überschaubaren Flächen – schon immer mehr auf Qualität, denn auf Quantität geschaut hat. So wird früh geerntet (im November), wenn die Früchte noch grün sind. Sie liefern dann zwar weniger Öl, der Geschmack ist aber wesentlich intensiver. Hauptanbaugebiet ist der schmale Streifen an der slowenischen Grenze zwischen dem Val Rosandra und Muggia. Als „DOP Tergeste" ist dessen autochthone und widerstandsfähige **Sorte Bianchera** (slow. Belica) geschützt, die mit Meeresklima und kalten Winden gut zurechtkommt, einen hohen Gehalt an Antioxidantien und wenig Säure besitzt. Man schmeckt Apfel, Artischocke, Kräuter und frischen Pfeffer heraus und spürt im Abgang eine leichte Bitterkeit – ein perfekter Begleiter für Fisch, Wildgerichte und Käse.

Welches Öl man bevorzugt, mit welcher Pressung, entkernt oder unentkernt, gefiltert oder ungefiltert, mit oder ohne biologisches Zertifikat, sortenrein oder als Cuvée mit anderen Sorten komponiert, wird man nur durch eine **Verkostung** vor Ort herausfinden (bei der auch das eine oder andere Gläschen Wein dabei sein kann, denn die meisten Produzenten keltern auch Trauben).

- **Olio Capitale,** www.oliocapitale.it.
- **Cantina Parovel,** Boljunec 624, Bagnoli della Rosandra, Tel. 34 67 69 09 53, www.parovel.com, Mo–Fr 9–13, 13.30–16.30 Uhr.
- **Azienda Agricola Rado Kocjančič,** Località Dolina 528, Tel. 34 83 06 32 98, www.radokocjancic.eu, Fr 17–20, Sa 11–13 Uhr.
- **Azienda Agricola Fior Rosso,** Località Aquilina 420, Tel. 33 89 18 68 72, www.fiorrosso.it, Besuch für Gruppen ab vier Personen nach Voranmeldung März bis Mitte Okt.
- **Farm Sancin,** Monte d'Oro, Mont 173, Tel. 32 85 91 59 90, www.sancin.com, Besuch nach Voranmeldung.

alla.sorgente, Di–Sa 9.30–15, 18.30–23 Uhr. Nahe der Markthalle und im Sommer draußen in der Gasse, nur mit Reservierung; aber auch im überschaubaren Gastraum drinnen schmecken die klassischen Fischgerichte.

3 Osteria Istriano②**,** Riva Grumula 6, Tel. 040 30 66 64, www.osteriaistriano.com, Di–Sa 12.30–14.30, 19.30–22.30, So 12.30–15 Uhr. Gemütliche, rustikale Fischkneipe gleich beim neuen Hafen. Die Fischvorspeisen – darunter panierte Anchovis! – sind ein Gedicht. Familiäre Stimmung unter Einheimischen.

11 Mimi e Cocotte②**,** Via Luigi Cadorna 19, Tel. 34 88 36 90 72, www.facebook.com/MimieCocotte, Mi/Do 9–15, Fr–So 9–15, 18.30–23 Uhr. Vom Frühstück über Lunch zum Abendessen gibt's allerlei aus aller Welt, besonders beliebt die Bowls zu Mittag. Lokal im Vintage-Stil mit entspannten Gästen.

9 Nero di Seppia②**-**③**,** Via Luigi Cadorna 23, Tel. 040 30 13 77, http://trattorianerodiseppia.com,

032fsk

Di–Sa 12.30–14, 19.30–22 Uhr. Beliebtes Fischlokal gegenüber dem Revoltella-Museum, Küche mit gehobenem Niveau, dennoch kein Firlefanz, gemütliches Sitzen in elegant-informeller Atmosphäre – das Dessert nicht versäumen!

36 Antica Hostaria da Libero②, Via Risorta 7/A, Tel. 040 30 11 13, www.hostariadalibero.com, Di–So 12.30–14, 19.30–22, Mo 19.30–22 Uhr. Anheimelnder geht nicht: Man wähnt sich um 100 Jahre zurückversetzt, raumhohe Holztäfelung und jede Nische wie in Omas Wohnzimmer geschmückt. Die Küche ist dagegen gar nicht altbacken, auf der Karte steht allerdings Fleisch. Karstküche vom Feinsten.

8 La Bottega di Trimalcione②-③, Via Lazzaretto Vecchio 3, Tel. 34 78 87 42 42, Di–Sa 12–15, 19–23, So 12–15 Uhr. Die Portionen sind nicht sonderlich groß, dafür kann man sich durch die Vorspeisen mit vier kalten und drei warmen Antipasti futtern – netter Abend in Marine-Ambiente.

5 Pier③, Molo Venezia 1, Tel. 04 03 22 92 96, www.pierts.it, 11.30–15.30, 18.30–22.30 Uhr. Die Dachterrasse ist der vielleicht schönste Platz der Stadt für den Sundowner; Bar-Restaurant auch mit empfehlenswerter Küche für das Dinner am kühlenden Wasser.

18 Pepenero Pepebianco③-④, Via Rittmayer 14/a, Tel. 04 07 60 07 16, www.pepeneropepe bianco.it, Mo–Sa 19–23 Uhr. Stylische Inneneinrichtung, klassische Karstküche (wie jota) und moderne Kreationen (z.B. Spaghettoni mit Algen oder Fisch mit Bergamotte-Mayonnaise); relativ günstiges Überraschungsmenü mit Fisch, Fleisch oder vegetarisch.

25 Antica Trattoria Suban③-④, Via Comici 2, Tel. 04 05 43 68, www.suban.it, Mi–Mo 19–21.30, Sa/So auch 12–14 Uhr. Außer- und oberhalb des Zentrums, eines der ältesten und typischsten Lokale der Stadt. Man sitzt im Kaminzimmer oder draußen unter Weinranken und speist vornehm vor allem Fleisch.

⌃ Traditionsadresse für den Kaffee: Caffè Tommaseo

20 **Pizzeria Casa Peperino**①, Via del Coroneo 19/C, Tel. 040 63 12 34, www.pepepizza.it, Di–So 19–22.30 Uhr. Gute Holzofenpizza in neapolitanischem Stil und in modernem Ambiente – nichts, um länger zu verweilen.

29 **Pizzeria/Ristorante Al Civicosei**①**,** Via del Toro 6, Tel. 04 02 41 07 04, www.facebook.com/alcivicosei, Di–Sa 12.30–15, 19–22.45 Uhr. Ausgezeichnete Pizza aus dem Holzofen, knusprig und fluffig, nicht zu dick und mit Bedacht belegt; nettes Sitzen in der Gasse und angenehmes Personal.

15 **Al Faro**③**,** Scala Sforzi 2 (am Leuchtturm Vittoria), Tel. 040 41 00 92, www.facebook.com/trattoriaalfarotrieste, Mi–Mo 12–15, 19–23 Uhr. Von der grün berankten Terrasse blickt man über Küste und Leuchtturm. Einfallsreiche Gerichte mit vornehmlich Fisch zu noch akzeptablen Preisen; köstlich: die Platte mit rohem Fisch und Meeresfrüchten.

⌃ Fleischtheke im Buffet Da Pepi

Vegetarisch

39 **ErbOsteria**②**,** Via Vittorio Alfieri 15/B, Tel. 33 86 54 76 07, www.facebook.com/ErbOsteria, Di–So 18–23, Sa/So auch 12–15 Uhr. Leckere vegetarische (und vegane) Gerichte mit Gemüse der Saison in perfekten Kräuterkompositionen, überschaubar groß, gemütliches Sitzen in unaufgeregtem Ambiente. Etwas abseits, aber es lohnt sich. Plan S. 28

Caffè & Eis

17 **Gelateria Zampolli,** Via Ghega 10, Tel. 040 36 48 68, www.gelateriazampolli.com, Sommer Do–Di 9–24 Uhr. Die Traditionseisdiele in Triest mit über 60 Sorten und großen Portionen; auch ausgezeichnete granite (das sizilianische Sorbet). Plan S. 28.

13 **Gelato Marco,** Via Malcanton 16/A, Tel. 39 20 78 82 30, www.facebook.com/gelatomarco, Mi–So 10–23 Uhr. Super Eis (auch laktosefrei und vegan) in zahlreichen Sorten mit ganz speziellen Kreationen wie Karamell mit Meersalz oder dunkle Schokolade mit Rum. Plan S. 34.

Schnelle Mahlzeit mit Charme – il buffet

Neben der Kaffeehaus-Kultur hat sich in Triest die Kultur des Büfetts herausgebildet: Am Stehtisch, an der Theke oder auch am kleinen Tisch im Lokal oder auf der Piazza davor wird fertig Zubereitetes verspeist. Doch nicht nur Geschäftsleute kommen zur Mahlzeit „on the run", um wertvolle Arbeitszeit zu sparen – die Speisen haben durchaus Qualitäten, die auch Gourmets zufrieden stellen. Da die Büfetts keine Restaurants sind, schließen die meisten am frühen Abend und sind auch am Wochenende zu (nicht so „Pepi"). Neben **Suppen** und **Eintöpfen** gibt es vor allem Fleisch, vornehmlich vom **Schwein,** gern gesotten genossen (als *caldeia* – Schwein im Kochtopf), aber auch gebraten oder gegrillt. Schweineöhrchen, -schwänzchen und -füßchen sind besondere Spezialitäten der Triestiner, darüber kommt geraspelter Meerrettich. Viele Leute essen nicht im Lokal, sondern nehmen sich die Köstlichkeiten ins Brötchen gepackt mit. Isst man vor Ort und sitzend, kann man mit 10 € pro Person für eine schnelle Mahlzeit rechnen. Und wie heißt's? **Rebechin** – Jause!

Im Zentrum, Stadtplan S. 34

26 **Trattoria da Giovanni,** Via San Lazzaro 14B, Tel. 040 63 93 96, www.trattoriadagiovanni.com. Hier gibt's Gulasch, das – so die Einheimischen – ganz speziell schmecken soll.

20 **Da Pepi buffet,** Via Cassa di Risparmio 3, Tel. 040 36 68 58, Mo–Sa 8.30–22, So 10–16 Uhr. Wohl das berühmteste Triester Buffet. Einzelpersonen werden abgewiesen, wenn die Gefahr besteht, dass sie einen ganzen Tisch blockieren, selbst wenn es ein Millionär ist (und die Welt ist doch gerecht!). Das Da Pepi wird auch S'Ciavo genannt, eine nur in diesem Fall geduldete Lässigkeit, bedeutet es doch „Sklave" und wurde einst als Schimpfwort für die slawischen Nachbarn benutzt.

Außerhalb des Zentrums, Stadtplan S. 28

1 **Trattoria Da Mario,** Via Torrebianca 41, Tel. 040 63 93 24, Di–Sa 7.15–13.20, 15.45–20-30 Uhr. Für die caldeia mit Bier (und, wer will, Kraut). Einfach, fair und bodenständig.

12 **Buffet da Siora Rosa** (*siora* ist ein „weggenuscheltes" *signora*), auch Mamma Rosa genannt, Piazza Hortis 3, Tel. 040 30 14 60, Mo–Fr 8–20.30 Uhr, Sa bis 14 Uhr. Bei schönem Wetter und im Sommer ist der Platz vor dem Lokal mit Tischen vollgestellt und man speist unter freiem Himmel – das liebenswerteste der Buffets.

32 **Buffet L'Approdo,** Viale Carducci 34, Tel. 040 63 34 66, www.buffetapprodo.it, Mo–Fr 9–20. Sa 9–15 Uhr. Etwas abseits des Touristenstroms bei der Markthalle und ein Hotspot auch der Triestiner Marktleute mit Suppen, Pasta und belegten Brötchen. Kurz: authentisch.

22 **Buffet da Rudy,** Via Valdirivo 32, Tel. 040 63 94 28, www.facebook.com/rudyspaten, Mo–Sa 10–24 Uhr. Die Teller mit gesottenem Fleisch, Würsten, Kraut und Kartoffelstampf stellen selbst die Allerhungrigsten ruhig; wohl dem, der keine Pasta vorher hatte. Gut besucht, gemütlich, günstig.

034f-sk

6 **Il Pinguino,** Molo della Pescheria, Tel. 040 30 69 69, Di–So 9–24 Uhr. Auf der Mole zwischen den Schiffen gibt es nicht nur zahlreiche Eissorten, sondern auch Sprizz, Brioche und Tramezzini. Richtig los geht's zum Sonnenuntergang, und wenn's dunkel ist, sieht man die etwas ramponierte Ausstattung eh nicht. Plan S. 28.

Apero & Abend

Hotspots des Nachtlebens sind die Piazza Barbacan, die Piazza Unità und der Canal Grande mit der Piazza Pietrarossa.

Bars im Zentrum, Stadtplan S. 34

18 **Gran Bar Unità,** Piazza Unità dell'Italia, 3, Tel. 33 14 42 14 84, www.granbarunita.it, So–Do 7.30–2, Fr/Sa bis 3 Uhr. Cocktails am Hauptplatz, beliebter Treffpunkt, um von hier weiterzuziehen, oder auch für den Ausklang.

8 **Viva,** Piazza Barbacan 2/B, Tel. 33 43 44 95 17, www.facebook.com/viva.trieste, Mo/Mi–Fr 11–13.30, 17–23, Sa 17–24 Uhr. Kleine und sehr beliebte Bar um die Ecke vom Arco di Riccardo.

7 **BARbacan,** Via S.Michele 2/A, Tel. 36 68 02 78 85, www.facebook.com/BARbacantrieste, Di–Sa 7.30–14, 17–2 Uhr. Cocktails, Wein und köstliche Tramezzini.

4 **Knulp Bar,** Via Madonna del Mare 7/A, Mo–Do 9–20, Fr 9–23.45, Sa 9–22 Uhr. Studentenkneipe voller Bücher und mit einem ambitionierten Programm aus Musik und Lesungen.

29 **Enoteca Nanut,** Via Genova 10, Tel. 040 36 06 42, auf Facebook, Di–Sa 11–14.30, 18–24 Uhr. Über 50 Weine werden glasweise ausgeschenkt, gemütliche Atmosphäre im Gewölbe.

Piazza-Leben: Die Sonne geht, und es wird Zeit für einen Apero

6 **Mastro Birraio,** Via Felice Venezian 24/B, Tel. 34 98 25 62 01, Di–So 18–24 Uhr. Aus acht Hähnen fließt der Gerstensaft, dazu kommen so einige Flaschenbiere aus Craft-Betrieben; als Grundlage gibt's Deftiges wie Fleischpflanzerl mit Spiegelei oder *stuzzichini* (Häppchen).

Bars außerhalb des Zentrums, Stadtplan S. 28

2 **Loft,** Via Giovanni Demetrio Economo 12, Tel. 33 19 66 58 09, www.facebook.com/loft.trieste, Mo–Fr 18–1, Sa/So bis 3 Uhr. Bar und Events, DJ-Auftritte und Livemusik in einer Industriehalle.

27 **Round Midnight,** Via Ginnastica 39, Tel. 040 36 94 33, www.facebook.com/RoundMidnightTrieste, Mi/Do 21–2, Fr–So bis 3 Uhr. Beliebte Jazzkneipe im Kneipenviertel um das Ospedale Maggiore herum.

4 **Stazione Rogers,** Riva Grumula 14, Tel. 32 40 82 85 60, www.stazionerogers.org, So–Do 17.30–0.30, Fr/Sa bis 2 Uhr. Alternatives Kulturzentrum mit Barbetrieb in einer ehemaligen, für ihre Architektur preisgekrönten Tankstelle am Hafen – ein Muss!

30 **Gran Malabar,** Piazza San Giovanni 6/E, Tel. 040 63 62 26, Mo–Fr 6.30–21, Sa 7.30–21, So 8.30–13 Uhr. An kalten Tagen wärmt auch frühmorgens ein Gläschen Wein (natürlich gibt's auch Kaffee und Croissants). Legendäre Weinbar mit erstaunlicher Auswahl besonders aus dem Karst (auch aus dem slowenischen) – Tische vor der Tür, Glas und Häppchen drauf und ins Gespräch kommen.

35 **Barakin San Giusto,** Piazza della Cattedrale, Tel. 32 78 61 52 44, www.facebook.com/BarakinSanGiusto, tgl. 9–23 Uhr. Tagsüber Erfrischendes und abends Cocktails mit dem Dom im Rücken und Triest zu Füßen.

Kino

- **Ariston,** Viale Gessi, Tel. 040 30 42 22, www.lacappellaunderground.org, auch Filme in Originalsprache.

Theater

- **Ticket Point:** Corso Italia (Passage, Eingang von Corso Italia oder Via San Nicolò), Tel. 04 03 49 82 76, https://biglietteria.ticketpoint-trieste.it, Mo–Sa 8.30–12.30, 15.30–19 Uhr; Eintrittskarten für Theater und andere kulturelle Veranstaltungen.
- **Teatro Politeama Rossetti,** Piazza Libertà 11, Tel. 04 03 59 35 11, www.ilrossetti.it; Sprechtheater. Hochklassige Tanz- und Musikveranstaltungen.
- **Teatro Lirico Giuseppe Verdi,** Riva Tre Novembre 1, Tel. 04 06 72 21 11, www.teatroverdi-trieste.com. Gesangsstücke und Opern.
- **Teatro La Contrada,** Via del Ghirlandaio 12, Tel. 040 94 84 71, www.teatrocristallo.it. Widmet sich der leichteren Muse – Konzerte, Komödien, auch Kindertheater.
- **Teatro Miela,** Piazza Duca degli Abruzzi 3, Tel. 040 36 51 19, www.miela.it. Kooperative, die mit Konzerten, experimenteller Bühne und Kabarett abseits des Mainstreams arbeitet.

Einkaufen

Beidseitig des Canale Grande kann man auf Entdeckungsreise durch die Modegeschäfte gehen und die neuesten Trends begutachten. Je näher man dem Corso Italia kommt, desto exklusiver werden die Geschäfte und desto teurer die Alta Moda. Triest ist eine Fundgrube für Altertümliches. In den vielen kleinen und exklusiven Antiquitätenläden nördlich der Chiesa del Rosario im ehemaligen jüdischen Ghetto könnte man fündig werden. Kunst und Kunsthandwerk sind in der Via Felice Venezian zu erwerben. Im Einkaufszentrum „Il Giulia" werden auch am Sonntag und Montag – wenn viele Geschäfte geschlossen sind – Lebensmittel verkauft.

Straßenmärkte

- **Mercato del Tritone,** Piazza Vittorio Veneto, Mitte Mai bis Ende Dez. jeden 2./4. Sa im Monat 8–19/20 Uhr. Kunstmarkt mit Antiquitäten, Hobbymalern, Schallplatten und Comics.

■ **Mercatino dell'Antiquariato,** im ehemaligen Ghetto, 3. So im Monat 8–20 Uhr. Alles, was gebraucht ist und was man nicht unbedingt braucht.

■ **Mercato di Ponterosso,** Piazza Ponterosso, Mo–Sa 8–14 Uhr. Kleiner Obst- und Gemüsemarkt.

Bücher

33 **Libreria Antiquaria Saba,** Via San Niccolò 30, Tel. 040 63 17 41. Buchhandlung und Antiquariat mit 100-jähriger Geschichte, gegründet vom Schriftsteller *Umberto Saba*. Plan S. 34.

Mode und mehr

35 **Nature Point,** Piazza Silvio Benco 3, Tel. 040 36 42 30, www.facebook.com/NaturePoint2001. Tragbare Mode für Damen und Herren aus natürlichen Materialien von Alpaka bis Kaschmir, von Leinen bis Seide – alles in Europa konfektioniert; außerdem: Bücher über die Natur. Plan S.34.

15 **Katastrofa,** Via Armando Diaz 4, Tel. 33 58 29 84 32, www.instagram.com/katastrofathesecondlifestore. Taschen und Accessoires, die ein zweites Leben suchen, auch mal eine Schreibmaschine oder ein Grammofon – schräg und bunt und ideal zum Stöbern. Plan S. 34.

Lebensmittel

26 **Il Giulia/Supermercato PAM,** Via Giulia, Mo–Sa 8–20.30, So 9.30–20 Uhr. Großer Supermarkt mit breitem Sortiment. Plan S. 28.

33 **Mercato Coperto,** Via Giosuè Carducci 36, Mo 8–14, Di–Sa 8–17 Uhr. 1936 gebautes Marktgebäude für Lebensmittel, mit großem Angebot. Plan S. 28.

30 **Enoteca Bischoff,** Via Mazzini 21, Tel. 040 63 14 22, www.bischoff.it. Traditionsgeschäft mit Weinspezialitäten aus dem italienischen Karstgebiet im Hinterland. Plan S. 34.

38 **Torrefazione Guatemala,** Via Giglio Padovan 4, Tel. 040 94 42 28, www.caffeguatemala.com. Vorzügliche Kaffeerösterei in Familienbesitz – aus der Pfanne in die Tüte! Plan S. 28.

37 **Liquorificio Artigianale Piolo & Max,** Via Angelo Emo 49/C, Tel. 04 00 64 19 14, https://pioloemax.it. Aperitivi und Digestivi, in Triest komponiert und hergestellt, gebrannt aus Wein, Beeren und

035f sk

Obst, verfeinert mit Kräutern und Gewürzen, darunter Peperoncino (fein-scharf), Ginsorten (fürs Geschmacksstudium), der geradlinige Grappa (räumt auf) oder der Bitter Beirut (als Magenöffner). Am besten kauft man die „Beginners Box". Plan S. 28.

36 **Tea Time,** Piazza Silvio Benco 3, Tel. 04 04 70 73 12, www.teatimetrieste.com. Wem der Espresso zum Hals raushängt, der findet hier alles, was es braucht, um einen guten Tee zu brühen. Plan S. 34.

Aktivitäten

- **Golf Club Triest,** Via Padriciano 80, Tel. 040 22 61 59, www.golfclubtrieste.net. 18-Loch-Platz mit Restaurant (Tel. 04 09 51 06 04, Mi–Mo 9–22 Uhr), Greenfee 40–70 €.
- **Radverleih:** 13 **Trieste Green Tour,** Via Giorgio Galatti 6, Tel. 04 00 64 19 13, www.triestegreentour.it; City Bike/MTB 25 €/Tag, E-MTB 35 €/Tag; 14 **Surf Trieste,** Viale Miramare 31/C, Tel. 34 09 20 78 18, www.surftrieste.it. Laden mit SUP- und Radverleih (Stadtrad 3 €/Std., 15 €/Tag, 23 €/3 Tage) und Infos zu Surfspots.
- **Olivenölverkostung:** → Exkurs „Triestiner Olivenöl".

Strände und Strandbäder

- **Triest Zentrum:** Die Badeanstalt **Bagno La Lanterna/El Pedocin** ist Legende (Molo Fratelli Bandiera 3, Tel. 040 30 59 22, 15. Mai–30 Sept. 7.30/8–18.30/19.30 Uhr) und der Zugang mit 1 € sensationell günstig – Männer und Frauen trennt eine hohe Mauer. Das ebenfalls historische **Bagno Ausonia** (Riva Traiana 1, Tel. 040 30 99 13, www.facebook.com/bagnoausonia, Juni–Mitte Sept. 8.30–19.30 Uhr, 7 €, zwei Liegen mit Schirm 15 €) gleich südlich hat ein Meerwasserbecken, einen geschützten Kiesstrand, allerlei Einrichtungen (wie Trampolin und Schwimminseln) und sogar eine Leseecke.

Feste und Veranstaltungen

- **Trieste Film Festival:** Eine Woche im Januar mit Filmen aus Zentral- und Osteuropa; www.triestefilmfestival.it.
- **Marathon:** Alljährlich im Mai 21 km entlang der Küstenstraße SS14 „Costiera" nach Sistiana, auch kürzere Distanzen für Familien und Kinder; Tel. 35 19 37 09 45, www.triesterunningfestival.com, Gebühr 30 €.
- **Trieste Estate:** Mitte Juni bis Ende Aug. macht die Stadt bei Sommerfesten mit Musik und Veranstaltungen die Nacht zum Tag; www.triestestate.it.
- **Regatta La Barcolana:** Im Oktober treffen sich etwa 2000 Boote vor dem Faro della Vittoria zum weltgrößten Segelrennen; Società Velica Barcola, Grignano, Tel. 040 41 16 64, www.barcolana.it.
- **Festival del Cinema Ibero-Latino Americano:** Im Okt./Nov. für eine verlängerte Woche lateinamerikanisches Filmfest; Teatro Miela, Piazza degli Abruzzi 3, Tel. 04 15 38 23 71, www.cinelatinotrieste.org.
- **Advent:** Im Dezember gibt's Weihnachtsmarkt, Schlittschuhbahn und stimmungsvolle Veranstaltungen.

Notfälle

- **Klinik:** Ospedale Maggiore, Piazza dell'Ospitale, Tel. 800 99 11 70, www.asuits.sanita.fvg.it.
- **Apotheke:** Notfallapotheken kann man unter der Rufnummer 040 76 79 44 erfragen oder auf www.farmacistitrieste.it recherchieren.

◁ Kunst, Krempel, Neueres und Altes im Secondhandladen Katastrofa

Verkehr

Flüge

■ **Aeroporto Internazionale Ronchi dei Legionari:** 32 km außerhalb hinter Monfalcone gelegen, Infos unter Tel. 04 81 77 32 24, www.triesteairport.it. Triest ist an Rom, Mailand, Genua und Neapel angebunden; internationale Flüge gehen nach München, London, Moskau und Belgrad.

■ **Anfahrt:** Mit dem **Zug** (www.trenitalia.it) in knapp 30 Min. in die Stadt (sehr häufige Verbindung, etwa 4,50 €); mit der **Buslinie G51** (APT Gorizia, www.aptgorizia.it) alle 30 Min. zum Busbahnhof (Parcheggio Silos, 60 Min., um 5 €, Tickets nicht im Bus, sondern am Automaten); mit dem **Taxi** um 60 €.

Züge

■ **Stazione Centrale FFSS:** Piazza della Libertà 8, Auskunft Tel. 040 89 20 21, www.trenitalia.com. Verbindungen gibt es tagsüber fast im Stundentakt nach Udine (60 Min., um 8 €), Venedig (120 Min., um 15 €) und nach Ljubljana (2 Std. 40 Min., um 10 €, je ein direkter Morgen- und Abendzug).

Fernbusse

■ **Autostazione Trieste:** Parcheggio Silos, unter dem Parkhaus, www.autostazionetrieste.it.

Schiffsverkehr

■ **Nach Muggia:** Delfino Verde Navigazione verbindet Triest wochentags zehn Mal, sonntags sechs Mal vom Molo dei Bersaglieri (Stazione Marìttima) mit Muggia; einfache Fahrt 4,45 €, hin und zurück 8,35 €, Rad 0,90 €; Tel. 040 36 19 13, www.delfinoverde.it.

■ **Entlang der Triestiner Riviera:** Delfino Verde Navigazione (s. o.) bedient von Juni bis Mitte Sept. ab dem Molo dei Bersaglieri auch die nördliche Küste mit den Haltepunkten Barcola (20 Min., einfach 2,90 €, Rückfahrt 5,50 €), Grignano/Miramare (45 Min., 4,60/7,80 €) und Sistiana (80 Min., 6,60/11,30 €).

■ **Nach Grado:** APT Gorizia fährt im Juni und Aug. Di–So dreimal am Tag von Triest (Molo Audace) mit dem Schiff nach Grado (Molo Torpediniere), einfach 10,30 €, Rückfahrt 15.30 €, www.aptgorizia.it/servizio-marittimo.

■ **Nach Slowenien und Istrien/Kroatien:** Ustica Lines, ein- bis viermal die Woche Tragflügelboot von Triest (Molo IV) nach Piran (Slowenien), Poreč, Rovinj (beide im kroatischen Istrien) und weiter zur Insel Mali Lošinj, Triest – Rovinj 100 Min., einfach 12,50–16 €, hin und zurück 25–30 €, Fahrrad um 4 €); Triest Molo IV, Tel. 09 23 02 20 22, www.libertylines.it.

Stadtverkehr

■ **Bus/Straßenbahn:** Tageskarten (3 €) und Einzelfahrten (1,35 €) in Tabacchi-Läden und an Kiosken (bei Einstieg entwerten). Da man mittags u. U. kein offenes Geschäft findet, sollte man immer ein Ticket in der Tasche haben; www.triestetrasporti.it.

Taxis

■ **Funktaxis:** Tel. 040 30 77 30, www.radiotaxitrieste.it.

Parken

■ **Parcheggio Silos:** www.sabait.it, hinter dem Hauptbahnhof (1,60 €/Std., ab 12 €/Tag).

> Baia di Sistiana, die Badebucht von Sistiana

Triestiner Riviera

Die **Strada Costiera Triestina SS14** zwischen Triest und Monfalcone erhielt ihre heutige, durchgängig der Küste folgende Streckenführung 1928, wobei man die noch in der k. u. k. Zeit in die Felsen gesprengte Trasse nutzte – mit ihren Panoramen eine der schönsten Strecken der nördlichen Adria. Dass hier mit **Miramare** und **Duino** zwei der eindrucksvollsten Schlösser Italiens stehen, ist also nicht verwunderlich. Die kleinen Hafenbuchten und molengeschützten Ankerplätze von Barcola, Santa Croce, Grignano, Portopiccolo oder Sistiana sind bei Skippern ausgesprochen beliebt und häufig bis auf den letzten Platz besetzt, freie Felsstrände (zu denen man teilweise steil absteigen muss), (bewirtschaftete) Kieselstrände und das in weiten Bereichen frei zugängliche, betonierte und 5 km lange **Lungomare Barcola** ziehen am Wochenende halb Triest an (s. „Strände"). Letzte Station des Triestiner Landstreifens ist **Villaggio del Pescatore,** dann beginnt die wenig attraktive Industriezone von **Monfalcone**. Auch kulinarisch ist die Bucht von Triest von Bedeutung: Die zahlreichen Muschelbänke versorgen die Restaurants der Stadt.

Castello di Miramare

Das **Schloss von Miramare** an der Bucht von Grignano liegt inmitten eines herrlichen Parks. In der von der Romantik geprägten Anlage vom Anfang des 19. Jh. gedeihen mehr als 2000 Pflanzenarten. Park und Schloss wurden vom Bruder Kaiser *Franz Josephs I.* konzipiert, dem späteren (glücklosen und füsilierten) Kaiser von Mexiko, *Maximilian*. Gebaut wurde es nach den Plänen des Ingenieurs

036f sk

Karl Junker zwischen 1856 und 1860. Seit 1955 ist das Schloss ein **Museum.** Jeder Raum trägt einen Namen und kann besichtigt werden. Die Einrichtung ist teilweise original, teils stammt die Möblierung vom *Herzog von Aosta*, der 1931–37 im Schloss lebte. Empfangssäle, Schlafgemächer, Bibliotheken sowie der Chinesische und Japanische Salon zeigen das Leben von *Maximilian* und seiner Frau *Charlotte von Belgien*.

Der 22 ha große **Schlosspark** entstand unter *Maximilians* Ägide auf dem ursprünglich kahlen Karstfelsen von Grignano. Die Erde kam aus Kärnten und der Steiermark, die Pflanzen aus aller Welt. Der Park lag ihm so sehr am Herzen, dass er sich noch aus Mexiko nach ihm erkundigte und Pflanzen nach Triest schicken ließ. Fußmüde können mit Golfcarts auf Parktour gehen.

Das **Castelletto** im Park entstand zur selben Zeit wie das Schloss und nimmt dessen Architekturmerkmale auf. *Maximilian* und *Charlotte* nutzten es ab und an als Rückzugsort, nach dem Tod ihres Mannes verbrachte sie, geistig umnachtet, einige Zeit darin, bevor sie nach Belgien gebracht wurde und starb.

Das Küstengebiet um das Schloss herum steht als **Meeresschutzgebiet Riserva Marina di Miramare** unter dem Patronat des WWF und kann auf geführten Tauchgängen erkundet werden.

- **Castello di Miramare (Anfahrt:** Buslinie 36 ab Piazza Oberdan), Tel. 040 22 41 43, www.castello-miramare.it; Schloss tgl. 9–19 Uhr (Tickets bis 18.30 Uhr), 10 €, bis 25 Jahre 2 €; Park Juni–Aug. 8–19, April/Mai/Sept. bis 18, März/Okt. bis 17, Jan./Feb. bis 16, Nov./Dez. bis 15 Uhr.
- **GreenTour E-Mobil,** vor dem Schloss, 9–17 Uhr, Rundfahrt ca. 20 Min., 5 €.
- **Riserva Naturale Marina di Miramare,** Viale Miramare 349, Tel. 040 22 41 47, www.riservamarinamiramare.it. Mehrere kostenpflichtige Exkursionsangebote (darunter Schnorcheln für 22 €/Person und Tauchen für 240 €/Gruppe von acht Teilnehmern).

Santa Croce/Tiziana-Weiss-Weg

Etwa 2,5 km hinter Miramare geht es auf der schmalen Via della Vitalba schräg rechts hoch, unter der Eisenbahn durch und weiter nach Santa Croce. In den engen Gassen versteckt sich zum einen die **Locanda Carsica Contemporanea Crocevia** (Essen und Unterkunft, → S. 66), zum anderen das kleine **Fischereimuseum** mit einer liebevoll gestalteten (auch englisch erklärten) Ausstellung zur Geschichte der slowenischen Fischer.

- **Museo della Pesca del Litorale Triestino,** Località Santa Croce 61, www.ribiski-muzej.it, April–Okt. Sa/So 10–13 Uhr, Eintritt frei.

In Santa Croce beginnt auch der – nach einer berühmten italienischen Bergsteigerin benannte – **Tiziana-Weiss-Weg,** ein der Küstenlinie folgender Spazierweg nach Aurisina, gut ausgebaut und praktisch ohne Steigungen. Man passiert erst einige Häuser und befindet sich dann schnell auf dem teils schattigen Weg mitten in der Natur oberhalb der Bahnlinie und mit weitem Blick über das Meer. Endpunkt ist die Schule „Scuola Media Igo Gruden“ in Aurisina. Wer weiter will, kann von hier (50 m vor der Einmündung in die Hauptstraße links runter) dem **Sentiero dei Pesca-**

tori bergab zum **Porto Vecchio** folgen (1 km, malerischer Fels- und Grobkieselstrand), um ins Wasser zu springen und sich von der Bar Chiringuito Canovella mit Fisch und Meeresfrüchten versorgen zu lassen.

GPS **Sentiero Tiziana Weiss,** Startpunkt Santa Croce (GPS N 45.73477, E 13.68403, 200 m westlich vom Straßenende der Via del Pucino auf schmalen Weg hoch), 3 km, keine Steigungen, 30 Min.

Der Rilke-Weg von Sistiana nach Duino

Schließlich kommt man zur ovalen – eher unattraktiven – Bucht von Sistiana. Die östliche Hälfte belegen Segelschiffe und Motorboote, an der westlichen Seite reihen sich einige kleine, schmale Kieselstrände auf. Oberhalb, beim Abzweig in die Bucht, beginnt am Informationskiosk und beim großen Hinweisschild der gut ausgebaute **Rilke-Weg** entlang der wunderschönen Steilküste des Schutzgebietes **Riserva Naturale Falesie di Duino.** Die drei Aussichtskanzeln entstanden während des Zweiten Weltkriegs als Stellungen für die Flugabwehr und geben heute den Blick auf das breite Panorama frei: von der Isonzo-Mündung im Westen bis Piran an der slowenischen Adria und zur kroatischen Landspitze von Savudrija im Süden.

Der Spaziergang endet beim **Schloss von Duino,** in dem *Rainer Maria Rilke* im Winter 1912 wohnte und – inspiriert von der Landschaft – die ersten beiden der (insgesamt zehn) „Duineser Elegien" vollendete und vier weitere (die 3., 6., 9. und 10.) begann.

GPS **Sentiero Rilke,** 2 km, 70 Höhenmeter, 30 Min.

Schloss von Duino

Das Schloss ist im Privatbesitz einer französisch-italienischen Linie derer zu *Thurn und Taxis* („Torre e Tasso"), die im 19. Jh. ein offenes Haus pflegten und Gäste aus aller Welt empfingen, darunter die Schauspielerin *Eleonara Duse*, die Schriftsteller *Mark Twain, Victor Hugo* und *Rainer Maria Rilke* oder die Komponisten *Franz Liszt* und *Richard Strauss*. Der Gebäudekomplex ist heute Museum und Veranstaltungsort. Hier bekommt man den Lebensstil des Adels so recht vor Augen geführt. Die **Lage an den Steilklippen** hoch über dem Meer ist herrlich (bester Blick von der Ruine des alten Schlosses), die **Architektur** formidabel (wie die von *Palladio* entworfene Treppe), die **Einrichtung** original und mit unzähligen Kunstgegenständen und Antiquitäten versehen (darunter ein Piano, auf dem *Franz Liszt* gespielt hat).

Im Fels unter dem Schloss befindet sich ein von der Deutschen Wehrmacht ausgeschachteter, weitläufiger **Bunker** (Eingang im Garten); der nur vom Wasser her zugängliche kleine Kieselstrand unterhalb des Schlosses – die **Spiaggietta del Principe** auf der Landspitze gleich westlich – entstand durch den Aushub bei seinem Bau.

Der Vorgängerbau des Schlosses, das **Castello Vecchio,** stammt aus dem 11. Jh. und verfiel ab dem 16. Jh. Der Zugang ist im Eintritt des Neuen Schlosses enthalten und wegen des Panoramablicks empfohlen.

■ **Castello di Duino,** Tel. 040 20 81 20, http://castellodiduino.it, April–Okt. Mi–Mo 9.30–16/17.30 Uhr, sonst nur an Wochenenden 9.30–16 Uhr, 11 €, Kind 6 €.

Villaggio del Pescatore

Das „Dorf des Fischers“ besteht aus langen Kais, an denen Freizeitboote dümpeln, und aus einigen Reihenhauszeilen. Im Campanium – vor rund 70 Mio. Jahren – tummelten sich hier die **Saurier.** Grabungen in den 1990ern förderten „Antonio“ zutage, einen Hadrosaurier von 5 m Länge und 1,70 m Höhe, dessen Skelett heute im Triestiner Museum für Naturgeschichte ausgestellt ist (→ S. 46). In der Gegend finden weitere Grabungen statt, die ständig neue Saurierfragmente entdecken. An Antonios **Fundort** kann man an Führungen teilnehmen.

■ **Sito Paleontologico,** Baia degli Uscocchi, derzeit nicht zugänglich.

Im Hinterland (2 km vom Hafen) ist ein Karstphänomen zu bestaunen. Beim **Quelltopf des Timavo** tritt dessen Wasser zutage und ergießt sich als einer der kürzesten Flüsse der Welt nach nicht einmal 2 km ins Meer. Man parkt bei der Chiesa San Giovanni in Tuba an der SS14 und ist nach ein paar Schritten beim Teich. Tatsächlich entspringt der Timavo an der slowenisch-kroatischen Grenze, wo er als Reka 50 km oberirdisch verläuft, dann in den Höhlen von Škocjan in der Unterwelt verschwindet, um dort für 35 km zu bleiben und bei Duino als Timavo wieder ans Tageslicht zu treten.

Direkt oberhalb auf einer Klippe über der SS14 heulen die **Lupi di Toscana** um die Wette. Die beiden Wölfe aus Bronze sind Symbole für zwei Regimenter der gleichnamigen Division, die 1916 den Monte Sabotino von den Österreichern eroberte (→ S. 89).

Die Kirche **San Giovanni in Tuba** aus dem 16. Jh. steht auf moosüberwachse-

037fsk

nen Fundamenten aus dem 4. Jh., die in der Apsis zu sehen sind.

■ **Risorgiva fiume Timavo,** frei zugänglich.

Ebenfalls sehenswert ist ein Höhlentempel. Um 4500 v. Chr. vollzogen die damaligen Bewohner hier am Hang des Monte Ermada Rituale. Auch zur Römerzeit im 2. bis 5. Jh. war die Höhle eine Kultstätte. In der **Mitra-Grotte** trafen sich die Anhänger des Sonnengottes. Erhalten sind noch einige Votivtafeln (eine zeigt ein Stieropfer) und zwei Steinbänke. Es ist das europaweit einzige Mithräum in einer Höhle. Der Zugang ist etwas kompliziert: Man parkt auf der anderen Seite der SS14 im Weiler San Giovanni di Duino bei der Chiesa di Giovanni Battista, unterquert auf dem Fußweg die Autobahn, hält sich nach 100 m an der Kreuzung geradeaus und östlich, biegt nach 300 m – noch vor Querung der Eisenbahn – bei der Einmündung rechts ab und hält sich nun südlich und parallel zu den Schienen; nach 400 m ist das Mithräum erreicht. Ein weiterer Zugang ist von der Stazione Forestale an der SS14 möglich (1 km).

■ **Grotta del Dio Mithra** (GPS N 45.78422, E 13.59786), Tel. 33 96 90 89 50, www.flondar.it, nach Voranmeldung und jeden Sa 10–12 Uhr, Treffpunkt an der Stazione Guardia Forestale di Duino (Frazione Duino 77C, Duino) um 9.45 Uhr.

◁ Triestiner Riviera: Die Feriensiedlung Portopiccolo

Monfalcone

Die Industriestadt lebt vornehmlich von ihrer Werft Fincantieri, die auf die k. u. k. Zeit zurückgeht. 1907 gründete die italienische Reeder-Familie *Cosulich* – die im Liniendienst zwischen Triest und Südamerika engagiert war – die **Cantiere Navale Triestino**, war bald dick im Geschäft und baute Handels- und Kriegsschiffe für die Österreicher, schließlich U-Boote für die Achsenmächte. Bei den letzten Isonzoschlachten schoss die österreichische Artillerie die Werft in Schutt und Asche. Neu aufgebaut, wurde Monfalcone als Produktionsstandort im Zweiten Weltkrieg von alliierten Bombern erneut zerstört. Heute laufen Kreuzfahrtschiffe vom Stapel – unter ihnen 2005 die „Costa Concordia", die 2012 vor der Insel Giglio auf Grund lief und 32 Menschen in den Tod riss. Das topmoderne **Schiffbaumuseum MuCa** erzählt die Geschichte der Werft, lässt Besucher multimedial in die einzelnen Themen eintauchen und entführt u.a. im Design-Saal in die vergangenen Zeiten der luxuriösen Innendekorationen der Überseedampfer.

■ **Museo della Cantieristica,** Via del Mercato 3, Tel. 04 81 49 49 01, www.mucamonfalcone.it, Fr–Mo 10–18 Uhr, 7 €.

Im **Themenpark des Großen Krieges** sind nördlich der Gleise die Reste der Verteidigungswerke des Ersten Weltkriegs zu sehen, die die Italiener über den eroberten österreichischen Schützengräben errichteten. Ein Spaziergang führt vom Parkplatz an der Rocca di Monfalcone vorbei durch den Wald zu den Anlagen und auf einer Rundtour zurück.

GPS **Parco Tematico della Grande Guerra di Monfalcone,** www.turismofvg.it/GrandeGuerra, Parkplatz (GPS N 45.81191, E 13.53357, auf der Salita alla Rocca durch die Unterführung), mit 2–3 Std. Besichtigungszeit sollte man rechnen, 6,5 km, 50 Hm.

Die **Festung von Monfalcone** geht auf das 5. Jh. zurück, als der Ostgote *Theoderich* nach seinem Sieg über *Odoaker* eine erste Burg errichten ließ. Das heutige Bauwerk entstand im 13. Jh., wurde aber mehrfach verändert und verstärkt. Heute ist in ihm das **Paläontologie-Museum** mit Fossilien aus dem Mesozoikum und Känozoikum untergebracht.

■ **Museo Paleontologico della Rocca,** Tel. 04 81 28 19 22, Sa/So 10–13, 15–19 Uhr, Eintritt frei.

Praktische Tipps

Information

■ **Sistiana Info Point,** Sistiana 56/B, 34011 Duino, Tel. 040 29 91 66, Juni–Aug. tgl. 9–13, 14–18 Uhr.

Unterkunft

■ **Al Pescatore**②-③, Frazine Duino 69 (in Duino 200 m vom Schloss), **Grignano,** Tel. 040 20 81 88, www.alpescatoreduino.it. Nette, moderne Herberge und gutes Restaurant mit schattiger Terrasse im Ort.

■ **Riviera Maximilian's**④, Strada Costiera 22, **Grignano,** Tel. 040 22 45 51, www.rivieramax.eu. Am Meer in Höhe von Miramare gelegen, exzellenter Standort mit Blick über die Küste, eigenes und luxuriöses Strandbad mit Aufzug hinunter und Snackbar.

■ **Ostello Tergeste**①, Viale Miramare 331, Tel. 040 22 41 02, www.ostellotergeste.com. Jugendherberge (Schlafsäle und Doppelzimmer) in einer Villa von 1928 mit schönem Ausblick auf Schloss **Miramare** und seine Parkanlage. Zu erreichen mit Buslinie 36 ab Bahnhof (Haltestelle Bivio al Miramare); auch sehr günstiges Restaurant.

■ **Hotel N.A.O**②, Via del Mercato 5, **Monfalcone,** Tel. 38 84 04 14 66, www.naoperai.it. 45 Zimmer in einem Bau, in dem einst Werftarbeiter nach einem Tag voller Maloche ins Bett fielen; viele Flughafengäste.

■ **Locanda Carsica Contemporanea Crocevia**②-③, Località **Santa Croce** 173, Tel. 36 33 63 33 94, www.crocevia173.it. Acht Zimmer, modern und geschmackvoll eingerichtet und mitten im Ort, nur über die engen Gassen erreichbar. Für das echte Karstdorf-Feeling und mit ausgezeichnetem Restaurant (②, Do–So 12–23 Uhr).

Camping

■ **Mare Pineta, Sistiana,** Tel. 040 29 92 64, www.marepineta.com, Ende März–Mitte Okt. Schöner Platz in Panoramalage über dem Meer mit Stellflächen unterschiedlicher Kategorie; Stellplatz/2 Personen ab 25 €.

Essen und Trinken

■ **Bellariva**②-③**,** Via Auguste Picard, **Aurisina,** Tel. 35 34 16 22 64, April–Sept. Do–Di 12–14.30, 19–21.30 Uhr. Fischküche am Wasser zwischen Porticciolo und Aurisina. Man kommt vor allem der Lage wegen.

■ **Cardamomo**③**,** Residence Europa, **Aurisina,** Tel. 38 91 89 90 78, www.facebook.com/cardamomo aurisina, Sommer Di–Fr 12–14.30, 18–21.30, Sa/So 12–21.30 Uhr. Lounge-Bar/Resto, um direkt am Meer den Tag zu verbummeln und dabei ausgezeichnet zu speisen – angesagt und besonders zum Sonnenuntergang extrem beliebt.

■ **Alla Dama Bianca**③-④**,** Duino Porto 61/C, **Duino,** Tel. 040 20 81 37, www.alladamabianca.com, Mo–Sa 11–14, 19–23 Uhr. Wer Ruhe sucht, eine herrliche Aussicht genießen und dabei ausgezeichnet essen möchte (z.B. Fisch im Salzmantel), ist hier richtig – hauptsächlich von Einheimischen aufgesuchtes Feinschmeckerlokal am Wasser, unprätentiös und vorzüglich; auch Zimmervermietung③.

■ **Chiringuito Canovella**②**,** Porto Vecchio, **Canovella degli Zoppoli,** Tel. 38 99 63 57 92, www.facebook.com/ChiringuitoCanovella, im Sommer tgl. 10–21 Uhr. Auf der Tafel stehen Spaghetti mit Muscheln, Calamari und fritto misto, gemischter Salat und Pommes, nicht mehr, nicht weniger – Essen mit Robinson-Feeling.

■ **Al Pesce d'Oro**③**,** Via dei Bagni Nuova 19, **Monfalcone,** Tel. 04 81 83 02 06, www.alpescedoro.com, Di–Sa 12–15, 19–23 Uhr. Am Hafen ohne Wasserblick und neben Silos. Abschreckend? Ja, aber die Terrasse ist ungeahnt nett, der Service aufmerksam und die Fischküche ausgezeichnet (ohne dass man sein letztes Hemd verliert).

■ **Al Pescaturismo**②-③**,** Zona Cava, **Villaggio al Pescatore,** Tel. 040 20 98 46, www.alpescaturismo.it, Do–So 12–14, 19–21.30 Uhr. Traditionsadresse für Fisch direkt an der Bucht – ideal für den Sonnenuntergang bei Fischsuppe, Cozze und Wolfsbarsch.

Aktivitäten

Trieste Adventure Park, Località Ceroglie 1 (3 km oberhalb der Sistiana-Bucht), Tel. 35 66 32 61 33, https://triesteadventurepark.it, Mai–Sept. Sa/So 10–19 Uhr, 3–5 Jahre 6 €, bis 13 Jahre 13–20,50 €, sonst 23 €. In 8 m Höhe mit 63 Plattformen auf 750 m Länge gibt's 72 Herausforderungen und acht Ziplines.

■ **Tauchen/Schnorcheln:** Geführte Tauchgänge und Schnorcheln in der **Riserva Naturale Marina di Miramare,** Viale Miramare 349, Tel. 040 22 41 47, www.riservamarinamiramare.it, Schnorcheln 22 €/Person, Tauchen 240 €/Gruppe).

Strände und Strandbäder

■ **Faro della Vittoria:** Die Jugend zieht den Küstenabschnitt bei **Barcola** (Lungomare Benedetto Croce) vor und lagert auf den – liebevoll als *topolini* bezeichneten – Betonterrassen; sie beginnen an der Pineta di Barcola (Buslinie 6) hinter dem Faro della Vittoria (wegen der Seeigel und Felsen besser Badeschuhe mitnehmen). Das **Il Pane Quotidiano** („Das täglich Brot") ist schon ziemlich einzigartig – ein Strandbad ohne Wasserzugang, dafür mit Terrassen, Liegen, Schirmen und frisch Gebackenem wie Brot, Krapfen, Croissants und kremšnita, der slowenischen Crèmeschnitte (Viale Miramare 72, Tel. 04 03 40 39 29, www.ilpanequotidiano.com, zwei Liegen mit Schirm 25 €/Tag).

■ **Hundestrand (Bau Beach):** Barcola Bau Beach nördlich der Pineta di Barcola zwischen Il Cedas und Il Pane Quotidiano ist ein eigens für Hunde angelegter Strand; weitere Zugänge: beim kleinen Hafen von Barcola (Terrassen), vor dem Haupteingang von Schloss Miramare (Mole) und am Hafen von Santa Croce zwischen Miramare und Sistiana (Strand).

■ **Miramare:** Wie Kaisers kann man sich im **Stabilimento Balneare Sticco Mare** (an der Zufahrtsstraße zum Schloss) fühlen, wenn's auch recht felsig ist. Kindgerechter ist das **Stabilimento Balneare Sirena** (Riva Massimiliano e Carlotta 2, Buslinie 6) gleich nördlich von Miramare, von den Triestinern salopp als Grignano Uno bezeichnet (zwei Meeresschwimmbecken, schöne Bucht und einfacher Meereszugang); 300 m weiter gleich unterhalb des Hotels Maximilian's ragt die Betonrampe des **Stabilimento Balneare Grignano Due** ins Wasser.

■ **Portopiccolo:** Kurz vor Sistiana wartet der elegante **Portopiccolo Beach Club** (Strada Costiera/Duino, www.portopiccolosistiana.it) mit Holzterrassen, Pool und Kiesstrand (was seinen Preis hat: zwei Liegen mit Schirm 40–130 €/Tag, Privatkabine mit WC/Dusche 20–40 €/Tag on top).

■ **Sistiana:** Die **Bucht von Sistiana** mit zwei Kieselstränden – Caravella und Castelreggio – suchen Familien mit Kleinkindern gerne auf.

■ **FKK:** Südlich von Portopiccolo kann man auf einem steilen Pfad (Parkplätze am Punto Panoramico) zur **Spiaggia Liburnia/I Filtri** absteigen; dort darf man sich aller Kleidung entledigen (sollte aber die Badeschuhe anlassen).

Triestiner Karst

Herrlich und bezaubernd ist der Triestiner Karst mit seinen Laubwäldern und Wanderwegen, wenn die Sonne tanzend durchs Blätterdach scheint und der weiße Kalkfels leuchtet. Brutal und abweisend wird der Karst aber, wenn die Bora die Bäume biegt, die Hänge hinunter tobt, schließlich in wilder Raserei durch die Gassen der Stadt fegt und das Meer aufwühlt. Nur 30 km lang ist die Landschaft, und bis zur Grenze und zum slowenischen Karst sind es auch nur 10 km. Es ist das perfekte **Naherholungsgebiet** für stressgeplagte Städter, die am Wochenende in großen Scharen heraufkommen und Natur tanken – und natürlich **Wein,** am liebsten den roten Terrano, das „Blut des Karst".

Die Toten vom Karst

Über Triest fegt die Bora, die Stadt liegt unter einer Schneedecke begraben, **Kommissar Laurenti** ist von seiner Ehefrau verlassen worden, ein Haus fliegt in die Luft, Schmuggler treiben ihr Unwesen, ein Mord geschieht im Karst. Laurenti ist konfrontiert mit der wechselvollen Geschichte Triests, mit Slowenen, Kroaten, Italienern, alten Kommunisten und Nationalisten. Der deutsche Krimiautor **Veit Heinichen** hat die Figur des Kommissars Laurenti geschaffen und führt spannend durch die österreichisch-italienische Stadt an der Adria, die er selbst zu seiner Wahlheimat erkoren hat, und durch den Triestiner Karst.

■ **Veit Heinichen:** „Gib jedem seinen eigenen Tod", „Die Toten vom Karst", „Der Tod wirft lange Schatten", „Tod auf der Warteliste", „Die Ruhe des Stärkeren", „Keine Frage des Geschmacks", „Totentanz" und „Im eigenen Schatten" sind im Deutschen Taschenbuchverlag erschienen, „Die Zeitungsfrau", Scherbengericht" und „Entfernte Verwandte" hingegen bei Piper.

Buschenschänken

Im Triestiner Karst verstecken sich Dutzende Buschenschänken, die **Osmize** (nach dem slowenischen Wort für acht – „*osem*"); Kaiser *Josef II.* hatte den Bauern 1784 erlaubt, an acht Tagen im Jahr Wein auszuschenken, um die Armut zu lindern. Noch heute hängen die Winzer als Hinweis auf einen Buschenschank ein Büschel Zweige an den Wegesrand. Dass die Bauern nicht über die Stränge schlagen, dafür sorgen die Carabinieri, die ins Haus kommen und die für den Ausschank vorgesehenen Fässer siegeln. Sind sie leer, ist Schluss. Bei heißem Wetter kann es also vorkommen, dass zu viel getrunken wurde und die durstigen Triestiner am folgenden Wochenende umsonst in den Karst fahren. Buschenschänken tischen auch einfaches Essen auf: Wurst, Käse, Schinken und nicht selten ganze Menüs (die Karstküche hat venezianische, alt-österreichische, slowenische und ungarische Wurzeln).

■ **Informationen zu offenen Buschenschänken:** www.osmize.com/deu.html

[>] Skelett eines Höhlenbären am Eingang der Grotta Gigante

Opicina

Mit der **Trambahn** fährt man von der Piazza Oberdan bequem in ca. 25 Min. nach Opicina zum Karstabbruch hinauf. Am steilen Hang macht ein Zugwagen die Tranvia zur Standseilbahn; ihren Dienst nahm sie erstmals 1916 auf. Von 2017 bis 2022 war der Service wegen umfassenden Reparaturarbeiten ausgesetzt. „Höhlenforscher" kommen mit dem Bus Nr. 42 weiter zur Grotta Gigante (und auch zurück zum Bahnhof). Abenteuerlustige können bei der Haltestelle Opicina-Obelisco direkt hinter der Säule 70 m in den Wald gehen und einen **Bunker** (Bunker dell'Obelisco di Opicina) aus dem Zweiten Weltkrieg inspizieren, Teil der deutschen Verteidigungsanlagen – eine starke Taschenlampe ist dafür unerlässlich (100 m nördlich vom Obelisk 20 m von der Straße über den Waldsteig, GPS N 45.68073, E 13.78105). Zwei weitere Bunker befinden sich oberhalb des Campeggio Obelisco. Der 1830 aufgestellte **Obelisk** erinnert an den Besuch von Kaiser *Franz I. von Österreich.*

Grotta Gigante

Über Nebenstraßen und die Orte Sgonico und Rubinpiccolo gelangt man zur Schauhöhle Grotta Gigante. Die Haupthöhle gehört mit 168 m Länge, 76 m Breite und 98 m Höhe zu den größten der Welt, entstanden in einer Zeit vor 5 Mio. Jahren als zweistöckiger Flusstunnel. Vor rund 500.000 Jahren hinterließ der Kollaps der trennenden Gesteinsschicht die Höhle in den heutigen Maßen. Der gewaltige Stalagmit „Colonna Ruggero" wuchs in den letzten 200.000 Jahren auf seine heutige Höhe von 12 m. Bereits im Neolithikum war die Höhle bewohnt, die Erforschung begann aber erst 1840 durch den Bergingenieur *Anton Friedrich Lindner.* 1908 gelangten die ersten Touristen auf eigens für sie gebauten Treppen in die Unterwelt, in der konstant eine Temperatur von 11 °C herrscht. Ein Museum führt vor dem Abstieg über 500 Stufen (ebenso viele im Aufstieg) in Entstehung und Geschichte ein. Für Kinder gibt es eine Kletterwand.

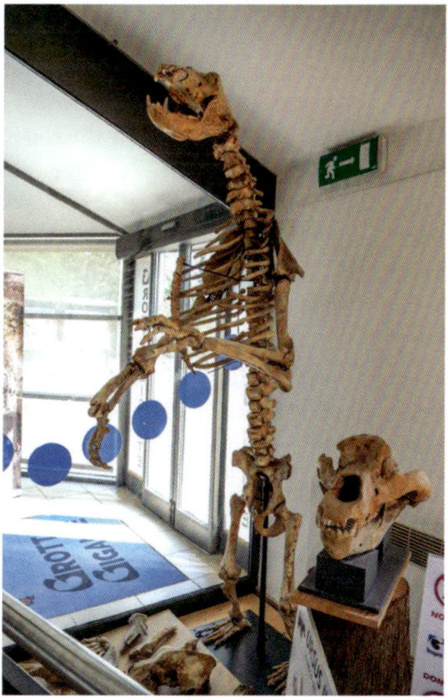

038f sk

Grotta Gigante, Sgonico (Anfahrt: Buslinie 42 ab Piazza Oberdan), Tel. 040 32 73 12, www.grottagigante.it, Führungen (60 Min.) Okt.–März 10, 11, 12, 13, 14, 15, 16 Uhr, April–Sept. 10, 11, 12, 13, 14, 15, 16, 17, 18 Uhr, 15 €, Kind 10 €.

Santuario di Monte Grisa

Fährt man von Triest hinaus nach Miramare, sieht man hoch oben im Karst ein Gebäude, das nur mit Mühe als Wallfahrtskirche zu interpretieren ist – der Santuario di Monte Grisa. Auch Triestiner können mit der architektonischen Entgleisung wenig anfangen und bezeichnen sie treffend als Streichkäseecke: *formaggino*. In der Literatur ist der Baustil unter Brutalismus eingeordnet. Auf der Strada Napoleonica kommt man zwar unterhalb und „in Rufweite" vorbei, man sieht die Pilgertstätte aber nicht, und es führt auch kein Weg zum Heiligtum 70 m höher. Zu Fuß erreicht man es auf dem Sentiero Niccolò Cobolli – Žlanjiva (3 km von der Tram-Haltestelle Opicina/Campo Romano), mit dem Auto von Prosecco aus (2 km).

Grundstruktur des Sichtbetonbaus ist ein gleichseitiges Dreieck, das sowohl in der Großform (mit abgeschnittener Spitze), als auch in den statischen Bauteilen wiederkehrt. Die Anlage mit Ober- und Unterkirche geht auf ein Gelübde des Triestiner Bischofs zurück, der 1945 bei Abzug der deutschen Truppen für die Verschonung der Stadt betete. 1959 war Baubeginn, 1966 die Weihe. Die Muttergottesfigur in der Unterkirche ist ein Geschenk des portugiesischen Wallfahrtsorts Fátima. Für das leibliche Wohl der zahlreichen Pilger sorgt das Pilgerlokal Casa del Pellegrino.

■ **Santuario Nazionale a Maria Madre e Regina,** Monte Grisa, www.montegrisa.org, tgl. 7.30–21 Uhr.

Prepotto, Slivia und Precenico

Besonders malerisch sind sie ja nicht, die Karstdörfer Italiens. Ein paar Dutzend Häuser, die einen ordentlich verputzt und pastellfarben gestrichen, die anderen mit grobem Mauerwerk in Grau; nur wenige drängeln sich um die

Spaziergang auf der Strada Napoleonica

Ein einfacher Spaziergang (auch per Rad möglich) entlang des Karstabbruchs führt von der Haltestelle Opicina-Obelisco (zwei Haltestellen vor der Endstation) auf dem **Napoleonweg** nach Prosecco (der Ort ist zwar Namensgeber des Perlweins, seine Herstellung konzentriert sich aber um Valdobbiadene in Venetien). Der in 250 m Seehöhe verlaufende Weg mit spektakulären Ausblicken soll – so das Ondit – auf Napoleons Truppen zurückgehen. Tatsächlich ist er später entstanden: Der Ingenieur *Giacomo Vicentini* plante ihn 1821, und so heißt er offiziell denn auch **Strada Vicentina.** Am Ende (im Ortsteil Contovello von Prosecco) belohnt die Osmiza des Gutshofs **Verginella** Spaziergänger mit einer Aussichtskanzel, einem Glas Wein und einer „Brotzeit". Zurück nach Triest (Bahnhof) kommt man mit den Buslinien 42/44.

GPS **Strada Napoleonica,** 4,5 km, 75 Min.

■ **Azienda Agricola Verginella,** Prosecco-Contovello, Tel. 34 88 04 93 35, www.facebook.com/aziendagricolaverginella, im Sommer bei gutem Wetter täglich, Vor- und Nachsaison am Wochenende.

Ortskirche, die meisten stehen in eigenen Gärten, inmitten der Weinspaliere. Hier pocht das Herz des **Terrano,** und die eine oder andere Osmiza hat ihren Busch herausgehängt. Viele Winzer haben auch eine Osteria eröffnet, und so kann man in der Gegend oberhalb der Schlösser Miramare und Duino zu Mittag rasten und es sich unter Ranken gut gehen lassen.

■ **Azienda Agricola Zidarich,** Prepotto 23, Tel. 040 20 12 23, www.zidarich.it, Mo–Sa 9–15 Uhr. Gut mit ausgezeichneten Weinen, Verkostung, kalten Platten und einem Garten mit Meerblick.

Botanischer Karst-Garten in Sgonico

Für den Rückweg nimmt man die Landstraße hinauf in den Karst und bleibt dort oben. Bei Gabrovizza biegt man von der Hauptstraße Richtung Sgonico ab und kommt 18 km von Triest entfernt zum 0,5 ha großen Botanischen Garten mit einer für den Karst typischen Pflanzenwelt im Moorgebiet, Buschland, Untergehölz, in einer Doline und auch auf Fels. Besonders reizvoll ist der Park, weil er nicht nach botanischer Systematik angelegt ist, sondern nach der natürlichen Beschaffenheit des Bodens und so die Zusammenhänge von Pflanzen, geologischen Bedingungen und Klima verdeutlicht.

■ **Giardino Botanico Carsiana,** Sgonico (Anfahrt: Buslinie 46 ab Piazza Oberdan), Tel. 38 95 87 00 90, www.giardinobotanicocarsiana.it, Mitte März–Mitte Okt. Di–So 10–13, Fr–So auch 15–19.

Karstrundfahrt

Eine Rundfahrt mit dem Fahrzeug oberhalb Triests könnte in Opicina beginnen und über die Grotta Gigante (Besuch der gigantischen Tropfsteinhöhle) und Prosecco (Abstecher zum brutalistischen Santuario di Monte Grisa) zu den typischen Karstdörfern Prepotto, Slivia und Precenico im Nordwesten führen, wo Winzer mit Wein und kalten Platten locken. Auf der Rückfahrt besucht man bei Sgonico den hochinteressanten Karstgarten und schaut bei Rupingrande im Karstmuseum vorbei. Dann hält man sich Richtung Süden, kommt nach Basovizza (→ Exkurs „Schwarze Jahre") mit seiner beklemmenden Geschichte und schließlich – vor der Rückfahrt nach Triest – zum Val Rosandra für einen Spaziergang im schattigen Tal.

■ **Karstrundfahrt:** ein voller Tag (mit Besichtigungen), rund 75 km.

Val Rosandra

Einen ruhigen Spaziergang kann man bei **Bagnoli della Rosandra** südöstlich von Triest direkt an der Grenze unternehmen. Man parkt beim Ort und begibt sich zu Fuß in den Naturpark des Tals Val Rosandra, einer fast unberührten Schlucht mit Wasserfällen, steilen Pfaden, Felsen, Dolinen und viel Grün, besonders in der Hitze des Hochsommers angenehm. Im Tal gibt es eine **altrömische Wasserleitung** zu sehen, die ursprünglich 17 km lang war und am Tag fast 6 Mio. Liter nach Triest beförderte. Der Weg endet im Weiler **Botaz-**

zo bei einem einfachen Ausflugslokal (ca. 1 Std.).

■ **Riserva Naturale della Val Rosandra** (Anfahrt: Bus Nr. 40/41 ab Piazza Oberdan), Tel. 04 08 32 64 35, www.facebook.com/ValRosandra.

Praktische Tipps

Unterkunft

■ **Hotel Krizman**② **und Restaurant**③**,** Repen 76, **Monrupino,** Tel. 040 32 71 15, www.hotelkrizman.eu. Zwölf Zimmer im Triestiner Karst, nicht weit von der slowenischen Grenze; die Besitzer sind beiden Kulturen verbunden – und so kommen im Restaurant delikate Gerichte des Nachbarlandes auf den Tisch, im Herbst gibt's Wild und im Frühjahr zarten Spargel.

■ **Agriturismo Skerlj**②, Località Sales 44, bei **Sgonico,** Tel. 040 22 92 53, www.skerlj.it. Drei Apartments mit gut eingerichteten Küchen auf einem hochgelobten Weingut für Selbstversorger.

■ **Agriturismo Al Selvadigo**②, **Basovizza** 338 (der letzte Ort vor dem Grenzübergang nach Lipiza/Lipica in Slowenien), Tel. 33 85 03 44 44, www.alselvadigo.com. Unterkunft in sechs Zimmern auf einem Hof mit Ziegenkäseproduktion.

■ **Lupinc**②-③, Località **Prepotto,** oberhalb von Aurisina, Tel./Fax 040 40 08 48, http://lupinc.it. Weingut mit einem immer bestens besuchten Restaurant②-③ und vier geschmackvollen Apartments mit Terrasse und Blick aufs Meer. Die Familie war die erste, die sich der Rebsorte Teran annahm, sie entwickelte und nicht nur für den Hausgebrauch auf Flaschen zog.

■ **Ostello Scout Alpe Adria TS**①, Campo Sacro bei **Prosecco** im Hinterland von Miramare, Tel. 040 22 55 62 (Mo–Sa 9–12.30 Uhr), www.ostelloscoutalpeadria.com. Für Gruppen ideales Hostel mit mehreren Schlafsälen in verschiedenen Gebäuden, sehr ruhige Lage im Hinterland, Anfahrt ab Piazza Oberdan mit Bus Nr. 44 (20 Min.); auch Camping möglich.

Camping

■ **Obelisco, Opicina,** Tel. 040 21 16 55, www.campeggiobelisco.it, ganzjährig offen. Angenehmer, schattiger Platz hoch über dem Meer, Restaurant; Stellplatz/2 Personen ab 20 €.

■ **Excelsior, Fernetti,** Tel. 040 21 69 68, www.campingexelsior.com, ganzjährig offen. Camping als Familienbetrieb mitten im Karst (4 km östlich von Opicina an der Grenze), Restaurant, Bungalowvermietung; Stellplatz/2 Personen ab 22 €.

Radweg Rosandra-Tal

Etwa 10 km sind es entlang der aufgelassenen historischen Bahntrasse (Campo Marzio – Erpelle, 1887–1959) vom Stadtzentrum durch den Triestiner Karst ins Tal von Rosandra (slowenisch: Dolina Glinščice) zur Botazzo-Quelle an der Grenze. Es geht durch Tunnel und über Brücken, vorbei an Akazien und herrlichen Ausblicken auf die Küste. Start ist der Infokiosk an der Via Antonio Gramsci mit Parkplatz. Die Strecke ist nur teilweise asphaltiert, die Steigungen sind aber – eisenbahngerecht – eher flach.

GPS **La pista ciclopedonale Giordano Cottur,** www.percorsiprovinciats.it, 10 km, 300 Hm, 1 Std.

Essen und Trinken

■ **Trattoria Sociale Dolina**①**,** Località **Dolina** 230 (nahe dem Val Rosandra), Tel. 040 22 70 75, So–Fr 8–20 Uhr. Günstiger kommt man nicht an Schwertfisch-Carpaccio oder frittierte Calamari – keine Gourmet-Sensation, sondern bodenständig und ehrlich.

■ **Trattoria Al Pozzo**②, Località San Lorenzo 9, **Val Rosandra,** Tel. 34 87 92 69 45, Mo/Di 10–15, Fr/Sa

Wanderung auf den Monte Lanaro

Bei Rupingrande beginnt die leichte Wanderung auf den Monte Lanaro (slow.: Volnik), mit 544 m Seehöhe der höchste Berg im italienischen Karst, direkt an der Grenze zum Nachbarland. Vom Parkplatz auf 350 m Höhe geht es nach Norden hoch, östlich und unterhalb vorbei am Piccolo Lanaro (533 m, slow.: Golec) und weiter zum Sattel (450 m) unterhalb des Monte Lanaro. Zurück steigt man auf demselben Weg ab oder nimmt auf dem Sattel die westliche Abzweigung runter zum Parkplatz Sagrado del Carso auf 350 m. Entlang der Straße gelangt man dann zum Ausgangspunkt zurück (2 km).

GPS **Wanderung auf den Monte Lanaro,** Parkplatz gleich östlich von Rupingrande (GPS N 45.72481, E 13.79620), 8 km, 250 Hm, 7,5 km, 2–2,5 Std. (über Sagrado 9 km, 250 Höhenmeter, 2,5–3 Std.).

10–15, 18–23, So 10–22 Uhr. Nördlich über dem Tal in einem winzigen Weiler mit Sicht über die Hügel und Hausmannskost wie Wildschwein mit Polenta.

■ **Casa del Pellegrino**②-③, Tel. 040 22 57 91, **Monte Grisa,** www.facebook.com/RistoranteCasadelPellegrinoMonteGrisa, tgl. 9–17/18 Uhr. Einfaches Lokal für die Pilger der Wallfahrtskirche mit überschaubarer Karte und Kantinenatmosphäre.

■ **Trattoria Sociale Prosecco**②, Via Prosecco 280, Località **Prosecco,** Tel. 040 22 50 39, Do–Di 12–15, 19–23, Mi 12–15 Uhr. Spanferkel vom Grill, Gulasch mit Nudeln, Aufschnittplatte oder Cevapcici: herzhafte, reichliche Gerichte auf der Terrasse.

■ **Gostilna Suban**②**,** Ternova Piccola 16, **Prepotto,** Tel. 040 20 01 75, www.facebook.com/trattoriasuban, Mo–Mi 17–23, Fr–So 11–23 Uhr. Kalte Platten, Pasta, als Spezialität die Ljubljanska (die slowenische Variante des Cordon Bleu) und eine Terrasse.

■ **Osmiza Gomizelj Damijana**②**, Rupingrande** 230, Tel. 34 74 79 84 67. Buschenschank mit einigen langen Tischen im Garten, leckeren Wurst-, Schinken- und Käseplatten und süffigem Wein.

Aktivitäten

■ **Wellness Center Avalon, Sgonico,** Borgo Grotta Gigante, bei Miramare im Hinterland, Tel. 040 32 74 31, www.avalonwellness.it. Aerobic, Step, Sauna, Spinning, Kosmetikbehandlungen, Massagen – auch Restaurant (Tel. 04 02 02 80 94, Mo geschl.).

■ **Klettern:** Mehrere Kletterfelsen liegen in der nächsten Umgebung, Mano di Fatima/Parallele, Torre Trieste und Luna Park an der Strada Napoleonica (→ S. 70) oder zwei Sites im Val Rosandra (→ S. 71).

Feste und Veranstaltunge

■ **Nozze Carsiche:** Karsthochzeit alle zwei Jahre im August/September (2024, 2026 etc.), einwöchiges Volksfest mit historischen Kostümen; **Rupingrande,** Tel. 040 32 73 35, www.discover-trieste.it.

Wanderung zur Dolina Riselce

Der Rundweg beginnt am Rathaus von Sgonico und führt auf der SP7 vorbei am Botanischen Garten (250 m hinter dem Garten von der SP7 nach links/Osten abbiegen) in die typische Karstlandschaft südlich von Sgonico. Dabei durchwandert man die Dolina Riselce (etwas steiler Abstieg), einen 40 m tiefen **Einbruchtrichter** mit den Maßen 160 auf 160 m eine der größten Dolinen überhaupt, entstanden durch den Kollaps einer von einer unterirdischen Wasserader geschaffenen Höhle. Auf dem Rückweg muss man leider knapp 1 km der (allerdings nur moderat befahrenen) SP8 folgen.

GPS **Sentiero Riselce,** Sgonico (Anfahrt: Buslinie 46), 4 km, 100 Höhenmeter, 1,5–2 Std.

Rupingrande

Nun fährt man wieder in den Karst hinein nach Rupingrande. Der Ort ist weit über den Karst hinaus bekannt für seine **Karsthochzeit,** die alle zwei Jahre im Aug./Sept. in ungeraden Jahren stattfindet. Eine Woche lang wird in historischen Kostümen mit viel Tanz ein Volksfest abgehalten – alles auf Slowenisch, denn im Karst ist man zweisprachig. Das **Karsthaus** ist ein Museum und steht für ein typisches Bauernhaus im Karst.

■ **Museo Kraška hiša,** Rupingrande 31 (Anfahrt: Buslinie 42 ab Piazza Oberdan), Tel. 040 32 71 22, www.kraskahisa.com/ger, April–Okt. So 11–12.30, 15–17 Uhr, Eintritt frei.

Muggia

■ 0 m üNN, 13.000 Einw., Triest 12 km, slow. Name Milje, österr. Name Mulgs

Das malerische Städtchen Muggia am gleichnamigen Golf ist geografisch bereits Istrien zuzurechnen. Wie ein typischer istrischer Küstenort besitzt es einen Hafen, der – umgeben von venezianisch beeinflusster Architektur – tief in das alte Zentrum schneidet. Da Habsburg und Venedig sich die Küste aufgeteilt hatten, war Triest österreichisch, während Muggia und ganz Istrien venezianisch blieben (bis Felix Austria sich schließlich im 19. Jh. Istrien doch noch einverleibte).

1336 wurde Muggia – damals auf und an den Berg gebaut – beim Machtkampf zwischen Genua und Venedig zwischen den Fronten zerrieben und zerstört. Man plante neu am Meer. Die **Stadtmauer** ist heute noch zu sehen mit einem der ursprünglich neun Türme der Befestigungsanlage, dem östlichen Stadttor **Porta Levante** mit dem Löwen von San Marco.

Sehenswertes

Sein Fahrzeug kann man auf einem der ausgewiesenen Parkplätze außerhalb des Zentrums abstellen. Besser fährt man aber von Triest mit dem Bus (Linie 20) hin oder in 20 Min. mit dem **Schiff**

Delfino Verde, das wochentags bis zu zehn Mal, am Sonntag sechs Mal die Taue löst (www.delfinoverde.it).

Im Stadtzentrum

Der **Dom Santi Giovanni e Paolo** überragt mit seinen eleganten Fassadenschwüngen die Piazza Marconi und die Piazza Galilei. Teile entstanden 1238, die Weihe war 1263. Die Basilika vereint Gotik und Renaissance mit einem venezianischen Einschlag. Beachtenswert ist das Radfenster von 1467, in dessen Mitte ein Relief von Maria mit dem Kinde prangt. Darunter ziert das Portal ein Tympanon der hl. Dreifaltigkeit mit den

Aposteln *Johannes* und *Paulus*. Im Inneren sind noch Teile der Fresken aus dem 14. Jh. zu sehen.

■ **Duomo Santi Giovanni e Paolo,** Calle Farra Luca 1, www.facebook.com/parrocchiasantigiovannie paolomuggia, tgl. 8–18.30 Uhr.

Dem Dom gegenüber steht der **Palazzo Comunale** mit vorgebauter Loggia, der 1930 nach einem Brand neu errichtet wurde. Das erste Rathaus stand hier 1256. Im Jahr 1444 errichtete man einen neuen Rektorenpalast, auf den die heutige Fassade (Löwe mit Buch) zurückgeht.

Unweit vom Hauptplatz führen die Via Dante Alighieri und einige Stufen hoch zur gotischen **Chiesa di San Francesco** aus dem 15. Jh., einst als Konvent geplant. 1958 wurde renoviert, erhalten blieben das Portalrelief, im Inneren eine wertvolle Pietà aus dem 14. Jh. und Grabsteine reicher Patrizierfamilien des 16. und 17. Jh.

Rund um die Kirche kann man in den engen Gassen mittelalterliche Atmosphäre tanken und zum **Castello** hochsteigen, das in Privatbesitz ist und als exklusives B&B mit drei Zimmern nur den Gästen offensteht. Der Patriarch von Aquilea ließ die Burg bis 1399 errichten – als Zwingburg gegen die ihm als Pro-Venezianer bekannten und ab und an aufmüpfigen Stadtbewohner Muggias. Das Wohngebäude kam 1904 oben drauf.

Das **Museum Ugo Carà** an der Umgehungsstraße ist schon wegen seiner modernen und stilweisenden Architektur einen Besuch wert. Neben Arbei-

039f-sk

ten des Bildhauers und Designers *Carà* (1908–2004) sind in Wechselausstellungen Werke zeitgenössischer Künstler zu sehen.

■ **Museo d'Arte Moderna Ugo Carà,** Via Roma 9, Tel. 04 09 27 86 32, www.museougocara.eu, Di–Fr 17–19, Sa 10–12, 17–19, So 10–12 Uhr, Eintritt frei.

Muggia Vecchia

Danach läuft man die Straße hoch zum **archäologischen Park** von Muggia Vecchia, dem ursprünglichen, bis Ende des 14. Jh. bewohnten Muggia – das römische Castrum Muglae (ca. 30 Min., Hinweisschilder „Santuario"). Über 3000 Jahre reicht die Siedlungsgeschichte auf dem Hügel zurück, die erhaltenen (auch auf Deutsch beschrifteten) Fundamente stammen allerdings aus dem Mittelalter und zeugen vom regen Leben dieser Zeit.

■ **Parco Archeologico di Muggia Vecchia,** Salita Muggia Vecchia 53, Tel. 040 27 11 64, http://parcodimuggiavecchia.it, immer zugänglich.

In der Mitte der Ruinen wacht die romanische **Basilika Mariä Himmelfahrt** (12. Jh.). Aus der Bauzeit sind die Altarschranke mit Flechtband und die beeindruckende Kanzel erhalten. Aus dem 13. bis 15. Jh. stammen die bestens restaurierten Fresken der Wallfahrtskirche. Im Mittelschiff rechts sind Szenen aus dem Leben Christi zu sehen, gegenüber u.a. die Himmelfahrt der Muttergottes. Die vier Mittelpfeiler tragen Bildnisse der vier Evangelisten. Im rechten Seitenschiff ist auf der ersten Säule der hl. Christophorus zu sehen – Schutzherr der Pilger, die sich hier mit Gebeten in lateinischer und glagolitischer Schrift (dem uralten slawischen Alphabet) verewigt haben.

■ **Santuario Santa Maria Assunta,** www.facebook.com/santuariomuggiavecchia, tgl. 8–19 Uhr (falls abgesperrt ist, erhält man den Schlüssel im Pfarrhaus gleich nebenan).

Nach Lazzaretto

Die Küstenstraße SP14 Richtung Slowenien verläuft bis zum Hafenbecken von San Rocco entlang der durchgängigen Gebäudezeile. Am Ortsschild schließlich lässt man die Häuser und die Triestiner Bucht zurück und folgt der Küstenlinie am offenen Meer entlang. Im Sommer besetzen Badende die frei zugänglichen Molen und Betonrampen, von denen Treppen ins Wasser führen. An der **Punta Sottile** ragt der gleichnamige Obelisco in den Himmel. Unterhalb und dem Meer abgewandt liegt das bewirtschaftete **Strandbad Gabriele** mit schattigen Plätzen und zwei Übergängen zu den auf Säulen ins Meer gebauten Liegeflächen. Von ihm ist es ein guter Kilometer bis zur slowenischen Grenze, vorbei an der – durch eine hohe Mauer abgeschirmten – „Trainingsbasis" **Lazzaretto** der italienischen Streitkräfte (tatsächlich aber ihr privates Freibad) und dem Zeltplatz von San Bartolomeo (s. u.).

■ **Stabilimento Balneare Gabriele,** Tel. 04 09 27 83 86, Eintritt 5 €, Schirm- und Liegenverleih, Restaurant.

◁ Mittagspause am Hafen von Muggia

040f sk

Praktische Tipps

Informationen

■ **Infopoint,** Via Alessandro Manzoni 2, Tel. 04 09 77 81 65, www.comune.muggia.ts.it, Mitte Juni–Mitte Sept. tgl. 9–13, 16–18 Uhr.

Unterkunft

7 La Bussola②, Via Manzoni 5, Tel. 04 09 27 72 78, www.labussoladimuggia.it. Die Pension in Hafennähe hat acht große, etwas minimalistisch möblierte Zimmer. Das angenehme Familienhotel empfängt gerne auch Radfahrer. Frühstück in der Bar nebenan.

4 B&B Castello di Muggia②-③, Calle Lauri 8, Tel. 040 27 27 72, https://castellodimuggia.com. Drei Zimmer im herrschaftlichen Ambiente der Burg mit Fernsicht über Muggia und das Meer.

1 Hotel San Rocco②-③, Via Strada per Lazzaretto 2, Tel. 040 33 01 00, www.hotelportosanrocco.it. Luxushotel mit 64 Zimmern in der modernen Marina von Porto San Rocco mit Hunderten von Liegeplätzen.

Camping

10 Campeggio San Bartolomeo, Lazzaretto/Muggia (an der slowenischen Grenze), Tel. 040 27 12 75, www.campeggiosanbartolomeo.it, Mai–Sept. Zeltplatz am Meer; Stellplatz/2 Personen ab 25 €.

⌃ Der Duomo Santi Giovanni e Paolo in Muggia

Essen und Trinken

5 Sal de Mar③, Largo Nazario Sauro 10, Tel. 04 09 27 89 08, www.saldemar.it, tgl. 12–22.30 Uhr. Der Platzhirsch mit Fischküche auf gehobenem Niveau, teils aber auch Crossover; köstlich die frittierten Sardinen, die Fisch-Lasagne oder der Oktopus in Mozzarella-Crème.

6 Risorta③, Molo Cristoforo Colombo, Tel. 040 27 12 19, tgl. 12–23.30 Uhr. Ebenfalls am Hafen (auf der Mole gegenüber), nicht so elaboriert wie der Nachbar, aber doch verlässlich gute Fischküche mit den Standardgerichten und schöner, ruhiger Terrasse über dem Meer.

UNSER TIPP: **2 Azienda Agricola Scheriani**②, Via Darsella di San Bartolomeo 20 (südwestlich auf dem Land, 3 km auf der SP17), Tel. 040 27 27 91, www.facebook.com/scheriani, Sommer Mo–Sa 12–14.30, 18–23, So 12–14.30 Uhr. Bauernhof mit deftiger, fleischbasierter Landküche aus den Kronländern (wie Cevapcici), gute Pastagerichte, faire Preise, schneller Service und eine fantastische Sicht übers Meer; Wein- und Olivenölverkauf.

8 Osteria da Toni②, Località Belpoggio 5 (südöstlich auf dem Land, 4 km auf der SP15), Tel. 040 27 25 91, Mi/Do 18.30–23, Fr–So 12–23 Uhr. Gemütliche Gaststube, schöner Garten und perfekte Fleischgerichte vom Grill direkt an der slowenischen Grenze. Die Tagliata ist ein Gedicht, und für Wagemutige gibt es alles auch mit Pferdefleisch (inkl. Cevapcici).

Apero & Abend

9 Antico Caffè Marconi①, Piazza Marconi 4, www.facebook.com/AnticoCaffeMarconi4, tgl. 8–22 Uhr. Für die leichte Mahlzeit tagsüber und den Aperitif am späteren Nachmittag; Nachbarschaftskneipe mit Blick auf den Hauptplatz.

Einkaufen

- **Mercato settimanale:** Lebensmittelmarkt jeden Do 8–14 Uhr in der Via Tonello Giuseppe.
- **Mercatino delle Pulci:** Trödel- und Kunstmarkt jeden 2. So/Monat auf der Piazza della Repubblica.

Aktivitäten

3 Radverleih: Viaggare Slow Bike Point, Strada per Lazzaretto 2 (Porto San Rocco), Do–So 9–12, 16–19 Uhr; MTB 15 €/Tag, eMTB 35 €/Tag.

Feste und Veranstaltungen

- **Karneval:** Sieben Tage in der Faschingszeit mit aufwendigen Maskenwagen und prächtigen Kostümen – ganz Muggia wird seit 1954 in dieser Zeit ein wahres Freilichttheater; www.carnevaldemuja.com.

Verkehr

- **Von/Nach Triest:** Delfino Verde Navigazione (Tel. 040 36 19 13, www.delfinoverde.it) verbindet Muggia wochentags zehn Mal, sonntags sechs Mal vom alten Hafen aus mit Triest; einfache Fahrt 4,45 €, hin und zurück 8,35 €, Rad 0,90 €.

2 Collio

» Die Hügelwelt des Collio ist eine Sehnsuchtslandschaft mit Weinbergen, kleinen Bauernhöfen und schmalen Sträßchen, winzigen Weilern und immer wieder einfachen Lokalen, die zu einer Pause einladen.

‹ Auffahrt zum Kloster Abbazia di Rosazzo

GRENZENLOSE RUNDFAHRT

Das Julisch Venetien Italiens ist nur ein schmaler Landstreifen entlang des Isonzo-Tals und der slowenischen Grenze zwischen Triest und den Julischen Alpen, steht als Namensgeber aber gleichberechtigt neben dem ungleich größeren Friaul. Es war die Bezeichnung Österreichs für den Landstrich, als die Macht der Habsburger noch bis zur Adria reichte. Dieser Großraum zwischen Isonzo und Ljubljana, zwischen den Alpen und der Südspitze Istriens, ist heute aufgeteilt zwischen Slowenien (mit dem Quellgebiet des Isonzo, der Soča), Kroatien, das Istrien bekam, und Italien, das eben nur einen schmalen Streifen Karstgebiet erhielt, dafür aber alle im Westen anschließenden österreichischen Besitzungen. Auf schmalen Sträßlein und durch ungezählte Kurven, vorbei an ebenso zahlreichen Winzerhöfen, erschließt sich der Collio, das Hügelland um Cormòns und Gorizia, am besten. In Gorizia beginnend, geht es über San Floriano ins slowenische Nova Gorica, zum Karst des Nachbarlandes, der Goriška Brda mit der Burg von Dobrovo. Dann verlässt man Slowenien bei Dolegna del Collio wieder Richtung Collio und besichtigt das Kloster Abbazia di Rosazzo. Vorbei an den Villen um Manzano führt der Weg schließlich über Cormòns zurück nach Gorizia. Wer es abenteuerlicher und stilvoller liebt, kann für eine Collio-Reise in Cormòns auch eine Vespa mieten (s. dort).

NICHT VERPASSEN!

- **Gorizias Kastell**, Stammsitz der Görzer Grafen | 86
- **Nova Gorica**, Besuch im Nachbarland | 90
- Rosen im Kloster: **Rosazzo-Abtei** | 99
- Der ganz besondere **Wein**: Verkostung im Collio | 100
- Da Vinci und die Festung: **Gradisca d'Isonzo** | 108
- Natur pur: **Schutzgebiete am Isonzo** | 115

Diese Tipps erkennt man an der gelben Markierung.

Gorizia

■ 86 m üNN, 34.000 Einw., Udine 35 km, Venedig 138 km, Triest 45 km, slow. Name Gorica, österr. Name Görz

Am Rande des Karsts ist die **Provinzhauptstadt** am Isonzo vor dem Panorama der Julischen Alpen schön ins Hügelland des Collio eingebettet. Die Altstadt zeigt sich hell, freundlich und herausgeputzt. Der Nachbar, das slowenische Nova Gorica, wirkt hingegen klar strukturiert, modern und aufgeräumt.

Bis 1918 gehörte Gorizia zu Österreich, nach dem Ersten Weltkrieg schlug man es Italien zu. Die **Schwesterstadt Nova Gorica,** auf slowenischem Boden direkt angrenzend, entstand unter Titos Jugoslawien nach 1945. Von da ab war die Grenze zwar nur eingeschränkt durchlässig, doch mit dem „kleinen Grenzverkehr" hatten die Anrainer erhebliche Erleichterungen beim Über-

tritt. Mit der Aufnahme Sloweniens in die EU 2004 endete dieser Zustand der Abgrenzung auch für Touristen. Gorizia hat sich von der stiefmütterlichen Behandlung abseits der Hauptwege erholt und sucht zusammen mit Nova Gorica eine neue Identität als europäische Stadt.

Geschichte

Das erste schriftliche Zeugnis von Gorizia stammt aus dem Jahr 1001, als Kaiser Otto III. in einem Dokument die Landschaften zwischen dem Patriarchen von Aquileia Giovanni IV und den **Grafen**

Gorizia
0 200 m
Übernachtung
8 Grand Hotel Entourage/ Palazzo Strassoldo
12 Gorizia Palace
14 B&B Ai Confini dell'Impero
Nachtleben
1 Hic Caffè letterario
4 Bar Chanel
5 Pub 4:20
6 Dejà Vù Café
10 Atmosfere La Stüa
★Villa Cronberg, San Floriano del Collio
Via del Boschetto
Viale Viegilio
Via Colombo
Via Italico
Via Cadorna
Giardini pubblici
Piazza C. Battisti
Corso G. Verdi
Via Brigata Casale
Via Brigata Casale
Via G. Leopardi
Via Garibaldi
Via Nizza
Via Montecucco
Via Brigata Casale
Via IX Agosto
Via XXIV Maggio
Via Garibaldi
Piazza Municipio
Via dei Leoni
Via Paolo Diacono
Via Pascoli
Via Angiolina
Via Pitteri
Via Locchi
Corso Italia
Via Codelli
V. Filzi
Udine, San Floriano, Cormòns, Gradisca
Via Manzoni
Via Rossini
Piazza div. Julia
Via dei Faiti
Via Canova
Via Mattioli
Via M. Buonarroti
Viale Fatebenefratelli
Corso Italia
Via Donizzetti
Via Duca d'Aosta
Via A. Ristori
Via F. di Manzano
Aquileia
Via Trieste
Via dei Faiti
Cormòns, Gradisca d'Isonzo
Bahnhof
★Reservat Doberdo Pietra Rossa, Triest

von Friaul aufteilte. Bis 1090 blieb der zweite Teil bei denen zu Eppendorf und kam dann in den Besitz der **Grafen zu Görz**, den Namensgebern der Stadt, die sie auch zum Stammsitz erklärten. Sie herrschten in Tirol und Kärnten, weit hinein nach Treviso und bis Kroatien. Der Letzte dieses Geschlechtes verstarb 1500. Damit ging die Grafschaft an die **Habsburger,** wo sie mit Intermezzi venezianischer und napoleonischer Herrschaft über vier Jahrhunderte bis zum Ende des Ersten Weltkriegs verblieb. Der Krieg machte Gorizia zur **Frontstadt,** da die zwölf Schlachten sich entlang des Isonzo-Tals abspielten. Die Zivilbevölkerung musste die Stadt verlassen und Gorizia schwere Zerstörungen hinnehmen.

Für 2025 haben sich Gorizia und Nova Gorica als **Kulturhauptstädte Europas** beworben und zusammen mit Chemnitz den Zuschlag erhalten.

Sehenswertes

Die meisten Sehenswürdigkeiten befinden sich um das Castello (mit ausreichend Parkmöglichkeiten). Die obere Altstadt ist von den starken Wehrmauern umschlossen, innerhalb derer im Norden das Castello wacht. Die Anlage

Die Highlights für Kinder

- Wipfelabenteuer im **Soča Fun Park** | 95
- Picknick, Spielen und Wandern im **Plessiva-Wald** | 107
- Schnitzeljagd im **Digitalmuseum in Gradisca** | 109
- Baden in der **Riserva Alberoni** | 117

wurde im Ersten Weltkrieg teilweise zerstört, alsbald aber rekonstruiert.

Burgmuseen

Auf dem Weg zur Burg sind in den drei (heute zu einer Einheit verbundenen) Gebäuden Casa Tasso, Casa Dornberg und Casa Formentini die Stadtmuseen untergebracht.

Das **ethnografische Modemuseum** in der Casa Dornberg legt seinen Schwerpunkt auf die Produktion von Zwirnen und Stoffen im Laufe der Jahrhunderte und zeigt mit Accessoires und Kostümen aus dem 18. bis 20. Jh. die Entwicklung vor allem auch in Hinblick auf die unterschiedlichen Musterungen und den Stellenwert des Blumendrucks in der Mode. Beachtenswert ist auch die Multimedia-Ausstellung zu den Trachten der Region.

■ **Museo della Moda e delle Arti Applicate,** Borgo Castello 13, Tel. 04 81 38 52 28, Di–So 9–19 Uhr, 6 € (mit Museo della Grande Guerra und Collezione Archeologica, für 7 € zusätzlich mit der Pinacoteca im Palazzo Attems Petzenstein).

Die **Archäologische Sammlung** (Casa Formentini, Eingang Casa Dornberg) der Provinz spannt den Bogen von der Altsteinzeit (Paläolithikum vor 450.000 Jahren) über das Neolithikum, die Römerzeit (Werkzeug, Amphoren, Glasarbeiten) und Mittelalter bis zur Renaissance (Majolika). Berühmt ist das goldene, 6 x 5,5 cm große langobardische Kreuz aus dem 6. Jh., vermutlich eine Grabbeilage.

■ **Museo Archeologico,** Borgo Castello 13, Tel. 04 81 38 52 28, Di–So 9–19 Uhr, Eintritt s. oben.

Das **Kriegsmuseum** in der Casa Tasso dokumentiert mit Fotografien, Plänen und Ausrüstung die Schlachten um den Isonzo und in Venetien. Erstmals sturmreif geschossen wurde Görz 1916 von den Italienern, die die Stadt daraufhin erobern konnten, österreichische Haubitzen revanchierten sich alsbald. Die Ausstellung versucht auch das Grauen des Krieges begreif- und erfahrbar zu machen: Im nachgebauten Schützengraben tönen die Einschläge und flackern die Explosionen.

■ **Museo della Grande Guerra,** Borgo Castello 13, Tel. 04 81 38 52 28, Di–So 9–19 Uhr, Eintritt s. oben.

Unterhalb der Burg passiert man schließlich die **Heilig-Geist-Kapelle.** 1398 errichtet, ist sie die älteste Kirche der Stadt. Mit den weiß gekalkten, aus den Natursteinmauern vorkragenden Erkerbauteilen wirkt sie außergewöhnlich.

■ **Cappella Santo Spirito,** Borgo Castello 15, So 8–18 Uhr.

Kastell

Die **Burg** (mit Ursprüngen im 11. Jh.) entstand im 13. Jh. als Stammsitz der Grafen zu Görz, wurde aber im 17. Jh. umgebaut und erweitert (unter anderen half dabei Edmund Halley, der Entdecker des Kometen, der heute seinen Namen trägt). Beim Wiederaufbau nach den Zerstörungen des Ersten Weltkriegs kam die aus dem 13. Jh. stammende Bausubstanz zutage und man versuchte, sie teilweise zu rekonstruieren. Herausgekommen ist ein nicht mehr originaler Bau, der vor der Hügelkulisse dennoch ein grandioses Bild abgibt. Beim Spaziergang auf den Wehrmauern und vom Turm aus lässt sich weit über die Stadt blicken. Spannend ist die Sammlung an Hieb- und Stichwaffen aus mehreren Jahrhunderten im Rittersaal. Im Getreidespeicher ist die Görzer Geschichte nachzuvollziehen. Die Burg ist immer wieder auch Schauplatz von Konzerten und Theateraufführungen.

■ **Museo del Castello/Museo del Medioevo Goriziano**, Borgo Castello 36, Tel. 04 81 53 51 46, Wiedereröffnung nach Renovierung 2023.

Rund um den Dom

Unterhalb des Borgo Castello markiert die Bronzefigur des Dichters und Denkers *Carlo Michelstaedter* (1887–1910) gegenüber der Questura den Eingang zur heute verkehrsberuhigten, schmalen **Via Rastello,** einst die Hauptachse der Stadt, Handelsstraße und Marschgasse für die Truppen des Ersten Weltkriegs. Heute bildet sie den Kern des **Szeneviertels** mit Kunst- und Ramschverkauf und vielen Kneipen und Galerien, die sich in den historischen Läden breitgemacht haben, viele davon doppelstöckig mit attraktiven Innentreppen.

Die Straße endet an der **Piazza della Vittoria** mit der sehr österreichischen **Ignatiuskirche** aus der zweiten Hälfte des 17. Jh., mitfinanziert von Kaiser *Ferdinand III.* (s. Zugabe). Die **Fontana di Nettuno** (Neptunbrunnen, 1756) davor ist das Wahrzeichen der Stadt.

Zurück an der Piazza Cavour schließt östlich die **Piazza Sant'Antonio** an. Auf ihr fand ab 1250 – nach der Erweiterung der Oberstadt in die unteren Bereiche – der Markt statt. Der dreiflügelige Laubengang an der Piazza Sant'Antonio erinnert an das im 13. Jh. gegründete Minoritenkloster Sant'Antonio – heute haben mehrere Lokale unter den Arkaden Tische aufgestellt, und abends ist hier immer viel los.

Mit dem letzten Bourbonenkönig hatte der Palast den Lauben gegenüber, **Palazzo Strassoldo,** einen berühmten Besucher (und ist auch heute noch eine Herberge – das Entourage-Hotel). Der abgedankte *Karl X.* kam 1836 für kurze Zeit und bereits von der Cholera gebeutelt im Palast unter, wo er alsbald starb und im Kloster von Kostanjevica seine letzte Ruhestätte fand (→ S. 91).

Der versteckt an der Südostseite liegende **Palazzo Lantieri** aus dem Jahr 1350 mit Arkaden aus dem 16. Jh. sah als Gäste ebenfalls berühmte Persönlichkeiten wie *Goldoni* und *Casanova.*

Hinter der Questura steht der Dom, die **Kathedrale der Hl. Hilarius und Taziano** mit dem Uhrturm. Im Ersten Weltkrieg schwer beschädigt, wurde die Fassade des Doms klassizistisch umgestaltet. Der verspielt-zierliche, weißgoldene Barockstuck des Inneren entstand im auslaufenden 17. Jh.

■ **Cattedrale SS. Ilario e Taziano**, Corte Sant'Ilario, tgl. 8–19.15 Uhr.

Rund um die Piazza de Amicis

Ein zehnminütiger Spaziergang über die Via Roma und die Via dell'Arcivescovado nach Norden endet an der Piazza Edmondo de Amicis. Hier ist im Erdge-

Auf den Spuren von Max Fabiani

Der **Architekt** (1865–1962) war nach Ende des Ersten Weltkriegs maßgeblich am Wiederaufbau der Stadt beteiligt. Bereits vorher reüssierte er in **Wien** als einer der Väter der modernen Architektur und hinterließ dort zahlreiche Bauwerke (in jener Zeit soll er auch *Adolf Hitler* als Zeichner beschäftigt und ihn nach drei Monaten entlassen haben – zu arbeitsscheu). Auch in Gorizia war er bereits in den Vorkriegsjahren tätig – der **Trgovski Dom** von 1905 (Corso Verdi 52) geht auf ihn zurück. Seine **Chiesa del Sacre Cuore** (Via Brigata Casale 10) von 1937 beeindruckt mit ihren klassizistischen Stilelementen und einer dem Razionalismo der Mussolini-Zeit zugewandten Loggia. *Silvano Barich,* ein Schüler *Fabianis*, schuf 1923 den **Villino Villani** (Corso Italia 150) und weitere Gebäude am Corso wie die **Casa Bisiach** (Nr. 215). Ebenfalls von Fabianis funktionalistischer Moderne geprägt wurde *Umberto Cuzzi,* der sich dann aber gänzlich dem Razionalismo verschrieb. Verewigt hat er sich u.a. mit der **Villa Schiozzi** (1933, Via Manzoni 36) und der **Villa Perco** (1935, Via Angiolina 34). *Angiolo Mazzoni* schließlich – ein Faschist der ersten Stunde – plante das Postamt **Palazzo Postale** (Via Oberdan, Ecke Corso Verdi) im Jahr 1930 und vermischte erstmals den Funktionalismus mit toskanischen Einflüssen.

schoss des Rokoko-Palasts Attems Petzenstein (1750) die Pinakothek mit Werken venezianischer Meister des 18. Jh., Porträts des 19. Jh. und einer Sammlung von Gemälden und Plastiken der ersten Hälfte des 20. Jh. (u.a. von *Tullio Crali, France Gorše* und *Anton Zoran Mušič)* untergebracht – beachtenswert auch die beiden freskierten Säle von 1780.

■ **Palazzo Attems,** Piazza E. de Amicis 2, Tel. 04 81 38 53 35, Di–So 10–18 Uhr, Eintritt s. Burgmuseen.

Gleich hinter dem Palazzo Attems (in der nächsten Straße im Westen) geht es durch ein elegant geschwungenes Gittertor zur **Synagoge.** Sie kam im Jahr 1756 in einem ehemaligen Oratorium von 1699 unter. Die Inneneinrichtung entstammt noch dem 18. Jh.: eine rundum laufende Empore und der Toraschrein. Das Äußere wurde 1894 und in den 1950ern umgestaltet.

■ **Sinagoga,** Via Graziadio Isaia Ascoli, Tel. 33 49 18 18 72, Di/Do 17–19, jeden 1. So/Monat 10–13 Uhr.

Park und Villa Cronberg

Die Villa Cronberg (auf dem Weg vom Dom zum Palazzo Attems die Via Seminario nach links) entstand Ende des 16. Jh. und ist von einem schönen, 5 ha großen Park im englischen Stil umgeben. Hochherrschaftlich geben sich die Gebäude mit mehrstöckiger Loggia und Gästehaus. Nördlich der Loggia steht eine Kapelle aus dem 17. Jh. Den Regeln eines Landgutes folgend stehen auf dem Gelände Bauernhäuser. In der Villa selbst sind Möbel und Gemälde aus dem

18. Jh., japanische Stiche aus dem 19. Jh., eine Münzsammlung, Schmuck, Kleider, Teppiche und Porzellan ausgestellt.

■ **Villa Cronberg**, Viale XX Settembre 14, Tel. 04 81 53 34 85, www.coronini.it, Park bei Tageslicht frei zugänglich, Mitte April–Mitte Nov. Führungen in der Villa stdl. Mi–So 10–13, 15–18 Uhr, 8 €, mit FVGcard kostenlos.

In der Umgebung

San Floriano del Collio

San Floriano 6 km nördlich von Gorizia liegt an der Grenze zu Slowenien auf einem Hügel. Das **Schloss Formentini** geht auf das Mittelalter zurück, 1520 eroberte *Vinciguerra Formentini di Cividale* es von der Familie *Ungrispach*. Die Burg wurde mehrfach zerstört, aber als Teil des Verteidigungsgürtels um Görz immer wieder aufgebaut. Im Ersten Weltkrieg hausten Soldaten in ihr und beschädigten sie schwer.

Heute kann man im nahen Schlosshotel – der Foresteria – luxuriös wohnen und sich im Weinmuseum über die abendlichen Getränke informieren.

Auf der östlich verlaufenden Straße von Gorizia nach San Floriano kommt man nach 4 km am **Beinhaus von Oslàvia** vorbei. Die 1938 errichtete monumentale Anlage ist mit einem breiten, von Zypressen gerahmten Treppenaufgang versehen, der hoch zum zylindrischen Hauptbau führt. In den Stollen unter dem Tempel ruhen die Gebeine von 57.741 italienischen Soldaten (und 540 der k. u. k. Monarchie), davon etwa 37.000 nicht identifizierte Leichname.

■ **Ossario di Oslàvia,** Tel. 04 81 48 90 24, www.difesa.it, Di–Sa 9–12, 14–17, April–Sept. auch Mo 9–12, 14–17 und So 9–13 Uhr.

Wanderung auf den Monte Sabotino

Vom Weiler Località **Villa Vasi** (6 km nördlich von Gorizia, Parkplatz an der Chiesa San Mauro, GPS N 45.97601, E 13.62990) führt in weiten Serpentinen eine für Fußgänger und Radfahrer freigegebene Militärstraße auf den Monte Sabotino. Erst einmal geht man aber 900 m auf der Teerstraße vorbei an den Weinbergen zur Überführung an der Strada di Osimo, ab der der Weg dann gesperrt ist. Nach 3 km ab der Überführung endet der Asphalt bei einer abgesperrten Militäreinrichtung in 550 m Höhe, dann sind es (unterhalb vorbeigehend) noch 500 m auf felsigem Pfad hoch zum **Gipfelstein** in 609 m Höhe. Der ganze Berg war im Ersten Weltkrieg zunächst von Österreichern, dann von Italienern stark befestigt worden, ist mit Schutzkavernen unterhöhlt und als **Freiluftmuseum** ausgewiesen. Von ihm aus hat man auch eine wunderbare Sicht über die Hügelwelt des Collio bis hin zum Meer. Unterhalb des Gipfels auf slowenischer Seite erklärt ein **Besucherzentrum** die Situation.

GPS **Wanderung Monte Sabotino,** 4 km, 480 Höhenmeter, Anstieg 90–120 Min.
■ **Center za obiskovalce,** www.sabotin-parkmiru.si, Sa/So 10–18, Nov.–März 10–15 Uhr).
■ **Cafeteria Okrepčevalnica Park Miru,** Sommer Sa/So 8–19 Uhr, Erfrischungen.

Nova Gorica

Der Frieden von Paris hinterließ Görz/Gorizia 1946 geteilt – auf jugoslawischem Staatsgebiet war Nova Gorica entstanden. Mit der Aufnahme Sloweniens in die EU 2004 und dessen Beitritt zum Schengenraum 2007 entfielen die Grenzkontrollen, und die beiden Halbstädte planen seitdem ihre Zukunft gemeinsam. Doch 1946 war die Situation noch anders, die slowenischen Stadtviertel besaßen schlicht kein Zentrum, der Grenzübertritt gestaltete sich schwierig. Und so musste eine Stadtmitte auf dem Reißbrett entworfen werden.

Sehenswert ist der 1906 erbaute und schön restaurierte, klassizistische **Bahnhof** aus der k. u. k. Ära, ein unübersehbares Symbol für die einstige Bedeutung von Görz. In ihm dokumentiert das **Bahnhofsmuseum** mit seiner Ausstellung zur Grenzlinie in der Region Goriška 1945–2004 die Auseinandersetzungen und Kompromisse um die Grenze zwischen Jugoslawien und Italien. Vor dem Gebäude auf dem **Trg Evropa** (auch Piazza della Transalpina) markiert eine im Pflaster der Verkehrsinsel eingelassene Plakette den Grenzverlauf.

■ **Muzejska zbirka Kolodvor,** Kolodvorska Pot 8, Tel. +386-5-335 98 11, https://goriskimuzej.si, Mo–Fr 13–17, Sa/So 12–19 Uhr (Winter nur bis 17 Uhr), 2 €.

042f sk

Das **Franziskanerkloster Kostanjevica** zwischen Nova Gorica und Rožna Dolina existiert seit 1625. Da es während der Isonzoschlachten schwere Zerstörungen erlitt, musste es nach dem Krieg neu aufgebaut werden. Es besitzt eine kostbare Bibliothek. In der Gruft liegt der Bourbonen-König *Karl X.*, der 1830 nach der Juli-Revolution aus Frankreich flüchtete, sich in Gorizia niederließ und dort an der Cholera starb. Im Klostergarten blüht im Sommer eine von Europas artenreichsten Pflanzungen der Bourbon-Rosen.

■ **Frančiškanski Samostan Kostanjevica,** Skrabčeva Ulica 1, Tel. +386-5-330 77 50, www.samostan-kostanjevica.si, Mo–Fr 9–12, 15–17 Uhr, So (nur Gruft) 15–17 Uhr, Grab und Bibliothek je 2 €.

Die Ausstellung in der spätbarocken **Villa Bartolomei** im Vorort Solkan widmet sich der jüngeren Geschichte der Region zwischen 1918 und 1947, insbesondere der italienischen Regierungszeit, der deutschen Besatzung und der Verwaltung unter den Alliierten.

■ **Villa Bartolomei,** Pod Vinogradi 2, Tel. +386-5-335 98 11, Sa 15–19 Uhr, Eintritt 3 €.

Gorizia und Umgebung: Zugabe!

■ **Chiesa di S. Ignazio,** Piazza Vittoria, Gorizia, Tel. 04 81 53 51 06, tgl. 8–12, 15–19 Uhr. 1654 von den Jesuiten begonnene Kirche, die erst 1767 geweiht werden konnte. Der Josephsaltar zeigt barocke Stilelemente. Wertvoll ist auch das aufwendig geschnitzte Gestühl von 1886. Die einstmals reichhaltige Ausstattung ging 1792 durch Plünderungen verloren.

■ **Jüdischer Friedhof/Židovsko Pokopališče,** Rožna Dolina (3 km südlich des Zentrums von Nova Gorica im Rosental), Parkplatz an der Vipaska Cesta, frei zugänglich. Friedhof mit bis zu 800 Jahre alten Grabsteinen.

■ **Ponte di Salcano/Solkanski Most,** Solkan (3 km nördlich von Nova Gorica); 1906 fertiggestellte, 222 m lange Eisenbahnbrücke der k. u. k. Tauernbahn, heute auch fürs Bungee-Jumping genutzt.

043fsk

◁ Ein 1922 in Neapel gebauter Veteran vor dem Bahnhof von Nova Gorica

▷ Adrenalin-Ausschüttung auf der Solkan-Brücke

Sveta Gora

Auf der Sveta Gora (9 km Anfahrt) – dem Heiligen Berg – steht seit 1544 die gleichnamige **Wallfahrtskirche,** die Franziskaner 1565 um ein Kloster erweiterten. Während des Ersten Weltkriegs vollständig zerstört, wurde Sveta Gora als eine der wichtigsten Marienpilgerstätten Sloweniens 1927 als Basilika wiedererrichtet. Das kleine **Marienmuseum** widmet sich der Geschichte der Wallfahrt.

Radtour am Ufer des Isonzo

Die schattenlose Tagestour verläuft von der Piazza del Municipio in **Gorizia** ausgehend für etwa 3 km auf der gut befahrenen Via Duca d'Aosta aus der Stadt heraus über die Brücke **Ponte Otto Agosto** zum westlichen Ufer des Isonzo, dem man dann (teils entlang des parallel verlaufenden Kanals) folgt. Rund die Hälfte der Strecke geht es auf befestigten Rad- und Spazierwegen, den Rest auf geteerten Nebenstraßen. Bei **Sagrado** wird auf die östliche Uferseite gewechselt, bei **Pieris** zurück an die Westseite, auf der man dann bis zur **Isonzo-Mündung** bleibt. Dort kann man sich an der Bar des **Albergo Caneo** (Strada del Caneo 1, Tel. 04 31 88 44 26, www.caneo.it, März–Okt.) mit einem Espresso für die Weiterfahrt stärken oder im Restaurant den morgendlichen Fischfang bestellen. 22 km sind es abschließend über die Punta Barene zum Bahnhof von **Monfalcone** (häufige Züge nach Gorizia, 20 Min., mit Rad um 7 €).

GPS **Radtour Gorizia–Isonzo,** 65 km, 50 m Anstieg, 150 m Abfahrt.

044f sk

■ **Marijanski Muzej**, Tel. +386-5-330 40 20, www.svetagora.si, Sa/So 9–17 Uhr (Nov.–März geschl.), Eintritt frei.

Schloss Kromberk

Die massige Vierflügelanlage des **Renaissance-Schlosses** Kromberk liegt 3 km außerhalb von Nova Gorica in einem Park und gehört zum Museumsverbund der Region. Ein kleiner Park mit Zypressen, Kunsteinbauten und einem Freilufttheater umgibt das Schloss. In einer **Galerie** sind Werke vom Mittelalter bis zum Barock ausgestellt mit Schwerpunkt auf der Regionalkultur. Eine weitere Galerie ist Künstlern des 20. Jh. vorbehalten, deren Arbeiten die Entwicklung bis zum sozialistischen Realismus dokumentieren. Eine **kulturhistorische Ausstellung** zeigt Möbel und Gemälde aus dem 19. Jh. Das Restaurant gilt als eines der besten um Nova Gorica.

■ **Grad Kromberk**, Tel. +386-5-335 98 11, www.goriskimuzej.si, Di–Fr 10–18, So 12–20, Winter Mo–Fr 9–17, So 10–18 Uhr, 4 €.

Schloss Dobrovo

Schloss Dobrovo liegt auf einem Hügel im Weinanbaugebiet **Goriška Brda** nordwestlich von Nova Gorica (bei Plave über die Soča-Brücke fahren). Das Schloss mit seinen vier Ecktürmen entstand um 1600 im Renaissance-Stil mit barockem Einschlag als Besitz der Grafen von Colloredo. In der zweiten Hälfte des 19. Jh. übernahm es die Familie *Baguer*, deren Einrichtung heute in der kulturgeschichtlichen Ausstellung zu sehen ist. Die **Galerie Zoran Mušič** zeigt über 100 Arbeiten des bekannten Grafikers mit Themen aus dem Karst bis hin zum Golf von Venedig. Im Schloss finden im Sommer auch Konzerte und weitere Veranstaltungen statt. Zurück nach Nova Gorica kann man über italienisches Gebiet auf gut ausgebauter Strecke fahren.

■ **Grad Dobrovo,** Grajska Cesta 9, Dobrovo, Tel. +386-5-395 95 86, www.goriskimuzej.si, Di–Fr 10–12, 13–15, Sa/So 13–17 Uhr, 3 €.

Praktische Tipps

Informationen

■ **Infopoint,** Corso Italia 9, 34170 Gorizia, Tel. 04 81 53 57 64, www.turismofvg.it, https://letsgo.gorizia.it, Mo–Sa 9–13, 14–18, So 9–13 Uhr.

Unterkunft

8 **Grand Hotel Entourage/Palazzo Strassoldo**②, Piazza Sant'Antonio 2, Tel. 04 81 19 88 060, www.hotelentourage.it. Vier-Sterne-Luxus an geschichtsträchtigem Platz, von Königen, Kaisern und Feldherrn besucht, mit 40 Zimmern, Kristall, Blattgold und allem, was das Auge begehrt (und das zu fairen Preisen).

12 **Gorizia Palace**②, Corso Italia 63, Tel. 04 81 82 166, www.goriziapalace.com. Modernes Haus der Best-Western-Gruppe im Süden der Stadt mit vier Sternen und 69 Zimmern.

14 **B&B Ai Confini dell' Impero**①, Corso Italia 178, Tel. 37 11 32 96 69, www.aiconfinidellimpero.com. Elegante und angenehme Privatpension mit nur drei Zimmern mit jeweils eigenem Bad (bei zwei Zimmern Zugang vom Flur aus); in zentraler Lage im Erdgeschoss eines Palastes im Stil der Wiener Schule.

In der Umgebung

Unser Tipp: **Zuani Casa**③, Località Giasbana 12, **San Floriano del Collio,** Tel. 36 63 59 63 59, www.zuanivini.it. Weingut inmitten der Weinberge mit ausgezeichneten Tropfen und vier eleganten Zimmern mit modernem, lichtem Ambiente.

■ **Foresteria di Castello Formentini**②, Via Oslavia 2, **San Floriano del Collio,** Tel. 34 85 51 43 13, www.facebook.com/AlexanderFormentini. Im Gutshof des Schlosses mit Fernsicht wohnt man in einfacheren Zimmern. Charmanter Gastgeber, Garten, Pool und gutes Frühstück in der Ruhe des Collio.

■ **Garni Hotel Siesta**①, Industrijska Cesta 5, **Nova Gorica,** Tel. +386 5 33 31 230, www.hotel-siesta.si. Modern, sauber, zweckmäßig und in einer Handels- und Industriezone gelegen – 40 Zimmer zu sehr günstigen Preisen und dazu ein Zeltplatz mit guten Sanitäreinrichtungen.

Camping

S. oben bei **Garni Hotel Siesta**

Essen und Trinken

Unser Tipp: **15** **Trattoria Rosenbar**③, Via Duca d'Aosta 96, Tel. 04 81 52 27 00, www.rosenbar.it, Di–Sa 12–15, 19.30–22.30 Uhr. In den 1980ern als Bar gegründet, ist es heute ein hochklassiges Restaurant mit vornehmlich Fischküche; unbedingt empfohlen: das Degustationsmenü.

2 **Osteria Alla Luna**②-③**,** Via Oberdan 13, Tel. 04 81 53 03 74, https://trattoriaallaluna.com, Mi–Sa 11–15, 18.30–23.30, So 11–15 Uhr. Ältestes Lokal in Gorizia, Wahrer der Tradition mit Gerichten aus dem Friaul, dem Karst und der k. u. k. Küche: Semmelknödel, Gulasch und Palatschinken neben, zwischen und unter folkloristischem Allerlei; Schanigarten.

9 **Bistrò Al Chiostro**②-③, Piazza Sant'Antonio 10, Tel. 04 81 18 00 298, www.facebook.com/alchiostrobistro, Mi–Mo 11–15.30, 18–25 Uhr. Schönes Sitzen im Laubengang eines ehemaligen Klosters mit Schwerpunkt auf Fisch (die rohen Scampi und das Thunfisch-Tartar sind perfekt), hausgemachte Pasta in wechselnden Variationen.

7 **Bar al Museo**②, Borgo Castello 11, Tel. 34 82 58 25 36, Di–So 9–22 Uhr. Im Haus Dornberg (s. Museen beim Schloss) sitzt man angenehm auf der Terrasse und isst kalte Platten.

11 **Trattoria Cà di Pieri**①-②, Via Codelli 5, Tel. 04 81 53 33 08, Mo–Sa 9–15, Mo–Fr auch 18–23 Uhr. Unspektakuläres Lokal, in dem u.a. Kutteln, Fisch und Hühnchen in verlässlicher Qualität und zu fairen Preisen serviert werden.

3 **Piadnieria La Caveja**①, Piazza dell Vittoria 37, Tel 04 81 06 71 24, www.la-caveja.it, Di–Sa 7.30–21.30 Uhr. Kettenrestaurant mit vorzüglichen piadine – die italienischen Wraps – mit Füllungen in großer Auswahl (auch vegetarisch).

In der Umgebung

■ **Al Ponte de Calvario**②, Via Vallone dell'Acqua Piedimonte, Località **Groina** 2 (3 km nordwestlich des Zentrums von Gorizia), Tel. 04 81 53 44 28, www.alpontedelcalvario.it, Mi–So 11–15.30, 19–23 Uhr. Von den Einheimischen heißgeliebtes Ausflugslokal mit deftiger Bauernküche wie Cevapcici, Gulasch mit Polenta und k. u. k. Süßspeisen.

■ **Osteria Korsic**②, Località Sovenza, **San Floriano del Collio,** Tel. 04 81 88 42 48, www.korsic.it, Do–Mo 11.40–15.30, 18.30–21.30 Uhr, Sa/So durchgängig. Modern-gemütlich eingerichtetes Haus, seit Generationen in der Hand der Familie. Im Sommer sitzt man im großen Garten mit Panoramablick. Wie der Name schon andeutet, kommt die Küche aus dem Nachbarland: Käse, Speck, hausgemachte Pasta und vornehmlich Fleisch.

■ **Lokanda Devetak**③, Via Brezici 22, **San Michele del Carso,** Tel. 04 81 88 27 56, www.devetak.com, Mi/Do 12–15, Fr 12–15, 19–22.30, Sa/So 10–22.30 Uhr. Ein charmantes Anwesen im traditionellen Karststil, in dem Familie Devetak seit Ende des 19. Jh. auf sehr hohem Niveau Gäste bewirtet, Spezialitäten wie die Hefeteig-„Mlinci" sind weit über die Grenzen berühmt. Auch acht nostalgisch eingerichtete, komfortable Gästezimmer③.

■ **Restavracija Grad Kromberk**③-④, Grajska cesta 1, **Nova Gorica,** Tel. +386 41 69 30 73, https://gradkromberk.si, Mi–Sa 12–15, 19–22, So 12–17 Uhr. Die feine Haubenküche in passender Schlossatmosphäre hat ihren Preis.

UNSER TIPP: **Restavracija Gurman**①-②, Ulica Gradnikove brigade 51, **Nova Gorica,** Tel. +386 5 30 21 941, https://restavracija-gurman.si, Mo–Fr 10–15, Sa 12–22 Uhr. Wirkt ein bisschen improvisiert ins Wohngebiet gestellt, serviert aber verlässlich gute slawische Fleischspezialitäten wie Cevapcici.

Caffè & Eis

13 **Glida Gelateria Naturale**, Corso Italia 130, Tel. 32 00 64 68 58, www.facebook.com/glidagelato naturale, Sommer Di–So 13–22.30 Uhr. Klassiker wie Pistazie, Zimt oder Feige und immer wieder etwas Besonderes wie Brot/Butter/Marmelade und Safran mit Walnuss.

Apero & Abend

Bars und Pubs häufen sich in der **Via Rastello** in den ehemaligen k. u. k. Geschäften, in denen die attraktive Inneneinrichtung teilweise erhalten geblieben ist, darunter das 5 **4:20** in der Nummer 48 (www.facebook.com/420beerya), die 4 **Bar Chanel** (Nr. 27, www.facebook.com/chanelwinebar) oder das 6 **Dejà Vù Café** (Nr. 71, www.facebook.com/dejavucaferastello).

10 **Atmosfere La Stüa,** Piazza S. Antonio 16, Tel. 04 81 33 674, Mi–So 11.30–15, 18–23/24 Uhr. Weinbar mit Cocktails, Fingerfood und Pizza; Treffpunkt für den Aperitif und zu späterer Stunde für das Gläschen Champagner.

1 **Hic Caffè letterario,** Via Don Bosco 165, Tel. 32 98 03 96 26, Mo–Sa 7–13.30, 16–23, So 8–13 Uhr. Etwas abseits gelegenes Café mit Anspruch, Konzerten, Lesungen und Diskussionen.

Feste und Veranstaltungen

■ **Etnos Gorizia:** Folklorefest Gorizias an einem Wochenende im August mit Kostümshows, Gesang und Tanz, www.etnosgorizia.it.

■ **Gusti di Frontiera:** An einem Septemberwochenende in Gorizia, Kulinarik und Volksfest; www.facebook.com/gustidifrontiera.

■ **R. o. R. Festival:** In einer Woche im Mai setzen sich Kunstschaffende in Nova Gorica mit neuen Technologien auseinander – Hightech in der Kunst –, www.brida.si.

Aktivitäten

Soča Fun Park, Pot na Breg 55, **Solkan** (3 km nördlich von Gorizias Zentrum direkt auf der Grenze), Tel. +386-40 37 74 77, https://socafunpark.si, Juli/Aug. Mo–Fr 15–20, Sa/So 9–13, 15–20 Uhr, sonst nach Voranmeldung für Gruppen ab 6 Personen. Hochseilgarten für die ganze Familie (ab 5 Jahren) mit 53 Elementen in fünf Kursen (10–18 €, Zipline zusätzlich 12 €), außerdem Zipline (22 €) und Ballerspiele (20 €/2 Std.).

■ **Soča Bungee Jump, Solkan-Brücke,** Tel. +386 65 60 10 87, http://bungee.si, an Wochenenden (entweder Sa oder So) nach Voranmeldung. Sprung am Seil aus 55 m Höhe 65 €.

Verkehr

■ **Bahnhof/Stazione:** Piazzale Martiri della Libertà 4 (südwestlich des Zentrums), Verbindungen nach Udine (fast stdl., 25 Min., um 4,50 €) oder Trieste (stdl., 45 Min., um 5 €).

Cormòns

56 m üNN, 7500 Einw., Udine 26 km, Venedig 136 km, Triest 56 km, slow. Name Krmin, österr. Name Gremaun

Cormòns liegt 15 km westlich von Gorizia im Zentrum der Weinbauregion Collio – ein aufgeräumtes Städtchen in einer grünen Hügelwelt. Es hält sein österreichisches Erbe noch hoch. Schließlich gehörte es für vier Jahrhunderte zum Habsburger Reich.

Sehenswertes

Katharinenkirche

Der erste Vertreter der Habsburger in der Nachfolge des Görzer Grafengeschlechts – *Maximilian I.* – ziert im Renaissance-Gewand als **Bronzedenkmal** (vom Ungarn *Edmund Hofman von Aspernburg*, 1903) unübersehbar den Vorplatz der **Katharinenkirche**, erste Station auf dem Weg von Gorizia in die Altstadt. Das auch als Santuario Maria Santissima Rosa Mistica bekannte Gotteshaus zeigt sich in österreichischem Barock und ist detailreich, wenn auch nicht wertvoll ausgestattet. Die der Legende nach 1714 entstandene wundertätige Madonnenpuppe befindet sich am Altar. Sie soll 1737 für 14 Tage geschwitzt und anschließend ihr erstes Wunder vollbracht haben: einen Lahmen wieder gehen machen.

Chiesa di Santa Catarina, Via Gorizia 2, Mo–Sa 7.45–12, 16–19.15, So 9–12, 16.30–19.30 Uhr.

Am Hauptplatz

Über die Via Matteotti gelangt man zu den Parkplätzen am Piazzale Antonio Sfiligoi (außer am freitäglichen Markttag). Zwei Minuten sind es von hier zu Fuß zum attraktiven, von pastellfarbenen Palästen gerahmten Hauptplatz **Piazza XXIV Maggio.** Die Skulptur des Steinewerfers („Il Lanciasassi", 1894) von *Alfonso Canciani,* einem Vertreter der Wiener Secession, markiert die Enoteca di Cormòns (s. unten). Modernisiert und gestaltet hat den Platz der international tätige (und prämierte) österreichische Architekt *Boris Podrecca* (geb. 1940).

Im Annex des Rathauses, dem im 18. Jh. erbauten **Palazzo Locatelli** an der Westseite der Piazza, sind im **Museum zur Stadtgeschichte** immer wieder Sonderausstellungen zu sehen, und eine eigene Abteilung widmet sich *Alfonso Canciani* (1863–1955), dem berühmtesten Sohn der Stadt.

045f sk

■ **Museo del Territorio di Cormòns,** Piazza XXIV Maggio, zu Sonderausstellungen und Messen geöffnet, ansonsten nach telefonischer Voranmeldung.

In dem niedrigeren Gebäude links neben dem Rathaus befindet sich die größte Vinothek des Collio: die **Enoteca Cormòns.** Sie ist Laden, Probierstube, Treffpunkt der Einheimischen und Sehenswürdigkeit in einem. Das Genossenschaftsprojekt gehört über 30 Winzern der Umgebung, gibt den perfekten Überblick über deren Weinproduktion und serviert Spezialitäten wie den Schinken von D'Osvaldo.

■ **Enoteca Cormòns,** Piazza XXIV Maggio 21, Tel. 04 81 63 03 71, https://enotecadicormons.com, So/Mo/Mi–Do 11–20.30, Fr/Sa 11–21 Uhr.

An der Nordwestseite umringen alte Wohnhäuser den einschiffigen **Dom Sant'Adalberto** und bilden gemeinsam den mittelalterlichen Kern der Stadt – die „Centa". Der Dom erhielt Mitte des 18. Jh. aber eine vollständige Umgestaltung in barockem Stil mit weißer und gelber Farbgebung und die heutige Freitreppe. Sechs Seitenkapellen flankieren den Weg zum Hochaltar aus weißem Marmor.

■ **Duomo di Sant'Adalberto,** Via Pozzetto 6, tgl. 7–12, 16–18 Uhr.

Neben dem Dom kann man im **Sakralmuseum** im ehemaligen Alten Pfarrhaus (friulanischer Name s. unten) Dokumente einsehen und religiöse Kunst aus den Kirchen der Umgebung bestaunen.

■ **Cjase Dal Plêf Antighe,** Riva Torre, Tel. 04 81 60 130, www.chiesacormons.it, nach telefonischer Voranmeldung.

Außerhalb des Zentrums

Das wohl älteste erhaltene Gebäude der Stadt ist die **Casa Neuhaus** aus dem Jahr 1399 (gleich nördlich des Parkplatzes, wo die Via Cancelleria Vecchia einen Bogen macht). Das Gebäude wurde zwar später verändert und in jüngster Zeit als Wohnhaus renoviert, doch ist der Festungscharakter mit Turm und Schießscharten immer noch zu erkennen. Derzeit ebenfalls nur von außen zu besichtigen ist der **Palazzo Taccò-Aita** in der Via Dante 9. Im 18. Jh. errichtet, hat der Passauer Maler *Johann Michael Lichtenreiter* (1705–1780) die Beletage 1747 mit zwei 11 m langen Kolossalgemälden zur Habsburger Geschichte ausgestattet. Der hübsche Innenhof ist begrünt.

Außer- und oberhalb (2 km zum Parkplatz, dann 10 Min. Spaziergang) liegen am Monte Quarin (274 m) die Ruinen der Burg hinter der weithin sichtbaren **Chiesa della Beata Vergine del Soccorso,** die die Einheimischen meist Sant'Anna nennen. Die 1636 gestiftete Kirche im Stil der Spätrenaissance besitzt einen geschnitzten Hochaltar aus der Mitte des 17. Jh. Die **Burg von Cormòns** haben die Venezianer 1511 geschliffen, das wuchtige Fundament eines Turms und einige Mauerreste sind erhalten; die Sicht bis hin zur Adria ist wunderschön.

◁ Katharinenkirche in Cormòns

In der Umgebung

Manzano

Das Städtchen Manzano (71 m, 6500 Einw.; österr. Name: Mantzan) 9 km nordwestlich von Cormòns ist touristisch nicht von Belang – hier ist aber richtig, wer sein Esszimmer mit neuen Stühlen ausstatten will. Die **Möbelhäuser** der Stuhlhauptstadt Italiens reihen sich entlang der Ausfallstraßen auf. Sinnbild der industriellen Orientierung war der 22 t schwere, 1995 aufgestellte und mit 20 m Höhe größte Stuhl der Welt, bis ihm das Sitzmöbel von XXXLutz in Sankt Florian (Österreich) mit 30 m Höhe 2007 den Rang ablief. Manzanos Stuhl wurde 2016 entsorgt, doch die über 600 kleinen und großen Möbelbetriebe generieren weiterhin ca. 600 Mio. € Umsatz im Jahr mit Massenware und Einzelstücken nach Wunsch. In der näheren Umgebung Manzanos lohnen mehrere **Villen** einen Besuch.

Villen um Manzano

Im 2 km entfernten **San Giovanni al Natisone** (66 m, 6000 Einw.) steht die **Villa de Brandis** am Rand eines 1 ha großen, Mitte des 18. Jh. angelegten Landschaftsparks im englischen Stil mit Magnolien, Palmen, Buchen, Zedern und Teich. Die Villa selbst ist heute Sitz der Stadtbibliothek und öffnet bei Veranstaltungen auch die Türen zu den in der ersten Etage erhaltenen historischen Räumlichkeiten.

■ **Parco di Villa de Brandis,** Via Roma 117, San Giovanni al Natisone, Tel. 04 32 93 95 90, tgl. 8–20, Winter 9–17 Uhr.

Bei **Dolegnano,** 3 km östlich von San Giovanni, umfasst die **Villa der Grafenfamilie Trento** mit ihrer riesigen dreiflügeligen Anlage einen kleinen Barockgarten. Eine zinnenbekrönte Mauer sichert die Ländereien jenseits der Straße. Ende des 17. Jh. gebaut, sah sie berühmte Gäste wie Napoleon und den Herzog von Aosta. Im Ersten Weltkrieg war in ihr ein britisches Hospital, im Zweiten Weltkrieg ein Hauptquartier der Deutschen untergebracht. Heute steht sie in Privatbesitz und ist derzeit nicht zu besichtigen.

■ **Villa dei Conti Trento,** Via dell'Abbazia 1, Dolegnano.

In **Soleschiano,** 3 km südwestlich von Manzano, entstand die **Villa Piccoli-Brazzà** im Jahr 1715 etwas ungewöhnlich in venezianischem Stadtstil. Die 6 ha große Parkanlage wurde Mitte des 19. Jh. neu bepflanzt. Den sowieso schon großzügigen Park verlängert eine Allee tief in die Landschaft hinein.

■ **Villa Piccoli-Brazzà,** Via Giulia Piccoli 20, Soleschiano, Tel. 04 32 74 07 84, www.comune.manzano.ud.it, nur nach Voranmeldung für größere Gruppen.

Ara Pacis Mundi

10 km südwestlich von Cormòns erinnert auf einem Hügel das **Friedensdenkmal** von 1951 an alle Opfer aller Kriege. Die Anlage des Architekten Mario Bacciocchi besteht aus fünf Stufen, die zur betonierten Fläche hochführen. Die Ost- und Westseite des Erinnerungsortes begrenzen 13 m hohe, massive Mauern. Hinein gelangt man durch

Die Rosen und der Wein

Dass die Wein kelternden Mönche der „Rosenabtei" sich der attraktiven Blume intensiv zuwandten, hatte einen ganz praktischen Grund: Die empfindlichen Gewächse reagieren sehr sensibel auf Schädlinge und fungieren so als Indikator für etwaigen Befall der Weinreben, z.B. mit Mehltau. Noch heute pflanzen einige Winzer vor jede Rebenreihe einen Rosenstrauch – müssen dazu aber auf alte Sorten zurückgreifen, denn neue Züchtungen sind zu resistent.

schmale Lücken im Norden und Süden. Die Urne auf dem Altar im Zentrum enthält Erde von allen 800 Soldatenfriedhöfen des Landes.

■ **Ara Pacis Mundi,** Via Ara Pacis, Medea, frei zugänglich.

Rosazzo-Abtei

5 km nordöstlich von Manzano liegt in herrlicher Panoramalage inmitten der an die Toskana erinnernden und zypressengespickten Hügelwelt der Colli Friulani die noch aktive Abtei von Rosazzo, im 11. Jh. als **Benediktinerkloster** gegründet. 1509 wurde sie fast vollständig zerstört und bis Mitte desselben Jahrhunderts neu errichtet. Im Refektorium ist ein Fresko mit einer Kreuzigungsszene aus dieser Zeit erhalten. Erst Ende des 20. Jh. wurden die Fresken im Altarraum der Kirche aus dem Jahr 1535 entdeckt und restauriert. Der auf das Ende des 12. Jh. zurückgehende **Weinkeller** des Klosters rechts vom Eingang ist der älteste des ganzen Friaul. Wer auf der Suche nach Ruhe und innerer Einkehr ist, kann in einem der schönen Zimmer der Abtei übernachten (s. Unterkunft). Unterhalb der Abtei verläuft der **Rosenpfad** mit 1500 Stöcken, darunter sehr wertvolle klassische, aber auch mehrere moderne Sorten; im Frühjahr ist der Besuch also besonders schön.

■ **Abbazia di Rosazzo,** Piazza Abbazia 5, Manzano, Tel. 04 32 75 90 91, www.abbaziadirosazzo.it, tgl. Mo–Sa 9–12.30, 14.30–18, So 9–12.30, 15–18 Uhr, Spende von 2 € erwartet.

Rocca Bernarda

Nur 1,5 km Luftlinie von der Rosenabtei steht das Schloss Rocca Bernarda ebenfalls in Panoramalage (Anfahrt über Dolegnano). Kaum ein **Landsitz** im Friaul hat eine so schöne Lage mit jahrhundertealten Zypressen inmitten von Weinbergen. Im 16. Jh. errichteten die Grafen Valvason Maniago die Residenz, eine Vierflügelanlage mit zylindrischen Türmen an den Ecken, deren zur Schau getragener militärischer Charakter die Schießscharten noch verstärken.

Der durch die Villa ausgedrückte Machtanspruch veranlasste die Stadt Cividale, beim Dogen in Venedig gegen den Bau zu intervenieren. Die Grafen wiesen aber nach, dass das Gebäude nicht militärisch genutzt werden sollte (die Mauern haben wie alle Villen der Umgebung lediglich eine Stärke von 70 cm und die Türme sind nur symbolisch).

Wein und Schnaps

Wer in der Enoteca di Cormòns oder in der Cantina Produttori Cormòns nicht fündig geworden ist, macht sich auf den Weg in die Hügel. Die zahlreichen Weingüter und ihre Angebote sollten zum Erfolg führen.

Zegla/Ceglo

Gleich nördöstlich von Cormòns direkt an der Grenze finden sich zahlreiche **kleine Winzer,** darunter *Edi Keber,* dessen Weine weit über die Region hinaus Reputation genießen und ihre Qualität nicht zuletzt den steinigen Böden mit ihren geringen Erträgen verdanken. Auch im Doppelort, aber jenseits der Grenze, keltert *Marjan Simčič* nicht weniger erfolgreich und international prämiiert auf dem Familiengut in fünfter Generation die typischen Collio-Weine mit der charakteristischen Mineralität.

- **Edi Keber,** Località Zegla 17, Tel. 04 81 61 184, www.edikeber.it. Weingut mit drei Apartments und zwei Zimmern②, Verkauf Mo/Di 10.30–13, Mi–Sa 10.30–13, 15.30–18 Uhr.
- **Agriturismo Zegla,** Località Zegla 19, Tel. 04 81 64 98 44, www.agriturismozegla.com. Bauernhof mit Zimmervermietung② (vier Apartments, zwei Zimmer) und eigenen Weinbergen (Renato Keber, www.renatokeber.com).
- **Marjan Simčič,** Ceglo 3B, Dobrovo, Tel. +386 5 39 59 200, www.simcic.si, Mo–Fr 10–12, 14.30–16, Sa 11–12.30 Uhr.

Rund um San Floriano del Collio

Das Grenzgebiet ist der Ursprung des Hypes um den **Orange Wine,** das Ergebnis, wenn Weißwein – wie Rotwein – mit der Maische gärt und so mehr Tannin aus der Schale extrahiert. Dies führt zu einer goldgelben Farbe, die fast ins Orange geht. Der Wein kann auch etwas trüb werden, was nicht für einen Mangel spricht, sondern als Qualitätsmerkmal der Naturbelassenheit gilt (und der Ablehnung der Filtration). Weingüter mit orangen Weinen sind u.a.:

- **Paraschos,** Bucuie 13A, San Floriano del Collio, Tel. 34 68 77 07 30, www.paraschos.it. Agriturismo-Betrieb mit modernen, komfortablen Zimmern②.
- **La Castellada,** Località Oslavia 1, Tel. 04 81 33 670, http://lacastellada.it, Besuch wochentags nach Voranmeldung.
- **Prinčič,** Kozana 11, Dobrovo v Brdih, Slowenien, Tel. +386 41 72 19 29, www.princic.si, Weinprobe bevorzugt nachmittags nach Voranmeldung.
- **Blažič,** Plešivo 30, Dobrovo v Brdih, Slowenien, Tel. +386 31 37 57 44, www.vina-blazic.si, Besuch nach telefonischer Voranmeldung zwei Tage im Voraus.

Brazzano

Der Wirkungsort eines der einflussreichsten Önologen Italiens – *Livio Felluga* (1914–2016) – war Ausgangspunkt der Wiederbelebung der friulanischen Weine. Die Landflucht ab Mitte des 20. Jh. hatte zur Verödung der Weinberge geführt. Was verblieb, war roten Sorten vorbehalten. Felluga sorgte für ein Umdenken, setzte auf Qualität und auf eine **Renaissance der weißen Rebsorten.** Das Familienweingut gehört heute zu den großen Produzenten und wird von *Fellugas* Kindern fortgeführt. Seine Weine – darunter der immer wieder prämierte „Terra Alta DOC" – werden in Lokalen ausgeschenkt und in Läden verkauft, eine Verkostung vor Ort ist nicht möglich. Aber es gibt Alternativen in Brazzano:

■ **Locanda Orologio,** → S. 105, „Essen und Trinken in der Umgebung".

■ **Agriturismo Casa Riz,** Località Giassico, Tel. 04 81 61 362, www.casariz.com. Restaurant Fr–So 17–24 Uhr. Weingut mit Restaurant② und Zimmervermietung (2 Zimmer, 2 Apartments②).

■ **Simon di Brazzan,** Via San Rocco 17, Tel. 04 81 61 182, www.simondibrazzan.com. Weingut mit biologischer Produktion, Hofladen nach vorheriger Anmeldung.

Rosazzo

Das Örtchen ist für seine Abtei berühmt, deren Rosengarten und die klösterlichen Weinberge, die quasi als Archiv dienten, als der Mehltau im 19. Jh. die Reben Europas vernichtete. An den Hängen des Abbazia del Rosazzo haben einige Wurzelstöcke der im 17. Jh. aktenkundig gewordenen autochthonen Sorte **Pignolo** überlebt. In den 1970ern begannen einige Bauern erneut mit dem Anbau, und heute wächst die Rebe auf rund 50 ha. Sie ist spätreifend und wird in Eichenfässern ausgebaut; wegen des geringen Ertrags sind die Weine nicht günstig (30–50 €). Den Namen erhielt die Traube von der lang gestreckten Form ihres Stielgerüsts (pigna = Tannenzapfen). Sie wird cuvetiert und sortenrein auf Flaschen gezogen. Der Wein ist rubinrot mit samtigen Tanninen, Anklängen an Beeren, Pflaumen, Tabak und Kakao und begleitet hervorragend dunkles Fleisch und kräftigen Käse. Als eines der besten Weingüter für die Pignolo-Traube gilt Le Vigne di Zamò. Das Weingut Monviert, 4 km nordöstlich der Rocca Bernarda, keltert gängigere Sorten (wie Schioppettino, Picolit, Ribolla Gialla und Friulano), allerdings ebenso auf hohem Niveau, und bietet in seiner modernen Verkaufshalle eine Verkostung an.

■ **Le Vigne di Zamò,** Via Abate Corrad 1, Rosazzo, Tel. 04 32 75 96 93, www.levignedizamo.wine, Mo–Fr 10–12, 15–18 Uhr, Anmeldung erforderlich, Degustation mehrerer Pignolo-Jahrgänge 30 € (90 Min.).

■ **Monviert,** Strada di Spessa 8, Località Spessa, Tel. 04 32 71 61 72, https://monviert.com, Mo–Fr 8–18, Sa 8.30–12.30, 14–17 Uhr. Verkostung und Weinverkauf.

Corno di Rosazzo

Das verschlafene Winzerdorf am Flüsschen Corno hat eine bewegte Geschichte, wofür die mächtige Burganlage des **Castello di Trussio** 2 km östlich der Beweis ist. 1257 erstmals erwähnt, war es praktisch in jedem Jahrhundert heiß umkämpft. Mit der **Gruppo Viticultori** ist in Cornio di Rosazzo heute die zentrale Anlaufstelle der Winzer der „Colli Orientali del Friuli" angesiedelt. Sie ist zugleich Verkaufsstelle und Infopoint, gibt einen Überblick über die Weinproduktion und informiert über die Besuchsmöglichkeiten. Unterhalb der Trussio-Burg steht seit 2007 die moderne Kellerei Jermann, die sich mit auffälligem Marketing und Produktplatzierung auf internationaler Bühne einen Namen macht.

■ **Negozio Gruppo Viticultori,** Piazza XXVII Maggio 23, Tel. 04 32 75 35 68, www.vini-friulani.it, Do–Di 10–17.30 Uhr. Verkostung und Weinverkauf.

■ **Enoteca Ai Quattro Venti,** Via Aquileia 68, Tel. 38 94 33 09 30, www.enotecaquattroventi.it, tgl. 7–21 Uhr. Weinstube mit ausgesuchten Weinen kleiner, engagierter Winzerbetriebe der unmittelbaren Umgebung, Restaurant② und Zimmervermietung②.

■ **Trattoria Moret①,** Piazza XXVII Maggio 4, Tel. 33 87 09 49 71, www.facebook.com/Trattoria-Moret, Mo–Sa 11–21 Uhr. Einfache Trattoria mit rustikaler Küche zu sensationellen Preisen.

■ **Cantina Jermann,** Località Trussio 11, Ruttars, Tel. 04 81 88 80 80, www.jermann.it, Mo–Fr 9–17 Uhr. Verkostung und Weinverkauf.

Prepotto

Schön ist die Fahrt auf den schmalen Straßen ins Winzerdorf Prepotto (10 km) durch dichten Laubwald, entlang der Rebenspaliere und vorbei an bäuerlichen Bildstöcken. Prepotto gilt als Ursprung der roten Traubensorte **Schioppettino,** die hier erstmals urkundlich Erwähnung fand (1282) und seit 2008 als „Schioppettino di Prepotto" eine eigene DOC-Subzone bildet. Folgerichtig gibt's hier auch das passende Fest: Die Wanderung **Marcia dello Schioppettino** führt an einem Februarsonntag auf 3, 7, 14 oder 24 km durch die Weinberge (www.marciadelloschiop pettino.com). Ausgebaut wird der Wein sowohl sehr trocken, als auch mit einer gewissen Lieblichkeit, sodass er als Alleskönner gilt, man sich aber eben auch seinen eigenen Wein suchen muss. Den Überblick erhält man in der Trattoria da Mario. Zu 100 % organisch angebaut und gekeltert gibt es ihn bei Antico Broilo. Rustikal geht es bei Vigneti Negro zu, der zum Schioppettino einfache, schmackhafte Hausmannskost serviert. Eine ausgezeichnete Weinkarte hat auch das Feinschmeckerlokal Orsone 6 km nördlich Richtung Cividale (→ S. 217). International ist das Weingut Zorzettig tätig, das 2 km westlich von Prepotto eine hypermoderne Anlage auf seinen Hügel gestellt hat.

■ **Enoteca/Trattoria da Mario②,** Via XXIV Maggio 16, Prepotto, Tel. 04 32 13 50 694, www.facebook.com/enotecadelloschioppettino, Mi/So 12–15, Do–Sa 12–15, 19–21 Uhr. Traditionsverbundene Küche mit modernem Pfiff bei einem der Protagonisten der Wiederbelebung der Schioppettino-Traube; entsprechend ausgewählt sind die Weine.

■ **Antico Broilo,** Via Brolo 42, Prepotto, Tel. 04 32 71 30 82, www.anticobroilo.com, nach telefonischem Avis Mo–Fr 8–19 Uhr. Weinverkauf und Verkostung nach Voranmeldung.

■ **Agriturismo Vigneti Negro,** Strada di Planez 29, Prepotto, Tel. 04 32 71 30 82, Tel. 04 32 70 98 49, im Sommer nach Voranmeldung ab 18 Uhr. Irgendwas zwischen Kneipe, Trattoria und Buschenschank, urig und mit rustikaler Küche.

■ **Zorzettig,** Strada di Sant'Anna 37, Spessa/Prepotto, Tel. 04 32 71 61 56, www.zorzettigvini.it, Mo–Fr 8.30–12.30, 13.30–18.30, Sa 9–17 Uhr. Weinverkostung und -verkauf fast aller gängigen Traubensorten des Friaul.

Percoto

Der Heimatort der Destille Nonino 4 km westlich von Manzano ist für Grappa-Liebhaber ein Muss. Auf der zweistündigen Führung erfährt man alles über die 120-jährige Geschichte der in Familienbesitz stehenden **Brennerei** (und darf fünf Sorten Schnaps probieren). Die 66 Destillierapparate werden immer noch von Hand bedient und sorgen für die ausgezeichnete Qualität der Schnäpse. Einmal im Monat kann man die Tour verlängern und in die Keller gelangen, in denen der **Grappa** in Holzfässern reift, und ganz besondere Tropfen verkosten (wofür ein Zollinspektor anwesend sein muss, der die Siegel der Fässer öffnet und wieder verschließt).

■ **Nonino Distillatori,** Via Aquileia 104, Tel. 04 32 67 63 31, www.grappanonino.it, Di–So 10–15 Uhr, Führung 23 €, Reifungskeller 5 € extra.

Rocca Bernarda kam Ende des 18. Jh. an die Familie *Marieschi*, später an die Grafen *Antonini*. Der Sohn der letzten Gräfin *Antonini*, *Gaetano Perusini*, hinterließ die Villa und das Gut dem Malteserorden, der den Besitz als **Weingut** weiterführt. Die lateinische Inschrift an einem Stein neben dem Tor – „Vineis avitis rest et auctis“ (Die Reben der Vorfahren blieben und wuchsen) – zeigt, dass hier schon Römer Reben kultivierten. Berühmt ist die Rocca für den Wein Il Picolit (→ Exkurs), den man auch im Laden erwerben kann. Essen mit Aussicht gibt's in der Osteria Baldovino 1,5 km nördlich (→ „Essen“).

■ **Rocca Bernarda,** Via Rocca Bernarda 27, Ipplis, www.sagrivit.it, Führung (auch deutsch, Dauer 45 Min.) mit Weinverkostung nach Voranmeldung, Mo–Fr 10–12, 15–17, Sa 10–12 Uhr, mit drei Weinen 15 €, mit vier Weinen 20 €.

Il Picolit

Die Terrassen rund um Rocca Bernarda gehören bereits zur **Weinregion Colli Orientali del Friuli Picolit.** Auf ihnen gedeiht ein ganz besonderer Tropfen. Der klare, goldgelb- bis bernsteinfarbene Süßwein mit mindestens 15 % Alkoholgehalt muss zu wenigstens 85 % aus der Traubensorte **Picolit Bianco** gekeltert sein, um das **DOC-Siegel** zu erhalten. Die Trauben der sehr empfindlichen Reben sind klein, nur 10–15 bilden eine Dolde. Die Ausbeute ist also gering (um die 1000 Hektoliter im Jahr). Nach der späten Lese (besser noch nach Trocknung am Stock) ruht die entstielte Traube einige Tage und gelangt dann in die Presse. Die Gärung findet in Stahltanks statt, die ein Jahr dauernde Reifung in Barrique-Fässern. Bestehen die Weine zu 100 % aus Picolit, reifen zwei Jahre und haben mindestens 16 % Alkohol, dürfen sie das **DOCG-Siegel** tragen. Auf Flaschen gezogen, verliert der Wein nach wenigen Jahren, in Fässern kann er aber Jahrzehnte lagern, ohne Qualität einzubüßen. Zwingend angegeben sein muss das Erntejahr, weitere Bezeichnungen wie „superiore“ oder „classico“ sind nicht zulässig. Ab 40 € pro Flasche muss man rechnen. Und das Besondere? Trotz des Restzuckers von rund 150 g/l haben die Weine eine fein-elegante Restsäure und Obst- und Blumennoten. Der Picolit-Grappa der Firma Nonino ist mit 200 €/l auch nicht gerade ein Schnäppchen!

Praktische Tipps

Informationen

■ **Infopoint,** Piazza XXIV Maggio 15, 34071 Cormòns, Tel. 04 81 38 62 24, www.cormons.info, tgl. 9–13, 14–18 Uhr.

Unterkunft

■ **Albergo Felcaro**②, Via San Giovanni 42, Tel. 04 81 60 214, www.hotelfelcaro.it. Hotelkomplex um eine über 100 Jahre alte k. u. k. Villa mit 60 Zimmern, Garten, Schwimmbad und gutem Restaurant②-③.

■ **Borgo San Daniele**②, Via San Daniele 28, Tel. 04 81 60 552, www.borgosandaniele.com. Kellerei mit drei eleganten Zimmern und einem Garten mit Pool mitten in der Stadt.

■ **B&B Ciase dal Orcul**②, Salita del Monte Quarin 6, Tel. 33 87 30 78 43. Kleine Pension an einem Hang oberhalb von Cormòns (1 km vom Hauptplatz), mit

In der Altstadt von Cormòns

drei Zimmern mit Aussicht; sehr angenehm und mit gutem Frühstück.

In der Umgebung

■ **Castello di Spessa → Aktivitäten/Golf.**

■ **La Subida Turismo Verde**③, Via Subida 52, Località **Monte**/Cormòns (3 km im Osten), Tel. 04 81 60 531, www.lasubida.it. Ökologischer Tourismus mit Reitangeboten, Schwimmbad, dem hochklassigen Restaurant Al Cacciatore (Michelin-Stern, ③-④) und der einfacheren Osteria de la Preda② mit regionalen Spezialitäten und eigener Essigproduktion (hinein kommt nur, was hinein gehört, nämlich Wein).

■ **Agriturismo Giorgio Colutta**②, Via Orsaria 32, **Manzano,** Tel. 04 23 74 03 15, www.colutta.it. Vier schöne Apartments in einem restaurierten Herrenhaus des 17. Jh., Cantina, Wein- und Grappaverkauf. Die Apartments sind gemütlich mit viel Holz eingerichtet, wobei besonders auf klare Linien geachtet wurde und darauf, dass kein „Landhausstil" entsteht.

UNSER TIPP: **Agriturismo Al Rol**①, Via Casali Fain Tomat 29, **Soleschiano**/Manzano, Tel. 34 91 43 53 31. Kleines Landhotel mit nur acht Zimmern mit Bad in sehr ruhiger Lage, ideal für Radfahrer (Werkstatt); gemütlich-rustikale Einrichtung, ausgezeichnetes Frühstück.

■ **Abbazia di Rosazzo**①-②, Piazza Abbazia 5, **Manzano,** Tel. 04 32 75 90 91, www.abbaziadirosazzo.it. Drei praktisch eingerichtete Einzel- und elf Doppelzimmer jeweils mit eigenem Bad und in klösterlicher Ruhe; bei Buchung kann man sich für ein Zimmer mit Fernsicht oder zum Kreuzgang entscheiden.

■ **Casa Piceh**②, Località **Pradis** 11 (2 km südöstlich von Cormòns), Tel. 04 81 60 347, www.picech.com. Apartment, Suite und drei Zimmer sind mit viel Liebe eingerichtet und garantieren einen angenehmen Aufenthalt (mit fantastischem Frühstück) in all der Ruhe, die die Weinberge hergeben. Die auf nur 7 ha angebauten Weine sind ausgezeichnet.

Camping

■ **Parcheggio Camper,** Salita del Monte Quarin/Piazzale Luciano Zana, Cormòns (2 km außer- und oberhalb der Stadt), Wasser/Abwasser und Strom.

■ **Area Sosta di Trattoria Blanch,** Via Blanchis 35, **Mossa** (8 km östlich von Cormòns), Wasser, Strom.

Essen und Trinken

UNSER TIPP: **Osteria in Taberna**①-②, Viale Friuli 10, Tel. 04 81 61 072, tgl. 9/10.30–15, 17–22/23 Uhr, Mi abends geschl. Einfache Taverne mit Innengarten und immer wieder Live-Jazz, auch vegane/vegetarische Gerichte; Szenekneipe zum endlosen Quatschen.

■ **Osteria All'Unione**②, Via Pietro Zorutti 14, Tel. 04 81 76 64 06, www.osteriaunione.it, Mo/Di/Do–Sa 10–15, 17–22, So 10–16 Uhr. Traditionsgasthaus von 1890, das sich nach einem Facelifting zu modern interpretierter friulanischer Küche hin umorientiert hat; nicht überkandidelt, sondern eher bodenständig, gute Weinauswahl.

■ **Tania e Paola**①, Via Cumao 1, Tel. 04 81 78 76 10, Mo/Mi 7–14, Do–Sa 7–14, 16.30–19, So 6.30–13 Uhr. Süß und salzig: Frühstück, bunt getürmte Obsttörtchen, Croissants mit Marmelade oder Käse und leckere Brötchen (abseits des üblichen Weizeneinerleis) mit ebenso leckeren Belägen. Mit Terrasse.

In der Umgebung

■ **Restaurant Al Cacciatore/Osteria de la Preda,** → Unterkunft La Subida Turismo Verde.

■ **Locanda Orologio**③**,** Via XXIV Maggio 34, Località **Brazzano** (2 km nördlich von Cormòns), Tel. 04 81 60 028, www.locandaorologio.it, Di–So 10.30–14, 17.30–22 Uhr. Trattoria mit schnörkelloser Einrichtung und moderner friulanischer Küche auf der Basis alter Rezepte, auch freundliche Gästezimmer②-③.

UNSER TIPP: **Le Badie**②, Via Monsignore Emanuele Lodi 1, Località **Rosazzo** (300 m von der Abbazia di Rosazzo), Tel. 04 32 75 50 70, www.lebadie.com, Do–Di 12–14, 18–23 Uhr. Inmitten der Weinberge gibt's zur Fernsicht noch frische Pasta, friulanische Küche mit Rind, Lamm und Schwein und gute Weine; auch zwölf schöne Zimmer② für den ungestörten Schlaf.

■ **Osteria Baldovino**②, Via Bernarda Case Sparse di Rocca 43, Località **Rocca Bernarda** (10 km nördlich von Cormòns), Tel. 37 01 01 84 41, www.osteriabaldovino.com, Do–So 11.30–14, 18.30–22.30 Uhr. Modernes Lokal in herrlicher Aussichtslage, teils mit mediterranen Gerichten, teils mit etwas schwerer Lokalküche.

■ **Al Cjant Dal Rusignul**③**,** Località Mernico 8, **Dolegna del Collio** (13 km nördlich von Cormòns), Tel. 04 81 63 99 66, www.ferrucciosgubin.it, Do–So 12–14.40, 19–22.30 Uhr. Die Trattoria ist Teil eines Weinguts: gutes Essen in einem Ausflugslokal unter vielen Einheimischen, auch Zimmervermietung② (sechs Zimmer).

■ **Al Confine**①-②**,** Località **Plessiva** 3 (5 km nordöstlich von Cormòns an der slowenischen Grenze), Tel. 34 93 44 64 86, www.russianagricola.it, Fr 19–23, Sa 11–16, 19–23, So 11–16, 19–22 Uhr. Bauernhof und rustikale Küche mit kalten Platten, Gulasch und Pasta, dazu süffiger Wein und ländliche Umgebung mit Garten.

■ **Alle Vecchie Province dal Mic**③**,** Via Pietro Zorutti 18, **Mossa** (8 km östlich von Cormòns), Tel. 04 81 80 86 93, Di–So 11.30–15, 18–22.30 Uhr. Traditionsküche mit italienisch-slowenischen Spezialitäten wie Wurst in Essig, Schinken mit Kren, Käsesauce auf gebutterter Polenta oder Strudel mit herzhaften Füllungen. Schöner Garten mit langen Bänken unter schattenspendenden Bäumen.

Vino della Pace

Zwei Hektar umfasst das Anbaugebiet des „Friedensweins", die Reben kommen von allen Kontinenten. Die Idee des „Vigna del Mondo", **Weinberg der Welt,** entstand 1983. Die Beteiligung war gigantisch, aus aller Welt kamen Weinstöcke, und heute gedeihen hier 950 verschiedene Sorten. Schließlich begann man, den gekelterten Wein als Friedensmahnung an politische und religiöse Führer zu senden. Jeder neue Jahrgang erhält ein eigenes, von einem renommierten Künstler entworfenes Etikett. Die **Initiatoren,** die 200 Mitglieder der Cantina Produttori Cormòns, verkaufen in ihrer Weinhandlung – neben ihren „normalen" Weinen – noch die eine oder andere Flasche vergangener Jahrgänge.

■ **Cantina Produttori Cormòns,** Via Vino della Pace 31, Cormòns, Tel. 04 81 62 471, www.cormons.com, Mo–Sa 8.30–12.30, 15–19 Uhr.

■ **Il Mastro Birraio**②, Via Nazionale 97, San Giovanni al Natisone (7 km westlich von Cormòns), Tel. 04 32 74 32 54, www.ilmastrobirraio.it, Di–So 17–2 Uhr. Die Kleinbrauerei mit Biergarten serviert zu Hellem, Dunklem, doppelt Gemalztem und zum Weizen passende Snacks und Fleisch direkt vom Holzkohlegrill.

Apero & Abend

■ **Waiting for Gandalf,** Viale Friule 40B, Tel. 34 82 99 44 36, www.facebook.com/ManuelMattiussiWaitingForGandalf, Di–So ab 17 Uhr. Fingerfood, Snacks, Panini und kalte Platten zu gutem Wein und Drinks im Szene-Pub.

■ **Jazz & Wine le bar,** Via Matteotti 78, Tel. 33 89 83 81 67, Di–Do/So 17–24, Fr/Sa 17–2 Uhr. Bar in der Altstadt mit Themenpartys, ab und an Livemusik; am Wochenende lagert man in der Gasse.

Einkaufen

■ **Sirk/Essig,** Via Subida 54, Cormòns, Tel. 04 81 60 531, www.acetosirk.it, nach tel. Vereinbarung. Der beste Essig der Welt, nicht billig, dafür wird er aber ausschließlich aus Wein hergestellt – kein Zucker, kein Farbstoff, kein Irgendwas.

■ **D'Osvaldo/Schinken,** Via Dante 40, Cormòns, Tel. 04 81 61 644, www.dosvaldo.it. Wer rohen Schinken mag, wird D'Osvaldo lieben, der Schinken nicht industriell herstellt – reines Handwerk und ein Aroma zum Reinlegen. Direkt auf dem Hof gibt's nur Keulen (9–11 kg). Wer ihn aufgeschnitten will, geht in der Stadt zu **Tomadin Alimentari** (Via Cumano 5, Di/Do–Sa 7.30–13, 16–19.30, Mi 7.30–13 Uhr) und bekommt dort auch D'Osvaldos Lardo, Pancetta und andere Speckarten.

■ **Enoteca di Cormòns,** Piazza XXIV Maggio 22, Cormòns, Tel. 04 81 63 03 71, www.enotecadicormons.it, Di geschl. Verkauf der Produkte der regionalen Winzergenossenschaft mit praktisch allen Sorten des Collio. Eine Besonderheit ist der Vino della Pace, der „Friedenswein", gekeltert aus 500 Sorten, die aus der ganzen Welt stammen.

In der Umgebung

■ **Azienda Agricola Zoff/Käse,** Via Parini 18, **Borgnano** (6 km im Südwesten von Cormòns), Tel. 04 81 67 204, www.formaggizoff.it, Mo–Sa 8–12, Mo/Mi/Fr/Sa auch 16–19 Uhr. Bio-Rohmilchkäse und Biofleisch in ausgezeichneter Qualität; auch Zimmervermietung (5 Zimmer②).

■ **Acetaia Midolini/Essig,** Via delle Fornaci 101, **Manzano,** Tel. 04 32 75 45 55, www.midolini.com. Balsamico ist nicht gleich Balsamico. Einer der Produzenten bester Qualität ist Midolini; Verkostung nach Voranmeldung, Verkauf auch im Onlineshop – den

50 Jahre gereiften Tropfen (100 ml für 490 €) verkostet man homöopathisch auf einem Porzellanlöffel.

Aktivitäten

Wandern im Plessiva-Wald: Das 33 ha große Erholungsgebiet (Parkplatz an der Via Cà de Vallade 5 km nördlich von Cormòns, GPS N 45.98514, E 13.48501) erlaubt Spaziergänge auf gut ausgebauten, breiten Wegen und bietet Picknickplätze, einen Fitnesspfad und Spielgeräte für die Kleineren.

■ **Sentiero delle Vigne Alte:** In einer Stunde wandert man vom Reitstall bei La Subida durch die Wälder und über die Weinberge rüber zum Castello di Spessa. Mehrere Variationen – u.a. zu den Laghetti di Preval – sind möglich.

■ **Golf/Country Club Castello di Spessa,** Via Spessa 1, **Capriva del Friuli** (4 km südöstlich von Cormòns), Tel. 04 81 80 81 24, www.castellodispessa.it. 18-Loch-Platz (5460 m, Par 71, Greenfee 60 €) in den Weinbergen. Mehrere edle Übernachtungsmöglichkeiten③-④ (vom Schloss bis zum eigenen Bauernhaus) und drei Restaurants③.

■ **Radverleih/Cicli Mian,** Viale Venezia Giulia 79, Cormòns, Tel. 04 81 60 770 , www.ciclimian.it, Mo–Sa 9–12.30, 15.30–19 Uhr; MTB ab 20 €/Tag, E-MTB ab 30 €/Tag.

■ **Collio in Vespa:** Stilvoller kann man den Karst nicht entdecken als mit 125 ccm und 11 kW; **Azienda Zorgniotti,** Via Vino della Pace 18, Cormòns, Tel. 04 81 60 595, www.zorgniotti.com/noleggio-piaggio-vespa.

Feste und Veranstaltungen

■ **Rievocazione Storica:** Im September Gedenken an den Tag, an dem Kaiser *Maximilian I.* 1518 per Edikt die Bewohner von Cormòns von der Steuer befreite – wegen ihres guten Weines; mit Tanz, Turnier, Markt und Kostümumzug, www.facebook.com/CormonsRievoca.

■ **Festa dell'Uva:** Traubenfest am 2. Sonntag im September mit einem Markt für landwirtschaftliche Erzeugnisse und Wein in Cormòns.

■ **Jazz and Wine of Peace:** An fünf Tagen im Oktober gute Musik mit internationalen Künstlern und guter Wein aus der Region in Cormòns und auch jenseits der Grenze; https://controtempo.org.

Verkehr

■ **Bahnhof/Stazione:** Via Alcide de Gasperi (1 km südwestlich des Zentrums); stündlich Verbindungen nach Udine (25 Min., um 3,50 €).

⌃ Der Essig der Marke Sirk kommt ganz ohne Zusätze aus

Gradisca d'Isonzo

32 m üNN, 6500 Einw., Udine 35 km, Venedig 127 km, Triest 45 km, slow. Name Gradišče ob Soči, österr. Name Gradis

12 km südwestlich von Gorizia liegt an den Ufern des Isonzo die Festungsstadt Gradisca – einer der borghi più belli d'Italia, der schönsten Orte Italiens.

Seine Gründung geht auf den Einfall der Türken im Jahr 1472 zurück, deretwegen die Serenissima einen befestigten Ort zur Verhinderung weiterer Angriffe errichtete. Venedig gab ihr den Namen Emopoli. 25 Jahre war die Festungsstadt im Besitz der Venezianer, bevor sie dem Habsburgischen Reich zugeordnet wurde. 100 Jahre später, im Krieg von Gradisca, versuchte Venedig vergeblich, die Stadt zurückzuerhalten. Teile der Festungsmauer sind entlang der westlich vom Zentrum verlaufenden Straße erhalten.

Sehenswertes

Seinen Wagen stellt man am einfachsten (gebührenpflichtig) am Viale Max Fabiani an der Westseite der Altstadt ab. An dieser Seite wurden die Stadtmauern abgetragen, aber an allen anderen Seiten ist der **Wall** recht gut erhalten. Um die Stadtanlage zu verstehen, kann man mehr oder weniger an der Innenseite der Mauer entlang gehen – sich erst mal Richtung Süden orientierend –, dann verlässt man den Ring im Norden über die Porta Nuova und geht an der weit ausholenden Verteidigungsanlage im **Parco della Rotonda** vorbei zurück zum Parkplatz (ein Spaziergang von etwa einer halben Stunde). Die Befestigungen hat **Leonardo da Vinci** mit geplant, sodass eine für die Renaissance typische Anlage entstand mit breiten, luftigen Gassen und einem Schachbrettmuster der Wohnviertel. Außerdem kam ihm hier die Idee für seine „Bombarda", ein Marinegeschütz mit zwölf Kanonen auf einer Scheibe, das durch segmentweises Drehen des Tellers zum pausenlosen Beschuss eines Ziels in der Lage sein sollte –

049f sk

Der Dom von Gradisca ist außergewöhnlich unauffällig

eine Art Revolverkanone, die erste überhaupt. Aus der Vogelperspektive ist zu erkennen, dass die Festungsmauern den Umrisslinien eines Schiffes mit dem Bug zum Isonzo hin folgen.

Auf Leonardos Spuren wandelt man durch Gradisca mit der App des **Digitalmuseums.** Heruntergeladen begleitet sie einen über mehrere Stationen und erläutert Leonardos Tätigkeit.

Museo Digitale Diffuso di Leonardo da Vinci, www.leonardoagradisca.it, kostenlos für iOS und Android.

In der Altstadt

Der Viale Fabiani führt in die Altstadt und wird dort zur Via Dante mit dem **Palazzo del Monte di Pietà** aus dem 17. Jh. (Hausnr. 29). Das Pfandhaus mit seiner augenfälligen Pietà über dem Portal ließ der venezianische Statthalter Capitano *Francesco Ulderico della Torre* explizit errichten, um Wucherern zu begegnen und Geld zu günstigen Zinsen zu verleihen. An der Ecke zur Via Battisti steht die **Casa dei Provveditori Veneti** vom Ende des 15. Jh., die Residenz der Vertreter Venedigs. Die dort untergekommene, berühmte „Enoteca Regionale La Serenissima" ist wegen Streits mit den Pächtern seit Jahren geschlossen. Schräg gegenüber war die **Loggia dei Mercanti** ab 1688 der Platz zur wöchentlichen Festlegung der Preise und die Referenz für Längenmaße und Gewichte der Händler. Sie ersetzte den Vorgängerbau aus dem 16. Jh. In der Loggia ist heute ein kleines Lapidarium mit Grabsteinen untergebracht.

Fast bescheiden fügt sich der **Dom** einige Schritte weiter in die Traufhöhen der Umgebung ein, auch sein Campanile wagt kaum, sich über die Dächer zu erheben. Der Ursprung liegt im Dunkeln; mutmaßlich geht eine erste – San Salvatore zugeeignete – Kirche auf die Langobarden zurück, die der Patriarch von Aquileia 1342 erweitern ließ. 1752 verpasste der Baumeister *Paolino Zuliani* dem Gotteshaus die heutige Fassade im Stil Palladios. Der Intarsien-Hochaltar stammt von 1690. In der Cappella dei Torriani ist das Monumentalgrab von Nicolò II della Torre aus dem 16. Jh., einem der ersten Statthalter Österreichs in Gradisca, der wichtigste Besitz der Kirche. Man beachte auch die feinen Stuckarbeiten des Gewölbes.

■ **Duomo dei Santi Pietro e Paolo,** Via Antonio Bergamas, Mo–Sa 8–12, 16–19, So 7–12, 16–19 Uhr.

An der Rückseite des Doms wendet sich die prächtige Eingangszone des **Palazzo Torriani** aus dem beginnenden 18. Jh. der Via Ciotti zu, einst die Residenz des Torre-Geschlechts, heute das Rathaus. Die nicht ganz exakte Symmetrie der Fassade ist der Tatsache geschuldet, dass der Palast im Lauf der Jahrhunderte durch Gebäudezusammenlegungen entstand. Im Palast ist auch die **Galerie für zeitgenössische Kunst** untergebracht und zeigt Bilder von *Luigi Spazzapan* (1889–1958), einem bedeutenden Vertreter der abstrakten Malerei der Nachkriegsjahre.

■ **Galleria Regionale d'Arte Contemporanea Luigi Spazzapan,** Via Marziano Ciotti 51, Tel. 04 81 96 08 16, www.facebook.com/galleriaspazzapan, Mi–So 10–13, 15–19 Uhr, 3 €.

Den westlich anschließenden Block (kaum merklich unterschieden, da die Gasse sich hinter einem Durchgang versteckt, der ein Portal des Torriani-Palastes vortäuscht) dominiert der **Palazzo Strassoldo** aus dem 16. Jh., ebenfalls eine Zusammenfügung mehrerer Häuser.

An der Südseite zum Isonzo umgreift eine Mauer auf der kaum wahrnehmbaren Erhebung Collisello das **Castello**

050f sk

mit dem Palazzo del Capitano, Arsenal, Pulverkammer und Kasernen – alles im Verfall begriffen und nur auf einer Führung zugänglich (→ Praktische Tipps).

Torhaus nahe der Loggia dei Mercanti

Das **Dokumentarische Museum** im nördlichen Teil der Altstadt widmet sich der Vergangenheit. Es hat den Anspruch, in der Stadtgeschichte die Geschichte Europas abzubilden, und erzählt von Dogen, Kaisern und Feldherren.

■ **Museo Documentario della Città di Gradisca d'Isonzo,** Casa Maccari, Via della Campagnola 18, Tel. 04 81 96 79 09, www.comune.gradisca-d-isonzo.go.it, Fr/Sa 15.30–19, So 10–12.30, 15.30–19 Uhr, Eintritt frei.

Hier geht die Via Battisti in den Largo Porta Nuova über. Die 1488 fertiggestellte **Porta Nuova** mit den flankierenden Türmen Campana und San Giorgio war neben dem Westtor (das heute nicht mehr existiert) der einzige Stadtzugang.

Außerhalb der Mauern

Der **Jüdische Friedhof** von Gradisca liegt 2 km außerhalb (im Nordwesten) und versteckt sich nach dem kommunalen Friedhof hinter einer Natursteinmauer. 88 Grabsteine sind erhalten, ihre Inschriften stammen aus über zwei Jahrhunderten (1805–2012). Die Begräbnisstätte von Gradisca gehört (neben Gorizias Synagoge und dem Friedhof im Rosental) zu den einzigen Zeugen, die vom einst reichen jüdischen Leben in der Provinz geblieben sind.

■ **Cimitero Ebraico,** Via dei Campi, frei zugänglich.

In der Umgebung

Redipùglia

An den Großen Krieg erinnern zwei Gedenkstätten südlich von Gradisca. Bei Fogliano (5 km von Gradisca) liegt ein **Soldatenfriedhof der k. u. k. Monarchie** mit 14.407 Gräbern und Gefallenen aus dem gesamten deutschen Sprachraum.

■ **Cimitero Militare Austro-Ungarico,** Via III Armata, Fogliano Redipùglia, frei zugänglich.

Einen Kilometer weiter ist der **Sacrario Militare di Redipùglia** (auch Cimitero Monumentale degli Invitti – Grabmal der Unbesiegten) Mahnmal und Grabstätte von etwa 100.000 italienischen Soldaten (von knapp 40.000 sind die Namen bekannt und im unteren Bereich der Stätte festgehalten), die hier 1938 eine extrem monumentale letzte Ruhestätte im Stil des faschistischen Italiens fanden – der größte Soldatenfriedhof des Landes. Am unteren Ende der gigantischen Treppenanlage steht ein 75 t wiegender, aus einem Stück gehauener Quader aus rotem Marmor, als Grabstätte für den Befehlshaber der 3. Armee, den Herzog von Aosta (1931 friedlich im Bett verstorben) – an den Flanken die Gräber von fünf seiner Generäle.

■ **Sacrario Militare,** Via III Armata, Fogliano Redipùglia, https://sacrarioredipuglia.it, frei zugänglich.

Der Bahnhof von Redipùglia ist zum **Museum für die Isonzoschlachten** umgebaut worden. Auch er zeigt das typisch klassizistische Äußere mit Säulen und kantigen Linien der Mussolini-Architektur. Im Inneren gibt es in zwei kleinen Räumen eine Ausstellung mit Waffen, Plänen, Fotografien, Uniformen und einen 3-D-Film über das Kriegsende.

■ **Museo della Grande Guerra Casa III Armata,** Via III Armata, Fogliano Redipùglia, ganzjährig Di–Fr 9–12, 14–17 Uhr, Mitte März–Sept. auch Sa, 2 €.

Doberdò

Ein ganz besonderes Karstphänomen manifestiert sich regelmäßig bei Doberdò, 10 km südlich von Gradisca an den Seen **Lago di Doberdò** und **Lago di Pietrarossa** im Schutzgebiet **Riserva Naturale Laghi di Doberdò e Pietrarossa**. Im Frühling und Herbst, wenn es regnet, schwellen die Flüsse Isonzo und Vipacco an, ihre unterirdischen Ströme drücken durch Auswaschungen im Karst das Wasser nach oben und die Seen wachsen an. Im Sommer und Winter jedoch sinkt

051fsk

der Wasserspiegel und die Seen können vollständig verschwinden. Im Besucherzentrum wird die Naturerscheinung erläutert, und in der Foresteria kann man nächtigen (auch Restaurant). Mehrere Wanderwege durchziehen das 730 ha große Gebiet, das für seine artenreiche Tier- und Pflanzenwelt bekannt ist.

■ **Centro Visite Gradina**②, Via Prvačina, Doberdò del Lago, Tel. 04 81 78 41 11, www.riservanaturalegradina.com, Museum und Bar Fr 18–22, Sa/So 10–22 Uhr, Restaurant Sa/So 12–15, 19–22 Uhr. Einfache, saubere, moderne Unterkunft und einfaches Lokal für Ausflügler.

Monte San Michele

Der Monte San Michele liegt 10 km nördlich von Doberdò. Die Fahrstrecke über San Martino di Carso auf schmaler Straße durch dichte Strauchvegetation und den Wald des Karsts ist recht schön. Der Berg erhebt sich fast 250 m über das Tal und bietet eine gute Aussicht auf die ehemaligen Schlachtfelder am Isonzo. Er ist eine **Freiluftanlage** mit Resten an Schützengräben, Wehrgängen, Stollen, Kasematten und mit einem multimedial ausgestatteten Museum. Die Stollen der Cannoniera waren einst das Hauptquartier der 3. Armee der Italiener. Wer sich in die virtuelle Realität begibt, versinkt tatsächlich hautnah in den Grausamkeiten des Kriegs.

⌃ Monumentaltreppe am Soldatenfriedhof von Redipùglia

■ **Museo della Grande Guerra del Monte San Michele,** Via Zona Sacra (8 km südöstlich von Gradisca), Tel. 34 79 66 16 07, www.museodelmonte sanmichele.it, Di–So 10–16 Uhr, Museum 3 €, Cannoniera 3 €, Virtual Reality 6 €.

Praktische Tipps

Informationen

■ **Infopoint Gradisca,** Via Ciotti 49, 34072 Gradisca d'Isonzo, Tel. 04 81 96 06 24, www.prolocogradis ca.it, Mi–So 9.30–12.30, 15–18 Uhr.

■ **Infopoint Redipùglia,** Via Terza Armata 37, 34070 Fogliano Redipùglia, Tel. 04 81 48 91 39, www.prolocofoglianoredipuglia.it, Mo–Sa 9.30–12.30, 15–18, So 9.30–12.30 Uhr.

Führung

■ **Burgführung Gradisca:** Treffpunkt Casa Maccari/ Dokumentarisches Museum, im Sommer Sa/So 10, 11.30, 14 und 15.30 Uhr, Dauer 90 Min., kostenlos.

Unterkunft

8 **Hotel Franz**③, Viale Trieste 45, Tel. 04 81 99 211, www.hotelfranz.it. Modernes Vier-Sterne-Hotel mitten im Zentrum und 200 m von der Altstadt; großzügige Anlage mit 50 Design-Zimmern und einer ansprechenden Pool-Anlage.

9 **Albergo Al Ponte**②, Viale Trieste 124, Tel. 04 81 96 11 16, www.albergoalponte.it. Neu errichtetes Vier-Sterne-Hotel mit 42 Zimmern und allem Komfort; auch Restaurant und Pool. Geschäfts- bzw. Flughafenklientel.

In der Umgebung

■ **Agriturismo Alture di Polazzo**②, Via Fornaci 1A, **Fogliano Redipùglia** (7 km südlich von Gradisca), Tel. 33 43 40 64 83, www.parcorurale.it. Bauernhof mit ökologischem Anspruch und acht Ferienwohnungen; Pool, Spiel- und Sportplatz, Radverleih.

Unser Tipp: **Affittacamere Scenario**①, Piazza Roma 1, **Fogliano Redipùglia** (7 km südwestlich), Tel. 39 29 71 67 95, https://affittacamerescena rio.it. Fünf moderne und klar eingerichtete Zimmer mit Bad, sehr sauber, Parkplatz.

Essen und Trinken

3 **Birreria/Enoteca Al Parco**②, Via Carducci 19, Tel. 34 77 11 70 45, nur abends, Mo geschl. Am Stadtpark, Spezialitäten (u.a. Schinken von D'Osvaldo, s. bei Cormòns), dazu Bier oder Wein; gute Getränke, gutes Essen, gute Stimmung (am Wochenende Livemusik) – ein Pub, wie es sich gehört.

2 **Osteria Mulin Vecio**②, Via Gorizia 2, Tel. 04 81 99 783, www.facebook.com/mulinvecio, Mi/Do geschl. Gemütliches, einfaches Lokal, Hausmannskost (Gulasch, Kutteln, Stockfisch) mit herzlichem Service; beliebt: Wurst, Schinken, Käse aufs Papier geschnitten und dazu Meerrettich, in Essig eingelegtes Gemüse und knuspriges Brot.

1 **Pizzeria/Ristorante Al Pellegrino**①-②, Piazza Marconi 5, Tel. 04 81 99 918, Do–So 12–15, 18–23 Uhr. Sehr gute Pizza und noch viel mehr im zurückhaltend dekorierten Gastraum oder auf der überdachten Terrasse; Zimmervermietung geplant.

5 **Ristorantino Park Avenue**①-②, Via Ciotti 22, Tel. 34 77 11 70 45, Mo–Sa 6.30–22, So 8.30–14, 15.30–22 Uhr. Auf der Straße vor dem Palazzo Strassoldo sitzt man zentral, frühstückt oder isst Süßes.

4 **Il Panino del Portico**①, Piazzale della Repubblica 2, Tel. 37 57 32 32 81, www.ilpaninodelportico. it, Di–So 18–21/22, Fr/Sa auch 11–14 Uhr. Barbetrieb mit sehr guten belegten Brötchen und Frittiertem wie *arancini*.

In der Umgebung

■ **Trattoria dal Checho**①-②, Via Peteano 1, **Sagrado** (4 km östlich jenseits des Isonzo), Tel. 04 81

99 290, www.trattoriadalcheco.com, Fr–So 11–15, 18–24 Uhr. Ausflugsgaststätte mit kalten Platten, Pasta und deftiger, fleischbasierter Küche, auch vom Wild, zu günstigen Preisen.

■ **Al Piave③,** Via Cormòns 6, **Mariano del Friuli** (4 km nördlich von Gradisca), Tel. 04 81 69 003, www.trattoriaalpiave.it, Mi–Mo 9/10.30–15.30, 17.30–24 Uhr. Die Stange wird hier mit mariniertem Spanferkel, Ragout von der Ente an Tagliatelle oder Kaninchen auf Gnocchi hochgehalten – Kochkunst, Präsentation und Service auf exzellentem Niveau. Ohne Reservierung ist man chancenlos.

Caffè & Eis

7 **Gelateria Fiore di Latte,** Via Garibaldi 77, Tel. 39 13 30 72 77, www.facebook.com/gelateriafioredilatte, Mo–Fr 14.30–22/22.30, Sa/So 11–22.30 Uhr. Das beste Eis im Ort in immer neuen und ständig wechselnden Geschmacksrichtungen und mit viel frischen Früchten – lange Schlangen bezeugen die Qualität.

Apero & Abend

6 **Il Maialotto,** Via Garibaldi 3, Tel. 33 52 64 277, tgl. 17–3 Uhr. Beliebte Cocktailbar und Pub mit DJs und viel Trubel am Wochenende.

Aktivitäten

■ **Wanderungen:** Auf dem direkten Weg von Gradisca nach Doberdò passiert man auf dem **Karst** die Landmarke Crosara; 500 m abseits der Straße beginnen beim Agriturismo Alture di Polazzo mehrere Wanderwege mit einer Dauer von 5–9 Stunden über den Karst (Rundwege, sodass man den Bauernhof als Basis nehmen kann).

Die Isonzo-Mündung

Regelmäßig rauschen am Ende des Winters die Wassermassen zu Tal und füllen nach Erreichen der norditalienischen Tiefebene bei Gorizia das weite Flussbett. Im Sommer aber plätschert in der bis zu 300 m breiten Geröllbahn des „Torrente" nur ein schmales Rinnsal Richtung Meer.

Nur 136 km fließt der Isonzo/die Soča/der Sontig von seiner Quelle unterhalb des Vršič-Passes in den Julischen Alpen bis zum Golf von Triest, doch nicht viele Täler haben so viel Blut gesehen, wie das des Schicksalsflusses der Österreicher und Italiener. Zwölf Isonzoschlachten hinterließen über 1 Mio. Tote und Versehrte.

Naturreservat Foce dell'Isonzo/Isola Cona

Die Isola Cona ist eine Insel direkt in der Isonzo-Mündung zwischen Monfalcone und Grado. Die 1996 eingerichtete **Riserva Naturale** bedeckt rund 2350 ha, davon rund 1350 ha Wasserlandschaft und die etwa 300 ha der besonders geschützten Isola Cona. Das Marschland und die Lagunen beheimaten eine Vielzahl an selten gewordenen Pflanzen und eine reiche Vogelwelt mit über 320 Spezies. Die Rundwanderung ab dem Besucherzentrum dauert etwa 45 Min. Wer bis zur **Punta Spigolo** hinaus will, muss für Hin- und Rückweg 3–4 Std. rechnen. Auf der Insel leben **Wildpferde,** die in den 1990er-Jahren in der Camargue be-

schafft wurden. Nach Voranmeldung kann man reiten (50 €/2 Std.). Außerdem gibt's Ponyreiten für die Kleinen (25 €/1 Std.).

■ **Riserva Naturale della Foce dell'Isonzo/Centro Visitatori,** Insel Cona/Staranzano, Tel. 33 34 05 68 00, http://riservafoceisonzo.it, 9–17 Uhr, Winter Fr–Mi 9–16 Uhr, 5 €.

■ **Foresteria/Bar Al Pettirosso,** Centro Visitatori, einfache Herberge mit mehreren Zimmern und Küche zur Selbstversorgung; Bar mit Snacks, kleinen Gerichten und kalten Platten.

■ **Anfahrt:** Vom Kreisel des Zusammentreffens der SP19 und SP20 weist ein Schild zur „Isola della Cona". 5 km sind es auf der Via del Brancolo zum Parkplatz am Besucherzentrum (GPS N 45.75569, E 13.49891).

Biotopo del Caneo

Das Biotop auf dem Landsporn an der Südseite der Isonzo-Mündung ist Teil der Riserva Naturale della Foce dell'Isonzo. Eine kleine **Fischersiedlung** mit einem winzigen Hafen (Punta Sdobba, 500 m westlich des Albergo), Unterkunft, Restaurant, Holzstege und ein Aussichtsturm bilden die Infrastruktur. Natürlich lebt auch hier im Schilf eine reiche Vogelwelt, die nur auf Beobachter zu warten scheint. Das Hotel organisiert **Bootsfahrten,** auf denen Vogelkundler in besondere Bereiche vorstoßen können. Vom Holzturm aus blickt man über die Bucht von Triest und Richtung Süden hinüber bis Piran am Beginn der Halbinsel Istrien.

■ **Albergo Caneo①-②,** Strada del Caneo 1, Tel. 04 31 88 44 26, www.caneo.it, März–Okt. In absoluter Ruhe nächtigen und davor noch ausgezeichneten

⌃ Versteckter Hafen im Biotopo del Caneo

Fisch essen – für Naturliebhaber, die auf Komfort nicht verzichten wollen.

■ **Anfahrt:** Von Monfalcone nimmt man die SP19 nach Westen, passiert den Kreisel mit der Einmündung der SP20, überquert den Isonzo, biegt dann auf der Via Isonzato nach links ab und folgt dem gleichnamigen Kanal bis zum Parkplatz beim Villaggio Punta Sdobba.

■ **Anfahrt mit dem Rad:** Als dem Isonzo folgende Radtour **ab Gorizia** ist die Anfahrt dort beschrieben (→ S. 92); als Küstenradweg FVG2 ist die Verbindung zwischen dem Biotop und dem Besucherzentrum des Reservats **Valle Cavanata** (s. unten) ausgewiesen.

GPS **Riserva Cavanata – Biotopo Caneo,** 8 km, 25 Min.

Riserva Alberoni

Dieses Waldgebiet an der Nordseite der Isonzo-Mündung gehört ebenfalls zur Riserva Naturale della Foce dell' Isonzo. Neben Spaziergängen (natürlich mit Vogelbeobachtung) kann man Radtouren unternehmen. Der Strand von Staranzano befindet sich in unmittelbarer Nähe; die Spiaggia Marina Julia mit Schirm- und Liegenverleih, Kitesurfen und Bars ist 1 km entfernt. Die Osteria Alberoni verleiht Räder, SUPs und Kanus.

■ **Osteria Riserva Alberoni**②**,** Località Rivalunga 1/Staranzano, Tel. 39 20 84 25 98, https://riserva alberoni.com. Gutes Lokal mit venezianischer Küche, Garten und Zimmervermietung②.

■ **Anfahrt:** Von Monfalcone über den Viale Oscar Cosulich und dann entlang des Canale Brancolo.

Naturreservat Valle Cavanata

Die **Riserva Naturale Valle Cavanata** an der Mündung des Canale di Averto besteht ebenfalls seit 1996. Mehrere Wander- und Radwege erschließen die verschiedenen Lebensräume zwischen Lagune und Meer. Die Größe des Reservats misst 340 ha, davon sind 70 ha Wasserfläche. In dem ehemaligen Fischrevier leben 240 Vogelarten, darunter Silberreiher, Stockenten und Graugänse. Heute kann man die noch bestehenden Einrichtungen zur Fischzucht besuchen und bekommt die Flora der Lagunenwelt zu sehen, die sich je nach Entfernung zum Strand in unterschiedlichen Vegetationszonen zeigt.

Beim Besucherzentrum können kostenlos Ferngläser und Räder ausgeliehen werden (eine kleine Spende ist aber angebracht).

■ **Riserva Naturale della Valle Cavanata/Centro Visitatori,** Tel. 34 04 00 57 52, https://valle cavanata.it, Reservat frei zugänglich, Besucherzentrum Apr.–Sept. Fr–Mi 10–17, Winter Sa–Mo 10.30–15.30 Uhr.

■ **Anfahrt: Von Monfalcone** folgt man dem Weg zum Biotopo del Caneo, biegt aber am Kanal Isonzato nicht ab, sondern erst kurz vor der Brücke über den Canale Primero di Grado. **Von Grado** fährt man Richtung Monfalcone (SP19) bis zum Abzweig hinter der Brücke über den Canale Primero (die Grado Pineta mit dem Festland verbindet); von dort ist es ein guter Kilometer auf der Via Grado bis zum Besucherzentrum.

GPS **Grado – Cavanata – Riserva Foce dell'Isonzo,** Radtour entlang der Kanäle von Grado/Hafen über das Cavanata-Reservat (10 km, 50 Min.) zum Besucherzentrum des Schutzgebietes Isonzo-Mündung (22 km, 90 Min.).

3
Die nördliche Adriaküste

» Im Sommer ist an den endlosen Stränden viel los, am Lungomare reiht sich Disco an Bar, Ristorante an Trattoria – genau so, wie viele es im Urlaub mögen.

< Nachsaison in Caorle – im Hochsommer ist es hier nicht so ruhig

SEHNSUCHTSORTE AM MEER

Da werden Kindheitserinnerungen wach: Lange, endlos breite und ebenso flach abfallende Sandstrände, eine Kette von Campingplätzen, die sich mit futuristischen Hotelzonen und uniformen Apartmentsiedlungen abwechseln, der Platz an der Sonne im akkurat ausgerichteten *stabilimento* mit zwei Liegen und einem Schirm, mit Eisdielen und Pizza vom Meter. Die Küste zwischen Grado und Jesolo mit Lignano, Bibione, Caorle und Eraclea ist die perfekte Ferienlandschaft – aber nicht nur das. Hinter der Kulisse verbergen sich Natur und Kultur, die es zu entdecken lohnt. Bevorzugt zu Fuß, per Fahrrad oder mit dem Boot. Wer also nicht nur Sonne und Strand,

Fischerhäfen und Funparks sucht, nimmt in den Badeparadiesen und im Hinterland die gewaltigen Zeugen der Vergangenheit mit, wie den Sitz der Patriarchen von Aquileia, Geschichte aus zweitausend Jahren.

NICHT VERPASSEN!

- Archäologische Zone v on **Aquileia**, jahrtausendealte Geschichte | 130
- **Marano Lagunare**, der Lärmtourismus ist hier vorbeigezogen | 135
- Das alte Zentrum von **Caorle**, ein Hauch von Vergangenheit | 162

Diese Tipps erkennt man an der gelben Markierung.

Grado

■ 2 m üNN, 8200 Einw., Triest 55 km, Venedig 135 km

Grados Lage auf einer lang gestreckten und im Osten ganz nahe ans Festland reichenden Insel ist wie die der anderen Lagunenstädtchen auf den ersten Blick verwirrend. Inseln, Kanäle, Festlandszungen vereinen sich an seiner **Lagune** zu einem Labyrinth, dessen südwestliche Spitze die Stadt besetzt.

Der 1936 erbaute, nahezu schnurgerade und 5 km lange **Damm,** der Grado nordwärts mit dem Festland verbindet, wirkt in diesem amorphen Gemenge von Wasser und Land wie ein Fremdkörper. Östlich der Lagune liegen die Naturschutzgebiete Valle Cavanata und Foce dell'Isonzo an der Isonzo-Mündung (→ S. 115). In der **Altstadt** muten die für den Autoverkehr gesperrten Gassen venezianisch an und werden, wie in Venedig, als *calli* bezeichnet. Aber auch Habsburger Klassizismus mischt sich darunter, schließlich zählte Grado im 19. und zu Beginn des 20. Jh. zu den beliebtesten **Kurorten** der Wiener und Budapester Hautevolee. Lauschige Plätze, venezianisch *campielli* genannt, und der **alte Hafen,** an dem die Fischer heute noch ihre Netze zum Trocknen und zur Reparatur ausbreiten, bieten jede Menge hübsche Fotomotive. Viale Europa Unità und Viale Dante locken mit Läden zum Shoppen und ebenso zahlreichen Straßencafés zu einer entspannten Pause. Die **weiten Strände** – Costa Azzurra in Grado selbst sowie die Spiagge von Grado-Pineta und auf den Inseln – sind nur wenige Schritte entfernt. So verbinden sich in Grado Kultur, Natur und Shopping zu einem nahezu perfekten Feriengenuss.

Die Highlights für Kinder

- **Bootsausflug** in die Lagune | 137
- Tierpark **Punta Verde** | 142
- Wasserlandschaft **Aquasplash** | 146
- **Tropicarium** in Jesolo – vom Dino bis zum Hai | 173
- Freizeitpark **New Jesolandia** | 178
- Familienbadespaß im **Caribe Bay** | 178

Geschichte

Ob Grado tatsächlich ab dem 2. Jh. v. Chr. Hafen des römischen Aquileia war, ist umstritten. Auf jeden Fall diente es den auf dem Festland Lebenden wiederholt als **Fluchtpunkt**, wenn etwa die Hunnen unter *Attila*, die Westgoten unter *Alarich*, die Ostgoten unter *Theoderich* und schließlich auch die Langobarden die Region bedrohten. Diesen Teil der Adria zu befahren erforderte genaue Kenntnisse der Strömungen und Kanäle, das hielt unliebsame „Besucher" fern. Unter dem **Patriarchat von Aquileia** entstanden im 5. Jh. die ersten Gotteshäuser, und ab 568 avancierte Grado zum Sitz eines eigenen Patriarchen. Das Privileg musste die Stadt im 12. Jh. an **Venedig** abgeben und blieb bis 1797 unter der Herrschaft der Serenissima. Auf das kurze Intermezzo durch *Napoleon* folgten die **Habsburger**, die Grado zum **Kurbad** ausbauten und Teile der Lagune trockenlegten. Nach dem Ersten Weltkrieg übernahm **Italien**, das 1936 den **Damm zum Festland** aufschütte-

te und das Inseldasein beendete. Heute tragen vorrangig Fischerei und Tourismus zum Einkommen der Gradesi bei, die übrigens nicht Friulanisch sprechen, sondern in alter Verbundenheit zur Serenissima einen venezianischen Dialekt.

Sehenswertes

Ausgangspunkt für den Stadtbummel ist der **Campo Patriarca Elia** mit gleich drei Gotteshäusern aus der Frühzeit des Christentums.

„Hier bitte ein Foto machen!"

Basilica Sant'Eufemia

Die südlich des Hafens gelegene, altehrwürdige Basilica Sant'Eufemia präsentiert sich heute – trotz zahlreicher späterer Umbauten – wieder in ihrer ursprünglichen byzantinischen Gestalt des 6. Jh., als die Patriarchen von Aquileia hier residierten. Den schlichten dreischiffigen Raum schmückt ein 700 m² großes **Bodenmosaik** aus dem 6. Jh. mit geometrischem und Rankenmuster. Bodenöffnungen geben den Blick frei auf die Fundamente einer noch älteren (und kleineren) Kirche aus dem 4. oder 5. Jh. In der Apsiskalotte zeigt ein **Fresko des 14./15. Jh.** Jesus und die Symboltiere der Evangelisten. Auch das aus Silber getriebene und vergoldete **Altarbild** stammt aus dieser Epoche. Auffälligstes

Ausstattungsstück ist die geradezu maurisch wirkende, von römischen Säulen gestützte **Kanzel** (13. Jh.). Diese wie auch die Steinsarkophage vor der Basilika sind Zeugen der römischen Besiedlung Grados. Das achteckige **Baptisterium** neben der Kirche aus dem 5. Jh. steht (rund 1 m tiefer) auf dem Niveau der Vorgängerkirche Sant'Eufemias. Sein sechseckiges Taufbecken ist nur noch zu geringen Teilen original. Last but not least: Der **Campanile** (mit dem Erzengel Michael als Wetterfahne) stammt von 1455.

Basilica Sant'Eufemia, Campo Patriarca Elia, Tel. 04 31 80 146, tgl. 8–19, Winter bis 18 Uhr.

Santa Maria delle Grazie

Die im 6. Jh. auf einem älteren Vorgängerbau errichtete Kirche Santa Maria delle Grazie ziert ebenfalls den Campo Patriarca Elia. Auch sie wurde barockisiert und zu Beginn des 20. Jh. in den ursprünglichen, weitgehend schmucklosen Zustand zurückversetzt. Auffälliges Merkmal (und Relikt der älteren Kirche, weshalb sie auch unterhalb des heutigen Bodenniveaus liegt) ist die **Apsis.** Mauern umfangen sie, sodass sie von außen nicht zu erahnen ist. Spätrömische und byzantinische Säulen und Kapitelle unterteilen die drei Schiffe, eine (re-

konstruierte) **Altarschranke** trennt den profanen vom sakralen Bereich.

■ **Chiesa Santa Maria delle Grazie,** Campo Patriarca Elia, tgl. 8–19, Winter bis 18 Uhr.

Basilica San Giovanni

Der dritte sakrale Bau des Zentrums gleich südlich, die Basilica San Giovanni bzw. **Basilica della Corte** ist nur noch als Ruine erhalten. Sie geht aufs 4. Jh. zurück. Man sieht das **Fußbodenmosaik** (mit Inschrift, die auf einen der Stifter verweist) und die **Grundmauern der Apsis,** die wie die der Kirche Santa Maria delle Grazie gebaut war. Ursprünglich befand sich hier eine altrömische Begräbnisstätte.

■ **Basilica San Giovanni,** Piazza B. Marin, tgl. 8–19, Winter bis 18 Uhr.

In der Umgebung

Eine Bootsfahrt (vom alten Hafen oder vom Canale della Schiusa) mit den Motoscafisti Gradesi (s.u.) bringt Pilger und Besucher in die Lagune zum Inselchen mit der **Wallfahrtskirche Santa Maria di Barbana.** Seit dem 6. Jh. wurde eine hier angeschwemmte, hölzerne Marien-

statue verehrt und eine erste Kirche errichtet. Der heutige Bau, mit seiner markanten Kuppel weithin sichtbar, entstand in den 1920er-Jahren und zeigt ein paar hübsche Jugendstil-Elemente. Jeden ersten Sonntag im Juli machen sich die Gradesi in prächtig geschmückten Booten zur Wallfahrtskirche auf, um für das Ende einer Pestepidemie im Jahr 1237 zu danken. Bei diesem **Perdòn de Barbana** „besucht" eine Madonnenstatue aus Sant'Eufemia ihr Pendant auf der Insel und kehrt abends in feierlicher Prozession in die Basilika zurück.

■ **Santuario Madonna di Barbana,** Tel. 04 31 80 453, www.santuariodibarbana.it, mindestens drei Gottesdienste am Tag.

■ **Ristorante al Pellegrino**②**,** Tel. 04 31 80 115, April–Okt. Das einfache Pilgerrestaurant offeriert mittags ein festes Menü zu günstigem Preis.

■ **Motoscafisti Gradesi,** Riva Sebastiano Scaramuzza, Tel. 04 31 80 115, www.motoscafistigradesi.it, Fahrten in der Hochsaison zwischen 8.30 und 17 Uhr fast stdl., 8 €, Kind 4 €.

Anlegestelle im Alten Hafen, Porto Vecchio, von Grado

Bei organisierten Ausflügen in die **Lagune,** wie verschiedene Unternehmen in Grado sie anbieten, steht auch der Besuch einiger casoni (der traditionellen Fischerhäuschen) auf dem Programm. Errichtet wurden sie aus Holz, Ried und Lehm auf gestampfter Erde. 1,50 m tief schlug man Stämme in den Grund und sicherte die Wände mit Grasmatten. Die Tür liegt traditionell nach Westen, mitten im Raum ist der Feuerplatz, und die Möblierung bestand einst nur aus einem Bettgestell mit einer Matratze. Heute sind einige in Ferienhäuser oder kleine, temporäre Restaurants umgewandelt.

- **Motoscafisti Gradesi,** www.motoscafistigradesi.it, in der Saison 2,5-stündiger Ausflug in die östliche Lagune, Mo/Mi/Fr ab 15.30 Uhr, 18 €, Kind 10 €.
- **Motonave Nuova Cristina,** Porto Mandracchio, Riva San Vito, Tel. 33 55 30 23 78, www.motorshipcristina.it, in der Saison 2-stündiger Ausflug in die Lagune, tgl. 10.30 und 13 Uhr, 20 €, Kind 15 €.

Praktische Tipps

Informationen

- **Info Point,** Campo Porta Nuova 26, 34073 Grado, Tel. 04 31 87 71 11, www.grado.info, Sommer tgl. 9–20.30 Uhr, Winter eingeschränkt.

Unterkunft

Viele Hotels vermieten in der Hochsaison nur mit Halbpension. Wer länger bleibt, bucht den Hotelaufenthalt besser pauschal im Reisebüro oder online; das ist meist deutlich günstiger als vor Ort.

9 **Villa Erica**③-④, Viale Dante 69, Tel. 04 31 84 444, www.hotelvillaerica.com. Eine schöne Villa des ausklingenden 19. Jh. mit 30 elegant eingerichteten Zimmern in der Fußgängerzone, nur wenige Meter vom Meer, mit Restaurant②-③.

5 **Metropol**②-③, Piazzetta S. Marco 15, Tel. 04 31 87 62 07, www.gradohotel.com. Vier-Sterne-Hotel in k. u. k. Tradition direkt am alten Fischereihafen, 18 komfortable Zimmer.

8 **Albergo alla Spiaggia**③, Via Mazzini 2, Tel. 04 31 80 162, www.albergoallaspiaggia.it. Geschmackvoll renoviertes, topmodernes Drei-Sterne-Hotel direkt am Wasser aus den 1920er-Jahren mit 39 Zimmern. Der ruhige Garten entschädigt für die etwas kleinen Zimmer.

2 **Sirenetta**②-③, Via Milano 1, Tel. 04 31 80 404, www.hotelsirenetta.net. Einfacheres Haus mit 25 Zimmern am Weststrand in der ersten Reihe, mit Restaurant.

4 **Meublé Tripoli**②, Riva Garibaldi 17, Tel. 04 31 80 066, www.meubletripoli.it. Der moderne Bau auf der Insel Schiusa bietet von seinen 12 Zimmern einen schönen Blick auf die Lagune; Pensionsrestaurant②.

In der Umgebung

1 **Nauthotel Marina Resort**②-③, Riva G. Da Verrazzano 1, Località **Porto S. Vito,** Tel. 04 31 83 500, www.portosanvito.it/it/nauthotel. Das Aparthotel im Resort der Marina von Grado besitzt 42 unterschiedlich große Apartments und Studios. Dazu Strand und Pool.

13 **Tenuta Primero**②-③, am **Ende der Lagune** an der Straße Grado–Monfalcone, Via Monfalcone 14, Tel. 04 31 89 69 00, www.tenuta-primero.com, April–Sept. Glamping-Resort mit Cottages, Bungalows, Zimmern und Apartments, mehreren Restaurants sowie mit eigenem Strand und Hafen.

Camping

14 **Camping Village Belvedere Pineta,** Località **Belvedere** (auf dem Damm zum Festland, an dessen Ende nach 1 km links), Tel. 04 31 91 007, www.belvederepineta.it, Mai–Sept. Auf einem hügeligen, bewaldeten Gelände, zum Strand über die Straße, 7,20–12,80 €/Person, 13,50–28,70 €/Stellplatz.

056f sk

Essen und Trinken

11 **Tavernetta all'Androna**④, Calle Porta Piccola 6, Tel. 04 31 80 950, www.androna.it, Fr–Mo 18–23, Sa/So auch 12–15 Uhr. Man muss das kleine Lokal in der Altstadt erst einmal finden; hinter dem unscheinbaren Äußeren verbergen sich die angeblich besten Fischgenüsse Grados wie *cappuccino di seppie con riso nero venere* oder *crema di asparagi e mayonese*.

6 **Agli Artisti**③-④, Campiello Porta Grande 2, Tel. 04 31 83 081, www.ristoranteagliartisti.it, Mi–Mo 12–14, 18–21 Uhr. In dem kleinen, hellen Restaurant am Markt steht ein kreativer Fischkoch am Herd. Köstlich zart die *peverasse* (Venusmuscheln).

3 **Cooperativa Pescatori Zero Miglia**②-③, Riva Dandolo 22, Tel. 04 31 80 287, www.zeromiglia.it, Mi–Mo 12–14, 18–21, Di 18–21 Uhr, Winter nur Wochenende. Wer, wenn nicht die Fischer selbst, garantieren faire Preise und Tagesfang? Das Lokal ist einfach, rustikal und immer proppenvoll, also reservieren (auch fürs Mittagessen). Unbedingt die rohen Meeresfrüchte *(crudi)* probieren!

10 **Trattoria/Pizzeria Serenella**①-②, Viale dello Sport 2 (Isola della Schiusa, an der Fußgängerbrücke), Tel. 34 85 82 12 96, www.serenellagrado.it, Do–Mo 18.30–23, Di/Fr–So 12.30–14.30 Uhr. Einfaches Restaurant mit lokaler Fischküche und guter Pizza, viele Einheimische, schneller Service, schattige Terrasse.

In der Umgebung

16 **Trattoria Ai Ciodi**③-④, auf der Laguneninsel **Porto Buso**/Anfora (nur mit dem Boot erreichbar), Tel. 33 57 52 22 09, www.portobusoaiciodi.it, April–Okt. 11.30–16 Uhr. Rustikale Fischgerichte in ebensolcher Atmosphäre, z.B. Sardinen vom Grill; Ausflug mit Bootsfahrt und Mittagessen, Aufenthalt 2 Std.,

25 €/Person (ohne Verkostung), www.mirkotaxiboatgrado.com.

UNSER TIPP: 15 **Casa al Traghetto**①-②, Casali di Sotto, Località **Baiana,** Tel. 33 55 24 41 30, Mi–Mo 12–15, 19–23 Uhr. Das einfache, sympathische Lokal liegt auf dem Festland am Ufer des Flusses Ausa. Man sitzt nicht nur angenehm mit Blick über die bäuerliche Landschaft, auch die authentische Küche – ausschließlich Fisch aus Fluss und Meer – macht Freude.

Apero & Abend

UNSER TIPP: 7 **Campiello della Torre**, Campiello della Torre 7, Tel. 04 31 83 869, auf Facebook, tgl. 11–23 Uhr. Hier beginnt der Abend: Mit gut gemixten Aperitivo-Drinks oder einem Gläschen kühlen Weißweins, dazu *stuzzichini* mit San-Daniele-Schinken oder Käse aus Fagagna.

Internet

- **Internet:** Kostenloses WLAN: GIT Grado HotSpot am Strand mit SMS-Registrierung, max. 1 Std./Tag.

Aktivitäten

- **Thermalwasserpark Parco Acquatico:** Mit Meerwasserbecken von 85 m Länge, Wasserrutsche, Wasserpilzen, Massagewasserfällen etc., Mitte Mai–Mitte Sept., www.gradoit.it/it/parco_acquatico, Tageskarte 15 €, Kind 10 €.
- **Thermen:** Viale Dante 72, Tel. 04 31 89 93 09, www.gradoit.it. 1882 unter Franz Joseph gegründet, Meerwasser-, Helio- und Physiotherapie mit Gymnastik und Massagen, Beautyfarm, nur im Sommer Mo–Sa 8.30–15 Uhr.

◁ Der Hauptstrand von Grado

- **Golf:** Golfclub Grado, Tenuta Primero (am Ende der Lagune Richtung Monfalcone), Tel. 04 31 89 68 96, www.golfgrado.com; 18-Loch-Platz, 6081 m, Par 72, Greenfee 44/74 €; 9-Loch-Platz, 1316 m, Par 29, Greenfee 30/40 €.

12 **Radverleih/Speedy Bike**, Viala Argine dei Moreri 40, Tel. 04 31 36 68 68, www.speedybikegrado.it, 3 €/Std., 10 €/Tag, 40 €/Woche.

Strände

- **Hauptstrand:** Auf dem 3 km langen Hauptstrand von Grado ist das Badevergnügen ordentlich durchstrukturiert und in der Saison gibt's Animationsprogramm für Kinder und Teens; Liegestühle, Schirme und Kabinen am besten zeitig im Voraus buchen (www.gradoit.it, je nach Lage Schirm mit drei Liegen 23,50–62 €/Tag, zusätzlich Strandkarte 3 €/Tag, Kind 1,50 €.
- **Freier Strand:** Die Costa Azzurra im Westen ist auf einigen Abschnitten gebührenfrei.
- **Hundestrand Lido di Fido:** Schirm/zwei Liegen (+ evtl. Hundebox) 17,50–37,50 €.

Verkehr

- **ACHTUNG! Grados Altstadt ist** *Zona Traffico Limitato,* die Einfahrt ist nur Fahrzeugen mit Genehmigung erlaubt – bei Zuwiderhandlung drohen hohe Strafen.
- **Parken:** Parkplätze sind Mangelware; kostenlose Plätze an der Riva Slapater (bei der Fußgängerbrücke zur Isola della Schiusa), ansonsten gebührenpflichtig mit unterschiedlichen Tarifen (Zona Verde 8–20 Uhr, max. 1,50 €/Std., 6 €/Tag; Zona Rossa 1. Std. 2 €, weitere Std. 3 €, danach 3,50 €).
- **Ausflug nach Triest:** Schiffsverbindung Juni–Aug. Di–So ab Grado 10/14.45/19.30 Uhr, ab Trieste/Molo Audace 8/13/17.45 Uhr (Dauer 90 Min.), hin und zurück 15,30 € (Radmitnahme 0,90 €), https://tplfvg.it/it/il-viaggio/servizi-marittimi.

Aquileia

■ Lat. Name: Aquileum, 5 m üNN, 3400 Einw., Triest 45 km, Venedig 125 km

Auch nicht christlich sozialisierte oder empfindende Besucher des Städtchens Aquileia (10 km von Grado) werden sich der besonderen meditativen Stimmung über dem frühchristlichen Komplex kaum entziehen können – es sei denn, der Ort wird gerade von großen Reisegruppen gestürmt.

Daher der Tipp: Ein Besuch am (möglichst) frühen Morgen erspart nicht nur die allgegenwärtigen Parkplatzprobleme, sondern ermöglicht einen ungestörten Blick in die Geschichte dieser Landschaft und des Christentums. Vor allem die Basilika erweckt mit ihrer Schlichtheit und Strenge überaus eindrucksvoll die ersten Jahrhunderte des Christentums zum Leben. Als Bistum spielte Aquileia viele Hundert Jahre lang eine besondere Rolle. Seine Bedeutung wurde 1998 mit dem Status des UNESCO-Weltkulturerbes gewürdigt.

Geschichte

Die Geschichte der Siedlung reicht ins 2. Jh. v. Chr. zurück. Ihre Blüte erlebte sie unter römischer Herrschaft und besonders in der Regierungszeit des Kaisers *Augustus*, zu der Anfang des 1. Jh. 200.000 Menschen in Aquileia lebten. Kaiser *Diokletian* erklärte Aquileia im 3. Jh. zum **Gouverneurssitz der Region Venetia et Histria** und stationierte hier das Oberkommando der Kriegsflotte Obere Adria. Die Überreste des Hafens, römischer Straßenbefestigungen, Wohnhäuser und des Forums sind hervorragend erhalten. Bereits 314 stand in Aquileia eine erste christliche Kirche, doch schon 200 Jahre später verlor das **Bistum**, dessen Einfluss bis an die Donau und zum Plattensee reichte, an Bedeutung. Der Flusshafen verlandete, und die Siedlung war ungeschützt den anbrandenden Wellen der **Völkerwanderung** ausgeliefert. Grado auf seiner vorgelagerten Insel wurde zum sicheren Fluchtpunkt für Bevölkerung und Patriarchen, die Aquileia schließlich aufgaben. Unter *Karl dem Großen* im 9. Jh. und dem Patriarchen *Poppo* im 11. Jh. wurden Anstrengungen unternommen, die zerstörten Gotteshäuser in alter Größe wiederaufzubauen. Doch die Stadt selbst konnte ihren religiösen wie wirtschaftlichen Einfluss nicht mehr zurückgewinnen. Endgültig verlor Aquileia seine Bedeutung als Bistum im 18. Jh., als **Goricia (Görz)** diese Funktion übernahm und den Aquileiern zudem die wertvollen **Reliquien** des *Hermagoras* und *Markus* raubte, ein Affront, den Aquileia nicht verwunden hat. Allerdings hatte dies sicherlich den Vorteil, dass nicht viel Geld in Umbau oder Restrukturierung der altehrwürdigen Basilika gesteckt wurde und sie dadurch so wunderbar in romanischem und gotischem Stil erhalten blieb. Bis heute untersteht die Pfarrei von Aquileia dem Bistum Goricia, einen Teil der Reliquien hat sie zurückerhalten.

Sehenswertes

Die **Basilika Santa Maria Assunta** ruht auf den Fundamenten eines älteren, im

4. Jh. errichteten Gotteshauses. Ihr Bau begann im 9. Jh., 1031 segnete Patriarch *Poppo* sie ein. Monumental und eines weit über die Grenzen Aquileias ausstrahlenden, religiösen Zentrums würdig sind bereits ihre Dimensionen: Die dreischiffige Basilika ist 65,50 m lang, 30 m breit und 23 m hoch; 10.000 Menschen sollen darin Platz finden. Unter einer Schicht von Mörtel und Steinen entdeckte man Anfang des 20. Jh. das **Fußbodenmosaik** der Vorgängerkirche und legte es frei. Es liegt deutlich unter dem heutigen Bodenniveau und zeigt – teils symbolisch verschlüsselt – Szenen des christlichen Glaubens (so Hahn und Schildkröte, die den Kampf des Lichts mit den Kräften der Finsternis symbolisieren). Der Mosaikboden führt – gesäumt von ursprünglich romanischen, später gotisierten Säulen – auf die mit schönen Fresken ausgemalte Apsis mit dem **Bischofsstuhl** des *Poppo* zu.

Das „Freskenwunder“ von Aquileia verbirgt sich im Raum rechts davon, der **Krypta der Fresken**. Sie ist auf das 6. oder 7. Jh. datiert und wurde für die Reliquien angelegt. Romanische Säulen tragen das über und über mit Malereien in lebhaften Farben bedeckte Tonnengewölbe, das wohl im 12. Jh. entstand und von den Heiligen *Markus* und *Hermagoras* erzählt. Im **Baptisterium** an der Westseite der Basilika sind wertvolle

Mosaiken und Fresken erhalten, die ins 4. Jh. zurückreichen.

Der 73 m hohe **Campanile** (11. Jh.) eröffnet in den Sommermonaten einen fantastischen Blick über die archäologische Stätte und die Ebene bis zur Adria. Im Juli/August ist er nicht jeden Tag zugänglich; die Besuchstage sind auf der Webseite ausgewiesen.

■ **Basilica Santa Maria Assunta,** http://basilicadiaquileia.it, www.fondazioneaquileia.it, April–Sept. Mo–Fr 10–19, Sa bis 18, So 12–19, März/Okt. Mo–Sa 10–18, So 12–18, Nov.–Feb. Mo–Fr 10–16, Sa 10–17, So 12–17 Uhr; Basilika und Krypten 5 €, gesamter Komplex mit Baptisterium, Südhalle und Bischofspalast 10 € (nur im Sommer).

■ **Campanile,** April–Sept. 10.30–13.30, 14.30–18, Okt. Sa/So 10–17 Uhr, 2 €.

Im angrenzenden Bischofspalast **Palazzo Episcopale** führt der Rundgang durch die ersten Jahrhunderte der Geschichte Aquileias, die sich in mehreren Fußboden-Ebenen mit Mosaiken manifestieren, angefangen bei einem ersten römischen *domus* aus der Gründungszeit bis zum mosaikgeschmückten Empfangsraum eines vornehmen Anwesens aus dem 5. Jh. Die moderne, mit geschickter Lichtführung unterlegte Präsentation hebt die Exponate anschaulich hervor.

■ **Domus e Palazzo Episcopale,** www.fondazioneaquileia.it, April–Sept. 10–19, sonst 10–18 Uhr, 5 €.

Eines der größten in Aquileia ausgegrabenen Anwesen aus der römischen Epoche ist die **Villa des Tito Marco (Fondi Cossar),** gleich neben dem Bischofspalast. Die Anlage besteht aus mehreren Privathäusern aus dem 1. bis 4. Jh. mit Resten teils kostbarer Mosaikfußböden, deren Motive – Fischfang, ein Hirte mit Schafen – wohl nicht christlicher Tradition entspringen, wie jüngere Forschungen ergeben haben.

■ **Domus de Tito Marco / Fondo Cossar**, www.fondazioneaquileia.it, 2022 war die Stätte nur auf Voranmeldung beim Infopoint und nur mit Führer zu besichtigen.

Das in der 1825 errichteten Villa Cassis Faraone untergebrachte und 1862 eröffnete **Archäologische Nationalmuseum** gehört zu den wichtigsten Museen Norditaliens. Es wurde 2018 vollständig neu gestaltet und lässt die Besucher die Vergangenheit intuitiv erleben. Zu besichtigen sind Statuen und Gegenstände des täglichen Lebens aus der Zeit, als Aquileia in der spätrömischen Periode eine wichtige Handelsstadt war, in der Bernstein umgeschlagen, Glaswaren und Keramik gehandelt und teilweise auch hergestellt wurden.

Die archäologischen Grabungen, die sich über ganz Aquilea verteilen, umfassen Reste des Forums, eine Straße, Hausfundamente und Mosaike, Gräberfelder, einen Hafen und ein großes Mausoleum.

Aquileia: Zugabe!

Museo Nazionale Paleocristiano, Piazza Pirano 1, Aquileia, Tel. 04 31 91 035, www.museoarcheologicoaquileia.beniculturali.it, Do–So 10–19 Uhr, 7 €. In einem ehemaligen Benediktinerkloster sind die Fundamente einer frühchristlichen Kirche und zahlreiche tituli (Grabinschriften) bewahrt.

■ **Museo Archeologico,** Via Roma 1, Tel. 04 31 91 016, www.museoarcheologicoaquileia.beniculturali.it, Di–So 10–19 Uhr, Kasse schließt 1 Std. früher, Sa/So nur mit Reservierung beim Infopoint, 7 €.
■ **Area Archeologica,** tgl. 8.30 Uhr bis 1 Stunde vor Sonnenuntergang.

Praktische Tipps

Informationen

■ **Infopoint,** Via Giulia Augusta 11 (am Busparkplatz), 33051 Aquileia, Tel. 04 31 91 94 91, www.turismofvg.it, Mo–Sa 9–13, 13.30–17.30, So 9–13 Uhr.

Unterkunft

8 **Patriarchi**②, Via Giulia Augusta 12, Tel. 04 31 91 95 95, www.hotelpatriarchi.it. Das Drei-Sterne-Haus an der Durchgangsstraße bietet 22 angenehme Zimmer mit Aussicht entweder auf die Ausgrabungen oder auf die Basilika; im **Restaurant**③ gibt es neben italienischen Standards auch typische Küche des Friaul.
5 **Alla Basilica**②, Viale della Stazione 2, Tel. 04 31 91 74 49, www.allabasilica.it. Kleine, nette Pension mit 10 Zimmern unweit der Basilika hinter dem Parkplatz, auch **Restaurant**①-② mit guter Pizza im neapolitanischen Stil.

☐ Aquileia spielte als Bischofssitz einst für die ganze Region eine äußerst wichtige Rolle

057f sk

6 B&B Casa Delneri③, Via XXIV Maggio 18, Tel. 04 31 91 171, http://casadelneri.it. Das elegante Haus nahe der archäologischen Stätte bietet Unterkunft in sechs Suiten, d.h. Zimmern mit Kochnische. Italienisches Frühstück, aufmerksame Gastgeber.

7 Domus Augusta①, Via Roma 35, Tel. 04 31 91 024, www.ostelloaquileia.it. Moderne Jugendherberge mit Schlafsälen und Zwei- bzw. Dreibettzimmern mit privatem Bad, allerdings auf dem Gang.

Camping

4 Camping Aquileia, Via Gemina 10 (in Aquileia 400 m Richtung Gorizia/Triest fahren), Tel. 04 31 91 042 (im Winter Tel. 04 31 91 95 83), www.camping-aquileia.it, April–Sept. Auf einem parkähnlichen, schattigen Gelände unweit des Ortes, 7,50–9 €/Person, 10,50–25 €/Stellplatz, 55–65 €/Bungalow für 2 Pers.

Essen und Trinken

3 La Colombara③, Via Zilli 42, Tel. 04 31 91 513, www.lacolombara.it, Di/Mi/Fr–So 11–15, 19–23, Do 11–15 Uhr. Gute Fisch- und Fleischgerichte in gemütlichen Räumlichkeiten eines traditionsreichen Familienbetriebs, der von den Schwestern Catia und Monya mit Herzlichkeit geführt wird. „Km Zero" lautet das Motto für Fleisch-, Fisch- wie auch Wildgerichte, also ausschließlich regional!

10 Antica Aquileia①-③, Via Bertrando Genies 2, Tel. 04 31 91 88 25, www.anticaaquileia.it, Di–So 11–14.30, 18–22.30 Uhr. Das moderne Lokal setzt auf Standardgerichte des Veneto/Friaul und serviert abends auch Pizza.

2 La Capannina③, Via Gemina 10, Tel. 04 31 91 019, www.ristorantelacapannina.net, Do–Di 12–14, 18.30–22 Uhr. Das elegante Restaurant unweit des antiken Flusshafens führt auf seiner kleinen Karte vor allem Fischgerichte, die kreativ zubereitet werden.

Unser Tipp: **9 Pasticceria Mosaico Aquileia**①, Piazza Capitolo 17, Tel. 04 31 91 95 92, Mo–Fr 9–19, Sa/So ab 8 Uhr. Süße Köstlichkeiten neben der Basilika, u.a. der ortsansässigen Schokoladenmanufaktur Cocambo, aber auch salzige Snacks wie Panini.

Einkaufen

1 Distilleria Aquileia, Via Julia Augusta 87/A (am Ortsausgang Richtung Cervignano), www.distilleriaquileia.com, Mo–Sa 9–12, 15–19 Uhr. Grappa und Weine aus der Region und ganz Italien, Probierstube in alpenländischem Stil, Verkauf auch von Likören, Biskuits und Marmelade.

Aktivitäten

- Ein 11 km langer, vorzüglich unterhaltener **Radweg** *(pista ciclabile)* verbindet die beiden Städte Grado und Aquileia (bis auf die ersten 500 m am Dammanfang) unabhängig von und parallel zur Autostraße.

Verkehr

- **Busverbindungen:** Von Grado zum Bahnhof Cervignano-Aquileia-Grado (8 km nördlich von Aquilea) tagsüber fast stdl. mit Halt in Aquilea (15 Min., um 2 €).

> Am Hauptplatz von Marano Lagunare

058f sk

Marano Lagunare

■ 3 m üNN, 1750 Einw., Triest 71 km, Venedig 90 km

Nur knapp 7 km Luftlinie quer über die Lagune liegen zwischen Lignanos Punta – dem westlichsten Punkt – und dem Städtchen Marano Lagunare, doch könnte der Unterschied nicht größer sein. Hier die Ferienretorte, dort einer der emsigsten Fischerhäfen an der nördlichen Adria. Hier Sonne, Sand und Meer, dort hektische Geschäftigkeit am Kanalhafen, wo nicht nur Fischerboote, sondern auch größere Trawler anlanden.

Pittoresk wirken Hafen, Kanäle und Gassen dieses lebhaften, sympathischen Ortes zwischen Lignano und Grado, der auf eine lange Geschichte zurückblickt: Im 6. Jh. fand hier ein Konzil statt, und im 13. Jh. war die Stadt bereits so vermögend, dass die Venezianer sich zu einer Plünderung herabließen. Es sollte bis ins 16. Jh. dauern, bis die Eroberung gelang.

Danach war Marano mehr als 300 Jahre lang der Serenissima unterstellt, was sich im Stadtbild wie im Dialekt der Bewohner bemerkbar macht: Die Maranesi sprechen nicht friulanisch, sondern venezianisch.

Sehenswertes

Die historischen Sehenswürdigkeiten halten sich in Grenzen: Die Piazza Vittorio Emanuele beherrscht der **Tausendjährige Uhrturm** *(Torre millenaria)*, ein im 11. Jh. erbauter, 32 m hoher Wachturm, den Büsten verdienter Bürger schmücken. Um ihn herum gruppieren sich die aus istrischem Stein erbaute **Loggia**, der **Palazzo dei Provveditori** (15. Jh.) – in dem die Stadtverwaltung ihren Sitz hatte – und zwei Brunnen der unter dem Platz befindlichen Zisterne. Die beiden **Fahnenmasten** an der Piazza rufen die Erinnerung an Venedig wach. Die **Pescaria vescia,** die alte Fischfabrik am Hafen (wo die beiden Hauptkanäle Maranos aufeinandertreffen) ist als Lounge-Bar mit Blick auf das Hafentreiben renoviert worden. Das kleine, etwas verstaubt wirkende **Archäologische Museum** in der ersten Etage des Centro Civico erklärt Besuchern Geschichte, Natur und Kultur der Lagunenwelt.

■ **Museo Archeologico della Laguna**, Piazza Risanamento 13, Tel. 0431 64 05 06, www.museolaguna.it, Sommer Di/Fr 9–12.30, Mi/Sa/So 15.30–19, Do/Fr/So auch 20–22 Uhr, Winter eingeschränkt, Eintritt frei.

Reizvoll ist ein Spaziergang durch das gleich am Ortsrand beginnende **Naturschutzgebiet La Valle Canal Novo** mit hübsch angelegten Wegen, die über Holzstege an den Kanälen entlang zu Beobachtungstürmen und nachgebauten *casoni,* den traditionellen Fischerhäusern, führen. In ihnen sind das Besucherzentrum, ein sehenswertes Aquarium und Gastronomie untergebracht. Vogelbeobachter finden hier einen großen Artenreichtum vor, darunter Moorenten und den dekorativen Cavaliere d'Italia, den Stelzenläufer – allen voran aber *cocai,* wie die Maranesi ihre geliebten Möwen nennen. Viele ältere Menschen kommen gerne *in riva a vede i cocài* – ans Wasser, um die Möwen zu sehen.

■ **Riserva naturale Valle Canal Novo**, Via delle Valli 2, Marano Lagunare, Tel. 04 31 67 551, www.parks.it/riserva.valle.canal.novo, Sommer tgl., Winter Di–So 9–17 Uhr, 3,50 €, Kind 2,50 €.

Vor allem aber ist Marano mit seinem hohen Fischumschlag prädestiniert für **Restaurants** mit den frischesten und direkt vor den Restaurantpforten angelandeten Gaben des Meeres – *kilometro zero* eben.

In der Umgebung

Zur 1400 ha großen **Riserva Naturale delle Foci dello Stella** (auch Oasi di Marano Lagunare) in der Lagune bei Marano gelangen Besucher nur per Boot, und auch die Besichtigung dieses faszinierenden Labyrinths aus Schilfdickicht und mäandernden Wasserstraßen im Mündungsdelta des Stella-Flusses erfolgt ausschließlich vom Wasser aus. Die Gezeiten prägen maßgeblich das Aussehen dieser Landschaft und ihrer *velme,* der nur bei Ebbe nicht überfluteten Bereiche, ebenso wie der *barene,* die nur bei Flut unter Wasser stehen und sonst als Sumpfzonen einer vielfältigen Pflanzen- und Tiergesellschaft einen Lebensraum bieten. Wegen dieser Vielfalt und der Bedeutung für den Vogelzug – im Herbst und Frühjahr machen hier große Schwärme Station, einige Arten überwintern im Schutzgebiet – ist Foci dello Stella auch als Ramsar-Feuchtgebiet von internationaler Bedeutung anerkannt. Übrigens sind hier noch einige der wenigen erhaltenen historischen *casoni* zu sehen, ganz im traditionellen Stil auf rechteckigem Grundriss ausschließlich aus Schilf und dem Holz der nahen Akazien- und Robinienwälder errichtet.

Bootsausflug Oasi di Marano Lagunare, Via San Vito, Marano, Tel. 33 55 36 86 85, www.saturnodageremia.it, www.parks.it/riserva.foci.stella, Abfahrt 10 Uhr, Rückkehr gegen 16 Uhr mit Mittagessen in einem Casone , 60 €, Kind 30 €.

Praktische Tipps

Informationen

- Im Sommer 2022 gab es kein Info-Büro. Wissenswertes auf https://visitmaranolagunare.it.

Unterkunft

- **JoHotel**②, Via Udine 7/9, Tel. 04 31 64 02 59, www.johotel.it. Modernes und blitzsauberes Drei-Sterne-Hotel mit 30 Zimmern am Ortseingang zu

In der Mittagshitze flüchten die Einwohner Maranos in die kühlen Häuser – im Hintergrund ist der tausendjährige Uhrturm zu sehen

059f sk

sehr fairen Preisen, gutes Restaurant und ab und an Musikveranstaltungen.

■ **Stella d'Oro**①-②, Piazza Vittorio Emanuele II 11, Tel. 04 31 67 018, www.stelladoro.info. Gute Mittelklasse am Hauptplatz. Die Zimmer sind klassisch und etwas blumig, das Personal sehr freundlich.

In der Umgebung

■ **Tenuta Ca del' Lovo**②-③, Strada Colomba 4, **Carlino** (6 km nordöstlich), Tel. 32 95 74 33 11, www.cadellovo.it. Wer in einem der drei Zimmer oder in dem originellen *tiny house* absteigt, möchte meist nur eines: reiten. Reitstunden und Ausritte entlang der Lagune sind die Hauptattraktion dieses komfortablen Agriturismo, der allerdings kein Restaurant besitzt, sondern nur Frühstück serviert.

Essen und Trinken

■ **Alla Laguna-Vedova Raddi**④, Piazza Garibaldi 1, Tel. 04 31 67 019, www.facebook.com/vedovaraddi, Di–Fr 12–15, 19–24, Sa 12–24, So 12–15 Uhr. Fischspezialitäten unmittelbar am Kanal – frischer geht's nicht. Mit dem Degustationsmenü ist man bestens bedient, guter und günstiger Hauswein. Reservieren!

■ **Porta del Mar**③, Via Porto del Friuli 2, Tel. 04 31 64 00 60, www.facebook.com/ostariaportadelmar, Do–Di 9.30–14.30, 17–23 Uhr. Gegenüber der alten Fischhalle kann die Küche einfach nicht schlecht sein – und hier sind auch noch begabte Köche am Werk. Probieren Sie die Fisch-Antipasti!

■ **Taverna Al Pescatore**③, Via San Vito 18, Tel. 04 31 67 023, www.tavernaalpescatore.com, Mi–So 9.30–14, 18.30–21, Mo 9.30–14 Uhr. Am Hafen von Marano, mit Terrasse, auf der Fisch gereicht wird, simpel zubereitet und gerade deswegen sehr lecker.

■ **Tre Canai**③, Via Udine 36, Tel. 04 31 67 020, Mi–So 11.30–15.30, 18.30–23 Uhr. Spezialität ist *bisato al speo,* Aal am Spieß. Aber auch alle anderen Fischgerichte sind exzellent!

■ **Hostaria Amico**②, Piazza Vittorio Emanuele II 12, Tel. 34 74 26 72 35, Mi–Mo 9.30–24 Uhr. In der gemütlichen Weinbar am Hauptplatz kann man den Abend beginnen oder auch ausklingen lassen. Panini und Toasts stillen tagsüber den Hunger zwischendurch.

In der Umgebung

UNSER TIPP: **La Bilancia di Bepi**②-③, Via Nuova Sopraelevata, **Palazzolo dello Stella,** Tel. 34 03 63 67 33, https://labilanciadibepi.it, Di–So 12–19 Uhr. Noch frischer geht's nicht, denn die *bilancia* (das Hebenetz) hängt direkt vor dem alten Fischerhaus, in dem mit Daniele Ciprian, dem Enkel von Bepi, ein frischer kulinarischer Wind weht. Entsprechend wird der aus dem Kanal gezogene Fisch nicht nur zum traditionellen *fritto misto,* sondern auch zu Hamburgern oder Tacos verarbeitet, außerdem organisiert Daniele ab und an Kanu-Ausflüge ins Mündungsgebiet des Stella – einfach nachfragen!

Feste und Veranstaltungen

■ **Processione in Laguna:** Am dritten Sonntag im Juni findet Maranos malerischstes Fest statt: Obwohl die Pfarrkirche dem hl. Martin geweiht ist, firmiert **San Vito** als eigentlicher Stadtpatron – die Bootsprozession führt vom Hafen zum Friedhof und zur kleinen Kirche San Vio (Vito). Rahmenprogramm: eine große Sagra, ein Fest der Fische mit Ständen, an denen Sardinen, Garnelen und andere Gaben der Lagune um die Wette brutzeln.

Aktivitäten

■ **Bootstouren:** Spannende Ausflüge durch die Lagune für Einzelgäste und kleine Gruppen veranstalten Robi und Joy auf ihrem Fischerboot **Alice II** (Via Giuseppe Parini 12, Tel. 33 31 73 50 54, www.aliceseconda.it). Die Gäste erleben die verschiedenen Arten der traditionellen Fischerei und erfahren aus erster Hand Wissenswertes über die Artenvielfalt der Lagune, entlang der Küste und des Meeres – zum Abschluss wird der frisch gefangene Fisch nach traditionellen Rezepten zubereitet und an Bord verspeist.

■ **Radverleih/Bike Point,** Via Marano 128, 33050 Carlino, Tel. 34 50 23 76 49, www.sognandoinbici.it, Mo–Sa 9–12.30, 15–19, So nur 9–12.30 Uhr. Die Eigentümerin ist selbst großer Rad-Fan, verleiht gut gewartete Trekking- und E-Bikes (20–30 €/Tag) und bietet regelmäßig Touren an; Vorteil der Lage außerhalb: Man ist sofort in der freien Natur der Lagune.

Verkehr

■ **TPL FVG-Schiffsverbindung mit Rosa dei Venti nach Lignano Sabbiadoro**, www.tplfvg.it, Mitte Juni–Mitte Sept., ab Marano Porto 9, 11, 14, 18, 22.30 Uhr (nur Juli/Aug.), ab Lignano, Sbarco dei Pirati, 10, 12, 17, 19, 23.15 Uhr (nur Juli/Aug.), u.U. auch Fahrradmitnahme, einfach 3,60 €, hin und zurück 6,80 €, Fahrrad 0,90 €.

■ **Bushof/Autostazione:** Piazza Risanamento, www.tplfvg.it, u.a. nach Udine (ca. 1 Std., ca. 5 €).

Lignano Sabbiadoro

■ 3 m üNN, 6000 Einw., Triest 100 km, Venedig 110 km

Wer nach Lignano kommt, will Badeurlaub! Über 300 Hotels und Apartmentanlagen beherbergen im Sommer Zehntausende Sonnenhungriger, die tagsüber am 8 km langen Strand im Sand aalen und im Meer planschen, abends in den Parks flanieren und Restaurants und Pizzerie füllen.

Strandabschnitt beim Kursaal von Lignano

060f sk

Lignano Sabbiadoro

Vor allem **Familien mit kleinen Kindern** schätzen Lignanos Freizeitangebot mit Aquapark und Zoo (s.u.). Am flach abfallenden Strand kann Kind weit ins Wasser laufen, bevor das Meer eine gefährliche (dem Schwimmen zuträgliche) Tiefe erreicht. Über **5000 Liegeplätze für Boote** bieten die Marinas rund um Lignano an. Nahe der Mündung des Tagliamento in die Adria erstrecken sich die drei **Ortsteile Riviera, Pineta** und **Sabbiadoro** nacheinander auf der weit in die Lagune ragenden Halbinsel. Auf der anderen Flussseite, per Fähre zu erreichen, liegt Bibione – nicht weniger „ferienträchtig". Zugleich ist der **Tagliamento** die Grenze zwischen den Regionen Friaul (Lignano) und Veneto (Bibione). Als Badedestination entwickelt wurde Lignano bereits ab den 1930er-Jahren, der eigentliche Tourismus- und Bauboom setzte aber erst in den 1950er- und 60er-Jahren ein. Tatsächlich entstand der Ort nach einem Konzept des Architekten *Marcello d'Olivo* auf dem Reißbrett – sichtbares Zeugnis dieser überdimensional gedachten Stadt ist die Straßenspirale im Ortsteil Pineta, an der sich Läden und Gewerbe aufreihen. Für das Bestreben, Natur und urbanen Raum miteinander zu verbinden, stehen die Parks von Pineta – **Parco Heming-**

way und **Parco del Mare.** Heute wirkt die Architektur dieser explosionsartigen Hotel- und Ferienhausvermehrung eher trist, auch wenn so manche Modernisierung stattfand. Einen Lichtblick bilden die immer noch imposanten Reste des einst die gesamte Küstenlinie begleitenden **Pinienwalds.**

Wie ein Halbmond spannt sich die Lagune entlang der Küste – von Lignano im Westen bis Grado im Osten, vom Meer von einer Kette vorgelagerter Inseln abgetrennt, zwischen denen die Grenzen zwischen Land und Wasser oft völlig unübersichtlich scheinen, und im Gegensatz zum bunten Treiben am Strand hat sich an der Lagune ein Lebensraum für eine vielfältige Vogelwelt erhalten. Zugvögel aus Nordeuropa überwintern in der weitgehend intakten Natur der zwei Schutzgebiete Foci dello Stella und Valle Canal Novo (s. Marano).

Sehenswertes

Fast wirkt sie wie ein Fremdkörper, die Kirche **Santa Maria del Mare** aus dem 15. Jh. in Pineta. Das mag daran liegen, dass sie ursprünglich nicht hier im Piniengrün stand, sondern am Ufer des Tagliamento im Örtchen Bevazzana

Urlaub im Hausboot

Im **Marina Uno Floating Resort** übernachten die Gäste in sechs über das Wasser des Tagliamento gebauten, hausbootähnlichen Mobile Homes mit Traumterrasse. Die „floating homes" treiben aber nicht im Wasser, sondern sind fest installiert und bestehen aus ein bis zwei Schlafzimmern mit Zusatzbettcouch im Koch-/Wohnraum und einer kleinen Küchenzeile. Mindestaufenthalt sind drei Nächte, Maximalbelegung vier Personen.

6 **Marina Uno Floating Resort**③–④, Tel. 04 31 42 86 77, www.marina-uno.com/en/floating-resort, Preise in der Nebensaison um 120 €/Nacht.

061fsk

und wegen der ständigen Überschwemmungen vor der Zerstörung gerettet und nach Pineta versetzt wurde. Der schlichte, einschiffige Ziegelbau ist mit verblassenden Fresken in der Apsis geschmückt. Der Altar stammt aus der frühchristlichen Epoche. Im Sommer hält die Gemeinde ihre Messe jeden Sonntag um 11 Uhr vor der Kirche im Freien ab.

■ **Santa Maria del Mare**, Via Centrale 34, Lignano Pineta, www.parrocchialignano.it.

Die **Terrazza a Mare** an der Landspitze der Halbinsel ist neben dem Strand der Hauptanziehungspunkt in Lignano Sabbiadoro. Ein erster ins Meer hinausgebauter Steg mit Wandelhalle – auf dem die Feriengäste (damals vorrangig im gesunden Meeres-Aerosol kurende Hautevolee) über dem Wasser promenierten – erregte 1904 europaweit Aufsehen. Im Ersten Weltkrieg zerstört, entstand 1924 eine neue „Terrazza", die in den 1960ern der Modernisierung Lignanos zum Opfer fiel. Seit 1972 schmückt eine muschelförmige Konstruktion mit futuristischer Silhouette den Strand – zum *aperitivo* ist die darin residierende Bar mit Restaurant ein beliebter Treffpunkt und ein schönes Fotomotiv zum Sonnenuntergang. Am Ende des Kais blinkt ein Leuchtturm.

Der **Parco Zoo Punta Verde** gehört zweifelsohne zu den größten Attraktionen des Ortes, auch wenn Zoo-Tierhaltung inzwischen sehr kritisch gesehen wird. Obwohl der 1979 eröffnete Zoo privatwirtschaftlich betrieben ist und sich aus den Einnahmen finanziert, gilt er als vorbildlich dem Tierwohl verpflichtet und arbeitet zusammen mit

062f sk

den Universitäten Udine und Padua an Artenschutzprogrammen. Mehr als 200 Tierarten leben auf dem 10 ha großen Gelände im Nordosten der Halbinsel am Ufer des Tagliamento.

Parco Zoo Punta Verde, Via Scerbanenco 19, Tel. 04 31 42 87 75, www.parcozoopuntaverde.it, April–Sept. 9.30–18/19, Okt. nur Wochenende 10–17 Uhr, 17 €, Kind 13 €.

Die Chiesetta di Santa Maria del Mare im Pinienwald von Lignano

In der Umgebung

Die an die Halbinsel von Lignano östlich anschließende 7 km lange **Inselkette mit Marinetta, Martignano,** besser bekannt als **Isola delle Conchiglie** (Muschelinsel), und **Sant'Andrea** erreicht man per Boot vom Hafen Lignanos. Ein Geheimtipp sind die Strände ganz sicherlich nicht, dennoch sind sie schön und goldgelb und laden (mit gefülltem Picknickkorb) zu einem herrlichen Badeaufenthalt und zu Spaziergängen mit Muschelsammeln ein. Wegen der guten Windverhältnisse und der langen Küste treffen sich hier bei entsprechenden Wetterbedingungen die Kitesurfer (Anfahrt s. Verkehr).

Rund 20 km dem Tagliamento nach Norden folgend sind es bis **Latisana,** wo den in Lignano mit Kunst nicht gerade verwöhnten Feriengast ein echter *Paolo Veronese* erwartet: Den 1504 Johannes dem Täufer geweihten **Dom**, dessen Vorgängerbau auf das Jahr 1368 zurückgeht, schmückt am Hauptaltar des Meisters Gemälde „Taufe Christi" von 1567.

■ **Duomo di San Giovanni Battista,** Via Vendramin 30, Latisana, www.diocesiudine.it, Tel. 04 31 50 127, tgl. 8–12, 15.30–19 Uhr.

Praktische Tipps

Informationen

■ **Infopoint Lignano Sabbiadoro,** Via Latisana 42, 33054 Lignano Sabbiadoro, Tel. 04 31 71 821, https://lignanosabbiadoro.it, Sommer 9–13, 14.30–18 Uhr.

■ **Infopoint Lignano Pineta,** Via dei Pini 53, Tel. 04 31 42 21 69, Sommer 9–13, 14–18 Uhr.

Unterkunft

12 **Greif④,** Arco del Grecale 25, Tel. 04 31 42 22 61, www.greifhotel.it. In einem Park mit Pool; modernes Luxushotel mit fünf Sternen, Spa und 75 Zimmern; 150 m zum Strand, alle nur vorstellbaren Annehmlichkeiten für den gut gefüllten Geldbeutel.

063f sk

16 Rossini④, Via Adriatica 32, Tel. 04 31 71 530, www.rossiniresort.com. Das Komforthotel mit 44 Zimmern und Suiten ist frisch renoviert und modern designt, besitzt einen Pool, einen privaten Strandbereich und ein Spa – nur leider keine schöne Aussicht: Es steht im Herzen von Sabbiadoro.

20 Hotel Luna③-④, Lungomare Trieste 68, Tel. 04 31 71 490, www.hoteluna.com. Drei-Sterne-Hotel an der Strandpromenade, 42 saubere, schön renovierte Zimmer, alle mit Meerblick, günstige Halbpension.

17 Villa Romana②-③, Via Latisana 96, Tel. 04 31 71 843. Drei-Sterne-Haus mit 29 geräumigen, etwas ältlich, aber freundlich eingerichteten Zimmern, italienischem Frühstück und reservierten Plätzen am Strand – ein bisschen 1960er-Jahre, aber mit Charme.

25 La Goletta②-③, Viale Italia 44, Tel. 04 31 71 274, www.hotelgoletta.it. Ein relativ individuelles, nettes und kleines Drei-Sterne-Haus (18 Zimmer), wohltuende Alternative bei all den Bettenburgen, direkt am Hafen, nur Frühstück.

1 B&B Casa del Sole③, Via Tisanella 25A (bei Latisana), Tel. 04 31 19 12 017, www.casadelsole latisana.com. Eleganter ehemaliger Bauernhof am Ortsrand von Latisana mit freundlich eingerichteten Einzel- und Doppelzimmern, kostenlosem WLAN, Außenpool und gutem Frühstück.

Camping

13 Camping Sabbiadoro, Via Sabbiadoro 8, Tel. 04 31 71 455, www.campingsabbiadoro.it, Mitte März–Sept. Sehr großer Platz mit viel Schatten unter Pinien, die Stellplätze sind durch Hecken getrennt, Privatstrand, Wasserpark, Restaurant, Pizzeria, 7,40–14 €/Person, 12,50–29,50 €/Stellplatz.

☐ Radlerfähre zwischen Lignano und Bibione

8 Camping Pino Mare, Viale Adriatico, Tel. 04 31 42 44 24, www.campingpinomare.it, April–Sept. Großer Platz in einem Pinienwald im Ortsteil Riviera, riesige Wasserlandschaft, Privatstrand, Restaurants, perfekter Supermarkt, 8,40–16 €/Person, 20–90 €/Stellplatz.

Essen und Trinken

18 Bidin④, Viale Europa 1, Tel. 04 31 71 988, www.ristorantebidin.com, Do–Di 12.30–14, 19.30–22 Uhr. Ausgezeichnete Fischküche (z.B. einfallsreich zubereiteter Stockfisch oder Fischtartar), die ihren Preis hat, exzellente Weinkarte, Traditionsadresse.

2 Da Willy③, Via Casa Bianca 9 (gleich südlich des Golfplatzes), Tel. 04 31 42 87 43, www.ristorante willy.it, nur April–Sept. 12–14.30, 19–22.30 Uhr. Einem *casone* nachempfunden, toll am Fluss und abseits vom Trubel gelegen, hübscher Garten, schmackhafte Fischküche ohne Brimborium – besonders lecker schmeckt das Meeresfrüchterisotto.

5 Alla Vecchia Finanza③, Corso delle Nazioni 110, Tel. 04 31 42 44 40, www.allavecchiafinanza.it, Sommer tgl. 12–14.30, 18.30–22.30 Uhr. Die Speisekarte in diesem beliebten Ausflugslokal an der Tagliamento-Mündung (und Fähre nach Bibione) ist klein und wechselt häufig. Schwerpunkt ist frischer Fisch, aber auch für Fleischesser ist etwas dabei. Toll der große Loungebereich am Fluss, in dem man auch nur bei einem Gläschen Saft oder Wein die Szenerie genießen kann.

24 Da Pippo②-③, Via Carso 4, Tel. 39 34 41 91 41, Sommer tgl. 12–24 Uhr. Pippo ist eines der Traditionslokale in Lignano, beliebt, bewährt gut und stets auch Neuem aufgeschlossen. Die Preise sind für diese Qualität günstig.

23 O Sole Mio②, Via Udine 64, Tel. 04 31 71 364, https://osolemiolignano.it, tgl. 11–22 Uhr, im Winter Do geschl. Das große Restaurant mit Pizzeria (abends) in der Fußgängerzone mit langen Tischen und Bänken draußen ist trotz effizienter Organisation kein Durchlauferhitzer. Gute Pizza, Pasta und

Fischgerichte zu angenehmen Preisen. Spezialität sind hausgemachte *scialatielli*, eine Pasta mit nahezu rechteckiger Form.

10 Enoteca Perbacco②, Viale a Mare 17, Tel. 04 31 90 30 827, www.tendabar.it/perbacco/index-perbacco.html, nur April–Sept., tgl. 10–3 Uhr. Beliebter Treffpunkt für ein Gläschen Wein und eine Kleinigkeit zum Essen, immer viel Betrieb.

4 Al Cason③, Corso dei Continenti 167, Tel. 04 31 42 30 29, www.ristorantealcason.it, April–Okt. tgl. 11–14, 18–24 Uhr. Wo der Tagliamento ins Meer mündet, muss Fisch einfach fangfrisch und perfekt zubereitet sein – die fantastische Lage verlangt nach exzellenter Küche. Unbedingt auf der Terrasse reservieren!

26 La Terrazza di Crema③-④, Via Carso 45, Tel. 33 89 65 50 94, https://laterrazzadicrema.it. Exklusives Restaurant mit American Bar und Event Location – an den Wochenenden auch mit Disco on the Beach. Zwischen Hauptstränden und Marina zeigt es eine völlig andere, elitäre Lignano-Seite: viel weißes Design und Holz, feine Speisen.

Aktivitäten

Aquasplash, Viale Europa 140, Tel. 04 31 42 88 26, www.aquasplash.it, Juni–Anfang Sept. tgl. 10–18 Uhr, 26 €, Kind 21 €. Der ultimative Wasserpark mit zahlreichen Einrichtungen für die gesamte Familie, vom Spielplatz für die ganz Kleinen bis zum herausfordernden Rutschenabenteuer.

Luna-Park: An der Ausfallstraße Viale Europa beim Aquasplash; Spielplatz für die Kleineren, Via Latisana, Ecke Via Aldo Moro (tgl. 10.30–24 Uhr, Eintritt frei).

Radfahren: In der Umgebung von Lignano lassen sich schöne Radtouren unternehmen, über die Halbinsel selbst, am Tagliamento entlang nach Norden oder ins benachbarte Bibione. In der Touristinfo liegen Broschüren mit Routenvorschlägen aus. **Radverleih: 21 Bike Point Lignano**, Piazzale di Terrazza a Mare, Tel. 34 88 73 47 34, Mai (nur Wochenende), Juni–Sept. 9.30–12.30, 15–17 Uhr (Ausweisdokument mitnehmen!). Kostenloser Radverleih. **14 Teknobike**, Via Latisana 121, Tel. 34 92 92 55 48 (auch WhatsApp), www.pajarobici3.it. Reservierung empfehlenswert; Räder und E-Bikes, ab 4/6 €/Stunde; **7 Casa del Ciclo**, Via Punta Tagliamento (an der An-/Ablegestelle der Bibione-Fähre), https://rentbikebibione.com, Mai–Sept. tgl. 9–20 Uhr, April/Okt. nur an Wochenenden, Tourenrad 12 €, E-Bike 35 €/Tag.

Terme di Lignano/Centro Messegue, Lungomare Riccardo Riva 1, Sabbiadoro, Tel. 04 31 42 22 17, www.termelignano.it, tgl. 9–19 Uhr. Einige medizinische Anwendungen, vor allem aber kosmetische Behandlungen, Massagen und Solarium; eigener Strandabschnitt.

Parco Termale/Riviera Resort, Lungomare Riccardo Riva 1 C, Sabbiadoro, Tel. 04 31 42 44 90, www.parcotermalerivieraresort.it, Mo–Fr 10–19, Sa, So 9.30–19.30 Uhr, 20 €, Kinder (3–12 Jahre) 12 €, Sonnenschirm 6 €. Im Zuge der Umgestaltung der in die Jahre gekommenen Thermen entstand ein moderner Bade- und Relaxbereich mit drei großen Meerwasserpools, Sprudelliegen und eigenem Kinderbereich.

Golf Club Lignano Sabbiadoro, Via Bonifica 3 (nördlich des Zentrums), Tel. 04 31 42 80 25, www.golflignano.it. Von Marco Croze entworfener 18-Loch-Platz auf 70 ha im Grünen, 6280 m, Par 72, Greenfee 80 €.

Kitesurfen: Flaches Wasser, gute Windverhältnisse und lang gestreckte Strände machen Lignano zu einem hervorragenden Revier; Kurse bei **Island Surf**, Corso degli Alisei 52, Tel. 04 31 42 22 48, www.islandsurf.it.

Strände

Hauptstrand: Er ist rund 8 km lang und weitestgehend in der Hand fest installierter *stabilimenti*, die man am besten im Voraus online reserviert, sofern man nicht in einem Hotel mit eigenem

Strandabschnitt absteigt; Buchungen z.B. über www.lignano-riviera.it, ein Schirm mit zwei Liegen kostet 15–28 €.

■ **Freie Strände:** U.a. an der **Punta Faro** und zwischen den einzelnen Strandbädern.

■ **Hundestrände: La Spiaggia di Duke** mit eingezäunten Schirm-/Liegestuhl-Abteilungen (37 €/Tag), im Abschnitt Riviera (Udine), Lungomare Ricardo Riva 15, www.laspiaggiadiduke.com; **Doggy Beach Lignano**, Lungomare Marin, Sabbiadoro, www.doggybeachlignano.com, auch nicht eingezäunte Bereiche, ab 14 €; **Bau Beach Lignano**, Via Carso 45, Punta Faro, freier Strand.

Apero & Abend

Treffpunkt der Nachtschwärmer im Stadtteil Sabbiadoro ist die Via Udine und ab 20 Uhr auch die anschließende Viale Venezia (die dann für den Verkehr gesperrt ist).

Unser Tipp: 22 **Terrazza a Mare**, Lungomare Trieste 5, Tel. 04 31 71 300, www.terrazzamarelignano.it, Sommer tgl. 9–1 Uhr. Zugegeben, die Architektur ist Geschmackssache – man stelle sich eine aufgefächerte Muschel vor … oder eine Blüte? Das Bar-Restaurant auf dem weit ins Meer reichenden Steg ist der optimale Ort für den Aperitivo mit Sonnenuntergang. Das Essen ist ambitioniert und nicht preiswert, also empfiehlt es sich, woanders zu speisen. Aber den Spritz, Hugo oder was auch immer davor, den genießt man am schönsten hier.

19 **Shaker**, Viale Gorizia 7 (an der Piazza Fontana), Sabbiadoro, Tel. 04 31 72 01 16, www.facebook.com/shaker.lignanosabbiadoro, in der Saison bis 3 Uhr. Bar und Gelateria (manche schwärmen vom besten Eis der Stadt) mit guten Cocktails und Livemusik.

11 **Tenda**, Piazza del Mare 5, Pineta, Tel. 04 31 19 30 827, www.tendabar.it, Sommer tgl. 10–3 Uhr. Strandbar mit Disco, einer der Dauerbrenner.

9 **Kursaal Club**, Lungomare Riccardo Riva 1 (bei den Thermen), Pineta, Tel. 34 50 43 71 38, www.facebook.com/kursaalclub, Sa–Mo durchgängig. Lignanos Super-Disco am Wasser mit Lounge, Privatstrand und Pool – unbedingt den Sonnenaufgang abwarten.

3 **Mr. Charlie**, Via Punta Tagliamento 2, Riviera, Tel. 33 56 89 94 46, www.facebook.com/Mrcharlieclub, Do–Sa ab 21 Uhr. Im Sommer, Club, Disco und Restaurant (u.a. Sushi) bis in die frühen Morgenstunden, Traditionstanztempel, der seit 1974 existiert.

15 **Drago**, Viale Centrale 1, Sabbiadoro, Tel. 34 74 75 13 79, https://de-de.facebook.com/DiscoDrago, Fr/Sa ab 23.50 Uhr. Nicht zu teure Getränke und gut gelauntes Publikum.

27 **Punta Faro Beach**, Via Lungomare Marin 1, Sabbiadoro, Tel. 32 80 91 99 93, www.facebook.com/PuntaFaroBeach, tgl. 8–23 Uhr. Beach und Party, wie es sich gehört.

Verkehr

■ **Nach Venedig:** ATVO bot bis 2021 im Sommer kombinierte Bus-/Schiffsreisen nach Venedig an. die Busse starteten morgens um 7.30 Uhr vom Busbahnhof Lignano nach Punta Sabbioni, dort ging es per Schiff weiter direkt zum Markusplatz; die Rückfahrt ab Markusplatz erfolgte gegen 16.45 Uhr, Ankunft zwei Stunden später (im Sommer 2022 war dieser Service ausgesetzt – aktuelle Auskunft bei der Touristinfo).

■ **Isola delle Conchiglie:** Überfahrt Mai–Sept. mehrmals tgl. ab etwa 9 Uhr von Stabilimento 4 und 10 in Lignano Sabbiadoro, Tel. 38 92 49 36 27, www.boattourslignano.it, Voranmeldung erforderlich, 17 €, Kind 11 €.

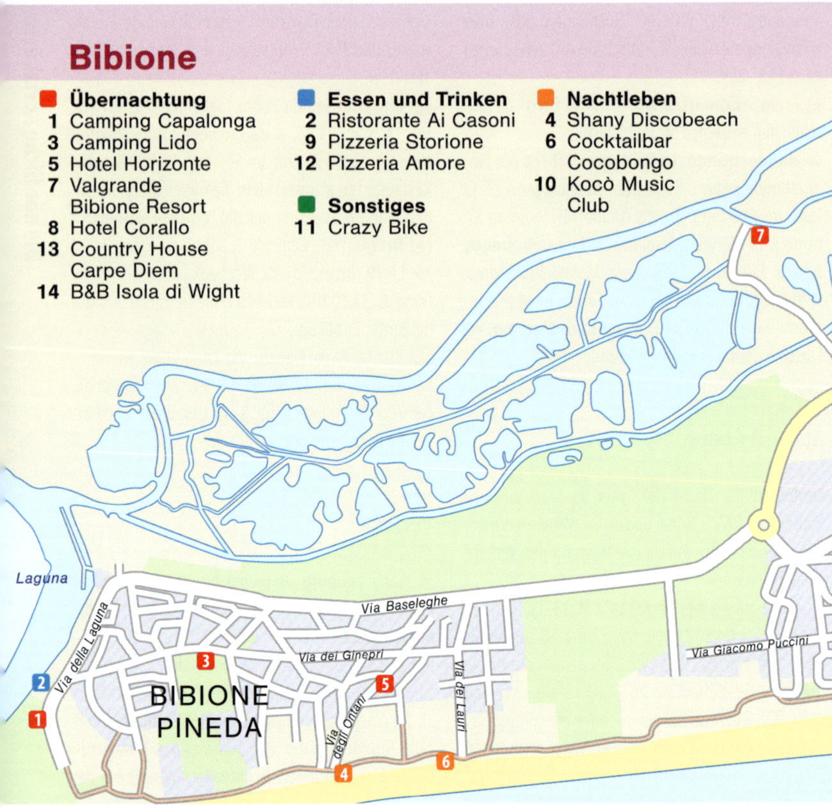

Bibione

■ 3 m üNN, 12.000 Einw., Triest 100 km, Venedig 100 km

Für Bibione in der Region Veneto – Lignano am gegenüberliegenden Ufer des Tagliamento gehört zum Friaul – gilt, was auch auf die anderen Feriensiedlungen zutrifft: Besucher auf der Suche nach Sonne, Strand, Meer und Unterhaltung fühlen sich pudelwohl. Wer hingegen kulturelle und historische Zeugnisse, ruhige oder besinnliche Urlaubstage erwartet, wird unglücklich sein.

Bibione, das sich wie ein Schachbrett entwickelt hat, ist offiziell ein Ortsteil des 17 km landeinwärts liegenden San Michele del Tagliamento. Und sonst? **Strand, Strand, Strand** – lang und breit und goldgelb. Hier sind die Kleinen vom Sandburgenbauen begeistert und die Großen von den Bars und Restaurants. Nicht ganz so toll ist es für Raucher: Seit

2019 ist der Strand auf den gesamten 9 km **rauchfreie Zone!** Gepafft werden darf nur in ausgewiesenen Raucherbereichen.

Im Sprachengewirr hört man Deutsch, Niederländisch und häufig auch Englisch – die früher zahlreichen russischen Gäste müssen seit *Putins* Krieg draußen bleiben.

Die **Infrastruktur** lässt keine Wünsche offen: Hotels und Apartmentanlagen wechseln ab mit kleineren Pensionen, und wo Platz ist, wird etwas verkauft oder gekocht.

Sportliche bzw. unternehmungslustige Naturen kommen ebenfalls nicht zu kurz: **Ausflüge in die Lagune zur Isola di Vallevecchia** per Fährschiff und Rad, der romantische Spaziergang (oder die Radtour) zum 1913 erbauten **Leuchtturm an der Mündung des Tagliamento** oder ein **Radausflug zu den Casoni,** die es auch in der Umgebung Bibiones noch gibt.

Praktische Tipps

Informationen

■ **Infopoint**, Via Maja 84, 30020 Bibione, Tel. 04 31 44 48 46, www.bibione.com, Sommer tgl. 9–18 Uhr, Winter eingeschränkt.

Unterkunft

7 **Valgrande Bibione Resort**④, Via Baseleghe 4, Tel. 04 31 44 72 20, www.valgrandebibione.com. Edelbauernhof mit drei Suiten und zwei Apartments in toller ruhiger Lage, trotzdem in Strandnähe, Angebote für einen mehrtägigen Aufenthalt mit Halbpension.

8 **Hotel Corallo**⑤, Via Pegaso 38, Tel. 04 31 43 222, www.hotelcorallobibione.it. Nahe dem Thermalbad in erster Reihe und nur durch den Lungomare vom Strand getrennt. Weicht architektonisch wohltuend vom baulichen Einheitsbrei Bibiones ab, 80 Zimmer, Pool, Privatstrand und mit Spielplatz familienfreundlich.

5 **Hotel Horizonte**③-④, Viale degli Ontani 31, Tel. 04 31 43 218, www.hotelhorizonte.it. Niedriger Bau in einem schattigen Garten im Stadtteil Pineda, 26 Zimmer, Privatstrand, kein Restaurant.

In der Umgebung

13 **Country House Carpe Diem**③, Via Falcomer 4C, **Cesarolo** (6 km außerhalb nahe der Zufahrtsstraße), Tel. 04 31 19 13 001, www.carpediem.veneto.it, April–Okt. Landhaus mit sechs komfortablen Zimmern und einem guten Abendrestaurant③.

Unser Tipp: 14 **Isola di Wight**②, Via Musili 2, **San Michele al Tagliamento** (11 km vor Bibione), Tel. 34 95 45 86 15, www.bebisoladiwight.it. Das charmante B&B mit nur drei Zimmern liegt abseits, dafür aber an der Radroute zu den *casoni* – man kann das Baden also wunderbar mit einer Radtour verbinden und zugleich das Grün und die Ruhe des historischen Bauernhauses genießen.

Camping

1 **Campeggio Capalonga**, Laguna 16, Bibione Pineda, Tel. 04 31 43 83 51, www.capalonga.com, Mai–Sept. Am äußersten westlichen Ende von Bibione im Mischwald am Meer gelegen, 170 Bootsliegeplätze und knapp 800 Stellplätze, Suiten, Mobile Homes und Glamping, in der Hochsaison nur wochenweise (Sa–Sa), 7–13,50 €/Person, 12–46 €/Stellplatz, 40–170 €/Glamping.

3 **Camping Lido**, Viale dei Ginepri 115, Bibione Pineda, Tel. 04 31 43 124, www.campinglido.com, Mai–Sept. Direkt am Strand und teils schattig in einem Pinienhain, mit Kinderanimation, 4,90–11,50 €/Person, 8–24,50 €/Stellplatz, Glamping 55–110 €.

Essen und Trinken

2 **Ristorante Ai Casoni**④, Via della Laguna 14 (am Porto Baseleghe), Tel. 04 31 43 85 56, www.ristoranteaicasoni.it, Ende April–Okt. Di–So 11–

Strandpreise

Die Preise sind abhängig von der Lage, dem Angebot des jeweiligen *stabilimento* und dem Tag – erste Reihe kostet natürlich mehr als vierte, je komfortabler, desto teurer, und am Wochenende bezahlt man mehr als wochentags. Da die meisten *stabilimenti* bestimmten Hotels zugeordnet sind, empfiehlt es sich, sofern man keine Unterkunft mit Strand gebucht hat, unbedingt, seinen Platz am Strand online zu reservieren. **Preisbeispiele für einen Schirm mit einem Liegestuhl und einer Liege** (jeweils pro Tag und Woche, www.bibionespiaggia.com): 1. Reihe 21,50/123 €, 4.–12. Reihe 19,50/101,50 €; in den Zonen Regolo, Zenith und Corso del Sole ist alles nochmal 10% teurer; für die gesamte Saison in der 1. Reihe 1236 €.

Bibione per Rad

Unter den vielen Radtouren zu Zielen in der näheren und weiteren Umgebung sei eine besonders familienfreundliche hervorgehoben (genauere Beschreibung mit Karte enthält der Gratis-Flyer „Bibione & non solo", in der Touristinfo):

■ **Il Faro e la Pineta („Leuchtturm und Pinienwald"):** Start dieser schattigen Tour durch den Pinienhain ist an der Via Procione in Bibione. Von dort geht's entlang des Lido dei Pini (Bibiones freiem Strand) nach Osten auf den Leuchtturm zu. Witzig, wenn auch nicht gut unterhalten, sind die Kunstinstallationen entlang dieses Weges, die sechs Künstler im Rahmen einer Land-Art-Initiative 2019 erarbeitet haben. Landplay Walk heißt die Promenade, die nach 2 km den Leuchtturm erreicht. Von dort geht's in einem nach Norden und Westen gerichteten Bogen durch die Pineta in Richtung Ort. Entlang Via del Mare, Via Parenzo und Via Lattea radelt man zurück zum Ausgangspunkt (ca. 10 km, Asphalt und Schotter, ca. 1 Std.).

14.30, Mo–So 19–22.30 Uhr. Fischgerichte mit Blick auf den Sonnenuntergang, wegen der Lage und des Ambientes empfehlenswert, die Küche rechtfertigt aber nicht immer die Preise.

12 **Pizzeria/Ristorante Amore**②, Via delle Costellazioni 15, Tel. 04 31 43 71 83, https://ristorante amore.it, tgl. 12–23 Uhr. Nicht nur, aber ein Schwerpunkt auf Pizza und diese in bester Qualität – wer richtig hungrig ist, bestellt die Meterpizza; unspektakuläre, moderne Einrichtung, zügige und sehr freundliche Bedienung.

9 **Pizzeria Storione**②-③, Via Atlante 27, Tel. 04 31 43 98 21, www.facebook.com/ristorante.pizzeria.storione, tgl. 11–23 Uhr. Eines der günstigen und dennoch sehr guten Lokale, unaufgeregtes Ambiente und zuvorkommende Gastgeber, auch Pizza, aber hierher kommt man für die Fischgerichte.

Apero & Abend

In einem Ort für Familienurlaub hält sich das Partyangebot naturgemäß in Grenzen. Flaniermeile ist die Viale Aurora, die in der Saison am Abend zur Fußgängerzone umgewidmet wird.

6 **Cocobongo**, Via dei Lauri 22, Tel. 34 83 59 74 27, www.facebook.com/cocobongobibione, tgl. bis 3 Uhr morgens. Bar/Restaurant/Pizzeria am Strand. Zu späterer Stunde wird getanzt, auch Livemusik.

10 **Kocò Music Club**, Via della Luna 5 (westlich an der Piazzale Zenith), Tel. 04 31 43 645, auf Facebook, Sommer tgl. ab 22.30 Uhr. Treffpunkt der Teens und Twens, die bis in die Puppen tanzen.

4 **Shany Discobeach**, Via degli Ontani (Bibione Pineda), Tel. 33 55 93 63 29, auf Facebook, im Sommer am Wochenende ab 23 Uhr. Über 40 Jahre alt und immer noch angesagt. Mit Restaurant und Shuttle zur Piazza Fontana.

Einkaufen

■ **Wochenmarkt:** Im Sommer Di auf der Piazza Mercato (Via Orso Maggiore/Via Maja), dort auch im Sommer Di, Fr und Sa Fischmarkt; im Winter findet der Wochenmarkt auf der Piazza Keplero statt.

Aktivitäten

■ **Strände:** Reservierungen online unter www.bibionespiaggia.com (Schirm, Liege und Stuhl zwischen 18 € und 25 €/Tag); **Hundestrand** La Spiaggia di Pluto, (www.laspiaggiadipluto.com) und freier Strand **Spiaggia Libera** am östlichen Ende bei Pineta und Leuchtturm.

Das Weinbaugebiet des Lison-Pramaggiore

Die DOC-Weine dieses Weinbaugebietes im östlichen Venetien sind Tocai Italico, Pinot Bianco, Pinot Grigio, Verduzzo Chardonnay, Sauvignon Riesling Merlot, Cabernet Franc, Cabernet Sauvignon und Refoso dal Pedunvolo rosso. Seit 3000 Jahren gedeihen hier die Reben, an denen vorbei man auf der **Strada dei Vini dei Dogi** fährt. Sie beginnt in Portogruaro und berührt auf drei Routen die Ortschaften westlich und östlich der Stadt (Lison, Santo Stino di Livenza, Pradipozzo, Annone Veneto, Motta di Livenza, Pravisdomini, Pramaggiore oder Cinto Caomaggiore). Am Wegesrand liegen die Weingüter, die entweder nur für Weinproben offen sind oder auch Essen und Übernachtung anbieten. Warum ist der Boden des Pramaggiore so gut für den Weinanbau geeignet? Er war Überschwemmungsgebiet des Tagliamento, der auf seinem Weg vom Gebirge winzige Tonteilchen anschwemmte, die Karbonaggregate bildeten und den Boden mit Kalzium anreicherten.

Unser Tipp: **Azienda Agricola Isola Augusta,** Casali Isola Augusta, Palazzolo dello Stella (zwischen Palazzolo und der Abzweigung von der SS14 nach Lignano), www.isolaugusta.com; Weinproben und Essen – im Angebot stehen Rot-, Rosé- und Weißweine, Perlweine einfacher Art und nach der *méthode champenoise,* und natürlich wird auch Grappa gebrannt.

064f sk

■ **Thermalbad/Thermae,** Via delle Colonie 3, Tel. 04 31 44 11 11, www.bibioneterme.com. Drainagen, Massagen, Fangopackungen, HNO-Behandlungen, Inhalationen und natürlich auch Schönheits- und Wellness-Treatments, Thermalbad 31 €/Tag, Kind 25 €.

11 **Radverleih/Crazy Bike**, Via Mercurio 7, Tel. 33 96 97 66 70, www.crazybikebibione.it, Tandems, Fatbikes, E-Bikes, ab 3 €/Std., 15 €/Tag.

Verkehr

■ **Parken:** In Strandnähe (Zona A) kostet das Parken 9–23 Uhr 1,50 €/Std. und 12 €/Tag (Angebote für kostenloses Parken, wenn man einen Schirm mit Liegen am Strand mietet).

■ **Nach Venedig:** Im Sommer tgl. Ausflüge mit Schiff nach Venedig, Abfahrt 8 Uhr, Rückfahrt gegen 16 Uhr, www.armoniaviaggi.it, 160 Min. Fahrtdauer, 60 €, Kind 40 € (unter 5 Jahre 5 €).

■ **Nach Vallevecchia, Spiagga Brussa (und Caorle)**: X-Lagoon Service, Juni–Sept. tgl. mindestens zwei Hin- und Rückfahrten, Oktober nur Sa/So, 45 Min. Fahrtzeit, unbedingt reservieren unter Tel. 34 79 92 29 59, einfache Fahrt 4 €, (Caorle 10 €), hin und zurück 7 € (15 €), kostenlose Fahrradmitnahme.

■ **Fähre nach Lignano:** X-River, Via del Faro, Mai–Sept., 9–19 Uhr, Abfahrt alle 40 Min., 1 €, Fahrradmitnahme.

☐ Dank der Bodenbeschaffenheit in der Region Lison-Pramaggiore lassen sich hier hervorragende DOC-Weine erzeugen

Portogruaro

■ 5 m üNN, 25.400 Einw., Triest 95 km, Venedig 75 km

Das leise plätschernde Flüsschen Lemene, elegante Steinbrücken, das Wasserrad einer Mühle und schattige Laubengänge entlang gotischer Fassaden verleihen Portogruaro im Hinterland zwischen Bibione und Caorle den Charme einer verträumten Kleinstadt mit tiefen historischen Wurzeln.

Portogruaro hat seine malerische **Altstadt** mit erstaunlich gut erhaltenen, **gotischen Fassaden** vollständig bewahrt. Die Häuser an den zwei parallelen Straßenzügen entlang des Lemene haben jeweils einen Eingang an der Straßenseite und einen am Fluss. Man sollte sich Zeit nehmen, unter den Arkaden zu flanieren und über die Durchgänge zu lauschigen Plätzchen am Fluss zu bummeln. Reizvoll ist es auch, den Fluss auf den **zahlreichen Brücken** immer wieder zu überqueren und die Seitengassen zu erkunden.

Geschichte

Den Ort gründete 1140 *Gervino*, Bischof von Concordia. Er überließ einigen Bürgern ein Gebiet am Ufer des Flusses Lemene, um einen Hafen zu errichten. Dieser war bald ein wichtiger **Handelsplatz** zwischen Venedig und Österreich. Die Waren aus Venedig kamen per Schiff nach Portogruaro und wurden hier auf Pferdekarren für den Landtransport umgeladen. 1420 fiel der Ort an die **Republik Venedig** und blieb dort für drei Jahrhunderte. Im Frieden von Campoformido 1797 gab Napoleon Portogruaro an Österreich. 1866 kam es zum neu gegründeten italienischen Königreich.

Sehenswertes

Von den ursprünglich fünf Stadttoren sind heute noch drei erhalten: **Porta San Gottardo, Porta di Sant'Agnese** (beide 12. Jh.) und das Renaissancetor **Porta di San Giovanni.** Paläste des 15./16. Jh. mit tiefen, schattigen Arkaden säumen den belebten **Corso Martiri** zur **Piazza Repubblica.** Neben der hohen Säule mit dem Löwen von San Marco gibt es nur einen Blickfang: Das behäbig-breite, gotische **Rathaus** aus dem Jahr 1265 mit seinen ghibellinischen Zinnen; es ist das Wahrzeichen der Stadt. Den **Kranich-Brunnen** schuf 1494 *Giovanni Antonio Pilacorte:* Der Kranich, *gru,* ist das Wahrzeichen Portogruaros und wahrscheinlich auch der Namensgeber. Die beiden bronzenen Vögel stammen allerdings aus dem 20. Jh. und ersetzen die verloren gegangenen Originale.

Auch einen schiefen Turm hat Portogruaro zu bieten (wie viele Orte in den früheren Sumpfgebieten). Der im Kern romanische, 59 m hohe **Campanile** neigt sich dem im 18. Jh. errichteten **Duomo di Sant'Andrea Apostolo** zu und weicht jedes Jahr um weitere 2,7 mm von der Lotrechten ab (derzeit sind es an der Spitze etwa 1,75 m). Das neoklassische Innere des Doms birgt Renaissanceschätze wie eine „Auferstehung" von *Palma dem Jüngeren* und eine „Darstellung Marias im Tempel" von *Giovanni Martini* von strahlender Farbkraft.

Wechselt man von der Piazza Duomo gleich nördlich über den Steg auf die westliche Flussseite, passiert man malerisch ins Wasser gebaute **Mühlräder**.

065f sk

0066f sk

Bereits 1186 erwähnen Urkunden das Recht Portogruaros zum Betrieb von Wassermühlen. Ein Stück den hölzernen Steg am Fluss entlang nach Süden fällt der Blick auf das zierliche **Oratorio della Madonna della Pescheria** gegenüber (→ Zugabe).

In der Via del Seminario, die parallel zum Westufer nach Süden führt, zeigt das **Paläontologische Museum M. Gortani** in der zweiten Etage der Villa Comunale aus dem 16. Jh. Fossilien aus dem Friaul und Venetien. Es ist eine Ausstellung wie aus dem Lehrbuch des 19. Jh.: historische Vitrinen und kryptisch beschriftete Exponate – alles wirkt völlig aus der Zeit gefallen.

▪ **Museo Paleontologico,** Via del Seminario 5, Tel. 04 21 27 73 40, www.museogortani.it, Mo–Fr 10–12 Uhr, Eintritt frei.

Die Straße ein kurzes Stück weiter nach Süden residiert in einem neueren, einer frühchristlichen Basilika nachempfundenen Bau das **Archäologische Nationalmuseum Concordiese**. Der scheinbar sakrale Raum bildet den stimmungsvollen Rahmen für spätantike und frühchristliche Exponate, die auf

◁ Portogruaros Piazza della Repubblica mit dem Rathaus

△ Im Museo Archeologico Nazionale Concordiese von Portogruaro

zwei Etagen einen Blick auf Alltag, Handel und Kulte des nahen Concordia Sagittaria erlauben.

Museo Archeologico Nazionale Concordiese, Via del Seminario 26, Tel. 04 21 72 674, www.facebook.com/museoconcordiese, Fr/So 8.30–13.30, Sa 14.30–19.30 Uhr, Kassenschluss eine halbe Std. früher, 6 € (mit den Grabungsstätten in Concordia Sagittaria).

UNSER TIPP: Auch wenn das Museum geschlossen ist, lohnt der Abstecher durch den Tordurchgang in den Innenhof und hinunter zum Fluss. Als **„percorso archeologico“** (Archäologiepfad) gestaltet, sind im Hof archäologische Fundstücke aus Concordia Sagittaria ausgestellt. Den weiteren Weg am Fluss entlang nach Norden schmücken üppige Natur und moderne Kunst – es ist ein romantisches Idyll, und das empfinden offensichtlich auch viele Pärchen so.

Im **Sant'Agnese-Turm** (die Via del Seminario noch weiter südlich) beleuchtet das **Stadtmuseum** die Ortsgeschichte mit zahlreichen Exponaten, darunter eine interessante Waffensammlung, historische Manuskripte und Werkzeug vom Mittelalter bis ins 19. Jh.

Museo della Città, Torre di Sant'Agnese, Via del Rastrello, Tel. 04 21 72 553, Do/Sa/So 10–12 Uhr, Eintritt frei.

Mehrere Kanäle durchziehen Portogruaro

In der Umgebung

Literarische Berühmtheit gewann die **Villa Mocenigo Biaggini Ivanchich** (14 km östlich von Portogruaro in San Michele al Tagliamento) indirekt durch *Ernest Hemingways* 1949 erschienenen Roman „Über den Fluss und in die Wälder". Der alternde, in vierter Ehe verheiratete Schriftsteller war 1949 mit Gattin *Mary* nach Norditalien und Venedig zurückgekehrt, um die Orte zu besuchen, an denen er als junger Sanitätssoldat den Ersten Weltkrieg erlebt hatte. Bei einer seiner Lieblingsbeschäftigungen, der Entenjagd, traf er auf die 18 Jahre junge *Adriana Ivanchich*, in die er sich heftig verliebte. *Adriana* und ihr

Alvisopoli – Die Utopie einer Stadt

Rund 8 km nach Nordosten sind es von Portogruaro nach Alvisopoli, an dessen nördlichen Ortsrand sich eine WWF-Oase zwischen die **Villa Mocenigo** und die Autobahn A4 Turin–Triest zwängt. Drei Hektar groß ist der ehemalige, heute verwilderte Park der Ende des 18. Jh. errichteten Villa Mocenigo (nicht zu verwechseln mit der Villa Mocenigo Biaggini Ivanchich), die bis zum Ersten Weltkrieg im Besitz dieser namhaften Familie (sie stellte u.a. sieben Dogen) war. Ihrem Erbauer, *Alvise Mocenigo* (1760–1815), schwebte das Idealbild einer autarken Stadt nach antikem Vorbild, einer *polis*, vor, die im geradlinigen Grundriss und der uniformen Bebauung mit niedrigen Häuschen für die Angestellten und Arbeiter ihren Niederschlag fand. *Mocenigo* hatte in den letzten Jahren der Serenissima diverse politische Ämter inne, moderierte ab 1797 dann die Übergabe Venedigs an *Napoleon* und zog sich 1798 auf den ausgedehnte Familienbesitz bei Portogruaro zurück, wo er versuchte, diese Utopie Wirklichkeit werden zu lassen – u.a. gründete er in dem nach ihm benannten Alvisopoli auch eine Druckerei und förderte die Textilindustrie. Auf dem landwirtschaftlichen Sektor führte er zahlreiche Neuerungen ein, legte mittels Kanälen Sumpfland trocken und forcierte den Anbau von Reis und Rüben. Hinter der vom Architekten *Vicenzo Balestra* (1760–1813) geplanten Villa ließ er einen Park mit zahlreichen exotischen Baumarten anlegen. Mit *Alvises* Tod geriet dieses Projekt in Vergessenheit und der Park verwilderte. Die Villa nutzen heute verschiedene kulturelle Institutionen der Gemeinde. Den Park hingegen übernahm der **WWF,** weil er in den langen Jahren weitgehender Unberührtheit zu einem erstaunlichen Biotop herangewachsen war. Diese **Bosco di Alvisopoli** genannte „Oase" zeigt trotz der landschaftsgärtnerischen Eingriffe die charakteristische Flora des Tieflandwaldes, zu der sich ungewöhnliche Baumarten wie Rosskastanie, Götterbaum, Eschen-Ahorn und Judasbaum gesellen. Im Frühjahr sprießen Veilchen, Anemonen und Orchideen, zieht der intensive Duft von Bärlauch durchs Unterholz. Rund um den künstlich angelegten See lassen sich Seidenreiher und der seltene Italienische Springfrosch beobachten.

Bosco di Alvisopoli, Via ai Molini 8/A, Fossalta di Portogruaro, https://cortinofratta.it, Mai–Sept. So 14.30–19 Uhr.

Bruder *Giovanni* lebten auf dem elterlichen Anwesen der im Zweiten Weltkrieg völlig zerstörten Villa Mocenigo Biaggini Ivanchich. Nach 57 Luftangriffen war von der Villa und dem Dorf San Michele kaum etwas übrig. Nur noch zwei Seitenflügel des angeblich von *Baldassare Longhena* im 17. Jh. für die *Mocenigo*-Familie errichteten Herrenhauses, das die Leute im Dorf „Roter Palast" nannten, hatten den Bombenhagel überstanden, und so stellt sich die Villa bis heute dar. Brüchige Mauern umgürten einen verwilderten Park, und die Skelette der Barchesse (der Seitenflügel) ragen daraus hervor. Eine Besichtigung ist nur im Rahmen der Führung „Le Guerre del '900" (Die Kriege des 20. Jh.) möglich.

- **Führung Le Guerre del '900** in Italienisch u. Englisch, Juni–Sept. Do 17, Okt.–Mai So 10.30 Uhr, Voranmeldung bis spätestens 13 Uhr am Mittwoch davor beim IAT Bibione (Via Maja 84, Tel. 04 31 44 48 46) oder Ufficio Turismo del Commune S. Michele al Tagliamento (Piazza della Libertà 2, Tel. 04 31 51 63 41/130/133), gratis.

Praktische Tipps

Informationen

- **Infopoint**, Piazza della Repubblica 1 (im Rathaus), 30026 Portogruaro, Tel. 04 21 73 558, www.comune.portogruaro.ve.it, nur Juli/Aug. an den Wochenenden, zum Zeitpunkt der Recherche trotzdem nicht besetzt.

Unterkunft

- **Antico Albergo Spessotto**②-③, Via Roma 2, Tel. 04 21 71 040, www.hotelspessotto.it. Vier-Sterne-Haus im Herzen der Altstadt mit 56 sehr komfortabel eingerichteten Zimmern und Restaurant②.
- **Alla Botte**②, Viale Pordenone 46, Tel. 04 21 76 01 22, www.allabotte.it. Kleines Hotel mit 28 Zim-

068f sk

mern am nördlichen Stadtrand mit fast ländlichem Charakter, gutem Restaurant und Garten.

Agriturismo Noiari②, Via Noiare 56 (3 km südwestlich der Altstadt), Tel. 04 21 39 40 95, http://agriturismonoiari.it. Schön renovierter Gutshof mit sieben mit viel Holz modern und geschmackvoll gestalteten Gästezimmern und einem guten Restaurant② (nur Do–So mittags, Fleisch vom Hof, selbst gemachte Pasta).

Essen und Trinken

■ **Ristorante Ae Do Paanche**④, Via Tiziano, Giai di Gruaro, Tel. 04 21 28 04 98, www.aedopaanche.it, Di–So 12–14.30, 19.30–22.30 Uhr. Das Feinschmeckerlokal ist etwas schwer zu finden: Portogruaro auf der SS251 Richtung Pordenone verlassen und bei Sega unter der Autobahn durch nach Gruaro abbiegen; vornehmlich zelebriert die Küche Fisch in bester Qualität, aber auch Fleisch wird sehr fein zubereitet. Gemütliche Landhausatmosphäre.

■ **Trattoria Tre Scalini**③, Via Molini 3, Tel. 04 21 71 318, tgl. 10–15.30, 19–24 Uhr. Speisen am Ufer des Lemene mit Blick auf die Mühlen. Fisch in allen Variationen wird sehr sorgfältig und lecker zubereitet, das Ambiente ist perfekt für ein romantisches Abendessen.

Portogruaro und Umgebung: Zugabe!

■ **Oratorio della Madonna della Pescheria,** Via Molini (am Ufer des Lemene gleich westlich des Doms), frei zugänglich. Von den Fischern Caorles 1627 gestiftetes und aus Holz gezimmertes Oratorium in einer Loggia, Schauplatz eines malerischen Pilgerfestes am 15. August.

■ **Abbazia di Santa Maria Maggiore,** Via Richiero, Summaga (4 km westlich von Portogruaro), tgl. 8–12, 15–19 Uhr. Ehemalige Abtei- und heutige Pfarrkirche romanischen Ursprungs (Umbau Anfang des 13. Jh.) mit bemerkenswerten Fresken aus dem 11. Jh.

■ **Bar Al Buc**②**,** Via Giuseppe Garibaldi 17, Tel. 04 21 73 862, Mo–Sa 9–24 Uhr. Eine simple Osteria mit guter Küche wie bei Mamma und fantasievollen *cicchetti.* Nur wenige Plätze draußen, aber man sitzt auch drinnen sehr gemütlich.

■ **Ristorantino Alla Barchessa**②-③, Calle Bovoloni 13, Tel. 04 21 63 05 15, www.facebook.com/ristorantinoallabarchessa, Di–Sa 10–14.30, 18–23.30, So 10–14.30 Uhr. Nett am Lemene gelegen, rustikal-schickes Lokal mit Terrasse, gute Fischküche zu akzeptablen Preisen.

■ **Birreria Vecchio Pilsen**②-③, Via Antonio Bon 1/a, Tel. 04 21 28 01 75, auf Facebook, Di–So 12–14.30, 18–22.30 Uhr. Bierlokal, aber sehr schick und mit sehr gutem Essen – vom Burger bis zur Tagliata, vom Thunfisch mit Sesam bis zum Schweinenacken, von der Poke-Bowl bis zur Pizza. Dazu – was sonst? – jede Menge Craftbier aus aller Welt.

■ **Pizzeria La Brace**①, Via Friuli 13, Tel. 04 21 27 43 99, www.facebook.com/pizzerialabrace, tgl. 18.30–1 Uhr. Wer sich am in die Jahre gekommenen nordamerikanischen Prärie-Ambiente nicht stört, genießt die beste Pizza Portogruaros. Kein Freisitz.

Concordia Sagittaria

■ 4 m üNN, 10.500 Einw., Triest 110 km, Venedig 65 km

Der kleine Ort Concordia Sagittaria wenige Kilometer südlich von Portogruaro liegt ebenfalls sehr idyllisch am Lemene. Von der antiken Römerstadt an der Kreuzung von Via Annia und Via Postumia sind neben den Ruinen aus altrömischer Zeit (Brücke im Westen des Zentrums, Hausfundamente im Norden und Reste des Theaters) beeindruckende frühchristliche Zeugnisse zu sehen.

Die Grabung im Zentrum unter und neben der Kathedrale förderte die Fundamente zweier christlicher Vorgängerbauten zutage: Das mit drei Apsiden geschmückte Oratorium **Trichora Martyrum** (4. Jh.), in dem Märtyrer verehrt wurden, und die **Basilica Apostolorum,** die 389 geweiht und über der später zum Teil die heutige Kathedrale errichtet wurde. Bemerkenswert sind die Fragmente des Bodenmosaiks, aber auch die kreuzförmige Vertiefung im Zentrum des Sakralbaus, die zur Aufnahme der Märtyrergebeine diente. Weitere frühchristliche Grabungsfunde sind im Museo Archeologico Nazionale Concordiese in Portogruaro ausgestellt (s. dort).

■ **Area Archeologica,** Piazza Cardinale Costantini, tgl. 8.30–19.30 Uhr, 5 € (inkl. Nationalmuseum in Portogruaro).

Die **Kathedrale** entstand in ihrer heutigen Form Mitte des 15. Jh., nachdem ein erster (7. Jh.) und zweiter Bau (11 Jh.) zerstört worden waren. Die rechte

069f sk

Wand des Presbyteriums schmückt ein Kreuzigungsfresko aus dem 15. Jh. Der **Glockenturm** aus dem 12. Jh. hat seine klassisch-romanische Form bewahrt, während die Kirche im Laufe der Jahrhunderte zahlreiche Veränderungen erfuhr. Ein wahres Schatzkästchen birgt das **Baptisterium** nebenan: Das romanische Gebäude mit dem Grundriss eines griechischen Kreuzes aus dem 11./12. Jh. ist innen mit eindrucksvollen Freskenzyklen aus dem 12. Jh. geschmückt. Bemerkenswert ist auch das Taufbecken in den harmonischen Formen der Renaissance.

■ **Cattedrale di Santo Stefano Protomartire,** Piazza Cardinale Costantini, www.cattedraleconcordia.it, tgl. 7–20 Uhr.

070f sk

Praktische Tipps

Informationen

■ **Infopoint**, Palazzo Municipale, Tel. 37 03 12 37 68, www.prolococoncordia.it, www.comune.concordiasagittaria.ve.it, Mo–Fr 9–12, Di/Do auch 15–17.30, Sa 8.30–12.30 Uhr.

Unterkunft/Essen und Trinken

■ **Hotel Annia**②, Piazza Matteotti 47, 30023 Concordia Sagittaria, Tel. 04 21 39 44 20, www.hotelannia.com. Das moderne Hotel in der Altstadt besitzt zehn einfache, aber freundlich ausgestattete Zimmer und ein Restaurant②.

■ **Hostaria da Fanio**②, Via I Maggio, Tel. 04 21 27 04 62, www.hostariadafanio.com. Modernisiertes und angenehmes Hotel mit acht Zimmern und gutem Fischrestaurant③ (Di geschl.); in der Altstadt gegenüber dem Domplatz.

■ **Bistrot Enoteca Altamarea**③, Via Roma 43, Tel. 04 21 27 38 20, www.altamareabistrot.it, Mi–Mo 10–14, 17.30–23 Uhr. Ein junges Team und kreative Küche machen dieses sympathische Lokal zum idealen Anlaufpunkt für Fischliebhaber.

■ **Ristorante The Banacher**③**,** Via San Giacomo 70, Tel. 04 21 27 28 68, https://banacher.altervista.org, Di–So 12–14.30, 18.30–24 Uhr. Das Traditionsrestaurant am südlichen Ortsrand unweit des Lemene ist berühmt für frischen Fisch, den die Familie von befreundeten Fischern aus Caorle bezieht, und krosse Pizza, die in einem betagten Holzofen backt, dem ganzen Stolz von Stefania und Loris.

◁ Die freskierte Kuppel der Taufkirche

△ Grabungen in der antiken Vergangenheit vor dem Dom

Caorle

■ 3 m üNN, 12.000 Einw., Triest 110 km, Venedig 75 km

Eine pittoreske Altstadt, die zum Bummeln, Schlemmen und Shoppen verführt, und eines der beliebtesten Badereviere östlich von Venedig – Caorle verbindet beide Seiten mit Charme und Esprit.

Spuren der römischen Ursprungssiedlung, dem Hafen von Concordia Saggitaria, sind im Stadtbereich nicht erhalten. Um das 5. Jh. zählte Caorle zu den wirtschaftlich bedeutendsten Hafenorten an der Adria. Intensiv waren später die Beziehungen zum nahen Venedig. Caorle zählte zu den wenigen Städten, die sich der Serenissima freiwillig anschlossen und davon profitierten. Entlang der Küste hat sich im 20. Jh.

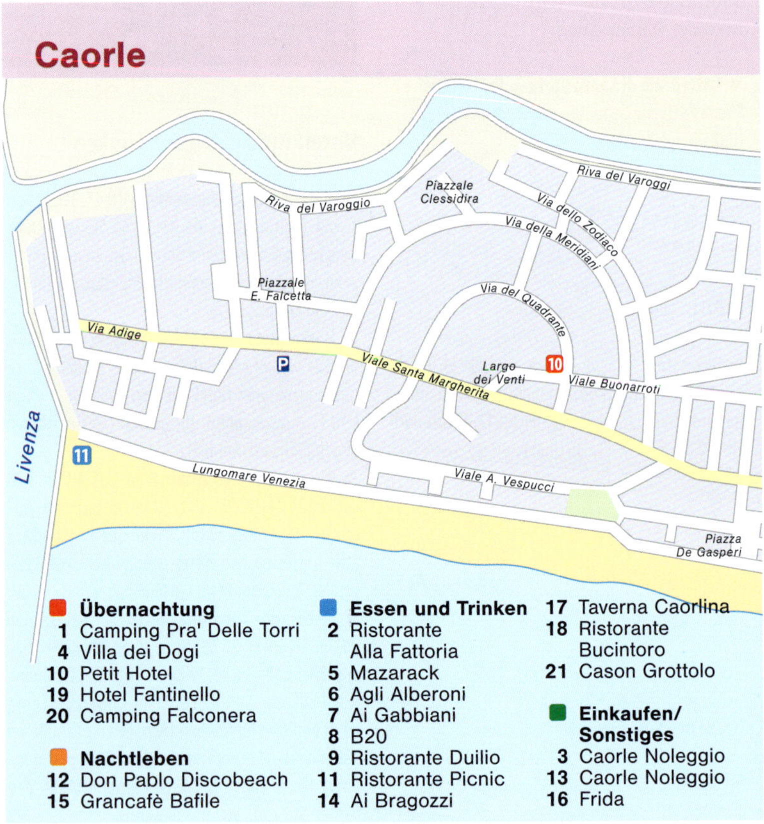

das neue Caorle entwickelt, das mit seinen Trabanten **Porto Santa Margherita** und **Duna Verde** ein Ferienparadies mit kilometerlangen, breiten Sandstränden und einem Spalier aus Hotelanlagen bildet. Eine **Fähre** transportiert Fußgänger und Radfahrer zwischen Porto Santa Margherita und Caorle über die ins Meer mündende Livenza (1,50 €). Abends kommen Tausende von Touristen aus den über 150 Hotels der Neubauviertel in die Altstadt und machen sie zum Wohnzimmer. Läden und Restaurants sind dann dicht besetzt, man flaniert, kauft und isst. Nordwestlich des alten Zentrums liegt der meist gut von Booten und Jachten besetzte Kanalhafen **Darsena dell'Orologio** an der Riva dei Bragozzi, der nach den traditionellen Fischerbooten *bragozzi* benannten Uferpromenade. Die Boote sind heute eher folkloristische Ausstellungsstücke denn

Arbeitsmittel – ähnlich den *casoni,* den aus Ried erbauten Häuschen in der Lagune, in denen die Fischer früher einen Gutteil des Jahres verbrachten. Ein paar schön restaurierte **Casoni** bilden in der Via dei Casoni entlang des Canale Nicesolo am Nordostende der Caorle-Halbinsel ein hübsches Fotomotiv.

Stolz wirbt Caorle mit **Ernest Hemingway.** Der Schriftsteller soll 1948 einige Zeit in der Jagdhütte eines Freundes in der Lagune verbracht, geschrieben und gejagt haben. Gleiches beansprucht die Insel Torcello in Venedigs Lagune – vielleicht ist *Hemingway* ja gependelt.

Sehenswertes

Caorle besitzt eine bezaubernde **Altstadt** voll lauschiger Plätze, gemütlicher Cafés und origineller Läden. Reizvoll ist auch ein Bummel über die Meerespromenade **Lungomare Petronia** in Richtung der Wallfahrtskirche **Santuario della Madonna dell'Angelo:** Alle zwei Jahre bearbeiten Künstler bei einem Workshop die aufgeschütteten Felsbrocken zu bizarren Fratzen und Figuren – das Ergebnis nennt sich **ScoglieraViva.**

Der Dom **Santo Stefano Protomartire** von 1038 im Zentrum ist eine Basilika mit einigen byzantinischen Reliefs noch aus der Entstehungszeit. Die Fresken im Inneren stammen teils aus dem 14. Jh. Das angeschlossene Museum bewahrt den Kirchenschatz, darunter zahlreiche Gewänder und die wertvolle „Pala d'Oro", eine sechsteilige Goldkugel, gestiftet von der aus der Toskana stammenden Königin von Zypern. Der 38 m hohe Campanile war 1070 fertig und zeigt sich ganz unüblich als Zylinder. 80 Stufen führen zur Aussichtsplattform.

■ **Duomo di Santo Stefano,** Piazza Vescovado 6, Tel. 04 21 81 028, www.duomodicaorle.com, Kirche tgl. 6.45–19 Uhr, liturgisches Museum im Sommer meist abends geöffnet, sonst Voranmeldung unter Tel. 32 81 31 67 14, Spende erwünscht; Turmführung Mitte Juni bis Mitte Sept. tgl. 21 Uhr (Mi in deutscher Sprache) oder nach Voranmeldung unter Tel. 34 87 74 34 59.

Die Kirche **Santuario della Madonna dell'Angelo** ist eines der beliebtesten Fotomotive, steht sie doch direkt am Wasser und wirkt vor der tiefstehenden Sonne ausgesprochen malerisch. Fischer haben sie einst gestiftet.

■ **Santuario della Madonna dell'Angelo,** Viale Madonna dell'Angelo, tgl. 8–19, im Sommer bis 23 Uhr.

Unterwasserarchäologie und die Geschichte der „Brigg Mercurio" sind Themen des **Museo Nazionale di Archeologia del Mare.** Während Besucher sich im Erdgeschoss dem napoleonischen Kriegsschiff, das 1812 in der Schlacht von Grado versenkt wurde, auch interaktiv nähern können, führen die Exponate im ersten Stock tief zurück in die Geschichte, bis in die Bronzezeit um 1200 v. Chr.

■ **Museo Nazionale di Archeologia del Mare,** Via Nuova 80, Tel. 04 21 83 149, www.polomuseale veneto.beniculturali.it, Sommer Fr/So 9–13, 18–22, Sa 14–22 Uhr, 6 €.

Am Fischerhafen **Porto Peschereccio** am Kanal Rio Interno herrscht besonders nachmittags buntes Treiben, wenn

die Fischer ihre Boote säubern, die Netze flicken oder gestikulierend diskutieren. Ab und an taucht unter den zumeist modernen Kuttern noch ein traditionelles *bragozzo* mit zwei Masten und dem typischen Dreieckssegel auf. Gleich nebenan an der **Piazza Mercato** wird der Fang auf dem **Mercato Ittico**, dem Fischmarkt, versteigert. Dabei überbieten sich die Interessenten nicht, wie sonst bei Versteigerungen üblich, an Lautstärke, sondern flüstern ihr Gebot dem Auktionator ins Ohr. Ein seltsames Schauspiel, aber offensichtlich mindestens so effektiv wie Geschrei. *L'asta ad orecchio* nennen die Caorlotti dieses seit Generationen gepflegte Verfahren.

Historisches Regattaboot im Hafen von Caorle

In der Umgebung

Mehrere **Casoni,** traditionelle Fischerhütten, sind über die Strada Palangon (und weiter auf der Strada Passo Falconera) zur **Isola dei Pescatori** zu erreichen. In etwa auf Höhe der Fähre in Richtung Vallevecchia und Bibione zweigt nach Osten der **Sentiero dei Casoni** (nur Fußgänger und Radfahrer) ab und führt 1,2 km an mehreren Schilfhütten vorbei am Kanal entlang. Der Weg endet am „Cason Grottolo", einem originellen, rustikalen Fischrestaurant, das Besucher zwischen 9 und 11 Uhr gratis besichtigen können.

Der Sentiero lässt sich auch in eine 9 km lange **Fahrradtour** einbauen, die, ausgehend vom Parkplatz am Vergnügungspark Aquafollie, über die Spiaggia di Levante und das Santuario nach Caorle zurückkehrt.

Eigentlich wäre es ein (Boots-)Katzensprung von Caorles Altstadt ins Naturschutzgebiet **Oasi naturalistica di Vallevecchia/Spiaggia di Brussa** – allerdings liegt der Canale Nicesolo im Weg und zwingt Autofahrer zu einem 35 km langen Umweg über Sindacale und Castello di Brussa. Radfahrer und Fußgänger können die Naturoase mit einem **Fährschiff** erreichen, das aber nur in der Hauptsaison verkehrt (s. unten). An der Anlegestelle der Fähre informiert ein im Sommer (und unregelmäßig) geöffnetes **Osservatorio Vallevecchia** mit Infopoint über den Naturraum und verleiht Fahrräder.

Osservatorio Vallevecchia/Infopoint, Tel. 04 21 17 65 659, https://vallevecchia.venetoagricoltura.org, Fr–Di 10–17.30 Uhr, Eintritt 3 €, Fahrradverleih ganztags 10 €, halbtags 6 €.

Unser Tipp: Seltene, an den besonderen Naturraum zwischen Salz- und Süßwasser angepasste Flora und Fauna ist hier zu beobachten, so Strandflieder, Queller und Aale – als *bisato al speo* eine Spezialität in vielen Restaurants. Außerdem: Zugvögel, Stockenten, Purpurkraniche, und vor allem säumt Vallevecchia einer der schönsten wilden Sandstrände, die **Spiaggia di Brussa**. Am Parkplatz zu diesem Naturstrand sorgt die Beach Bar „Il Batello Ebbro" für Getränke und an manchen Abenden mit Livemusik für Unterhaltung.

- **Parcheggio Spiaggia di Brussa,** Auto 5 €, Camper 10 €, auch Radverleih, WC und Duschen.

Praktische Tipps

Informationen

- **Infopoint**, Rio Terrà delle Botteghe 3, 30021 Caorle, Tel. 04 21 81 085, www.caorle.eu, Sommer tgl. 9–22 Uhr, Winter eingeschränkt.

Unterkunft

19 Hotel Fantinello④, Via Pola 1, Tel. 04 21 81 570, https://fantinellohotel.com. Eines der ersten Häuser Caorles (vier Sterne) zwischen hohen Bäumen im Osten der Altstadt am Lungomare, 67 Zimmer, Pool, Privatstrand und das sehr gute Restaurant Le Tentazioni③.

4 Villa dei Dogi③, Via Cador 5, Tel. 04 21 88 154, www.villadeidogi.it. 6 km landeinwärts an der Hauptstraße, blendende Villa aus dem 18. Jh. mit elegantem Interieur für den, der abseits des Trubels sein will. Zehn schön eingerichtete Zimmer und großer Garten.

10 Petit Hotel③-④, Viale Buonarotti 40, Tel. 04 21 81 597, www.petithotelcaorle.it. Sympathisches Haus mit 39 Zimmern nahe dem Jachthafen und wenige Gehminuten vom Strand, kostenlose Räder, Restaurant (günstige Halbpension), reservierte Strandliegen, aber recht kleine Zimmer; gemessen daran ist das Preisniveau eher hoch.

Camping

1 Campeggio Pra' Delle Torri, Porto Santa Margherita, Tel. 04 21 29 90 63, www.pradelletorri.it, Mai bis Sept. Teilweise beschatteter Platz, der zu einem Ferienzentrum mit Hotel, Ferienhäusern, Aquapark und Golfplatz gehört. 5,50–13 €/Person, Stellplatz 11,50–60 €.

20 Campeggio Falconera, Via dei Casoni, am Ende des Strandes im Osten der Altstadt, Tel. 04 21 84 282, www.campeggiofalconera.com, Mai–Sept. Einfacher, schattiger Platz 3 km vom Zentrum mit allen notwendigen Einrichtungen. 4,80–11 €/Person, 11–23,50 €/Stellplatz.

Essen und Trinken

18 Ristorante Bucintoro③-④, Largo Gandolfo 2, Tel. 04 21 82 239, www.ristorantebucintoro.it, tgl. 11–14.30, 18–22.30 Uhr. Sehr gute Fischgerichte (Muscheln, Risotto) zwischen rustikalem Naturstein oder auf dem elegant eingedeckten Freisitz.

9 Ristorante Duilio④, Strada Nuova 9 (im Hotel Aqa Palace), Tel. 04 21 81 087, www.aqapalace.com, Di–So 19–23 Uhr. In der Nähe des Lunaparks und des Canale dell'Orologio, gehobene Fischküche mit Anspruch in elegantem Ambiente.

11 Ristorante Picnic③, Via Timavo 6, Tel. 04 21 21 15 75, www.ristorantepicnic.it, in der Hochsaison tgl. 12–14, 18.30–21 Uhr, sonst wochentags nur mittags, Sa/So auch abends. Äußerst gute Küche, unvergleichliche Lage am Wasser, einer der Sterne am Restauranthimmel Caorles, super auch für einen Drink (Bellini!) und einen Fischsnack.

2 Ristorante Alla Fattoria②, Viale Panama 97 (Straße nach Duna Verde), Tel. 04 21 83 714, www.ristoranteallafattoria.it, Di–So 12–24 Uhr. Gute

Fischküche zu mehr als verträglichen Preisen, trotz der Größe in der Hochsaison unbedingt reservieren.

17 Taverna Caorlina②, Via Francesconi 19, Tel. 04 21 81 724, www.caorlina.it, tgl. 10–14.30, 18–23 Uhr, in der Nebensaison Mi/Do geschl. Das nette Altstadtrestaurant serviert traditionelle Gerichte wie die Fischsuppe *broetto de pesse*, backt sehr gute Pizza (war die erste Pizzeria im Ort) und vermietet einige moderne Gästezimmer③.

14 Ristorante Ai Bragozzi③, Riva dei Bragozzi 7, Tel. 04 21 21 24 55, tgl. 12–15, 17.30–24 Uhr. Eine der guten Fischadressen in Caorle. Die Ware ist tadellos frisch und wird gerne auch in rohen Varianten angeboten.

21 Trattoria Cason Grottolo③, Via dei Casoni 24, Tel. 33 82 68 46 86, in der Saison Di–So mittags nach Voranmeldung. Das rustikale Fischrestaurant in (und vor) einem typischen *casone* verbindet den kulinarischen Genuss mit der (fast) authentischen Atmosphäre eines solchen Fischerhauses.

In der Umgebung

Unser Tipp: **5 Ristorante Mazarack**③-④, Strada Brussa 51, **Brussa,** Tel. 04 21 84 119, www.mazarack.it, Mai–Sept. Do–Di 12–15, 18–22 Uhr, Aug. auch Mi. Auf den ersten Blick etwas verwirrend ist die Tatsache, dass dieses Lokal unweit des Brussa-Kanals einen WoMo-Standplatz und ein Flugfeld besitzt. Dazu natürlich auch Anleger für Boote. Doch typischer geht's nicht: sauer eingelegte Sardinen als Vorspeise, Stockfisch, Aal und Tintenfisch mit Polenta und dazu kühlen Roten oder Weißen, am schönsten auf der Terrasse. Die Autoren haben angenehm gesessen und gut gegessen, aber es gab auch Beschwerden über zu lange Wartezeiten und etwas zu hohe Preise.

6 Trattoria Agli Alberoni③, Strada Brussa 298, **Brussa,** Tel. 04 21 21 20 89, Do–Di 11–14.30, Fr–So auch 18–22 Uhr. Die Trattoria mit hübschen Gästezimmern ②–③ liegt 4 km vom Meer entfernt im Grünen. Regionale, frische Küche, gute offene Weine und freundliches Personal machen den Aufenthalt zum Vergnügen.

6 Trattoria Ai Gabbiani③, Strada Brussa 142, **Brussa,** Tel. 04 21 84 114, www.aigabbiani.com, Mi–Mo 12–14, 18.30–22 Uhr. In dem beliebten Ausflugsrestaurant unweit vom Castello di Brussa steht natürlich Fisch an erster Stelle. Die Gaben der Flüsse und des Meeres sind schmackhaft zubereitet, ebenso die Fleischgerichte. Abends kommt krosse Pizza dazu – der Gast hat die Qual der Wahl!

8 B20 Birrificio Artiganale & Agriturismo③, Strada Brussa 216, **Brussa,** Tel. 04 21 17 65 670, www.birrificiob2o.it, Di–So 11–24 Uhr. Seit 2014 entstehen hier spannende Craftbier-Sorten, die man vor Ort oder online kaufen kann. Im angeschlossenen Agriturismo lassen sie sich aber auch direkt verkosten, z.B. zu Hamburgern oder zu traditionellen Gerichten wie Spaghetti Amatriciana.

Einkaufen

- **Fischmarkt/Pescheria**, Strada Nuova (am alten Hafen, an der westlichen Seite), moderne Fischhalle, nur wochentags und vormittags.
- **Wochenmarkt**, Via Aldo Moro (beim Aquapark), jeden Samstagvormittag.
- **Abendmarkt**, Porto Santa Margherita (an der westlichen Seite der Livenza-Mündung, Via Pigafetta), Mitte Mai–Mitte Sept. jeden Di abends.
- Unser Tipp: **16 Frida**, Rio Terrà delle Botteghe 15, Tel. 35 19 56 33 92. Klamotten, Accessoires, Designobjekte, Schmuck – alles hat mit Frida Kahlo zu tun, zumindest mit den strahlenden Farben, die die mexikanische Malerin so liebte – witzig.

Aktivitäten

- **Fahrradfahren:** Zahlreiche gut ausgebaute und markierte Radwege erschließen die stille Schönheit der Lagunenlandschaft, so die 14 km lange Tour „Caorle und seine Lagune". Eine Karte mit Touren und Beschreibungen kann man auf www.caorle.eu/it/vivi/itinerari/itinerari-in-bici herunterladen.

Radverleih/Caorle Noleggio, Piazza San Antonio, Tel. 33 89 62 93 64, www.caorlebike.it, zwei Verleihstationen (3 am Stadteingang beim Parkplatz Eco-Park und 13 Via del Storione 3/Piazza San Antonio bei der Altstadt), auch MTBs, Tandems und E-Bikes, ab 5 €/Std., 14 €/Tag, 35 €/Woche.

- **Bootsausflüge:** Mit der „Arcobaleno", Tel. 04 21 21 04 28, www.motonavearcobaleno.com, in der Saison zweimal tgl. um 9 und 14.30 Uhr (Dauer etwa 150 Min., 17 €, Kind 11 €) vom alten Hafen in die Lagune mit ihrer reichen Vogelwelt und den typischen Fischerhäuschen aus Ried. Motto: *Il mondo che fu di Ernest Hemingway* – Die Welt Hemingways.
- **Wassersport:** Angebote für Segeln, Windsurfen, SUP, Ritte auf der Banane und Parasailing am Strand.
- **Vergnügungspark:** Nördlich der Altstadt Lunapark mit Riesenrad und weiteren Fahrgeschäften.
- **Reiten/I cavallini della Rosa,** Via Trieste 5, 30021 **San Gaetano** (6 km landeinwärts), Tel. 33 17 44 81 50, www.icavallinidellarosa.it. Ausritte im Hinterland und am Strand von Brussa.
- **Aquafollie**, Via Aldo Moro 1, Tel. 04 21 81 423, www.aquafollie.it, Juni–Mitte Sept. 10–18 Uhr. Wasserpark mit zahlreichen Rutschen, Lagune, Stränden, Hüpfburg und Miniclub für die Kleinen, Essen, Trinken usw., 28 €, Kind 22 €, online etwas günstiger.

Strände

- **Strandzonen:** Die Altstadt teilt die beiden großen Strandzonen **Spiagga di Levante** (Ost) und **Spiagga di Ponente** (West) mit den üblichen *stabilimenti* (Buchungen für alle Strände über https://caorlespiaggia.it, Schirm mit zwei Liegen 15–25 €).
- **Freie Strände:** Am östlichen Ende beim Canale Nicesolo und am westlichen Ende beim Fiume Livenza; bei der Wallfahrtskirche am Kap gibt's ebenfalls eine freie Zone, auch der wilde Strand **Spiagga di Brussa** auf Vallevecchia (s. Verkehr) ist beliebt und empfehlenswert (dort auch Hundestrand).
- **Hundestrand/Bau Beach**, bewirtschafteter Strand mit Preisen um 24–30 €/Tag.

Apero & Abend

12 **Don Pablo Discobeach,** Lungomare Venezia 1, Tel. 04 21 81 054, www.donpablo.it. Direkt am Strand und nur in der Saison geöffnet – tagsüber Lounge, Strandbar und Beach, nachts Musik von Reggae bis Hip-Hop, am Wochenende bis 2 Uhr in der Früh.

15 **Grancafè Bafile**, Piazza Matteotti 1, Tel. 04 21 21 18 15, www.facebook.com/BafileGrancafe, in der Saison tgl. 8–4 Uhr. Bar-Café im Herzen der Altstadt mit sehr guten Cocktails und kleinen Gerichten auch noch zu späterer Stunde (außerdem gut fürs Frühstück).

- **Il Batello Ebbro Bar**, am Parkplatz der Spiaggia di Brussa, **Vallevecchio,** www.facebook.com/ilbattelloebbrobar. In der Saison geöffnet, dann abends gelegentlich Livemusik.

Feste und Veranstaltungen

- **Vivistoria**, am dritten Septembersonntag, Ortsfest mit Regatta und einer Prozession in historischen Kostümen, Erinnerung an die erfolgreiche Abwehr eines Überfalls dalmatinischer Piraten.

Verkehr

- **Nach Venedig:** Motonave Caorle, Via Gorgona 23, Tel. 35 00 89 71 77, www.motonavecaorle.com, hin und zurück um 50 €, Kind um 25 €. Im Sommer Abfahrt Mo–Fr um 8 Uhr vom alten Hafen (ca. 2 Std. Fahrzeit), Rückfahrt um 16 Uhr ab Venedig.
- **Nach Vallevecchia, Spiagga Brussa (und Bibione)**: Abfahrt an der Anlegestelle in Isola dei Pescatori, Ankunft in Vallevecchia am Museo Ambientale, Juni–Sept. mindestens zwei Hin- und Rückfahrten tgl., Oktober nur Sa, So, 45 Min. Fahrtzeit, unbedingt reservieren unter Tel. 34 79 92 29 59, einfache Fahrt 5 €, (Bibione 10 €), hin und zurück 8 € (15 €), kostenlose Fahrradmitnahme.

Eraclea und Eraclea Mare

■ 2 m üNN, 12.500 Einw., Triest 120 km, Venedig 45 km

Eraclea Mare – eine moderne Feriensiedlung zwischen Jesolo und Caorle – liegt inmitten einer ausgedehnten *pineta* um das Mündungsgebiet des Piave, die als größter zusammenhängender Pinienwald ganz Norditaliens gilt. Zwischen den Bäumen verstecken sich Ferienwohnungen und Hotels.

Wer einen Platz in aller Ruhe und abseits der großen Touristenorte sucht, ist an diesem, durch weit ins Meer greifende Molen geschützten Küstenabschnitt richtig. Der namensgebende Ort **Eraclea** liegt einige Kilometer landeinwärts und hieß ursprünglich Melidissa, ab dem 7. Jh. dann Heraclia und schließlich nach einer längeren Phase, in der er nicht bewohnt war, Grisolera (nach *grisole,* dem Sumpfgras, das hier früher üppig wuchs). Fremdenverkehrstechnisch klang Eraclea (nach Heraclia) einfach besser, und so erhielt die Stadt 1950 per Dekret einen neuen Namen. Sowohl die spätantike Siedlung als auch der mittelalterliche Ort bestanden wie Venedig später aus einer Reihe von Inseln. Bis zu 90.000 Menschen sollen hier gelebt haben, doch zwangen Überschwemmungen und Seuchen sie zur Umsiedlung, zunächst nach Malamocco, später dann nach Rialto. Insofern ist dieses unscheinbare Örtchen in gewisser Weise die Wiege Venedigs.

Eine Radtour durchs Hinterland zeigt die immensen Anstrengungen, das Land trockenzulegen und fruchtbar zu machen. Wo heute auf Feldern Mais und Weizen gedeihen, war noch im 19. Jh. Sumpf. Zur *bonfica,* **Trockenlegung**, wurde Anfang des 20. Jh. eine eigene Gesellschaft gegründet. Deren Wirken ist bis heute an den zahllosen Kanälen, Schleusen und Pumpen zu besichtigen.

Als Relikt der ursprünglichen Sumpf- und Wasserlandschaft bildet die **Laguna del Mort** südlich von Eraclea Mare ein Biotop von eigenwilligem Reiz. Tatsächlich ist sie ein Totarm des Piave, auf dem Stock-, Knäk- und Krickenten ein geschütztes Habitat gefunden haben. Auch Grau- und Purpurreiher, Wanderfalke und Mäusebussard lassen sich an der „Lagune“ beobachten. Ein Spaziergang ums Wasser ist rund 5 km lang; am Anfang (oder zum Abschluss) heißt es durchs Wasser waten oder schwimmen, weil ein Kanal die Strände Eracleas von jenen der Laguna trennt. Der schmale **Strand** zwischen Laguna del Mort und der Adria zählt laut der Umweltschutzorganisation Legambiente zu den schönsten in Italien.

Praktische Tipps

Informationen

■ **Infopoint,** Piazza Garibaldi 54, 30020 Eraclea Mare, Tel. 04 21 23 42 22, www.comune.eraclea.ve.it, Di/Fr 8.30–12.30, Do 16–17.30 Uhr.

Unterkunft

■ **Park Hotel Pineta**④, Via della Pineta, Tel. 04 21 66 063, www.parkhotelpineta.com. Drei-Sterne-Haus in schöner Parklage mit Pool im Pinienhain am

Strand (mit Liegestühlen und Schirm für die Hotelgäste), 60 Komfortzimmer.

- **Dune Agriturismo**③-④, Via Santa Croce 6, Tel. 04 21 66 171, https://adriabella.it. Agriturismo am Meer – eine tolle Mischung. Mit Pool, Tennis- und Kinderspielplatz, aber direkt angrenzend an den Strand. Die 15 Zimmer in drei verschiedenen Kategorien sind nett eingerichtet, das Essen schmeckt, und es gibt die Möglichkeit, in einem der acht Glamping-Zelte zu übernachten. Kostenloser Radverleih.
- **Hotel Berna**②-③, Via Dancalia 23, Tel. 04 21 66 100, www.hotelberna.it. Einige Gehminuten vom Strand (400 m, mit Privatanteil) am Rand des Pinienwaldes, familiengeführt, 24 Zimmer und auch Apartments mit Küche.

Essen und Trinken

- **Lo Sbarco dei Pirati**③, Via Dancalia 150, Tel. 04 21 23 74 55, www.sbarcodeipirati.it, April–Sept. 12–15,. 18–23 Uhr. Neben Fisch und Fleisch gibt es hier abends auch Pizza, kurzum ein gutes Lokal für die ganze Familie.
- **Enoteca/Pizzeria Al Molo da Max**②-③, Via Dancalia 48, Tel. 33 43 46 35 60, https://almolodamax.com, tgl. 11.45–14.45, 18.15–23.30 Uhr. Pizzeria und Fischgerichte, auch Salate und Snacks, freundliche Atmosphäre mit nettem Freisitz.
- **Pizzeria Lisa Da Ornello**③, Via Dancalia 74, Tel. 04 21 66 124, www.facebook.com/ristorantepizzerialisadaornello, tgl. 10–23 Uhr. Gute Küche à la Mamma, Fisch, Pizza; eines der wenigen Lokale, die das ganze Jahr über geöffnet haben.

072f sk

Jesolo und Lido di Jesolo

- 2 m üNN, 25.600 Einw., Triest 125 km, Venedig 40 km

Lido di Jesolo– der bekannteste Badeort der oberen Adria – ist für die einen eine Schreckensvision von Urlaub, für andere das Ferienglück schlechthin! 15 km lang ist die **Halbinsel** westlich der Piave- und östlich der Sile-Mündung, gesäumt von flachen, breiten Feinsandstränden, Hotels, Campingplätzen und Ferienhaussiedlungen.

Von der ursprünglichen Pineta, dem küstentypischen Pinienwald, ist nur noch im Osten ein Rest erhalten. Um die Gäste in der Hochsaison bei Laune zu halten, gibt es im Juli und August Konzerte, Theateraufführungen und andere Veranstaltungen, massenhaft Sport- und Fitnessangebote, Badelandschaften und Ausflugsmöglichkeiten in die Umgebung. 400 Hotels, 5000 Ferienwohnungen und sechs Millionen Übernachtungen jährlich sind die Basiszahlen dieser Urlaubsmaschine. Und doch gibt es neben den üblichen Zwei- und Drei-Sterne-Unterkünften, zwischen all den Souvenirständen und Fastfood-Kiosken im zentralen Bereich des Lido rund um die Piazza Drago eine erstaunliche **Neu-Erfindung Jesolos** zu bestaunen. Als die Billigurlauber fernblieben, weil die Türkei oder DomRep noch günstiger waren, vertrauten die Stadtväter die

< Mautbrücke über den Piave zwischen Eraclea Mare und Jesolo

Pläne für ein neues Jesolo dem japanischen Architekten **Kenzō Tange** an. Das Ergebnis – ebenso futuristische wie umweltfreundliche Hochhäuser, todschicke Penthouseanlagen, Pool-Houses, Einkaufszentrum und Luxushotels – ist im **Design District** um die Piazza Le Corbusier zu besichtigen.

Bleibt das **historische Zentrum** Jesolos nördlich des Lido, das kaum Vergangenes besitzt und im Umfeld der Piazza XXIV Maggio bestenfalls zu einem Shoppingbummel animiert. Dabei blickt Jesolo auf eine lange Geschichte zurück!

Geschichte

Die Römer gründeten **Eqilium,** die Stadt der Pferde, um das 4. Jh. auf einer Insel an der Piave-Mündung. Auf dem Wasserweg von Ravenna nach Aquileia, wo die 9. Augusteische Legion stationiert war, galt die Siedlung als eine der Etappen in der Lagune, an der die **Handelsschiffe des Römischen Reiches** Schutz vor starken Winterstürmen und Unwettern suchen konnten. Auch nutzten im 5. Jh. die Bürger von Altino, Oderzo und Treviso nach Angriffen von Barbaren den Ort als Zuflucht. Nach dem Ende des Römischen Reiches schlossen sich Jesolo, Rialto, Murano, Burano, Torcello, Malamocco, San Pietro in Volta, Chioggia, Brondolo, Fossone, Eraclea, Fine, Caorle, Grado und Cavarzere im Jahre 697 unter *Paoluccio Anafesto* zu einem Bündnis zusammen – ihn wählte man zum **ersten Dogen** und Civitas Nova (Eraclea) zu dessen Regierungssitz. Die Einwohner von Jesolo, die ihre Stadt für die vornehmere hielten, waren erbost. Als der Doge *Orso Teodato* 742 seinen Sitz nach Malamocco verlegte, kam es zum Aufstand. Die Macht ging in den Folgejahren mal zur einen, mal zur anderen Stadt – am Ende obsiegte aber Rialto, weil es als einziger Ort Sicherheit versprach. Immerhin konnte es dem Ansturm der Franken unter *Pippin* widerstehen.

Doch nicht nur Machtkämpfe waren alltäglich, die Natur sorgte immer wieder mit Überflutungen durch den Piave für Katastrophen. Felder und Bauernhöfe standen unter Wasser. Gleichzeitig war der Fluss für die **Verlandung** verantwortlich, Jesolo irgendwann keine Insel mehr und konnte auch keine Sicherheit mehr bieten. Der Niedergang kam und die Menschen verließen ihren angestammten Platz – Papst *Paul II.* löste die Diözese 1466 auf. Im 15. Jh. baute die Serenissima einen Kanal, der den Piave mit dem Revedoli und Venedig mit Grado verband, ohne dass die Schiffe aufs offene Meer mussten. Nach und nach kehrten die Menschen zurück, es kam Wohlstand auf und ein neues Stadtzentrum entstand an der Mündung von Fluss und Kanal.

In den Folgejahren versuchte Venedig ein weiteres Problem in den Griff zu bekommen: Die Feuchtgebiete der Flussmündungen waren eine ideale **Malaria-Brutstätte.** Man leitete den Piave um, baute Kanäle, doch wirklich erfolgreich war man nicht – bis ins 20. Jh. hinein blieb diese Geißel.

Im **Ersten Weltkrieg** war Jesolo Kampfgebiet. Die Achsenmächte drangen bei ihrer letzten Offensive bis zur Mündung des Piave vor. Bei der Sonnwendschlacht am 24. Juni 1918 wendete sich allerdings das Kriegsglück und sie mussten sich letztlich zurückziehen. Zahlreiche Denkmäler erinnern auch hier an

die „Grande Guerra". Danach kamen der Frieden und der **Tourismus**. Zwar hatte man bereits gegen Ende des 19. Jh. einige Badeanstalten errichtet, doch erst nach dem Ersten Weltkrieg entstanden zahlreiche Villen und Hotels. Der echte Boom folgte ab Ende der 1950er-Jahre.

Sehenswertes

Casa della Cultura/JMuseo

Futuristische Architektur und spannendes Innenleben verspricht das neue Kulturhaus bzw. Stadtmuseum, das passenderweise gleich neben Jesolos großem Einkaufszentrum Laguna Shopping errichtet wurde. So gehen Kultur und Shopping Hand in Hand. Futuristisch die Außenverkleidung mit Aluminiumplatten, spannend hoffentlich auch das Innenleben nach der Eröffnungsausstellung „Selfie House Experience", die ein Riesenspaß war für Leute, die sich gerne mit Selfies in Szene setzen. 2023 soll das **Museo Civico di Storia Naturale** in das Gebäude umziehen. Wie dann die über 20.000 Exponate (Vögel, Säugetiere, Mollusken und Krebse) präsentiert werden, war bei Redaktionsschluss noch nicht bekannt, aber sicherlich nicht in

☐ Übersichtskarte S. 120

der alten, angestaubten Weise. Zudem besitzt das Kulturhaus eine tolle Aussichtsterrasse im 5. Stock.

■ **Casa della Cultura/JMuseo/Museo Civico di Storia Naturale,** Via A. Policek, Tel. 36 88 68 87 36, wechselnde Öffnungszeiten je nach Ausstellung, Auskunft beim Infopoint und unter www.museojesolo.org.

Tropicarium Park

Damit Schlechtwettertage der Familie nicht den Urlaub vermiesen, eröffnet der Tropicarium Park seinen Besuchern einen Blick auf die exotische Tierwelt, darunter 24 Haiarten (sogar Süßwasserhaie aus Afrika), Alligatoren, Pinguine, Schlangen, Spinnen, Skorpione und allerlei andere Kriechtiere.

Tropicarium Park, Piazza Brescia/Via Aquileia, www.tropicarium.it, Mai tgl. 10–18, Juni–Sept. 10–22 Uhr, 20 €, Kind (bis 12 Jahre) 15 €, Sammelticket mit Fabbrica della Scienza 28/23 €.

La Fabbrica della Scienza

Naturwissenschaft spielerisch erklärt: Dank der vielen Experimente, Virtual-

Spätantike Spuren im Urlaubsparadies

Bereits Mitte des 20. Jh. begannen erste Grabungen im Bereich der Jesoloer Kathedrale Santa Maria Assunta; seit 2011 wurde die Erforschung spätantiker Fundamente und Bauten in Zusammenarbeit mit der venezianischen Universität Ca'Foscari intensiviert. Was die Archäologen zutage förderten, wirft ein Licht auf das erste Gemeinwesen **Equilium**. Ausgegraben wurden beispielsweise die Fundamente einer Mansio (IV.–VI. Jh.), eines Hotels, in dem Händler und Seeleute abstiegen. Nicht weit entfernt bestand bereits im 5. Jh. eine einschiffige Kirche, die hundert Jahre später durch eine dreischiffige Basilika mit herrlichen Mosaikböden ersetzt wurde. Aus dieser Zeit stammt auch die angrenzende **Nekropole** mit 63 Gräbern. Schließlich entstand im 11./12. Jh. die Kathedrale **Santa Maria Assunta**, deren Ruine mit dem immer noch mächtigen Turmstumpf des Campanile weithin sichtbar die archäologische Zone markiert. Jüngste Arbeiten legen den Klosterkomplex **San Mauro** aus dem 9. Jh. frei. Eine einschiffige Kirche, Grabstätten, ein venezianischer Brunnen und eine Anlegestelle für Schiffe am Canale San Mauro wurden bereits ausgegraben. Das Gelände direkt neben dem Agriturismo „Antiche Mura" ist zurzeit nicht zugänglich. Die Mosaiken der Basilika und einige Grabdenkmäler schmücken einen Ausstellungsraum neben dem Infopoint (Piazza Brescia 13, Lido di Jesolo). Bilder, Videos und Informationen bündelt www.jesolohistory.it.

Reality-Brillen etc. fühlen sich Kids wie Eltern gut unterhalten. Etwas Italienischkenntnisse sind von Vorteil – die Übersetzungen sind nicht immer schlüssig.

La Fabbrica della Scienza, Piazza Brescia/Via Aquileia, www.lafabbricadellascienza.it, Mai tgl. 10–18, Juni–Sept. 10–22 Uhr, 16 €, Kind (bis 12 Jahre) 12 €, Sammelticket mit Tropicarium Park 28/23 €.

Design District

Rund um die beiden wie überdimensionale Raumschiffe aussehenden, 78 m hohen Türme **Alioth und Mizar** aus Glas, Aluminium und Marmor an der **Piazza Drago** (Ortica & Zanforlin Architetti) versucht Jesolo auszusehen wie Miami an der Adria. So ganz gelingt das nicht, aber Freunde zeitgenössischer Architektur, die gerne Werke berühmter Architekten bewundern, finden in diesem Teil des Lido gutes Anschauungsmaterial. Dabei sind: *Carlos Ferrater* mit der **Torre Aquileia** an der Piazza Mazzini, *Richard Meier* mit dem **Jesolo Lido Village,** Piazza Le Corbusier – man beachte die wärmeschluckenden Lamellen! –, *Richard Meier/Mattheo Thun* mit dem **Falkensteiner Hotel,** ebenfalls an der Piazza Le Corbusier sowie *Goncalo Byrne/Ferreira Nunes* mit dem 24-stöckigen **Wohnhaus Merville**, Viale Oriente 112. Last but not least wäre da noch *Zaha Hadid* mit dem **Magic Jesolo**. Die Stararchitektin entwarf kurz vor ihrem Tod 2016 einen blütenförmigen Bau. Ob das ambitionierte Projekt jemals realisiert werden kann, steht in den Sternen. Geplatzt ist der Investoren-Traum von Europas höchstem Holz-Hochhaus mit zwölf Stockwerken, 47 m hoch, aus 105 Tonnen Holz und mit 28 Luxuswohnungen: Das Projekt Cross Lam Tower des Architektenbüros Demogo aus Treviso missbrauchten clevere Anlagenbetrüger, um die zumeist privaten Investoren um 1,5 Mio. Euro zu prellen. Jetzt ermittelt die Staatsanwaltschaft.

Cortelazzo und Foce di Piave

An der Mündung des Piave im Osten des Lido herrscht rund um Cortelazzo noch die nahezu authentische Atmosphäre eines **Fischerdorfs**. Kutter liegen vor Anker, und an vielen Stellen schweben Hebenetze *(bilancioni)*, die von den Besitzern ins Wasser gesenkt und mit allem, was dann ins Netz geht, wieder herausgehoben werden. Der ruhige, breite Strom, die Netze beidseits der Ufer und die bunten Boote verbinden sich – nur wenige Schritte vom Ferienparadies Lido entfernt – zu einem sehr malerischen Bild. Auf der anderen Flussseite geht das bunte Touristentreiben aber mit den Badeorten Eraclea Mare, Duna Verde und schließlich Caorle gleich weiter. An der Brücke über den Canale Cavetta, einen Nebenarm des Sile, entrichten motorisierte Reisende einen Obolus von 1 €.

Praktische Tipps

Informationen

■ **Infopoint**, Piazza Brescia 13, 30017 Lido di Jesolo, Tel. 04 21 37 06 01, https://jesolo.it, tgl. 8.30–20.30 Uhr; im Sommer Info-Points auch an der Piazza Mazzini und der Piazza Milano (tgl. 20–23 Uhr).

Unterkunft

10 **Hotel Parioli**④, Via Bafile 18, Lido di Jesolo, Tel. 04 21 37 05 63, www.hotelparioli.com. Eines der kleineren Häuser, direkt am Strand mit Privatabschnitt, 35 gepflegte, praktisch eingerichtete Zimmer, Räder gratis, gutes Frühstück und Restaurant.

11 **Hotel Casa Bianca**⑤, Piazzetta Casa Bianca 1, Lido di Jesolo, Tel. 04 21 18 90 75, www.hotelcasabianca.com. Elegante Unterkunft in der ersten Reihe mit 30 modern eingerichteten Zimmern in einer Jugendstilvilla von 1923 mit weißen Türmchen und großen Fenstern, aus denen man das Getümmel am Strand beobachten kann.

15 **Agriturismo Antiche Mura**②-③, Via Antiche Mura 46, Jesolo (an der Basis des Littorale in Lagunennähe 5 km von den Stränden), Tel. 33 84 51 64 92, www.agriturismoantichemura.it. Ferienbauernhof auf großem Grundstück mit sieben sauberen, mit viel Liebe und originell eingerichteten Zimmern,

Jesolo: Zugabe!

■ **Museo Storico Militare Vidotto,** Via Roma Destra 131, Tel. 04 21 35 08 98, https://museomilitarevidotto.it, aktuelle Öffnungszeiten s. Homepage (2022 war das Museum geschl.), 8 €. Jesolo im Krieg – dokumentiert mit Waffen, Uniformen und Fotografien.

■ **Museo della Bonifica,** Viale Primavera 45, San Donà di Piave, Tel. 04 21 59 02 50, www.museicivici.sandonadipiave.net, Juni–Sept. Mo, Mi–Fr 10–12.30, Mi, Fr, Sa auch 16–19 Uhr, sonst Di–Fr 10–12.30, Do auch, Sa, So nur 15–18 Uhr, 5 €. Die Nachbargemeinde von Jesolo 20 km nördlich am Piave wurde bei den Isonzoschlachten des Ersten Weltkriegs praktisch vollständig zerstört, modern wiederaufgebaut und im Zweiten Weltkrieg erneut bombardiert – neben Archäologie und Ethnologie erinnert eine eigene Abteilung an die Kriege.

kostenlose Räder, Restaurant nach Vorbestellung mit ausgezeichneter ländlicher Küche②-③.

In der Umgebung

13 **Agriturismo La Barena**③, Via Lio Maggiore 21 (inmitten der Lagune, 10 km von Jesolo), Tel. 34 83 68 13 14, http://agriturismo-labarena.it. Bauernhof mit fünf Zimmern und drei Apartments in absoluter Ruhe, Radverleih (kostenlos), reichhaltiges Frühstück und ein Restaurant mit feiner Küche aus regionalen Produkten. Bootsverleih und Schiffsausflüge in der Lagune.

24 **Agriturismo Quadrifoglio Relax**②, Via Giustinian 7, **San Donà di Piave** (25 km vom Meer im Landesinneren), Tel. 34 97 62 50 16, https://agriturismoquadrifoglio.business.site. 14 Zimmer, Garten und Restaurant mit regionaler Küche, trotz des günstigen Preises eine gepflegte und sympathische Unterkunft, italienisches Frühstück.

Camping

2 **Camping Jesolo International**, Via Navigatori (am äußersten westlichen Ende von Lido Ovest), Tel. 04 21 97 18 26, www.jesolointernational.it, Mai–Sept. All-inclusive-Camping (betrifft praktisch alle nur vorstellbaren Aktivitäten auch außerhalb des Platzes wie Gokart, Caribe Bay etc.), schattig und am Strand gelegen, auch Luxusstellplätze (um 200 m²) mit eigenem WC, 6,50–18 €/Person, 17–93 €/Stellplatz.

20 **Camping Malibu Beach**, Viale Oriente 78, Tel. 04 21 36 22 12, https://campingmalibubeach.com, Mai–Sept. Dünen und Schatten direkt am Strand, auch Glamping, Bungalows und Chalets, 6,50–13 €/Person, 10,20–35,20 €/Stellplatz, Glamping in Mietzelten in afrikanischem Stil, die Luxusform des Campings (teils mit Schlafzimmer, Bad, Küche und Wohnraum), 6,20–11,40 €/Pers., 19–300 €/Stellplatz/Glamping/Chalet.

Essen und Trinken

19 **Ristorante Da Omar**⑤, Via Dante Alighieri 21, Tel. 04 21 93 685, www.ristorantedaomar.com, Do–Di 12.30–14.30, 19.30–22.30 Uhr. Innovative Fischküche auf höchstem Niveau hat ihren Preis, bereitet aber auch großes Vergnügen. Das von allen Gourmetführern gelobte Restaurant ist etwas für den besonderen Abend.

16 **Ristorante Da Guido**④-⑤, Via Roma Sinistra 25, Tel. 04 21 35 03 80, www.ristorantedaguido.com, Do–Di 12–15.30, 19.30–24 Uhr. Auch dieses elegante Lokal mit Fisch- und Fleischgerichten arbeitet auf sehr hohem Niveau, was sich natürlich im Preis ausdrückt. Sehr schöner Garten.

17 **Locanda Al Ponte de Fero**③, Via Colombo 1, Tel. 04 21 35 07 85, www.alpontedefero.it, Mi–Mo 12–14, 19–22 Uhr. Ausgezeichnete, hochgelobte Fischküche am Canale Cavetta in einer netten Locanda in Familienbesitz. Auch Vermietung hübscher Zimmer③, sehr angenehme Gastgeber.

14 **Ristorante La Frasca**③, Via Adriatico 18, Tel. 04 21 95 39 83, www.facebook.com/lafrascajesolo, Mo–Fr 18–24, Sa/So 12–15, 18–24 Uhr. Das ländliche Restaurant westlich von Jesolo ist bekannt für Fleisch und Fisch vom Grill und wird an Wochenenden gerne von Großfamilien aufgesucht.

12 **Trattoria/Pizzeria Al Brigantino**②, Via Bafile 255, Tel. 04 21 37 16 44, auf Facebook, tgl. 12–14.30, 18–23 Uhr. Ein verhältnismäßig günstiges Lokal mit guter Qualität und großen Portionen. Abends gibt's auch Pizza, angeblich die beste im Ort. Angenehm unaufgeregte Atmosphäre.

3 **Pizzeria Mille Luci**②, Via delle Mille 1, Tel. 04 21 97 21 78, www.millelucijesolo.com, tgl. 11.30–14.20, 17.30–23.30 Uhr. Eine weitere „beste Pizza von Jesolo" – der hungrige Gast entscheide selbst! Auch Fisch und Fleisch kommen auf den Teller.

7 **La Tavernetta**②, Via Silvio Trentin 75, Tel. 04 21 97 20 63, www.facebook.com/LaTavernettaJesolo Lido, Mo–Mi 18–21.30/22.30, Sa/So auch 12–14.30 Uhr. Kleines und authentisches Lokal, in das auch Einheimische gehen. Gute Fischküche zu sehr

akzeptablen Preisen, häufig bis auf den letzten Platz gefüllt.

In der Umgebung

21 **Ristorante Alla Darsena**④, Viale Oriente 168, **Cortellazzo,** Tel. 04 21 98 00 81, www.alladarsena.com, 10–14.30, 19–22.30 Uhr, Do mittags geschl. Groß, aber oho! Am Piave serviert eine der Traditionsadressen ausgezeichnete Fischgerichte.

22 **Trattoria Ai Pescatori**③, Viale Oriente 174, **Cortelazzo,** Tel. 04 21 98 00 21, www.trattoriaaipescatori.it, Do–Di 8–24 Uhr, Nebensaison Di abends geschl. Hier zählt die Lage mehr als die durchaus gute Qualität; Restaurant und Terrasse an der Piave-Mündung eröffnen herrliche Ausblicke auf das Treiben am Fluss und auf romantische Sonnenuntergänge.

23 **Trattoria Al Traghetto**③-④, Via Massaua 33, **Cortellazzo,** Tel. 04 21 37 80 20, www.ristorantealtraghetto.com, Di–So 12–14.30, 18–22.30 Uhr. Auch in diesem beliebten Ausflugslokal unweit der Piave-Brücke beherrschen Fisch und Meeresfrüchte die Speisekarte. Die Küche versteht es dabei, originell zu kombinieren, so etwa Gnocchi mit Jakobsmuscheln und Spargel.

Apero & Abend

4 **Vanilla Club**, Via Michelangelo Buonarotti 15 (beim Caribe Bay), Tel. 38 93 46 02 73, www.facebook.com/vanillajesolo. Open-Air-Disco, ab Ende Mai jeden Sa, ab Juli Mo und Do–Sa (irgendwann im Oktober endet das Feiern) – vor 23 Uhr sollte man nicht auftauchen.

1 **Terrazza Mare,** Via del Faro (am äußersten westlichen Ende beim Leuchtturm), Tel. 04 21 37 03 36, www.terrazzamare.com. Hier treffen sich die *ragazzi* später am Abend zu Cocktails auf der Terrasse.

8 **Capannina Beach Bar**, Piazza Giuseppe Mazzini 9, www.capanninabeach.it, in der Saison ab 11 bis 2 Uhr. Strandbar, fürs „Vorglühen" bestens geeignet.

5 **Muretto**, Via Roma Destra 102 (Ecke Via la Bassa), Tel. 04 21 37 13 10, www.ilmuretto.org. Bei jüngeren Partygängern beliebte Disco. Weit über 2500 Besucher haben hier beim Tanzen und Trinken, mit Videos, Essen und Musik von Größen wie *Sven Väth* ihren Spaß.

6 **Marina Club**, Via Roma Destra 120B, Tel. 04 21 37 06 45, www.facebook.com/marinaclubjesolo, Fr–So ab 20 Uhr. Bar, Disco, Garten, Essen, Wein und Gesang (manchmal mit Größen des Jazz und Blues).

Einkaufen

- **Einkaufsmeile:** Die endlos lange Via Bafile säumen unzählige Läden, Boutiquen und Restaurants, ein Einkaufsparadies für Jung und Alt, Frauen und Männer.
- **Wochenmärkte:** Vormittags jeden Freitag auf der Piazza Kennedy (dem Hauptplatz von Jesolo im Hinterland) und jeden Donnerstag in Cortellazzo.
- **Sommermärkte:** Im Sommer fast jeden Abend ab 18 Uhr ein Markt auf einem der großen Plätze entlang des Lido.
- **Bauernmärkte:** Vormittags auf der Piazza Milano (Di) und der Piazza della Repubblica (Mo).
- **Outlet Noventa di Piave**, Via Marco Polo 1, **Noventa di Piave** (an der Autobahnausfahrt „S. Donà/ Noventa"); einer der typischen Outlets mit den bekannten Modemarken und 140 Läden – wirkliche Schnäppchen sollte man nicht erwarten.

In der Umgebung

UNSER TIPP: **Cioccolatteria Veneziana**, Via Chiesanuova 91, **San Donà di Piave,** Tel. 04 21 23 52 81, www.cioccolateriaveneziana.it, Mo–Fr 9–12.30, 14.30–19, Sa 9—12.30 Uhr. Die Schokoladenmanufaktur 12 km nordwestlich von Jesolo ist ein nettes Alternativprogramm zum Strand – ganz gleich ob per Auto, Rad oder Boot. Letzteres ist natürlich besonders reizvoll (→ I love Piave, S. 178).

Aktivitäten

New Jesolandia/Luna Park, Via Destra, nahe der Gokart-Bahn, www.newjesolandia.com, in der Saison tgl. 20–24 Uhr. Der 2 ha große Park mit 35 Attraktionen für Teens, von Fahrgeschäften wie Autoscooter und Sling Shot bis zum Kettenkarussell (auch ein Tierkarussell für die ganz Kleinen gibt es) ist nur abends geöffnet, pro Fahrt 2,50–5 €.

■ **Minigolf:** Sieben Minigolfanlagen verteilen sich über den Lido di Jesolo und die Zeltplätze; **Caribbean Golf**, die Minigolfanlage des Aquaparks Caribe Bay steht unter dem Motto „Tropen"; man spielt sehr unterhaltsam entlang und über Wasserflächen, www.caribebay.it, Juni–Mitte Sept. bis 22 Uhr, 13 €, Kind 10 €.

Aquapark/Caribe Bay, Viale Padania (fast beim Lido Ovest), www.caribebay.it. Süßwasserlandschaft auf 8 ha mit Rutschen und zahlreichen weiteren Einbauten wie Piratenschiffen, Bungee-Turm, Höhlen, Wasserfällen, Animation, Restaurants, Bars und noch viel mehr, um eine Familie auch mehrere Tage zu unterhalten, Juni–Mitte Sept. 10–18 Uhr, 36 €, Kind unter 1 m gratis, bis 1,40 m 32 €.

■ **Golfclub Jesolo**, Via St. Andrews 2, Jesolo, Tel. 04 21 37 28 62, www.golfjesolo.it, tgl. 8.30–17 Uhr, in der Nebensaison Mo geschl., 18-Loch-Platz, 6000 m, Par 72, Greenfee 65–80 €.

■ **Gokart/Pista Azzurra**, Via Roma Destra, Tel. 04 21 97 24 71, www.pista-azzurra.com, 730 m langer, ernstzunehmender Rundkurs (für Kleinere gibt es eine 250 m lange Piste, 10 Min. 15 €, mind. 7 Jahre). Im Juli finden hier die italienischen Meisterschaften statt. 10 Min. 25–30 € (je nach PS-Stärke), drei Fahrten 65 €, mind. 18 Jahre.

9 **Wassersport/Bridgman Surf & Style**, Via Bafile 293, Tel. 32 86 61 24 40, http://bridgman.it. Kurse und Verleih von SUP- und Surfboards, Windsurfing, Kiten, Katamaransegeln.

■ **Bootsverleih:** S. bei Unterkunft Azienda Agrituristica La Barena.

18 **Radverleih/Jesolo Ambient Bike,** Jtaca, Via Equilio 15/A (im ATVO-Busbahnhof), Tel. 33 43 18 42 34, www.visitjesolo.it, Mai–Sept. tgl. 7–24 Uhr (im Winter eingeschränkt); gegen ein Ausweisdokument erhält man einen Schlüssel, mit dem man die orangen Räder an über 20 Standorten entlang des Lido und drei weiteren im Stadtzentrum aufschließen und kostenlos benutzen kann.

Elektroboote

Der E-Bootsverleih an der Anlegestelle des Örtchens Chiesanuova (12 km von Jesolo) macht nicht nur unter Umweltaspekten Sinn. Die Flusslandschaft ist hier besonders idyllisch und im Bereich des Ursprungslaufs, des Vecchio Piave, noch sehr naturbelassen. Die Boote fahren mit einer Geschwindigkeit von 8–10 km/h, fassen bis zu sieben Passagiere, und die Batterien halten acht Stunden. Also Picknickkorb packen und los geht's!

I love Piave, Tel. 34 96 67 72 33, https://ilovepiave.it oder www.econavighiamo.com, Sommer Fr–So 9.30–19.30 Uhr, 30 €/Std., 130 €/Tag, auch Kajaks werden verliehen (20 €/1/2 Tag).

Strände

■ **Strandbäder/Stabilimenti:** Die meisten Strandbäder sind Hotels zugeordnet, Strandverzeichnis auf www.visitjesolo.it/de/badeanstalten.html; Schirm mit zwei Liegen ca. 20 € an Werktagen (Sa/So um 30 €), Preise variieren mit Lage, kostenloses WLAN ist selbstverständlich. Wer unabhängig von der Unterkunft ein *stabilimento* sucht, sollte vorab reservieren.

■ **Freie Strände:** 10% der Strandfläche müssen per Gesetz frei bleiben; Jesolo Lido am Leuchtturm (Faro) am westlichen Ende des Lido, zwischen Piazza Manzoni und Piazza Milano im Zentrum und am Ostende in der Pineta (Richtung Cortellazzo).

■ **Hundestrände:** Ganz im Westen und Osten (beide freie Strände) und im Zentrum der beliebte Bau-Bau Beach *(stabilimento,* https://cocobuk.com).

Verkehr

■ **Fußgängerzone:** Von 20 bis 6 Uhr morgens dürfen im Sommer u.a. auf der Hauptachse Via Dante Alighieri und Via Bafile keine Fahrzeuge verkehren (zwischen 21.30 und 23.30 Uhr auch keine Fahrräder mit vier und mehr Rädern).

■ **Stadt-/Regionalbusse:** ATVO, Via Equilio 15, Jesolo, www.atvo.it, zwei Stadtlinien (Nr. 2 nach Cortellazzo, Nr. 3 zum Leuchtturm, Einzelfahrt 1,30 €, beim Fahrer 2 €; Verbindungen u.a. zum Flughafen von Venedig (6,70 €) und nach Caorle, Bibione und San Donà di Piave.

■ **Verbindungen nach Venedig:** s. bei Cavallino-Treporti.

Cavallino-Treporti

■ 2 m üNN, 13.500 Einw., Triest 135 km, Venedig 55 km

Die Mündung des Flüsschens Sile bildet die Grenze zwischen Litorale del Cavallino („des Pferdchens") und Lido di Jesolo. Die 15 km lange Landzunge endet bei Punta Sabbioni, wo die Schiffe nach Venedig ablegen.

Cavallino hat zwei Gesichter: Mehr als 30 **Campingplätze** bestimmen sein Bild entlang der südlichen, der Adria zugewandten Küstenlinie und verschmelzen zu einem Ferienparadies par excellence. Wer hierher kommt, will baden, sonnen, feiern auf 15 km Länge und alles auf vertrautem (campingeigenem) Gelände.

Ganz anders die oft nur wenige Meter entfernte Küste entlang der Lagune, an der auch ein hübscher, neu ausgebauter **Radweg** verläuft. Alte Pinien säumen die Hauptstraße, und zwischen Gemüse-

☐ Cavallinos Kriegsmuseum in der Batteria V. Pisani

073f sk

pflanzungen folgt ein **telemetrischer Turm** auf den anderen. Einige zweckentfremdet, andere in Ruinen, sind die elf Türme Teil eines zu Beginn des 20. Jh. errichteten Verteidigungssystems zum Schutz Venedigs, das aus vier Küstenbatterien, drei Kasernen, zwei Pulvermagazinen und den Türmen bestand. Von diesen erhielt die Artillerie die Schusskoordinaten, wenn sich feindliche Schiffe näherten. Die bäuerliche Landschaft und die militärischen Relikte bilden einen eigenwilligen Kontrast.

Sehenswertes

Das **Museo della Grande Guerra** in der Batteria V. Pisani erläutert das Geschehen an der Lagune im Ersten Weltkrieg, die Funktionsweise der Türme, den Alltag der Schiffsbesatzungen und zeigt Waffen, Munition und Uniformen. Alles modern und teils interaktiv aufbereitet, bildet es eine der sehenswerten Ausstellungen zum Thema „Grande Guerra", also den Kämpfen zwischen der Habsburger Monarchie und dem Königreich Italien im Ersten Weltkrieg.

■ **Museo della Grande Guerra/Batteria V. Pisani,** Via Vettor Pisani 40 (Località Ca'Savio), www.viadeiforti.it, Ende Mai–Ende Sept. Di–So 10.30–18, Mitte April–Ende Mai, Okt., Nov. Fr–So 10.30–17.30 Uhr (letzter Einlass 45 Min. früher), Eintritt 10 €, Kinder und Besucher über 65 Jahre 5 €.

Kurz vor Punta Sabbioni zweigt eine Stichstraße nach Norden in Richtung **Lio Piccolo** ab, ein empfehlenswerter Ausflug per Rad. Das Ende des 17. Jh. gegründete Dorf um die Pfarrkirche Madonna della Neve besitzt eine eigenwillige, fast inselartige Struktur aus Kanälen, Gemüsegärten, Sandbänken und den charakteristischen *valli da peca,* häufig durch Schilfgeflecht abgegrenzte Fischteiche. Die Bewohner lebten lange von der Bewirtschaftung naher Salinen.

In den 1950er-Jahren wurde Lio Piccolo weitgehend verlassen, und die Natur eroberte sich Terrain zurück. Heute wirkt die Umgebung des Dorfes wie eine vergessene Oase, die Grenzen zwischen Land und Wasser scheinen wie so oft in der Lagune aufgelöst, und wer still beobachtet, sieht Kormorane, Flamingos und Stelzenläufer. Dass Menschen hier immer noch die sandigen Böden bearbeiten, beweisen die sorgfältig gepflegten Gärten, auf denen die Spezialität der Region, *castraure* (die ersten Triebe der Artischocken) kultiviert werden.

Praktische Tipps

Informationen

■ **Infopoint Cavallino**, Via Fausta 406/a, 30013 Cavallino, Tel. 04 18 62 63 22, www.visitcavallino.com, Mo–Fr 9–13, 15–18, Sa, So 9–13 Uhr.
■ **Info-Point Punta Sabbioni**, tgl. 9–14.30 Uhr.
■ **Info-Point Museo Pisani**, Öffnungszeiten wie Museum.

Unterkunft

■ **Locanda 1632 alle Porte**②-④, Via Cristo Re, 43/44, Jesolo/Cavallino, Tel. 04 21 37 17 60, https://locandaalleporte1632.it, Restaurant Di geschl. Klein und fein mit nur sechs Zimmern in einem denkmalgeschützten und edel restaurierten Zollhaus von 1632 auf einer kleinen Halbinsel, sehr gutes Restaurant③.

■ **Antica Dogana**③, Via della Ricevitoria 1, bei der Anlegestelle Treporti (zwischen Cavallino und Punta Sabbioni), Tel. 04 15 30 20 40, www.anticadogana.info. Restaurant-Hotel in toller Lage direkt an der Lagune und mit ausgezeichneter Küche③, ehemalige k. u. k. Zollstation aus der Mitte des 19. Jh., nur sechs (hübsch gestaltete) Zimmer.

UNSER TIPP: **B&B A Casa di Marta**②-③, Lungomare Dante Alighieri 39, Punta Sabbioni/Cavallino, Tel. 34 93 94 25 91, www.acasadimartavenezia.it. Das sympathische B&B liegt mit 1,5 km Entfernung nicht gerade strandnah, dafür aber ruhig im Grünen. Die sehr freundlichen Gastgeber kümmern sich aufmerksam um die Gäste. Für jedes Zimmer stehen zwei Fahrräder zur Verfügung.

Beobachtungsturm nahe Punta Sabbioni

Camping

Die Campingplätze sind so konzipiert, dass eigentlich kein Bedarf besteht, sie zu verlassen. Fast alle bieten jeden nur vorstellbaren Wassersport, Schwimmbäder, Läden, Spielplätze und Tanztempel.

UNSER TIPP: **Campeggio Ca'Savio**, Via di Ca' Savio 77, Cavallino, Tel. 04 19 66 017, www.casavio.com. Wohnen in einem Airstream? Auch das ist möglich auf diesem sehr familienfreundlich geführten Platz, auf dem Nachhaltigkeit nicht nur in der Werbebroschüre großgeschrieben wird. Pools, Mini-Club, Yoga, Beachvolleyball und eine Fußballschule halten Erwachsene wie Kinder bei Laune. Organisierte Exkursionen, aber auch Tipps für individuelle Touren regen zu diversen Aktivitäten an. Unterkunft vom Stellplatz bis zur „Lodge" oder in einem originalen US-Airstream. Stellplätze ab 23 € (bis 6 Personen), Airstream um 180 € (4 Personen).

■ **Campeggio Union Lido**, Via Fausta, 2,5 km von Cavallino nach Punta Sabbioni, Tel. 04 12 57 51 11, www.unionlido.com, Ende April–Anfang Okt. Seit 1955 Kult – damals hieß der Platz noch NSU Camping. Die schlichte Anlage hat sich in eine Ferienlandschaft auf 60 ha verwandelt: Hotel, Bungalowvermietung und Stellflächen in einem Pinien-/Pappelhain direkt am Strand, Restaurants, Pool-Park, separates Camp für Hundebesitzer mit eigenem Strand. Ab 5,40 €/Person, 10,60 €/Stellplatz, Glamping ab 60 €/4 Personen.

■ **Campeggio Marina di Venezia**, Via Montello 6, Punta Sabbioni, Tel. 04 15 30 25 11, www.marinadivenezia.it, Ende April–Anfang Okt. 70 ha großer Campingplatz, breiter Sandstrand, teils schattenlose Stellflächen, Poolkomplex, Animation, zahlreiche Sportangebote, 5,80–14,90 €/Person, 13.60–37,60 €/Stellplatz.

■ **Campeggio Miramare**, Lungomare Dante Alighieri 29, Punta Sabbioni, Tel. 04 19 66 150, www.

camping-miramare.it, Anfang April–Anfang Nov. Nur 1 km von der Vaporetto-Haltestelle (deshalb bei Venedig-Besuchern ausgesprochen beliebt und in der Hochsaison oft ausgebucht), mit 3 ha Größe überschaubar, zum Sandstrand 2 km (Shuttlebus), auch Bungalowvermietung, 5,40–9,80 €/Person, 10,50–27,50 €/Stellplatz.

Essen und Trinken

■ **Osteria Ai do Campanili**④, Piazza SS Trinita, Cavallino, im Ort, Tel. 04 15 30 17 16, http://aidocampanili.it, Do–Mo 12.30–14.30, 19.30–22.30 Uhr. Venezianische, sehr edle Fischküche (und auch viel meeresfrisches Getier perfekt roh zubereitet) und ein ausgezeichnetes Weinlager mit den besten italienischen Lagen, im Parterre die Osteria und in der ersten Etage das elegantere Ristorante.

■ **Pizzeria Laguna e Lievitati Naturali**②-③, Via Pordelio 444, Cavallino, Tel. 04 19 68 058, Fr–Mi 18.30–24, Fr–So auch 12–15 Uhr. Die beste Pizza an der Lagune? Vielleicht. Auf jeden Fall eine Köstlichkeit für alle, die einen dicken, fluffigen Rand mögen. Und den Belegvarianten sind keine Grenzen gesetzt. Freisitz und rustikaler Gastraum.

■ **Al Notturno**③, Via di Lio Piccolo 24, Cavallino, Tel. 33 56 87 40 54, Mi–Sa 9–1/2 Uhr, So/Mo 9–19 Uhr. Auf den ersten Blick eine bescheidene Hütte, auf den zweiten ein ebenso originelles wie schön an einem Kanal gelegenes Restaurant mit nur einer Leidenschaft: Fisch. *Moeche*, eine besondere Krebsart aus der Lagune, mit weißer Polenta gelten als Spezialität.

Agriturismo Le Saline②-③, Via della Sparesera 4, Lio Piccolo, Cavallino, Tel. 32 96 03 16 51, Do–So 12.30–14.30, 19.30–22.30 Uhr. Was in diesem freundlichen Agriturismo auf den Tisch kommt, stammt fast alles aus eigener Ernte bzw. eigenem Fischfang; einfache und sehr schmackhafte Gerichte, darunter auch so manche „unbekannte" Spezialität der Region.

■ **Sotoriva**③, Lungomare Dante Alighieri 32, Punta Sabbioni, Tel. 04 16 58 343, www.facebook.com/ristorantesotoriva, tgl. 12–14.30, 18–22.30 Uhr. Fisch auf der Terrasse an der Straße beim Camping Miramare, auch sehr gute und große Pizza, vornehmlich Urlauber.

■ **All'Ancora**②-③, Via Lungomare San Felice 1, Punta Sabbioni, Tel. 04 19 66 858, https://allancoraristorante.it, tgl. 12–15, 18.30–23 Uhr. An der Anlegestelle nach Venedig übers Wasser gebaut.

075f sk

Fischgerichte und Pizza in nicht immer gleich hoher Qualität, dafür in schöner Lage.

Einkaufen

■ **Markttage:** Cavallino Di, Treporti Do, Abendmarkt Mai–Sept. jeden Fr in Cavallino am Hauptplatz.

Aktivitäten

■ **Parco Turistico:** Über 20 Exkursionen sind auf dem im gesamten zum „Touristenpark" erklärten Littorale möglich, zu Fuß, mit dem Rad, mit dem Boot und auf dem Pferderücken. Alle Wege sind vorzüglich beschildert, und der Mangel an Steigungen macht Spaziergänge und Radtouren auch für Ältere und kleine Kinder zu einem Vergnügen. Infobroschüren mit Tourentipps hält die Touristeninformation bereit.

UNSER TIPP: **Via Pordelio:** Der Fahrradweg entlang der Lagune verläuft abseits der Autostraße und teils über dem Wasser und verbindet Jesolo mit Punta Sabbioni.

■ **Mappa Ciclo Turismo e Turismo Esperienziale:** Gratis abgegebene Karte mit vier reizvollen und thematisch konzipierten Rundtouren zwischen 13 km und 25,5 km; geeignet für Radfahrer (Tourenrad) und Nordic Walker.

■ **La Via delle 3 Acque:** Der „Weg der drei Wasser" führt an Adria, Lagune und den Sile-Fluss (13,8 km, befestigte und unbefestigte Straßen).

◁ Fähre von Punta Sabbioni nach Venedig

■ **La Via delle Fortificazioni:** Auf dem Weg der Festungsanlagen besucht man die Relikte des Krieges (15,5 km, Asphalt).

■ **La Via degli Orti della Laguna:** Der Weg der Gärten erschließt die Anbaugebiete und deren botanische Besonderheiten (25,5 km, Asphalt).

■ **La Via del Tramonto:** Tolle Ausblicke auf dem „Weg des Sonnenuntergangs" auf Venedigs Inseln Sant'Erasmo und Burano (12,9 km, befestigte und unbefestigte Straßen).

Hundestrand

■ **Lungomare Dante Alighieri, Punta Sabbioni**, freier Strand mit Dünen; der Zugang kann temporär aus Naturschutzgründen für Hunde gesperrt sein.

Feste und Veranstaltungen

■ **Beach on Fire:** „Lo spettacolo pirotecnico più lungo al mondo – das längste Feuerwerk der Welt" läutet mit einem grandiosen Spektakel an zehn Abschussplätzen entlang des 13 km langen Strandes Ende August das Saisonfinale ein.

Verkehr

■ **Stadt-/Regionalbusse:** ATVO, Verbindungen u.a. mit dem „Cavallino Express" zum Flughafen von Venedig (ca. 7 €).

■ **Schiff nach Venedig:** Mit dem Verkehrsverbund ACTV (www.actv.it) in der Saison ab Punta Sabbioni mit Boot Linie 14 nach Venedig/San Marco (teils umsteigen auf dem Lido) und mit Linie 12 nach Venedig/Fondamente Nove (über Burano); Ticket für die Hinfahrt 7,50 €, Tageskarte 21 €. Achtung: Da in den Sommermonaten der Andrang teils immens ist, empfiehlt es sich unbedingt, das Ticket online vorzubestellen!

4

Zwischen Isonzo und Tagliamento

» Breite Flusstäler, herrische Burgen, elegante Architektur und feine Genüsse in der friulanischen Tiefebene

‹ Die Teufelsbrücke über den Natisone in Cividale del Friuli

BURGEN AM STROM

Als einer der letzten Wildflüsse der Alpen tritt der Tagliamento stürmisch aus dem Alpenriegel, um dann träge mäandernd und teils mehrere hundert Meter breite Schotterbetten ausformend der Adria zuzustreben. Die von dem Fluss geprägte Landschaft zwischen Bergen und Meer diente seit Jahrtausenden als Korridor für Handelswaren, aber auch für Eroberer. Entsprechend zahlreich sind wehrhafte Zeugnisse wie stark befestigte Städtchen und Burgen, entsprechend zahlreich auch die Zeugnisse grausamer Kämpfe, allen voran des Ersten Weltkriegs. Doch auch Kunst und Kulinarik kommen nicht zu kurz. Mit *Tiepolos* verspielten Fresken in Udine, dem rätselhaften Langobardentempel in Cividale oder der grandiosen Piazza Grande in Palmanova lässt sich hier Spannendes entdecken. Genießer:innen streben nach San Daniele, in die Prosciutto-Hauptstadt. Und wer gerne wandert oder Rad fährt, findet Touren für jede Kondition und jeden Anspruch. Nur Kinder müssen etwas Geduld aufbringen und aufs nicht mehr weit entfernte Meer warten – es sei denn, sie sind alt genug, die Zeugnisse der Kriege zu verstehen.

NICHT VERPASSEN!

- **Diözesanmuseum** in Udine, einst die Residenz des Patriarchen | 191
- **Castello di Udine,** Museen mit Werken von *Tiepolo* und *Caravaggio* | 192
- **Tempietto Longobardo,** Langobardentempel aus dem 8. Jh. in Cividale del Friuli | 210
- **Valli del Natisone,** Wandern im Natisone-Tal mit Nebentälern | 211
- **Piazza Grande** in Palmanova, das perfekte Sechseck | 244

Diese Tipps erkennt man an der gelben Markierung.

Udine

■ 110 m üNN, 98.000 Einw., Venedig 127 km, Triest 71 km

Die günstige Verkehrslage sorgte seit jeher für Wohlstand, und das große Einzugsgebiet macht die **Provinzhauptstadt** zum Ziel für den Einkaufsbummel der Bewohner zwischen Tagliamento und slowenischer Grenze. Doch Udine hat mehr zu bieten als Geschäfte und Boutiquen: Es ist eine Stadt der Kunst, mit Werken von *Tiepolo* und venezianisch inspirierter Architektur.

Die Udinesi gelten als entspannt, und die Lage an den Colli Orientali mit ihrem Weinbau hat natürlich dafür gesorgt, dass die Bewohner den Sinnesfreuden nicht abgeneigt sind. So verabreden sie sich gerne zu einem Plausch oder einer hitzigen Diskussion über Trainerentscheidungen des 1896 gegründeten Erstligavereins „Udinese Calcio" bei einem Glas **Wein.** In den zahlreichen Kneipen und Weinbars auf den Piazze, unter Arkaden und entlang der verbliebenen Stadtbäche mischt sich ein

077fsk

buntes Publikum. Tatsächlich war Udine noch im 19. Jh. eine „Stadt des Wassers" mit zahlreichen Kanälen, Mühlen und Wasserrädern für die Industrie.

Geschichte

Auch wenn Udine sich selbst als „tausendjährige Stadt" bezeichnet, ihre Anfänge gehen noch einmal 1000 Jahre weiter zurück, wenn auch – bis auf einige archäologische Funde – Zeugnisse aus dieser Zeit fehlen. Der deutsche Kaiser *Otto II.*, auch König des langobardisch-italienischen Reichs, gab das damalige Dorf **Castrum Utini** in seinem Todesjahr 983 dem Patriarchen von Aquileia mit weiteren Ortschaften in der Umgebung zum Geschenk. 1233 erhielt Udine die **Marktrechte** durch den Patriarchen *Bertold von Andechs-Meriana*, der die Stadt fünf Jahre später zu seiner bevorzugten Residenz machte. Um die heutige Piazza Matteotti entwickelte sich reges Handelsleben und Udine erhielt **Stadtrechte.**

Blick auf den Schlossberg vom Arkadengang aus dem Jahr 1478

Die Highlights für Kinder

- Marionetten im **Teatro delle Meraviglie** in Cividale del Friuli | 210
- Klettern auf den Mauern der **Festungsanlage von Palmanova** | 247

1420 übernahm **Venedig**. In dieser Zeit entstanden die meisten Gebäude, die Udine sein heutiges historisches Bild verleihen. Die weiteren Geschicke folgten dem Schicksal Venedigs mit mehreren Türkeneinfällen, dem Aufkommen des Napoleonischen Reichs und dem **Anschluss an Österreich**. 1866 wurde man endgültig italienisch.

Im Ersten Weltkrieg war Udine das Hauptquartier des italienischen Oberkommandos im **Alpenkrieg**. Und 1922 hielt *Mussolini* hier seine programmatische Rede „Discorso di Udine", die die folgenden Jahre des faschistischen Weges vorwegnahm.

Sehenswertes

Die Altstadt, in deren Zentrum die Anhöhe mit dem Schloss und die große Piazza Primo Maggio liegen, ist von einer Ringstraße umgeben. Die Sehenswürdigkeiten befinden sich alle westlich und südlich des Platzes und sind gut zu Fuß zu erreichen. Den Wagen stellt man am besten an der Piazza ab.

Piazza I Maggio

Die **Basilica delle Grazie** am nordöstlichen Ende des weitläufigen Platzes

Museumspass

Mit dem **Biglietto Unico** für 10 € kann man alle städtischen Museen, für 15 € außerdem das Diözesanmuseum besuchen. Mit der FVGcard (→ S. 49) ist der Eintritt frei.

☐ Stadtplan S. 190

Zwischen Isonzo und Tagliamento

©Reise Know-How Friaul K4 1/23

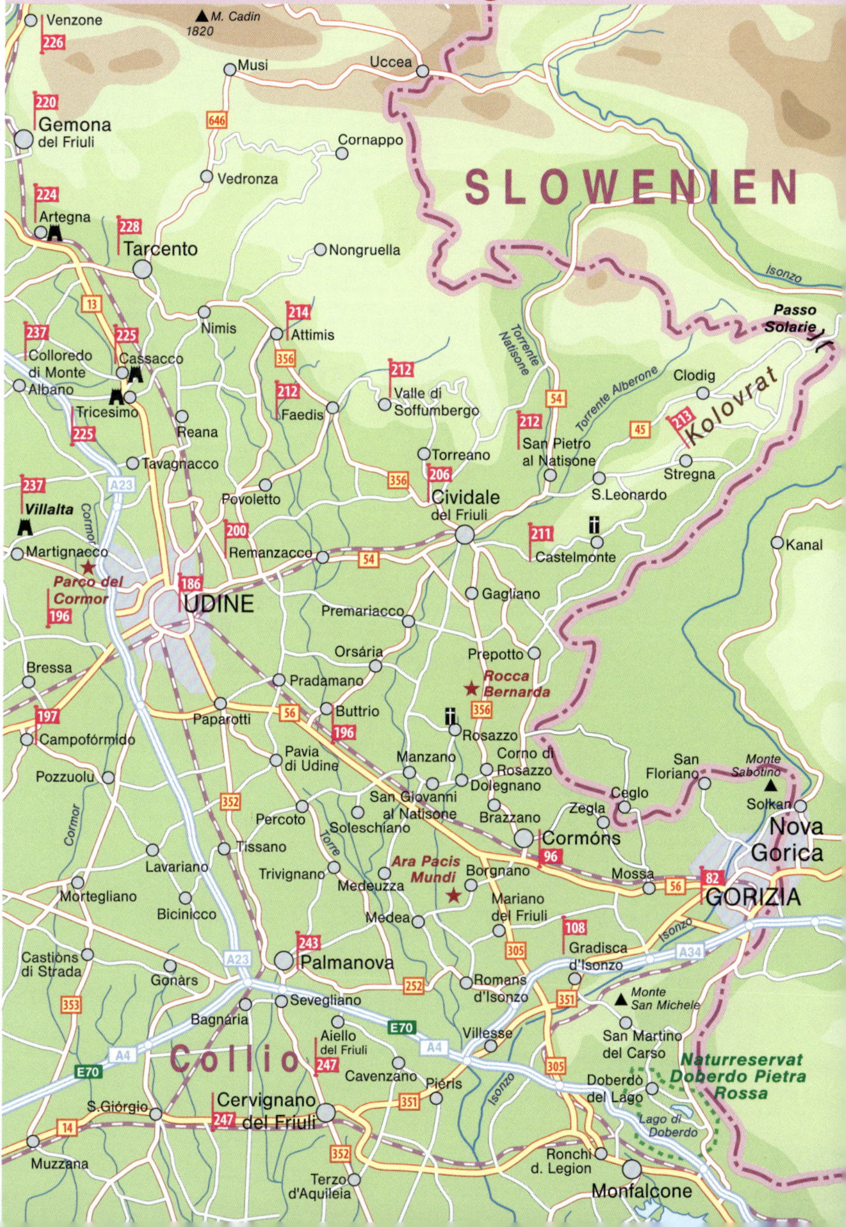

Udine
0 200 m
1
★Dacia Arena
2 3 4 5
Castello di Colloredo,
Gemona del Friuli
Viale S. Daniele
Piazzale Osoppo
Viale A. Caccia
Piazzale P. Diacono
Via Ditoppo
Via L. Uccellis
Viale G. B. Bassi
Via A. L. Moro
Viale della Vittoria
Viale A. Diaz
Via
Via S. Agostino
Via Cicogna
Via Gemona
6
Piazza Cavedalis
Via Mantica
7
Basilica delle Grazie
Via Mazzini
Via Cosattini
Via Castellana
Viale Marco Volpe
9 8
11 10
12
Piazza I Maggio
Casa della Contadinanza
Piazza Marconi
Via Asquini
15 16 17
13
20
Casa della Confraternità
Chiesa di Santa Maria di Castello
Viale Ledra
14
18 19
Schloss-museen
Castello di Udine
Via Girardini
21
Via Treppo
Via Mentana
Ex Mercato del Pesce
Via Zanon
Loggia del Lionello
Loggia San Giovanni
Via Manin
Piazza Patriarcato
Diözesan-museum
27
San Giacomo
Piazza Matteotti
22
24 23
Piazza Libertà
Via D. Prefettura
Giardini Ricasoli
26
Duomo Santa Maria Annunziata
Via V. Veneto
33
28
25
Via Cavour
V. Savorgnana
Piazza Duomo
30
31
Oratorio della Purità
Via Pave
Via Viola
Museo d'Arte Moderna e Contemporanea
32
Via Poscolle
Via Brenari
29
Piazza XX Settembre
Piazza Venerio
Galleria del Progetto (Sonderaustellungen)
Piazzale XXVI Luglio
Via Rivis
Galleria del Progetto
Via Morpurgo
Via Gorghi
Via Carducci
Via Aquileia
Viale Venezia
Museo Etnografico
Piazza Garibaldi
Via Francesco Crispi
Via Dante
★Villa Manin (in Passariano),
Chiesa di San Lorenzo Martire (in Varmo),
★Frecce Tricolori,
Pordenone
Via Cussignacco
Via Manzoni
Piazza Repubblica
Viale Ciconi
Piazzale Cadorna
Viale Duodo
Via Marangoni
Via Grazzano
34
Via Cisis
Via de Rubeis
Via Nievo
Via Percoto
Via R. Battistig
Via Roma
37
Viale Europa Unita
Bahnhof
Museo Friulano di Storia Naturale,
35
Grado
Viale delle Ferriere
36
Piazzale Cella

©Reise Know-How Friaul 29 1/23

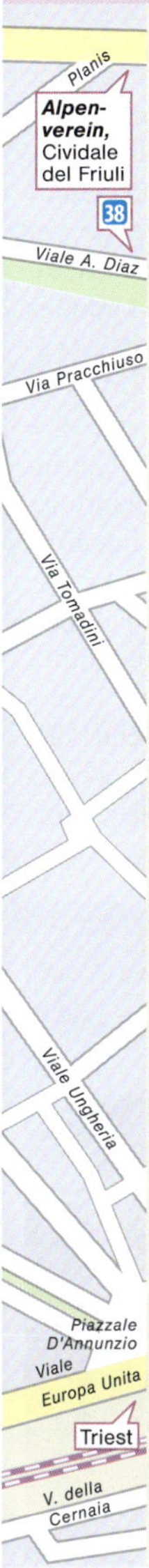

Übernachtung
2 Agriturismo La Faula (in Ravosa di Povoletto)
14 Locanda al Cappello
22 Oriana Homèl
29 Hotel Astoria Italia
35 Hotel Quo Vadis
36 Casa Stucky
37 Hotel Principe

Essen und Trinken
3 Fogolar 1905
4 Ristorante/Pizzeria Al Rugatino
7 Pizzeria/Ristorante Concordia
12 L'Alimentare
18 Osteria Al Cappello
19 Osteria Pieri Mortadele
20 Casa della Contadinanza
23 Caffè Diemme
27 Osteria Alla Ghiacciaia
28 Osteria Al Vecchio Stallo
31 Caffè Piazza Duomo
32 Hostaria alla Tavernetta
33 Caffè Tommaso
34 Osteria Al Marinaio
38 Gelateria Timballo

Nachtleben
6 Caffè Caucigh
13 Gatti e Re
15 Osteria da Teresina
17 La Cantinetta
21 I Piombi
25 Caffè Contarena
30 Grappolo d'Oro

Einkaufen/Sonstiges
1 Enoteca Le Cantine di Secondo
5 Decathlon Rent
8 Cumini Emporio
9 Maria Sello
10 Panificio del Foro
11 Houdini
16 Enoteca Giardinetto
24 Bottega Tosoni
26 Boutique Malìparmi

entstand 1730 als Nachfolgebau einer 300 Jahre älteren Kirche. In sie kommen Wallfahrer, die eine der Seitenkapellen mit einem Marienbild besuchen. Ob es byzantinischen Ursprungs ist oder später gemalt wurde, ist umstritten, die Bildkomposition macht eine Entstehung im 15. Jh. wahrscheinlicher.

■ **Basilica Beata Vergine delle Grazie,** Piazza I Maggio 2, Tel. 04 32 50 17 39, www.bvgrazie.it, tgl. 8–20 Uhr.

Piazza Patriarcato

Nur ein paar Meter sind es von der Südseite der Piazza I Maggio zur Piazza Patriarcato mit den schattigen **Giardini Ricasoli** und dem bedeutendsten Museum der Stadt, dem **Diözesanmuseum** im Palazzo Patriarcale. Er war einst Sitz des Patriarchen von Aquileia, der sich nach der Machtübernahme durch Venedig 1420 eine neue Residenz suchen musste. Er ließ sich erst in San Daniele und in San Vito al Tagliamento nieder, kehrte aber Ende des 16. Jh. zurück. Das Museum beherbergt 700 Werke und neben der Ausstellung über das Schnitzhandwerk im Friaul einige der **wichtigsten Gemälde Tiepolos.** Er erhielt den Auftrag, ganze Zimmerfluchten mit Fresken zu schmücken. Besonders beachtenswert sind die Decke des Treppenhauses, Scalone d'Onore (mit „Untergang der rebellischen Engel", 1727), und die Wände der Besuchergalerie im zweiten Stock, Galleria degli Ospiti (mit alttestamentarischen Szenen aus den Leben von Abraham, Isaak und Jakob, 1728). Dort findet sich auf dem Fresko in der Mitte der Wand den Fenstern gegenüber („Rachel verbirgt die Götzenfiguren") auch ein Selbstbildnis: *Tiepolo* steht als junger Mann neben Rachels Vater und starrt aus dem Bild heraus auf den Betrachter; seine Frau hat er vor sich als Rachel verewigt. Auch die zweistöckige Bibliothek des Patriarchen mit dem Schnitzwerk von 1711 ist überaus sehenswert und mit wertvollen Folianten bestückt.

■ **Museo Diocesano,** Piazza Patriarcato 1, Tel. 04 32 25 003, www.musdioc-tiepolo.it, Mi–Mo 10–13, 15–18 Uhr, 8 €.

☐ Die Casa della Contadinanza auf dem Schlossberg

Castello di Udine

Der Schlosshügel liegt im Südwesten der Piazza I Maggio und ist über einen schönen Serpentinenweg zu erreichen. Eine Legende besagt, dass *Attila* einst seine Soldaten angewiesen habe, in ihren Helmen Erde herbeizubringen und so eine Erhöhung zu schaffen, von der aus er das Schauspiel des brennenden Aquileia sehen könne. Der **Schlosskomplex** entstand im 16. Jh., nachdem die Residenz der Patriarchen einem Erdbeben zum Opfer gefallen war (im Jahr 1976 fügte ein weiteres Erdbeben den Gebäuden schweren Schaden zu). Ursprünglich sollten die Gebäude den Innenhof umschließen, doch es kam anders: Die Pläne des Architekten *Giovanni Fontana* wurden nur rudimentär ausgeführt, und auch sein Nachfolger, der Venezianer *Gaspare Negro*, vermochte den Plan nicht zu vollenden. Nur aus diesem Grund hat man vom Schlossplatz Fern-

078f sk

sicht in die Alpen. Das Schloss war bis zum Einzug französischer Truppen 1797 Sitz des Parlaments.

Im Hauptgebäude befinden sich mehrere Museen. Das wichtigste ist die **Galleria d'Arte Antica,** zu der auch die Sala del Parlamento gehört. Hier sind die schönsten Gemälde der Stadt und in anderen Gebäuden abgenommene Fresken zu finden. Die Ausstellungsliste liest sich wie ein Stelldichein der besten Maler des Landes: Nicolò *Grassi, Tiepolo, Pomonio Amalteo, Il Pordenone, Palma der Jüngere, Caravaggio* und *Bernardo Strozzi.* Das **Archäologische Museum** (Museo Archeologico) im Erdgeschoss zeigt Funde aus der Bronzezeit und Keramik aus der Umgebung Udines. Weitere Museen sind das **Fotomuseum** (Museo Friulano della Fotografia) und das **Risorgimento-Museum** (zur Bildung des Königreichs Italien).

■ **Civici Musei di Storia e Arte del Castello,** Piazzale del Castello, Tel. 04 32 12 72 591, Di–So 10–18, Winter bis 17 Uhr, 8 €.

Dem Schlossmuseum gegenüber hat sich die **Casa della Contadinanza** mit Doppelstockarkade ein Renaissancegewand übergestreift; tatsächlich ist sie ein Neubau aus dem Jahr 1931 unter Verwendung von Materialien eines – unten in der Stadt drei Jahre zuvor abgerissenen – Palastes. Heute nutzt ein Restaurant den Bau (s. Essen und Trinken). Die **Casa della Confraternità** aus dem 15. Jh. im Schlosshof widerstand dem Erdbeben von 1511 als einziges Gebäude unversehrt. Hinter der Casa gelangt man durch einen Torbogen zur **Chiesa Santa Maria di Castello,** der ältesten erhaltenen Kirche der Stadt. Sie entstand im 6. Jh., wurde im 8. Jh. umgebaut und im 13. Jh. erweitert. Ein weiterer Umbau mit Restaurierungsmaßnahmen fand nach dem Erdbeben von 1511 statt. Den Glockenturm krönt eine Statue des Erzengels Gabriel als Windfahne der Schlossanlage und Wahrzeichen der Stadt. Die drei Schiffe werden von Apsiden abgeschlossen, deren rechte die ältesten Fresken (13. Jh.) beherbergt.

■ **Chiesa di Santa Maria di Castello,** Piazzale del Castello, Fr–So 10–12 Uhr.

Durch den 100 m langen, gotisch-venezianischen Säulengang und über Treppen aus dem Jahr 1478 sowie durch den **Arco Bollani**, nach einem Plan von *Palladio* 1556 errichtet, steigt man auf der Südseite in die Stadt hinunter zur Piazza Libertà.

Piazza Libertà

Der Freiheitsplatz ist der venezianischste und attraktivste Platz Udines. Tragendes Element in dem Ensemble ist die **Loggia del Lionello** aus weißem und rosafarbenem Stein (1448 erstmals errichtet). Es ist eine Rekonstruktion, da ein Brand sie 1876 großteils zerstörte. Die Arkaden tragen den Bau mit einer fast verspielten Leichtigkeit, sodass die Quaderform des Obergeschosses trotz der wenig starken Gliederung keine Wucht entfaltet.

Die lang gestreckte **Loggia San Giovanni** gegenüber ist im Renaissance-Stil gehalten. Ihr Turm zitiert mit den beiden glockenschlagenden Figuren Venedigs Campanile am Markusplatz. Den Brunnen rechts der Loggia entwarf 1542 *Giovanni Carrara* aus Bergamo, die Säulen mit dem Markuslöwen rechts und

079f sk

Der von Palladio geplante Arco Bollani an der Piazza Libertà

der Justitia links wurden im selben Jahr errichtet. Dazwischen befinden sich die Statuen des Herkules (rechts) und des Kakus (links), von den Udinesi liebevoll Floreàn und Venturin genannt. Die **Friedensgöttin** entstand 1797 im Auftrag Napoleons; der österreichische Kaiser *Franz I.* schenkte sie 1819 der Stadt.

100 m südlich der Piazza zeigt das **Museum für moderne und zeitgenössische Kunst** in der Casa Cavazzini u.a. Werke der Brüder *Basaldella* (alle drei Söhne der Stadt und wichtige Protagonisten der italienischen Moderne des 20. Jh.) und 113 Arbeiten bedeutender US-amerikanischer Künstler, die ihre Werke nach dem Erdbeben 1976 der Stadt spendeten. In der ersten Etage ebenfalls zu sehen: Die bei der Renovierung des Gebäudes entdeckten Fresken aus dem 14. Jh. und die Wohnräume der *Cavazzini,* die in den 1930er-Jahren einen Gewölbesaal im Stil des 16. Jh. freskieren ließen.

■ **Museo d'Arte Moderna e Contemporanea,** Via Cavour 14, Tel. 04 32 12 73 772, www.civicimuseiudine.it, Di–So 18–18 Uhr, 5 €.

Piazza Matteotti

Über die Via delle Erbe geht es nun zur mehr oder weniger quadratischen Piazza Matteotti. Den **Brunnen** in der Mitte entwarf *Giovanni da Udine*, ein Schüler *Raffaels*, 1543. Der ursprüngliche Standort bis 1607 war die heute noch zu sehende Zisterne am Rande. Von der Mitte des Platzes kann man die Häuser, die den Blick abwechselnd mit glatten Fassaden und Arkaden einfangen, am besten betrachten. Die **Kirche San Giacomo Apostolo** an der Westseite entstand 1378 (Fassade im 16. Jh. umgestaltet). Das Oratorium kam Mitte des 18. Jh. hinzu. Wenige Schritte nördlich der Piazza steht die vielleicht schönste Fischmarkthalle Italiens – der **Ex Mercato del Pesce** wird heute für städtische Ausstellungen genutzt und ist schönster Liberty-Stil.

Etwa 400 m südlich der Piazza Matteotti (über Via Canciani und Via Battisti) befindet sich im Palazzo Giacomelli die **Ethnografische Sammlung** des Friaul. Ein buntes Sammelsurium von Gegenständen des Alltäglichen, des Aberglaubens und der Religiosität,

Kleider, Werkzeug und Möbel wurden streng geordnet und entfalten ein Kaleidoskop des Lebens im Friaul.

■ **Museo Etnografico del Friuli,** Via Grazzano 1, Tel. 04 32 27 19 20, Fr–So 10–18 Uhr, 5 €.

Dom

Zurück an der Piazza Libertà sind es nur wenige Schritte zur **Cattedrale di Santa Maria Annunziata.** Sie geht auf das Jahr 1245 zurück und erfuhr im Laufe des 14. Jh. wesentliche Erweiterungen. Der stumpfartige Glockenturm entstand im 15. Jh. auf dem Baptisterium. Die Kirche ist dreischiffig ausgeführt. Von außen wirkt sie eher abweisend, interessant ist weniger die Hauptpforte als der Nebeneingang beim Glockenturm – die **Porta dell' Incoronazione**. Ihr Relieffeld stellt die Krönung Marias dar und stammt von einem deutschen Bildhauer des späten 14. Jh. Betritt man die Kirche durch das Hauptportal, kann man auf der rechten hinteren Seite am ersten und zweiten Seitenaltar zwei Werke von *Tiepolo* erblicken, die „Heilige Dreifaltigkeit" (1738) und „Hermagoras und Fortunato" (1736). Im linken Seitenschiff schmückt ein Werk *Pellegrinos* den zweiten Seitenaltar („Josef mit dem Kind", 1501). An der Rückwand hängt das Doppelgemälde „Auferweckung des Lazarus/Heilung am Teich Bethesda" von *Pomponio Amalteo* (1555).

Das **Dommuseum** im Baptisterium, in der Basis des achteckigen Glockenturms und in zwei Kapellen zeigt Bilder aus dem Leben der hl. Hermagoras und Fortunatus und ist dem Patriarchen *Bertrand Saint-Geniès* zugeeignet, der die Kirche zur Domkirche machte und vor ihrer Fertigstellung 1350 ermordet wurde (sein Sarkophag steht hier). Außerdem ausgestellt sind wertvolle Sakralgegenstände und bischöfliche Prachtgewänder.

■ **Museo del Duomo,** Piazzetta Bertrando, Tel. 04 32 50 68 30, www.cattedraleudine.it/museo, Mo–Sa 10–12, 16–18, So 16–18 Uhr.

Über dem Domplatz steht das **Oratorio della Purità.** Es diente bis 1754 als Theater und wurde umgebaut, um der Hinführung von Mädchen zur christlichen Lehre zu dienen. Das Deckenfresko „Mariä Himmelfahrt" und das Altarbild „Unbefleckte Empfängnis" hat *Tiepolo* geschaffen.

■ **Oratorio della Purità,** Piazza Duomo, Mo–Sa 10–12 Uhr.

Außerhalb des Zentrums

Das **Naturkundemuseum** im ehemaligen Schlachthof befindet sich 1 km südlich des Ethnografischen Museums. Sein gesamter Fundus von über 1 Mio. Exponaten lässt sich nicht ausstellen, und so beschränkt man sich, nutzt aber die neuesten museumsdidaktischen Konzepte. Wichtige Themen sind Biodiversität, Veranschaulichung der Wirkung von Eingriffen in die Natur, kulturelle Implikationen und Vernetzung der Wissenschaften.

■ **Museo Friulano di Storia Naturale,** Via Cecilia Gradenigo Sabbadini 22, Tel. 04 32 12 73 211, www.civicimuseiudine.it, nach Umstrukturierung Neueröffnung 2023 geplant.

In der Umgebung

Buttrio

Das Örtchen Buttrio (4000 Einw., 80 m) 10 km südöstlich von Udine war 1932 Schauplatz der ersten Weinmesse Italiens. Diese hat sich bis heute gehalten und findet als **Fiera Regionale dei Vini** jeden Juni an einem verlängerten Wochenende mit Winzern aus dem ganzen Friaul statt.

Das **Schloss von Buttrio** (Anfahrt vorbei an der Villa Dragoni) versteckt sich im Osten auf einem Hügel, geht auf das 17. Jh. zurück und gehört einer Winzerfamilie, die hier eine Event-Location und ein Boutiquehotel betreibt. Unterhalb des Schlosses erläutert das **Weinmuseum** in der **Villa Toppo-Florio** aus dem beginnenden 18. Jh. alles von der Rebenpflanzung über die Pflege, Ernte, Gärung bis zur Lagerung. Auch die begleitenden Handwerke sind beschrieben, so ist eine vollständige Küferwerkstatt ausgestellt. Der archeobotanische Park der Villa Toppo-Florio ist frei zugänglich, in ihm sind Grabungsfunde der Grafenfamilie *Toppo* aufgestellt (meist römisch).

■ **Museo della Civiltà del Vino,** Via Morpurgo 8, Tel. 04 32 63 611 oder 67 40 68, nur nach Voranmeldung.

Cormor

Beim 6 km außerhalb und westlich von Udine liegenden Messegelände mit dem großen Einkaufszentrum „Città Fiera" lassen sich im **Freiluftmuseum der**

Das Schloss von Buttrio

080f sk

Der Frieden von Campofòrmido (auch Campo Formio)

Während der napoleonischen Besetzung des Friaul fanden bei Udine die Friedensverhandlungen zwischen Österreich und Frankreich statt. Am 16. Oktober 1797 trafen sich mehrere österreichische Unterhändler, darunter Graf *Cobentzel*, mit *Napoleon Bonaparte* in der Villa Manin. Seit 20 Tagen verhandelte man nun schon ohne Ergebnis. Entnervt griff sich **Napoleon,** als sein Ultimatum von den österreichischen Gesandten endgültig abgelehnt wurde, ein Tintenfass, das die russische Zarin *Katharina II.* dem Grafen *Cobentzel* zum Geschenk gemacht hatte, und sprach: „Also gut, der Krieg ist erklärt, aber denken Sie daran, in weniger als drei Monaten werde ich Ihre Monarchie zerschlagen haben, wie ich jetzt diesen Gegenstand aus Porzellan zerschlage." Daraufhin ließ er das Tintenfass an der Wand zerklirren. Am nächsten Morgen unterschrieb *Cobentzel* als Bevollmächtigter der Habsburger Monarchie den Friedensvertrag von Campofòrmido und verzichtete auf Venedig.

Wasserversorgung des Zentral-Friaul die Außenwerke des Canale Ledra besichtigen.

■ **Ecomuseo dell'Acqua del Friuli Centrale,** Parkplatz Via Raimondo d'Aronco (GPS N 46.08620, E 13.18944), Compedio Cormor-Fiera, Tel. 04 32 55 51 05, https://ecomuseodellacqua.business.site, frei zugänglich.

Direkt gegenüber dem „Museumsgelände" erstreckt sich der in den 1990ern als Landschaftsgarten konzipierte **Botanische Park von Cormor.** Mit 30 ha ist er recht groß und lädt zu Spaziergängen ein. Der gläserne Pavillon ist im Sommer bei schönem Wetter täglich abends geöffnet (an Wochenenden auch mittags) und serviert Getränke und Essen; für die Kinder gibt's einen Spielplatz.

■ **Parco Botanico Friulano Cormor,** Tel. 33 31 15 79 00, www.parcormor.it, Sommer tgl. 10–20 Uhr.

Campofòrmido

Campofòrmido erhielt seinen Namen von einem Feld, auf dem 1797 das geschlagene österreichische Heer lagerte, während seine Generalität zur Villa Manin reiste und den **Frieden von Campofòrmido** unterzeichnete – das Ende des ersten Koalitionskriegs.

Im Ortsteil Basaldella ist über einem Ableitungskanal des Torrente Cormor die **Getreidemühle von Basaldella** erhalten und soll mit einem Besucherzentrum zum Museum ausgebaut werden.

■ **Mulino del Torre di Basaldella,** Via Zugliano, Museum im Aufbau.

Das **Museum des Feldzugs gegen Russland** in den Jahren 1941 bis 1943 berichtet von den Kämpfen in fremdem Land, von denen 90.000 Italiener nicht zurückkehrten. Mit Fotos, der Beschreibung der Chronologie des Feldzugs und der Erinnerungsstätte wird ihrer gedacht.

■ **Museo della Campagna di Russia,** Via Alessandro Manzoni 1 (9 km südöstlich von Campofòrmido), Tel. 04 32 56 16 49 oder 34 74 40 67 88, www.facebook.com/MuseoCampagnadiRussia, Besuch tgl. nach Voranmeldung.

Villa Manin

Die gewaltig breite Villa Manin liegt in Passariano 24 km südwestlich von Udine (3 km südöstlich von Codròipo, s. unten). Das Hauptgebäude der symmetrischen Schlossanlage ist zwischen zwei Seitenflügeln eingespannt, im Halbrund schließen Laubengänge an den Zentralbau an. „Zu klein für einen König und zu groß für einen Grafen", soll *Napoleon* etwas missmutig gesagt haben, als er hier wohnte und schließlich den **Frieden von Campofòrmido** unterzeichnete.

Die Villa Manin ist die größte und vollständigste Anlage einer Villa im Friaul und in Venetien. Sie entstand als Sitz der Familie *Manin* (nach Verkauf der Villa in San Martino, s. Kutschenmuseum unten), die man zeitgleich mit *Dante* aus Florenz verwiesen hatte und die in Udine ihr neues Glück machte. Mit dem Bau wurde im 17. Jh. begonnen, bis zum neuen Jahrhundert war die Villa fertiggestellt. Die *Manins* galten als eine der reichsten Familien der Republik von Venedig (sie hatten sich als Patrizier in deren Rat eingekauft). Das prächtige Herrenhaus hat einen dreistöckigen Saal, der sich über fünf Fensterachsen zieht. Das Ganze sollte eine Einheit zwischen den Bewohnern und der Natur möglich machen und jederzeit in den Räumen Ausblicke auf die weite Landschaft erlauben. Heute sind die Blickachsen durch den romantisch gestalteten **Landschaftspark** der Villa verstellt. Sie dient inzwischen als Ausstellungsraum für zeitgenössische Kunst mit wechselnden Ausstellungen, und auf dem repräsentativen Vorhof finden sommerliche Konzerte statt.

■ **Villa Manin,** Passariano di Codròipo, Tel. 04 32 82 12 11, www.villamanin-eventi.it, Di–So 10–19 Uhr, je nach Ausstellung um 10 €.

Codròipo

3 km westlich der Villa Manin ist das verschlafene Codròipo (16.000 Einw., 45 m) touristisch unbedeutend, aber durchaus einen kurzen Spaziergang wert. Im Zentrum ist im 1840 erbauten und 1966 aufgelassenen Gefängnis das **Archäologische Museum** untergebracht. Die Haupthalle diente einst als Fläche für den Hofgang und erhielt 2002 ein Dach. Die Stockwerke mit den Zellen dienen als Lager; die kleine Ausstellung mit regionalen Funden ist hauptsächlich für Schulklassen interessant.

■ **Museo Archeologico,** Via Balilla 68, Tel. 04 32 82 10 174, Di 9.30–12 Uhr, Eintritt frei.

Das **Kutschenmuseum** 5 km südlich von Codròipo zeigt 44 Kutschen des 19. und 20. Jh. samt Zubehör in der im 19. Jh. errichteten Barchessa, dem flankierenden Nebengebäude der venezianischen Villa Manin-Kechler aus dem 17. Jh. Illustre Gäste in der Villa waren *Louis Pasteur* und *Ernest Hemingway*. Außerdem: eine Spielzeugabteilung mit Exponaten des 18./19. Jh.

Udine und Umgebung: Zugabe!

■ **Galleria del Progetto,** Via Savorgnana 12, Udine (100 m südlich des Museo d'Arte Moderna), Tel. 04 32 12 73 742, nur bei Ausstellungen geöffnet. Eher Archiv denn Ausstellung, mit Werken bekannter Architekten und Design-Studien der Firma Zanussi im Palazzo Morpurgo.

■ **Stadio Friuli/Dacia Arena,** Via Candolini 2, Udine (5 km nordwestlich des Zentrums), Tel. 04 32 54 49 11, www.udinese.it. Das Heimatstadion des Vereins Udinese Calcio (Serie A) mit 25.000 Sitzen kann besichtigt werden: „Stadium Experience" nur nach Voranmeldung, Dauer 1 Std., 15 €.

■ **Aeroporto Campofòrmido,** Campofòrmido 138, Tel. 04 32 69 455, www.aeroclubfriulano.com, https://dalladifesaallapace.wixsite.com. Einer der ältesten Landeplätze Italiens (1913) mit militärischer Vergangenheit und historischem Fluggerät in den Hangars (von hier starterten Blériot-Eindecker 1915 gegen den Feind); derzeit geschlossen, Wiedereröffnung 2024 geplant.

■ **Tumulu di Sant'Osvaldo,** Strada Vecchia di Terenzano (GPS N 46.03083, E 13.22845), derzeit nicht zu besichtigen. Bei Campofòrmido 2 km östlich von Basaldella erhebt sich zwischen den Weinreben der niedrige Grabhügel mit einem Grab von 25 m Durchmesser und 4 m Höhe aus der Bronzezeit (um 2000 v. Chr.). In ihm wurde ein etwa 30-jähriger Mann bestattet. Die Gebeine haben Archäologen geborgen, im Grab ist eine Replik in situ zwischen die Steine gebettet.

■ **Museo dell'Agricoltura,** Via delle Scuole, Pozzuolo del Friuli, Tel. 34 74 40 67 88, musei.pozzuolo@gmail.com, Besuch nach Voranmeldung. Das Bauernmuseum im Besucherzentrum Aghe di Poç 5 km südlich von Basaldella beschreibt die Arbeit auf den Feldern, die Werkzeugherstellung auf den Höfen, das Familienleben und die Rolle der Frauen.

■ **Museo delle Carozze d'Epoca,** Via San Pietro 6, San Martino, Tel. 04 32 91 24 93, Do/Fr 9–14, So 14–18 Uhr, Eintritt frei.

Nochmal 5 km weiter südlich in Varmo ist die **Pfarrkirche San Lorenzo** wegen des Triptychons mit der thronenden Madonna und den hl. Giacomo, Lorenzo, Antonio und Michele (1524) einen Besuch wert – es stammt von *Il Pordenone.*

■ **Chiesa di San Lorenzo Martire,** Via Villa Canciani 1, Varmo, Tel. 04 32 77 80 18, tgl. 8–12, 16–19 Uhr.

Der **Aeroporto Militare Mario Visintini** (5 km nordöstlich von Codròipo) ist der Standort der Kunstflugstaffel **Frecce Tricolori** der italienischen Luftwaffe. Die aus zehn Flugzeugen bestehende Formation, der größte Kunstflugverband der Welt, hat ihren Namen von den farbigen Kondensstreifen der Düsenjäger, die bei mehreren Dutzend Vorführungen im Jahr die italienische Fahne in den Himmel malen. 1988 verlor einer der Piloten bei einer Vorführung in Ramstein die Kontrolle über seine Maschine, kollidierte mit zwei Nachbarn und stürzte mit deren Führern in den Tod und auf die Zuschauer. Im Feuerball des Kerosins starben 31 Besucher sofort, weitere 36 erlagen ihren Verletzungen später.

Dem Flughafeneingang schräg gegenüber kann man auf dem Besitz der

Pittari-Familie das **Weingut-Museum** besuchen und die Sammlung aus Büchern, Glas- und Keramikwaren rund um die Kelterei, Destillierapparate, Pferdewagen, Werkzeug und Maschinen bestaunen.

■ **Museo Vigneti Pittaro,** Via Udine 67, Codròipo, Tel. 04 32 90 47 26, www.vignetipittaro.com, Mo–Sa 8–12, 14–18 Uhr, Eintritt frei.

Remanzacco

Der Landmaschinenhersteller Tonutti wurde 1864 in Remanzacco gegründet. Gino Tonutti, ein erfolgreicher Ingenieur und Autonarr hat hier über 200 Landmaschinen gesammelt – und dazu 75 Motorräder, 80 Autos (darunter ein Ford T-Modell) und Luxuskarossen der Marke Rolls-Royce, Jaguar und Ferrari. Sie sind im **Automuseum** ausgestellt.

■ **Museo Gino Tonutti,** Casali Battiferro 12-14, Tel. 33 57 70 51 26, https://museoginotonutti.wixsite.com, Besuch nach telefonischer Vereinbarung, 8 €.

Udines Caffè Diemme: Pause mit Jugendstil

081f sk

Praktische Tipps

Informationen

■ **Infopoint,** Piazza Primo Maggio 7, 33100 Udine, Tel. 04 32 29 59 72, www.comune.udine.it, www.udinetoday.it, tgl. 9–13, 14–18 Uhr.

■ **Club Alpino Italiano Udine,** Via Brigata Re 29, Tel. 04 32 50 42 90, www.alpinafriulana.it, Mi–Fr 17.30–19, Do auch 21–22.30 Uhr.

Unterkunft

29 **Hotel Astoria Italia**③-④, Piazza XX Settembre 24, Tel. 04 32 50 50 91, www.hotelastoria.udine.it. Haus mit vier Sternen und 150-jähriger Tradition in einem Palazzo, den *Pedrocchi* entwarf; angeschlossenes Kongresszentrum, 40 Zimmer, Restaurant.

22 **Oriana Homèl**②-③, Via Mercatovecchio 1, Tel. 04 32 16 38 486, www.orianahomeludine.com. Fünf superelegante, stylische Suiten (mit Küche) direkt an der Piazza della Libertà – zentraler und würdevoller geht's nicht.

UNSER TIPP: 14 **Locanda al Cappello**②, Via Paolo Sarpi 5, Tel. 04 32 29 93 27, https://osteriaalcappello.it. Wer inmitten des Stadtlebens gegenüber dem Ex-Fischmarkt sein will, ist hier gut aufgehoben; sechs originell eingerichtete Komfortzimmer und im Erdgeschoss das passende Weinlokal②.

37 **Hotel Principe**②, Viale Europa Unità 51, Tel. 04 32 50 60 00, www.principe-hotel.it. Gegenüber dem Bahnhof in einem Hof gelegen, modernes Haus mit drei Sternen und 26 Zimmern, Parkplatz.

35 **Hotel Quo Vadis**②, Piazzale Cella 28, Tel. 04 32 21 091, www.hotelquovadis.it. Modernes Drei-Sterne-Hotel mit 30 Zimmern (Haupthaus und Nebengebäude) an der Ringstraße, kein Restaurant.

36 **B&B Casa Stucky**①, Via Calatafimi 9, Tel. 04 32 52 16 49, www.casastucky.com. Tolles, stylisches B&B mit fünf Zimmern, 15 Gehminuten vom Zentrum. Schöne Villa mit Garten und hilfsbereite, engagierte Gastgeber, kostenlose Räder.

In der Umgebung

■ **Locanda Al Grop**②-③, Via Matteotti 1, **Travagnacco** (9 km nördlich von Udine), Tel. 04 32 66 02 40, www.algrop.net. Hinter der Dorfkirche versteckt sich ein ländlicher Gasthof mit sechs großzügigen Suiten mit Küche, modern und doch stilvoll gemütlich möbliert; kleiner Garten, Pool und sehr empfehlenswertes Restaurant②.

2 **Agriturismo La Faula**②-③, Via Casali Faula 5, **Ravosa di Povoletto** (10 km nordöstlich von Udine), Tel. 33 31 71 95 14, www.faula.it. Gutshof inmitten von Weinbergen und einem kleinen Golfplatz, zehn Zimmer und Apartments bzw. Bungalows, Pool, Halbpension angeraten (②, festes Drei-Gänge-Menü um Punkt 19.30 Uhr).

■ **Hotel Castello di Buttrio**④**,** Via Morpurgo 9, **Buttrio** (10 km südwestlich von Udine auf einem Hügel), Tel. 04 32 67 30 40, www.castellodibuttrio.it. Edles Schlosshotel mit nur acht Zimmern und mehreren Salons, in denen man sich und die Zeit verlieren kann; angeschlossene Osteria③ (Tel. 04 32 67 36 59, teils Themenmenüs), vier weitere Zimmer auf dem nahen Agriturismo-Betrieb Tra le Vigne②.

■ **Resort Villa Manin**②, Via dei Dogi 7, **Passariano**/Codròipo (direkt bei der Villa), Tel. 04 32 81 50 99, www.villamaninresort.it. Das B&B in einem Gebäude aus der Bauzeit der Villa profitiert von deren Park und der ruhigen Lage; sechs Zimmer mit Stilmöbeln, Pool.

■ **Ostarie Vecjo Friul 1901**②, Via Nazionale 7, **Rivis** (7 km nördlich von Codròipo), Tel. 04 32 91 83 87, www.vecjofriul.it. Sechs sauber sanierte Zimmer mit Bad in Dorfgasthof mit guter friulanischer Spezialitätenküche②.

Essen und Trinken

20 **Casa della Contadinanza**③, Piazzale del Castello, Tel. 04 32 50 96 96, www.facebook.com/casadellacontadinanza, Di–So 9–17 Uhr. Schlossrestaurant mit wechselnder Tagesform in exquisiter Lage und Renaissance-Ambiente; immer gut für ein Glas Wein oder einen Aperitivo.

3 Fogolar 1905③, Viale Tricesimo 276, Tel. 04 32 54 50 96, www.ladimoret.it, Mo 19.30–22, Di–Sa 12–14, 19.30–22 Uhr. Das Restaurant des seit 1905 familiengeführten Best Western Hotels Là di Moret②-③ mit seiner Spezialitätenküche gilt als ausgezeichnet, besonders schön sitzt man auf der Veranda.

32 Hostaria alla Tavernetta③, Via Artice di Prampero 2, Tel. 04 32 50 10 66, https://allatavernetta.com, Di–Sa 12–15.30, 19–23.30 Uhr. Friulanische Landküche auf sehr hohem Niveau, elegant unter Gewölben und dazu eine der besten Weinkarten der Stadt.

Unser Tipp: **28 Osteria Al Vecchio Stallo**②, Via Viola 7, Tel. 04 32 21 296, www.facebook.com/alvecchiostalloosteria, Mo/Do–Sa 11–15, 19–23, Di 11–15 Uhr. In einer alten Poststation mit rustikalem Ambiente (etwas versteckt in der westlichen Altstadt), an den Wänden keine Handbreit Platz mehr, fast derbe friulanische Küche wie Frico (Fladen aus Kartoffelteig und Käse), Salami in Essig, Brovada (saure Rüben) oder Pilze mit Polenta, wie die Einheimischen sie lieben, urig-gemütlich mit Innenhof.

27 Osteria Alla Ghiacciaia②, Via Antonio Zanon 13, Tel. 04 32 50 24 71, Di–So 11–15, 18–24 Uhr. Gemütliches Lokal in einem eingewachsenen Märchenhäuschen mit Terrasse am Stadtbach, handfeste friulanische Küche zu günstigen Preisen, die auch studentisches Publikum anzieht.

18 Osteria Al Cappello②, Via Paolo Sarpi 5, Tel. 04 32 29 93 27, www.osteriaalcappello.it, Di–Sa 10.30–15, 17.30–23, So 10.30–15.30 Uhr. Kleines und gemütliches Lokal mit langer Tradition in einem Palazzo des 16. Jh, ab und an Livemusik, gut für schnelle (aber sehr leckere) Gerichte, gute Weinauswahl, auch sechs schöne, einfallsreich eingerichtete Zimmer② – der ideale Ort, um zu versumpfen.

12 L'Alimentare②, Via Raimondo d'Aronco 39, Tel. 04 32 15 03 727, www.lalimentare.it, Mo–Sa 10–14.30, Do–Sa auch 18–22.30 Uhr. Essen, was die Saison gerade hergibt, mit gutem Gewissen (bio und 0 km) und dann noch ausgesprochen lecker und nicht zu teuer. Feinkostladen und Osteria in einem.

34 Osteria Al Marinaio①-②, Via Cisis 2, Tel. 04 32 29 59 49, Mo–Fr 9–15, 17–22 Uhr. Deftige regionale Fleischküche wie Gulasch oder Brathähnchen, auch Spezialitäten aus den Bergen (Schweinswürste mit gesäuerten Rüben oder Kutteln) – angepriesen auf den Tafeln über den Köpfen. Günstig, schnell und immer voll.

19 Osteria Pieri Mortadele①-②, Riva Lorenzo Bartolini 8, Tel. 04 32 50 92 34, www.pierimortadele.com, Mo–Sa 9.30–21 Uhr. Die Institution in Udine für kalte Platten als Grundlage für den Weingenuss: Mortadella in Würfeln, Salami, Porchetta, Pancetta, Käse, Salate und Weißbrot – immer voll. Wer nicht hier war, ist selbst schuld.

Pizza

Unser Tipp: **4 Ristorante/Pizzeria Al Rugatino**①-③, Viale Volontari della Libertà 62, Tel. 04 32 42 312, Di–So 12.40–14, 18.30–22 Uhr. Die Pizza ist perfekt fluffig und knusprig, und auch die „normale" Karte kann sich sehen lassen – was auch daran liegt, dass das Olivenöl aus eigener Herstellung stammt und penibel auf die Qualität der anderen Ingredienzen geachtet wird.

Zeit für ein Glas Wein

„Ora del tajut" sagt man in Udine, „Zeit für einen kleinen Schnitt", und meint damit ein Gläschen Wein zwischendurch, wenn die Arbeit zu Ende ist, aber das Zuhause noch nicht lockt oder man den Kopf frei bekommen will vom Tageswerk. Der klassische Aperitif Udines ist ein Glas Wein – weiß oder rot. Früher nahm man einfach das, was an der Bar oder im Café offen ausgeschenkt wurde. Heute ist man feiner und bestellt bestimmte Sorten oder Lagen oder legt sich gar auf ein Weingut fest.

7 Pizzeria/Ristorante Concordia①-②, Piazza I Maggio 21, Tel. 04 32 50 58 13, http://concordia.ivisionweb.it, Di–So 12–14.30, 19–23.30 Uhr. Großes, beliebtes Lokal, das vor allem wegen seiner (dünn-knusprigen) Pizza aufgesucht wird (manche sagen, sie sei die beste der Stadt); auch friulanische Spezialitäten und Fischgerichte.

Vegetarisch/Vegan

UNSER TIPP: **33 Caffè Tommaso②-③,** Via della Prefettura 16, Tel. 04 32 50 43 87, www.facebook.com/caffetomaso, Mo–Sa 10–22.30 Uhr. Vorzügliche Küche mit vornehmlich veganen Gerichten und schönen, ruhigen Tischen in den Giardini Ricoli; auch Degustationsmenü.

In der Umgebung

- **Agli Amici dal 1887**④, Via Liguria 252, **Godia** (5 km nordöstlich von Udine), Tel. 04 32 56 54 11, www.agliamici.it, Mi–Sa 19.30–21.30, Do–So auch 12.30–14.30 Uhr. Schon seit Jahren mit zwei Michelin-Sternen gesegnetes Lokal und einen Umweg und seinen Preis wert; allerdings kommt man unter 200 € nicht raus.
- **Enoteca di Buttrio③, Via Cividale 38, Buttrio,** Tel. 04 32 67 41 31, www.enotecadibuttriorestaurant.com, Di–Do 18–23, Fr–So 10.30–15, 18.30–23 Uhr. Hochklassiges Fischrestaurant mit großer Weinkarte, elegantes Speisen auf der Terrasse oder hinter Biforien; rundherum alles mehr als bestens. Auf ein mehrgängiges Menü sollte man sich allerdings schon einlassen, mit Vor- und Hauptspeise ist es nicht getan.
- **Agriturismo Buri in Mont②,** Via Cividale 21, **Buttrio,** Tel. 33 86 22 60 16, www.ristorotalcurdiburi.com, Sommer Mo/Fr 17.30–21, Sa/So 11–14, 17.30–21 Uhr. Charmantes Landlokal am Flüsschen mit eigenen Weinen, kalten Platten und immer auch einigen sehr leckeren warmen Gerichten nach Familienrezept.
- **Agriturismo Loner②,** Via Spilimbergo 158, **Blacchie** (2 km westlich vom Botanischen Park von Cormor), Tel. 34 75 10 04 72, Do–So 10.30–22 Uhr. Herzhaftes Landessen mit Suppen, Eintöpfen und Grillfleisch.
- **Spuntino di Campagna①-②,** Via Ponte della Delizia, **Codròipo** (5 km westlich nahe der Tagliamento-Brücke), Tel. 34 76 15 52 03, https://spuntino-di-campagna.business.site, Di–So 11–23 Uhr. Ausflugsgaststätte mit großen Portionen und großem Grill, auf dem Schwein, Rind und Huhn brutzeln, dazu gibt's Pommes, Frico und Polenta; bei schönem Wetter Warteschlange.
- **Prosciutteria alla Colomba①-②,** Via Candotti 157, **Codròipo,** Tel. 35 05 73 46 70, tgl. 7–23 Uhr. Kalte Platten, Snacks, Pasta und ab und an Spezialabende; Kneipe der Einheimischen mit kleiner Terrasse.

082f sk

> Gastraum der Osteria Al Cappello

Caffè & Eis

31 Caffè Piazza Duomo, Piazza del Duomo 13, Tel. 04 32 50 96 15. Modernes Café in den Arkaden eines Bürohauses und im großzügigen Innenhof; Süßigkeiten und Snacks wie Tramezzini.

23 Caffè Diemme, Via Rialto 2, Tel. 04 32 51 00 38. Direkt hinter der Loggia kommen Schinken, Käse und Salate zu leicht erhöhten Preisen auf den Tisch. Der geschönte Vintage-Look ist dafür kostenfrei – Attitüde und *bella figura* sind eben wichtig.

38 Gelateria Timballo, Via Cividale 53, Tel. 04 32 50 20 72, www.gelateriatimballo.it, Di–So 10–22.30 Uhr. Eis zum Sterben lecker von einem der Gründer der Weltmeisterschaft der Eismacher; Standards und Kreationen wie Mozzarella, Rose oder Flieder.

Apero & Abend

6 Caffè Caucigh, Via Gemona 36, Tel. 04 32 50 27 19, www.facebook.com/caffecaucigh, Mo geschl. Das älteste Kaffeehaus der Stadt serviert Kaffee, Panini und Standardgerichte aus der Vitrine wie Gulaschsuppe oder Eintopf und abends außerdem Cocktails, Okt.–Juni jeden Freitag Live-Jazz.

25 Caffè Contarena, Via Cavour 11, Tel. 04 32 51 27 41, www.contarena.it. Im eleganten Jugendstilambiente einer Kaffeehalle zeigen sich Udines Reiche und Schöne gern mit bonbonbunten Cocktails an den Lippen.

21 I Piombi, Via Manin 12, Tel. 04 32 29 58 30, www.facebook.com/ipiombiudine. Weitläufiges Pub in den Schlossgewölben mit studentischem Publikum (am Wochenende bis spät in die Nacht). Bier (gefühlt 200 Sorten), Wein, allerlei zu essen (wie Hamburger, Panini, Pommes etc.) und immer wieder auch Livemusik.

15 Osteria da Teresina, Via Paolo Sarpi 10A, Tel. 34 89 28 08 06, www.facebook.com/OsteriaDaTeresina, Mo–Fr 16–1, Sa/So 11–14.30, 15.30–1 Uhr. Beliebte Kneipe mit Innenterrasse, Fingerfood und Pizza; dazu Wein, Bier und gute Cocktails.

17 La Cantinetta, Vicolo Silio 6, Tel. 37 55 83 73 31, Di–So 17–24 Uhr. Szenekneipe mit kleinen Gerichten, Schinken, Käse und Panini als Grundlage für Cocktails und Wein – gut besucht, gute Stimmung.

13 Gatti e Re, Via Jacopo Marionin 1, Tel. 34 74 52 42 43. In den Farben der Fifties und zu Recht angesagt: Cocktails als Kunstform mit Innovation, Dschungelfeeling und einer Getränkekarte im Lexikonformat.

30 Grappolo d'Oro, Via Bonaldo Stringher 5, Tel. 34 76 40 29 09. In der „Goldenen Traube" treffen sich die Udinesi schon um 8 Uhr auf ein Gläschen Wein, und mit einem Spritz um 10 Uhr macht man auch nichts falsch (der Abend endet hier schließlich schon um 20.30 Uhr). Beiz'n für die Nachbarn!

Einkaufen

Lebensmittel

- **Markt:** Di/Do–Sa auf der Piazza XX Settembre.
- **Antiquitätenmarkt:** Jeden 1. So/Monat auf der Piazza XX Settembre.

24 Bottega Tosoni/Käse, Via delle Erbe 1B, Tel. 04 32 51 02 16, www.tosoniformaggi.it. Nicht nur, aber in erster Linie Käse, darunter der herzhafte Àsino-Käse aus den Bergen oder Frico Morbido, der Fladen aus Kartoffelteig und Käse. Außerdem Schinken, Wurst und Eingelegtes.

10 Panificio del Foro, Via Bartolini 9, Tel. 34 75 78 99 21, www.panificiodelforo.it. Gubana, die Kuchenspezialität aus Cividale, kauft man im Udineser Ableger der Bäckerei.

Wein

16 Enoteca Giardinetto, Via Paolo Sarpi 8, Tel. 04 32 22 77 64, www.enotecagiardinetto.com. Weinverkostung und -verkauf mit kompetenter Beratung und als Grundlage kalte Platten und friulanische Spezialitätenküche.

1 Enoteca Le Cantine di Secondo, Via Martignacco 152, Tel. 32 46 35 69 10, https://lecantinedisecondo.com. Großer Weinhandel mit mehreren

Amaro d'Udine

Der **Kräuterlikör** wurde erstmals 1846 in einer Manufaktur in Udine hergestellt, sein Rezept ist aber weit älter und reicht ins 14. Jh. zurück. Man trinkt ihn pur oder als Cocktail. Ungemischt soll er mit seinen 15 % Alkohol auch bei Völlegefühl helfen, ohne das Hirn zu vernebeln. Die Version „Red" ist dem Geschmack der Zeit angepasst – süßer und mit 23 % Alkohol.

Hundert Etiketten nicht nur aus Friaul. Auch Online-Handel.

■ **Castello di Buttrio,** s. bei Unterkunft; Verkostung und Einkauf nach Voranmeldung, alternativ anlässlich eines Osteria-Besuchs.

Mode/Design

9 **Bottega Artigiana Maria Sello,** Via Porta Nuova 15, Tel. 04 32 25 153. Handgewebte Stoffe aus Wolle, Baumwolle und Leinen, sehr qualitätsvoll, sehr dezent und sehr schön; außerdem *ciabatte*, die Stoffpantoffeln aus San Daniele.

11 **Houdini,** Vicolo Sillio 4/B, Tel. 04 32 15 06 789, https://store.houdini.city. Klamotten, Taschen und Beutel aus bunten, fantasievollen Stoffen und für den Herren eine Fliege für besondere Momente.

26 **Boutique Malìparmi,** Via Rialto 7, Tel. 04 32 50 11 37, www.maliparmi.com. Kleidung für die Dame aus duftig-leichten Stoffen mit außergewöhnlichen Mustern und Accessoires.

8 **Cumini Emporio,** Via Porta Nuova 13, Tel. 04 32 50 64 95. (Nicht nur) italienisches Design in allen Größen, Farben und Formen zum Stöbern und „haben wollen" – vom Sektglas über Schach bis zum Berkel-Schinkenschneider.

Aktivitäten

5 **Radverleih/Decathlon Rent:** Via Tricesimo 139, https://rent.decathlon.it; Unproblematische Onlinebestellung von Trekking-Rädern (ab 16 €/Tag), MTB (ab 28 €/Tag) und E-MTB (ab 35 €/Tag).

Feste und Veranstaltungen

■ **Estate in Città:** Von Juni bis Sept. gibt's beim UdinEstate Jazz, Volksmusik, Orgelkonzerte und Theater auf den Plätzen und in den Sälen der Stadt.

■ **Palio delle Botti:** In Buttrio messen sich im Juni die Männer auf der Weinmesse Fiera Regionale dei Vini im Fässerrollen.

Verkehr

■ **Bahnhof/Stazione:** Viale Europa Unità (im Süden der Altstadt), Verbindungen nach Gorizia (stdl., 30 Min., um 3,50 €), Pordenone (halbstdl., 35 Min., um 4 €) und Cividale del Friuli (eigene Bahngesellschaft, www.ferrovieudinecividale.it, stdl., 20 Min., um 3 €).

■ **Bushof/Autostazione:** Viale Europa Unità (beim Bahnhof), Online-Abfrage auf https://tplfvg.it, stdl. Busverbindung über Spilimbergo nach Maniago (um 6 €), San Daniele (um 4,50 €) und Gemona del Friuli (um 3,50 €); Schnellbus zum Flughafen Monfalcone/Trieste (Linie G51, 60 Min., ca. 10 Fahrten/Tag, um 5 €).

■ **Parken:** Piazza Primo Maggio (Stadtmitte), kostenpflichtig 8–13, 14.30–20 Uhr (0,60–1,50 €/Std. je nach Standort und Zentrumsnähe).

■ **Radiotaxi:** Tel. 04 32 50 58 58, www.taxiudine.it, Standplatz vor dem Bahnhof.

Cividale del Friuli

■ 138 m üNN, 11.300 Einw., Udine 16 km, Gorizia 30 km, Tarvisio 102 km, Triest 65, slow. Name Čedad, österr. Name Östrich

Der mittelalterliche, attraktive Ort liegt malerisch am Ufer des Flüsschens Natisone vor den Hügeln der Weinanbauregion Colli Orientali. Fern am Horizont grüßen bis weit ins Jahr hinein die schneebedeckten Gipfel der Julier. Ihre Voralpen schützen die Reben vor kalten Winden aus den Bergen, und die Adria bringt mildes Wetter – das perfekte Klima für den **Weinbau.** Hinzu kommen die ebenfalls förderlichen Mergel- und Sandböden; beide zusammen sorgen für einen vorzüglichen und weltbekannten Wein.

Geschichte

Cividale geht auf eine römische Siedlung am Weg über die Voralpen nach Nordosten zurück. Diese entstand 53 v. Chr. unter Cäsar und erhielt schon vier Jahre später Stadtrechte. Mit der Namensgebung **Forum Iulii** – der zu Friuli abgekürzt wurde – verlieh die Stadt der ganzen Region ihren Namen. 568 war Cividale erster **Sitz der Langobarden.** Ihr steinernes Vermächtnis ist heute Welterbe der UNESCO. 776 wurde Cividale dem Frankenreich zugeordnet, später nahm der Patriarch hier seinen Sitz, nachdem er vor der Serenissima vom Schlossberg Udines fliehen musste. 1797, mit dem Vertrag von Campofòrmido, kam Cividale zu Österreich, 1866 zu Italien.

Sehenswertes

Ein großer, kostenfreier Parkplatz befindet sich 250 m nördlich des Domplatzes am Viale Libertà (Piazzale Antonio

083f sk

☑ Das Cividale-Panorama macht Lust auf mehr

Eigenständiges Friaul – wie Sprache und Volkskultur überdauern

Eine eigenständige Volkskultur konnte sich dank der politischen Autonomie des Friaul unter dem Patriarchat Aquileia über die Jahrhunderte hinweg erhalten. Die friulanische Sprache, das **Furlan**, wird von 80 % der Bevölkerung gesprochen. Sie gehört mit dem Ladinischen und dem Rumantsch zum Rätoromanischen, das sich in der Alpenregion erhalten hat. Lange Zeit wurde Furlan allerdings nur als lokaler Dialekt des Italienischen wahrgenommen. Seine Eigenständigkeit erforschte der Görzer Sprachwissenschaftler *Graziadio Isaia Ascoli* (1829–1907), der 1873 die „Saggi ladini" veröffentlichte. Der sicherlich prominenteste Vertreter des Furlan war *Pier Paolo Pasolini.* Er schrieb Gedichte auf Furlan sowie ein Theaterstück („I Turcs tal Friûl"). 1945 gründete er die **Academiuta de lenga furlana**, um das Furlan als eigenständige Sprache zu fördern.

Mit der Sprache hat sich im Friaul auch ein reiches Brauchtum bewahrt. Neben den überall im christlich-katholischen Raum gefeierten Heiligen- und Patronatsfesten, die stets Anlass zu üppigen Trink- und Essgelagen geben, werden auch Bräuche gepflegt, die teils heidnischen Ursprungs sind: so die **Winterfeuer**, die zwischen Weihnachten und dem 6. Januar (Epiphanias) in den Bergdörfern Karniens angezündet werden. Junge, unverheiratete Männer schleudern Feuerräder, die *cidulis,* in die Luft; in Comeglians findet am Vorabend des 6. Januar der „Ball der Cidulis" statt. Die Ballbesucher kommen in neuen Kleidern und geben bei dieser Gelegenheit Verlöbnisse und Heiraten bekannt. In der Region Paularo heißen die Winterfeuer *femenate:* Um zwei kreuzförmig aneinander gebundene Holzstangen werden Reisig und Laub befestigt und entzündet. *Pignarul* nennt man in Karnien Feuer, aus denen die Zukunft gelesen wird.

Zurück zum christlichen Brauchtum: Am 6. Januar werden in Cividale del Friuli und in Gemona jeweils sehr eigentümliche **Messen** gehalten. Im Dom zu Gemona bekommt der Priester einen Korb mit einem Taler darin überreicht – dieser soll die Geschenke der Heiligen Drei Könige an das Jesuskind symbolisieren. Und in Cividale wird eine Zeremonie vollzogen, die seit dem 14. Jh. bezeugt ist. Der Diakon trägt einen Helm und in seinen Händen ein Schwert, mit dem er nach dem Verlesen des Evangeliums die Gläubigen segnet. Helm und Schwert bei einer Messe symbolisieren die Gleichzeitigkeit kirchlicher und weltlicher Macht, wie das Patriarchat von Aquileia sie innehatte.

Comelli). Einige Treppenstufen führen hoch ins Zentrum. Alternativ parkt man auf der Südseite des Natisone beim Parcheggio Belvedere (Piazzetta Chiarottini).

Piazza Duomo

Der ehemalige Kreuzungspunkt von Cardo und Decumanus des römischen Forum Iulii war und ist das Zentrum

Essen und Trinken
4 Antica Trattoria Ai Tre Re
8 Pizzeria da Vincenzo
9 Agriturismo Al Moràr
13 Zuckerfee
14 Caffé Longobardo
15 Pizzeria/Ristorante 4S
16 La Vigna Pazza
17 Trattoria alla Speranza
21 Tavola Calda Cantarutti
22 La Magnolia/Due

Übernachtung
2 Hotel Roma
3 Locanda al Castello
5 Casa Vacanze alle Mura
6 Agriturismo Ai Casali
7 Casa Luis
10 Locanda al Pomo d'Oro
20 Borgo di Ponte

Nachtleben
11 Bar da Giordano
18 Il Santo e il Lupo

Einkaufen/Sonstiges
1 Bici Sport
12 Enoteca l'Elefante
19 Panificio Cattarossi
23 Domenis 1898

von Cividale, sicher am Hochufer des Natisone gelegen. Der **Dom** entstand im 15. Jh. als Nachfolgebau einer älteren Kirche. Renaissance-Elemente kamen im 16. Jh. hinzu, im 18. Jh. baute man im klassizistischen Stil um. Die Fresken stammen noch aus dem 15. und 16. Jh. Das **Christliche Museum** neben dem Dom (rechts am Campanile vorbei) verwahrt zwei extrem bedeutende Werke: Das mit einem Säulenaufbau versehene, marmorne, oktogonale **Taufbecken** aus dem 8. Jh. entstand unter dem ersten Patriarchen von Aquileia. Den zierlichen **Ratchis-Altar** aus derselben Epoche (um 740, ebenfalls Marmor, 1,44 x 0,88 x 0,90 m) stiftete der tiefgläubige Herzog *Ratchis von Friaul* (und spätere König der Langobarden) zur Erinnerung an seinen Vater. 749 abgesetzt, zog *Ratchis* sich als Mönch ins Kloster Monte Cassino zurück. Beide Werke sind ausgesprochen typisch für die Zeit, da sie stilistische Elemente aus den drei Kulturen der Spätantike, aus Byzanz, aber auch aus dem Orient vereinen.

■ **Museo Cristiano/Tesoro del Duomo,** Via Candotti 1, Tel. 04 32 73 04 03, Mi–So 10–13, 15–18 Uhr, 4 €, mit Langobardentempel, Archäolog. Museum und Kloster 9 €.

Der Hauptfassade des Doms gegenüber steht der wuchtige Backsteinbau des **Palazzo Comunale** mit seinen Spitzbogen-Arkaden. Sein heutiges Aussehen erhielt er bereits im 15. Jh. – allerdings musste man dazu 1936 einiges an Veränderungen zurückbauen. An seiner Nordseite blickt der bronzene Stadtgründer **Julius Cäsar** Richtung Germanien.

Das **Archäologische Museum** an der Ostseite des Domplatzes wurde Anfang des 19. Jh. gegründet und kam in den 1990er-Jahren in den von *Palladio* im 16. Jh. entworfenen Palazzo dei Provveditori Veneti. Im Erdgeschoss befindet sich das Lapidarium mit Ausstellungen zum alten Rom, zu Byzanz, dem Hochmittelalter und der Romanik. Eine weitere Abteilung zeigt in Dalmatien gefundene Stelen. Das Obergeschoss widmet sich der Kunst der Langobarden; zu sehen sind u.a. ein gleichschenkliges goldenes Kreuz (7. Jh.) aus dem Grab des Herzogs *Gisulfo*, mit Halbedelsteinen besetzt und mehrfach mit einem Porträt punziert; ein aus Elfenbein geschnitztes, mit Silberband und Edelsteinen gerahmtes Kruzifix aus dem 9. Jh., ursprünglich die Deckplatte einer liturgischen Handschrift; und der Bronzekopf eines edlen Römers (wohl 1. Jh.).

■ **Museo Archeologico Nazionale,** Piazza del Duomo 13, Tel. 04 23 70 07 00, https://museoarcheologicocividale.beniculturali.it, Di–So 10–19 Uhr, 4 €, mit Langobardentempel, Kloster und Museo Cristiano 9 €.

Die Nordseite der Piazza nimmt der **Palazzo de Nordis** mit der **Kunstgalerie De Martiis** (und der Touristeninformation) ein. Ausgestellt ist moderne (abstrakte und gegenständliche) Kunst des 20. Jh., u.a. von *Toulouse-Lautrec, Karel Appel* und *Afro Basaldella*, sowie zahlreiche Werke unbekannterer Künstler vornehmlich aus dem osteuropäischen Raum, die noch zur Entdeckung anstehen.

■ **Galleria Famiglia De Martiis,** Piazza Duomo 5, Tel. 04 32 71 03 57, www.palazzodenordis.it, Mo–Fr 10–13, 14–17, Sa/So 10–17 Uhr, 10 € (mit FVGcard kostenlos).

Kloster Santa Maria und Tempietto Longobardo

Am Ufer des Natisone liegt das **Kloster Santa Maria** (den Durchgang rechts vom Archäolog. Museum nehmen). Es geht auf eine Gründung zu lombardischer Zeit im 7. Jh. zurück, sah aber im Lauf seiner Geschichte mehrere Umbauten. Das heutige Aussehen stammt aus dem beginnenden 16. Jh. Ursprünglich für die Benediktinerinnen erbaut, ging es 1841 an den Ursulinerinnen-Orden, der das Kloster bis 1999 bewirtschaftete. Insbesondere der trapezförmige Kreuzgang ist sehenswert.

Den vom Kloster aus erreichbaren **Langobardentempel** haben byzantinische Baumeister Mitte des 8. Jh. errichtet, stuckiert und freskiert. Er war Teil des den Langobarden-Königen gehörenden Viertels. Seit 2011 ist das Tempelareal mit sechs weiteren Monumenten in Italien Welterbe der UNESCO: „Die Langobarden in Italien – Orte der Macht (568–774)".

■ **Monastero di Santa Maria in Valle/Tempietto Longobardo,** Via Monastero Maggiore 34, Tel. 04 32 70 08 67, www.monasterodisantamariainvalle.it, www.tempiettolongobardo.it, April–Sept. Mo–Fr 10–13, 15–18, Sa/So 10–18, sonst bis 17 Uhr, 4 €, mit Archäolog. Museum und Museo Cristiano 9 €.

Theater der Wunder

Neben dem Kloster ist das Theater der Wunder besonders für Familien mit kleineren Kindern einen Besuch wert. Die Marionettensammlung von *Maria Signorelli* (1908–1992) gilt als einzigartig. Man erfährt alles über die Herstellung der Puppen und die Arbeit der römischen Künstlerin und sieht winzige, wunderschön angeordnete Bühnenbilder.

Teatro delle Meraviglie, Via Monastero Maggiore 34 (Tickets im Kloster), Tel. 04 32 70 08 67, www.centropodreccasignorelli.it, Mo–Fr 10–13, 15–18, Sa/So 10–18, Winter bis 17 Uhr, 3 €, Kind 1 €.

084f sk

Hypogäum

Nach der Marionettenausstellung geht es weiter Richtung Corso. Kurz vorher markiert linker Hand ein Schild den unauffälligen Eingang zum **Keltischen Hypogäum.** Die Kelten gruben in der Antike Höhlen auf mehreren Ebenen in den Stein und nutzten sie wohl als Begräbnisstätte. Die Römer machten dann daraus ein Gefängnis. Eine steile Treppe führt hinab in die Hauptkammer, von der drei Gänge abzweigen. Bemerkenswert sind drei in den Fels geritzte grob-

Im Langobardentempel

schlächtige Masken, deren Bedeutung unklar ist.

■ **Ipogeo Celtico,** Via Monastero Maggiore 6, Okt.–Dez., Feb./März Mo–Fr 10–13, Sa/So 10–16, April–Sept. Mo–Fr 10–13, 14–17, Sa/So 10–18 Uhr, 2022 wg. statischer Probleme geschl., aktuelle Öffnungszeiten und Eintritt bitte bei der Touristinfo erfragen.

Teufelsbrücke

Das Zentrum ist mit dem südlichen Ufer durch den **Ponte del Diavolo** verbunden. Die Teufelsbrücke datiert aus dem 15. Jh. und steht – so die Legende – mit ihrem mittleren Pfeiler auf einem Felsblock, den der Teufel selbst ins Wasser geschleudert haben soll. Sie ist 22 m hoch und überspannt mit ihren zwei Bögen eine Länge von 50 m. Nachdem die Armee sie am 27. Oktober 1917 in die Luft gesprengt hatte, um den Vormarsch der Achsenmächte aufzuhalten, baute man sie im folgenden Jahr wieder auf.

Geht man an der Nordseite in die Stretta J. Stellini hinein, gelangt man über die Via Mulinuss zur mittelalterlichen **Mühlenanlage** von Cividale.

Auf der anderen Seite der Brücke hat man vom **Belvedere** hinter der Kirche San Martino den schönsten Blick auf Ponte und Uferbebauung.

In der Umgebung

Castelmonte

Wehrhafte Bauwerke umringen 8 km östlich von Cividale in 618 m Höhe malerisch das **Santuario della Beata Vergine di Castelmonte,** einen der ältesten Wallfahrtsorte Italiens. In römischer Zeit war die Hügelkuppe Sitz einer Garnison, und im Mittelalter suchte die Bevölkerung immer wieder hinter den Mauern Schutz vor Invasoren. Erstmalig erwähnt wurde das Sanktuarium 1175. Im Jahr 1469 abgebrannt, errichtete man es innerhalb von zehn Jahren neu. Die wundertätige Marienfigur – eine schwarze Madonna – wurde Mitte des 14. Jh. aus Kalkstein gehauen, wegen ihrer offenen und feinen Gesichtszüge nennt der Volksmund sie *Madonna bella*. Sinnbild für die heutige Grenzlage der Gemeinde mag das Castelmonte-Manuskript sein, das 1492 bis 1498 im Heiligtum entstand, eines der ersten Schriftstücke in slowenischer Sprache überhaupt, das den Übergang vom rein gesprochenen Wort zur Schriftsprache markiert.

■ **Santuario della Beata Vergine di Castelmonte,** Castelmonte, Tel. 04 32 70 12 67, www.santuariocastelmonte.it, Mo–Sa 7.30–12, 14.30–18, So 7.30–18 Uhr.

Valli del Natisone

Die **Natisone-Täler** unterhalb des breiten und mächtigen Kegels des Matajur (1641 m) sind heute ein friedliches Wander- und Erholungsgebiet, doch während der 12. Isonzo-Schlacht spielten der Fluss – und seine Tributäre Alberone und Còsizza – eine tragende Rolle. Die Italiener hatten einen Angriff dieser Stärke entlang der Natisone-Täler (und den Einsatz von Giftgas) nicht erwartet, und so konnten die deutschen und österreichischen Truppen binnen weniger

Tage über Udine bis zum Tagliamento vordringen.

San Pietro al Natisone

Das Städtchen San Pietro al Natisone (2000 Einw., 175 m) 6 km nordöstlich von Cividale erstreckt sich an der Ostseite des Flusses. Das **Museum der Landschaften und Erzählungen** im SMO-Center erzählt als multimediales Museum Geschichten über die Grenzregion zwischen Alpen und Meer, über die Menschen, Landschaften, Gebäude und kulturellen Gepflogenheiten. Gezeigt wird keine Ausstellung mit herkömmlichen Exponaten, sondern der Landstrich wird audiovisuell erfahrbar gemacht.

■ **SMO Museo di Paesaggi e Narrazioni,** Via Alpe Adria 73, Tel. 04 32 72 74 90, tgl. 10–13, 14.30–17.30 Uhr, Eintritt frei.

Tiglio

Der Weiler Tiglio 3 km weiter ist die nächste Station am Natisone. Hier führt eine enge Straße jenseits des Flusses von der SS54 hoch in die Berge Richtung Spignon und passiert nach 2,5 km den Zugang zur **Grotte von San Giovanni d'Antro.** In ihr wurde im 15. Jh. eine Kapelle eingerichtet. Im 17. Jh. erhielt sie einen wertvollen vergoldeten Holzaltar. Zum Eingang sind es knapp 10 Min. Fußweg und 86 Steinstufen hoch, dann geht es 300 m hinein (Temperatur 11 °C).

■ **Cappella di San Giovanni d'Antro,** Località Tiglio, www.grottadantro.it, nur mit Führung (60 Min.) März–Sept. So 10, 14 und 16, Mitte Juni–Aug auch Sa 14 und 16 Uhr, 8 €.

Faedis und Valle di Soffumbergo

Faedis (2700 Einw., 176 m) 10 km nördlich von Cividale war im Sommer 1944 Herz der von italienischen und slowenischen Partisanen freigekämpften, etwa 70 km² großen **Zona Libera del Friuli Orientali.** Noch im Herbst starteten aber deutsche Einheiten einen Gegenangriff und drängten die Partisanen in die Berge zurück. Fünf Monate später kam es dort am 7. Februar 1945 zum **Massaker von Porzûs:** Kommunistische Freiheitskämpfer ermordeten eine Gruppe von 17 katholischen Partisanen (darunter den Bruder *Pier Paolo Pasolinis*) – die Hintergründe konnten nie vollständig geklärt werden. Die beiden Berghütten (970 m), Ort des Geschehens, verstecken sich nördlich von Canebola in den Bergen (Parkplatz 11 km von Faedis, GPS N 6.18913, E 13.38353, dann 100 m Treppenweg) und sind heute ein Gedenkort. Man folgt dazu mit dem Auto oder dem Rad über zahlreiche Serpentinen den Schildern „Malghe di Porzûs" zum Sattel von Sant'Antonio (780 m) mit der gleichnamigen Kapelle und biegt dort nach links ab (noch 2,4 km).

Auf dem Weg dorthin kann man 1,5 km hinter Faedis zu **Il Balcone sul Friuli** abbiegen (6 km, kurvenreich). Das Bergdorf **Valle di Soffumbergo** – der „Balkon über dem Friaul" – in 670 m Höhe bietet eine fantastische Sicht über die Ebene und bei klarem Wetter bis nach Lignano Sabbiadoro. Beste Aussicht hat man bei den Antennen oberhalb der Grasfläche mit Brunnen hinter den Häusern. Sonntags erhält man im „kleinsten Proloco Italiens" Infos, Essen und Trinken.

Bergidylle und Kriegsgrauen: In den Valli del Natisone zum Kolovrat

Zu den stummen Zeugen des Gebirgskriegs und zugleich in eine schöne Berglandschaft entführt die Rundfahrt (mit dem Auto oder per Rad) von Cividale hoch entlang des Tals der Còsizza zum **Bergkamm Kolovrat,** der Friaul vom Soča/Isonzo-Tal in Slowenien trennt. Entlang des Kamms hatten die Italiener starke Befestigungen, die sie gleich zu Beginn der 12. Isonzoschlacht aufgeben mussten und damit den Mittelmächten den Durchmarsch bis zum Piave ermöglichten. Einer der erfolgreichen Angreifer war Oberleutnant *Erwin Rommel,* der spätere „Wüstenfuchs".

In **San Pietro al Natisone** zweigen die SP11 hoch zum Matajur und die SP45 (Strada di Solarie) entlang des Torrente Còsizza zum Kolovrat-Kamm ab, schmal, kurvenreich, durch dichte Wälder und an Hängen mit Aussicht entlang. In **Clòdig** (Pause: Trattoria alla Cascata, s. bei „Essen") teilt sich die SP45. Hier hält man sich rechts Richtung Tolmin, verlässt hinter Slapovicco die Còsizza, fährt durch den Laubwald mit Robinien, Rotkiefern und Farn und gewinnt Höhe. Kurz hinter Lombai geht es nach links weiter. 4 km hinter der Einmündung folgt man dem Hinweisschild nach rechts hoch zum **Passo Solarie** (mit dem Rifugio Solarie auf 956 m), den man nach 2 km erreicht. Das **Museo all'Aperto della Terza Linea** besteht aus einer Reihe von Tafeln, die auf der – diesseits entlang des Bergkamms verlaufenden – 4 km langen aussichtsreichen Straße SP45 das Kriegsgeschehen erläutern. Eindrücklicher stellt den Krieg auf slowenischer Seite das **Muzej Prve Svetovne Vojne** („Museum des Ersten Weltkriegs", 1,5 km von der Grenze) vor. Auf dem frei zugänglichen Gelände sind Schützengräben, Artilleriestellungen und Kavernen erhalten. Gegenüber zeigen sich die Gipfel von Krn, Peški und Tolminski Kuk felsig unnahbar und waren 1918 doch mit Kampfstellungen überzogen.

Für die Rückfahrt geht es nun 10 km durch Slowenien nach Livek (690 m) runter. Dort biegt man Richtung Matajur nach links ab. Nach 2 km fährt man wieder auf italienischem Boden. Nach weiteren 2 km geht es hinter Cepletischis rechts zum Matajur, und nach 6 km ist das Dorf Montemaggiore/Matajur (950 m) erreicht. Von hier aus sind es 4 km hoch zum Parkplatz am Rifugio Pelizzo (1320 m) unterhalb des frei stehenden **Monte Matajur** (1641 m). Das Observatorium beim Rifugio ist nicht mehr in Betrieb. Der direkte Weg zum Gipfel mit der Erlöserkapelle dauert zu Fuß eine knappe Stunde. Die 360-Grad-Sicht ist fantastisch. Im Norden steht die Felskette der Julischen Alpen mit dem markanten Krn, und bei klarem Wetter ist am südlichen Horizont die Adria zu sehen.

Für die Rückkehr fährt man wieder hinunter zum Dorf Montemaggiore und nimmt dort die Straße über Stermizza und Savogna in steilen Serpentinen durch den Urwald bergab. Weiter unten wechselt die Vegetation zu lichterem Karstwald, bis es schließlich entlang des Torrente Alberone nach San Pietro al Natisone zurückgeht.

- **Rundfahrt:** 70 km, Fahrzeit Auto 3 Std., Rad 5–6 Std. (E-Bike-Ladestationen an mehreren Stellen).
- **Rifugio Solarie,** Tel. 33 11 92 64 00, ganzjährig.
- **Rifugio Pelizzo,** Tel. 04 32 71 40 41, www.facebook.com/rifugiopelizzo, April–Mitte Nov.

Die **Burgen Cucagna und Zucco** oberhalb von Faedis erreicht man auf einer kurzen Wanderung (→ S. 219, „Wandern“).

■ **Pro Loco Valle,** Valle di Soffumbergo, Mai–Sept. So 10–16 Uhr. Radtour zur Alm Malghe di Porzûs, beliebte (und mit 700 Höhenmetern anstrengende) Bergfahrt.

Attimis

Rund um den Ort Attimis (1700 Einw., 133 m), 16 km nordwestlich von Cividale, gibt's gleich drei Burgen zu besichtigen. Die schmale Via Porzus führt am östlichen Ortsausgang von Attimis nach Süden in den Wald und in Serpentinen hinauf. An den Ausweichstellen sollte man nicht parken, sondern oberhalb des ersten Abzweigs zum Castello Superiore (250 m weiter, 1,7 km von Attimis). Von dort gelangt man auf dem Waldsteig zunächst zu den Ruinen der oberen Burg und anschließend zum 20 m tiefer liegenden **Castello Inferiore.** Dieses entstand bis 1275 unter dem Patriarchen von Aquileia. Das **Castello Superiore** tauchte 1107 erstmals urkundlich auf und gelangte 1170 in den Besitz des

Nicht ohne Grund heißt das Bergdorf Valle di Soffumbergo auch „Il Balcone sul Friuli“

Patriarchats. Immer wieder kam es zu Händeln zwischen den jeweiligen Besitzern der beiden Burgen, die – obwohl sie teilweise derselben Familie angehörten – sich unterschiedlichen Herren verpflichtet fühlten. 1387 lieh sich die obere Burg in Udine sogar eine Kanone, um die bucklige Verwandtschaft wegzuputzen. Beide Anlagen verfielen ab 1485, das Erdbeben von 1511 gab ihnen den Rest.

Das **Castello di Partistagno** in der Località Borgo Faris (2 km südlich von Attimis) ist eine aus dem 11. Jh. stammende gut er- und unterhaltene Ruine, die als Burg Perchtenstein einst einem bajuwarischen Herrscher gehört haben soll, dann an die Salzburger Bischöfe ging und schließlich beim Patriarchat landete. Intakt zeigt sich der Palas mit venezianischen Biforien. Die Kalotte der Apsis der Kapelle Sant'Osvaldo ist mit einem wertvollen Fresko geschmückt, das Christus Pantokrator über den Aposteln zeigt (13. Jh.). Am besten parkt man beim Klarissenkloster und nimmt dann den Waldweg hoch zur Burg (20 Min. 1,2 km, 100 Höhenmeter).

■ **Castello di Partistagno,** Borgo Faris 34, Tel. 32 98 99 36 16, Sommer jeden 1., 3. und 5. So im Monat 14–18 Uhr, 5 €.

Um die mittelalterliche Stimmung zu festigen, ist der Besuch des kleinen **Museums von Attimis** angeraten, das die Funde rund um die Burg ausstellt und deren Geschichte erläutert.

■ **Museo Archeologico Medioevale,** Via Principali 99, Tel. 34 93 52 35 28, www.museoattimis.it, März–Sept. So 10–13, 14–19 Uhr, 3 €, mit Führung 6 €.

Cividale del Friuli und Umgebung: Zugabe!

■ **La Casa Medioevale,** Via Monastero Maggiore, Cividale (an der Nordostecke des Klosters in einer schmalen Gasse), Mo–Fr 10–13, 15–18 Uhr. Das Haus des Goldschmieds ist das älteste Wohnhaus der Stadt (14. Jh.). Klein, geduckt, dunkel, nimmt man ihm sein Greisenalter ab.

■ **Forte sul Torrente Alberone,** Via Purgessimo (4 km von Cividale am Südufer des Natisone auf der SP19 nach Osten). Kurz vor der Brücke über den Alberone den Feldweg rechts hoch und gleich an der Kehre links in den Wald; unter Bäumen versteckte, in den Fels gehauene und betonierte Bunkeranlage und Artilleriestellung (GPS N 46.10856, E 13.47534) aus dem Kalten Krieg.

■ **Castello di Gronumbergo,** oberhalb des Forts von Alberone (15 Min. bergan durch den Wald). Im 14. Jh. unter den Patriarchen errichtete (und im 16. Jh. zerstörte) trapezförmige Burg, deren Außenmauern noch recht gut erhalten sind.

■ **Chiesa dei Santi Gervasio e Protasio,** Via San Gervasio, Nimis (5 km nordwestlich von Attimis), tgl. 8–12, 15–18 Uhr. Einfach ausgestattete Basilika mit Ursprüngen im 6. Jh. und mehrfachen Umbauten und Erweiterungen; heutiges Erscheinungsbild aus dem 14. Jh. mit Fresken aus dieser Zeit um den Altar (u.a. Verkündigung, Auferstehung, Heimsuchung, Thronende Madonna mit Kind und die Heiligen Andrea und Leonardo) und modernen Fresken als Bogenschmuck aus den 1890ern von *Tita Gori* (1870–1941).

Praktische Tipps

Informationen

■ **Infopoint,** Piazza Duomo 5, 33043 Cividale del Friuli, Tel. 04 32 71 04 60, www.cividale.net, Mo–Fr 10–13, 15–18, Sa/So 10–18 Uhr.

Unterkunft

3 Locanda al Castello②-③, Via del Castello 12, Tel. 04 32 73 32 42, www.alcastello.net. Romantisches Schlosshotel (vier Sterne) mit 27 Zimmern, eleganter Einrichtung und einem großen Spa mit Innenpool; gutes Restaurant③ (Mi geschl.) mit lokalen Produkten in fantasievoller Zubereitung.

2 Hotel Roma②, Piazza Picco 14A, Tel. 04 32 73 18 71, www.hotelroma-cividale.it. Am Rand der Altstadt Richtung Bahnhof, modernes Drei-Sterne-Haus mit 53 Zimmern, kein Restaurant.

10 Locanda al Pomo d'Oro②, Piazzetta San Giovanni 20, Tel. 04 32 73 14 89, www.alpomodoro.com. Geschmackvoll eingerichtetes Drei-Sterne-Hotel in historischen Gemäuern, Familienbetrieb im Herzen der Altstadt mit 13 Zimmern.

Unser Tipp: **5 Casa Vacanze alle Mura②,** Via Monte Nero 4, Tel. 33 98 59 33 77. Sechs Zimmer und Apartments mit Balkon bzw. Terrasse, topmodern und geschmackvoll eingerichtet, in ruhiger, doch zentraler Lage und mit Parkplätzen; aufmerksame und hilfreiche Gastgeber.

20 Borgo di Ponte①-②, Via Scipione di Manzano 5, Tel. 34 79 11 81 62, https://borgodiponte.it. Vier Zimmer (zwei mit Kochmöglichkeit); sauber, modern, preiswert und zentral.

In der Umgebung

6 Agriturismo Ai Casali②, Strada di Guspergo 19 (3 km nordöstlich von Cividale in Richtung Valle del Natisone), Tel. 04 32 17 40 98, www.aicasali.it. Familiengeführter B&B-Gutshof mit Schwimmbad; neun Zimmer mit Bad und drei Apartments.

7 Casa Luis②, Strada di Guspergo 83 (500 m hinter dem Ai Casali), Tel. 32 80 67 77 50, www.casaluis.it. Fünf Apartments mit Küche, Spielplatz, Schwimmbad und Radverleih in absolut ruhiger Lage – ideal für Familien.

■ **Agriturismo Ronchi di Fornalis①-②,** Via Fornalis 185 (3 km südöstlich von Cividale), Tel. 04 32 73 07 90. Bauernhof mit vier sauberen, komfortablen Zimmern, auch Restaurant②.

■ **Casa del Pellegrino di Castelmonte①-②, Santuario di Castelmonte** (10 km östlich von Cividale), Tel. 04 32 73 11 61, www.santuariocastelmonte.it. Albergo des Heiligtums mit 13 recht modernen und komfortablen Zimmern (Bad, Kühlschrank) mit Halb- oder Vollpension zu günstigen Preisen.

■ **Albergo alla Trota①-②,** Via Specognis 10, **Pulfero** (12 km im Nordosten am Natisone), Tel. 04 32 72 60 06, www.allatrota.com. Seit über 100 Jahren wird an der Passstraße in den zehn Zimmern genächtigt, und davor gibt's im Restaurant② frische Pasta und die Königin des Flusses – die Forelle.

■ **Aquila del Torre②,** Via Attimis 25, **Savorgnano del Torre** (6 km südwestlich von Attimis), Tel. 04 32 66 64 28, www.oasipicolit.it. Weingut mit drei sehr stilsicher und angenehm eingerichteten Zimmern; junge Gastgeberfamilie und außerordentliche Weine (u.a. Picolit und Refosco).

Essen und Trinken

17 Trattoria alla Speranza③, Piazza Giulio Cesare Foro 15, Tel. 04 32 73 11 31, Mi–So 18.30–22, Sa/So auch 11–14 Uhr. Hochklassige Fischküche und dazu erlesene Weine (das Degustationsmenü wählen!); angenehmes Ambiente unter Gewölben und schweren Holzbalken.

4 Antica Trattoria Ai Tre Re②-③, Via Stretta San Valentino 29, Tel. 37 91 43 78 91, https://anticatrattoriaaitrere.eatbu.com, Do–Mo 11–15, 18–23, Di 11–15 Uhr. In der Altstadt, friulanische Gerichte auf höherem Niveau und in guten Portionen, unaufdringliches Ambiente, Freisitz.

16 La Vigna Pazza②, Via de Rubeis 34, Tel. 34 79 41 05 11, https://lavignapazza.business.site, Di/Mi/Fr/Sa 10.30–14.30, 18–21.30, Do 18–21 Uhr. Kleines Weinlokal mit Freisitz im Palettenschick, friulanische Spezialitäten wie Frico oder Porcina (gekochtes Schweinefleisch).

15 Pizzeria/Ristorante 4S①-②, Via Stretta T. Cerchiari 1, Tel. 04 32 73 43 34, www.pizzeria4s.com, tgl. 11–15, 18–24 Uhr. Sehr gute Pizza und günstige weitere Gerichte im Zentrum mit schnellem aufmerksamem Service – einfach, lecker, gut!

22 La Magnolia/Due①-②, Via Manzano 54, Tel. 04 32 14 82 407, Di–Sa 7–14.30, 17.30–22, So 7–14.30 Uhr. Caffè, Enoteca, Cucina, Bar, Lounge? Von allem etwas und dazu ab und an Musik und Themenabende: Kultur und Essen, Trinken und Diskussionen bei Lorena und Sanamtha – „Due" eben.

In der Umgebung

8 Pizzeria da Vincenzo①, Via Valli del Natisone 58, im Vorort **Sanguarzo,** 2,5 km nordöstlich von Cividale, Tel. 04 32 70 18 96, www.facebook.com/BirreriaPizzeriaDaVincenzo, Mi–Mo 11–14, 17–22 Uhr. Die vielleicht beste Pizza der Stadt in einem gänzlich unspektakulären Ambiente, dazu gibt's Bier.

■ **Trattoria alla Cascata②,** Clodig 28, **Grimacco** (auf dem Weg zum Kolovrat), Tel. 04 32 72 50 34, Di–So 9–15, 18–21 Uhr. Nett am Flüsschen gelegen und mit friulanischer Bergküche wie Suppe mit Kastanien und Pilzen, Pasta mit Bärlauch oder Omelett mit Holunderblüten (Menüvorschlag wählen!); auch Zimmervermietung①-②.

Unser Tipp: **Orsone②-④,** Via Darnazzacco 63 (3 km südöstlich von Cividale), Tel. 04 32 73 20 53, www.orsonerelais.com, Mo/Mi–Fr 18–23, Sa/So 11–23 Uhr. Im edel-rustikalen Speisesaal kommt Gourmetküche vom Feinsten mit festen Menüs oder à la carte auf den Tisch, dazu ein umfangreiches, vorzügliches Weinangebot, im Garten Pulled Pork mit hausgemachten Pommes, als Durstlöscher Craftbier; außerdem: Zimmervermietung im B&B②.

21 Tavola Calda Cantarutti①-②, Via di Pidian 4 (3,5 km südlich von Cividale im Vorort **Gagliano** auf einem Hof mitten auf dem Land), Tel. 04 32 73 20 29, Do/Fr 10–13, 17–22, Sa/So 10–16, 17–22 Uhr. Authentischer geht's nicht: einfache, schmackhafte Küche in großen Portionen zu minimalen Preisen – wie bei Oma und nichts für Gäste auf Diät.

9 Agriturismo Al Moràr①-②, Via Druga 17/1 (am Stadtrand auf dem Weg nach Castelmonte), Tel. 04 32 73 08 77, www.agriturismoalmorar.it, Sa/So 11.30–23 Uhr. Gute Landküche und Weine aus eigener Produktion vom Fass.

■ **Agriturismo Petrigh②,** Via Mont Joanes 45, **Faedis** (2 km im Nordosten Richtung Canebola), Tel. 04 32 72 83 34, www.facebook.com/petrigh.vignaioli.faedis, Do/Fr 17–22, Sa/So 10–23 Uhr. Wein vom eigenen Hof, dazu beste Landküche – von Gulasch mit Polenta über Auflauf mit Radicchio und Salsiccia bis zu Kutteln. Unbedingt probieren: Frico, den friulanischen Kartoffelpuffer mit Käse!

Caffè & Eis

14 Caffè Longobardo, Piazza Paolo Diacono 6, Cividale, Tel. 04 32 28 05 65, tgl. 7.20–22.30 Uhr.

Gubana

Österreicher nennen das **Hefegebäck** „Friulaner Reinling", da es in einer Reine (rechteckige Auflaufform mit Henkeln) in den Ofen kommt. Auf den zum Rechteck ausgerollten Teig aus Milch, Mehl, Hefe, Butter, Zucker und Eigelb (der extrem fluffig sein sollte) kommt die Füllung aus in Grappa geweichten Rosinen, Schokostückchen, Zitronat, Orangeat, Nüssen und Pinienkernen (teils auch Pflaumen und Feigen). Aufgerollt und zur Schnecke geformt bäckt das Ganze etwa 30 Min. Früher war es ein Oster- und Weihnachtskuchen, heute ist es eine alltägliche, leckere Kalorienbombe mit Ursprung in den Valli del Natisone.

Süßes und Herzhaftes auf der Piazza mit der Renaissance im Rücken, oder man ergattert einen der wenigen Tische oben in der ersten Reihe mit Aussicht.

13 **Pasticceria/Caffetteria Zuckerfee,** Piazza Paolo Diacono 31, Cividale, Tel. 36 64 00 15 70, Di–So 7.30–19.30 Uhr. Gleißendes Weiß ist die beste Umgebung für die dunklen Sünden aus Schokolade und Zucker, natürlich gibt's auch Gubana.

Apero & Abend

18 **Il Santo e il Lupo,** Piazza San Francesco 4, Tel. 34 78 21 70 90, www.facebook.com/ilsantoeil lupo.cividale, Mo–Sa 11–1/2 Uhr. Gespräche unter Freunden bei Bier, Wein und Cocktails (und dem einen oder anderen Burger), drinnen dunkel-gemütliche Pub-Atmosphäre, draußen loungig-bequem.

11 **Bar da Giordano,** Piazza San Giovanni 4, Tel. 04 32 73 03 67, Mo–Sa 7–23 Uhr. Wein und Snacks, und ab und an gibt's abends auch Musik. Typische Piazza-Bar mit Einheimischen.

Einkaufen

- **Wochenmarkt:** Viale Libertà, jeden Samstag 8–13 Uhr.

19 **Panificio Cattarossi/Gebäck,** Corso Paolino d'Aquileia 18, Tel. 04 32 73 21 52. Die beste Gubana der Stadt, und auch die zweite Regionalspezialität, Strucchi, gefülltes Gebäck in der Größe von Ravioli, ist köstlich.

12 **Enoteca l'Elefante/Wein,** Piazza Paolo Diacono 19, Tel. 34 69 41 48 73, www.facebook.com/enoteca.elefante. Eine Auswahl ausgezeichneter Weine zum Verkosten (mit Kleinigkeiten als Grundlage für den Magen).

23 **Domenis 1898/Brände,** Via Darnazzacco 30, Tel. 04 32 72 10 23, www.domenis1898.eu. Seit über 100 Jahren brennt die Familie Hochprozentiges nach einer streng gehüteten Verfahrensweise und heimst regelmäßig Preise ein; (fast) alle Traubensorten des Friaul sind sortenrein als Tresterbrand erhältlich – darunter auch Picolit und Schioppettino.

- **Antico Molino Pussini/Mehl,** Azzia 74, **San Pietro al Natisone,** Tel. 04 32 72 70 02, www.molino pussini.it. Direktverkauf von Polenta- bis zu Pizzamehl (und von Maisplätzchen).

Aktivitäten

- **Baden:** Am Natisone lässt sich an mehreren Stellen auf den Kies- und Steinbänken hervorragend lagern und baden: Bei **Purgessimo** (5 km nordöstlich von Cividale) sind es auf dem Feldweg Via Mulino 200 m zum Fluss; beliebt sind auch Purgessimos „Waldbad" (GPS N 46.10541, E 13.47249) und der große weiße Steinstrand am Stauwehr direkt oberhalb der Brücke von **Premariacco** (6 km südlich von Cividale).
- **Radfahren:** Die Bergrundfahrt auf den schmalen Straßen der **Valli del Natisone** (→ S. 213) lässt sich auch mit dem Rad unternehmen, wenn man die Anstiege nicht scheut (oder elektrisch unterwegs ist, wofür es unterwegs mehrere Ladestationen gibt); auch zum Valle di Soffumbergo oder zur Porzûs-Alm (→ S. 214) kann man gut radeln (allerdings ohne Ladestationen).

Wasserhäuser

In den Gemeinden rund um Cividale werden Besuchern irgendwann die sechseckigen offenen Hütten auffallen. In den **Case dell' Acqua** stehen Automaten, an denen jeder für einen geringen Obolus Mineralwasser (unter 0,10 €/Liter) in mitgebrachte Flaschen zapfen kann – gekühlt, still oder sprudelnd. Standorte sind u.a. Via Tombe Romane in Cividale und Via Sedla in San Pietro.

1 Radverleih/Bici Sport: Via Udine 68, Tel. 04 32 73 35 42, www.bicisportmattana.com; E-MTB ab 40 €/Tag, 200 €/Woche.

Wandern

Auf dem Weg hoch zum Kolovrat (→ S. 213) zweigt kurz hinter San Pietro di Natisone in Merso di Sopra rechts die Straße SP47 ab; ihr folgend hält man sich nach 700 m rechts nach Altana und gelangt nach 1 km an einer Spitzkehre zum Waldweg hoch zum Wasserfall von Kot. In der Kurve kann man parken und in 15–20 Min. (100 Höhenmeter) zur kleinen, malerischen **Cascata Kot** wandern. Zurück am Wagen/beim Rad sind es noch 3,5 km weiter bergauf zur Trattoria Da Walter (s. unter Essen in Gemona).

Eine Rundwanderung auf den **Monte Purgessimo** (2 Std., 5 km, 300 Höhenmeter) beginnt unterhalb der Burgruine von Gromunbergo (→ Zugabe) und führt an der Burg vorbei im Schatten des Waldes hoch zur Hügelkuppe auf 453 m und an der Südseite über das Dorf Purgessimo zurück zum Ausgangspunkt. Abschließend kann man sich im Natisone abkühlen.

Oberhalb von Faedis ragt graues Mauerwerk aus dem dichten Wald. Das **Castello di Zucca** entstand im 13. Jh. 100 Höhenmeter über dem Tal und wurde im 16. Jh. noch während des Baus des Kirchleins Maria del Rosario direkt daneben aufgegeben. Nochmal 60 m höher stehen die – obwohl 100 Jahre älter – recht gut erhaltenen Mauern des **Castello di Cucagna** (ebenfalls im 15. Jh. verlassen). Zur ersten Burg gelangt man in 20 Min. vom Ortsteil Sant'Anastasia, zur zweiten (mit der Chiesa di San Giacomo) in gut 30 Min. (Startpunkt ist vom Hauptplatz 500 m auf der Via dei Castelli nach Norden, GPS N 46.15679, E 13.35061).

Feste und Veranstaltungen

■ **Il Baule del Diavolo:** Zur „Teufelstruhe“ (Piazza del Duomo, Largo Boiani, Piazza Cesare, jeden 4. So/Monat, 8–20 Uhr) kommen im Zentrum Cividales Trödler aus jeder Ecke des Friaul (und Österreichs) zusammen und verditschen Kitsch, Kunst und Krempel.

■ **Mittelfest:** Im Juli, internationales Festival für mitteleuropäische Künstler aller Schattierungen aus den Bereichen Prosa, Musik, Tanz und Poesie, http://mittelfest.org.

■ **Messa dello Spadone – Schwertmesse:** Am 6. Januar wird des Einzugs des Patriarchen *Markwart von Randeck* im Jahr 1366 gedacht. Ein viel besuchter Gottesdienst, dem ein Umzug in historischen Kostümen folgt.

■ **Festa delle Castagne e del Miele di Castagno – Kastanienfest:** drei Oktoberwochenenden in 700 m Höhe im Weiler **Valle di Soffumbergo** (14 km nordwestlich von Cividale) mit allem, was man aus Kastanien herstellen kann, Fernsicht und Musik; www.prolocovalledisoffumbergo.it.

Verkehr

■ **Bahnhof/Stazione:** Viale Libertà (500 m nordwestlich des Zentrums), Züge nach Udine (stdl., 20 Min., um 3 €, Fahrrad um 2,50 €) mit dem Bahnunternehmen FUC (www.ferrovieudinecividale.it).

› Köstlichkeiten im Relais Orsone bei Cividale

Gemona del Friuli

■ 272 m üNN, 11.000 Einw., Udine 26 km, Tarvisio 64 km, Triest 98 km, slow. Name Humin, österr. Name Klemaun

Weithin sichtbar staffelt sich die Stadt unterhalb des Monte Chiampòn und des vorgelagerten Monte Cuarnan den Hang hinauf. Ihre Krone ist die Burg mit dem schlanken Turm. In den Gassen wechseln sich mittelalterlich-schmale Häuser mit Palästen ab, unter den Arkaden reihen sich Geschäfte auf. Gemona gehört zum Pflichtprogramm.

Man mag kaum glauben, dass das Beben von 1976 die Stadt am Rand der

Julischen Voralpen in weiten Teilen zerstört hinterließ und sie heute dennoch wieder ein reizvolles Ziel ist.

Geschichte

Die **Erdbeben** (ital. *terremoti)* am 6. Mai und am 15. September 1976 zerstörten Gemona del Friuli zu 70 %. In den 1980er-Jahren wurde dann in einem ungeheuren Kraftakt die mittelalterliche Stadt wieder aufgebaut. Vielleicht wirkt das rekonstruierte historische Stadtbild ein wenig künstlich, doch die Lage an der Moränengebirgskette mit dem Monte Chiampòn (1705 m) und der Blick auf die weite Ebene des Tagliamento macht alles wett.

Gemona geht auf eine **römische Gründung** zurück und tauchte bereits 611 in den Schriften auf. 1280 erhielt die Stadt das Niederlagsrecht: Jeder Händler musste bei Ankunft seine Waren in der Stadt zum Kauf anbieten und dann steuerpflichtig auf ein anderes Fahrzeug umladen. Die Einnahmen sprudelten also und machten Gemona reich. Die Bürger bauten sich prächtige Paläste und leisteten sich einen prachtvollen Dom.

Die Kathedrale Santa Maria Assunta in Gemona

087f sk

Sehenswertes

Wegen des Einbahnstraßengewirrs und der schmalen und steilen Gassen sollte man seinen Wagen schnellstmöglich parken; die Entfernungen sind nicht groß, und alles ist gut zu Fuß zu erreichen. Eine größere mehrstöckige Parkfläche findet sich an der Piazza del Ferro direkt unterhalb des Rathauses.

Piazza del Municipio

An der Piazza del Municipio kündet das Rathaus im **Palazzo Boton,** eine Rekonstruktion des Ursprungsbaus von 1500, mit eleganter Loggia und Freitreppe im und am Untergeschoss und dem als Triforium gestalteten Balkon der ersten Etage vom Reichtum der Stadt.

Geht man vom Rathausplatz auf der Via XX Settembre 200 m nach Nordwesten, gelangt man zur 1499–1521 als Pestkirche erbauten **Chiesa di San Rocco** (Barockportal von 1617). Sie war das erste wiedererrichtete Gotteshaus nach dem Beben und birgt die Holzskulptur von Sant'Emidio, dem Schutzheiligen gegen Erdbeben. Bis auf wenige Ausnahmen stammt die Inneneinrichtung (inkl. des Schutzheiligen) aus dem 20. Jh.

■ **Chiesa di San Rocco,** Piazzetta del Ponte, tgl. 8–12, 16–18 Uhr.

Via Bini

Die vom Rathaus nach Südosten führende Via Bini ist die ehemalige Handelsstraße des mittelalterlichen Gemona mit schönen Bogengängen. Die Restaurierung hat den originalen Charakter bewahrt. Der **Palazzo Elti** (nach der aus dem Salzburgischen stammenden Familie *Helt*) aus dem 14. und 15. Jh. beherbergt neben dem Infopoint das **Museo Civico di Gemona** mit vielen venezianischen und friulanischen Gemälden des 15. und 16. Jh., darunter die „Madonna mit dem Kind" (1496) von *Cima da Conegliano* und „Madonna mit Kind, dem Hl. Joseph und der Hl. Elisabeth" (um 1500) von *Pellegrino,* sowie Werken österreichischer und deutscher Maler.

■ **Museo Civico/Palazzo Elti,** Via Bini 9, Tel. 04 32 97 13 99, Sommer 9.30–13, 15–19, Winter Di–So 10–12.30, 14.30–18 Uhr, Eintritt frei.

In der **Casa Antonelli** sind Fresken aus dem 13. bis 15. Jh. erhalten, die Jahrhunderte unter Putz verborgen lagen und nach dem Erdbeben entdeckt wurden. Dem Museum schräg gegenüber widmet sich unter den Arkaden die **Erdbebenausstellung** dem Geschehen von 1976 eindrücklich mit zahlreichen herzzerreißenden Fotografien.

■ **Mostra permanente Frammenti di Memoria,** Via Bini 24, tgl. 10–19, Winter 10–18 Uhr.

Rund um den Dom

Die **Kathedrale** ist die bedeutendste Kirche der Region. Das dreischiffige Gebäude in romanisch-gotischem Stil, Nachfolgebau einer kleineren Kirche, war 1337 fertig. Faszinierend ist die 7 m hohe, 1331/2 aus sechs Sandsteinblöcken gehauene Figur des **Hl. Christophorus.** Die die Giebelwand durchbrechende zentrale Rosette ist eines der schönsten Beispiele für ein Radfenster, entstanden 1336. Das Relief darunter zeigt die Ankunft der Hl. Drei Könige. 1976 stürzte das rechte Schiff vollständig ein, die Kirche geriet in Schieflage, was sich noch heute an den nicht mehr lotrechten Tragsäulen im Inneren zeigt. Die Innenausstattung ist teils restauriert, teils konnte man sie – wie die Orgel – unzerstört bergen. Die Kirchenfenster sind modernistisch neu konzipiert. Der 50 m hohe Glockenturm war eingestürzt und wurde mit Resten und neuen Steinen wiedererrichtet (die Baumaterialien lassen sich unterscheiden). Am 5. Januar 1986 hielt man die erste Messe nach dem Beben ab.

Man beachte insbesondere das **Taufbecken,** für das ein antiker Grabstein des 1. Jh. im 10./11. Jh. umgewidmet wurde, im rechten Seitenschiff die in Salzburg geformte und bemalte **Pietà** aus dem beginnenden 15. Jh. und die beim Beben schwer beschädigte **Christusfigur** aus dem frühen 15. Jh.

■ **Duomo di Santa Maria Assunta,** Via Bini 33, Tel. 04 32 98 06 08, tgl. 8–12, 14.30–20 Uhr, Winter bis 18.30 Uhr.

Am Domplatz stehen die **Casa Gurisatti** aus dem 15. Jh. in venezianischem Stil mit einem dreibogigen Fenster und das ehemalige Pfarrhaus, Sitz des **Dommuseums** mit seinem schönen Domschatz, darunter Codices aus dem 13./14. Jh. und eine wertvolle Monstranz von 1434.

■ **Museo della Pieve e Tesoro del Duomo,** Vicolo delle Mura, Tel. 04 32 98 06 08, www.gemonaparrocchia.it, So 10.30–12.30, 15–19 Uhr, Eintritt frei.

Erdbeben im Friaul

In der Geschichte des Friaul kam es immer wieder zu verheerenden Erdbeben. Bekannt sind schwerste Erschütterungen in den Jahren 1116, 1348, 1511 und 1640. Doch das letzte schlimme Beben liegt nochm nicht lange zurück: Am **6. Mai 1976,** wenige Minuten vor 21 Uhr, erschütterte ein erster, leichterer Stoß das Friaul, eine Minute später kam das eigentliche Beben. Es dauerte nur 54 Sekunden und erreichte auf der Richterskala den Wert 6,4 (auf der Mercalliskala 10). Das **Epizentrum** war der Berg San Simeone westlich von Venzone. Eine unwirkliche Stille legte sich mit den Staubnebeln über die Region. Die Folge waren über 1000 Tote und die praktisch völlig zerstörten Städte **Gemona** und **Venzone.** Die Überlebenden wurden in Zeltlager gebracht. Doch es war noch nicht vorbei: Vier Monate später, am **15. September 1976,** fand ein weiteres Beben statt, das auf der Mercalliskala den Wert 8 erreichte und klarmachte, dass die Region evakuiert werden musste. Die Bewohner verbrachten den folgenden Winter in den Ferienorten an der Adria.

Ursache der Beben im Friaul sind Spannungen, die zwischen der europäisch-asiatischen Kontinentalplatte und dem afrikanischen Kontinent entstehen. Beide Platten bewegen sich mit der Kontinentaldrift zwar nur minimal, doch die auftretenden Kräfte sind so gewaltig, dass sie die Zerstörungskraft von Atombomben um ein Vielfaches übertreffen.

Die **Porta Udine** (1449) östlich war Teil der ersten Stadtmauer. Der Markuslöwe Venedigs ist über dem Stadtwappen angebracht – Symbol dafür, wer das Sagen hat. Dahinter endet die Altstadt. Vor dem Tunnel beginnt linker Hand am Mauerdurchbruch der derzeit wegen Steinschlaggefahr gesperrte Aufstieg zum **Monte Glemine** (572 m) und zu dessen Kletterwänden.

Castello

Zurück an der Touristeninformation geht man einige Schritte nach Westen und achtet auf den gelb gerahmten Aufgang in den Arkaden links (Salita dei Longobardi). Die 150 Treppenstufen führen zur **Burg von Gemona.** 1976 schwer beschädigt, sind die Renovierungsarbeiten immer noch nicht abgeschlossen. Der Treppenweg mit schönen Ausblicken auf Altstadt und Dom endet an einem kleinen Park: Eine Aussichtsterrasse erlaubt einen weiten Blick auf die Tagliamento-Ebene. Der Hügel war wohl bereits in der Antike befestigt, in den Schriften erwähnte ihn der Geschichtsschreiber *Paulus Diaconus* (ca. 730–ca. 800) als von einer Festung bebaut, die schon 611 gestanden haben soll. Andere historische Quellen berichten von Festungsanlagen bereits um das 2. Jh. v. Chr. Ihre heutige Form erhielt sie im 14. Jh. Die Beschädigungen durch ein Erdbeben 1511 wurden umgehend beseitigt, und auch die folgenden Jahrhunderte hielt man die Burg instand. Bis 1976 existierten ihre drei Türme; einer diente sogar noch bis 1967 als Gefängnis. Heute steht nur noch der Glockenturm.

In der Umgebung

Burgen und Festungen

Will man die Burgen und die Festung von Osoppo auf einer Rundtour anfahren, beginnt man am besten mit Artegna, lässt Tricesimo und Cassacco folgen und kehrt über Osoppo nach Gemona zurück (insgesamt 40 km). Viele Burgen und Schlösser des Friaul stehen in Privatbesitz und sind nur an zwei Tagen im Jahr im Rahmen von Führungen zugänglich („Castelli Aperti"). Eine weitere Burgenrundfahrt ist bei San Daniele (→ S. 236) beschrieben.

■ **Führungen zu den Burgen,** Consorzio per la Salvaguardia dei Castelli storici, Piazzetta del Pozzo 21, Udine, Tel. 04 32 28 85 88, www.consorziocastelli.it.

Artegna

Der im Süden liegende und nur 4 km entfernte Nachbarort Artegna (2900 Einw., 200 m, österr. Ardingen) ist wegen seiner mittelalterlich-trutzigen, wie im Bilderbuch auf einem Hügel thronenden Burg einen Abstecher wert. Im 13. Jh. errichtet, war ihr Vorgängerbau aber bereits zur Zeit der Langobarden Teil eines heute nicht mehr bestehenden Verteidigungskomplexes. 1976 zerstört, ließ die Udineser Besitzerfamilie *Savorgnan* – alter Adel – sie bis 2014 neu errichten. Heute wird sie als Veranstaltungsort genutzt und ist als archäologisches Museum zugänglich. Eine Weinbar mit Snackangeboten ist ebenfalls vorhanden und gibt von der Terrasse schöne Blicke auf die Ebene frei.

■ **Castello Savorgnan di Artegna,** Via delle Chiese 15, Tel. 34 83 14 37 46, www.castellodiartegna.

it, Sa/So 10–12.30, 15.30–19, Winter 10–12.30, 15–18.30 Uhr, Spende erbeten; Bar Fr/Sa 16–22, So 10–22 Uhr.

Tricesimo

Die **Burg von Tricesimo** bei Tricesimo (7700 Einw., 200 m), 10 km südlich von Artegna, liegt oberhalb im Wald versteckt. Sie wurde um 1300 gebaut und zeigt einen ungewöhnlich klaren Grundriss mit einem weitläufigen Burghof, der nur wenig von der rechteckigen Form abweicht, um sich der Geländebeschaffenheit anzupassen. Auch der Burgkern ist streng rechteckig und besteht aus dem Palas und dem oberen Hof. Herrlich sind die Fresken des 16. Jh. in der Burgkapelle. Direkt gegenüber der Burg – nur durch eine große Parkfläche getrennt – wurde 1953 die **Pilgerstätte Madonna Missionaria** geweiht. Der Architekt nahm für den Bau das Burgmotiv auf; im Inneren beleuchten Schweinwerfer die Missionsmadonna in ihrer tubusartigen Altarschale von oben.

■ **Castello di Tricesimo,** Via del Castello 28, Tricesimo, https://consorziocastelli.it, derzeit nicht zu besichtigen.
■ **Santuario Madonna Missionaria,** tgl. 8–18 Uhr.

Cassacco

4 km westlich von Tricesimo wacht die Burg von Cassacco über den Ort Cassacco (2800 Einw., 180 m) – eine der am besten erhaltenen und schönsten des ganzen Friaul. Aus dem Jahr 1202 stammend und nach Umbauten 1480 nur verhalten verändert, ist sie äußerst gut erhalten (wegen ihrer strategisch unbedeutenden Lage wurde sie nie angegriffen). Die Legende berichtet von einem Tunnel, der die Burg mit jener von Tricesimo verbindet, der aber nie entdeckt wurde.

■ **Castello di Cassacco,** Via Cassimberg 10, Cassaco, https://consorziocastelli.it, offen nur an den Tagen der „Castelli Aperti".

Osoppo

5 km westlich von Gemona überragt die Festung (1 km Teerstraße hoch zum Parkplatz) das Örtchen Osoppo (2800 Einw., 184 m) – erst keltische Siedlung, dann römisches Wehrdorf, schließlich

□ Das Schloss von Cassacco in stolzer Lage

088f sk

Brandungspunkt für Angriffe der Awaren und Ungarn und 1420 endlich Teil des Festungsgürtels der Venezianer. 1848 hielten italienische Freiwillige die beherrschende Stellung sieben Monate lang gegen Attacken der Habsburger. Im Zweiten Weltkrieg – die Festung war stark ausgebaut und die Wehrmacht hatte Kosakentruppen darin stationiert – zerstörten alliierte Bomber die Anlage. 1976 besorgte das Erdbeben den Rest. Heute sind die Fundamente der 1923 zum Nationaldenkmal erklärten weitläufigen Verteidigungsanlagen zu besichtigen. Vom höchsten Punkt mit dem Flaggenmast hat man den besten Blick auf die Tagliamento-Ebene und die Mauerreste (nach der 1. Treppe hinten herum zum Pfad nach oben gehen). Die Bar in der Casa del Tamburo (18. Jh.) serviert im Sommer Erfrischungen.

■ **Fortezza di Osoppo,** Via Divisione Julia, tgl. 8–20 Uhr, Winter bis 17 Uhr.

Venzone

Die massive **mittelalterliche Stadtmauer** von Venzone (2100 Einw., österr. Peuscheldorf), direkt an der Schnellstraße SS13 8 km nördlich von Gemona, ist unübersehbar. Der Ort war vom Beben des Jahres 1976 mit am schwersten betroffen, die Altstadt wurde aber in weiten Teilen rekonstruiert. Heute gehört sie nicht ohne Grund zur Sammlung der *borghi più belli,* der schönsten Orte Italiens.

Die Geschichte Venzones reicht bis zu den Kelten zurück. Die Lage an der Via Julia Augusta von Aquileia über die Alpen und an der Mündung der Venzonessa in den Tagliamento machte es auch im alten Rom strategisch bedeutend. Die Befestigung aus einem Doppelmauerring mit einst 14 Türmen geht auf das Jahr 1258 zurück; fünf Burgen in der Umgebung dienten als Vorposten.

Betritt man Venzone durch die **Porta di Sotto** – das untere Tor –, passiert

089f sk

man auf der in einem Bogen verlaufenden Via Roma die **Casa Marcurele** rechter Hand (Haus Nr. 21, heute eine Osteria mit hübschem Gastgarten), das älteste Gebäude der Stadt. An der Piazza del Duomo steht der unaufdringliche **Palazzo Zinutti** aus dem 13. Jh. direkt gegenüber dem **Dom.** Das Beben hatte die dreischiffige Kirche mit Renaissanceelementen völlig zerstört, und die Wiedererrichtung unter Verwendung von Originalsteinen dauerte bis 1995. Ihren Ursprung hatte sie im Jahr 1338. Die geretteten Freskenfragmente stammen aus der Mitte des 14. Jh. (Schule des *Vitale da Bologna*). Das ebenfalls geborgene Holzkreuz entstand in der ersten Hälfte des 15. Jh.

☐ Ruinen der Osoppo-Festung bei Gemona

☐ Venzones Dom: Kreuzabnahme von 1530

■ **Duomo Sant'Andrea Apostolo,** Piazza Duomo 2, Tel. 04 32 98 50 32, tgl. 8–17 Uhr.

Ein besonders grausiges Erlebnis bietet die Krypta in der **Rundkapelle** neben dem Dom. Insgesamt 42 Leichen aus dem 14. und 15. Jh. wurden 1647 und in den Folgejahren entdeckt; 27 Mumien haben das Erdbeben nicht überdauert, fünf sind ausgestellt, darunter der Glöckner (so genannt wegen seines großen – heute beschürzten – Gemächts). Verantwortlich für den guten Erhaltungszustand soll ein Schlauchpilz *(Hypha bombycina Persoon,* auch *Hypha tombicina)* mit feuchtigkeitsentziehender Wirkung sein – was aber nicht unumstritten ist.

■ **Cripta di San Michele,** Piazza del Duomo 2, April–Sept. tgl. 9–19, sonst bis 17 Uhr, 2 € (Kasse im Dom).

Geht man die Gasse weiter nach Norden, kommt man auf die mit ihren hellen Palästen und Bürgerhäusern attraktive, lang gestreckte Piazza Municipio. Das **Rathaus** stammt aus dem 15. Jh. und zeigt sich sehr elegant in gotischem Gewand mit einläufiger Freitreppe im Veroneser *Scaligeri*-Stil.

Noch ein paar weitere Schritte nach Norden führen zum **Erdbebenmuseum** im Palazzo Orgnani-Martina (16. Jh.). Hier lässt sich anhand von Fotos und eines 3-D-Films das Wüten der Natur anschaulich nachvollziehen. Man mag gar nicht glauben, dass Venzone es wieder geschafft hat, zu einer Stadt zu werden, wenn auch das eine oder andere Gebäude, wie die Kirche San Giovanni Battista an der westlichen Porta San Giovanni, als Denkmal des Grauens als Ruine belassen ist. Ebenfalls im Palazzo befindet sich das **Museum Wald, Menschen, Wirtschaft** (Museo Foreste, → Zugabe).

■ **Museo Tiere Motus,** Via Mistruzzi 4, Tel. 04 32 98 52 66, Juni–Aug. tgl. 10–18, sonst Fr 14–18, Sa/So 10–18 Uhr, 8 €.

Tarcento und das Val di Torre

Die Gebirgsregion der Torre-Täler ist weitgehend unberührt und von zahlreichen Wanderwegen durchzogen, die aussichtsreich durch Karstlandschaft und Wälder, an Bächen entlang und an Wasserfällen vorbei führen. Ins **Tal des Torrente Torre** gelangt man von **Tarcento** (8800 Einw., 230 m) mit seinem markanten Ruinenturm hoch über der Stadt, 1313 errichtet, wurde die Burg bereits 1520 Opfer des großen Erdbebens.

4 km hinter Tarcento kann man auf einem Abstecher den Wegweisern zu den hochinteressanten und 11 °C kalten **Tropfsteinhöhlen von Villanova** folgen (weitere 4 km, festes Schuhwerk und eine warme Jacke sollte man für den Besuch dabeihaben).

Die gut ausgebaute SR646 schwingt anschließend auf 20 km und in weiten Bögen in die Julier hinein und hinauf zum **Passo di Tanamea** (870 m) und weiter bis zur slowenischen Grenze bei Uccea (600 m). Von hier gelangt man auf der schmalen Via Tamor über den **Carnizza-Sattel** (1086 m) mit der Berghütte Baita Botton d'Oro hinunter ins schöne und abgeschiedene **Val Resia** (s. Julische Alpen, → S. 374) und nach Tarcento zurück.

■ **Rundtour Val di Torre/Val Resia,** 80 km, reine Fahrzeit mit dem Auto 3 Std., mit dem Rad 6 Std.

■ **Grotte di Villanova,** Frazione Villanova delle Grotte 3, Tel. 32 04 55 45 97, www.grottedivillanova.it, nur nach Voranmeldung Juni Sa/So, Juli Fr–So, Aug. tgl. mehrere Führungen: Standard 1000 Treppenstufen 10 €, 1,5 Std., Spezial 1400 Treppenstufen 18 €, 2,5 Std.

■ **Baita Botton d'Oro,** Località Lischiazze, Tel. 38 03 44 12 55, www.baitabottondororesia.com. Sympathische Berghütte mit rustikalem Speiseangebot.

Gemona del Friuli und Umgebung: Zugabe!

■ **Lavatoio del Glemine (Lavadôr),** Via Monte Glemine, Gemona. Nimmt man östlich des Doms am Tunneleingang den Pflasterweg bergab, gelangt man unmittelbar zum öffentlichen Waschplatz (um 1800), ein kleiner Hallenbau, der bis in die 1950er-Jahre in Nutzung war.

■ **Santuario di Sant'Antonio,** Piazza Sant' Antonio da Padova 4, Gemona, tgl. 8–12, 15–18 Uhr. 1227 soll der hl. *Antonius von Padova* eine Kapelle errichtet haben, die die Mönche des Klosters immer wieder erweiterten; 1976 wurde alles zerstört – erhalten ist nur das Presbyterium (heute von einem modernen Bau überdacht).

■ **Museo Renato Raffaeli,** im Santuario di Sant'Antonio, Gemona, So 9–12, 15–18 Uhr. Religiöse Gemälde und Skulpturen aus dem 17. und 18. Jh.

■ **Graffiti:** Wer an plakativer Straßenkunst interessiert ist, kann sich in den zahlreichen Werken verlieren, die in Gemona den Unterbau der Eisenbahnbrücke an der Via Julia, Ecke Via Osoppo, nahe dem Bahnhof zieren – über 400 laufende Meter Murales.

■ **Forte del Monte Ercole:** Im nördlichen Vorort Ospedaletto (3 km von Gemona) zweigt von der SS13 die schmale Via del Lago ab (hier parken); auf ihr sind es 25 Min. (1,5 km) zu Fuß hinauf zur weitläufigen, zwischen 1908 und 1915 entstandenen Festung 80 Höhenmeter über dem Tal. Die Anlage haben italienische Truppen während der 12. Isonzoschlacht beim Rückzug zwar gesprengt, doch sind noch wesentliche Elemente wie Gräben, Galerien, Bunker und Magazine erhalten.

■ **Il Parco delle Rose Garlant-Fabiani,** Via Vicenza 5, Artegna, Tel. 32 83 02 08 62, www.facebook.com/rosetoartegna, Besuch nur nach Voranmeldung, Spende erbeten. Ein wunderschöner privater botanischer Garten nicht nur mit Rosen, aber zu deren Blütezeit im Mai sicherlich am eindrucksvollsten.

■ **Museo Foreste,** Uomo, Economia, Via Mistruzzi 4, Venzone, Sa/So 14–18 Uhr, Winter nur Sa. Museum über die Wechselwirkung von Natur und Wirtschaft im komplexen Ökosystem der Julischen Voralpen.

■ **Fortino Veneziano:** Verlässt man Venzone auf der Via del Fortino Richtung Tagliamento und Pioverno/Bordano, kann man nach 300 m vor der Brücke parken und kommt in 2 Min. zu dem kleinen Renaissance-Fort (1617) in leichter Höhenlage – ein ruhiger Aussichtspunkt.

Praktische Tipps

Informationen

■ **Infopoint Gemona,** Via Bini 9 (Museo Civico), 33013 Gemona del Friuli, Tel. 04 32 98 14 41, www.visitgemona.it, Sommer tgl. 9.30–13, 15–19, Winter Di–So 10–12.30, 14.30–18 Uhr.

■ **Infopoint Venzone,** Via Glizoio di Mels 5 (beim Dom), 33010 Venzone, Tel. 04 32 98 50 34, www.venzoneturismo.it, Di–So 10–13, 15–18 Uhr.

Unterkunft

6 **Hotel Willy②,** Via Bariglaria 164, Tel. 04 32 98 17 33, www.hotelwilly.com. Das schön im Grünen gelegene moderne Mittelklassehotel mit 54 Zimmern bietet mit eigener Werkstatt und Rad-Rückholung besonderen Service für Fahrradfahrer. Gutes Essen im Restaurant② mit Garten, auch Pizzeria, Taverna und Camper-Parking.

Unser Tipp: 12 **Relais Bike Altaneto22②,** Via Altaneto 22, Tel. 32 73 29 04 16, www.bbaltaneto22.com. Zentral mit Blick auf den Dom – drei Zimmer mit allem Komfort, topsauber, geschmack-

Frico Friulano

Frico ist allgegenwärtig auf den Menükarten und häuslichen Speiseplänen des Friaul. Und wer sich wundert, warum den Fladen aus Kartoffelteig und Käse häufig Polenta begleitet: Der Käseanteil ist so hoch, dass man froh ist über ein Gegengewicht aus Kohlenhydraten. Das Rezept an sich ist simpel (wird aber vielfältig variiert): Gekochte Kartoffel zerdrücken, kleingeschnittene Zwiebel glasig dünsten, mit Käsewürfeln (vorzugsweise Montasio) mischen, mit Salz und Pfeffer würzen, Fladen formen und beidseits knusprig braten.

Adobe Stock/Comugnero Silvana

voll und mit Wellness-Einrichtung; auch E-Bike-Verleih und organisierte Radtouren (inkl. Hundeanhänger). Ideal für die luxuriöse Verschnaufpause im Radurlaub.

8 **Hotel Da Si-Si**①-②, Via Piovega 19, Gemona (im Stadtteil Piovega südöstlich der Altstadt), Tel. 04 32 98 11 58, www.hotelsisi.it. Kleines, familiengeführtes Hotel mit zwei Sternen und 18 modern gestalteten Komfortzimmern, Restaurant② und Garten.

In der Umgebung

■ **Al Castello**①-②, Via Sottocastello 26, **Artegna,** Tel. 04 32 98 74 99. Sieben Zimmer mit Bad in einem einfacheren, sympathischen Albergo zu günstigen Preisen, dazu Trattoria①-②, Bar und Parkplätze.

3 **Hotel Carnia**②, Via Canal del Ferro 28, Località **Carnia** (5 km nördlich von Venzone), Tel. 04 32 97 80 13, www.hotelcarnia.it. Modernes Drei-Sterne-Haus mit 41 Komfort-Zimmern, allen Annehmlichkeiten und gutem Restaurant③.

Camping & Glamping

1 **Camping Ai Pioppi,** Via del Bersaglio 118, Gemona (1 km vom Zentrum entfernt), Tel. 04 32 98 12 76, www.aipioppi.it, Mitte März–Mitte Okt. Bungalowvermietung, saubere Sanitäreinrichtungen und viel Baumschatten, 8,50 €/Person, 7–11 €/Stellplatz.

2 **Camping Lago dei Tre Comuni,** Via Tolmezzo 52, Alesso/**Lago di Cavazzo** (10 km nordwestlich von Gemona), Tel. 04 32 97 95 25, www.lago3comuni.com, April–Sept. Am Seeufer mit Restaurant, Spielplatz und angeschlossener Surf- und Segelschule, Glamping in Holz-„Pods" mit Küche und Dusche. 14–37 €/Stellplatz inkl. 2 Personen, „Mega Pod" ab 110 €/Nacht für zwei.

■ **Camper-Stellplätze:** An der Piazzale Monsignor Battista Mona (Wasser/Abwasser, kostenlos) und beim Hotel Willy (schattig, Wasser/Abwasser/Strom, 15 €/Nacht).

Essen und Trinken

UNSER TIPP: **7 Trattoria Al Gallo②-③**, Via Taboga 38, Tel. 04 32 19 76 949, Di–Sa 12–15, 19.30–23, So nur 12–15 Uhr. Die späte Abendöffnung zeigt, wo es lang geht: feine Meeresküche für die Augen und den Bauch, drei Gänge sollten schon sein. Muscheln, Krebs, Fisch, roh, gegrillt oder gebraten, immer perfekt zubereitet und arrangiert.

5 Ristorante 38'Parallelo②, Via Tagliamento 42, Tel. 34 83 59 34 37, https://osteria38parallelo.com, Di–Sa 8.30–13, 16.30–21.30 Uhr. Postmoderne Restaurant-Bar beim Bahnhof mit verlässlicher Kochkunst und immer wieder Thementagen mit Fisch oder Fleisch – Degustationsmenüs zu fairen Preisen; auch Zimmervermietung②.

4 Ristorante/Pizzeria La Perla①-②, Via Campagnola 1, Tel. 04 32 98 11 22, Mi–Mo 11–14, 17.30–23 Uhr. Schnell, günstig und freundlich; nichts Besonderes, sondern einfach die Pizzeria um die Ecke in verlässlicher Qualität.

10 Osteria Pan e Salam①-②, Via Bini 2, Tel. 34 62 89 22 49, www.facebook.com/PanSalam, Di–Do 10–22, Fr–So 10–24 Uhr. Im Herzen Gemonas sitzt man auf bunten Stühlen unter den Arkaden und verspeist Sandwiches, Burger, Salate oder kalte Platten; Durstlöscher: u.a. alle erdenklichen Varianten des „Spritz".

11 Bottega di Cael①, Via Bini 16, Tel. 37 92 31 94 90, https://bottegacael.it, Fr–Di 11.30–14, 18.30–21 Uhr. Pizza und nur Pizza, der Vorteig rastet 30 Min., der Teig dann immerhin 36 Std., das Ergebnis wird vom Blech geschnitten und vor Ort unter den Arkaden gegenüber der Info oder aus der Hand gegessen – die Einheimischen loben sie himmelhoch.

In der Umgebung

Agriturismo Coleto, Via Buja 123, **Lessi** (4 km westlich von Artegna), Tel. 34 92 42 89 05, Fr–So 11–14.30, 18–22 Uhr. Verträumter Bauernhof mit Hausmannskost in friedlicher Umgebung mit Suppen, handgemachter Pasta, Eintöpfen und selbst gebackenem Brot; klein, familiär, authentisch.

■ **Trattoria al Bottegon②,** Via Armando Diaz 1, **Tricesimo,** Tel. 04 32 85 12 52, www.albergobottegon.it, Mo–Sa 12–15, 19–21.30 Uhr. Familienbetrieb im Städtchen mit lokaler Küche und neun einfachen Zimmern①-②.

UNSER TIPP: **Trattoria Da Walter②,** Località **Altana** 26, Tel. 04 32 72 33 21, Di 11.30–16, Mi 9–17, Fr 12–20, Sa 10.30–20, So 11.30–17.30 Uhr. Lust auf ein Omelett mit wilden Kräutern? Oder ein Frico? Gulasch? Gubana? Berggasthof der rustikalen Art am Wegesrand.

■ **Trattoria Locanda al Municipio②-③,** Via Glizoio di Mels 4, **Venzone,** Tel. 04 32 98 58 01, www.locandaalmunicipio.com, Di–So 9–22 Uhr. Beim Rathaus werden traditionelle Gerichte serviert, auch gute Fischküche, bei deren Genuss man die Fotos des alten Venzone bestaunen kann. Schöner Innenhof. Besser reservieren! Auch fünf Gästezimmer②.

■ **Osteria al Marcurele②,** Via Roma 21, **Venzone,** Tel. 34 08 93 57 84, www.osteriamarcurele.it, Di–Fr 11–14, 16.30–20.30, Sa/So 11–20.30 Uhr. Traditionsküche mit Gulasch und Polenta, Frico, kalten Platten und Nudelgerichten, dazu ein kühler Weißwein; Wahlspruch: „Eine Pasta ohne Wein ist wie ein Tag ohne Sonne".

■ **Bar/Caffè alla Vecchia Concordia①-②,** Piazza Municipio 6, **Venzone,** Tel. 04 32 98 51 51, Di–So 7–24 Uhr. Hier sitzt man schön am Hauptplatz, dem Rathaus gegenüber, zum italienischen Frühstück, Lunch oder Apero – leichte Gerichte und Salate.

Einkaufen

Spaccio Formaggi, Via Piontebbana 5, **Venzone,** Tel. 36 66 15 90 21, www.facebook.com/LatteriaDiVenzone. Direktverkauf der landwirtschaftlichen Kooperative des Oberen Friaul mit einer guten Auswahl an Käse aus Kuh- und Ziegenmilch, „Formadi Frant" (eine Knetmischung aus Sahne und mehreren Käsesorten unterschiedlichen Reifegrades) und weiterer Spezialitäten wie Schinken, Wurst und Backwaren.

Aktivitäten

■ **Klettern:** Die Felsen des **Monte Glemine** (572 m) direkt hinter dem Dom von Gemona sind ein von den Einheimischen gern besuchtes Klettergebiet (Schwierigkeitsgrad 3–8c) mit mehr als 30 Routen. Vom Zugang (wegen Steinschlaggefahr offiziell gesperrt) zwischen Dom und Tunnel (Mauerdurchgang) sind es zum unteren Bereich 2 Min., zur oberen Felswand 10 Min.

■ **Baden:** 3 km nordwestlich von Bordano ist der **Lago di Cavazzo**/Lago dei Tre Comuni (→ S. 333, Tolmezzo) – trotz seiner überschaubaren Maße von 1,18 km^2 – der größte See des Friaul und Naherholungsgebiet mit Bademöglichkeit am Südufer (Kiosk, Bootsverleih); die Jugend trifft sich unterhalb der Brücke (GPS N 46.28510, E 13.06136) über den Tagliamento-Tributär **Torrente Palar** 5,5 km westlich von Gemona bei Trasaghis.

9 **Radverleih/Fun & Bike,** Via Povega 59, Tel. 04 32 19 02 936, www.funandbike.it, MTB ab 20 €/Tag, E-MTB ab 40 €/Tag; → Unterkunft (Altaneto22 und Hotel Willy).

Feste und Veranstaltungen

■ **Messa del Tallero:** Am 6. Januar historischer Zug von Edelleuten zum Dom, wo die Talermesse gehalten wird.

■ **Agosto Medievale/Tempus Est Jocundum:** Bunte mittelalterliche Spiele in Gemona an einem Wochenende Anfang August; http://tempuses jocundum.altervista.org.

Verkehr

■ **Bahnhof/Stazione:** Piazzale della Stazione (20 Min. Fußweg ins Zentrum, 80 Höhenmeter), Verbindungen nach Udine (etwa halbstdl., 30 Min., um 3 €).

San Daniele del Friuli

■ 252 m üNN, 8000 Einw., Udine 27 km, Venedig 120 km, Triest 92 km

San Daniele in Hügellage zwischen Udine und Tagliamento hat die Katastrophe von 1976 relativ unbeschadet überstanden, wenn auch im Zentrum einige Gebäude einstürzten. Es zeigt sich also schmuck, mehr oder weniger im Original und mit einem vollständig erhaltenen Freskenzyklus in der Antonius-Kirche – ein Meisterwerk *Pellegrinos.*

Schinken, Schinken, Schinken – dafür ist San Daniele auch noch (vielleicht auch hauptsächlich) berühmt, und darum dreht sich das gesamte Wirtschaftsleben der Stadt. Kleine Betriebe stellen 2000, große bis zu 200.000 Schinken im Jahr her – alle bekommen das Herkunftssiegel von San Daniele. Und an jeder Ecke bieten Bars, Osterie, Trattorie und Enoteche Verkostungen an.

Geschichte

Eine erste Besiedlung auf dem Colle Massimo von San Daniele ist für das 12. Jh. v. Chr. nachgewiesen, zwei Bronzestatuen sind auf das 4. Jh. v. Chr. datiert. Nach der römischen Herrschaft wurde der Hügel im 5. Jh. verlassen und im 7. Jh. erneut besiedelt. 1063 erhielt San Daniele **Marktrechte**, die der Staufenkaiser *Friedrich II.* 1263 bestätigte – wodurch es nach Cividale und Aquileia zum drittwichtigsten Handelsplatz im Friaul avancierte. Aber häufig wech-

selte nun die Herrschaft – Grafen, Patriarchen und die Serenissima gaben sich gegenseitig die Klinke in die Hand. 1420 gelangte die Stadt schließlich gänzlich an **Venedig**, bewahrte sich aber unter dem Einfluss des Patriarchen von Aquileia eine **Teilautonomie**, prosperierte und zog Literaten, Künstler und Baumeister an. 1797 übernahm das Habsburger Reich bis zur Ausrufung des Königreichs Italien.

Und der Schinken? 1453 hielt der in Udine tätige Medicus *Geremia Simeoni* (ein Verfechter der fleischlosen – weil gesunden – Kost) in seiner Schrift „De Conservanda Sanitate – Über den Gesundheitserhalt" als einzige Ausnahme fest: Gepökeltes vom Hausschwein. In den folgenden Jahrhunderten stärkte der Schinken Könige, Prälaten und reiche Bürger in ganz Europa. 1961 gründete sich das Konsortium der Schinkenproduzenten, um gegen „Markenpiraterie" vorzugehen, und 1970 wurde **Prosciutto di San Daniele** schließlich zur geschützten Bezeichnung.

Sehenswertes

Mit Glück erwischt man einen der wenigen Parkplätze beim Dom, ansonsten stellt man den Wagen im Parkhaus an der Via Ciro Varmo di Pers ab.

Rund um den Dom

Zentrales Gebäude der Altstadt ist der weiße, 1325 geweihte **Erzengel-Michael-Dom** zwischen der Piazza Pellegrino und dem Hauptplatz, der Piazza Vittorio Emanuele II. Der unvollendet gebliebene, separat stehende Turm entstand 1531 während einer Erweiterung der Kirche. 1707–1725 wurde umgebaut, und es kam die Fassade mit vier Blendsäulen im Stil *Palladios* hinzu. Auf ihrem Tympanon wacht der Kirchenpatron. Die Kirche ist dreischiffig und besitzt – außergewöhnlich – zwei Kuppeln. Das Prozessionskreuz stammt aus dem 15. Jh., das überkuppelte Taufbecken mit Johannes dem Täufer als Abschlussfigur im linken hinteren Seitenschiff von 1510. Die Tafel der „Heiligen Dreifaltigkeit" am ersten linken Seitenaltar malte *Il Pordenone* um 1535.

■ **Duomo di San Michele Arcangelo,** Piazza Vittorio Emanuele, tgl. 7–12, 14.30–19 Uhr.

An der nördlichen Seite des Hauptplatzes erstreckt sich vom Dom weg der **Palazzo Monte di Pietà** aus dem 18. Jh. mit Loggia und einem venezianisch inspirierten zweibogigen Fenster im Obergeschoss. Das alte Rathaus aus weißem Stein rechts neben dem Dom mit der das ganze Untergeschoss einnehmenden Loggia entstand 1415 (im 16. und 18. Jh. umgestaltet). Es beherbergt neben dem Infopoint das historische Archiv der Stadt und mit der **Biblioteca Guarneriana** die älteste öffentliche Bibliothek des Friaul (1466 gegründet). Zu ihrem Bestand gehört neben wertvollen Codices und Inkunabeln aus dem 15. und 16. Jh. eine Ausgabe der „Göttlichen Komödie" von *Dante* aus dem 14. Jh., die in Spoleto angefertigte „Atlantische Bibel" vom ausgehenden 11. Jh. und die „Byzantinische Bibel aus Jerusalem" (spätes 12. Jh.).

■ **Biblioteca Guarneriana,** Piazza Vittorio Emanuele, Tel. 04 53 94 65 60, www.guarneriana.it, Öffnung für Touristen Do–So 15.30–18.30, Do/Fr/So auch 10.30–12.30 Uhr, 4 €; Führung (Anmeldung unter Tel. 04 32 29 59 72) jeden Sa 10.45 Uhr, 10 €, mit FVGcard kostenlos.

Geht man die Via Roma nach Osten, steht dem Campanile direkt gegenüber die **Casa Trecento** mit ihrer dreibogigen Arkade, das älteste erhaltene Wohnhaus San Danieles, dem man seinen mittelalterlichen Ursprung deutlich ansieht. Heute benutzen ehemalige Militärangehörige (Alpini) die Räume (s. Zugabe).

Chiesa Sant'Antonio

Nordwestlich des Doms – mit wenigen Schritten über die Via Garibaldi erreichbar – steht rechter Hand die prächtig ausgemalte gotische **Kirche Sant'Antonio.** 1308 als Hospizkirche geweiht, hat ein Erdbeben sie 1348 schwer beschä-

092fsk

digt (1441 umgestaltet). Von 1497 bis 1522 bekam *Pellegrino di San Daniele* mehrfach Aufträge für die Ausführung der Wandbemalung. Während dieses Zeitraums entwickelte er sich stilistisch weiter, was an seinen Arbeiten nachzuvollziehen ist. Die Einheimischen nennen das Gotteshaus wegen seiner vollflächigen Bemalung auch gerne die „Sixtinische Kapelle des Friaul". Die säkularisierte Kirche dient heute u.a. als Veranstaltungsort für Konzerte.

■ **Chiesa Sant'Antonio Abate,** Via Garibaldi, tgl. 8–18.30 Uhr.

Museo del Territorio

Westlich des Doms nimmt man die Via Umberto I nach Süden und gelangt zum Regionalmuseum. 1981 gegründet, gab es den Kunstgegenständen, die nach dem letzten großen Erdbeben keine Heimat mehr hatten, einen Ausstellungsraum. Unter den Exponaten befinden sich Meisterwerke von *Pordenone*, ein Holzaltar aus der ersten Hälfte des 15. Jh. und einer von 1488 aus der Hand des bayerischen Schnitzers *Leonhard Thanner*.

■ **Museo del Territorio,** Via Udine 4, Tel. 04 32 16 36 721, www.museosandaniele.it. Mi/Fr–Mo 8.30–12.30 Uhr, 3 €.

Fresken in der Kirche Sant'Antonio Abate

Burgen in der Umgebung

Ganz Friaul ist für seine **Schlösser und Burgen** berühmt, mit die schönsten liegen in nächster Nähe von San Daniele. Wenn auch die meisten gar nicht oder lediglich zweimal im Jahr zum jeweiligen Tag der Burgen („Castelli Aperti") im Frühjahr und Herbst offenstehen, die Landschaften und Bauwerke sind reizvoll, und schon deshalb lohnt eine Rundtour.

Man beginnt mit der nächstliegenden Burg bei Arcano (4 km), fährt dann Fagagna im Südwesten an (7 km), hält sich ab Villalta (4 km) nördlich und kommt über Colloredo (9 km), Susan (9 km) und Ragogna (6 km) zurück nach San Daniele (6 km – insgesamt 45 km). Eine weitere Burgenrundfahrt ist bei Gemona di Friuli beschrieben.

■ **Führungen zu den Burgen,** Consorzio per la Salvaguardia dei Castelli storici, Piazzetta del Pozzo 21, Udine, Tel. 04 32 28 85 88, www.consorziocastelli.it.

Arcano

Die **Burg von Arcano** (auch Burg von Tricano) liegt beim Weiler Arcano Superiore 4 km südöstlich von San Daniele etwas abseits der Straße nach Fagagna auf einem kleinen Plateau. Damit ist ein herrlicher Blick auf die Anlage aus dem späten 12. Jh. garantiert. Zudem ist sie ausgesprochen gut erhalten und veranschaulicht von außen und besonders auch innen mit ländlich-romantischen Fresken ein Bild gräflicher Lebensart. Sie ist heute Teil eines Bio-Weinguts und wird für Hochzeiten vermietet.

500 m westlich der Burg steht umgeben von einem kleinen romantischen Friedhof in Aussichtslage die **Chiesetta San Mauro** aus dem 15. Jh. mit Mauerresten des Vorgängerbaus, die noch Fresken des 12. und 13. Jh. tragen (meist verschlossen).

■ **Castello di Arcano,** Via Arcano Superiore 25, Rive d'Arcano, www.castellodiarcano.it, Besuch nur an den Tagen der „Castelli Aperti".

Fagagna

Auf dem frei zugänglichen **Burgberg** des ruhigen Fagagna (6100 Einw., 180 m) sind nur noch der Stumpf des Bergfrieds und einige Fundamentreste der einst stolzen Burg erhalten. Sie teilen sich die Kuppe mit der Kirche San Michele in Castello (14. Jh.) und dem beliebten Ausflugslokal Ristorante San Michele (s. bei Essen).

Werktags kann man vormittags das **Bauernmuseum Cjase Cocèl** (s. Zugabe) besuchen. Eigentliches Glanzlicht des Städtchens ist aber die **Casafort La Brunelde** 2 km nordöstlich des Hauptplatzes Piazza Unità. Das Schlösschen geht auf das 13. Jh. zurück und erhielt seine heutige Form mit Jagdschlosscharakter Ende des 15. Jh. Hier taucht man in die Renaissancezeit ein, sieht Fresken und Möbel aus der Epoche der Erbauung, das Arbeitszimmer des Dichters *Gian Mauro d'Arcano* (um 1500–1535) und das Wohn- und Schlafzimmer des als Sopran weltberühmten Kastraten *Farinelli* (1705–1782), der in ganz Europa auftrat.. Auch der reizvolle Schlosspark steht auf dem Führungsprogramm.

■ **La Brunelde,** Via Giovanni Mauro d'Arcano 2, Fagagna, Tel. 34 98 15 05 43, www.labrunelde.it, Führung nach Voranmeldung durch die Grafenfamilie (75 Min.), bis 20 Personen 200 €/Gruppe.

Villalta

Die **Burg von Villalta** steht oberhalb von Villalta – Teil der Gemeinde Fagagna – 4 km südöstlich des Hauptortes. Sie wurde im 15. Jh. erbaut, geht aber auf Vorläufer aus dem 13. Jh. zurück, und auch in den folgenden Jahrhunderten wurde sie immer wieder verändert. Aus der Ferne wuchtig wirkend, lässt sich die Stimmigkeit und Schönheit der Anlage nur erahnen. Das Paradebeispiel friulanischer Burgenbaukunst steht in Privatbesitz und kann für Events gemietet werden. Romantiker kommen im begrünten Hof zwischen uralten grauen Mauern auf ihre Kosten, schließlich hatte sich hier *Ginevra di Strassoldo* im 13. Jh. in eine Marmorstatue verwandelt, um einer Entführung zu entgehen. Glücklicherweise konnte aber ihr Verlobter *Odorico di Villalta* sie mit einem Kuss wiedererwecken. Und Anfang des 18. Jh. ließ der grausame *Lucio della Torre* – seiner Mätresse *Catarina* überdrüssig – selbige lebendig einmauern. Seine gerechte Strafe erfuhr er durch Enthauptung.

■ **Castello di Villalta,** Via Castello 27, Villalta, Tel. 04 32 80 01 71, www.castellodivillalta.it, Besuch nur an den Tagen der „Castelli Aperti".

Colloredo di Monte Albano

Auf 3,5 km Länge und schnurgerade führt die Straße von Süden nach Colloredo di Monte Albano (2200 Einw., 220 m) 12 km westlich von San Daniele. Sie endet an der gewaltigen **Schlossanlage,** die das Erdbeben von 1976 allerdings stark in Mitleidenschaft gezogen hat. Im 14. Jh. entstanden, gilt sie als „Burg der Schriftsteller", da Poeten wie *Ermes di Colloredo* (1622–1692) und *Ippolito Nieve* (1831–1861) in ihr gedichtet und geschrieben haben.

Seit Jahren finden Renovierungsarbeiten statt, die wohl nicht mehr vor Ende des Jahrzehnts abgeschlossen werden können.

Susans

Ein mächtiger Baukörper, vier flankierende Türme und eine prächtige Auffahrt – das **Castello di Susans** in der Gemeinde Majano (7 km nordöstlich von San Daniele) ist ein Renaissanceschloss par excellence, und wer gerne vergangenen Zeiten nachhängt, muss nicht traurig sein – man kann sich in einer der vier luxuriösen Suiten einmieten oder gleich das ganze Schloss für eine Hochzeit buchen. Preise erhält man (wenn man denn unbedingt über Geld sprechen möchte) auf Anfrage. Ursprünglicher Auftraggeber des Schlosses war Graf *Fabrizio di Colloredo*, der in der Toskana aufwuchs und sich 1636 einen Medici-Bau inmitten eines Parks wünschte. Seine Nachkommen lebten bis Ende des Ersten Weltkriegs darin, heute gehört es einer Event-Firma.

■ **Castello di Susans,** Via del Castello 152, Susans di Majano, Tel. 04 32 94 80 90, www.castellodisusans.com, Besuch nur an den Tagen der „Castelli Aperti".

093f sk

Ragogna

Das überschaubar große Ragogna (2800 Einw., 235 m) war über Jahrhunderte strategisch von enormer Bedeutung, liegt es doch über dem Tagliamento an der Brücke **Ponte di Pinzano,** die für Handel und Militär äußerst wichtig war. Die Ursprünge des Castello di Ragogna reichen so ins 6. Jh. in die Zeit der Langobarden zurück. 1218 schenkte der Patriarch von Aquileia die Burg als Lehen den Grafen *Eppenstein*. 1420 übernahm das Adelsgeschlecht der *Porcia*. Im 18. Jh. verfiel die Anlage. Ab dieser Zeit war die Brücke an ihren Enden mit Bauwerken gesichert. Die heutigen in den Fels der Brücke getriebenen Bunker gehen auf den Ersten Weltkrieg zurück.

Das massige Bauwerk **Ossario Tedesco di Col Pion** am anderen Ufer ließen die Deutschen 1938 – als (wohl auch zur Verteidigung nutzbares) – Beinhaus errichten, und noch in der 1950ern sicherte man den Übergang am westlichen Ufer mit tiefen Bunkern (die das Militär bis in die 1990er betrieb).

Die restaurierte **Ragogna-Burg** (Parkplatz direkt unterhalb) ist in gutem Zustand, und ihre Mauern bieten eine bemerkenswerte Sicht über die Steinwüste des Flusses mit dem malerischen Kirchlein San Pietro im Vordergrund. Gegenüber gibt's in der Locanda al Borcolan gute Küche (→ Essen und Trinken). Auch ein **Kriegsmuseum** ist nicht weit. Im Ortsteil San Giacomo erläutert es die Vorkommnisse und die Hauptschlachten in den Hügeln des Friaul an-

⌃ Das Schloss von Susans stammt aus dem 17. Jh.

schaulich u.a. mit einem Relief. Nach so viel Krieg kann man auf einem Spaziergang rund um den Fischweiher **Lago di Ragogna** mit seinen Brutzonen für Vögel und einem Beobachtungsturm den Kopf durchlüften (→ Aktivitäten) und die sich im See spiegelnden Berge bestaunen.

■ **Castello di Ragogna,** Via del Castello 1, San Pietro/Ragogna, Tel. 34 08 41 54 80, www.volontari atorar.it, Mai–Okt. Sa/So 14.30–18.30 Uhr, Eintritt frei.

■ **Museo della Grande Guerra,** Via Roma 23, San Giacomo/Ragogna, Tel. 04 32 94 40 78, www.grande guerra-ragogna.it, Di/Do/Sa/So 15.30–18 Uhr, Eintritt frei.

San Daniele und Umgebung: Zugabe!

■ **Sala Esposizione ANA,** Via Roma 18, San Daniele, Tel. 04 32 95 43 50, http://anasandaniele.weebly.com, Besuch nach Voranmeldung Mo–Fr 18–19, Sa/So 10–12.45, 17.15–19.50 Uhr. Kleine Ausstellung mit Waffen und Uniformen der Ortssektion ehemaliger Gebirgsjäger (Alpini).

■ **Colle Massimo,** San Daniele. Der Weg hoch zum Colle Massimo, dem Burgberg (heute ein Aussichtspark), führt zur Kirche San Daniele in Castello, der ehemaligen Stadtpfarrkirche – ihr Glockenturm war einst Teil der Befestigungsanlagen, von denen nicht mehr viel zu sehen ist.

■ **Chiesa di Santa Maria della Fratta,** Via Cavour, San Daniele, Tel. 04 32 95 96 70 54, tgl. 10–19 Uhr. Schöne gotische Kirche 100 m südlich des Doms im Jahr 1348 an einen Stadtturm gebaut. Die Fassade (Tympanon von *Giorgio da Carona*, 1476) und die Fragmente des Freskos „Falkenjagd" im Altarraum rechts stammen aus dem 15. Jh.

■ **Museo Cjase Cocèl,** Via Lisignana 22, Fagagna, Tel. 04 32 80 18 87, www.museocjase cocel.it, Mo–Fr 9.30–12.30, 3 €. In einem Bauernhaus aus dem 15. Jh. erfährt man alles zum Landleben des 19. und 20. Jh.

■ **Biotopo dell'Aqua Caduta,** am südlichen Tagliamento-Ufer beim Ponte di Cimano nahe Susans (Zugang am Beginn der Via Borgo Ceschia hinter dem Wartehäuschen, GPS N 46.20680, E 13.02694). Im Wald des kleinen Schutzgebietes verbirgt sich ein netter Wasserfall (einfache Strecke 600 m, 10 Min.).

Praktische Tipps

Informationen

■ **Infopoint,** Via Roma 3, 33038 San Daniele del Friuli, Tel. 04 32 94 07 65, www.infosandaniele.com, tgl. 9.30–12.30, 15–18 Uhr.

Unterkunft

7 **Hotel San Daniele②-③,** Via del Lago 1, Tel. 04 32 19 06 499, www.sandanielehotel.com. Designhotel mit 24 konfektioniert eingerichteten Zimmern und Suiten in zentraler Lage 100 m vom Dom; Parkmöglichkeit und Fahrradkeller.

8 **Relais Picaron①-②,** Via Astemio 3, Tel. 04 32 94 06 88, www.relaispicaron.it. Das ehemalige Jagdhaus des Patriarchen von Aquilea liegt etwas abseits nordwestlich des Zentrums (1,2 km) und ruhig mit herrlichem Blick über San Daniele, 36 etwas antiquierte Zimmer mit viel Holz und Restaurant②.

12 **Albergo Ai Sapori②**, Via Venezia 57B, Tel. 04 32 94 06 71, www.aisapori.eu. Modernes Haus mit acht geschmackvoll eingerichteten und gepflegten Zimmern, gutes Frühstück, hilfsbereite Gastgeber.

In der Umgebung

■ **Albergo Baschera②, Via Umberto 1 6/2, Fagagna,** Tel. 04 32 81 05 59, www.albergobaschera.it. 2020 vollständig renoviertes Hotel (und mit zwei Sternen unterbewertet), mit 16 Zimmern und einer Pizzeria①, die zu Recht überaus beliebt ist; neben dem Stadtmuseum mit Parkplatz.

■ **Villaverde Resort③-④,** Via delle Acacie 1, **Fagagna** (2 km nördlich von Favignana), Tel. 04 32 81 26 00, www.villaverderesort.com. Golfresort (33 Zimmer), in dem sich Innenarchitekten austoben durften, und mit allem Drum und Dran wie Helikopter-Landeplatz, Spa und Edelrestaurant④.

UNSER TIPP: **Locanda da Cidalie①-②,** Via Vittorio Veneto 5, **Muris** (2 km nördlich des Lago di Ragogna), Tel. 04 32 15 06 200, https://locanda-da-cidalie.business.site. Pension mit sechs Zimmern, unter familiärer Leitung, sehr angenehm, sehr günstig und leckere Hausmannskost in der Taverne①-②.

Agriturismo Casa Rossa ai Colli②, Via ai Colli 2, San Giacomo/**Ragogna** (500 m vom Weltkriegsmuseum), Tel. 04 32 16 90 468, www.casarossaaicolli.it. Bauernhof in Hügellage mit sieben in elegant-rustikalem Stil eingerichteten Zimmern, einem bemerkenswerten Restaurant② mit ländlicher Anspruchsküche (*chilometro zero,* bio) und einem wunderbaren Garten mit Blick auf Dorf und Berge.

Camping

■ **Camper-Stellplatz/Area sosta attrezzata per camper,** Via Primo Carnera, San Daniele (1 km südlich des Doms), Wasser/Abwasser.

■ **Camper-Stellplatz Al Vecjo Traghet,** Via Prevalin, San Giacomo/**Ragogna,** www.alvecjotraghet.it; Platz unter Bäumen am Ufer des Tagliamento, Wasser/Abwasser/Strom/Kiosk.

Essen und Trinken

10 Osteria La Pergola③-④, Via Venezia 57A, Tel. 04 32 95 49 09, www.lapergolasandaniele.it, Di–So 12–14.30, 19–22 Uhr. Eines der gehobenen Lokale der Stadt, natürlich mit Schinken als Vorspeise und danach hausgemachte Teigwaren und Fleisch vom Grill.

11 Antica Osteria Al Ponte③, Via Tagliamento 15, Tel. 04 32 17 98 622, www.alponteosteria.it, Mo 10–15, Mi–Sa 10–15, 17–23, So 10–23 Uhr. 400 m westlich des Doms gibt's in topmodernem und sehr gepflegtem Ambiente feine Vorspeisen, hausgemachte Pasta und Fleisch vom Spieß und Rost.

6 Al Teatro②, Via Battisti 5, Tel. 04 32 95 70 90, Do 9–15, Sa–Mi 9–21.30 Uhr. Eine Familien-Trattoria wie aus der Zeit gefallen; und auch wenn es Schinken gibt, die simplen und alten Familienrezepte sind lecker (Pilze mit Polenta, Frico und als Nachtisch Gubana mit Schnaps) – einfache Einrichtung ohne Gedöns und irgendwie doch gemütlich.

2 La Corte di Bacco②, Piazza Vittorio Emanuele II, Tel. 04 32 95 70 04, www.lacortedibacco.com, Do 17–22, Fr–Di 11–22 Uhr. Neben dem Dom mit angenehmem Hinterhof. Schinken, Käse und Wein in guter Qualität und entspannter Atmosphäre.

1 Osteria al Portonat②, Piazza Dante Aleghieri 7–9, Tel. 04 32 94 08 80, www.alportonat.it, tgl. 12–15, 18.30–23 Uhr. Neben dem historischen nördlichen Stadttor serviert ausnehmend zuvorkommendes Personal Schinken, Käse, eingelegtes Gemüse, Bohnensuppe, Pasta und dazu guten Wein.

UNSER TIPP: **3 Caffè Letterario①-②,** Piazza Vittorio Emanuele II 2, Tel. 33 33 13 14 31, Di–So 7.30–14.30, 16.30–20 Uhr. Bücher für den Kopf, Wraps, Toasts, Foccacia und – *claro* – Schinken für den Bauch; für aufgeräumte Momente perfekt.

In der Umgebung

■ **Trattoria da Catine②,** Località **Aonedis** 78 (4 km westlich von San Daniele), Tel. 04 32 95 65 85, www.dacatine.it, Mi–Mo 10.30–15.30, Do–Sa auch 18.30–23 Uhr. Feine Küche in unaufgeregtem Landlokal mit Schinken vom Filet aus Sauris mit eingelegtem Gemüse, Forelle oder Tartar vom Pezzata-Rossa-Rind – Ergebnis bei den Gästen: absolute Zufriedenheit.

San Daniele – Eine Stadt und ihr Schinken

In der kleinen Stadt dreht sich alles um die Schinkenproduktion. Doch der „San Daniele" ist nicht einfach nur irgendein Schinken, das begehrte Siegel will verdient sein: An erster Stelle steht auch in Italien das Gesetz. Und das Gesetz verlangt, dass der Schinken nur aus frischen Keulen von gesunden, in Italien gezüchteten Mastschweinen stammen darf. Ihr Futter, Molke und Getreide, so das Gesetz weiter, muss aus ökologisch einwandfreiem Anbau kommen. Nur dann erhält der Schinken, der den ganzen Beinknochen, Spitzfuß genannt, haben muss, das Siegel der „Geschützten Herkunftsbezeichnung". Die ganz spezielle Luft im Tagliamento-Tal, wo die lauen Winde der Adria auf die rauen Stürme der Berge treffen, gibt dem San-Daniele-Schinken seine Raffinesse. In großen, luftigen Häusern aufgehängt, trocknet er mindestens ein Jahr und einen Monat, bevor der Prüfer die langen Reihen abgeht, drückt, schnüffelt, schaut und schließlich mit einer aus Pferdeknochen geschnitzten Nadel jeden einzelnen ansticht. Erst wenn Konsistenz und Aroma des Inneren vor seiner Nase Gnade finden, ist der Schinken bereit zur Auslieferung – in die weite Welt, an einen der vielen Läden im Ort oder direkt auf die Tische der Restaurants, in hauchdünne Scheiben geschnitten und kunstvoll auf den Tellern arrangiert. Wer einen kompletten Schinken am Knochen mit nach Hause nehmen will, zahlt dafür im Laden um 25 € pro Kilo bei 18 Monaten Reifung (11–13 kg/270–350 €). Und gefeiert wird der Luftgetrocknete auch: In der letzten Juniwoche findet die dreitägige Aria di Festa statt.

094f sk

■ **Ristorante San Michele**③, Via Castello di Fagagna 33, **Fagagna** (8 km südöstlich von San Daniele), Tel. 04 32 81 04 66, www.sanmicheleristorante.com, Mi–Sa 10.30–15, 17.30–24, So 10.30–24 Uhr. Speisen mit Aussicht wie Junker und Burgfräulein, Küche mit hohem Anspruch – der sich erfüllt –, Neuinterpretation klassischer Gerichte, elegantes Ambiente drinnen, entspannt unter Sonnensegeln draußen. Die besondere Empfehlung: das *menu cicchetteria* mit zahlreichen kleinen Köstlichkeiten

■ **Antica Osteria da Bic②, ** Via Arcano Superiore 4, **Rive d'Arcano,** Tel. 04 32 80 94 86, www.facebook.com/osteriadabic, Mo/Di/Do–Sa 11–15, 18–23, So 9–23 Uhr. Ausflugsgaststätte am Ufer des Flüsschens Corno unterhalb der Burg von Arcano (2 km) mit Spezialitätenküche und nettem Garten.

■ **Pizzeria/Osteria Alle Antiche Scuderie①-②,** Piazza Castello 9, **Colloredo di Monte Albano,** Tel. 04 32 88 92 26, www.facebook.com/antichescuderie, Di–So 18.30–23 Uhr. Gut für ein Essen mit Gedanken an die Vergänglichkeit (Blick auf die Baustelle der Schlossruine), akzeptable Pizza.

■ **Locanda al Borcolan②,** Via Castello 25, **San Pietro** (Ragogna), Tel. 04 32 58 33 61, Di 18–22, Mi–Fr 11–15, 18–22, Sa/So 11–22 Uhr. Lokale Rezepte mit Fisch und Fleisch, gemütlicher Innenbereich mit Kaminofen und schöne Außenanlage.

Einkaufen

Schinken

5 Aldo Garlatti/Boutique dell'Alimentare, Piazza Vittorio Emanuele 20, Tel. 04 32 95 70 48, https://gastronomiafriulana.it/la-boutique, Mo–Sa 9–13, Di, Do–Sa auch 15.30–19.30, So 10–13, 14.30–19 Uhr. Schinken natürlich (aufgeschnitten oder komplett), aber auch sonst noch allerlei, was man gerne isst und trinkt – Pasta, Saucen, getrocknete Pilze, Wein …

9 Prosciutteria DOK dall'Ava, Via Gemona 17/A, Tel. 04 32 94 02 80, https://gestionale.prosciutterie.com, tgl. 10–20 Uhr. Großbetrieb an der Durchgangsstraße mit Showroom, Museum, Restaurant mit Kantinenflair, Lebensmittelverkauf und Souvenirs – Schinken in endlosen Reihen.

13 Casa del Prosciutto, Via Ciconi 24, Tel. 04 32 95 74 22, www.lacasadelprosciutto.com, Mo–Fr 12.30–14.30, Sa/So 12–15 Uhr. Schinken aus einem Familienbetrieb und eine Taverne zum Probieren; sehr netter Service und angenehme Atmosphäre.

Wein

Arcania, Località Arcano Superiore 11/C, **Rive d'Arcano,** Tel. 04 32 80 95 00, www.castellodiarcano.it. Biologisch angebaute Rot- und Weißweine und eine eigene, ungeschwefelte Linie, alles zu angenehmen Preisen.

Aktivitäten

■ **Villaverde Golf Course/Golfclub Udine,** Via dei Faggi 1, **Fagagna,** Tel. 04 32 80 04 18, www.golfudine.com, 18-Loch-Platz, 5952 m, Par 72, Greenfee 85 €.

■ **Wanderung um den Lago di Ragogna:** Flach verlaufender Spaziergang (4 km, 75 Min.) unter Pappeln und über die Felder um den vor 10.000 Jahren als Gletschersee entstandenen, 25 ha großen Fischgrund (kein Baden!). Vom südwestlichen Parkplatz (GPS N 46.174050, E 12.99891) führt der Weg zunächst zum Vogelbeobachtungsturm, dann folgt man 350 m der Fahrstraße nach Norden und biegt rechts in den unbefestigten Fahrweg ein. Sich nach einem guten Kilometer rechts haltend, umkreist man den See in weitem Bogen und abseits des Ufers. 400 m hinter der Abzweigung liegt linker Hand der romantisch gealterte Jüdische Friedhof von Ragogna mit verwitterten Grabsteinen aus dem 18. Jh., aber auch Gräbern aus diesem Jahrtausend. 150 m dahinter hält man sich links und nach 100 m wieder rechts und gelangt 1 km weiter – mit Blick auf den See – zum südlichen Parkplatz an der Fahrstraße und auf dieser nach 800 m zum Ausgangspunkt zurück.

■ **Baden:** Der „Strand" am Tagliamento-Ufer **Al Vecjo Traghet** bei San Giacomo/Ragogna (Via Prevalin) ist wegen der Bäume und des Kiosks (mit bekanntermaßen guten Cocktails) allgemein beliebt, allerdings ist beim Baden auf die starke Strömung zu achten.

4 Radverleih/we like bike, Via Roma 6, Tel. 33 12 99 60 69, www.welikebike.org, E-MTB 30 €/Tag, E-Citybike 25 €/Tag.

Feste und Veranstaltungen

■ **Schinkenfest/Aria di Festa,** drei Tage am letzten Juniwochenende dreht sich in San Daniele del Friuli – noch mehr als sonst – alles um Schinken; Verkaufsstände, Führungen in die Produktion, Themenmenüs der Restaurants, Musik und Wein – und natürlich ein Auftritt von Berkel, der feinsten Marke für Aufschnittgeräte mit Preisen ab 5000 € für die (handbetriebene) Maschine, die das erforderliche papierdünne Ergebnis liefert; https://eventi.prosciuttosandaniele.it.

■ **Eselrennen/Corsa degli Asini,** an den ersten beiden Wochenenden des Septembers sausen die von Eseln gezogenen Sulkys im Rundkurs um den Hauptplatz – ein tolles Spektakel –, und an den Kiosken gibt's Gulasch vom Esel und Frico; www.prolocofagagna.it.

Verkehr

■ **Bushof/Autostazione:** Piazza IV Novembre, ein- bis zweistündlich nach Udine (45–90 Min., Umsteigeverbindungen, um 4,50 €, www.saf.ud.it).

Palmanova

■ 26 m üNN, 5500 Einw., Triest 50 km, Venedig 110 km

Jeder Planer hat einen Wunschtraum: die Stadt vom Reißbrett. Für *Giulio Savorgnan* – Leiter des Venezianischen Festungsamtes – wurde er 1593 wahr: Die Idealstadt mit radial angeordneten Gassen als Festung. Seit 2017 gehört sie zum Welterbe „Venezianische Verteidigungsanlagen des 16. und 17. Jahrhunderts". Oder eine perfekte Festung als Stadt, wie man's nimmt. Palmanova

☐ Viel Platz in Palmanova: Großzügiger kann man eine Piazza nicht gestalten

095fsk

im Hinterland von Grado an der Autobahn von Triest nach Venedig entstand, um sich gegen etwaige Angriffe der Österreicher zu schützen. Eingang fanden die neuesten Erkenntnisse der Spätrenaissance über die Festungsbaukunst mit vorgelagerten Bastionen und Verteidigungswerken und die frühbarocken Ideen der geplanten Stadt mit Straßen in Radialanordnung. Von der Ferne ist Palmanova nur zu erahnen, denn die Baumeister legten Wert auf Unsichtbarkeit. Nur die begrünten Erdwälle sollten zu sehen sein, und kein Gebäude innerhalb der Festung durfte sie überragen. Etwaige Angreifer sollten über die wahren Ausmaße der Verteidigungsanlage getäuscht werden.

Geschichte

1521 hatte Venedig mit Österreich den **Frieden von Worms** geschlossen, der die Grenze als Flickwerk mit venezianischen Gebieten auf Habsburger Seite und österreichischen Gebieten auf der Seite der Republik hinterließ. Immer wieder kam es deshalb zwischen den Erzfeinden zu Konflikten, und schließlich entschloss sich die Serenissima 1585 zum **Bau einer grenznahen Festung.** 1593 begannen die Arbeiten. Was heute zu sehen ist, ist nur ein Bruchteil der ursprünglichen Festungsanlage, deren vorgeschobene Bollwerke und Gräben weit in die Ebene reichten. Dennoch stürmten die Österreicher Palmanova 1797, mussten es aber 1805 wieder aufgeben – napoleonische Truppen zogen ein und erweiterten die Verteidigungsanlagen um einen Außenring. 1814 reiste *Napoleon* nach Elba, und die Habsburger kehrten zurück. 1848 – die Märzrevolutionen erschütterten Europa – erhob sich die Stadt gegen die österreichische Fremdherrschaft, widerstand einer Belagerung und musste doch aufgeben. 1945 überzeugte der Priester *Giuseppe Merlino* den deutschen Festungskommandanten, die Stadt beim Rückzug nicht zu sprengen.

Sehenswertes

Das perfekte regelmäßige Sechseck der **Piazza Grande** bildet den Mittelpunkt Palmanovas und ist mit einem Durchmesser von 150 m und 1,5 ha einer der größten Innenstadtplätze Italiens. Von der Mitte der Seiten geht – am Platz von Skulpturen flankiert – abwechselnd je eine Straße zu einem der drei Tore, und je eine zu einer Bastion an der Außenmauer. Sie bilden so einen **regelmäßigen Strahlenkreis** und kreuzen den ersten, inneren Straßenring, der achteckig ausgeführt wurde. Von ihm führen weitere zwölf Straßen strahlenförmig zur Außenmauer. Neben dem inneren Straßenring gibt es noch zwei weitere, wobei der mittlere an sechs Stellen zu Plätzen erweitert wurde. Eine klare Gliederung auf der Basis der Zahl „Drei" lässt eigentlich jedem Renaissance-Menschen das Herz höherschlagen, doch tatsächlich wollte hier keiner leben. 20.000 Bewohner waren vorgesehen, nicht einmal 5000 zogen nach Palmanova – obwohl man Strafgefangene amnestierte und mit Land ausstattete, wenn sie denn nur in die Stadt gingen. Auf der Nordseite des Platzes sind einige in der Renaissance entwickelte **Festungsbaumaschinen** aufgestellt.

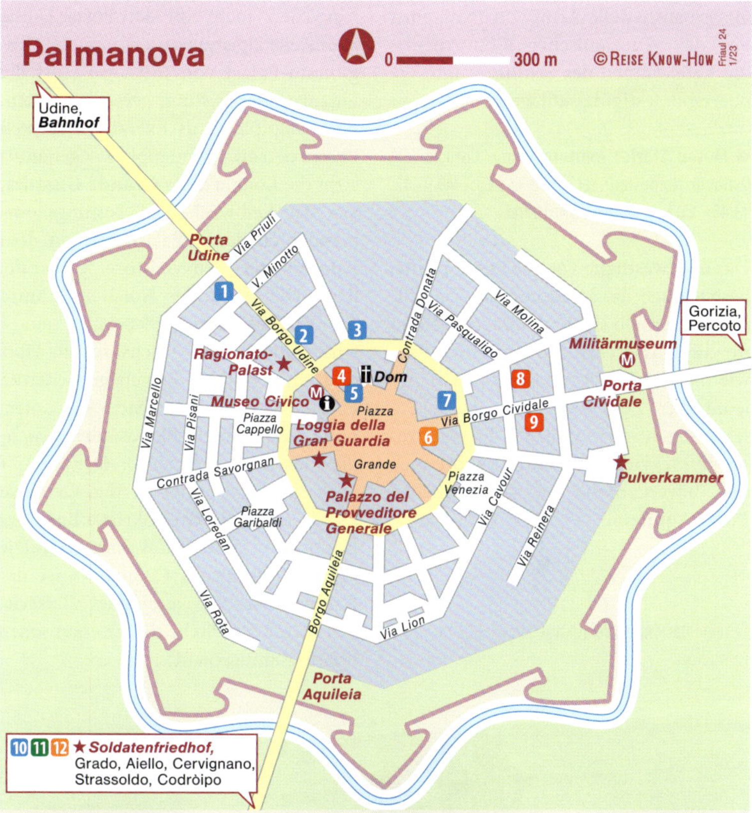

Übernachtung
4 Hotel Ai Dogi
8 Zona 30 Bike Guesthouse
9 Hotel Roma

Nachtleben
6 Bistrot Eccetera
12 Chiosco alla Fortezza

Essen und Trinken
1 Osteria Al Cappello
2 Osteria La Campana d'Oro
3 Pizzeria/Ristorante Al Gambero
5 Caffetteria Torinese
7 Pasticceria Nonna Pallina
10 Agriturismo Mulino delle Tolle

Einkaufen
11 Palmanova Outlet

Das **Militärmuseum** im Nordosttor **Porta Cividale** zeigt Dokumente, Waffen und Uniformen der Truppen in der Stadt seit dem Mittelalter. Hier bekommt man den Überblick über die Verteidigungsanlagen aus den jeweiligen Epochen. Das Museum verteilt sich über drei Schauplätze: den Palazzo del

Governatore delle Armi von 1613, einst Sitz des venezianischen Gouverneurs, die Katakomben des Stadttores und die oberen Befestigungsanlagen.

■ **Museo Storico Militare,** Borgo Cividale (am Osttor im Nordosten), Tel. 04 32 92 35 35, Mo 9–12, 13.45–15, Fr 9–12 Uhr, Eintritt frei.

Das nordwestliche Tor, die **Porta Udine,** besitzt noch die Mechanik der Zugbrücke. Außerhalb sieht man das Aquädukt für die Wasserversorgung der Stadt sowie die Kaserne Montesanto aus napoleonischer Zeit, die mit weiteren Befestigungen die Anlage Palmanovas verstärkte; zu ihren Bauten gehört auch die Pulverkammer an der südlichen **Porta Aquileia.**

Eine Da-Vinci-Konstruktion auf der Piazza von Palmanova

Spaziert man von der Porta Udine zum Zentralplatz, passiert man den **Ragionato-Palast** von 1598, wo einst die Finanzen der Festung geregelt wurden. Am Hauptplatz (als Exerzierplatz auch Piazza d'Armi – Waffenplatz – genannt) steht die **Loggia della Grande Guardia,** Sitz der Leibwache des Festungskommandanten, der im Palast nebenan, dem **Palazzo del Provveditore Generale,** lebte. Die Hälfte der Nordseite nimmt der **Erlöser-Dom** (1594–1777) ein – eine Saalkirche mit Dachstuhl aus Holz und einer in zwei Etagen gegliederten Fassade aus istrischem Stein mit unterschiedlich starken Blendsäulen (*Palladios* Ideen aufnehmend). Der Hauptaltar stammt von 1851, das Gemälde „Santa Lucia" in der Sakristei links des Hauptaltars malte *Padovanino* 1641. Die niedrige Höhe des Campanile ist der Kriegsarchitektur geschuldet (tatsächlich wurde die Kirche im venezianischen Festungsamt geplant).

096f sk

■ **Duomo del Santissimo Redentore,** Piazza Grande, Tel. 04 32 92 35 56, tgl. 7–19 Uhr.

Wenige Meter in den Borgo Udine hinein findet sich im Palazzo Trevisan bei der Touristeninformation das Stadtmuseum. Auch in ihm ist man mit Festungsbau, Waffen und unruhigen Zeiten konfrontiert.

■ **Museo Civico,** Borgo Udine 4, Tel. 04 32 92 21 31, Mo/Di/Do–Sa 9.30–12.30, Sa auch 15–17 Uhr, Eintritt frei.

Bastionen und Mauern der Festungsanlage laden heute hübsch begrünt zum Spazierengehen, Skaten, Radeln oder einfach nur Toben ein – eine willkommene Abwechslung für Kinder nach dem steinernen Ernst der Altstadt (zugänglich an mehreren Stellen).

Verlässt man den Innenbereich bei der Porta Aquilea und geht gleich rechts auf dem Spazierweg um Palmanova herum, sieht man voraus ein Wäldchen mit Zypressen – unter ihnen haben auf dem österreichisch-ungarischen **Soldatenfriedhof** (500 m von der Porta) 4000 identifizierte Soldaten eigene Grabstellen erhalten, 13.000 weitere liegen in zwei Massengräbern.

■ **Cimitero Austro-Ungarico,** Via Ontagnano, tgl. 8.30–18.30 Uhr.

In der Umgebung

Aiello del Friuli

Einen Katzensprung vom Palmanova Outlet entfernt (6 km südöstlich von Palmanova) wartet Aiello del Friuli (2200 Einw., 20 m) mit einer bemerkenswerten Attraktion auf: Das „Land der Sonnenuhren – Il Paese delle Meridiane" glänzt mit zahlreichen starren Zeitanzeigen an öffentlichen Gebäuden, an Privathäusern, in Parks und in Gärten (und natürlich im Museum). Die Idee hatte *Aurelio Pantanali*, der in 25 Jahren 20 **Sonnenuhren** selbst entwarf, über 100 weitere steuerten Künstler aus der Region bei (und es ist noch nicht zu Ende). Auf der Website findet man u.a. einen Lageplan. Doch die eigentliche Sensation ist das **Bauernmuseum,** das mit 9000 m² Ausstellungsfläche und 25.000 Exponaten aus den kaiserlichen Grafschaften Görz und Gradisca vielleicht größte ethnografische Museum Italiens. Es illustriert die landwirtschaftliche Geschichte ab dem beginnenden 16. Jh. bis ins 20. Jh. hinein.

■ **Land der Sonnenuhren,** www.ilpaesedellemeridiane.com.

■ **Museo della Civiltà Contadina del Friuli Imperiale,** Via Petrarca 1, Tel. 04 81 53 51 70, www.museiformentini.it, Mo/Mi/Fr 9–12, Sa/So 15–18 Uhr, 5 €.

Cervignano del Friuli

Das vornehmlich moderne Cervignano (13.600 Einw., 5 m) am Flüsschen Ausa 10 km südlich von Palmanova ist eine schnell wachsende Gemeinde mit

097f sk

Dienstleistern und Industrie und dem im Norden anschließenden **Interporto,** einem riesigen Güterumschlagplatz, der vom ebenso riesigen Verschiebebahnhof und der Flughafennähe (15 km nach Monfalcone) profitiert.

Eingebrannt in die Stadtgeschichte ist der 29. April 1945: Eine Kolonne der Division „Karstjäger" – eine der verbrecherischsten Einheiten der **Waffen-SS** – hatte am Vortag als Vergeltung bei San Martino 3 km südlich 13 Zivilisten füsiliert und zog anschließend nach Cervignano. Nach einer durchzechten Nacht trieb sie 1500 Bürger zusammen, sonderte 21 Geiseln ab, folterte und tötete sie.

Am oberen Ende des Rangierbahnhofs (5 km) stehen malerisch an Kanälen und dicht beieinander die beiden **Wasserburgen von Strassoldo.** Vor fast 1000 Jahren ließ die gleichnamige Familie die eine bauen und übernahm die andere als Lehen, und seitdem sind sie in ihrem Besitz geblieben. Das **Castel-**

Porta Aquileia, eines der drei Stadttore von Palmanova

lo di Sopra, als unregelmäßiges Vieleck gebaut, umschließt die Schlosskirche, nicht ohne Grund einer der beliebtesten Plätze der Region für Hochzeiten. Das sah auch Feldmarschall *Radetzky* so und heiratete 1798 in die Besitzerfamilie ein. Noch einen Tick romantischer ist das direkt südlich anschließende **Castello di Sotto** mit grauem Mauerwerk, Moos und Ranken am Kanal. Der weitläufige, 3 ha große Schlosspark und die Schlosshöfe sind frei zugänglich. In der ehemaligen Reismühle kann man in einer der elegant-mittelalterlich möblierten Suiten nächtigen (s. Unterkunft).

Palmanova und Umgebung: Zugabe!

■ **Campo di Concentramento di Visco,** Via Borgo Piave, Palmanova (3 km östlich der Porta Aquileia), http://campoconcentramentovisco.altervista.org. Im KZ von Palmanova hatten *Mussolinis* Schergen zwischen Februar und September 1943 Slowenen, Kroaten und Serben eingepfercht, dann übernahm die Wehrmacht das Gelände als Waffenlager; eine Eröffnung als Erinnerungsstätte wird diskutiert.

Praktische Tipps

Informationen

■ **Infopoint,** Borgo Udine 4, 33057 Palmanova, Tel. 04 32 92 48 15, www.palmanova.it, Mo–Sa 9–13, 14–18, So 9–13 Uhr.

Stadtführung

■ **Audio-Führer** (auch deutsch) im Infopoint für 5 € (8 € mit zwei Kopfhörern), kostenlos mit FVGcard.

Unterkunft

9 **Hotel Roma**②-③, Via Borgo Cividale 27, Tel. 04 32 92 84 72, www.hotelromapalmanova.it. 2021 generalsaniertes Drei-Sterne-Haus mit 31 Zimmern und Suiten, freundlichem Personal und Restaurant②.

4 **Hotel Ai Dogi**②, Piazza Grande 11, Tel. 04 32 92 39 05, www.hotelaidogi.it. Elegantes, wenn auch kleines Drei-Sterne-Hotel mit nur 14 Zimmern, zentral direkt am Hauptplatz; Fahrradgarage.

UNSER TIPP: 8 **Zona 30 Bike Guesthouse**②, Via Pasqualiga 5, Tel. 32 80 08 10 78, www.zona30.eu. Drei große, komfortable, helle und moderne Zimmer (mit 2–4 Betten und eigenem Bad), Radwerkstatt für Selbsthelfer, Radverleih (20 €/Tag), zahlreiche Routenvorschläge in die Umgebung (mit GPS-Daten zum Runterladen), Lunchboxen und mehr.

In der Umgebung

■ **Villa Tissano**②-③, Piazza Caimo 4, **Tissano** (7 km nördlich von Palmanova), Tel. 33 11 98 94 53, www.villatissano.com. Herrenhaus mit Park, Pool und Ursprung im 15. Jh.; 22 ländlich möblierte Zimmer in den Seitenflügeln und eine Osteria③ mit Anspruch (tgl. 11–14, 17–22 Uhr, Wochenende durchgängig).

Dogana Vecchia②, Via Dogana Vecchia 1, **Trivignano Udinese** (7 km östlich von Palmanova), Tel. 04 32 99 95 490, www.doganavecchia.it. In der ehemaligen Zollstation gibt's 20 komfortable Zimmer, Pizzeria/Restaurant② und auf dem Areal ökologisch konzipierte Gästehäuser.

■ **Castello Strassoldo di Sopra**③, Via dei Castelli, Strassoldo/**Cervignano,** Tel. 04 31 93 093, www.castellodistrassoldo.it. Frau Gräfin vermietet vier Suiten in der 2007 rekonstruierten Reismühle – die perfekte Adels-Atmo hat aber ihren Preis.

Camping

■ **Camper-Stellplatz Dogana Vecchia** (s. Unterkunft/Umgebung), Wasser/Abwasser/Strom.

Essen und Trinken

5 Antica Caffetteria Torinese③, Piazza Grade 9, Tel. 04 32 92 07 32, www.caffetteriatorinese.com, Mo/Di, Do–Sa 7.30–24, So 8.30–12.30, 17.30–24 Uhr. In der „Cafeteria" gibt's seit 1938 Süßes und Essen zu nicht unerheblichen Preisen; aber schließlich wurde sie für ihre Cocktails und das Ambiente auch zweimal zur besten Bar Italiens gekürt.

2 Osteria La Campana d'Oro②-③, Borgo Udine 27, Tel. 04 32 92 87 19, www.osteriacampanadoro.it, Mi–Mo 12–14, Mi–Sa auch 19.30–21.30 Uhr. Nahe der Porta Udine gibt's Spezialitäten wie Tintenfischeintopf und Gnocchi mit geräuchertem Ricotta und Zimt, gute Weinkarte.

3 Pizzeria/Ristorante Al Gambero①-②, Via Scamozzi 2, Tel. 32 73 17 55 89, www.pizzeriaalgambero.com, Mi–Mo 12–14.30, 18–22.30 Uhr. Einfacheres Lokal mit einigen Tischen an der Straße, gute Pizza, faires Preis-Leistungs-Verhältnis.

Unser Tipp: **1 Osteria con Cucina Al Cappello**①-②, Borgo Udine 44, Tel. 38 86 45 14 24, www.facebook.com/alcappellopalmanova, Mo–Sa 9–15, 17–21 Uhr. Eine Stadtteil-Trattoria, wie sie sein soll: Hausmannskost nach Familienrezepten und Gäste von um die Ecke.

In der Umgebung

10 Agriturismo Mulino delle Tolle②, Via Julia 1, **Sevegliano** (4 km südlich von Palmanova), Tel. 04 32 92 47 23, www.mulinodelletolle.it, Mi–So 9–23 Uhr. Moderner Agriturismo mit gehobener Küche (Slow Food) und eigener Weinproduktion, auch Zimmervermietung②-③.

Caffè & Eis

7 Pasticceria Nonna Pallina, Borgo Cividale 14, Tel. 34 82 57 74 79, https://nonnapallina.it. Bunte Torten, Küchlein, Pralinen und das beste Eis der Stadt. Auch Terrasse zum Sitzen.

Apero & Abend

12 Chiosco alla Fortezza, Viale Ontagnano 1 (beim Soldatenfriedhof), Tel. 34 06 08 12 13, www.facebook.com/chioscoallafortezza, im Sommer tgl. 10–22 Uhr. Perfekt für den Sonnenuntergang mit Aperol in der einen und Tramezzino in der anderen Hand.

6 Bistrot Eccetera, Piazza Grande 18, Tel. 34 75 47 21 66, www.facebook.com/eccpalmanova, Mi–So 8–24 Uhr. Pinsa und nicht ganz billige Tramezzini für den Hunger zwischendurch; abends Treff für Apero und Cocktails.

Einkaufen

■ **Wochenmarkt,** Mo 8–13 Uhr auf der Piazza Grande.

11 Palmanova Outlet, SP125 südöstlich von Palmanova an der Autobahn, Tel. 04 32 83 78 10, www.palmanovaoutlet.it. Etwa 100 Läden mit Kleidung, Küchengeräten und Design zu teilweise günstigen Preisen.

Corte Tomasin/Olivenöl, Vicolo Levada 7, **Castions di Strada** (10 km westlich von Palmanova), Tel. 33 35 20 89 40, www.olioextraverginefvg.com, Mo–Sa 9–12, 15–19 Uhr. Hofverkauf von feinem Olivenöl als Blend, aber auch als Reinsorte.

Aktivitäten

■ **Baden:** Unterhalb des Zusammenflusses von Torre und Isonzo ist **Isonzo dil Tossut** mit Parkplatz am Ponte sull'Isonzo, rund 7 km östlich von Cervignano del Friuli, ein beliebter Badeplatz auf den Flussbänken.

Am Tagliamento kommt man bei Camino (6 km südwestlich von Codròipo) an der **Spiaggia Tilment** ins

Adobe Stock / Mauro Carli

Wasser (1,5 km von Camino auf der am Ende unbefestigten Via Tagliamento).

Radverleih/Radwanderungen: Die Unterkunft **Zona 30 Bike** (s. oben) verleiht Räder und listet auf ihrer Website über 30 Touren unterschiedlicher Länge in der näheren Umgebung auf (mit GPS-Download für Gäste), z.B. entlang der Befestigungen oder zu den Schlössern von Strassoldo.

Durch Cervignano del Friuli schlängelt sich die Ausa

Feste und Veranstaltungen

A.D. 1615 Palma alle Armi, am ersten Septemberwochenende steht Palmanova unter Waffen. Das größte Renaissance-Reenactment der Welt mit über 1000 Protagonisten aus ganz Europa auf dem Jahrmarkt und bei Gemetzeln; www.facebook.com/rievocazionepalmanova.

Verkehr

Bahnhof/Stazione, Viale Stazione (1 km im Westen durch die Porta Udine), halbstdl. nach Udine (15 Min. um 3 €) und Triest (50 Min., um 6 €).

5 Zwischen Tagliamento und Piave

» Die Berge ziehen sich zurück und lassen den Bewohnern der westfriulischen Tiefebene Raum für mauerbewehrte Städte und den Anbau perlender Weine.

Weinberge bei Vittorio Veneto

099f sk

Zwischen Tagliamento und Piave

©Reise Know-How
0 5 km
Friaul K5 1/23
M. Ráut 2026
Sella Chianzutan, Tolmezzo, Tramonti di Sopra
Grotte di Pradis
Monte Pala
Pielungo, Monte Prat
262
262
Clauzetto
Forgaria nel Friuli
Poffabro
272
Meduno
410
Barcis
Andreis
272
Cavasso Nuovo
Flagogna
M. Fara 1342
Fanna
Travesio
Pinzano
Tagliamento
Muris
Lago di Bárcis
Fornasatte
La Roiuzza
Sequàls
Ragogna
273
Montereale Valcellina
464
Maniago
Valeriano
S.Daniele del Friuli
269
232
Pala Fontana 1635
Arba
256
275
Spilimbergo
Piancavallo
261
S.Leonardo V.
Dignano
Flaibano
Provesano
274
Aviano
Vivaro
San Foca
251
Budòia
La Roiuzza
Turrida
284
Polcenigo
S. Quirino
Friaul-Julisch Venetien
Tagliamento
Rivis
Sedigliano
Roveredo
284
Valvasone
278
Vignovo
PORDENONE
Casarsa di Delizia
13
Fontanafredda
13
13
Codròipo
Sacile
198
Villa Manin
285
A28
Rosa
287
San Vito al Tagliamento
Corva
Brugnera
Romans
Prata
Meduna
Varmo
Azzano Décimo
283
Bagnarola
Gaiarine
Cecchini
Santa Maria in Sylvis
287
Portobuffolè
Villotta
Cordovado
Canússio
295
Rivarotta
Gruaro
Bassalghelle
Cinto
A28
Téglio Véneto
Ronchis
Lutrano
251
Annone Veneto
Bléssaglia
294
Gorgo al Monticano
Tagliamento
Oderzo
53
Vado
Latisana
Motta di Livenza
153
Portogruaro
Giussago
Piavon
Loncòn
Chiarano
S.Stino di Livenza
Cessalto
Veneto
A4
E70
Torre di Mosto
Valle Zignago
Zenson di Piave
Céggia
Noventa di Piave
La Salute di Livenza
Brussa
Livenza
14
Fossalta di Piave
Musile di Piave
S.Donà
Stretti
Isola di Vallevecchia

MESSER, SCHAUMWEIN UND WEHRHAFTE KLÖSTER

Berührend ist die stille Schönheit der Landschaft zwischen den Flüssen Tagliamento und Piave. Über sanfte Hügel breiten sich Gärten und Äcker aus, wachsen Traubenspaliere an den Hängen empor. Unversehens gerät man in dicht bewaldete, schmale, teils schroffe Täler, gebildet von den Zuflüssen der beiden großen Ströme. Hier verbergen sich Höhlensysteme wie das der Grotte di Pradis, malerische Schluchten wie jene von Caglieron, ein Riesenspaß für Kinder, oder das märchenhafte Schloss Castello Ceconi. Selbst passionierte Motorrad-Passfahrer können Überraschendes entdecken: Die Tour über den Passo San Boldo hat's in sich. Großstädte sind Mangelware, dafür erliegt hier wohl jeder dem Charme venezianisch geprägter Stadtplätze wie jenem von Pordenone oder Serravalle, der Altstadt des modernen Vittorio Veneto. Die Luftigkeit der Renaissance, ihre farbenfrohen Fresken und das mediterrane Lebensgefühl lassen die Strenge und Enge der Gebirgslandschaften vergessen.

NICHT VERPASSEN!

- Den wuchtigen, aber schlichten **Duomo di Santa Maria Maggiore** in Spilimbergo schmücken Prunkportal und Renaissancefresken | 257
- Auf den Spuren der Neandertaler in den **Grotte Verdi di Pradis** | 262
- Messer, Messer, Messer im **Museo dell'Arte Fabbrile e delle Coltellerie** in Maniago | 271
- Die **Abbazia di Santa Maria in Sylvis** ist Kloster und Festung zugleich, dazu das Grab der hl. Anastasia | 283
- Die Serpentinen zum **Passo San Boldo** haben's in sich! | 313
- Auf dem **Cammino delle Colline del Prosecco** wandern, genießen und die besten Prosecchi verkosten | 324

Diese Tipps erkennt man an der gelben Markierung.

Spilimbergo

■ 130 m üNN, 12.100 Einw., Udine 30 km, Pordenone 33 km, Triest 98 km, Venedig 120 km, österr. Name Spengenberg

Prächtige Fassaden, Arkadengänge, Gassen mit Flusskieselpflaster und fröhliche Farben – ein Spaziergang durch das Renaissance-Städtchen ist geradezu ein Muss, nicht nur wegen des Doms und der freskierten Fassade des Schlosses. Immer wieder begegnen dem Besucher in der Renaissance bemalte Bürgerhäuser und dekorativ arrangierte Steinchen – Spilimbergo ist schließlich die „Stadt der Mosaike".

Auch wenn die Siedlung als Castrum de Spengemberg 1120 erstmals in den Schriften auftaucht – der Lehnsherren-

Name aus Kärnten jenseits der Alpen erfuhr alsbald seine Italianisierung.

Geschichte

Die Lage an der Furt der römischen Verbindungsstraße vom „Stiefel" nach Mitteleuropa machte Spilimbergo schon in der Antike zu einem wichtigen Ort, insbesondere weil die Frühjahrsfluten des breiten Tagliamento es auf dem Hochufer nicht erreich(t)en. Im Mittelalter war Spilimbergo ein florierender Warenumschlagplatz, erst unter dem Patriarchen von Aquileia, dann unter der Serenissima. Der Reichtum, den die Steuereinnahmen bescherten, drückt sich noch heute vornehmlich in zwei Bauwerken aus, dem Dom und dem Kastell, die rund um die Piazza Duomo mit weiteren Gebäuden ein schönes Ensemble bilden.

Sehenswertes

Weite Gebiete des historischen Stadtkerns sind verkehrsberuhigt, und die Einfahrt ist verboten. Am besten parkt man sein Fahrzeug 150 m südlich des Doms auf den Parkflächen an der Via Beato Odorico unweit der Busstation.

Die Kathedrale

Kurz an Einfamilienhäuschen vorbei, und unvermittelt steht man vor der Hauptfassade des romanisch-gotischen **Marien-Doms** (Bauzeit 1284–1359) – eine der baugeschichtlich bedeutendsten Kirchen des Friaul. Sieben (bis zum Erdbeben 1976 mit Steinrosetten geschmückte) Rundfenster und die (nur noch teilweise erhaltene) Hauptpforte bringen ein wenig Ablenkung auf der ansonsten kahlen Westseite der dreischiffigen Kirche. Eigentliches Prachtportal ist die **Porta Moresca** (Maurenpforte, 1376) an der Nordseite von *Zenone da Campione*, der später auch am Mailänder Dom mitwirkte. Seine feinen Reliefs zeigen die Marienkrönung und darunter vier weitere Szenen (mit Engel, Lamm, Maria und Johannes dem Täufer). Das rechte der vier Wappen über den Reliefs gehörte der Spengenberger Herrschaft. Das Portal war einst ihr exklusiver Zugang.

Die **Flügel der Orgel** bemalte *Il Pordenone*, die Himmelfahrt Mariens ihr gegenüber (früher die Deckseite der geschlossenen Flügel) führte er ebenfalls aus (1524). Die vollflächigen **Fresken** in der linken Chorkapelle und im Hauptchor stammen aus der Mitte des 14. Jh. und zeigen Szenen aus dem Alten und Neuen Testament. An der Nordseite bei

Die Highlights für Kinder

- **Museo Da li mans di Carlin** bei Maniago: Ein Miniaturdorf zum Entdecken | 276
- Kletterspaß für Klein und Groß im **Klettergarten Rampy Park** in Piancavallo | 278
- Rasant vom Berg ins Tal mit der **Sommerrodelbahn Alpine Coaster** in Piancavallo – ein Riesenspaß! | 278
- **PAFF! Palazzo Arti Fumetto Friuli in Pordenone:** Comics für alle, die Bildsprache versteht jedes Kind! | 283
- Eine wilde Schlucht, geheimnisvolle Höhlen – Zeit zum Toben und Forschen in den **Grotte del Caglieron** bei Vittorio Veneto | 312

der Chorkapelle führt der Abgang in die **Krypta** mit Freskenresten aus dem 14. Jh. und einem Altar aus dem 15. Jh. (gestiftet von einem *Spengenberg* für die glückliche Heimkehr aus türkischer Gefangenschaft).

■ **Duomo di Santa Maria Maggiore,** Piazza Duomo, tgl. 8–19 Uhr.

Rund um die Kathedrale

An der Südostecke der Piazza Duomo mit ihrer gepflegten Rasenfläche versteckt sich hinter der Chorseite des Doms (Zugang durch einen Bogen) die **Cäcilienkirche** aus dem 9. Jh., das älteste Gotteshaus der Stadt. In der winzigen Ein-Raum-Kirche sind einige Freskenreste aus dem 16. Jh. zu sehen, darunter eine Stillende Madonna. Bereits Ende des 16. Jh. wurde die Kirche säkularisiert und nur noch für Versammlungen im Winter benutzt, weswegen sie eine offene Feuerstelle erhielt; ab 1830 war sie Leichenhalle.

■ **Chiesetta di Santa Cecilia,** Piazza Duomo, tgl. 8–19 Uhr.

Der Kathedrale gegenüber steht der repräsentative **Palazzo della Loggia,** als Magistratsgebäude im 14. Jh. errichtet und ab dem Jahr 1700 das Stadttheater (heute ist in ihm auch der Infopoint untergebracht). Man achte auf das eingeritzte mittelalterliche Längenmaß an der Ecksäule – „La Macia", Namensgeber der Mittelalterspiele.
An der Ostseite des Platzes gelangt man stilecht über eine uralte Steinbrücke und den Burggraben auf den großzügigen Schlosshof des **Castello di Spilimbergo.** Das ungefähre heutige Erscheinungsbild erhielt das im 11. Jh. erstmals erwähnte, durch Erdbeben, Krieg und Feuer beschädigte und immer wieder umgebaute Schloss im 14. Jh. Schönstes Bauwerk des Ensembles aus mehreren Residenzen ist der gegenüber dem Zugang stehende „Bemalte Palast" (Palazzo Dipinto) mit eleganten Triforien. Seine Allegorie-Fresken der Tugenden und Dekore erstellte *Andrea Bellunello* im 15. Jh.

Corso Roma

Zurück am Dom hält man sich westlich. Das erste Gebäude links ist der **Palazzo del Daziario,** das Zollhaus aus dem 13. Jh., in dem Gebühren zu entrichten waren und das bei Handelsstreitigkeiten Referenzmaße bereithielt. Mit den Arkaden der anschließenden beiden Palazzi und der Bürgerhäuser gegenüber waren die Spilimberghesi jederzeit vor Sonne und Regen geschützt.

Die **Torre Orientale** beim Palazzo Ercole bildet den östlichen Zugang zum mittelalterlichen Stadtkern. Sie war Teil seiner Befestigung des ausgehenden 13. Jh. und bildet mit dem **Palazzo Ercole** (auch Casa Dipinta, „Bemaltes Haus“) einen Komplex (die Cantina darin ist nicht schlecht, → Essen und Trinken). Seine Westseite zeigt Szenen mit dem griechischen Helden Herakles (um 1520).

Ein weiteres prächtiges Beispiel für innerstädtischen Palastbau ist der **Palaz-**

zo Monaco (um 1550), Ecke Via Vittorio Emanuele II, mit Arkade, vornehmer gotischer Fensterfront und Freskenszenen aus der Mythologie.

Nächste Stationen sind gleich südlich der Piazza Garibaldi zwei Kirchen. Die **Johanneskirche** ließ die wohltätige Bruderschaft der Flagellanten 1346 als Hospiz- und Hospitalkirche erbauen; der Glockenturm kam 1487 hinzu. Mehrere Umbauten wandelten das Erscheinungsbild. Der barocke Portalschmuck zeigt das Zeichen der Bruderschaft: eine Hand mit erhobenem Zeige- und Mittelfinger. Das Deckenfresko stammt von 1746. Wenige Schritte weiter wurde die **Kirche der hl. Joseph und Pantaleon** noch unfertig 1327 derselben Bruderschaft anvertraut, kam aber 15 Jahre später zum Augustinerorden (die Statue von Sant'Agostino am Portal erinnert daran). Glanzstück ist der Renaissance-Holzchor von 1477, der 1959 aus dem Dom aus- und in die Kirche eingebaut wurde. Auch mehrere moderne Mosaike schmücken das Innere.

■ **Chiese di San Giovanni e dei Santi Giuseppe e Pantaleone,** Via Mazzini, tgl. 8–19 Uhr.

Zurück und am Corso links gehend passiert man linker Hand den **Palazzo Stella,** der auf *Palladio* zurückgehen soll. In ihm lebte und dichtete *Eusebio Stella* (1610–1671) und wohnte *Napoleon* 1797 für einige Tage. Der Corso endet am Stadtturm **Torre Occidentale** aus dem 17. Jh.

Im Norden des Corso Roma

Folgt man von der Torre Orientale der Via Jacopo da Spilimbergo nach Norden und biegt in die Via Valbruna links ein, befindet man sich plötzlich in engen Gassen mit niedrigen Wohnhäuschen. Dass der Stadtteil **Borgo Valbruna** auf das Frühmittelalter zurückgeht, ist ihnen nicht mehr anzusehen – modern, pastellig und attraktiv sind sie, nur einige Grundstücksbegrenzungen, grau und angenagt, erinnern an vergangene Zeiten.

Die Via Valbruna endet am **Palazzo Spilimbergo di Sopra.** Im 13. Jh. erstmals als Wehrbau mit Burggraben errichtet, wurde er im 16. Jh. zur Renaissancevilla umgestaltet und blieb bis 1920 im Besitz der Spilimbergo-Herrschaft. Nach dem Erdbeben von 1976 konnte die Bemalung der Fassade freigelegt werden. Heute fungiert das Gebäude als Rathaus und seine rekonstruierte prächtige Inneneinrichtung mit Stuck und Spiegeln in venezianischem Stil ist leider nicht zu besichtigen. Das **Belvedere** des Palastes entschädigt dafür mit Blick über den Tagliamento hinweg tief in die Berge hinein.

Mosaikschule

Letzter Besichtigungspunkt ist die Mosaikschule. Sie pflegt eine lange Tradition und dokumentiert im Museum und im Hof ihre Kunst, die im Pantheon der Kreativität lange eher ein Schattendasein als Handwerk fristete, heute aber als eigene Kunstform anerkannt ist. Dass Spilimbergo eines ihrer Zentren geworden ist, hat seinen Ursprung im 17. Jh., als die Männer nach Venedig mussten, um Arbeit zu finden. Sie nahmen ihr Wissen um die Mosaike mit nach Hause. In der 1922 gegründeten Schule bringen

100f sk

im Jahr etwa 30 Meister die Ausbildung erfolgreich hinter sich und finden Beschäftigung und Aufträge in aller Welt, wie mit dem Großmosaik „Schillernder Blitz" in der U-Bahn-Station am Ground Zero in New York oder bei den Mosaiken des römischen Foro Italico. In Spilimbergo ist ein sehr detailliertes Werk im **Monument der Gefallenen** an der Via Toti, Ecke Via Corridoni (zwei Straßen nördlich der Schule), zu sehen.

■ **Scuola Mosaicisti del Friuli,** Via Corridoni 26, Tel. 04 27 20 77, http://scuolamosaicistifriuli.it, Juli/Aug. tgl. 10–12.30, 16.30–20, sonst Mo–Fr 8–11.30, 13–15.30 Uhr, 2 €.

◰ Vor der Mosaikschule von Spilimbergo

In der Umgebung

Provesano

Fans von *Gianfrancesco da Tolmezzo* kommen in der 1392 errichteten **Pfarrkirche St. Leonhard** voll auf Ihre Kosten. Hinter der neoklassischen Fassade von 1828 verbergen sich seine farbenfrohen, vollflächigen Fresken. Er bemalte ab 1496 das Chorgewölbe mit den vier Kirchenlehrern (von jeweils zwei Aposteln flankiert), die Seitenwände mit Themen aus der Passion und die Rückwand mit der Kreuzigung – *Tolmezzos* Lehrling *Il Pordenone* ließ sich von diesem

Szenenarrangement für seine Arbeit in der Antonius-Kirche von San Daniele inspirieren.

■ **Chiesa San Leonardo,** Piazza Risorta 1, Juli/Aug. tgl., sonst Sa 10–12.30, 14.30–18, So 11–12.30, 14.30–18 Uhr.

Rund um den Monte Pala

Eine aufregende Schluchtenfahrt auf kurviger Straße durch Tunnel und Galerien entlang der dicht bewaldeten **Schlucht des Arzino** verspricht die **SP1** zwischen Pinzano und dem Weiler Cerdevol und die Rückfahrt auf der **SP55** mit einem Abstecher zur Höhle von Pradis. Wer nach Tolmezzo will, fährt ab Pielungo weiter nach Norden. Bei der Fahrt umrundet man in den Karnischen Voralpen die Hügel und Berge um den 1231 m hohen **Monte Pala da Rope**.

Rundfahrt über die Grotten von Pradis

Auf der Rückfahrt ab **Pielungo** auf der SP55 kommt man kurz nach der Abzweigung auf einem kurzen Abstecher (1 km) zu einem richtigen Märchenschloss. Das **Castello Ceconi** ist leider nur von außen zu besichtigen, aber die wilden, eklektizistischen Fassaden zwischen Gotik, Renaissance und Liberty sind einen Blick wert. Errichten ließ es *Giacomo Ceconi* zwischen 1890 und 1908 an der Stelle seines Geburtshauses – der Unternehmer wurde im 19. Jh. im Straßen- und Eisenbahnbau reich; die Habsburger adelten ihn, und Umberto I. erhob ihn schließlich in den Grafenstand. Die Fassade schmücken die Figuren der Dichter *Alighieri, Petrarca, Ariosto* und *Tasso.*

Beim Weiler Forno 3 km weiter kann man einen **deutschen Soldatenfriedhof** aus dem Ersten Weltkrieg und nach weiteren 3 km den **italienischen Gottesacker Val da Ros** besuchen; auf beiden liegen die Opfer der Schlacht von Pradis.

Hier biegt man nach Westen ab auf die Via Val da Ros und folgt den Wegweisern zu den **Grotten von Pradis**, die man nach 2 km erreicht. Zur Einstimmung auf den Besuch der Schlucht sollte man sich vorab im Museum über die Besiedelungsgeschichte des weitverzweigten Systems informieren. In den 1970ern fand man Spuren der frühen Bewohner: Rund 14.000 Jahre alt sind pflanzliche und tierische Nahrungsreste, darunter auffällig viele von Murmeltieren; außerdem weisen Feuersteine in eine Zeit, in der Neandertaler durchs Tal zogen. Auf dem Besichtigungsweg kommt man kurz hinter dem Picknickplatz zur **Höhlenkapelle Grotta della Madonna** und steigt dann am Picknickplatz über 207 Stufen hinab in die Schlucht zur Brücke über den Wildbach Cosa; von ihr geht es links zum Aussichtspunkt am **Wasserfall des Rio Molat**, nach rechts zu den Auswaschungen 1, 2 und 3 – schlauchförmige Kavernen. Zurück an der Brücke gelangt man im Bogen über den Waldweg und die obere Steinbrücke aus dem 19. Jh. zurück zum Ausgangspunkt.

■ **Grotte Verdi di Pradis/Museo,** Pradis di Sotto, Tel. 04 27 80 323, http://grottedipradis.it, Juli/Aug. tgl. 8.30/10–18/19.30, Mai So 10–18, Juni Sa/So 10–18, Sept. Sa/So 11–18, Okt. Sa/So 10–16 Uhr (letzter Zugang 1 Std. früher), 4,50 € (Museumsspende), mit FVGcard frei.

Auf der SP57 fährt man weiter, stößt wieder auf die SP55 bei **Clauzetto** und nimmt dort die SP22 durch die Berge am Stausee **Lago del Tul** und dem empfehlenswerten Restaurant Ai Mulinars (→ Essen und Trinken) vorbei nach Spilimbergo.

■ **Rundfahrt Spilimbergo – Arzino-Tal – Pradis – Spilimbergo,** 60 km, Fahrzeit Auto 2 Std., Rad 4–5 Std., mehrere Ladestationen für E-Bikes (→ Aktivitäten / Radfahren).

Alternativstrecke Clauzetto – Spilimbergo

Alternativ fährt man 2 km östlich von Clauzetto im Weiler **Vito d'Asio** von der SP22 ab und auf einem Bergsträßlein hoch zum 1,5 km entfernten Agriturismo Fattoria Carolina unterhalb des Monte Pala (s. Essen). Zur Verdauung kann man dann 2,5 km weiter bei einigen Steinhäuschen parken und in 10 Min. zur **Chiesa della Madonna della Neve** spazieren und den tollen Blick auf die Tagliamento-Ebene genießen. Zurück in Vito d'Asio hält man sich auf der SP22 nach Osten und gelangt über **Anduins** und auf der SP1 zurück nach Spilimbergo (etwa gleiche Entfernung wie über den Lago del Tul).

Weiterfahrt von Pielungo nach Tolmezzo

Knapp 30 km sind es von Pielungo über den Passo di Sella Chianzutan und am Lago di Verzegnis vorbei nach Tolmezzo, ebenfalls eine überaus reizvolle Strecke.

Bevor die Straße in Serpentinen zum Pass hochschwingt, kann man kurz hinter dem Abzweig zum Weiler Pozzis nach links in das urtümliche **Val di Preone** abbiegen. Auf sehr schmaler Straße und durch den Wald geht es entlang des Arzino. Nach 2,5 km kann man einen ausgeschilderten Spaziergang zu den **Cascate dell'Arzino** unternehmen (einfach 300 m, 7 Min.), einem romantischen Wasserfall, der in ein Felsbecken sprudelt. Eine Pause ist 2,3 km weiter im nun wirklich abseits von allem gelegenen urigen Waldlokal La Baita al Pioniere möglich (→ Essen und Trinken). Weideflächen, ein Kirchlein, ein paar Hütten – mehr ist hier sonst nicht. (Zur Hauptstraße SS52 zwischen Tolmezzo und Ampezzo sind es 9 km über den 790 m hohen Passo Sella Chiampon.)

Zurück an der SP1 geht es nun in engen Serpentinen zum 950 m hohen **Passo della Sella Chianzutan** hinauf – mit einigen Gebäuden und Bar/Restaurant – und wieder runter zum **Stausee von Verzegnis.** Ein Picknickplatz ist die ganze Infrastruktur, ansonsten kann man sich am tiefen Grün des Wassers erfreuen, in dem sich die umgeben-

Schlacht von Pradis

Die Mittelmächte hatten die italienischen Stellungen an der Brücke von Pinzano am 3. November 1917 gestürmt und den Tagliamento überschritten. Am 5. und 6. November fand bei Pradis in den Gebirgswäldern westlich der Schlucht von Arzino der letzte Versuch statt, das Friaul zu verteidigen. Italienische Kolonnen griffen von Pielungo aus nach Süden vorstoßend die Österreicher/Deutschen an, die sich an den Hängen des Monte Pala festgesetzt hatten – und scheiterten (was den Rückzug der italienischen Truppen an den Piave besiegelte).

den waldigen Hügel und felsigen Gipfel spiegeln. Über die Tagliamento-Brücke gelangt man nach Tolmezzo hinein (→ Tolmezzo).

Forgaria nel Friuli

An die südlichen Ausläufer des Monte Prat schmiegt sich 5 km westlich des Ponte di Cornino über den Tagliamento der Ort Forgaria (1800 Einw., 270 m). Kirche, Supermarkt und adrette Häuschen komplettiert das **Museum des bäuerlichen Handwerks,** das in einer ehemaligen Molkerei Gegenstände des täglichen Arbeitslebens ausstellt und sich auch der Produktion von Rechen widmet, für die die Gegend früher bekannt war.

■ **Casa della Manualità Rurale – Geis e Riscjei,** Via Dante (im Ortsteil Cornino), Tel. 04 27 80 90 91, www.facebook.com/casadellamanualita, So 14–17 Uhr, Eintritt frei.

Über 8 km Serpentinenstraße gelangt man von Forgaria zur Hochebene des **Monte Prat** (930 m) mit einem Albergo, Kirche, Wochenendhäusern, einem Ferienheim für Schüler und einem engen Netz von kurzen Wanderwegen.

Das eigentliche Highlight ist das winzige Schutzgebiet des **Lago di Cornino** (5 km östlich von Forgaria) – ein kleiner (70 x 140 m), aber herrlich türkisfarbener See in einem bewaldeten Kessel, oval und mit klarstem Wasser. Baden ist verboten, und so muss man sich mit einem Spaziergang an seinem Ufer und vielleicht einem

Im Cornino-See ist Baden leider verboten

101f sk

Picknick begnügen. Er entstand vor etwa 10.000 Jahren als Gletschersee, ist 5–6 m tief, seine Temperatur schwankt zwischen 9 und 11 °C, und unterirdische Karstquellen speisen ihn. Im Wasser leben Forellen und Süßwasserkrebse, und darüber schweben Gänsegeier.

■ **Riserva Naturale Lago di Cornino,** SP22, www.riservacornino.it.

Gänsegeier im Friaul

Ende der 1980er-Jahre begannen die Mitarbeiter des **Geierprojektes** am Cornino-See, die Vögel (Gyps fulvus) auszuwildern. Diese waren mehr oder weniger ausgemerzt, weil man ihnen unterstellte, Nutzvieh zu töten – ein Irrglaube, der sich hartnäckig gehalten hatte. Gänsegeier sind Aasfresser, lieben felsiges Gelände und nisten an Steilwänden. Heute leben im Umkreis von 40 km um die 150 Tiere, und im Sommer gesellen sich vornehmlich aus Kroatien etwa 50 weitere hinzu. Ungefähr 70 Eier werden im Jahr bebrütet. Früher lebten die Geier hauptsächlich von verendeten Schafen und hätten heute große Probleme, Futter zu finden. Was für ein Glücksfall, dass San Daniele so nah ist: Die Schlachtabfälle der Schinkenproduktion werden ans Projekt geliefert – eine klassische Win-win-Situation. Auf einer Führung erfährt man alles Wesentliche über die Tiere und das Projekt und kann die riesigen – als Rekonvaleszenten in der Voliere untergebrachten – Vögel bestaunen.

■ **Progetto Grifone,** Via Sompcornino 81, Tel. 04 27 80 85 26, www.riservacornino.it, Mai–Sept. tgl. 9–13, 14–18, Okt.– April Di/Do 9–13, Sa/So 9–13, 14–16/17, Spende erbeten.

Praktische Tipps

Informationen

■ **Infopoint,** Piazza Duomo 1, 33097 Spilimbergo, Tel. 04 27 22 74, www.vivispilimbergo.it, Di–Do 10–13, Fr–So 10–13, 15–18 Uhr.

Stadtführungen

■ **Stadtführung,** jeden Samstag 10 Uhr (ital./engl.), Treffpunkt am Infopoint, 2 Std. Dauer, 14 €.

■ **Gastgeber-Führungen,** die „Accoglitori di Città“ führen nach Vorbestellung (im Infopoint) Besucher kostenlos durch die Stadt (nehmen aber auch gerne eine Spende an) und berücksichtigen persönliche Vorzüge (zu Fuß und per Rad).

Unterkunft

13 Hotel President②, Via Cividale 10, Tel. 04 27 51 002, www.grandhotelpresident.it. Modernes Hotel der oberen Mittelklasse (vier Sterne) an der Durchgangsstraße mit 33 Zimmern und Schwimmbad, Restaurant ②-③, kostenlose Räder für Gäste und kleine Radler-Werkstatt.

2 Hotel Michielini①-②, Viale Barbacane 3, Tel. 04 27 50 450, www.hotelmichielinispilimbergo.it. Einfaches Familienhotel aus einer (fast) vergangenen Zeit mit 37 großen Zimmern, gutbürgerlichem Restaurant② und über hundertjähriger Tradition.

8 Pensione Consul①, Piazza Borgolucido 28, Tel. 04 27 23 22, www.albergoconsul.it. Sieben

Spilimbergo und Umgebung: Zugabe!

■ **Aussichtspunkt Castello di Pinzano,** Via di Castello, Pinzano (10 km nördlich von Spilimbergo). Fundamentreste der im 12. Jh. erstmals erwähnten, ab 1800 verlassenen Burg – die Sicht vom Burgberg über den Tagliamento ist fantastisch. Einsame Besucher sollten sich hier nachts vor den Wassernymphen in Acht nehmen, die vom Arzino hochkommen.

■ **Parco Culturale Castelraimondo,** Via Coleti, Monte Prat (beim Haus Nr. 3 abbiegen und den Berg zum „Parkplatz" hoch, dann 5 Min zu Fuß). Die Kuppe wurde bereits in vorrömischer Zeit bewohnt, von Römern genutzt und im Mittelalter mit einer Burg bebaut (die aber bereits 1348 verfiel); Schautafeln erklären die Besiedlungsgeschichte.

■ **Monumento Ottavio Bottecchia,** SP22 (2,6 km nördlich des Lago di Cornino). Gedenkstein für den 1927 an dieser Stelle beim Training (von einem Bauern wegen stibitzter Trauben) erschlagenen Radrennfahrer und Unternehmer – die von ihm gegründete Firma stellt noch heute Rennräder für Profis her.

■ **Sehenswürdigkeiten am Isonzo** s. bei San Daniele del Friuli/Ragogna, → S. 238: Castello di Ragogna und Ossario Tedesco di Col Pion.

zweckmäßig, aber durchaus annehmbar eingerichtete Zimmer mit eigenem Bad in einem Familienbetrieb, gediegene, besonders mittags gut besuchte Trattoria② (So geschl.) mit Hausmannskost.

5 **B&B La Macia House②,** Corsa Roma 84, Tel. 33 87 62 58 68, www.lamaciahouse.it. Im Herzen der Altstadt in der Fußgängerzone, drei mit viel Liebe zum Detail gestaltete, komfortable Zimmer und eine Suite; Frühstück gibt's in der Café-Bar La Macia im Haus.

In der Umgebung

■ **Villa Cigolotti③,** Via San Marco 4, **Basaldella** (10 km südwestlich von Spilimbergo), Tel. 33 41 05 27 06, www.villacigolotti.it. Hochherrschaftliche Parkvilla von 1740 mit 24 edlen Zimmern und vier Suiten im Haupthaus und in der Barchessa, ideal für die Hochzeit oder die intime Erneuerung des Eheversprechens; Restaurant für Hausgäste.

■ **Gelindo dei Magredi②-③,** Via Roma 16, **Vivaro** (12 km südwestlich von Spilimbergo), Tel. 04 27 97 037, www.gelindo.it. Schönes und gepflegtes Ferienresort mit 35 Zimmern in einer großzügigen Anlage mit Pool, kleinem Museum, Spielplatz, Reitschule, Restaurant② und schönem Camping mit 18 Stellplätzen.

■ **Albergo Diffuso Magredi di Vivaro①-②, Vivaro** (12 km südwestlich von Spilimbergo), Tel. 33 56 79 94 56, www.albergodiffusovivaro.it. 19 Apartments von unterschiedlicher Größe und Ausstattung sind über den Ort verteilt. Radverleih, Tiere bei Voranmeldung erlaubt.

UNSER TIPP: **Albergo Julienne②,** Via Manin 63, **Arba** (13 km nordwestlich von Spilimbergo), Tel. 33 86 00 28 76, www.albergojulienne.it. Malerischer Gutshof aus dem beginnenden 20. Jh. in ruhiger Lage mit acht Zimmern; mit viel Liebe eingerichtet, voller Atmosphäre und mit einem schönen Garten.

Albergo diffuso Balcone sul Friuli②-④, Via Gio Maria Fabricio 17, **Clauzetto** (Monte Pala/Pradis), Tel. 33 12 48 32 97, www.balconesulfriuli.it. Über die Dörfer der Umgebung verteilte Ferienunterkünfte, als Initiative der Gemeinde begonnen und heute auch mit privaten Mitgliedern. Vom Zimmer über Apartments bis zur Villa gibt's ein breites Angebot – fast immer in toller Lage und schön eingerichtet.

Camping

12 **Area sosta camper,** Via Udine 3 (300 m vom Dom), 10 Plätze, Wasser/Abwasser/Strom, max. zwei Tage, 5 €/Tag.

■ **Gelindo dei Magredi,** s. o.

Essen und Trinken

11 Ristorante La Torre③-④, Piazza Castello 8, Tel. 04 27 50 555, www.ristorantelatorre.net, Di–Sa 12.30–14, 19.30–22, So 12–14 Uhr. Feine Küche in eleganter Atmosphäre am Hauptplatz im Renaissance-Palast Dipinto mit einem günstigeren Mittagsangebot; Qualität, Service und Präsentation sind perfekt und für die Leistung auch die Preise à la carte fair.

7 Casa Dipinta Cucina e Cantina②-③, Via Piave 3, Tel. 04 27 41 697, Fr–Mo 12–14.30, 18.30–22.30, Do 18.30–22.30 Uhr. Am östlichen Eingang zur Fußgängerzone sitzt man nett im Gastgarten unter Bäumen. Serviert wird, was Berge und Meer hergeben – mit Anspruch zubereitet.

1 Osteria Da Afro②, Via Umberto I 14, Tel. 04 27 22 64, www.osteriadaafro.com, Mo–Sa 12–15, 19–21.30, So 12–16 Uhr. Die Gerichte stehen auf einer Tafel, Spezialitäten der Gegend wie Schinken, Pilze, Siedefleisch und Täubchen, große Weinkarte; behagliche Stuben, Gastgarten und Vermietung von acht Zimmern②.

4 Trattoria Al Bachero②, Via Pilacorte 5, Tel. 04 27 23 17, www.osteriabachero.com, Di–Sa 9–14, 17.30–22, Mo 9.30–14 Uhr. Kutteln mit Polenta, Gerstensuppe, Essigwurst und Stockfisch stehen auf der Karte, ebenso wie Gerichte, die auch nervösere Mägen verkraften. Gemütliche Traditionsadresse (1897) der Einheimischen mit Patina; nicht groß, deshalb reservieren.

9 Buffet Porco Caldo①-②, Piazza Borgolucido 2, Tel. 04 27 40 333, Fr–So 9–3, Mo/Mi/Do 9–24 Uhr. Im „Heißen Schwein" gibt's tagsüber Pasta und Grillgerichte für das schnelle Essen; abends ist es die Kneipe um die Ecke.

In der Umgebung

■ **Trattoria Al Caminetto②,** Via Montello 15, **Barbeano** (4 km südlich), Tel. 04 27 29 55, Di–Sa 16.30–24, So 10.30–24 Uhr. Fleisch auf dem Grill zur Perfektion gebracht, große kalte Platten und Traditionsrezepte in anheimelnder Atmosphäre.

Unser Tipp: **La Baita al Pioniere②,** Val di Preone 3 (zwischen Pielungo und Tolmezzo), Tel. 34 42 50 26 89, www.facebook.com/labaitaalpioniere, Sommer Di–So 10–22 Uhr. Es gibt, was es gibt! Weit weg und tief im Tal kommt Bergküche auf die Tische des rustikalen Gastraums und auf die grob gezimmerten Möbel der Terrasse: Frico, Salsiccia in Sahne, Aufläufe, Gulasch vom Wildschwein – solche Sachen eben.

■ **Ai Mulinars②-③,** Via della Val Cosa 83, am **Lago del Tul** bei Clauzetto, Tel. 04 27 80 684, www.ristoranteaimulinars.it, Di–So 12.30–14, 19.30–22 Uhr. Gemütlicher Gastraum mit Fogolar (offener Feuerstelle) und schön angelegter Außenterrasse, bekannt auch für die köstlichen Vorspeisen, das Bistecca alla Fiorentina und den Weinkeller.

■ **Agriturismo Fattoria Carolina②,** Località Mont 5, **Vito d'Asio** (bei Clauzetto am Monte Pala), Tel. 33 34 50 34 26, www.fattoriacarolina.it, Juli Mi–So, Aug. Di–So 11–22 Uhr, sonst nur an Wochenenden. Fernab der Zivilisation lässt man sich was einfallen: Sonntags ist wilde Pool-Party mit DJ, Grill und Bier, sonst aber eher ruhiger. Moderner Betrieb mit Almcharakter und kalten Platten, Gulasch und Polenta; auch B&B② mit Möglichkeit der Vollpension.

■ **Agriturismo Verde Friuli②,** Via Mont 6/A, Località **Monte Prat** (7 km oberhalb von Forgaria), Tel. 04 27 80 91 33, www.verdefriuli.it, Fr 18–22, Sa/So 9.30–15, 18–22 Uhr, im Sommer teils auch wochentags. Friulanische Landküche mit kalten Platten, hausgemachter Pasta, Fleisch und fantastischem Blick von der Terrasse über die Ebene, auch drei Zimmer mit Bad②.

Caffè & Eis

3 Gelateria Arte Dolce, Viale Barbacane 21, Tel. 04 27 92 63 66, www.venierartedolce.com, Di–So 7.30–13, 15–22 Uhr. Das beste Eis der Stadt rühren Stefano und seine Crew an, in klassischen, aber auch innovativen Geschmacksrichtungen; außerdem: Törtchen und Torten, Schokoladen und Baisers.

10 Pasticceria Le Strane Delizie, Piazzetta Borgolucido 11, Tel. 37 15 99 08 47, https://lestranedeli

zie.it, Mi–Mo 7–20 Uhr. Mit Kaffee und Kuchen nur unzureichend beschrieben: Süßes zum Reinlegen.

Apero & Abend

6 **Enoteca La Torre,** Via di Mezzo 2, Tel. 04 27 29 98, www.facebook.com/enolatorrespilimbergo, Mi–So 10.30–14.30, 18–22/23 Uhr. Fingerfood, Tapas, Burger und ein Schwätzchen – gerne auch in der Gasse mit dem Weinglas in der Hand; an Sommerwochenenden ab und an Livemusik.

14 **Blu Spilimbergo,** Via Udine 44, Tel. 34 75 29 09 48, www.facebook.com/BluSpilimbergo, So–Do 8–24, Fr/Sa 8–2 Uhr. Wenn nicht hier feiern, wo dann? Bar, Lounge, Café und Treff für die Jüngeren. Musik und gute Stimmung ohne Nachbarn bis ultimo.

Einkaufen

■ **Wochenmarkt:** Jeden Sa 8–13 Uhr auf der Piazzetta Borgolucido (100 m südlich der Piazza Garibaldi).

15 **Azienda Agricola Avoledo/Wurst,** Via Ippolito Nievo 27 (am südwestlichen Stadtrand), Tel. 04 27 41 113, Mi/Di, Do–Sa 8.30–12,30, 15–19 Uhr. Bauernhofladen mit traditionell hergestellter Wurst und Fleisch aus eigener Schlachtung.

16 **Tosoni/Käse,** Via Barbeano 9/F (am südwestlichen Stadtrand), Tel. 04 27 28 00, www.tosoni formaggi.it, Mo–Sa 8.30–13, Do–Sa auch 15.30–19 Uhr. Supermarkt mit Wurst, eingelegtem Gemüse und weiteren Spezereien – ein Rundumschlag mit Waren aus ganz Italien. Die Käsespezialitäten kommen aber aus der eigenen Traditionskäserei, von Mozzarella bis zum gereiften Asìno.

Aktivitäten

■ **Baden:** 5 km nördlich von Pinzano kann man am Nordufer des Arzino kurz vor dessen Mündung in Tagliamento unterhalb der Eisenbahnbrücke an der **Spiaggia Ponte di Ferro** ins Wasser; 1,5 km nördlich erlaubt auch die **Spiaggia Flagogna** an der Brücke Ponte di Armistizio einfachen Zugang. Ein „Geheimtipp" ist die **Spiaggia Cerdevol Curnila,** die Felsbadebecken des Arzino an der SP1 bei Pielungo (Parkplatz GPS N 46.27972, E 12.93707), s. oben bei „Rund um den Monte Pala".

■ **Radfahren:** Die Tour von Forgaria über die Asphaltstraße auf den **Monte Prat** ist am Wochenende beliebt (mit mäßig starkem Autoverkehr); weniger befahren ist die 12 km lange Nebenstrecke vom Arzino-Tal hoch (bei Pielungo nach Zopiet abbiegen), allerdings auch mit einigen Schlaglöchern gesegnet. Eine längere Tour ist die Strecke rund um den **Monte Pala** (s. oben); beide Hauptrouten haben **Ladestationen für E-Bikes**, am Monte Pala: Ristorante San Francesco (bei Pielungo), La Baita al Pioniere (Val di Preone), Agriturismo alle Radici (Grotte di Pradis); am Monte Prat: Albergo Ristorante Monte Prat.

Radverleih/Arzino Motion: Piazza Centrale 8, Anduins di Vito d'Asio (am Monte Pala), Tel. 33 91 63 49 71, www.emotionarzino.it, E-MTB ab 25 €/Tag.

■ **Wandern:** Der Spazierweg hoch zur Burgruine des **Castello di San Giovanni** beginnt in der Via Castello (GPS N 46.21164, E 12.96296) und führt auf schmalem Pfad in den Wald hinein und hoch zu den Mauerresten mit Kirche (20 Min., 100 Hm); 1170 erstmals erwähnt, wurde sie 1511 zerstört – schöner Blick auf die Ebene.

■ **Klettern:** Im Arzino-Tal sind an der **Falesia Masarach** gleich nördlich des Ortes Anduins (Parkplatz GPS N 46.23619, E 12.96751) 66 Routen (4–7) ausgewiesenen; http://www.comune.vitodasio.pn.it („Vivere Il Comune – Attività sportive – Palestra di Roccia di Anduins").

■ **Canyoning:** Die Schlucht des Arzino mit seinen Tributären ist von März bis September ideal für Abenteuer entlang der Flussläufe, an Wasserfällen hinunter und durch kleine Seen; **Canyoning Adventure,** Piazza Municipio 1, Anduins, Tel. 37 35 09 97 00, www.canyoningadventures.com, ab 65 €/halber Tag.

Feste und Veranstaltungen

■ **Rievocazione storica della Macia:** An vier Tagen rund um Ferragosto (Mitte August) werfen sich Spilimbergo und seine Bewohner ins mittelalterliche Gewand und feiern mit großer Kirmes das Fest der Macia – ein altes Längenmaß.

Verkehr

■ **Bushof/Autostazione:** Via Udine, stdl. Busverbindung nach Maniago und Udine (Udine Linie 51, 45 Min., um 5 €, Maniago Linie 51, 60 Min. um 6 €).

Maniago

■ 280 m üNN, 11.600 Einw., Pordenone 25 km, Udine 50 km

Voraus die Ebene, im Rücken die friulanischen Dolomiten, auf der einen Seite der Torrente Cellina, auf der anderen die nicht weniger breiten Steinbetten des Torrente Còlvera di Jouf und des Fiume Meduna – ein beeindruckender Rahmen für den historischen Kern mit attraktivem Stadtplatz und einem Dom aus romanischer Zeit. Als Basis für Unternehmungen in den Bergen ist Maniago also ideal – und auch für Freunde von scharfen Messern. Über Jahrhunderte die Waffenschmieden der Serenissima, sind die Betriebe der modernen Stadt heute immer noch auf Schneidwerkzeug spezialisiert. Maniago war und ist *la città delle coltellerie*, die Stadt der Messermacher.

☑ Maniagos attraktiver Hauptplatz ist meist menschenleer

102f sk

Geschichte

Die Lage am Beginn der Täler von Cellina und Meduna durch die Berge hoch zu den Pässen nach Westen hinüber zum Piave und nach Ampezzo am Tagliamento im Norden machte bereits zu Zeiten der **Römer** eine Siedlung strategisch und ökonomisch wertvoll. Ihren Namen erhielt sie wohl von *Manilius*, Herr über die Ländereien in der Gegend. Am 12. Januar 981 taucht Maniago erstmals schriftlich auf: *Otto II.* von Sachsen bestätigt „Maniacus“ als **Besitz des Patriarchen von Aquileia.** 1420 eroberte **Venedig** die Burg – im Fokus: die Eisenminen in den Bergen, die waldreichen Hänge und die Flüsse für die **Schmieden.** Ab da entwickelten sich diese so erfolgreich, dass sie weitgehend exklusiv die Soldaten des Dogen mit Hieb- und Stichwaffen ausrüsteten (wofür er die Schmiede vom Wehrdienst befreite). Im 18. Jh. änderte sich die Produktion (Feuerwaffen hatten die Bedeutung von Säbeln und Lanzen relativiert). Die Schmiede verlegten sich auf Messer und Scheren und waren damit nicht weniger erfolgreich. Das 20. Jh. brachte die Umstellung auf industrielle Verfahrensweisen, und heute produzieren rund 1000 Beschäftigte Schneidwaren für Italien und den Export in alle Welt.

Sehenswertes

Der Altstadt von Maniago mangelt es nicht an Parkplätzen, so kann man also – wenn nicht gerade Montag und Markt ist – seinen Wagen gut am Hauptplatz abstellen. Maniago ist neben Belluno weiter westlich im Piave-Tal und jenseits der Valcellina-Berge das zweite Einfallstor der **Dolomiten des Friaul** (→ S. 405).

Piazza d'Italia

Das Herz der Stadt – einer der weitläufigsten Plätze im Friaul, trapezförmig, mit zwei gerundeten Seiten und 120 auf 150 m groß – umstehen mit maximal drei Etagen relativ niedrige, dennoch repräsentative Gebäude vornehmlich aus dem 19. Jh. Die Fontäne in der Mitte mit achteckiger Basis stammt von 1847. Blickfang ist die elegante **Loggia dei Caduti** von 1661 mit ihren drei Arkadenbögen an der Nordostseite, 1673 malte *Osvaldo Gortanutti* in ihr das Fresko

103fsk

„Republik Venedig“. Die Loggia ist heute Erinnerungsstätte an die Toten der Weltkriege. Der **Palazzo d'Attimis-Maniago** mit dem Fassadenfresko des venezianischen Löwen an der Nordwestseite war im 16. Jh. Teil einer weitläufigen Villa. Zu jener Zeit gab es am Platz nur wenige Häuser und die Herrschaft konnte großzügig bauen. Davon erhalten ist neben dem Zentralbau nur die Loggia linker Hand.

Das **Oratorium Unbefleckte Empfängnis** am südwestlichen Platzausgang geht auf das Jahr 1411 zurück, erfuhr aber 1778 eine neoklassische Umgestaltung. Der Hauptaltar stammt von 1780, der nach hinten versetzte Campanile aus dem 17. Jh.

■ **Oratorio dell'Immacolata Concezione,** Piazza d'Italia, tgl. 8–12, 16–18.30 Uhr.

Dom

Der **Dom San Mauro** – wenige Meter nach dem südlichen Platzausgang – wirkt gerade wegen seiner einfachen, nur mit einer aufwendigen Rosette geschmückten Fassade elegant. Die Skulptur über dem Portaltympanon stammt vom romanischen Vorgängerbau aus dem 10. Jh. Die Kathedrale entstand 1488 als einschiffiger Bau auf dessen Fundamenten. Das Innere gliedern sieben Kapellen, drei als Apsiden, je zwei an den Seiten. Das Gemälde der „Dreifaltigkeit mit dem heiligen Antonius von Padua“ – an der Rückwand links des Haupteingangs – malte *Isaak Fischer* aus Augsburg (1668). Das Deckenfresko der Zentralapsis schuf *Pomponio Amalteo* 1572. Beachtenswert ist insbesondere auch das gemalte und geschnitzte Triptychon von *Giovanni de Cramariis* aus dem 14. Jh. (links neben dem ersten Seitenaltar).

☒ Maniagos Dom San Mauro

■ **Duomo San Mauro,** Piazza Italia 18, Tel. 04 27 70 72 01, tgl. 7–13, 15–19 Uhr.

Messermuseum

In die Geschichte und die Welt der Messerproduktion taucht man im Messermuseum ein (4 Min. zu Fuß vom östlichen Platzausgang über Via Maniago und Via Vittorio Emanuele), das von den Anfängen erzählt, vom 1453 gegrabenen Kanal für die ersten Werkstätten, vom Geheimwissen der Schmiede, von ihrem Werkzeug und von der Entwicklung der verschiedenen Messerformen – vom Obsidiansplitter zur Hightech-Klinge; und von der Messerverwendung als Haushaltswerkzeug und als Mordwaffe.

■ **Museo dell'Arte Fabbrile e delle Coltellerie,** Via Maestri del Lavoro d'Italia 1, Tel. 04 27 70 90 63, https://museocoltelleriemaniago.it, tgl. 10–13, Do–Mo auch 14.30–17.30 Uhr, 4 €, FVGcard gratis.

Burgruine

Vom nördlichen Platzausgang sind es knappe 15 Gehminuten hinauf zu den Ruinen der Maniago-Burg mit Weitsicht über die Stadt und die Torrenti. Eine

Schautafel zeigt die Größe der Anlage aus dem 13. Jh. – ein Kastell mit Burgdorf innerhalb der Wehrmauern. Von den Venezianern 1420 erobert und 1511 durch ein Erdbeben zerstört, ist das einzige verbliebene Gebäude die **Kapelle San Giacomo** mit einigen Gräbern der inzwischen ausgestorbenen Maniago-Familie. Das Kirchlein stand ursprünglich innerhalb des Festungswalls, wurde abgerissen und an heutiger Stelle wiederaufgebaut.

In der Umgebung

Poffabro

Die Fahrt ins 8 km entfernte Poffabbro (500 m) in der Colvera-Schlucht nach Norden ist – zumindest im Auto – wenig erfreulich, sie verläuft vornehmlich in einem Tunnel. Doch mit dem Rad darf man die alte Straße benutzen, und so sollte man diese Möglichkeit wählen. Hat man die Tunnel hinter sich gelassen, fährt man fast durch eine Gartenlandschaft auf das vor Hochgebirgskulisse malerisch am grünen Hang klebende Dorf zu. Oben am **Hauptplatz** mit der blendend weißen Chiesa di San Nicolò, dem Naturstein-Campanile und blumengeschmückten Brunnen öffnet sich der Blick wie auf einem Balkon nach Süden. Wegen der gepflegten Gebäude im traditionellen Baustil aus Naturstein und Holz kam Poffabro auf die Liste der „schönsten Dörfer Italiens", und der kurze Spaziergang (etwa 15 Min.) auf kopfsteingepflasterten engen Gassen und unter vorkragenden Häusern hindurch lohnt.

Im **Besucherzentrum** des Parco Naturale Dolomiti Friulane (s. bei Informationen) in der ehemaligen Käserei neben der Kirche (mit einer Ausstellung zur Geschichte der Käseproduktion) kann man sich über Wanderwege und Hütten informieren.

Von Poffabro nach Barcis direkt – die SP63

Auf der schmalen Provinzstraße durch den lichten Laubwald vor Hochgebirgskulisse sind es 17 km von Poffabro an den **Lago di Barcis** (→ S. 410). Eine Stunde sollte man für die Fahrt um ungezählte Kurven und über die Serpentinen zwischen Monte Raut (2027 m) im Norden und Monte Jouf (1224 m) im Süden rechnen. Scheitelpunkt ist der Pass **Forcella do Pala** Barzana (840 m), dann folgt man dem Lauf des **Torrente Alba** an Andrèis vorbei hinunter zu seiner Mündung in die Cellina.

Cavasso Nuovo

Das prächtige Rathaus – mit seinen beiden turmartigen Eckerkern wie eine Burg gestaltet – dominiert den Hauptplatz von Cavasso Nuovo, 6 km nordöstlich von Maniago. Dazu gibt's ein modernes Hotel, ein martialisches Kriegerdenkmal und viele Einfamilienhäuser – das war's dann schon. Den Palazzo – Palazàt – ließen sich die Grafen von Polcenigo-Fanna im 16. Jh. errichten; das **Emigrationsmuseum** im Innern nimmt eine ganze Etage ein und ist den Auswanderern des 19. und 20. Jh. gewidmet. Die ökonomischen Hintergründe der Auswanderungswellen, die Schwierigkeiten und die Kontakthaltung in die Heimat, Erfolge und Misserfolge sind neben anderem Thema in den zwölf Sälen.

■ **Museo dell'Emigrazione,** Piazza Plebiscito 12, Tel. 04 27 77 014, www.museodellemigrazione.it, Do–So 10–13, Sa/So auch 15–17 Uhr, Eintritt frei.

Val Tramontina

Bei Cavasso Nuovo/Meduno verschwindet die SR552 in Richtung Berge, führt durch das Tramontina-Tal direkt nach Norden und quert die Dolomiti Friulane (Details zum Naturpark → S. 405). Die 50 km lange, aussichtsreiche Strecke mit zahlreichen Kurven folgt zunächst in der sanften Hügellandschaft – vorbei am aufgestauten Lago di Redona – dem Fiume Meduna bis **Tramonti di Sopra** und dann dem breiten Tal des Torrente di Vielia mit seinen sattgrünen Wiesen. Schließlich verengt sich das Tal zusehends, während die Straße hoch zur Wasserscheide des **Passo Rest** (1052 m) schwingt und über Serpentinen in steilem Hang wieder hinunter zum Tagliamento. Motorradfahrer lieben die Strecke und sind im Sommer in großen Pulks unterwegs.

Pozze Smeraldine

Die „Pfützen" in der Schlucht der Meduna bei Tramonti di Sopra erstrahlen nachmittags, wenn die Sonne gut steht, tatsächlich smaragdfarben. Es hat also seinen Grund, dass die Besucher in Kolonnen den 2 km langen Waldspaziergang vom Parkplatz durch die Schlucht zum Bachbett mit den schönen Tümpeln in Kauf nehmen. Kurz davor muss man sich entscheiden: Will man ins Wasser oder den Blick von oberhalb in die Schlucht genießen?

■ **Pozze Smeraldine,** Parkplatz (GPS N 46.30853, E 12.78646), Via Pradiel, Tramonti di Sopra.

Rote Zwiebel

Cavasso Nuovo ist berühmt für seine **Cipolla Rossa.** Sie besitzt eine rote Haut und ein leicht rosa Inneres, ist rund mit abgeflachten Enden, reich an Mineralien und Vitaminen und süß im Geschmack, ohne zu beißen. Wie jeder Zwiebel wird ihr verdauungsfördernde und antibiotische Wirkung nachgesagt. Angebaut wird sie nach ökologischen Richtlinien ohne künstlichen Dünger und in wechselnder Fruchtfolge, um den Boden zu schonen. Für eine Suppe werden 1 kg klein geschnittene Zwiebeln mit einem Spritzer Öl bei schwacher Hitze 20 Min. gedörrt, dann passiert und bei Raumtemperatur mit 0,5 l Gemüsebrühe vermischt; abschließend 15 Min. leicht köcheln lassen und mit Olivenöl, Salz, Pfeffer, geriebenem Käse und Croutons servieren.

Montereale Valcellina

6 km westlich von Maniago war Montereale Valcellina (4300 Einw., 320 m) wegen seiner Lage am Eingang des Tals der Cellina schon immer von Bedeutung und die Region nachweislich bereits zur Bronzezeit besiedelt. Das **Archäologische Museum** fächert die Geschichte mit Grabungsfunden aus dieser Zeit und über die Römer bis zu den Langobarden auf. Untergebracht ist es – zusammen

mit der Stadtbibliothek – im Komplex des Palazzo Toffoli (17. Jh.).

■ **Museo Archeologico,** Via Giuseppe Verdi 22, Tel. 04 27 79 87 82, www.aupolis.info, Sommer Sa/So 15–18 Uhr, 4 €.

Was die ganzen Stauanlagen um Valcellina sollen, erfährt man im **Hydroelektrischen Museum,** nämlich Venedig die Straßenbeleuchtung mit Strom zu ermöglichen – bereits damals wollte man weg vom Gas! Zwischen 1900 und 1905 entstand der kolossale, palastartige Industriebau, zu dem vom Wasserschloss darüber 100 m lange, dicke Rohre führen, die Turbinen der vier Generatoren (mit je 1900 kW) speisten – ohne Modernisierung bis 1988.

■ **Museo Ex-Centrale Idroelettrica di Malnisio,** Via Alessandro Volta 27, Sa 14–18, So 10.30–12.30, 14–18 Uhr, 4 €, mit Führung am So 6,50 €.

Natürlich gibt es auch eine Burgruine in beherrschender Lage mit Rundumsicht. Das **Castello di Montereale** zwischen Stadt und Schlucht erreicht man über einen Spazierweg, der bei der Chiesa San Rocco (mit Parkplatz in der Via Roma) beginnt und erst nach Norden, dann am Hang hinauf zu den Ruinen mit Picknickplatz führt (30 Min., 150 Hm, 1,5 km).

Aviano

18 km südwestlich von Maniago können sich dafür Anfällige dem *American Dream* hingeben. In Aviano (8900 Einw., 160 m) hat es Western House, Befed Brew Pub, California Bar, The Common und viel Mayo und Ketchup für die rund 1000 US-Bürger. Den 1911 eröffneten **Militärflugplatz** übernahm die US Air Force 1955, baute ihn nach Kräften aus, bestückte ihn mit Kernwaffen und den dafür vorgesehenen Trägerflugzeugen und machte ihn so zu einem der großen NATO-Luftwaffenstützpunkte, von dem aus Maschinen auch Serbien (1999) und Libyen (2011) anflogen. 1998 durchtrennte ein Kampfflugzeug der Basis im Training das Seil der Gondelbahn von Cavalese bei Bozen, 20 Menschen stürzten in den Tod – „Topgun" hatte die Mindestflughöhe unterschritten und wanderte für 4,5 Monate in den Knast, jede betroffene Familie erhielt 1,9 Mio. €.

Wer Zeit hat, sollte einen längeren Blick in den **Dom San Zenone** (Fertigstellung 1832) werfen, dessen unattraktive Fassade mit Blendsäulen à la *Palladio* einige Meisterwerke aus dem 16. Jh. verbirgt, darunter eine „Madonna auf dem Thron mit Kind und Heiligen" (1514) von *Pietro da Vicenza* und die „Krönung der Santa Chiara" (um 1560) von *Giovanni Antonio Fasolo.*

Der **Palazzo Menegozzi** gleich nördlich am Platz stammt aus dem 18. Jh., präsentiert sich mit einem Tympanon mit Familienwappen der *Menegozzis,* einem Figurenprogramm aus der griechischen Mythologie auf seinen Giebeln, hat im Inneren Fresken und Stuck aus der Bauzeit, einen begrünten Innenhof und hinten einen italienischen Garten.

■ **Duomo di San Zenone,** Piazza Duomo, tgl. 8–12.30, 16–19 Uhr.

■ **Palazzo Menegozzi,** Piazza Duomo, www.comune.aviano.pn.it, bei Ausstellungen geöffnet.

104f sk

Piancavallo

12 km sind es auf aussichtsreicher, kurviger Straße hoch zum Naherholungs- und Skigebiet von Piancavallo (1300 m). Hier gibt's einen Klettergarten, MTB-Routen, Spaziergänge, eine Sommerrodelbahn und jede Menge Hotels und Ferienwohnungen in Großgebäuden – eine eigene Stadt.

⌃ Hinter der Fassade des Doms von Aviano verstecken sich einige Meisterwerke

Praktische Tipps

Informationen

- **Infopoint Maniago,** Via Maestri del Lavoro 1 (Museum), 33085 Maniago, Tel. 04 27 70 90 63, http://turismo.maniago.it, tgl. 10–13, Do–Mo auch 14.30–17.30 Uhr.
- **Infopoint Poffabro,** Piazza XX Settembre 1, 33080 Poffabro, Tel. 04 27 78 73 33, www.parcodolomitifriulane.it, im Sommer tgl. 15.30–18.30 Uhr.

Unterkunft

- **Hotel Montenegro**②**,** Piazza Italia 48, Tel. 04 27 70 03 37, www.albergomontenegro.eu. Modernes und sympathisches Drei-Sterne-Stadthotel

Maniago und Umgebung: Zugabe!

Museo Da li mans di Carlin, Piazza Pognici 5, Poffabro/Frisanco, Tel. 34 87 73 39 83, www.friuli.net/carlin, So 16–19 Uhr, Spende erbeten. In 40 Jahren baute *Signore Carlin* ein heute verschwundenes Dorf des Val Colvera im Maßstab 1:10 nach – mit Inneneinrichtung von Wohnhäusern, Kirche, Mühle und Schmiede, ein perfekt geratenes Lebenswerk.

■ **Santuario Madonna della Stangjada,** Poffabro/Frisanco (2 km südlich des Campings). Kleine, 1863 gebaute Pilgerstätte mit attraktiver Loggia in Panoramalage, gerne für Hochzeiten gebucht.

■ **Spaziergang Castello di Toppo,** Toppo/Meduno (12 km östlich von Maniago). Gut erhaltene Burgruine aus dem 12./13. Jh. und Kapelle in den Hügeln mit Blick auf die Ebene; an der Kreuzung Via Verdi/Via Carducci den Fußweg nach Norden nehmen und etwas holprig durch den Wald hoch (20 Min., 100 Hm).

direkt am Hauptplatz Maniagos mit 14 schönen Zimmern und einem guten Restaurant②-③ mit friulanischen Gerichten und ausgezeichneten Desserts aus der eigenen Pasticceria.

UNSER TIPP: **Albergo Leon d'Oro②,** Piazza Italia 1, Tel. 04 27 71 118, www.leondoromaniago.it. Die kleinere Alternative am Hauptplatz – jung und frisch – hat nur acht Zimmer, Fahrradgarage und -werkstatt, außerdem eine Café-Bar.

In der Umgebung

■ **Albergo Giardino②-③,** Via Circonvallazione Nuova 3, **Fanna** (3 km nordöstlich von Maniago), Tel. 04 27 77 178, www.algiardino.com. Drei-Sterne-Haus mit 25 Zimmern, wunderschönem Gebirgsgarten und gutem Restaurant②-③ mit Spezialitätenküche, Pool.

■ **Albergo Lis Aganis②,** Borgo Fornasette 1, **Poffabro** (2 km südlich des Ortes), Tel. 04 27 66 20 06, https://allealpifrisanco.wixsite.com/home. Hotel mit 5 Zimmern, 5 Mini-Apartments, gutem Restaurant② und schönem Garten in ruhiger Lage.

■ **Hotel Oliva②,** Via Luigi Longa, **Aviano,** Tel. 04 34 66 61 11, www.hoteloliva.com. Modernes Stadthotel mit 42 Zimmern und Miniapartments, Parkplatz, Gym, Waschkeller, Restaurant/Pizzeria – viele Geschäftsreisende und Besucher der Airbase.

Camping

■ **Campeggio Colvorona,** Via Valdestali, **Frisanco.** 2022 sanierter Platz mit vorzüglicher Infrastruktur, Bar/Restaurant und in schöner, ruhiger Lage am Ortsrand; Stellplatz/2 Personen ab 20 €.

■ **Plätze in den Friulanischen Dolomiten,** s. bei Belluno/Camping, → S. 393.

■ **Area Sosta Camper,** Via Battferri 2, Maniago. Fünf Stellplätze in Zentrumsnähe am Torrente Colvera, Strom, Wasser, Abwasser, kostenfrei.

■ **Area sosta camper,** Via Barcis 3, **Piancavallo,** Tel. 04 34 65 557. Großplatz mit 70 Stellflächen, Strom, Wasser, Abwasser, Toiletten; 13 €/Tag.

■ **Area Sosta Camper,** Via Pradis, **Tramonti di Sopra,** Tel. 39 14 00 64 31, www.picnicpozzesmeraldine.com. Schön gelegener, großzügiger Platz mit vier Stellflächen am Torrente Meduna mit Kiosk nahe den Pozze Smeraldine; Strom, Wasser, Abwasser; 10 €/Tag.

Essen und Trinken

UNSER TIPP: **Osteria Vecchia Maniago②-③,** Via Castello 10, Tel. 04 27 73 05 83, Di–So 11–24, Fr/Sa bis 3 Uhr. Kleine Karte, gutes Essen mit friulanischen Spezialitäten wie Frico oder Pasta mit Wildragout; angenehmes Sitzen und immer wieder auch Partys mit DJ-Musik.

■ **Antica Trattoria Tre Torri②,** Via Roma 10, Tel. 04 27 66 68 09, www.trattoriatretorri.eu, tgl. 11.30–14.30, Di–Sa auch 19.30–24 Uhr. Fisch- und

Fleischgerichte mit Anspruch in semi-elegantem Ambiente und nettem Innenhof.

In der Umgebung

■ **Trattoria Pignata②, Via Colussi 8, Poffabro,** Tel. 34 06 11 26 53, www.facebook.com/TrattoriaLaPignataPoffabro, Mi–Mo 11–14.30, 18.30–21.30 Uhr. Tolle Lage mit einer Aussichtsterrasse inmitten des Ortes mit einfachen Gerichten nach Traditionsrezepten aus den Bergen von Gulasch mit Polenta bis zur gefüllten Pasta in Buttersauce.

■ **Bici Grill①,** Via Dante Alighieri 16, **Cavasso Nuovo,** Tel. 33 82 86 78 11, www.instagram.com/bici_grill2021, Di–So 7.30–22 Uhr. Biergarten an der Hauptstraße mit Sportplatz, -programmen, Thementagen und Partys – vom Burger bis zum Spanferkel ist (fast) alles möglich, aber nicht immer garantiert; viel Stammpublikum.

■ **Ristorante Ai Cacciatori③,** Via Diaz 4, **Cavasso Nuovo** (6 km nordöstlich von Maniago), Tel. 04 27 77 78 00, Do–So 12.30–14.30, Sa/So auch 19.30–22.30 Uhr. Eine der alteingesessenen Adressen für Fischgerichte im Gebirge, leicht gehobene Preise in rustikaler Atmosphäre.

■ **Prosciutteria Dorth 1931①-②,** Via Pordenone 4, **Aviano,** Tel. 04 34 67 72 11, www.dorth1931.it, Di–Sa 6.30–14.30, 17.30–22.30, So 7.30–14.40 Uhr. Schinken und Wurst aus eigener Produktion (auch Thekenverkauf) in Variationen auf Brot, Pizza oder Pasta und noch mehr, wie Eisbein mit Kraut (am Wochenende mit Musik) – US-Bürger lieben es.

■ **Antica Corte②,** Piazza S. Croce 5, **Tramonti di Sotto,** Tel. 34 68 10 20 90, www.facebook.com/AnticaCorteBondio, Di–Sa 11–14, Mi–Sa auch 18.30–21/22, So 11–20 Uhr. Gute Bergküche mit hausgemachter Pasta, viel Wild und Pilzen, sympathische, ungeschniegelte Adresse mit günstigen Mittagsmenüs.

Caffè & Eis

Gelateria Aquolina, Via Fabio di Maniago 29, Tel. 04 27 73 91 42, www.facebook.com/aquolina.maniago, Sommer Di–So 10–22 Uhr. Eis aus frischen Früchten für den definitiven Unterschied! Auch Kreationen wie „Madeleines" und „Sacher" und eine tolle Granita!

Apero & Abend

■ **Bar Bomboniera,** Piazza Italia 58, Do–Di 7–2 Uhr. Für den Aperitif mit Chips und Schnittchen und zu späterer Stunde für ein Treffen am Hauptplatz.

Einkaufen

■ **Messer aus Maniago** tragen das Gütesiegel QM, die Marken lassen aber meist keinen Rückschluss auf die Produktion in Italien zu. Zur internationalen Vermarktung haben die Firmen sich Namen wie „Fox Knive", „Lion Steel" oder „Tecnocut Viper" verpasst. Geliefert wird in alle Welt, an die Bundeswehr, die NATO, in die USA …

■ **Consorzio Coltellinai/Messer,** Via Repubblica 21, Tel. 04 27 71 185, www.consorziocoltellinai.it, Mo–Fr 9–12.30, 14–18 Uhr. Der Laden des Zusammenschlusses der Messermacher Maniagos gibt den ultimativen Überblick über deren Produktion: vom Friseurbedarf über Waffen bis zu scharfem Garten- und Anglerwerkzeug.

■ **Wochenmarkt:** Jeden Mo 7.30–14 Uhr auf der Piazza Italia.

Waffengesetz

Wer in Maniago einen als Hieb- oder Stichwaffe nutzbaren Gegenstand erwirbt, sollte sich vorher über die Vorschriften seines Heimatlandes zum Import informieren. Es gibt da häufig sehr strikte, strafbewehrte Gesetze bezogen auf Klingengröße, Handling und Mitführung.

Aktivitäten

■ **Wanderungen:** Am **Lago di Barcis** (→ S. 411, Friulanische Dolomiten).

■ **Radfahren:** Geeignete Radtouren sind u. a. die Fahrt von **Maniago nach Poffabro** und die Runde um den **Lago di Barcis** (→ S. 411, Friul. Dolomiten).

■ **Klettern:** Kletterwand 2 km von Maniagos Zentrum (auf der Straße nach Poffabro vorm ersten Tunnel auf die alte Straße, 400 m); um 30 Routen (4c–7c), aber auch einfache Möglichkeiten (bei Anfängern beliebt), am Wochenende gut besucht.

Klettergarten: Rampy Park, Piancavallo, Tel. 34 50 15 54 36, www.rampypark.it. Klettergarten für Kinder ab 5 Jahren und Erwachsene mit 50 Elementen auf fünf Parcours. Juli–Aug. tgl. Juni/Sept. Sa/So 10–19 Uhr, 20 €, Kind 14 €.

Sommerrodelbahn: Alpine Coaster, Piancavallo, Tel. 04 34 65 52 58. Für Kinder ab 4 J., Länge 1000 m, Anfang Juli–Anfang Sept. Mo–Fr 9.30–17, Sa/So 9–17.30 Uhr, 5 €/Fahrt, 25 €/8 Fahrten.

■ **Golfclub Pordenone,** Via Gregorio 5, **Castello d'Aviano,** Tel. 04 34 65 23 05, https://golfpordenone.it. 18-Loch-Platz, 6000 m, Par 72, Greenfee 55–70 €.

Feste und Veranstaltungen

■ **Coltello in Festa:** Ein Wochenende Anfang September steht in Maniago im Zeichen des Messers mit Marktverkauf und offenen Türen in den Handwerksbetrieben; https://museocoltelleriemaniago.it.

■ **Festival Internazionale del Folklore:** Anfang August gibt es in **Aviano/Piancavallo** zwei Wochen lang ein buntes Programm mit Trachten- und Musikgruppen aus vielen Ländern; www.prolocoaviano.it.

Verkehr

■ **Bushof/Autostazione:** Via della Stazione 5, Mo–Fr stdl. Bus von Maniago über Spilimbergo nach Udine (Linie P51, 90 Min., um 7 €, https://tplfvg.it).

Pordenone

■ 24 m üNN, 52.000 Einw., Udine 54 km, Treviso 54 km, Venedig 93 km, Triest 113 km, österr. Name Portenau

Die Hauptstadt der Provinz Pordenone ist ideal für einen Stadtbummel entlang der prächtigen Renaissancepaläste und vorbei an den Schaufensterreihen der Geschäfte unter ihren Arkaden. Das Mittelmeer hat auf Pordenone weit größeren Einfluss genommen als die Bergwelt im Westen und Norden. Die Stadt hat so gar nichts von deren verschlossenem Charakter und schwerer grauer Steinarchitektur, stattdessen tritt die Leichtigkeit des Seins mit bemalten und fensterdurchbrochenen Fassaden aus der Regierungszeit der Serenissima in den Vordergrund. Doch Pordenone ist beileibe kein Museum, sondern eine Großstadt, und sein großflächiges Siedlungsgebiet, gerahmt vom Fluss Livenza im Westen und dem breiten Tal des Tagliamento im Osten, ist Produktionsstandort bedeutender, international tätiger Firmen (wie FIAT oder Zanussi/Electrolux) – daher der Spitzname „la piccola Manchester del Friuli". Regiert wird es seit 2016 mit Unterstützung der postfaschistischen Fratelli d'Italia.

Geschichte

Die Ausläufer der Tiefebene dringen mit dem Tagliamento weit ins Gebirge vor und waren schon in der Altsteinzeit ein bevorzugter Lebensraum. Die Stadt entstand als antike römische Siedlung unter dem Namen **Portus Naonis**.

Pordenone

0 200 m ©Reise Know-How Friaul 26 1/23

Übernachtung

2 Hotel Montereale
3 Damodoro
4 Camper Pordenone
10 Palace Moderno

Nachtleben

9 Molo
11 Caffè Letterario

Einkaufen

5 Pasticceria Montereale
13 Ferronato 1929

Essen und Trinken

1 Mini Puglia
6 Pizzeria Amalfi
7 Gelateria AmoreBio
8 Gelateria Cavour
12 Caffè Municipio
14 La Vecia Osteria del Moro
15 Enoteca Al Campanile
16 Piazzetta San Marco 13

Im 6. Jh. kam sie unter die Herrschaft der **Langobarden,** die bei ihrer Eroberung von Norden aus über die Lombardei eindrangen (und erst in Süditalien anhielten). Pordenone nahm dabei eine Sonderstellung ein: Es war direkt dem langobardischen Königshaus verantwortlich. Im frühen Mittelalter sah die Stadt verschiedene Herrschaftsdynastien aus Mitteleuropa, darunter das Bayerische Herzogtum, die Herzöge von Kärnten und schließlich die Habsburger im Jahr 1278, unter denen die Stadt als **Portenau** fast 250 Jahre verblieb. Dann erschienen die Venezianer auf der Bildfläche und gaben Pordenone als Lehen an die Familie derer zu Alviano. Als die Familie ausstarb, verwaltete **Venedig** die Stadt direkt. 1797 trat Napoleon das inzwischen eroberte Friaul an Österreich ab. 1866 kam es zum Königreich Italien.

Sehenswertes

Die Altstadt Contrada Maggiore liegt rund um den Corso Vittorio Emanuele II, der von der Piazza San Marco und dem Flüsschen Noncello nördlich bis zur Piazza Cavour verläuft. An dieser Achse stehen die schönsten Paläste, deren Fassadenfresken teilweise gut erhalten sind. Ausreichend Parkplätze findet man auf dem Parcheggio Marcolin (Piazzale Filanda Marcolin) 100 m von der Piazza San Marco.

Rund um den Dom

Der **Dom San Marco** inmitten von Renaissancehäusern entstand als einschiffiges romanisch-gotisches Bauwerk Mitte des 15. Jh. unter Verwendung von Bausubstanz aus dem 13. Jh. Vor etwa 200 Jahren wurden einige Veränderungen vorgenommen (u.a. an der Fassade, die sich seitdem zwar neoklassisch, aber unvollendet zeigt). Das im 19. Jh. umgebaute Innere beherbergt im Chor (rechter Altar) ein Meisterwerk von *Il Pordenone*: Die Schutzmantelmadonna malte er 1515 – und zeigte die Familie des Auftraggebers von Marias Umhang behütet. Ebenfalls beachtenswert: die Fresken *Pordenones* am rechten Pfeiler und am zweiten Altar an der linken Seitenwand der „Hl. Hieronymus" von *Tintoretto* (1595). Der Campanile (13. Jh., ab der Glockenstube 16. Jh.) ragt 79 m in den Himmel. Die Fassadengliederung verstärkt seine schlanke, elegante Form.

■ **Concattedrale di San Marco Evangelista,** Piazza San Marco 8, Tel. 04 34 52 04 03, Mo–Sa 7.30–12, 16–19, So 8–13, 16–19 Uhr.

Das augenfällige **gotische Rathaus** mit seinen drei Triforien und zwei den Giebel flankierenden Türmchen gleich westlich zum Corso Vittorio Emanuele II hin entstand 1291–1395, die Loggia mit dem Uhrenüberbau kam erst im 16. Jh. hinzu.

Dem Rathaus gegenüber kann man im Palazzo Ricchieri das **Museo Civico d'Arte** besuchen. Besonders prächtig sind die Prunktreppe, der mit der Geschichte von Tristan und Isolde freskierte Saal in der 1. Etage und die Fresken mit karolingischen Themen in der 2. Etage. Die Sammlung besteht aus Werken des berühmtesten Sohns der Stadt, *Il Pordenone*, und weiterer Meister – darunter einer der bekanntesten Porträtisten des 19. Jh., der ebenfalls aus Pordenone stammende *Michelangelo Grigoletti*. Wertvollstes Teil der Ausstellung ist das Meisterwerk *Pordenones* mit dem „Hl. Gotthard zwischen den Heiligen Rochus und Sebastian“ (1525). Zum Abschluss sollte man noch den gotischen Domschatz bewundern.

■ **Museo Civico d'Arte,** Corso Vittorio Emanuele II 51, Tel. 04 34 39 29 35, Do–So 15–19 Uhr, 3 € (inkl. Galerie gegenüber), mit FVGcard frei.

Direkt gegenüber zeigt die **Bertoia-Galerie** im Palazzo Spelladi (Ursprünge im 14. Jh. mit massiven Veränderungen bis ins 20 Jh. hinein) Wechselausstellungen aus den Bereichen moderne Kunst, Kunsthandwerk, Design und Fotografie.

■ **Galleria Harry Bertoia,** Corso Vittorio Emanuele II 60, Tel. 04 34 39 29 35, Do–So 15–19 Uhr, 3 € (inkl. Museum gegenüber), FVGcard frei.

An der Piazza della Motta

An der nach Osten führenden Via della Motta steht das **Naturkundemuseum.** Die kleinen Ausstellungen widmen sich der Ökologie, der Vogelkunde und auch der Archäologie. 3000 Wirbeltiere sind zu sehen, darunter zahlreiche Federkleider exotischer Vögel, und 20.000 Käfer, die Hälfte davon Laufkäfer.

■ **Museo Civico di Storia Naturale,** Via della Motta 16, Tel. 04 34 39 29 50, Do/Fr 9–12, 15–19, Sa/So 13–19 Uhr, 3 €, mit FVGcard frei.

☐ Pordenone ist eine wunderschöne Renaissance-Stadt

105f sk

Gegenüber befindet sich das ehemalige **Kloster San Francesco** von 1424, dessen Saalkirche *Il Pordenone* freskierte. Aus konservatorischen Gründen hat man die Fresken abgenommen und ins Museum gebracht. Zu sehen ist in der Seitengasse in der Lünette ein Fresko eines Schülers von *Il Pordenone* („Hl. Franziskus" von *Il Calderari*, um 1510). Im zweistöckigen Kreuzgang sind auch weniger wertvolle Fresken erhalten, die keinem Künstler zugeschrieben werden können. Der Konvent wurde 1767 geschlossen, kam in Privatbesitz und ging später an die Kommune, die ihn für Veranstaltungen nutzt.

Corso Vittorio Emanuele II

Zurück am Corso geht es nun in eine der schönsten Einkaufsstraßen Norditaliens. Die Arkaden versprechen im Sommer Kühle, und im Winter schützen sie vor eisigen Bergwinden. Oberhalb der Schaufenster bieten die Paläste weitere Sensationen fürs Auge: An der Ecke zur Via del Mercato prunkt der **Palazzo Varmo-Pomo** (Casa dei Capitani, Corso Nr. 45) aus dem 15. Jh. mit einer streng geometrischen Fassadenfreskierung. Das mittige Wappen zeigt die Farben Habsburgs, das rechte die der Familie *Varmo.*

Weiter nach Norden gehend passiert man linker Hand die schmale, ebenfalls mit geometrischen Mustern geschmückte Fassade des **Palazzo Gregoris-Bassani** (Corso Nr. 37), die hier allerdings durch zwei florale Bänder aufgelockert ist (18. Jh.).

An der nächsten Kreuzung, dem Durchgang zur Via Ospedale Vecchio gegenüber, zeigt der **Palazzo Gregoris** von 1684 (Corso Nr. 44) eine mit zahlreichen Kopfskulpturen verzierte Fassade – beispielhaft für die Architektur des Friaul, die hier ihr dem Gebirge entstammendes Erbe mit der Baukunst Venedigs vereint.

Ein Abstecher führt vom Ende des Corso an der Piazza Cavour zum Piazzale XX Settembre ins moderne Pordenone. Auf dem Platz steht am Kopfende ein 1937 errichtetes, sehr augenfälliges Bauwerk im Stil des Razionalismo – ein **Haus für Kriegsinvalide** (Casa dei Mutilati e Invalidi) – wie sie unter *Mussolini* allenthalben hochschossen.

106f sk

Würdigung des Malers Il Pordenone

Außerhalb der Altstadt

Den **Parco Galvani** im Osten der Altstadt erreicht man vom Dom in 10 Min. zu Fuß. Der **Comics-Palast** an seinem Rand steht ganz im Zeichen gemalter Geschichten und führt in der ständigen Ausstellung in die hohe Kunst der Comics *(fumetti)* ein; Wechselausstellungen widmen sich bekannten und unbekannten Protagonisten. Um die Villa ist auch noch ein Rosen-Lehrpfad angelegt – das **Museo della Rosa Antica.**

PAFF! Palazzo Arti Fumetto Friuli, Viale Dante 33, Tel. 38 87 80 96 48, www.paff.it, Di–So 10–20 Uhr, Eintritt Kind 10–17 J. 5 €, Erw. 8 €.

Das **Diözesanmuseum** am blinden Seitenarm des Noncello (Laghetto del Maglio) fünf Gehminuten weiter zeigt im modernen Bistums-Komplex die sakrale Kunst der Region zwischen Livenza und Tagliamento vom 4. Jh. bis zur heutigen Zeit: religiöse Skulpturen und Gemälde, aus Kirchen abgenommene Fresken, Zeichnungen, Drucke und wertvolle liturgische Gewänder.

Museo Diocesano di Arte Sacra, Via Revedole 1, Tel. 04 34 52 43 40, www.diocesi.concordia-pordenone.it, Di–Do/Sa 9–13, Fr 16–18.30 Uhr, frei.

Im Nordosten der Stadt, 3 km vom Dom entfernt, ist das **Archäologische Museum** in einer Burg mit Park untergebracht. Die Burg geht auf römische Zeit zurück (was man ihr nicht ansieht), und im Parkabschnitt gegenüber sind Fundamente einer Villa erhalten. Besonders interessant: die Grabungsfunde aus Palù di Livenza, eine prähistorische Pfahlbausiedlung und Welterbe (→ Polcenigo).

Museo Archeologico del Friuli Occidentale, Via Vittorio Veneto 19, Tel. 04 34 54 14 12, Juni–Sept. tgl. 15–19, sonst Sa/So 15–18 Uhr, 3 €.

Neben dem Archäologischen Museum werden im **Wissenschaftszentrum der Phänomene** die Naturgesetze und -ereignisse interaktiv und experimental aufbereitet, ein Spaß für Groß und Klein.

Centro Immaginario Scientifico, Via Vittorio Veneto 31, Tel. 04 34 54 24 55, So 10–18 Uhr, 6 €.

5 km vom Zentrum sind es nach **Vallenoncello** im Süden. In der Pfarrkirche San Ruperto hängt in der Apsis über dem Altar ein Gemälde *Pordenones*: „Madonna mit dem Kinde zwischen den hl. Sebastian, Rupert, Leonhard und Rochus" (1513).

Chiesa di San Ruperto, Via Chiesa 4, Vallenoncello, tgl. 9–12, 17–19 Uhr.

In der Umgebung

Santa Maria in Sylvis

Die **Benediktinerabtei** aus dem Jahr 730, 20 km südöstlich von Pordenone in Sesto al Reghena (eigene Autobahnabfahrt), geht auf eine Gründung der Langobarden zurück. Es war damals das mächtigste Kloster in ganz Friaul, ausgestattet mit diversen Rechten und großen Ländereien. Von den Verteidigungsanlagen ist nur noch ein idyllisch am Wehrgraben gelegener Turm aus dem 10. Jh. erhalten, unter dem hindurch man die Abtei betritt. Das **Museum** befindet sich in der Eingangshalle der Abtei rechter Hand und zeigt Fresken aus der Schule

Giottos („Himmel“ und „Hölle“, einander gegenüber, um 1500 von *Antonio da Firenze* und *Pellegrino da San Daniele*) und archäologische Funde aus dem Gebiet der Abtei, die auf eine römische Gründung zurückgeht. In der von 20 Säulen gestützten Krypta steht der Sarkophag der hl. Anastasia, im 8. Jh. aus einem massiven Marmorblock gehauen; die Pietà stammt aus dem 15. Jh. (aus dem bayrischen Raum).

- **Abbazia di Santa Maria in Sylvis,** Piazza Castello 1, Sesto al Reghena (20 km südöstlich von Pordenone über die Autobahn), Tel. 04 34 69 90 14, tgl. 9.30–11.30, 15.30–17.30 Uhr, So vorm. geschl., Einlass jede halbe Stunde.

Valvasone

20 km östlich von Pordenone ist das tiefenentspannte Valvasone (4000 Einw., 60 m) als einer den schönsten Orte Italiens geadelt. Die Kirche umstehen die typischen Renaissancehäuser mit drei Etagen, die Gassen sind gepflastert, die Bewohner haben Blumentöpfe vor die Eingänge gestellt, und das Castello etwas abseits zeigt sich als friedliches, über die Jahrhunderte zusammengestückeltes Ensemble. 1206 erstmals erwähnt, hat sich das Städtchen seine ursprüngliche Struktur bewahrt.

Bei einem Blick in die **Kirche zum Heiligen Leichnam** ist rechter Hand die älteste intakte venezianische Orgel zu sehen, 1532/33 von *Vincenzo Colombi* gebaut. *Il Pordenone* begann 1538 mit den Holztafeln des Gehäuses, die wegen seines Todes im folgenden Jahr sein Schüler *Pomponio Amalteo* vollenden musste.

- **Chiesa Santissima Corpo di Cristo,** Piazza Libertà 80, tgl. 7–20 Uhr.

Weitere religiöse Kunst ist im **Kirchlein Peter und Paul** gleich westlich der Pfarrkirche ausgestellt. Das Hauptbild des 1642 geschnitzten Altars von *Pietro da Vincenza* ging verloren und wurde im 19. Jh. ersetzt. Dafür sind dessen Fresken von 1510 in einigen Teilen vorzüglich erhalten: Links des Eingangs ist die Dreifaltigkeit abgebildet, flankiert von je vier Heiligen. Die kleine Orgel stammt aus dem 17. Jh.

- **Chiesa dei Santi Pietro e Paolo,** Via San Pietro, tgl. 9–18 Uhr.

Das **Wasserschloss** mit seiner Brücke könnte einem Bilderbuch entsprungen sein. Im Inneren sind Fresken mit weltlichen Themen aus dem späten 14. Jh. konserviert. Unter ihnen soll *Napoleon* am 16. März 1797 nach seinem Sieg über die Österreicher vor den Toren der Stadt (Schlacht von Tagliamento) genächtigt haben. Das intime Burgtheater – Teatrino – stammt aus dem 18. Jh.

- **Castello di Valvasone,** Piazza Libertà, Tel. 04 34 89 88 98, Fr–Mo/Mi 9.30–12.30, Do–So/Di 15–18 Uhr, 3 €.

Polcenigo

16 km nordwestlich von Pordenone ist Polcenigo (3200 Einw., 42 m) nicht so herausgeputzt wie seine Nachbarn, sondern führt ein eher stiefmütterliches Dasein. Das aus der Ferne eindrucksvolle **Schloss** in Hügellage entpuppt sich aus der Nähe als ausgehöhltes Fassaden-

geviert mit zugemauerten Fenstern, und unten im Dorf begegnet man bröckelndem Putz an einst prächtigen Palästen. Dennoch ist der Ort nicht uncharmant und hat seine malerischen Ecken. Auf dem südlichen Hügel (Parkplatz südlich der Piazza Plebiscito, Wegbeginn jenseits des Kanals, 20 Min., 100 Hm) steht im Naherholungsgebiet das **Florians-Kirchlein** aus dem 13. Jh. (Portikus 16. Jh.) mit Fresken des frühen 15. Jh. in der Apsis und an der Kopfwand.

■ **Chiesa San Floriano,** Parco San Floriano, nur So vormittags zur Messe geöffnet.

3 km südlich von Polcenigo kann man am Parkplatz mit Infokiosk haltmachen und das Sumpfgebiet an der Livenza-Quelle unterhalb des Monte Piancavallo inspizieren, wo Grabungen eine Besiedlung in drei Phasen zwischen 4500 und 3800 v. Chr. zutage gefördert haben – Fundamente von Pfahlbauten, Steinwerkzeug, Artefakte aus Ton und Reste von Rudern und Axtgriffen. 2011 wurde **Palù di Livenza** das Prädikat Welterbe zuerkannt – neben weiteren Pfahlbausiedlungen in ganz Europa und neben Palafitte di Fiavè im Trentino, das eine der Siedlungen rekonstruiert hat. Zu sehen ist an der Livenza nicht viel, das Wissen um die frühen Menschen hier und eine Portion Fantasie müssen genügen.

■ **Palù di Livenza,** Via Longone 31, Polcenigo (GPS N 46.020785, E 12.48444), www.humuspark.it, frei zugänglich.

Sacile

Der Volksmund nennt das Städtchen 12 km westlich von Pordenone wegen seines vom Hauptarm der Livenza abzweigenden Kanalnetzes auch „Garten der Serenissima". Die Wasserwege geben dem aufgeräumt wirkenden Sacile (20.000 Einw., 25 m) mit Bäumen an den Ufern und Blumenkästen auf den Brücken eine entspannte Note, und die Arkadengänge unterhalb der zartbunten Fassaden der Renaissancepaläste des 15./16. Jh. spenden beim Spaziergang ausreichend Schatten. In ihnen fallen beim Bummel die zahlreichen edlen Klamottenläden ins Auge.

■ **Sacile per Kanu,** geführte Kanutour ab Infopoint (→ Praktische Tipps) an 2 Tagen/Monat um 10 Uhr, Dauer 2 Std., 12 €.

Die Geschichte reicht ins frühe Mittelalter zurück, als die Furt über den Fluss gesichert werden musste. Ab 1077 unter der Herrschaft von Aquilea, erhielt Sacile vom Patriarchen 1190 das Recht zur Selbstverwaltung – als erste Stadt des Friaul stand es nicht mehr unter feudaler Fuchtel, und 1411 arrangierte man sich per Beistandspakt mit den Venezianern.

Die lang gestreckte **Piazza del Popolo** (mit Parkmöglichkeit) säumen heitere Palazzi und abends gut besuchte Straßencafés. Tatsächlich war der Platz einst der Handelshafen und die Südostseite die Kaimauer – bis man sie im ausgehenden 16. Jh. bebaute. Der **Palazzo Comunale** (1483) mit der tiefen Loggia ersetzte einen Vorgängerbau des 14. Jh. Schräg gegenüber sind am reizvollen **Palazzo Fabio-De Zanchis** aus dem beginnenden 17. Jh. über dem Tetrafo-

107fsk

rium Freskenreste mit mythologischen Themen zu erkennen. Der Bau entstand ursprünglich bei Schließung des Hafens als Lagerhaus.

Nach Süden führt die Via della Pietà über die Brücke zum achteckigen **Oratorio di Pietà** (1616). Mit dem attraktiven Loggia-Portikus am Kanal markiert es den Eingang zur Piazza Duomo mit der **Kathedrale** von 1496. Der 52 m hohe, elegante Glockenturm wurde 1568 fertiggestellt und ist wegen der Erdbeben etwas aus dem Lot; der Engel kam erst 1957 auf die Spitze. Die Fresken im Chor der dreischiffigen Kirche schuf *Pino Casarini* 1946 nach Kriegszerstörungen. Die unteren Freskenreste zum Leben des *San Pietro Martire* an der Wand des linken Seitenschiffes stammen aus der Mitte des 15. Jh. vom Vorgängerbau, die oberen von 1527.

■ **Duomo San Nicolò,** Piazza Duomo, www.duomosacile.it, tgl. 7.30–12, 16–19 Uhr.

Verlässt man die Piazza del Popolo nach Norden, steht hinter der Brücke rechter Hand direkt am Kanal der Komplex des **Palazzo Ragazzoni** aus der Mitte des 16. Jh. Im Inneren sind u.a. herrliche Fresken des ausgehenden 16. Jh. er-

Noch ein Klein-Venedig: Sacile

halten. Beim Besuch tritt der Führer in historischem Gewand auf und erläutert kurzweilig die Geschichte.

■ **Palazzo Ragazzoni,** Führung mit Entertainment ab Infopoint (s. unten) an 2 Tagen/Monat um 10.30 Uhr, Dauer 90 Min., 10 €.

Cordovado

Dorf mit Burg oder Burg mit Dorf? Beim mittelalterlichen Kern von Cordovado (2800 Einw., 15 m) lässt sich das nicht so leicht sagen. In der Renaissance wurde die Siedlung dann ausgeweitet. Im 18. Jh. errichteten Dominikaner im Norden der Stadt ein Kloster, das sie im 19. Jh. in Einzelteilen an mehrere Familien verkauften, die ihre Flügel herrichteten, ihnen Parks verpassten und sie künftig **Palazzi** nannten (Mainardi, Checchini und Marzin).

Romantisch und ruhig geht es heute in der **Cordovado-Burg** zu, der Wassergraben lässt sich noch erahnen, Türme sichern die zwei Zugänge, und links und rechts der öffentlich zugänglichen, 150 m langen Via Castello reihen sich die (uneinsehbaren) Privatanwesen auf; hier wird nicht geprotzt. Am östlichen Eingang markiert eine Riesenzeder den Neuen Dom. Die eigentlich sehenswerte Kirche steht ein Stück weiter: Der **Alte Dom Sant'Andrea** entstand nach einer verheerenden Pestepidemie bis 1477 als Saalkirche, Ende des 16. Jh. machten zwei Seitenschiffe den Bau zur Basilika. Im Inneren sind zwei Fresken von anonymen Meistern des 16. Jh. erhalten (erste Säule rechts „Dreifaltigkeit", an der vorderen Wand des rechten Schiffes der „Hl. Martin").

■ **Duomo Antico di Sant'Andrea,** Piazza al Tiglio 1, www.parrocchiacordovado.it, tgl. 8–12.30–16–19 Uhr.

San Vito al Tagliamento

20 km sind es von Pordenone nach Osten in Richtung des Tagliamento zum abseits des Flussbetts gelegenen San Vito al Tagliamento (15.000 Einw., 30 m) – auch ein gutes Etappenziel bei einem Ausflug von Pordenone zur Villa Manin jenseits des Tagliamento bei Codròipo (→ S. 198) oder zum Kloster Santa Maria in Sylvis bei Sesto al Reghena (s. oben) vor den Toren Portogruaros. Parkmöglichkeiten gibt es in der Via Antonio Pascatti in unmittelbarer Nähe des Hauptplatzes **Piazza del Popolo**. Zu ihr gelangt man vom Parkplatz durch einen der drei erhaltenen Tortürme, die **Torre Raimonda.** Mit ihren Bogenfenstern scheint sie ein typisches Kind der Renaissance, ihre Ursprünge gehen aber auf das 13. Jh. zurück. Gleich links steht der überaus repräsentative **Palazzo Altan-Rota** aus der zweiten Hälfte des 15. Jh. mit Portikus, Vorgarten und einem großen Park dahinter – heute das Rathaus. Ebenfalls an der Piazza: das niedliche **Stadttheater** im ältesten erhaltenen Gebäude von San Vito, in dessen tiefer Loggia Versammlungen, Gerichtsverhandlungen und Märkte stattfanden und im Hauptsaal ab dem 17. Jh. auch Theateraufführungen. Die heutigen Einbauten für 210 Zuschauer in Logen und auf dem Parkett stammen aus dem 19. Jh.

■ **Antico Teatro Arrigoni,** Piazza del Popolo 13, Besuch nach Voranmeldung im Infopoint gleich nebenan.

Der Dom eine Straße weiter wurde im 18. Jh. völlig neu gebaut; von der Vorgängerkirche ist nur der **Campanile** (1491) erhalten.

Die Altstadt kann man durch die **Torre San Nicolò** (auch Torre Scaramuccia) im Westen verlassen. Das Tor zeigt sich seiner ursprünglichen Bestimmung gemäß noch als Wehrbau. 20 m davor steht rechter Hand die kleine, heute säkularisierte **Hospizkirche Santa Maria dei Battuti** mit einem Portal von *Pilacorte* (1493). Sie ist eine Schmuckschatulle der Freskenkunst – von *Pomponio Amalteo* 1535 „bestückt". Perfektes Trompe-l'Œil: Der Künstler hat nicht nur die Figuren im Chor und an der Stirnwand gemalt, sondern auch die Marmorplatten, Podeste und Intarsien.

■ **Chiesa di Santa Maria dei Battuti,** Via Bellunello 18, tgl. 9–19 Uhr.

Südlich der Piazza del Popolo versteckt sich das **Stadtmuseum,** das sich der Stadtgeschichte des 14. bis 16. Jh. widmet und eine kleine archäologische Sammlung besitzt.

Pordenone und Umgebung: Zugabe!

■ **Parco Fluviale,** Via della Santissima, Pordenone. Über den Ponte di Adamo ed Eva (Name nach den flankierenden Barockfiguren am Brückenbeginn – tatsächlich aber Zeus und Hera) gelangt man in den weitläufigen Park am Fluss Noncello, ein beliebtes Spazierziel und Treffpunkt für Verliebte.

■ **Centro Studi Pier Paolo Pasolini,** Via Guidalberto Pasolini 4, Casarsa della Delizia (5 km südlich von Valvasone), Tel. 04 34 87 05 93, www.centrostudipierpaolopasolinicasarsa.it, Mo–Fr 14.30–18.30 Uhr. Eingefleischte Cineasten mit Forscherdrang werden im Studienzentrum zum Werk des Dichters und Filmemachers fündig und können in seinem – ansonsten völlig uninteressanten und uncharmanten – Geburtsort Landmarken seines Lebens abgehen.

■ **Sorgente del Gorgazzo,** Via Sorgente, Polcenigo (am nördlichen Ortsrand). 2 Min. Fußweg entlang des Kanals führen zum Quelltopf mit erstaunlich türkisblauem, klarem, kühlem Wasser und zur Bar Al Bus für eine entspannte Pause im Grünen mit ausgezeichnetem Essen.

■ **Santuario della Santissima Trinità,** Via Santissima 15, Santissima (3 km südwestlich von Polcenigo), So Vormittag zur Messe. Das Gemälde der „Dreifaltigkeit" (1494) im Hauptaltar stammt von *Domenico da Tolmezzo* und gilt als eines seiner Hauptwerke.

■ **Museo delle Case di Tolleranza,** Via Villa Varda di S. Cassiano, Brugnera (15 km südwestlich von Pordenone), Tel. 04 34 61 67 02, www.museodellecaseditolleranza.flazio.com, Mo–Fr 8–19, Sa/So 8–20 Uhr. Das „Museum der Toleranzhäuser" bringt Abwechslung ins Sightseeing – Thema sind die Bordelle der 1930er-Jahre und ihre gesellschaftliche Bedeutung, bis *Mussolini* die Sünde generell verbot.

■ **Parco della Villa Varda,** Via Villa Varda di S. Cassiano, Brugnera (15 km südwestlich von Pordenone), www.villavarda.it, tgl. 8–20, Winter 8–16 Uhr. 18 ha großer Englischer Garten entlang der Livenza aus dem 19. Jh., der als vorbildlich für die Anlagen jener Zeit gilt: romantisches Naturverständnis ohne geometrische Grundrisse.

▪ **Museo Civico Federico De Rocco,** Via Marconi 13, Tel. 04 34 84 30 30, geöffnet nach Voranmeldung im Infopoint.

Der dritte Turm ist die 1534 errichtete **Torre Grimana/Altan** (an der Ostseite der Piazza del Popolo auf der Via Altan nach Süden). Sie entstand zur Komplettierung des Patriarchenpalasts mit einem prunkvollen Park dahinter. Direkt daneben ist in den ehemaligen Stallungen das informative ethnografische **Museum des Landlebens** untergebracht. Nehmen Sie sich Zeit – in elf Räumen fächert sich die bäuerliche Arbeits- und Lebenswelt des friulanischen Flachlandes auf.

Torre Raimonda in San Vito al Tagliamento

▪ **Museo della Vita Contadina Diogene Penzi,** Via Antonio Altan 86, Tel. 04 34 83 32 75, Di–Fr 9–13, Sa/So 10–18 Uhr, Eintritt frei.

Praktische Tipps

Informationen

▪ **Infopoint Pordenone,** Via Mazzini 2 (Palazzo Badini), 33170 Pordenone, Tel. 04 34 52 03 81, www.pordenonewithlove.it, tgl. 9–13, Mo–Sa auch 14–18 Uhr.

▪ **Infopoint Valvasone,** Piazza Mercato 2, Tel. 04 34 89 88 98, www.valvasonearzene.it, Fr–Mo/Mi 9.30–12.30, Di/Do–So 15–18 Uhr.

▪ **Infopoint Sacile,** Via Mazzini 11, Tel. 04 34 73 72 92, www.visitsacile.it, Mo–Fr 9.30–12.30, 15–18, Sa/So 9–13 Uhr.

▪ **Infopoint San Vito al Tagliamento,** Tel. 04 34 84 30 30, Mo 11.30–12.30, Mi/Do 15.30–18.30, Fr–So 9.30–12.30, 15.30–18.30 Uhr.

Unterkunft

10 **Hotel Palace Moderno②-③,** Viale F. Martelli 1, Tel. 04 34 28 215, www.palacehotelmoderno.it. Vier-Sterne-Haus im Razionalismo-Stil der 1930er mit 96 Design-Zimmern und Suiten im Herzen der Altstadt neben der Fußgängerzone und unweit des Bahnhofs, Parkplatz und Garage – der schwere Luxus der Moderne.

3 **Damodoro②,** Via Montereale 20, Tel. 04 34 36 18 03, www.hoteldamodoro.it. Kleines, modernes Drei-Sterne-Hotel nördlich der Altstadt mit 19 komfortablen Zimmern und Parkplätzen.

UNSER TIPP: **2** **Hotel Montereale②,** Via Montereale 18, Tel. 04 34 55 10 11, www.hotelmontereale.com. Familiär geführtes, sympathisches Hotel mit 23 nett eingerichteten Zimmern und elf Apartments mit Kochecke für längere Aufenthalte, Fahrradverleih, Garage.

In der Umgebung

■ **Hotel in Sylvis**②, Piazza Aquilea 15, **Sesto al Reghena,** Tel. 04 34 69 97 76, www.hotelinsylvis.com. Hübsches und erschwingliches Drei-Sterne-Hotel im Städtchen mit Geschichte als Herrenhaus und Poststation; 30 Zimmer und Suiten, Spa, Parkplatz und gutes Restaurant Abate Ermanno③.

Unser Tipp: **Hotel l'Ultimo Mulino**③-④**,** Via Molino 45, **Bannía** (10 km südöstlich von Pordenone hinter der Ortschaft Fiume Veneto), Tel. 04 34 95 79 11, www.lultimomulino.info. Acht Zimmer in einer restaurierten alten Mühle in romantisch-idyllischer Lage, dazu ein hervorragendes Feinschmecker-restaurant③-④ (So abends und Mo geschl.), mit Halbpension ist man nicht schlecht beraten.

■ **Hotel Villa Luppis**③**,** Via San Martino 34, **Rivarotta** (15 km südlich von Pordenone), Tel. 04 34 62 69 69, www.villaluppis.it. In einem ehemaligen Konvent in absolut ruhiger Lage, 30 Zimmer, elegant eingerichtet. Mit tollem Park, Pool und Restaurant③.

■ **Rovere dalla Riva B&B**②**,** Via delle Alpi 30, **Valvasone** (2 km außerhalb im Nordwesten), Tel. 34 91 43 26 77. Sechs einfache, aber nicht unangenehme Zimmer mit Bad und teilweise Terrasse auf einem hübschen Hof, kleines Frühstück, Radverleih.

■ **Hotel al Posta**②**,** Via Valvasone 15, Casarsa della Delizia/**Valvasone,** Tel. 04 34 86 96 63, www.hotelalposta.it. 34 komfortable Zimmer in modernem Hotel mit Garten, Parkplatz; auch Terrassen-restaurant/Pizzeria①-②.

■ **Albergo Diffuso**①-②**,** Piazza Plebiscito, **Polcenigo**, Tel. 04 34 18 56 016, www.adpolcenigo.it. Vorzüglich her- und eingerichtete 37 Häuser und Apartments im Ort und in der Umgebung.

■ **Ca' del Bosco**②**,** Via Bianco 34/Budoia, **Polcenigo** (3 km östlich), Tel. 04 34 67 00 56, www.facebook.com/cadelboscobudoia. Familiengeführtes, modernes Hotel ohne Chichi, aber mit Garten und Restaurant/Pizzeria①-②, Fahrradgarage, hilfreiches Personal – Halbpension empfohlen.

■ **Hotel Due Leoni**②-③**,** Piazza del Popolo 24, **Sacile,** Tel. 04 34 78 81 11, www.hotelclueleoni.it. Der Platzhirsch an der Piazza mit vier Sternen, 60 Komfortzimmern, Konferenzpublikum, Parkplatz und Wellness.

■ **Hotel Italia**②**,** Vicolo dal Fabbro Mario 1, **Sacile,** Tel. 04 34 70 351, https://hotelsacile.it. Kleines Stadt- und Geschäftshotel mit 16 Zimmern und einer Bar, 10 Gehminuten vom Dom; Parkmöglichkeit.

Agriturismo L'Acero Rosso①-②**,** Strada dei Masi 39/B, **Sacile** (4 km nordöstlich), Tel. 04 34 18 56 016, www.acerorosso.net. Zehn Apartments und fünf Bungalows, Bio-Pool, Bio-Landwirtschaft, Radverleih, Frühstück möglich, Radverleih; auf dem Areal gibt's auch einen Zeltplatz (20–30 € für 2 Personen).

■ **Hotel Antico Borgo Torricella & Wellness**③**,** Via Pordenone 71, **San Vito al Tagliamento,** Tel. 35 15 03 40 84, www.hotelanticoborgotorricella.it. 38 Zimmer in historischem Gemäuer mit Wellness-einrichtungen, Spa, Innen- und Außenpool und Restaurant③.

Camping

■ **Camper Sacile,** Via Albino Ruffo (hinter dem A&O-Supermarkt an der Livenza, 10 Gehminuten vom Hauptplatz); Wasser/Abwasser, 5 €/Tag, max. 2 Tage.

4 **Camper Pordenone,** Viale Venezia 48 (Camper-Parkplatz im Norden an Hauptstraße, 30 Gehminuten zum Dom); Wasser/Abwasser, Strom, 3 €/Tag, max. 2 Tage (Kontakt: ENI-Tankstelle).

Anguilla alla Pordenonese

Aal muss man natürlich mögen. Nach Pordeneser Art wird er zuerst gewaschen, gehäutet, dann quer in Stücke geschnitten und eine Stunde in Essig mit Minze und einem Lorbeerblatt mariniert. Dann Knoblauch und Petersilie in Butter anschwitzen und den mit Mehl bestäubten Aal darin braten; mit einem Glas Marsala löschen, ein wenig Tomatensauce, Salz und Pfeffer hinzufügen, die Sauce eindicken lassen und servieren – zum Beispiel mit Polenta.

■ **Agricampeggio L'Acero Rosso** in Sacile (s. Unterkunft).

Essen und Trinken

14 La Vecia Osteria del Moro③, Via Castello 2 (unweit des Rathauses), Tel. 04 34 28 658, www.laveciaosteriadelmoro.com, Mo–Sa 12.30–14, 19.30–22.30 Uhr. Essen für Anspruchsvolle in einem Konvent aus dem 14. Jh. Fleisch, Fisch, Pasta und vor allem deftige friulanische Spezialitäten mit dem gewissen Touch, einige Tische in der Gasse.

16 Piazzetta San Marco 13②-③, Tel. 04 34 24 75 30, www.piazzettasanmarco13.it, Di 19–24, Mi–So 12–14.30, 19–24 Uhr. Postindustrielles Design und City-Küche mit friulanischen Tapas, Gourmet-Burgern, Ramen, Salaten als Bowls, Desserts im Glas und sündhaft teurem Zahre-Bier aus Sauris – man gönnt sich ja sonst nichts.

15 Enoteca Al Campanile②, Vicolo del Campanile 1c, Tel. 04 34 52 06 28, www.facebook.com/alcampanile, Mo–Sa 18–24, Fr/Sa auch 11–14.30 Uhr. Rustikale Enoteca in schöner Gassenlage, Pasta und Aufschnittplatten mit ausgezeichneter Weinauswahl in gemütlicher Atmosphäre.

1 Mini Puglia①-②, Viale Grigoletti 148, Tel. 04 34 36 15 17, www.facebook.com/minipuglia, Mo–Sa 10–15.30 Uhr. Bodenständige Trattoria am Stadtrand an der nördlichen Ausfallstraße mit Terrasse und Rezepten aus dem Süden Italiens; günstige Mittagsmenüs – besonders lecker sind die Pasta-Gerichte (Lasagne!) und das Gemüse (ob als Vorspeise oder Beilage).

Auch für San Vito sind die Arkadengänge der Renaissance typisch

109f sk

6 **Pizzeria Amalfi**①, Via Colonna 16, Tel. 04 34 52 11 33, Mo/Mi–Sa 12–14, 18.30–23, So 18.30–22.30 Uhr. Die beste Pizza in Pordenone , allerdings ist weder die Lage noch das Ambiente sonderlich attraktiv – für Fans perfekt arbeitender Pizzaioli.

In der Umgebung

■ **Il Cantinone**②, Via San Pietro 6, **Valvasone,** Tel. 04 34 89 156, www.facebook.com/osteria ilcantinone, tgl. 11–18 Uhr. Kleine Osteria im Tonnengewölbe des ehemaligen Lagers eines Palastes; Spezialitätenküche auf gehobenem Niveau mit Räucherforelle auf Tagliolini oder krustiertem Meeresgetier in Begleitung von Gemüsechips.

■ **Wolf Wine & Dine**②, Largo Isonzo 1, **Valvasone,** Tel. 33 31 81 75 51, Mo–Fr 9–14.30, 17–24, Sa/So 10–12 Uhr. Restaurant, Paninoteca und Cocktailbar als Anlaufstelle der Einheimischen. Einfache, handfeste Küche, süffiger, nicht teurer Wein und schönes Sitzen auf der Piazza hinter der Kirche. Bei Partys ist frühestens um 3 Uhr morgens Schluss.

UNSER TIPP: **Taverna della Lana**②, Colle San Floriano, **Polcenigo,** Tel. 35 19 55 51 37, www.facebook.com/latavernadellalana, Sommer Mi/Do/So 10–16, Fr/Sa 10–23 Uhr. Ausflugsgaststätte oberhalb von Polcenigo mit großem, schattigem Biergarten, kalten Platten und Grillfleisch.

■ **Bar Al Bus**②, Via Sorgente 1, **Polcenigo,** Tel. 32 48 91 13 04, www.facebook.com/bargorgazzo, Mi–Fr 10–24, Sa 10–1, So 10–22.30 Uhr. Lauschige Lage an der Quelle und dazu feines Essen wie Saubohnen-Lamm-Ravioli in Butter oder Calamaretti auf Auberginencreme.

■ **Doppio Zero**②, Piazza del Popolo 50, **Sacile,** Tel. 04 34 08 19 28, www.doppiozerofoodsacile.com, tgl. 11–15, 18–22.30 Uhr. Streetfood auf friulanisch, u.a. mit „belegten Brötchen", die weit über das übliche Maß hinausgehen und eine komplette Mahlzeit abgeben – mit Fisch, Fleisch oder Käse: jung, frisch, angesagt und lecker!

■ **Osteria Sacellum**②, Piazza del Duomo 2, **Sacile,** Tel. 34 97 74 90 79, www.facebook.com/sacellumsacile, Mi–Mo 17–24 Uhr. „Cucina Urbana" mit jungem Publikum und Street-, Fast- und Fingerfood, aber auch kleiner Karte fürs volle Programm (am schönsten auf dem herzigen Balkon).

■ **Pizzeria Cellini**①-②, Via della Pietà 20, **Sacile,** Tel. 04 34 72 868, www.facebook.com/CelliniSacile, Di–So 12–14.30, 18.30–22 Uhr. Traditionslokal mit bemühtem Personal; vor allem wegen der hübschen Terrasse am Kanal eine Empfehlung für laue Sommerabende.

■ **Gastronomia Fior di Sale**①, Via Mazzini 5, **Sacile,** Tel. 37 91 83 15 78, www.gastronomiafiordisale.it, Di–Sa 9–14, 16–20, So 9–14 Uhr. Gute Gerichte aus der Vitrine für das zentrale, schnelle und günstige Essen – Fisch, Fleisch, Gemüse und ein paar Tische im Arkadengang.

Caffetteria Se Son Rose, Via Castello, **Cordovado** (in der Burg), Tel. 39 20 20 55 05, www.facebook.com/caffetteriasesonrose, Mi–Sa 8–13, 17–23.30, So 8–13, 17–21 Uhr. Verkauf von biozertifizierten Duftölen, Honig usw. und Burgcafé für eine ruhige Pause mit Atmosphäre, Kuchen, Salaten und ein oder zwei Hauptgerichten; abends trifft man sich zum „Schlossaperitif".

■ **Al Vecchio Castello**②, Via Marconi 14, **San Vito al Tagliamento,** Tel. 04 34 83 32 71, Di–Sa 11.30–14, 19–21, So 12–14 Uhr. Familientrattoria mit gemütlichem Gastraum und Tischen in einer schmalen Gasse; Traditionsgerichte wie Crostini mit Stockfischpaste, Frico, Gulasch mit Polenta oder Pasta mit Radicchio und Speck.

Caffè & Eis

12 **Caffè Municipio,** Corso Vittorio Emanuele II 58, Tel. 04 34 52 27 86, www.caffemunicipiopn.it, tgl. 7–1 Uhr. 150 Jahre auf dem Buckel und immer noch an erster Stelle: Ideal für den morgendlichen Espresso, den Lachsbrotsnack, das nachmittägliche Törtchen beim Kränzchen, fürs Vorglühen am frühen Abend mit einem Spritz – und den Gin Tonic (oder was auch immer) als Absacker.

7 **Gelateria AmoreBio,** Via Generale Cantore 84 (nahe dem archäologischen Museum), Tel. 38 07 43 77 32, https://amorebiopn.it, Di–So 11–

21/22 Uhr. Eis aus der eigenen Werkstatt mit ökologisch zertifizierten Produkten wie Pistazien aus Sizilien oder Zitronen von der Amalfiküste; außerdem: köstliche Cremes wie Salzkaramell mit Vanille oder Mandeln in Döschen, entweder zum Löffeln oder zum Eis-Selbermachen.

8 **Gelateria Cavour,** Piazza Cavour 1, Tel. 34 72 74 95 45, www.facebook.com/GelateriaArtigianale Cavour, tgl. 10–23.30 Uhr. Traditioneller Eishersteller im Zentrum mit klassischen Sorten und ausgefalleneren Kreationen wie Karamell mit Feigen und Nüssen.

In der Umgebung

■ **Il Gelatone,** Viale Zancarano 1, **Sacile,** Tel. 04 34 73 50 88, facebook.com/IlGelatoneSacile, Di–So 15–22.30 Uhr. Kleine Eisdiele mit großer Auswahl aus eigener Produktion; auch Granita.

Apero & Abend

11 **Caffè Letterario al Convento,** Piazza della Motta 2, Tel. 35 18 20 14 29, www.facebook.com/caffeletteraio.pn, Mo–Fr 8–15, Mo/Mi–Fr auch 17–21, Sa 8–22, So 17–21 Uhr. Im ehemaligen Kloster gibt's ein buntes Programm mit Lesungen, Musik und Karaokeabenden (die dann länger dauern können) – Treff der intellektuellen Szene.

9 **Molo,** Piazzale XX Settembre 1/D, Tel. 04 34 45 67 29, www.facebook.com/Molo.pn, Di–So 17–23 Uhr. Aperitifs, Drinks, Cocktails und Fingerfood auf der Terrasse zum Sehen und Gesehenwerden.

Einkaufen

■ **Wochenmarkt:** Mi und Sa 7–13.30 Uhr auf und rund um den Piazzale XX Settembre.

13 **Ferronato 1929/Wein,** Corso Vittorio Emanuele 58, Tel. 04 34 52 15 10, www.ferronato1929.it. Vor allem Wein, aber auch Schnaps, Süßes, Salziges, Souvenirs und Snacks für die Verkostung.

5 **Pasticceria Montereale/Kekse,** Via Montereale 23, Tel. 04 34 36 51 07, www.biscottopordenone.it. Hartweizenmehl, Maismehl, rohe Mandeln, Eier, Zucker, Hefe und Margarine ergeben den *Biscotto Pordenone* – hier und nur hier.

Aktivitäten

■ **Baden:** Gleich östlich von Cordenons (7 km von Pordenone) liegt **La Spiaggia Sparesera** mit Parkplatz am Ufer; unter der Woche ist es im Kiesbett der Meduna recht ruhig, am Wochenende Party-Zone.

■ **Radverleih/LA13:** Viale della Repubblica 74/B, Sacile, Tel. 04 34 08 28 03, www.la13bike.it; E-MTB ab 30 €/Tag.

Feste und Veranstaltungen

■ **Rogo della Vecia/Pordenone:** Umzug in der Mitte der Fastenzeit mit dem Ziel des Maskengerichts, das über alles Übel des vergangenen Jahres Recht spricht und es einer Puppe in Gestalt einer Hexe anhängt; als Höhepunkt stirbt sie im Feuer.

■ **Giostra dei Castelli/Pordenone:** Kostümumzug Mitte September mit Turnieren, www.giostradeicastelli.it.

■ **Medioevo/Valvasone:** Anfang September feiert die Stadt das Mittelalter mit Marktspektakel und Umzügen; www.medioevoavalvasone.it.

■ **Sagra dei Osei/Sacile:** Am ersten Wochenende im September kommen Vogelhändler aus ganz Italien zusammen, zeigen, kaufen, verkaufen und feiern Kirmes – jedes Jahr seit dem 2. August 1274!

Verkehr

■ **Bahnhof/Stazione:** Via G. Oberdan (im Westen der Altstadt 500 m vom Zentrum), Verbindungen nach Udine (halbstdl., 40 Min., um 5 €) und über Treviso nach Venedig (stdl., 90 Min., um 8 €).

Oderzo

■ 16 m üNN, 20.500 Einw., Venedig 37 km, Belluno 55 km, Treviso 28 km

Schmale Gassen, schattenspendende Arkaden, Freskenreste an den Fassaden – Oderzo unterscheidet sich nur wenig von anderen historischen Städtchen der Region. Allerdings haben seine bewegte Geschichte und der Erste Weltkrieg nur wenig historische Substanz verschont.

Die freundliche, unspektakuläre Kleinstadt 25 km südwestlich von Pordenone und 20 km südöstlich von Conegliano liegt bereits in Venetien, gehört aber noch nicht zur nahen Prosecco-Region (obwohl historisch und kirchenrechtlich lange Céneda/Conegliano unterstellt).

Geschichte

Als **Opitergium** übernahmen die Römer die venetische Siedlung im 2. Jh. v. Chr. und entwickelte sie zu einer wichtigen Etappe an der Via Postumia von Genua nach Aquileia. Der griechische Geschichtsschreiber *Strabon* berichtete noch, dass die Stadt per Kanal mit der Adria verbunden sei. Nur wenige Spuren sind vorhanden, denn Opitergium wurde immer wieder zerstört (und aufgebaut) – zuerst von *Pompeius* (weil es sich auf Cäsars Seite geschlagen hatte), dann von diversen Völkerwandernden, schließlich stand es bei mehreren Auseinandersetzungen entweder Venedig oder dem jeweiligen Gegner im Weg. In den letzten Kriegsmonaten des Ersten Weltkriegs nahm schließlich der berüchtigte k. u. k. Feldmarschall *Boroević von Bojna* hier Hauptquartier und der Ort wurde erneut plattgemacht.

Sehenswertes

An der Piazza Grande

Mittelpunkt der Altstadt ist die Piazza Grande, ein im wahrsten Sinne des Namens großer und etwas stimmungsarmer Platz. Die **Casa Saccomani** begrenzt seine Ostseite und zeigt Architektur und Fresken vom Anfang des 16. Jh. Die auffällige **Torre dell'Orologio** markiert den Südausgang (auch Torre Littoria oder Torresin genannt) und wurde um 1930 nicht eben originalgetreu rekonstruiert: Dennoch gilt der Turm als Wahrzeichen Oderzos.

Die Ursprünge des auf Fundamenten eines Mars-Tempels errichteten **Doms Johannes des Täufers** an der Südwestseite der Piazza liegen im 11. Jh.; der heutige Bau erhielt 1535 die Kirchenweihe. Sein Campanile auf der Apsisseite neigt sich einen knappen Meter aus dem Lot – der schiefe Turm von Oderzo. Ein schlichtes Renaissanceportal führt in das Gotteshaus, dessen lichte Proportionen die großformatigen Gemälde des *Pomponio Amalteo* (1505–1588) aus dem Jahr 1549 beherrschen. Auch ein *Tintoretto* zugewiesenes Werk (Taufe Jesu) sowie eines von *Palma dem Jüngeren* (Das Pfingstwunder) befinden sich unter den zahlreichen kostbaren Arbeiten. Auffällig ist die Madonna mit Kind in der rechten, noch ganz im Stil der Renaissance gestalteten Seitenkapelle, eine ungewöhnliche Arbeit des *Andrea Bellunello da San Vito* von 1477. Auch römische Mosaikreste sind erhalten.

110fsk

Die Museen sind zusammen mit der städtischen Bibliothek im **Palazzo Foscolo** (16. Jh.) am Rand der Altstadt untergebracht. Der Palast zeigt noch Elemente der Renaissance (vor allem Hauptgebäude und Barchessa), wurde aber mehrmals verändert und erlitt in den 1980ern Feuerschäden. Unter dem Motto „Oderzo Cultura" steht die sehenswerte **Pinakothek Alberto Martini** mit Werken des namengebenden Wegbereiters der Surrealisten (1876–1954). Zu seiner Zeit höchst erfolgreich, illustrierte *Martini* u.a. Werke von *Edgar Allen Poe* in seinem typisch „makabren" Stil. Das 1876 gegründete **Archäologische Museum** präsentiert Funde aus der ehemaligen römischen Stadt – unter anderem Bodenmosaike mit Jagdszenen aus dem 4. Jh. und Kriegerbronzen – und aus der prärömischen Siedlungsgeschichte.

- **Duomo San Giovanni Battista,** Campiello del Duomo 1, www.parrocchiaoderzo.it, tgl. 7–20 Uhr.

- **Pinacoteca Alberto Martini,** Via Garibaldi 63, Tel. 04 22 71 80 13, www.oderzocultura.it, Fr–So 14–19 Uhr, 8 €.
- **Museo Archeologico Eno Bellis,** Via Garibaldi 65, Tel. 04 22 71 80 13, www.oderzocultura.it, Fr–So 14–19 Uhr, 8 €.

Abseits der Piazza

Vom Dom nach Nordwesten verbergen sich Pflaster und Fundamente des ehemaligen römischen Forums (1. Jh. v. Chr.) unter einer Glaspyramide hinter dem Café Vienna (s. unten). Leider fehlen genauere Erläuterungen.

- **Foro Romano,** Piazza del Foro Romano (Via Mazzini, Ecke Via Roma).

⌃ Sonnen- und Regenschutz in Oderzo

In der Umgebung

Portobuffolè

10 km nach Norden sind es von Oderzo ins Örtchen Portobuffolè (700 Einw., 10 m) mit einer putzigen Altstadt, die zu den *borghi più belli d'Italia* zählt. Auch hier gibt es Mauer, Uhrturm, Loggia, doch alles fällt in den Maßen geringer aus als beim Nachbarn. Ursprünglich war Portobuffolè ein Hafen an der Li-

venza, die zu Beginn des 20. Jh. einen neuen Verlauf erhielt, was den Ort noch verschlafener werden ließ. Die Wahl zu den „schönsten Orten Italiens" gab dem Tourismus neuen Schwung.

Über den **Ponte Friuli** (über den nun trocken liegenden Livenza-Kanal) und durch das gleichnamige, mit dem Markuslöwen geschmückte **Stadttor** (18. Jh.) betritt man den Altstadtkern und spaziert an tiefen Arkadenzeilen entlang zur Piazza mit dem Municipio und der wuchtigen **Torre Civica** aus dem 10. Jh. Der letzte der ursprünglich sieben Türme der Stadtmauer erhielt in der Renaissance seinen eigenwilligen Abschluss. Lange als Gefängnis genutzt, beschreibt heute das **Ethnografische Museum** in ihm Alltag und Kunsthandwerk der Region – und ermöglicht nebenher einen tollen Blick aufs Städtchen.

■ **Museo del Contadino e dell'Artigianato dell'Alto Livenza,** Via Businello 2, Tel. 04 22 85 00 20, Sa/So 10–12.30, 15–18.30 Uhr, 3 €.

Zahlreiche weitere historische Bauten säumen die Piazza, darunter das **Bankhaus Monte di Pietà** aus dem 15. Jh. mit einem seltenen Relief des Markuslöwen: Dargestellt ist er *in moeca,* also in der stilisierten Form einer Krabbe (Carcinus aestuarii), die in den venezianischen Gewässern vorkommt. Das Relief soll Venedigs Verbundenheit mit der Lagune symbolisieren. Heute residiert darin die selten geöffnete Tourist-Info.

Im **Gaia-Haus** (13. Jh.) lebte nicht nur die von *Dante* im 16. Gesang des „Fegefeuers" seiner „Göttlichen Komödie" verewigte Gaia; in den Räumen sind auch Fresken aus dem 14. und 15. Jh. erhalten, die allerdings nur während der temporären Ausstellungen zu besichtigen sind. Im Obergeschoss residiert das Radsportmuseum **Museo del Ciclismo.**

■ **Casa Gaia da Camino,** Via Businello 5, Sa 10–12.30, So 10–12.30, 15–18.30 Uhr, 3 €; **Radsportmuseum** derzeit geschl.

Die parallel verlaufende Via dal Molin begrenzt den **Piazzale Ghetto** mit ehemaliger Synagoge und dem Haus des Rabbi. Ein Stück nach Norden an der Via Roma steht die 1695 erbaute, imposante **Villa Cellini Giustinian** in einem mit Statuen geschmückten Park. Lange

111fsk

⊡ Oderzo liegt an einem Nebenkanal des Fiume Monticano

als Hotel genutzt, befindet sie sich heute in Privatbesitz. Zum Abschluss sorgen ein Espresso oder ein preiswertes Mittagessen in der originellen Bar da Pio für Entspannung.

Praktische Tipps

Informationen

■ **Infopoint,** Via Garibaldi 65, 31046 Oderzo, Tel. 04 22 81 52 51, www.scoprioderzo.it, Di–Fr 10–13, 14.30–18, Sa 10–13 Uhr.

Unterkunft

■ **Villa dei Carpini**②-③**,** Via Comunale di Camino 84, Oderzo, Tel. 04 22 71 20 99, www.villacarpini.com. Das außen auf Herrenhaus und innen mit Holz und Polstermöbeln auf elegant getrimmte, moderne Hotel mit 30 Zimmern, Außenschwimmbad und Radverleih liegt 2 km nördlich der Piazza Grande; kein Restaurant.

■ **Al Gallo Country Hotel**②-③**,** Via C. V. Capitone 16/18, Tel. 04 22 71 01 42, www.hotelalgallo.it. Ruhig am Stadtrand gelegen, verbindet dieses Hotel Stadtbummel und Erholung. Auch für Ausflüge nach Venedig oder Padova ideal; zwölf freundliche, moderne Zimmer und ein gutes Restaurant②.

■ **B&B Ca Casoni**②-③**,** Via Umberto I 26, Tel. 33 92 99 52 04. Im Herzen der Altstadt mit drei gemütlichen Zimmern und Parkplatz. Das Frühstück, natürlich italienisch-karg, serviert das Café gegenüber.

In der Umgebung

■ **Villa Revedin**③**,** Via Palazzi 4, **Gorgo al Monticano** (6 km östlich von Oderzo außerhalb von Gorgo), Tel. 04 22 80 00 33, www.villarevedin.it. Die Villa aus dem 15. Jh. ist umgeben von einem schönen, gepflegten Park. 32 Zimmer, gutes Restaurant③-④ (Do–Sa, So nur mittags) mit Fischküche.

Essen und Trinken

Unser Tipp: **Gellius**④ und **Nyu Bistro**③**,** Calle Pretoria/Riviera Monticano, Tel. 04 22 71 35 77, www.ristorantegellius.it, Resto Mi–Sa 12.15–14, 20–22, So 12.15–14, Bistro Mi–Fr 12.15–14, 20–22, Sa/So 12.15–14 Uhr. Degustationsmenü im Gefängnis gefällig? Das Gellius macht's möglich! Einen Michelin-Stern gab's für die hochqualitative und kreative Küche von Chef Alessandro Breda, wobei das originelle und sehr stylische Ambiente im ehemals römischen Knast sicher auch eine Rolle spielte. Mit Römischem, einer im Original erhaltenen Mauer, trumpft auch das preislich günstigere und nicht ganz so hochklassige, dafür aber entspanntere Bistro auf.

■ **Sosteria**②-③**,** Calle Eno Bellis 7, Tel. 34 74 05 29 19, www.sosteria.com, Di–Sa 12–14, 19–22, So 12–14 Uhr. Das modern gestylte, aber dennoch nicht zu schicke und sehr freundlich geführte Restaurant überrascht mit hoher Qualität bei relativ günstigen Preisen. Die Küche orientiert sich an traditionellen Rezepten, zeigt sich dabei aber durchaus kreativ. Auf die umfangreiche Weinkarte ist man besonders stolz. Beliebt für Familienfeiern, daher besser reservieren!

■ **Al Giardinetto**②-③**,** Via Contrada Rossa 10, Tel. 04 22 42 04 82, www.algiardinetto-oderzo.it, tgl. 12–14.30, 18.30–23 Uhr. Gleich neben dem Dom bereitet die Küche sowohl traditionelle venetische Speisen als auch Pizza zu, und beides in guter Qualität. Wer mag, kann hier auch (relativ kleine) B&B-Zimmer② mieten.

■ **Enoteca Cristallino**②**,** Via Giuseppe Garibaldi 42, Tel. 04 22 15 75 954, Di–So 10–14, 18–0.30 Uhr. In dem ruhig im Durchgang zum gleichnamigen Kino gelegenen Lokal sind Gäste immer willkommen, egal ob sie nur einen *caffè*, ein *affettato* (kalte Aufschnittplatte) oder Pizza bestellen. Gute Weinauswahl und netter Service!

Il Cavolo Giallo②**,** Via Roma 5, Tel. 39 29 09 06 78, www.facebook.com/ilcavologiallo, Di–Sa 7.30–19, So 8–12.30 Uhr. Der Tipp für ein gesundes Bio-Frühstück, aber auch für Tagesgerichte aus regionalen Zutaten *(km zero)* und vieles für Vegetarier und Veganer.

In der Umgebung

Unser Tipp: **Girasole,** Via Baldizza 35, **Chiarano** (11 km südöstlich), Tel. 38 96 33 59 80, www.ilgirasoleristorante.com, Do–So 10–14, 18–22 Uhr. Auf den ersten Blick ein recht gesichtsloses Riesenrestaurant, und dann kommt die Überraschung. Dieser Geheimtipp füllt sich rasend schnell mit Gästen, das Personal läuft stets freundlich und aufmerksam auf Hochtouren, und das Essen – egal ob raffinierter Fisch oder simple Pizza, ob Wild vom Grill oder Muscheln – ist perfekt zubereitet und wirklich köstlich. Besser reservieren!

■ **Bar da Pio①,** Piazza Beccaro 11, **Portobuffolè,** Tel. 04 22 85 05 05, Di–So 8–15, Mo 11–15 Uhr. Ob à la carte oder *menu fisso* (das preiswerte Mittagsmenü) – die Küche ist solide, gut und preiswert: *Formaggio cotto con polenta,* also Polenta mit Käse, kostet um 6 €.

Caffè & Eis

■ **Pasticceria Vienna,** Calle Opitergium 18, Tel. 04 22 71 39 44, Di–So 6.30–12.30, 15–19.30 Uhr. Was soll man sagen? Fantastische hausgemachte Pralinen, Kuchen, Gebäck und auch Toasts und Sandwiches. Und ein hübscher Freisitz neben der archäologischen Glaspyramide.

■ **Pasticceria Forner,** Via Roma 1, Tel. 04 22 71 78 14, Mo–Sa 7.30–13, 15.30–19.30, So ab 9 Uhr. Süßes unter den Arkaden. Das ebenfalls sehr beliebte Café mit Konditorei ist berühmt für seine Kekse in verschiedensten Formen und Farben.

Apero & Abend

■ **Da Capeotin②,** Via Roma, 20, Tel. 04 22 50 70 95, www.facebook.com/osteria.capeotin, Sa–Do 8.30–13.30, 16–21 Uhr. Die authentische Osteria serviert in etwas abgespeckter Form ausschließlich *cicchetti* (Häppchen) und ist berühmt für ihre frittierten Kartoffeln. Die meisten Gäste kommen *a l'ombretta* hierher, auf ein Gläschen Wein und eben jene *patatine.*

Einkaufen

■ **La Bottega,** Via Giuseppe Garibaldi 62, Tel. 04 22 81 60 91, www.facebook.com/labottegaoderzo.it. Alle Köstlichkeiten der Region (und auch einige aus anderen Teilen Italiens) stehen hier zum Verkauf und vieles auch zur Verkostung.

In der Umgebung

La Fattoria delle Erbe, Via Baite 40, **Bassalghelle di Mansuè** (6 km nordöstlich), Tel. 33 97 46 38 31, https://fattoriadelleerbe.it, April–Okt 10.30–17 Uhr, sonst nach Voranmeldung. Am schönsten ist es hier, wenn die Sommerblumen blühen. Die Fattoria zieht und vertreibt „Blüten zum Essen" und daneben alle möglichen Kräuter. Aber die Blüten sind der Clou, und wenn man sie auf der Heimfahrt kauft, bereiten sie auch noch zu Hause Freude und Genuss.

■ **Designer Outlet,** Via Marco Polo 1, **Noventa di Piave,** www.mcarthurglen.com, tgl. 10–20 Uhr. Viele noble Marken wie Bottega Veneta oder Prada seien hier deutlich preiswerter, verspricht die Werbung. Das teste jede/jeder selbst. Ein perfektes Einkaufsdorf als Abwechslung zu Kultur und Strand.

Feste und Veranstaltungen

■ **Mercatino del Antiquariato in Portobuffolè,** jeden zweiten Sonntag im Monat. Dank der malerischen Stadtumgebung besonders reizvoll.

Verkehr

■ **Bahnhof/Stazione,** Via della Stazione. Züge in Richtung Venedig mit Umsteigen in Treviso werktags fast stdl., Sa/So seltener (1 Std. 20 Min., um 7 €).

Conegliano

■ 65 m üNN, 35.000 Einw., Venedig 60 km, Belluno 54 km, Treviso 28 km

Wie Valdobbiadene steht auch Conegliano ganz im Zeichen des Prosecco: Die UNESCO-geadelten Hügel rücken mit ihren mäandernden Weinspalieren nahe an das Städtchen am Fiume Monticano heran. Freskengeschmückte Palazzi prägen das historische Ortsbild – wäre da nur nicht das monumentale Theater auf der Piazza!

Aber dieses Teatro Accademia steht für etwas, das in der ganzen Stadt bemerkbar ist: Wohlstand und bürgerliches Selbstbewusstsein. Wenige Kleinstädte können sich einer so großen Zahl teurer Boutiquen rühmen – eher das Gegenteil ist der Fall, auch Italien kennt das große Sterben der Innenstadtgeschäfte. Nicht so Conegliano. Hier macht Bummeln richtig Spaß!

Geschichte

Conegliano war schon zur Bronzezeit besiedelt; auch aus dem Neolithikum (vor etwa 6000 Jahren) sind Tonscherben erhalten. Die Römer nutzten die sichere Lage des Hügels.

1112 wurde das heutige Conegliano durch eine Gruppe von Adligen wiedergegründet, die sich damit von der Signoria Trevisos abgrenzen wollten. Bis zum Übergang an Venedig 1388 sahen die Bewohner sich mit Belagerungen,

☐ Hoch über der Stadt: die Burg von Conegliano

112f sk

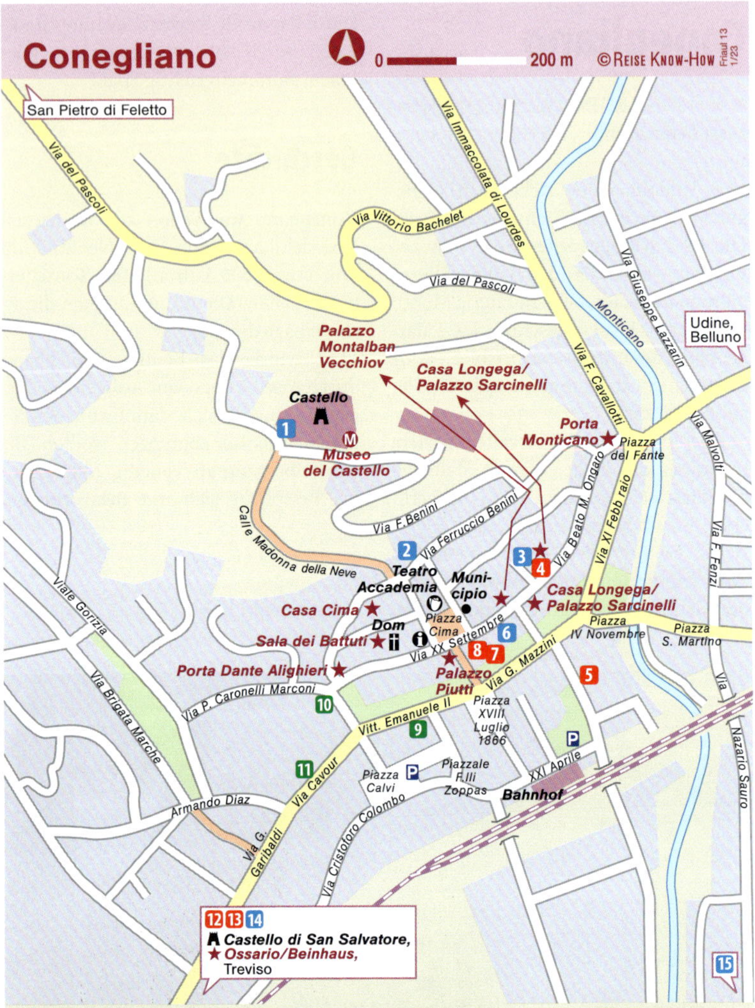

Übernachtung
- 4 Hotel Canon d'Oro
- 5 B&B delle Rose
- 7 Hotel Cristallo
- 8 Locanda Mezzosale
- 12 Agriturismo Calronche
- 13 Agriturismo Borgoluce

Essen und Trinken
- 1 Ristorante Belvedere al Castello
- 2 Antica Trattoria Stella
- 3 Ristorante Canon d'Oro
- 6 Osteria Cima
- 14 Villa Tre Panoce
- 15 Pizzeria Gennaro

Einkaufen
- 9 Antonella Boutique
- 10 Momon
- 11 Le Noir

Kriegen, wechselnden Allianzen und Niederlagen konfrontiert. Dann war für 400 Jahre Ruhe und Conegliano avancierte zum hauptsächlichen Weinkeller und Olivenöllieferanten der Serenissima, bis erst die Franzosen, dann die Österreicher auf der Bildfläche erschienen. Der **Bau der Eisenbahn** 1855 brachte Conegliano Bedeutung über den landwirtschaftlichen Handel hinaus. Und die 1876 gegründete **Weinfachschule** zählt zu den ältesten des Landes. Berühmtester Sohn der Stadt ist der Renaissancemaler **Giovanni Battista Cima da Conegliano** (1459–1518).

Sehenswertes

Hoch oben von der Burg auf dem Hügel zogen sich einst die Stadtmauern hinunter ins Tal und umfriedeten den ganzen Ort. An der Mauer entlang kann man heute noch von der Piazza Cima, dem zentralen Platz (vom Bahnhof über Freitreppe und Durchgang erreichbar), auf einem zehnminütigen Spaziergang zur Burg hinauf gelangen.

Piazza Cima

Als wollte er das Theater noch stärker betonen, als es durch seine imposante Größe ohnehin der Fall ist, ließ Architekt *Andrea Scala* es am höchsten Punkt der leicht abschüssigen Piazza Cima errichten. Das **Teatro Accademia** (1869) besitzt einen tempelartigen Portikus, deshalb könnte man es auf den ersten Blick für ein (klassizistisches) Gotteshaus halten. Die beiden steinernen Sphingen links und rechts der Freitreppe, die zum Eingang hinaufführt, verstärken das theatralische Moment. Die Piazza selbst dagegen wirkt mit ihren Straßencafés und dem 1774 errichteten **Municipio** (Rathaus) recht alltäglich. Der **Palazzo da Collo** aus dem 16. Jh. an der Westseite verweist mit seiner Fassade in die Renaissance.

Via XX Settembre

La Contrada Grande nennt sich das historische Zentrum um die Piazza Cima und die Via XX Settembre, in der Renaissancefassaden einen wahren Schönheitswettbewerb veranstalten. In Richtung Südwesten gleich an der Ecke zur Piazza zeigt sich der **Palazzo Piutti** (15. Jh.) in den eleganten Formen der venezianischen Spätgotik, in die sich die runden Bögen der Renaissance mischen. Auffällig sind die verblassenden ornamentalen wie gegenständlichen Fresken, die erst bei einer Renovierung in den 1990er-Jahren freigelegt wurden.

Nach Südwesten den Dom und die Grande Scuola degli Battuti (s.u.) passierend, endet die Straße an der **Porta Dante Alighieri,** die seit Mitte des 19. Jh. das mittelalterliche Stadttor Rujo ersetzt.

Nach Nordosten geht es am prächtigen Renaissancepalast **Palazzo Montalban Vecchio** vorbei zur Ecke mit der Via Marcatelli. Rechter Hand stehen mit der **Casa Longega** (15. Jh., mit Familienwappen der Montalban und schönem Terrakottaschmuck) und dem **Palazzo Sarcinelli** (16. Jh., mit eleganter Loggia) zwei historische Anwesen nebeneinander. Letzterer dient heute als Raum für verschiedene Kunstausstellungen und beherbergt den Infopoint.

Prosecco – der Wein mit dem perlenden Charme

In Valdobbiadene beginnt die Straße des Prosecco, die in die Hügel hinein bis nach Conegliano führt. Im verwirrenden Netz der kleinen Straßen und Wege finden sich neben den großen Kellereien, die Weine in alle Welt liefern, allerorten Weinbauern, die nur für sich und ihre Freunde produzieren. Der hiesige Weinbau blickt auf eine lange Tradition: Scherben von spätantiken Weinkrügen belegen, dass schon die Römer den Rebensaft der Region zu schätzen wussten. Als eine seit Jahrhunderten von Menschen in Einklang mit Natur und kulturellem Erbe gestaltete Landschaft erkannte die UNESCO die **Colline del Prosecco di Conegliano e Valdobbiadene** 2019 als Weltkulturerbe an. Charakteristisch für diese Landschaft sind die steilen, in der Geologie *hogback* genannten Hügel, die in Ost-West-Richtung verlaufen und durch schmale Täler voneinander getrennt sind. Bewirtschaftet werden die steilen Hänge mittels kleiner Terrassen, *ciglioni* genannt. Sie stellen eine Besonderheit in den Prosecco-Hügeln dar, denn sie werden nicht wie sonst üblich mit Steinen aufgemauert, sondern (wesentlich nachhaltiger) mittels Grasnarben stabilisiert. Zeugnisse dieser Technik existieren bereits seit dem 16./17. Jh. Ein weiteres Charakteristikum der Prosecco-Region sind die relativ kleinen Anbauflächen, die zusammen mit nicht bebaubarem Land, Wäldchen und Dörfern eine vielgestaltige und ökologisch gesunde Landschaft bilden, die zugleich überaus fotogen und malerisch ist.

Die eigentliche **Prosecco-Traube** wurde erst zu Beginn des 19. Jh. kultiviert – sie stammt ja aus dem Ort Prosecco im Friaul, unweit von Triest, wo die slowenischsprachige Bevölkerung sie unter dem Namen Prosek kelterte. Die Böden aus Mergel und Sandstein und das ausgeglichene Klima mit relativ viel Regen und Sonne im Sommer sind ideal für die rustikale Traube.

Wenige Schritte weiter kommt der **Palazzolo Monte di Pietà** mit seiner über und über mit Fresken geschmückten Fassade. Das Fresko im Bogenfeld, die Pietà, soll – so die Legende – von *Pordenone* stammen; andere Quellen sprechen es dem Maler *Ludovico Fiumicelli* zu.

Den Abschluss von Altstadt und Straße, hier unter dem Namen Via B. Marco Ongaro, bildet das älteste erhaltene Stadttor, **Porta del Monticano** bzw. **Porta del Leone** aus dem 13. Jh. Der Markuslöwe schmückt das Tor in zwei Versionen: Zur Altstadt hin als steinernes Relief, auf der Außenseite als Fresko, das den Löwen mit den Hinterpfoten auf Venedig und mit den vorderen Tatzen auf der Terraferma abbildet. Symbolisch ist so der Griff Venedigs nach dem Festland dargestellt, im Falle Coneglianos recht friedlich, denn der Löwe hält ein aufgeschlagenes Buch (geschlossen steht es für Kriegszeiten).

Nach der Lese kommt die **Mostproduktion.** Dies muss sehr vorsichtig geschehen, der ausgeübte Druck darf nicht zu stark sein. Der Most fließt in Stahlwannen, wo er kühlt und sich klärt. Hefepilze sorgen nun für den Gärungsprozess. Danach folgt die Lagerung in den Monaten November/Dezember. Bodensatz entsteht, der Wein wird hell, und schließlich entwickeln sich Bläschen. Die zweite Gärung beginnt, nachdem man entschieden hat, welche Weine am besten zusammenpassen, um den für das Weingut typischen Geschmack jedes Jahr aufs Neue nachzuvollziehen. Eingeleitet wird die zweite Gärung durch die Zugabe von Fermenten und Zucker. Abgefüllt in Flaschen, muss der Prosecco dann noch 30 bis 40 Tage reifen, bevor man den Schaumwein genießen kann.

Seit 2009 muss laut Verordnung Prosecco aus der Glera-Traube, der originalen Prosecco-Traube, gekeltert und im Prosecco-Gebiet gepflanzt, hergestellt und abgefüllt werden – eine Maßnahme, um dem Wildwuchs entgegenzusteuern, den der Prosecco-Boom zu Beginn des 21. Jh. ausgelöst hatte. Die **Herkunftsbezeichnung** DOC (Denominazione di origine controllata) dürfen nur Weine tragen, die aus bestimmten Regionen Venetiens und Friaul-Julisch Venetiens stammen. DOCG (Denominazione di Origine Controllata e Garantita) adelt zwei Prosecco-Sorten, den Conegliano Valdobbiadene sowie den Colli Asolani aus der Umgebung von Asolo. *Cartizze* dürfen sich nur Prosecchi aus dem Anbaugebiet der steilsten Hügel von San Pietro di Barbozza, Santo Stefano und Saccol nennen. Sie stellen die höchste Qualitätsstufe dar. *Sui Lieviti* wird „Prosecco Naturalmente frizzante" genannt – zweifache Gärung auf Hefe und meist auch Verzicht auf chemische Hilfsmittel zeichnen die meisten dieser Weine aus.

Von Conegliano aus sollte man sich auf die **Prosecco-Weinstraße** Richtung Valdobbiadene begeben, rund um Refrontolo gibt es Dutzende Weingüter, die zur Probe einladen. An der Verbindungsstraße zwischen Ferracin und Refrotolo liegen zehn weitere Weingüter. Empfehlenswerte Adressen finden sich unter der Rubrik „Einkaufen".

Auf der **Straße des Rotweins** geht es von Conegliano nach Oderzo über 69 km durch die Weinhügel, deren Kellereien hauptsächlich Rotweine keltern. Merlot, Cabernet und Raboso sind u.a. im Angebot.

Dom und Sala dei Battuti

So prominent man in Conegliano das Theater errichtet hat, so gut verborgen ist der Dom: An der Via XX Settembre ist nur die auffällige mit Fresken geschmückte Fassade der **Sala dei Battuti** (oft auch als Scuola bezeichnet) zu sehen. Tiefe Arkaden säumen die Straßenseite dieses Versammlungsraums der Bruderschaft der Battuti, die aus Umbrien stammend Mitte des 14. Jh. in Conegliano Fuß fasste und ihren mildtätigen Dienst mit Pilgerunterkunft und Krankenversorgung versah. Bereits 1354 wurde die Vorgängerkirche Santa Maria Nuova dei Battuti geweiht, kurze Zeit später entstand quer zur Achse des Gotteshauses und parallel zur heutigen Via XX Settembre das Gebäude der Sala bzw. Scuola. Die farbkräftigen Fresken unter tiefen Arkaden stammen vom Anfang des 16. Jh. und wurden wie der Versammlungsraum dahinter von *Francesco da Milano* und dem *Pozzoserrato* genannten Flamen *Ludovico Toeput* reich

113fsk

freskiert. Die **Sala Capitolo** schmücken, möglicherweise durch *Toeputs* Vermittlung, fünf flämische Wandteppiche. Die Räume betritt man über einen Durchgang neben dem Domeingang.

Das Gotteshaus aus dem 14. Jh. wurde im 18. Jh. zum **Duomo Santa Maria Annunziata** erhoben. In diese Epoche fällt auch die Barockisierung mit üppigen Stuckelementen, während die Seitenschiffe noch einige gotische Merkmale aufweisen. Das Altarbild der „Sacra Conversazione" (Jungfrau mit Kind und Heiligen) stammt von *Cima da Conegliano* und entstand 1493, weitere Gemälde werden *Palma dem Jüngeren* (Taufe der hl. Caterina) und *Beccaruzzi* (Hl. Franziskus) zugeschrieben. Die Fresken aus dem 16. Jh. malte *Pozzoserrato,* der auch an der Scuola tätig war.

⌂ Coneglianos Teatro Accademia an der Piazza Giovanni Battista Cima

■ **Duomo,** Via XX Settembre, Duomo tgl. 8–12, 15–19 Uhr, Sala nur Sa/So 10–12, 16–18 Uhr.

Via Cima

Am Dom entlang führt ein Treppenweg zur schmalen Via Cima mit dem restaurierten Wohnhaus des Renaissancemalers *Gianbattista Cima* (1460–1518). Es fungiert heute als Sitz der gleichnamigen Stiftung und Museum mit einigen seiner Gemälde und archäologischen Funden.

■ **Casa Cima,** Via Cima 24, www.fondazionegbcima.com, Sa/So 16–19, Winter 15–18 Uhr, 2 €.

Burgberg

Von der Piazza Cima geht's zum Abschluss an den Resten der Stadtmauer bergauf zum Castello, dessen älteste Teile ins 13. Jh. der Skaligerherrschaft zurückreichen. In der **Torre della Campana** präsentiert das Museo del Castello ein sehenswertes Lapidarium und eine interessante Pinakothek. Die Gemälde stammen u.a. von *Cima, Palma dem Jüngeren, Francesco da Milano, Pozzoserrato* und *Jacopo Amigoni.* Die teils aus zerstörten Kirchen geretteten Fresken werden *Il Pordenone* und dem Franzosen *Giovanni di Francia* zugeschrieben. Beide waren im 16. Jh. in der Region tätig.

■ **Museo del Castello,** Piazzale San Leonardo, Tel. 04 38 22 871, Mo 10–14, Mi 14–18, Do–So 10–13, 14–18 Uhr, 2,50 €.

In der Umgebung

San Pietro di Feletto

Bereits von Weitem weist der hohe Campanile (14. Jh.) in San Pietro di Feletto (5100 Einw., 220 m) 9 km nordwestlich von Conegliano den Weg zur freskengeschmückten, romanischen **Kirche San Pietro.** Unter den Langobarden im 8. oder 9. Jh. errichtet, erhielt sie ihr heutiges Aussehen im 12. Jh. 1873 zog ein Erdbeben das dreischiffige Gotteshaus in Mitleidenschaft; man hat versucht, es so originalgetreu wie möglich zu rekonstruieren. Der **Freskenschmuck** aus dem 12. bis 15. Jh. kam erst 1954 unter Tünche zum Vorschein. Rechts vom Eingang – geschützt vom umlaufenden Arkadengang – zeigt der „Cristo delle Feste“ (14. Jh.) drastisch die Wunden, die die Missachtung der Sonntagsruhe in seinen Körper schlägt. Direkt über dem Eingang eine „Sacra Conversazione“ aus dem 15. Jh., linker Hand eine stillende Madonna. Im Inneren stammt der „Christus Pantokrator zwischen Maria und Petrus“ in der Apsis aus dem 13. Jh. An der linken Seitenwand ist der „Hl. Christophorus“ das älteste Gemälde der Kirche (12. Jh.). Die Fresken des Kreuzgewölbes der **Taufkapelle** (Cappella San Sebastiano) erzählen das Leben des Heiligen mit seinem schauerlichen Martyrium. Ein Besucherzentrum mit Museum war zum Zeitpunkt der Recherche im Bau und sollte 2023 eröffnen.

Angesichts all der Fresken sollte man eines nicht übersehen: den herrlichen **Ausblick** von dem Kirchlein über die Prosecco-Hügel!

■ **Pieve di San Pietro di Feletto,** Via Roncalli 1, Tel. 32 93 61 58 69, theoretisch So 15–18 Uhr.

Refrontolo

Der Abstecher von San Pietro 3 km nach Westen (13 km von Conegliano) führt zur Abwechslung nicht zu Fresken und Gemälden, sondern zu einer Mühle am rauschenden Bach, dem **Molinetto della Croda** im tief eingeschnittenen Tal der Lierza, die als Mini-Wasserfall über eine Felsstufe springt. Die Getreidemühle aus dem 18. Jh. war bis in die 1950er-Jahre in Betrieb. Heute finden in den restaurierten Räumen Ausstellungen statt, gelegentlich wird noch Mais für Polenta gemahlen.

■ **Molinetto della Croda,** Via Molinetto 40, Refrontolo, Tel. 04 38 97 81 99, www.molinettodellacroda.it, Fr/Sa 10.30–12, 15–18, So 10.30–18.30 Uhr, 3 €.

Nervesa della Battaglia

Und noch ein Ausflug weder zu Kunst noch zu Prosecco: In Nervesa della Battaglia (6700 Einw., 80 m), 15 km südwestlich von Conegliano und jenseits des Piave, dient der Flugplatz „Campo d'Aviazione Francesco Baracca" als Ausstellungsfläche für die **Nachbauten historischer Flugzeuge** des passionierten Piloten *Giancarlo Zanardo* (geb. 1939 in Conegliano). Darunter befinden sich Repliken der Fokker DR.I (die auch der Rote Baron flog), der Bleriot XI, der Caproni Ca.33Z und der SPAD S.XIII – Maschinen des Ersten Weltkriegs. Insofern ist die Ausstellung ein Beitrag zum Thema „Grande Guerra". *Zanardo* rekonstruiert die Flieger nach Originalplänen (falls vorhanden), stattet sie mit modernen Motoren aus und bringt sie mindestens einmal im Jahr in die Luft zu Ehren des italienischen Jagdfliegers *Francesco Baracca*, der 1918 über dem Platz abgeschossen wurde und den Tod fand.

■ **Fondazione e Museo volante Jonathan Collection,** Campo d'Aviazione Francesco Baracca, Via Fra Giocondo 8A, Nervesa della Battaglia, Tel. 34 03 99 81 01, www.jonathanaereistorici.it, Sa/So 10–12.30, 14.30–18, Winter 10.30–12.30, 14.30–16 Uhr, 5 €.

Praktische Tipps

Informationen

■ **Infopoint,** Via XX Settembre 61, 31015 Conegliano, Tel. 04 38 21 230, www.visitconegliano.it, tgl. 10–13, 14–17 Uhr.

Unterkunft

4 **Canon d'Oro**③**,** Via XX Settembre 131, Tel. 04 38 34 264, www.hotelcanondoro.it. Angenehmes, zentral gelegenes Haus der Best-Western-Gruppe mit 46 elegant eingerichteten Zimmern und gutem **3** Restaurant②-③ mit Terrasse.

7 **Cristallo**②**,** Corso Mazzini 45, Tel. 04 38 35 445, www.hotelcristallo.tv.it. Das moderne Hotel mit 45 zweckmäßig eingerichteten Zimmern befindet sich in Bahnhofsnähe und besitzt einen kleinen Garten.

8 **Locanda Mezzosale**②-③**,** Via XX Settembre 94, Tel. 04 38 33 67 17, www.mezzosale.it. Sechs schicke, moderne Zimmer über einem ebenso schicken Bistro ③ mit kleiner, übersichtlicher, aber sehr ausgesuchter Karte im Herzen der Altstadt. Parkmöglichkeit vorhanden.

5 **B&B delle Rose**②**,** Via G. Verdi 19, Tel. 34 00 51 41 63, www.dellerose.it. Drei eher konservativ eingerichtete Zimmer, dafür aber absolut zentral gelegen. Und das Frühstück beschränkt sich nicht auf das in Italien übliche Angebot.

In der Umgebung

12 **Agriturismo Calronche**③**,** Via Crevada 52/a, **Crevada di Refrontolo** (etwas außerhalb in den Weinbergen, die Stadt Richtung Treviso verlassen, nach Pieve di Soligo rechts abbiegen und nach 4 km links in die Hügel), Tel. 04 38 98 11 15, www.calronche.it. Äußerst angenehmes Haus mit acht eleganten Zimmern und ausgezeichneter Landküche, Weinproduktion und -verkauf, herrliche Sicht, Ruhe und nette Besitzer.

13 **Agriturismo Borgoluce**③**,** Località Musile 2, **Susegana,** Tel. 04 38 73 82 41, https://borgoluce.it. Agriturismo-Betrieb mit neun Zimmern und vier Ferienwohnungen, absolut ruhig, großzügige Räume, elegant eingerichtet, kleiner Badeteich.

Essen und Trinken

14 **Villa Tre Panoce**③-④**,** Via Vecchia Trevigiana 50, Tel. 04 38 60 071, Di–Sa 10–23, So 10–14.30 Uhr. Ob man Fisch, Fleisch oder Vegetarisches bevorzugt, das renommierteste Lokal der Stadt mit eigener Weinproduktion serviert alles aus regionaler Produktion und auf höchstem Niveau. Allerdings: Coronabedingt war es eineinhalb Jahre geschlossen.

Gourmets sind gespannt, ob die neue Leitung die Qualität hält.

1 Belvedere al Castello③, Piazzale San Leonardo 7, Tel. 04 38 22 379, www.ristorantealcastello.it, Mi–So 9–24, Mo 9–18.30 Uhr. In einem der kleineren Türme des Castello, auch Bar; Essen wie die Burgherren und davor/danach Prosecco mit Weitblick.

2 Antica Trattoria Stella②-③, Via Accademia 3, Tel. 04 38 22 178, www.facebook.com/anticatrattoriastella, Di–Sa 10–15, 18–23, So 10–15 Uhr. Typisches altes Stadthaus mit Arkaden, gemütliche, unaufgeregte Einrichtung und Gerichte aus der Region in guter Qualität – abends besser reservieren.

6 Osteria Cima②-③, Via XX Settembre 106, Tel. 34 20 67 69 18, tgl. 11–15, 18–23 Uhr. Die Lage macht's. An einem so prominenten Standort darf man sich als Lokal schon die eine oder andere (Nach-)Lässigkeit wie schleppenden Service erlauben. Aber die Küche ist gut, und der *tagliere di salumi e formaggi* (Wurst- und Käseplatte) ein Hit!

15 Pizzeria Gennaro①-②, Via Vital 96, Tel. 04 38 24 858, www.ristorantedagennaro.com, Do–So 10–14.30, 18–24 Uhr. Auch wenn es anderes gibt, hierher kommen die Einheimischen für die Pizza – immer voll, immer laut und immer ausgezeichnet. Mit Terrasse.

In der Umgebung

UNSER TIPP: **PER – Botega & Cheese Bar,** Via Cervano 77/D, **San Pietro di Feletto,** Tel. 04 38 34 874, www.perperenzin.it, Di–Fr/So 8–13, 16–20.30, Sa 8–21 Uhr. Eine interessante Kombination: Käseladen und Aperitivo-Bar in einem! Konsequenterweise gibt's Freitag Raclette zum Aperitif. Dafür sollte man sich zeitig anmelden. Auch für die Degustationen und Führungen durch die Käserei, die Familie *Perperenzin* seit mehreren Generationen betreibt.

Einkaufen

11 Le Noir, Via Camillo Benso Conte di Cavour 4/C, www.lenoirboutique.com. Sehr exklusiv, sehr streng und sehr stylisch, aber anders als der Name des Ladens vermuten lässt, ist hier längst nicht alles schwarz.

Conegliano Umgebung: Zugabe!

■ **Castello di San Salvatore,** Via Sottocroda, Susegana (8 km südwestlich von Conegliano), Tel. 04 38 43 52 87, www.castellosansalvatore.it, Besichtigung des Schlosses nach Voranmeldung, Gelände frei zugänglich. Beeindruckende Anlage aus dem 14. Jh. mit einem waghalsig konstruierten Söller und dem Schloss Palazzo Odoardo (18. Jh.), das immer noch den Nachkommen langobardischen Adels gehört, den *Collalto.* Gepflegte Anlage, gut für eine Pause mit Blick ins Gebirge und über die Ebene. Wer sich verliebt hat, kann unter https://castellosansalvatorerelais.it Suiten④ buchen.

■ **Ossario del Montello/Beinhaus,** Via Ossario, Nervesa della Battaglia (13 km südwestlich von Conegliano), Di–Sa 9–12, 14–17 Uhr. Nur 4 km Luftlinie vom Castello di San Salvatore (aber auf der anderen Seite des Piave und nur in einem weiten Bogen erreichbar) ruhen die Gebeine von über 10.000 in den Piave-Schlachten 1917/18 gefallenen Soldaten. Monumentales, unter *Mussolini* 1932–35 errichtetes Heldenmal, in dem man (am Militaria-Museum vorbei) zu einer Aussichtsterrasse hochsteigen und über das einstige Schlachtfeld blicken kann.

■ **Torri di Credazzo,** oberhalb von Farra di Soligo (20 km westlich von Conegliano): Die drei dominanten Türme oberhalb des Dorfes sind die Überreste einer Befestigungsanlage, die wohl um 1000 gegen Einfälle der Ungarn errichtet wurde. Rund 20 Minuten Spaziergang durch Rebenspaliere sind es auf der Via di San Lorenzo von Farra di Soligo zu dem in Privatbesitz befindlichen Gemäuer (ca. 100 Höhenmeter), wo sich ein herrlicher Blick über die Prosecco-Hügel entfaltet.

9 **Antonella Boutique,** Corte delle Rose 70, auf Facebook. Hier findet jede Fashionista ein Lieblingsteil – eher verspielt, aber italienisch.

10 **Momon,** Via Guglielmo Marconi 7, https://momonshop.it. Ausgefallene, schicke Mode und Accessoires, ausgewählt mit viel Gespür für Trends.

Feste und Veranstaltungen

■ **Dama Castellana** – Renaissancefest im Juni, das an einen Sieg Coneglianos über die Signoria der Trevisaner 1241 erinnert. Die Kostüme werden schon Monate im Voraus genäht, und wenn es dann so weit ist, ziehen Tamburen und Fahnenschwinger durch die Stadt. Auserwählte geben auf der Piazza Cima die lebenden Figuren eines Damespiels. Dabei treten die Stadtteile Coneglianos gegeneinander an, und die Gewinner werden am Ende von den Verlierern auf einem Wagen zum Castello hinaufgeschoben. Zum Abschluss gibt's ein Feuerwerk; www.damacastellana.it.

Verkehr

■ **Bahnhof/Stazione:** Via XXI Aprile, Verbindungen nach Venedig (halbstdl., 60 Min., 5,50 €) und Udine (stdl., 70 Min., 8,25 €).

■ **Parken:** Parkmöglichkeiten gibt es am Bahnhof im Parkhaus Park Corte delle Rose (1,40 €/Std.). In der Innenstadt gelten folgende Zeiten und Tarife: 8.30–12.30, 14.30–20 Uhr, Zona A 1,30 €/Std., Zona B/C 1/0,60 €/Std.

Vittorio Veneto

■ 136 m üNN, 28.200 Einw., Venedig 70 km, Belluno 37 km, Treviso 41 km

Ist es (touristischer) Segen oder Fluch, Schauplatz der letzten großen und entscheidenden Schlacht der Grande Guerra gewesen zu sein? Vittorio Veneto trägt die Erinnerung an den Ersten Weltkrieg in zahlreichen Denkmälern und Monumenten; es zeigt aber auch das überaus malerische Gesicht der Altstadt Serravalle. Romantischer geht's kaum!

Ursprünglich bestand Vittorio Veneto aus zwei Orten: Serravalle und Cèneda. 1866 schloss man sie zusammen und gab ihnen den Namen des italienischen Königs Vittorio Emanuele II. Zwei Einbahnstraßen durchqueren den lang gezogenen Ort am Fiume Meschio; Hauptplatz ist die Piazza di Popolo, ihr gegenüber ist der Bahnhof angesiedelt. Das Altstadtviertel Serravalle findet sich im nördlichen Bereich.

Geschichte

Vittorio Veneto bzw. dessen südlicher Stadtteil Cèneda besitzt vorrömische Wurzeln; unter Kaiser Augustus entstand im 1. Jh. n. Chr. das **Castrum Cenetense**, das während der Völkerwanderung heftig umkämpft war. Die Auseinandersetzungen um das Territorium am Alpensüdrand setzten sich in den folgenden Jahrhunderten fort. Erst **Venedig** brachte mit der friedlichen Übernahme (1337 Serravalle, 1389 Cèneda) Ruhe und beginnenden Wohlstand. Kurz vor dem Ende der Republik

Vittorio Veneto

Übernachtung
1 Hotel Calvi
2 Il Piccolo Principe
5 Castrum di Serravalle
12 Colonia Resort

Essen und Trinken
4 Agriturismo Ristoro Il Bosco
6 Trattoria La Giraffa
7 Trattoria alla Cerva
8 Bar Gelateria Al Vecchio Forno
9 Cioccolateria di Seravalle
11 Seda

Nachtleben
10 Il Ventennale

Einkaufen
3 Lanificio Bóttoli

wurde in Cèneda 1749 *Emanuele Conegliano* als Mitglied der großen jüdischen Gemeinde geboren. Nach seinem Übertritt zum Christentum machte er unter dem Namen **Lorenzo da Ponte** als Librettist mehrerer Opern von *Wolfgang Amadeus Mozart* Karriere.

Auf *Napoleon* 1797 folgte das Habsburger Reich und ab 1866 die Zugehörigkeit zu Italien. Mit dem Ersten Weltkrieg kehrten die österreichisch-ungarischen Truppen zurück. Das Ende des grausamen Stellungskriegs besiegelte die **Schlacht von Vittorio Veneto** vom 24. Oktober bis zum 3. November 1918 – 350.000 austro-ungarische Soldaten ergaben sich der Gegenoffensive der italienischen Truppen. Mit dem Waffenstillstand von Villa Giusti, der am 3. November 1918 bei Padua geschlossen wurde, endete der Erste Weltkrieg.

Sehenswertes

In Serravalle am nördlichen Ende der Stadt, eingerahmt von den Tälern der Voralpen, gruppiert sich das eindrucksvollste Gebäude-Ensemble Vittorio Venetos um die kleine **Piazza Flaminio.** Die Renaissance treibt hier ihre schönsten Blüten, es finden sich aber auch Palazzi der Spätgotik und des Barock. Die meisten dieser Bauten harren noch der Restaurierung, was dem historischen Zentrum alles Bilderbuchartige nimmt und es zur alltäglichen Kulisse macht.

Serravalle

Den Fassadenschmuck der **Loggia Serravallese** von 1462, die vom Uhrturm

etwas zurückversetzt und damit leicht verborgen steht, prägen die Wappen der venezianischen Statthalter, florale Elemente sowie zwei dreibogige Fenster im Stil der venezianischen Gotik. Betritt man den Innenhof mit seiner Freitreppe, begegnet man Fresken des bereits aus Conegliano bekannten *Francesco da Milano* (um 1520). Im Gebäude, das einst als Rathaus diente, ist das **Museo Cenedese** untergebracht: Ausgestellt sind archäologische Funde, Möbel, Bilder und Büsten, vor allem aber Werke der Renaissance und des Barock, darunter weitere Arbeiten von *Francesco da Milano.* Er schmückte u.a. die Sala del Maggior Consiglio mit Fresken an der Nordwand, die den Markuslöwen im Kreis von Heiligen abbilden.

■ **Museo Cenedese,** Piazza Flaminio 1, Tel. 04 38 57 103, www.museivittorioveneto.it, Fr–So 10–12, 15–17, im Sommer 10–12, 16–18 Uhr (sonst nach Voranmeldung), 5 €; mit Oratorio dei Battuti, Galleria Civica, Museo del Baco da Seta und Museo della Battaglia 10 €.

Von der Piazza Flaminio über die Brücke erhebt sich am Ufer gegenüber der auf das 15. Jh. zurückgehende, im 18. Jh. als einschiffige Kirche neu errichtete **Dom.** Auch der Campanile stammt aus

⌃ Gemauerte Kanäle schützen Vittorio Veneto vor Sturzfluten aus den Bergen

dieser Zeit. Das Innere ist barock mit viel Stuck ausgestaltet. Das bemerkenswerte Altarbild der „Madonna mit Kind zwischen den Heiligen Andreas und Petrus“ stammt von 1542 und ist von *Tizian;* im Hintergrund stellt er die Apostel als Fischer dar. Hebt man den Kopf, scheint der Blick sich im Himmel zu verlieren. Das illusionistische Deckenfresko schuf *Giovanni Battista Canal.*

■ **Duomo di Santa Maria Nova,** Via Casoni 2, tgl. 8–12, 15–19 Uhr.

Unser Tipp: Folgt man von der Piazza Flaminio der Via Martiri della Libertà nach Süden, prägt nach 100 m linker Hand Spätrenaissance die Fassade des **Palastes Minucci de Carlo** vom Ende des 16. Jh. Innen erleben Besucher den Prunk eines reichen Haushalts des 19. Jh., kombiniert mit kostbaren Exponaten aus aller Welt, die der letzte Eigentümer *Camillo de Carlo* in seiner Eigenschaft als italienischer 007 zusammengetragen hat, darunter die angeblich größte Sammlung japanischer Gefäße und Vasen aus Jade und Amber weltweit. Seit seinem Tod 1968 verwaltet eine Stiftung den Palazzo als Museum. Die Privatkapelle im barocken Stil ist auch von außen zugänglich. Doch Vorsicht, eine Gespenstin geht um!

■ **Palazzo Minucci De Carlo,** Via Martiri della Libertà 35, Tel. 04 38 57 193, www.palazzominuccidecarlo.it, Sa/So 15–18 Uhr, 5 €.

Noch mal 200 m weiter steht links des ehemaligen Südtors von Serravalle das **Oratorium der Laienbruderschaft Battuti.** Wie in Conegliano verschrieben sich die frommen Brüder auch hier der Mildtätigkeit, ohne allerdings sich selbst gegenüber Milde walten zu lassen: Der Name *battuti,* die Geschlagenen, kommt von einer besonderen Form der Meditation, bei der sich die Mitglieder mit Geißeln selbst züchtigten. Das Innere des Oratoriums ist fast vollständig mit Fresken aus den 1430er-Jahren ausgemalt. Bevorzugtes Thema dieses erstaunlichen Bilderbuchs, dessen Farben nach einer Restaurierung klar erstrahlen, ist das Leiden: An der Hauptaltarwand die Kreuzigung und in den Gewölben Szenen aus dem Leben der Märtyrer Laurenz und Markus.

■ **Oratorio di San Marco e San Lorenzo dei Battuti,** Via Pietro Paietta, Tel. 04 38 57 103, www.museivittorioveneto.it, Fr–So 10–12, 16–18, Winter 10–12, 15–17 Uhr (sonst nach Voranmeldung), 5 €; mit Museo Cenedese, Galleria Civica, Museo del Baco da Seta und Museo della Battaglia 10 €.

Eine Zypressenallee führt auf die romanische Pfarrkirche **Sant'Andrea di Bigonzo** am Rande Serravalles zu, deren Fassade eine elegante Rosette schmückt. Das im 14. Jh. geweihte Gotteshaus hat möglicherweise Wurzeln im 5. oder 6. Jh. und besitzt ungewöhnlich reichen und farbenfrohen Freskenschmuck, darunter mehrere Heiligenszenen von *Francesco da Milano.* Herausragend ist die Statue der hl. Katharina von Alexandria mit ihren Folterinstrumenten, dem Rad und dem Schwert – eine elegante Renaissancearbeit von anrührender Zartheit.

■ **Pieve di Sant'Andrea di Bigonzo,** Piazza Pieve di Bigonzo, unregelmäßig geöffnet.

Cèneda

Das **Museum der Schlacht von Vittorio Veneto** in einem Gebäudekomplex beim Dom des südlichen Stadtteils Cèneda (s. „Vittorio Veneto: Zugabe!") widmet sich dem Ersten Weltkrieg und in der zweiten Etage speziell den Tagen zwischen dem 24. Okt. und dem 11. Nov. 1918, als hier die dritte Piave-Schlacht tobte, die die Achsenmächte schließlich verloren geben mussten.

■ **Museo della Battaglia di Vittorio Veneto,** Piazza Giovanni Paolo I, Tel. 04 38 57 695, www.museivittorioveneto.it, Di–Fr 9.30–12.30, Sa/So 10–13, 15–18 Uhr, 5 €; mit Oratorio dei Battuti, Galleria Civica, Museo del Baco da Seta und Museo Cenedese 10 €.

In der Umgebung

Grotte del Caglieron

7 km nach Nordosten hat das Flüsschen Caglieron in der Nähe des Ortes Fregona die tiefe Schlucht Grotte del Caglieron ins Gestein gegraben und dabei kleine Wasserfälle und natürliche Höhlen gebildet. Holzstege und gut ausgebaute Wege (nicht kinderwagentauglich) führen in einem halbstündigen Rundgang durch den Naturpark. Ab dem 16. Jh. bauten die Menschen in dieser Schlucht Sandstein *(petra dolza)* ab und schufen so weitere, künstliche Höhlen. Sie nutzten diese auch, um den berühmten Käse der Region zu lagern; im feuchtwarmen Klima der Höhlen reift die Spezialität *Formaggio Grotta del Caglieron* für mindestens 60 Tage. In einer Grotte verbirgt

⌄ Vittorio Venetos Renaissance-Piazza

115f sk

sich eine kleine Kirche. Im kleinen Besucherzentrum gibt's Erfrischungen und den Käse zu kaufen. Besonders an heißen Tagen bietet die Mini-Schlucht eine willkommene Abkühlung, und Kinder haben ihren Spaß daran, die Höhlen zu erkunden und im flachen Wasser zu planschen.

Parco Grotte del Caglieron, Via Grotte del Caglieron, Fregona, Tel. 04 38 58 54 87, www.prolocofregona.it, Mo–Fr 9.30–17.30, Sa/So bis 18.30 Uhr, letzter Einlass 30 Min. früher, 3,50 €, Kinder bis 12 Jahre gratis.

Archäologischer Park von Livelet

Die beiden Seen Lago di Santa Maria und Lago di Lago 8 km nordwestlich sind als Archäologischer Park von Livelet ein beliebtes Ausflugsziel ab Vittorio Veneto und Treviso. Besiedelt waren sie bereits im Neolithikum, worauf Spuren von Pfahlbauten hinweisen. Auf sie nimmt der Park Bezug. Mit nachgebauten **Pfahlbauten** erlaubt er einen Blick in den Alltag der Bronzezeit. Das umfangreiche didaktische Programm spricht italienische Schüler an, aber auch ohne ein genaues Verständnis der Angebote und Schautafeln macht es Spaß, sich in diese Ära zurückzuversetzen. Buchladen, Café und Picknickplätze laden zum Verweilen ein. Und wer sich einmal ganz klein fühlen möchte angesichts der majestätischen Natur, nehme auf der **Panchina Gigante** Platz: Die sonnengelbe Riesenbank oberhalb des Nordufers des Lago di Lago erlaubt einen wunderbaren Blick über See und Ort – und wie gesagt, man fühlt sich ganz klein! Sie ist Teil des Big Bench Project, das an verschiedenen Orten in Italien solche Riesenbänke aufstellt.

Parco Archeologico Didattico del Livelet, Via Carpenè, Revine Lago, Tel. 04 38 21 230, www.parcolivelet.it, April–Okt. So 10–18, Juli, Aug. bis 19 Uhr, 5 €, Kinder 4–17 Jahre 4 €.

■ **Pachina Gigante,** Revine Lago, über Via San Giorgio rund 500 m bergauf, Ausgangspunkt ist die Kirche (dort Parkplatz).

Passo San Boldo

UNSER TIPP: Auf den ersten Blick hört sich das doch ganz undramatisch an: Die 17 km lange Passstrasse SP 635 zwischen Tóvena und Trichiana überwindet einen Unterschied von etwa 500 Höhenmetern, um vom Val Mareno ins Val Belluna (oder von Vittorio Veneto nach Belluno) zu gelangen. Die Südrampe ist allerdings eine dramatische Konstruktion in steilstem Fels, in den fünf Kehrtunnel gesprengt und sechs Brücken gebaut werden mussten, um die Passhöhe zu erreichen. Das war natürlich eine militärische Aufgabe, die österreichisch-ungarische Pioniere 1918 in nur drei Monaten Bauzeit bewerkstelligten – schließlich galt es, die Versorgung der Piave-Front sicherzustellen. Für den Bau wurden auch Kriegsgefangene und die lokale Bevölkerung zwangsrekrutiert. Die irrwitzige und für damalige Zeiten einzigartige Konstruktion erschließt sich nur bei der Abfahrt von Norden. Ampeln regeln den Verkehr, die Geschwindigkeit ist auf 30 km/h, die maximale Höhe auf 3 m beschränkt. Bevor man oben losfährt, kann man in der ältesten Osteria des Veneto (s.u.) Mittagessen. Auf Schnaps verzichtet man besser!

La Graziella

Das waren noch Zeiten, als ein Fahrrad zwar Mobilität versprach, jedoch kein Ansehen. Es galt als Transportmittel des armen Mannes und war deshalb nicht unbedingt mit Prestige behaftet. Dann kam Graziella: Das Design stammt von *Rinaldo Donzelli,* die Fabrik Teodoro Carnielli produzierte es ab 1964 in Vittorio Veneto unter dem Markennamen **Bottecchia.** Das Mini-Fahrrad trat einen rasanten Siegeszug durch Italien an, ein **Faltrad** mit einem Raddurchmesser von 20 Zoll und abnehmbarem Sattel. Klein, wendig, überall gut abzustellen und „made in Italy" war es sozusagen das Pendant zur Vespa und ein Symbol für das Dolce Vita. Bald produzierten alle wichtigen italienischen Hersteller Graziella-Varianten, Prominente zeigten sich damit, und selbst *Salvador Dalí* und *Brigitte Bardot* konnten nicht widerstehen – woraufhin es als „la Rolls-Royce di Brigitte Bardot" durch die bunten Blätter geisterte. Rolls-Royce war nicht ganz aus der Luft gegriffen, denn die Graziella kostete in der Grundausstattung um die 45.000 Lire und konnte als Luxusmodell durchaus mit knapp 90.000 Lire zu Buche schlagen – dem Monatslohn eines Arbeiters. Ende der 1980er-Jahre kam das Aus für das Original; heutige „Klappräder" schmücken sich aber immer noch gerne mit seinem Namen.

Praktische Tipps

Informationen

■ **Infopoint,** Viale della Vittoria 100, 31029 Vittorio Veneto, Tel. 04 38 57 243, www.turismo vittorioveneto.it, tgl. 9.30–12.30, Mo–Sa auch 15–18 Uhr.

Unterkunft

5 **Castrum di Serravalle**③-④**,** Via Roma 21, Tel. 04 38 57 179, www.castrumdiserravalle.it. Fünf Zimmer und Suiten in einer mittelalterlichen Burg unweit der Piazza Flaminio, hochelegant, für das perfekte Schlossdamen und -herren Feeling.

1 **Hotel Calvi**③**,** Via Calvi 19, Tel. 04 38 94 16 82, www.hotelcalvi.it. Modernes, angenehm gestaltetes Hotel an den „Toren" von Vittorio Veneto im Stadtteil Serravalle, 1 km nördlich der Piazza Flaminio. Elf Zimmer und schicker Garten am Fluss; Mountainbike-Verleih.

2 **Il Piccolo Principe**②**,** Via Caprera 161, Tel. 39 29 35 43 62, www.ilpiccoloprincipebb.it. Drei einfach, aber geschmackvoll eingerichtete Zimmer in einem Haus aus dem 16. Jh., nette Atmosphäre, aufmerksame Gastgeber und gutes Frühstück.

In der Umgebung

■ **Agriturismo La Vigna Di Sarah**③**,** Via del Bersagliere 30A, **Cozzuolo,** Tel. 34 06 00 34 42, www.lavignadisarah.it. Der bezaubernde Agriturismo-Betrieb wenige Kilometer südlich vermietet vier rustikal, aber schick eingerichtete Zimmer und serviert ein üppiges Frühstück aus regionalen Spezialitäten. Besichtigungen des Weinkellers und Verkostungen können organisiert werden.

Essen und Trinken

7 Trattoria alla Cerva③, Piazza Flaminio 8, Tel. 04 38 18 49 259, www.trattoriaallacerva.com, Mo–Fr 10–15, 18–23.30, Sa/So 10–23.30 Uhr. Ausgezeichnete Küche mit Spezialitäten wie *trippe* (Kutteln), Gulasch, Suppen und *pasta fredda* auf der Piazza von Serravalle oder im Gastraum in der ersten Etage.

6 Trattoria La Giraffa①-②, Piazza Fontana 10 (neben Piazza Flaminio), Tel. 04 38 55 02 69, www.facebook.com/osterialagiraffa, Fr–Di 10–14, 17–1, Do 17–1 Uhr. Handfeste Küche zu überaus fairen Preisen, am Wochenende abends häufig Live-Jazz, junges Publikum und angenehmes Sitzen.

In der Umgebung

11 Seda④, Via Manzana 4 (6 km südwestlich), Tel. 04 38 56 13 89, http://ristorante-seda.it, Mi–Mo 12.30–14.30, 20–22 Uhr. Gourmetküche auf traditioneller Basis. Wer es sich richtig gut gehen lassen möchte, bestellt das Degustationsmenü mit sechs Gängen (z.B. Forellencarpaccio mit wildem Knoblauch, Rohes und Gebratenes vom Hirsch ...). Aus dem gut sortierten Weinkeller kommen die passenden Tropfen; auch Vermietung edler Zimmer im **12 Colonia Resort④.**

4 Agriturismo Ristoro Il Bosco②-③, Via Maren 7, **Borgo Maren** (4 km nördlich der Piazza Flaminio), www.agriturismoilbosco.com, Tel. 34 73 11 67 74, Fr/Sa 18.30–23, So 10–16 Uhr (reservieren!). Charmanter, familiengeführter Bauernhof mit bester Landküche (Fleisch vom Grill); sehr angenehm und unschlagbare Fleischqualität (Chianina-Rind). Außerdem drei nette Gästezimmer②-③.

Osteria La Muda②, Passo San Boldo 2, **Cison di Valmarino,** Tel. 04 73 75 72 53, www.lamudadisanboldo.it, Mo/Di 12–15, Do/Fr 12–15, 19.30–22, Sa/So 9–22 Uhr. Die Fahrt zum Passo San Boldo kann man unternehmen, um auf spektakulärer Passstraße nach Belluno zu gelangen – oder aber, um in der ältesten Osteria des Veneto zu speisen. Seit 1470 ist hier ein Gasthof verbrieft. Angesichts der schwierigen Anfahrt setzt der Koch auf nahe lokale Produzenten und den eigenen Gemüsegarten. Daraus wird dann hausgemachte Pasta, Tagliere mit Belluneser Käse und Wurstwaren der Nachbarn, Pilze und Wild aus dem Wald – was es eben so gibt. Dazu offene Weine ... aber die Rückfahrt nicht vergessen!

Caffè & Eis

9 Cioccolateria di Seravalle, Via Martiri della Libertà 31, Tel. 04 38 25 01 32, auf Facebook, Mi–Mo 9.30–12.30, 15.30–19 Uhr. Pralinen, Schokolade und manchmal auch Gebäck – alles selbst gemacht und sehr fein. Unbedingt verkosten: die eleganten *perle liquorose!*

8 Bar Gelateria Al Vecchio Forno, Via Martiri della Libertà 58, Tel. 04 38 53 050, auf Facebook,

116f sk

☒ An der Prachtstraße Viale della Vittoria

Vittorio Veneto: Zugabe!

■ **Via dei Battuti:** Die schmale Straße verläuft parallel zur Via Martiri della Libertà und dem teils in einem Kanal geführten Flüsschen Meschio. Auch hier ist kaum etwas aufgehübscht; der Zahn der Zeit nagt unübersehbar an den historischen Fassaden. Die Straße mündet am Dom von Serravalle in die Piazza Flaminio und passiert davor die tiefe Laube der **Casa di Salomone** aus dem 14. Jh., einen der ältesten Stadtpaläste von Serravalle.

■ **Galleria Civica d'Arte Medioevale, Moderna e Contemporanea,** Viale della Vittoria 321, Tel. 04 38 55 29 05, www.museivittorioveneto.it, Fr–So 10–12, 15–17, im Sommer 10–12, 16–18 Uhr (sonst nach Voranmeldung), 5 €, mit Oratorio dei Battuti, Museo della Battaglia, Museo del Baco da Seta und Museo Cenedese 10 €. Die Städtische Pinakothek in der klassizistischen Villa Croce schlägt den Bogen vom Mittelalter über die Moderne bis zu zeitgenössischer Malerei.

■ **Museo del Baco da Seta,** Via della Seta 23/A (4 km südlich von Cèneda), Tel. 04 38 91 40 24, www.museivittorioveneto.it, Fr–So 10–12, 15–17, im Sommer 10–12, 16–18 Uhr (sonst nach Voranmeldung), 5 €, mit Oratorio dei Battuti, Museo della Battaglia, Galleria Civica und Museo Cenedese 10 €. Das Museum in den Räumen einer Textilfabrik aus dem 19. Jh. beleuchtet die Geschichte der Seidenraupenzucht, die einmal ein wichtiges Standbein des Veneto war.

■ **Duomo di Santa Maria Assunta e San Tiziano,** Piazza Papa Giovanni Paolo I, tgl. 8–13, 16–19 Uhr. Klassizistische Kirche mit neobarocken Einschlägen, im Inneren zwei Werke von *Jacopo da Valenza:* „Madonna mit Kind und den Heiligen Sebastian und Antonius" (1494) und „Madonna mit Kind und den Heiligen Blasius und Johannes dem Täufer" (1508).

■ **Castello di San Martino,** Via Brevia 33, 15 Gehminuten vom Zentrum, nicht öffentlich zugänglich. Einstmals Burg der Langobarden (im 6. Jh. gegründet), die letzten acht Jahrhunderte Bischofssitz, heute Retreat für gestresste Manager und alle anderen, die bei Stille, Gebet und Meditation wieder zu sich oder zu Gott finden möchten (www.casaesercizi.it). 100 m über der Stadt mit Aussicht auf Tal und Berge.

■ **Santuario di Santa Augusta,** Via Santa Augusta, www.diocesivittorioveneto.it. Der Weg hinauf zur Wallfahrtskirche der Stadtheiligen Augusta beginnt hinter dem Dom von Serravalle mit einer barocken Treppenanlage und 100 Stufen. Danach führt er durch Wald bergauf (ca. 1 km, 200 Höhenmeter, gesamt ca. 30 Min.) und passiert mehrere Kapellen, bis er in 350 m Höhe die im 17. Jh. nach einem Pestgelübde errichtete Kirche erreicht. Sie steht auf Fundamenten eines älteren Kastells, dessen Turm noch über die Anlage wacht. Im Mittelpunkt der Verehrung steht die Cappella di Santa Augusta Vergine e Martire mit Freskenschmuck aus dem 15. Jh. Hier ruhen die Reliquien der Heiligen, die u.a. Heilung bei Migräne versprechen. Der Ausblick auf Stadt und Umgebung reicht bis zur Lagune von Venedig.

Do–Di 7–24 Uhr. Mehr Café als Bar, denn in dem hübschen Innenhof kann man bei Kaffee und hausgemachtem Eis ganz wunderbar den Tag vertrödeln.

Apero & Abend

10 **Il Ventennale,** Via Martiri della Libertà 27, Tel. 04 38 19 61 089, auf Facebook, Mo 8.30–14,

Mi–So 9–23 Uhr. Die Weinbar unter Arkaden ist traditionell der Ort für den Aperitivo. Ein Glas Spumante, zwei, drei *cicchetti* und die Welt ist rosarot.

Einkaufen

3 **Lanificio Bóttoli,** Via della Caserma 1, Tel. 04 38 55 43 43, www.lanificiobottoli.com, Mo–Fr 9–18, Sa 9–12 Uhr. Seit 1861 stellt das Familienunternehmen in Vittorio Veneto hochwertige Stoffe wie Tweed und Kaschmir, aber auch Plaids und Decken aus Merinowolle her, teils mit Öko-Standard. In ihrem Outlet-Store sind die Preise günstiger.

Aktivitäten

■ **Golf: Golfclub Cansiglio,** CP 152, Foresta del Cansiglio, Vittorio Veneto, Tel. 04 38 58 53 98, www.golfclubcansiglio.it. 18-Loch-Platz, 6007 m, Par 71, Greenfee 30–60 €.

Feste und Veranstaltungen

■ **Festeggiamenti Sant'Augusta:** Fest der Stadtheiligen Santa Augusta am 22. August mit Prozessionen, feierlichem Hochamt in der Wallfahrtskirche und einem großen Feuerwerk am Abend davor; rundherum findet in der zweiten Augusthälfte eine Sagra, ein Volksfest, statt.

■ **Mercatino dell'Antiquariato:** Nach Serravalle kommen am ersten Sonntag im Monat Trödler und Antiquitätenhändler aus der Umgebung.

Verkehr

■ **Bahnhof/Stazione:** Viale Trento e Trieste, Verbindungen nach Venedig (halbstdl., 70 Min., 7 €) und Udine (stdl., 95 Min., 10 €).

Valdobbiadene

■ 250 m üNN, 10.400 Einw., Venedig 66 km, Belluno 47 km, Treviso 36 km

Hügelland, Weingärten, ein eher unscheinbarer Ort – und doch ist er weltberühmt. An den Hängen um Valdobbiadene und des benachbarten Conegliano gedeihen die Trauben für den überall und über alles geliebten Prosecco. Die UNESCO verlieh der Region den Welterbestatus.

Der kleine Ort am Piave und am Rand der Hügelwelt der Voralpen wurde im Ersten Weltkrieg nahezu dem Erdboden gleichgemacht. Nach ihrer Rückkehr – man hatte den Ort rechtzeitig evakuiert – machten sich die Bewohner an den Wiederaufbau. Valdobbiadenes Charme liegt also nicht in seinem pittoresken Stadtbild. Aber jeder Besucher spürt, dass die Stadt „weiß", dass sie weltberühmt ist. Sie wirkt mondän, zugleich aber sachlich-geschäftig.

Sehenswertes

Die **Piazza Marconi** bildet, geplagt vom Autoverkehr, das Zentrum des Städtchens. Hier erhebt sich der markante, frei stehende **Campanile** von 1743, der eigenwilligerweise eine Zwiebelhaube trägt. Im Krieg stark zerstört, konnte er rekonstruiert werden. Der dazugehörige **Dom** im neoklassischen Stil stammte ursprünglich aus dem 18. Jh. Vier gewaltige Säulen bilden eine Loggia; seine Pforte schmückt ein Marmorfries. Im Inneren zählt das Altarbild „Thronende Maria mit den Heiligen Sebastian und

Rochus“ (um 1540) von *Paris Bordon* zum wertvollsten Besitz.

■ **Duomo di Santa Maria Assunta,** Piazza Marconi, Tel. 04 23 97 20 73, tgl. 7.30–12, 16–19 Uhr.

Nicht weit entfernt (200 m nordöstlich) schmückt die **Villa Barberina** aus dem 18. Jh. die stadtauswärts führende Via Roma. Errichtet im 18. Jh., gehört sie zum Weingut Nino Franco Spumanti und fungiert als exklusive Unterkunft mit nur sechs Gästezimmern.

■ **Villa Barberina,** Via Roma 2, Tel. 04 23 97 24 79, www.villabarberina.it, jeden 1. Mi/Monat 14–17 Uhr.

Auch das zweite historische Anwesen, die **Villa dei Cedri** (19. Jh.) dient heute nicht mehr als Herrenhaus, sondern als Event-Location. Sehenswert aber ist der große, mit romantischen Perspektiven und Achsen angelegte Park, dessen Highlight die über hundertjährige (namengebende) Zeder ist. Der Park mit Kinderspielplatz ist öffentlich zugänglich. Zum Vergnügen von Jung und Alt trägt auch die *Pasticceria alla Villa dei Cedri* gleich gegenüber bei.

Villa dei Cedri, Via Piva 89, Park tagsüber immer zugänglich.

Wiege des Schaumweins und Prosecco-Land

In der Umgebung

Follina

Weinprobe oder stille Einkehr – im Örtchen Follina (3700 Einw., 200 m) 13 km nordöstlich von Valdobbiadene stehen Besucher vor der nicht einfachen Wahl: Die mitten im Ort liegende **Abtei Santa Maria di Follina** wurde von Benediktinern gegründet. Bereits 1146 übernahmen Zisterzienser das Kloster und ließen Kreuzgang und Kirche neu errichten (Kreuzgang 1268, Kirche 1335). Im Gegensatz zu den sonst eher gestrengen Bauten der Zisterzienser macht das Kloster einen fast verspielten Eindruck. Wunderschön ist der spätromanische Kreuzgang, dem durch die unterschiedlichsten Säulenformen ebenfalls die Strenge genommen ist. Beachtenswert in der Basilika sind die Freskenreste aus dem 14. Jh. und eine Madonna mit Kind von *Francesco di Milano* (um 1500).

■ **Abbazia Santa Maria di Follina,** Via del Convento 4, Tel. 04 38 97 02 31, www.comune.follina.tv.it, tgl. 7–12, 14.30–19 Uhr.

Cisòn di Valmarino

2 km östlich von Follina Richtung Vittorio Veneto prunkt auf einem hohen Hügel bei Cisòn di Valmarino das **Schloss Brando.** Der monumentale Komplex ist heute ein Luxushotel mit Museum, Vinothek, Restaurant, Pizzeria, Kongresshalle und Galerie auf neun Etagen und 20.000 m² – insgesamt 260 Räume, dazu ein Park von 50 ha. Die ganze Anlage wurde vorzüglich restauriert, und nun kann man, zu gar nicht so hohen Preisen, im Gewölbe Wein verkosten, unter römischen Mosaiken schwimmen und elegant zwischen Antiquitäten nächtigen. Das Museum zeigt Waffen und Rüstungen aus dem Mittelalter.

■ **Castel Brando,** Via Brandolini 29, nur mit Führung nach Voranmeldung unter Tel. 04 38 97 66 11, www.castelbrando.it, Sonntag, April–Sept. 10.30–12, 14.30–18.30, Winter 10.30–12, 14–18 Uhr, 1 Std. 12 €, 1,5 Std. 14 €.

Das Städtchen **Cisòn di Valmarino** selbst (2600 Einw., 260 m) gehört zu den „schönsten Orten Italiens“ und sein sehr aufgeräumt wirkender Hauptplatz Piaz-

Microadventure im Prosecco-Land

Nein, dieses kleine Abenteuer besteht nicht darin, in möglichst vielen Prosecco-Kantinen möglichst viele Gläser perlenden Rebensafts zu verkosten. Es besteht darin, einen Hahn zu finden. Im Weiler **Combai**, 9 km nordöstlich von Valdobbiadene, begründete der Künstler *Pietro Colmellere* das Projekt **BoscA-RT,** in dem der Begriff *bosco,* Wald, steckt, und nahm das alljährliche Kastanienfest zum Anlass, im Calpania-Wald oberhalb von Combai aus Kastanienholz und -Ästen die 3 m hohe Skulptur eines Riesenhahns aufzustellen. Zwei Tage werkelten *Colmellere* und sein Freund *Alberto Boschetti,* dann war er fertig, der **Gallo Gigante di Combai.** Wo genau er sich befindet, wird nicht verraten. Sonst wäre es doch kein Abenteuer!

za Roma unterhalb des Schlosses – mit Kirche, Palästen und einer versteckten Jugendstilvilla – ist einen Blick wert.

Cornuda

Zugegeben, ein spezielles Thema: aber wer sich für die Entwicklung der Druckkunst und der Typografie interessiert, findet im Museum **Tipoteca Italiana,** 10 km südöstlich in einem ehemaligen Industriegelände, reichlich Anschauungsmaterial. Zudem lässt sich der Museumsbesuch mit kulinarischem Genuss verbinden: Beide Restaurants, *Le Cordiere* im Museumsgebäude wie auch das todschicke *La Ghiacciaia* ein Stück außerhalb, sind weit über die regionalen Grenzen hinaus berühmt.

■ **Tipoteca Italiana (Museo dell Carattere e della Tipografia),** Via Canapificio 3, Tel. 04 23 86 338, www.tipoteca.it, Di–Do 9–13, Fr 9–18, Sa 14–18 Uhr, 5 €.

Stramare

Unser Tipp: 11 km nach Norden, oberhalb des Piave am steilen Hang des Monte Doc, verbirgt sich ein seit dem 17. Jh. besiedeltes Dorf, das heute kaum mehr fünf Bewohner zählt. Die bekommen allerdings schnellen Zuwachs, denn der von den Einheimischen nach dem Zweiten Weltkrieg weitgehend verlassene Weiler entwickelte sich in den letzten Jahren zu einem Refugium stressgeplagter Stadt- und Kulturmenschen, die hier oben Ruhe suchen und die verfallenen Häuschen renovieren. Inzwischen gibt es erste Airbnb-Unterkünfte im Dorf, einen Verein namens amareSTRamare („Stramare lieben") und ein kleines Kulturfestival: La Giusta Distanza. Noch ist Stramare ein verzauberter Ort, in dem die Zeit vor 100 Jahren stehengeblieben scheint.

Praktische Tipps

Informationen

■ **Infopoint,** Viale Mazzini 11/A, 31049 Valdobbiadene, Tel. 04 23 97 69 75, www.valdobbiadene.com, www.prosecco.it, Mo–Sa 9.30–12.30, 15–18, So 9.30–12.30 Uhr

Unterkunft

Roggia dei Cedri③, Via Molini 1A, Tel. 04 23 16 11 215, www.roggiadeicedri.it. Als eine Mischung aus Hobbithöhlen und Öko-Architektur könnte man die fünf einzeln stehenden „Zimmer" dieser ungewöhnlichen Unterkunft bezeichnen, durch die der Canale Cordana plätschert: Ein jedes ist komplett aus Holz erbaut und das Dach mit Gras und Blumen begrünt: Auch innen ist alles Natur in warmen Holztönen, aber mit allem Komfort. Frühstück gibt's auf Bestellung, Ausflüge mit E-Bikes oder in einem uralten Landrover lassen sich hinzubuchen.

■ **Diana②-③,** Via Roma 49, Tel. 04 23 97 62 22, www.hoteldiana.org. Modernes Haus beim Hauptplatz mit 40 großen Zimmern und einem Garten, zuvorkommendem Personal, gutem Frühstück und empfehlenswertem Restaurant.

■ **B&B Le Zitelle di Ron③,** Piazza Mons dal Zotto, Tel. 34 79 78 04 52, https://lezitelle.it. Sechs geräumige und hübsch eingerichtete Suiten auf einem Prosecco-Gut. Zum Anwesen gehören ein idyllisches Gärtchen und ein kleines Spa. Verkosten, Wellness und danach ins Bett fallen – was will man mehr?

118f sk

In der Umgebung

■ **Municipio 1815④, Via Berti 6, San Pietro di Barbozza** (2 km außerhalb in Richtung Follina, von der Hauptstraße in die Via Cal Vecchia del Col einbiegen), Tel. 04 23 97 54 14, www.municipio1815.it. Das Boutique-Hotel punktet mit 24 eleganten Zimmern und einem Traumblick über die Hügelwelt. Die topmoderne Einrichtung lässt keinerlei Wünsche offen.

■ **B&B La Valdella②,** Via Strada Nuova delle Grave 12, **Santo Stefano di Valdobbiadene,** Tel. 04 23 07 82 09, www.lavaldella.it. Gemütliche Zimmer im Landhausstil mit viel hellem Holz. Vier Mountainbikes stehen den Gästen fürs sportliche Vergnügen zur Verfügung.

■ **Villa Abbazia⑤,** Piazza 4 Novembre 3, **Follina,** Tel. 04 38 97 12 77, www.hotelabbazia.it. Sehr romantisch und sehr luxuriös mitten im Ort in einem Palazzo aus dem 17. Jh. mit großem Garten gelegen. Die 18 Zimmer bieten allen Service und Komfort, wie es der Kette Relais & Châteaux entspricht.

■ **Al Cavallino①-②,** Piazza Marconi 1, **Follina,** Tel. 04 38 97 02 29, www.alcavallino.org. Das einfache Hotel im Ort offeriert sechs günstige Zimmer. Das Restaurant② ist nichts Außergewöhnliches, aber ok.

■ **Albergo da Gildo①-②,** Via Sottoriva 25, Località La Bella, **Follina** (1 km außerhalb), Tel. 04 38 97 03 06, www.albergodagildo.com. Zwei-Sterne-Hotel mit Drei-Sterne-Standard, 13 großzügigen, modernen und sehr sauberen Zimmern und gutem Res-

⌃ Ein Gläschen Prosecco läutet in Valdobbiadene den Abend ein

taurant② mit Grillgerichten und Spezialitäten wie Kaninchen aus dem Ofen.

■ **Castel Brando④, Via Brandolini 29, Cisòn di Valmarino**, Tel. 04 38 97 61, www.hotelcastelbrando.com. Großanlage (s. oben) hoch über dem Tal mit Museen, zwei Restaurants, Bar, Spa, Wellnessangeboten und 80 Zimmern über mehrere Gebäude verteilt.

Essen und Trinken

Valdobbiadenes Restaurants befinden sich fast alle ein Stück außerhalb. Im Ort selbst isst man im Restaurant des Hotels Diana sehr gut. Außerdem empfehlenswert:

■ **Ombralonga②**, Via Piva 60, Tel. 04 23 19 01 541, auf Facebook, Di–Sa 10–15.30. 17.30–24, So 10–16 Uhr. Das familiär geführte Restaurant serviert solide Veneto-Küche.

In der Umgebung

■ **Trattoria Alla Cima③**, Via Cima 13, **San Pietro di Barbozza** (vom Hauptplatz 500 m Richtung Villanova, dann links für 1 km), Tel. 04 23 97 27 11, www.trattoriacima.it, Mi–Mo 12–14.30, 19–22 Uhr. Herrliche Lage zwischen Weinspalieren mit Blick über die Ebene, ausgezeichnete Regionalküche auf Fleischbasis, schattiger Freisitz. Spezialität sind Schweinerippchen, *costicine di maiale*.

Agriturismo Vigneto Vecio②, Via Grave 8, **Santo Stefano** (Nachbarort in Richtung Follina), Tel. 04 23 90 03 38, www.vignetovecio.it, Fr 19.30–23, Sa/So 12.30–16.30, 19.30–23 Uhr, Jan./Sept./Okt. geschl. Traditionelle Gerichte wie Gnocchi, Bohnensuppe und Schweinefleisch aus dem eigenen Stall, auch wird der eigene Prosecco ausgeschenkt, Zimmervermietung mit sechs hübsch eingerichteten, rustikalen Zimmern③.

■ **Ristoro Fos de Marai②**, Via Santo Stefano 20, **Santo Stefano** (Nachbarort Richtung Follina), Tel. 04 23 90 02 92, Mo abends, Di geschl. Fleischküche von Schwein, Rind, Pferd und Esel zu sehr fairen Preisen – vom Grill, aber auch gekocht (Rinderzunge!); Blick übers Tal, ländliche Atmosphäre.

■ **Al Caminetto③**, Via Martiri della Libertà 2, **Follina**, Tel. 04 38 97 04 02, www.facebook.com/CaminettoFollina, Di–So 12–14, 19.30–21.30 Uhr. Gebraten wird am offenen Kamin und auf dem Spieß alles, was das Land hergibt. Pilzgerichte, Radicchio, Pasta und Polenta finden sich ebenso auf der Karte, Fazit: gehobene Grillküche.

■ **Agriturismo Le Mesine②**, Via Cal Filigal 13, **Bigolino** (5 km südlich von Valdobbiadene), Tel. 04 23 98 03 79, www.lemesine.it, Do–So ab 19, Sa/So auch 12–15 Uhr. Einmal mehr Fleisch vom Spieß (besonders lecker das Kaninchen), davor Wurstaufschnitt, Pasteten oder eine Pasta mit Enten-Ragout, angenehmes Sitzen im Garten; auch Zimmer③.

■ **Locanda da Condo②-③**, Via Fontana 134, **Col San Martino** (10 km östlich von Valdobbiadene),

119f sk

Un tintoretto, per favore

Ein *tintoretto* ist kein Gemälde, sondern ein für die Region typischer **Aperitif,** ähnlich einem Bellini. Nur zwei Ingredienzen gehören hinein: Ein Glas zur Hälfte mit Granatapfelsaft füllen – am besten natürlich frisch hergestellt (Kerne entfernen und auspressen) – und mit Prosecco auffüllen.

Tel. 04 38 89 81 06, www.locandadacondo.it, Do–Mo 12–14, 20–21.30, Di 12–14 Uhr. Innovative Neudefinition alter Rezepte, Fleisch vom Grill und Prosecco vom Nachbarn, zwei kleine Terrassen. Am Wochenende geht man anschließend in die Bar ai Colli gegenüber und feiert mit der Jugend, DJ-Musik und Prosecco weiter.

■ **Locanda Sandi②-③,** Via Tessere 1, **Zecchei** (ca. 20 km südl. von Valdobbiadene), Tel. 04 23 97 62 39, www.locandasandi.it, Do–Di 12–14, 19–23 Uhr. Weingut mit ausgezeichneter Landküche, Zimmervermietung② (sechs Zimmer) und der Möglichkeit, auf einer Führung die 9 km entfernte Kellerei und das Herzstück des Guts, eine Villa aus dem 17. Jh. im Stil *Palladios,* zu besichtigen (Mo–Sa nach Voranmeldung unter Tel. 04 23 66 50 33, www.villasandi.it, Via Erizzo 112, Crocetta del Montello, 15 €).

■ **Le Cordiere②-③,** Via Canapificio 1/A, **Cornuda,** Tel. 04 23 86 429, https://lecorderie.com, Di–So 12–14.30, 19.30–23.30 Uhr. Modernes Haus, modernes Ambiente, klassische Küche mit dem besonderen Twist: Das Lokal residiert im Haus des Druckereimuseums, ist sehr kühl und en vogue eingerichtet und kocht mit internationalem Pfiff, beispielsweise *tonno tataki al sesamo* – Thunfisch auf japanische Art.

■ **La Ghiacciaia④,** Via Montello 27/D, **Covolo di Pederobba,** Tel. 04 23 64 085, www.ristorantelaghiacciaia.com, Di–So 12–14.30, 18–23 Uhr. Ebenfalls modern, sehr schick, ambitionierte Küche. Dazu kommen: fantastische Lage im Weinberg über dem Sile, sehr edles Interieur und eine Architektur, die in diversen Zeitschriften gefeiert wird (ursprünglich war der Bau ein Bunker aus dem Ersten Weltkrieg). Das Restaurant für den besonderen Abend!

Caffè & Eis

■ **Pasticceria alla Villa dei Cedri,** Via Piva 100, Tel. 04 23 97 41 10, www.pasticceriavilladeicedri.it, tgl. 7–13, 15–20 Uhr. Die Konditorei gegenüber der Villa dei Cedri bäckt nicht nur köstliche Torten, sondern stellt auch Pralinen her.

Apero & Abend

■ **Bar Alpino,** Via Mazzolini 10, Tel. 04 23 98 21 18, tgl. 10–14.30, 17–20.30 Uhr. Prosecco satt, verschiedene Produzenten, dazu *cicchetti* – die Kombination von Aperitivo und Verkostung in dieser kleinen Bar ist optimal!

Einkaufen

Um 100 Kellereien sind in der Region gelistet. Wer seine Vorräte aufstocken will, erhält in den Informationsbüros von Valdobbiadene und Conegliano detaillierte Broschüren und Kartenmaterial.

■ **Enoteca La Bottega del Prosecco,** Piazza Marconi 23, Tel. 04 23 97 22 42, www.labottegadelprosecco.it, tgl. 9–13, 15–19.30 Uhr. Wer nicht in die Hügel fahren möchte, findet hier einen umfassenden Überblick über die Weine der Region und kompetente Beratung.

⊲ Palladio lässt grüßen: der Dom Santa Maria Assunta in Valdobbiadene

Cammino delle Colline del Prosecco

Die UNESCO-Adelung hat den Ehrgeiz der Prosecco-Gemeinden geschürt, und herausgekommen ist der **Fernwanderweg** durch die Prosecco-Hügel von Vidor über Valdobbiadene bis Vittorio Veneto, der bereits bestehende kürzere *sentieri* zu einer 52 km langen Fernwanderung verbindet. Er überwindet dabei insgesamt 2265 Höhenmeter. Ambitionierte Wanderer bewältigen die landschaftlich überaus reizvolle Route entlang der Rebhänge, vorbei an winzigen Weilern, Kirchen, Klöstern und Kleinstädten in den Tälern, in zwei Tagen. Wer nicht ganz so fit ist, sollte die Tour, wie empfohlen, auf vier Tage aufteilen und in Col San Martino, Follina und Tarzo übernachten, wobei für die Etappe Tarzo – Serravalle am vierten Tag die einfachere nördliche Variante des Weges empfohlen wird. Markiert ist der Weg mit einem Logo, das in stilisierter Form die Hügel, den Wanderer und das Weinblatt verbindet.

■ **www.beescover.com:** Detaillierte Beschreibung der Wanderung auch in Englisch.

■ **Startpunkt:** Monumento di Vidor in der Salita al Castello in Vidor (GPS N 45.86244, E 12.03719).

■ **Locanda Marinelli②–③,** Via Castella 5 (Farra di Soligo), Col San Martino, Tel. 04 38 98 70 38, www.locandamarinelli.it. Hübsche Unterkunft und gutes Restaurant am Ende der ersten Etappe.

■ **Il Cavallino/Follina:** s. Unterkunft Valdobbiadene.

■ **Albergo ai Pini②,** Vicolo die Pini 6, Tarzo, Tel. 04 38 58 62 06, http://albergoaipini.it. Alteingesessene, einfache Herberge, Cantina und bodenständiges Restaurant.

Unser Tipp: **Azienda Agricola Ca'Piadera③,** Via Piadera 6, Nogarolo di Tarzo, Tel. 03 48 58 67 68, www.capiadera.com. Für einen Zwischenstopp auf der Wanderung ist dieser Agriturismo eigentlich viel zu schade, denn die Anlage ist wunderschön, die Zimmer sind kühl-rustikal, der Pool ist verlockend, die Küche fantastisch, und dann sind da noch die hauseigenen Produkte wie Honig, Marmelade, Öl und Wein, die man am liebsten alle kaufen und mitnehmen würde.

■ **Al Canevon,** Via Piva 27, Tel. 04 23 90 51 39, www.wineshopalcanevon.it, Di–Fr 10–14, 16–20, Sa/So 10–14, 17–21 Uhr. Verkostung der Produkte des Canevon-Weinguts mit Snacks (ab 13,50 €) in stylischem Ambiente; Voranmeldung angeraten.

Unser Tipp: **Torrefazione Spinetta,** Piazza Marconi 4, Tel. 04 23 97 21 97, www.torrefazione spinetta.it, Mo–Sa 8.30–12.30, 16–19 Uhr. Mal was anderes: In der nach eigenen Angaben kleinsten Kafferösterei Italiens ist es geradezu ein Muss, ein Päckchen Kaffeebohnen mitzunehmen.

In der Umgebung

■ **Col Vetoraz,** Strada delle Treziese, **Santo Stefano,** Tel. 04 23 97 52 91, www.colvetoraz.it, Mo–Fr 9–12, 14–18, Sa/So 10–18 Uhr. Das Weingut besticht nicht nur durch die Qualität seiner Tropfen, sondern auch durch die herrliche Lage am Hang mit weiter Sicht über die Prosecco-Hügel. Neben Schaumwein gibt's einen ausgezeichneten Grappa.

■ **Bisol,** Via Foll 33, **Santo Stefano,** Tel. 04 23 90 01 38, www.bisol.it, tgl. 10–18 Uhr. Gehört zu den

120f sk

großen Weingütern mit einer breiten Palette an Sorten und internationaler Auslieferung.

Unser Tipp: **Casa Coste Piane,** Strada Coste Piane 2, **Santo Stefano,** Tel. 34 94 31 72 92, www.casacostepiane.it. Das Bio-Weingut verzichtet auf den Einsatz chemischer Schädlingsbekämpfungsmittel wie auch auf Dünger. Das Ergebnis sind ausschließlich aus autochthonen Reben gezogene Weine, deren Bubbles durch zweifache, natürliche Fermentation entstehen und deshalb Frizzante … Naturalmente heißen.

Verkehr

- **Bahnhof/Stazione Alano-Fener-Valdobbiadene** (6 km außerhalb im Westen), Verbindungen nach Venedig (stdl., 130 Min., 8,40 €), mit Bus Nr. 126 in die Stadt.

La Bottega del Prosecco am Hauptplatz von Valdobbiadene

121fsk

6 Karnische und Julische Alpen

» Hohe Gipfel, tiefe Täler – die Bergketten an der österreichischen und slowenischen Grenze sind ein Dorado für Alpinisten.

‹ Das Santuario del Monte Lussari oberhalb von Tarvisio

Karnische und Julische Alpen

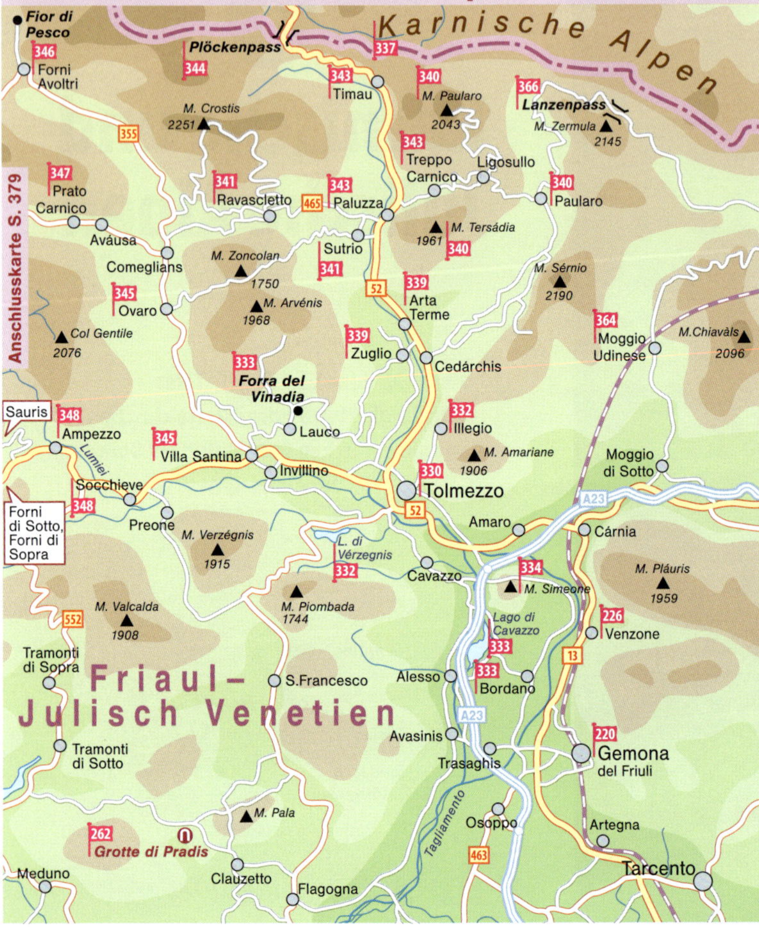

Zwischen Fels und Himmel

Die Julischen und Karnischen Alpen zählen zu den ursprünglichsten Abschnitten der Alpenkette. Zu allen Jahreszeiten kann man hier Urlaub machen, wandern, Ski fahren, gut essen oder Museen und Kir-

chen besuchen. In den Bergen leben Gämsen, Dachse, Rehe, Adler, Uhus, Auerhähne, Fasane und Rebhühner. Der Coglians – direkt an der österreichischen Grenze beim Plöckenpass – ist mit 2781 m der höchste Gipfel der Region. Als natürliche Fortsetzung der Dolomiten Richtung Osten (wo diese in die Karwanken übergehen) punkten die Bergketten mit zahllosen Wanderwegen und hochalpinen Klettersteigen. Die Autobahn A23 von

Udine nach Tarvisio und weiter nach Villach trennt die Karnischen Alpen von den Julischen Alpen. Sie verläuft entlang des Fiume Fella im Val del Ferro (Eisental) von Süd nach Nord und wendet sich ab Pontebba, dem Flussbett folgend, im Val Canal (Kanaltal) Richtung Osten.

Tolmezzo

■ 320 m üNN, 10.200 Einw., Udine 50 km, Tarvisio 60 km, Lienz 75 km, österr. Name Schönfeld

Das Herz Karniens zeigt sich in der lebhaften Altstadt mit Arkadengängen, Straßencafés und Boutiquen – und selbstgenügsam. Es ist eine Stadt des Handels und der Industrie, weniger des Tourismus.

Tolmezzo liegt an der Einmündung des But in den Tagliamento. Entlang des But-Tals, auch Canale di San Pietro genannt, verlief eine der wichtigsten römischen Handelsstraßen in den Norden, die Triest über den Plöckenpass mit München verband, die **Via Julia Augusta.** Sie diente dem Handel mit Wein, Öl und Keramik, Sklaven wurden verschickt, Leder verkauft, und man hatte Zugang zu den Erzlagern in Kärnten. Auch Aquileia nutzte den Handelsweg. 1258 verlieh der Patriarch Tolmezzo die Marktrechte und erhob es damit zum **Haupthandelsplatz in den Karnischen Alpen.** Außerdem: 1906/7 unterrichtete ein später zu Berühmtheit gelangter Aushilfslehrer die 2. Grundschulklasse im Ortsteil Caneva: *Benito Mussolini.*

Sehenswertes

Die **Via Roma** rückt das historische Antlitz so recht ins Bild. Die von Arkaden begleitete Flanierstraße ist die zentrale Achse Tolmezzos. Sie und die im Süden anschließende Via Giosué Carducci verbinden die beiden Hauptplätze Piazzale Vittorio Veneto im Süden und Piazza XX Settembre im Norden. An der **Piazza XX Settembre** geben Blendsäulen dem 1764 fertiggestellten **Martinsdom** einen Hauch von griechischer Klassik. Seine Fassade mit den

NICHT VERPASSEN!

- **Tolmezzos Via Roma** führt von Arkaden gesäumt durchs historische Zentrum | 330
- Die **Chiesa di San Pietro** oberhalb von Zuglio mit schönem Schnitzaltar gilt als ältestes Gotteshaus Karniens | 339
- **Pesariis**, das „Dorf der Uhren", Zeitmesser überall im Ortsbild und im sehenswerten Museum | 347
- **Rundfahrt durch das Val Tagliamento** über den Passo della Mauria ins Cadore und über mehrere Pässe ins Val Lumiei am Sauris-See | 347
- **Monte Lussari bei Camporosso**, Wallfahrtsort mit Traumblick | 361
- **Laghi di Fusine** bei Tarvisio, Nicht nur für Selfie-Inszenierungen, sondern auch aus Freude an der herrlichen Natur | 362

Diese Tipps erkennt man an der gelben Markierung.

Stilelementen *Palladios* stammt aber von 1931 (unter Berücksichtigung der ursprünglichen Baupläne). Die im Inneren barocke Hallenkirche schmücken vornehmlich Kunstwerke aus der Mitte des 18. Jh. Man achte aber auf die Cappella San Pietro; ihre Altartafel „Vergebung von Assisi“ schuf *Girolamo da Ponte „Il Bassano“* um das Jahr 1600 (altarseitige Kapelle links).

■ **Duomo San Martino,** Piazza XX Settembre 1, tgl. 7–18.45 Uhr.

Nimmt man die Arkaden der Via Roma nach Süden, gelangt man über den Durchgang hinter der Hausnummer 32 zur Via Cascina und in 20 Min. (100 Hm, hinter den Gebäuden bei der Gabelung links halten) hinauf zum Aussichtspunkt **Torre Picotta,** einem der Überbleibsel der Befestigungsanlagen. Tolmezzo war Sitz des *Gastaldo di Carnia,* des Vertreters des Patriarchen von Aquilea und bereits ab dem 11. Jh. stark befestigt. Die Torre Picotta entstand allerdings erst unter venezianischer Herrschaft im 14. Jh. als Bollwerk gegen die Türken, die aber nie bis hier vordrangen – zerstört haben ihn schließlich deutsche Truppen 1944. Fundamentreste des älteren Burgteils sind unterhalb erhalten (bei der Gabelung nach rechts, 200 m).

Ein paar Schritte weiter südlich des Durchgangs am Beginn der Piazza Mazzini steht linker Hand die schmucklose Fassade der **Katharinenkirche** aus dem 18. Jh. Wie beim Dom waren – nie angebrachte – „palladische“ Blendsäulen vorgesehen. Wertvollste Ausstattung ist die Tafel am Hochaltar: „Hochzeit der hl. Katharina“ von *Pomponio Amalteo* (1537).

■ **Chiesa di Santa Catarina,** Piazza Mazzini, tgl. 8–18 Uhr.

Die Verlängerung der Via Roma nach Norden führt zur Via della Vittoria und zum überaus sehenswerten **Ethnografischen Museum** mit einer der vollständigsten volkstümlichen Sammlungen Europas. Es beschreibt das Leben in den Karnischen Alpen und spannt den Bogen vom 14. bis zum 19. Jh. In 30 Ausstellungssälen sind komplett eingerichtete Wohn- und Arbeitsräume, landwirtschaftliche Gerätschaften, Haushaltswaren, Kostüme und Masken von Festivitäten zu sehen. Besonders die Nachbauten der Lebensräume und Werkstätten machen das Museum auch für Kinder interessant.

Museo Carnico delle Arti Popolari, Via della Vittoria 2, Tel. 04 33 43 233, www.museocarnico.it, Di–Fr 9–13, 15–18, Sa/So ab 10 Uhr,

Die Highlights für Kinder

- Das **Museo Carnico delle Arti Popolari** in Tolmezzo zeigt, wie die Menschen hier früher lebten – interessant für Jugendliche | 331
- In der **Casa delle Farfalle** in Bordano treiben es die Schmetterlinge fast zu bunt! | 334
- Eine Krippe als friulanisches Wimmelbild: Am **Presepe di Teno** in Sutrio haben Kinder viel zu entdecken | 341
- Im **Dolomiti Adventure Park** bei Forni di Sopra findet jede Altersgruppe den passenden Hochseil-Parcours | 357
- Die Kleineren und ganz Kleinen hüpfen derweil im angrenzenden **Fantasy Park** um die Wette oder machen die Mini-Rodelbahn unsicher | 357

Winter Di/Do/Fr 9–13, 15–17, Sa/So10–13, 15–17 Uhr, 6 €, Kind 4 €.

In der Umgebung

Illegio

Die 6 km lange, schmale Via Illegio endet beim schmucken Bergdorf Illegio (400 Einw., 700 m) mit seinen pittoresken **Wassermühlen.** Das Wallfahrtskirchlein **San Floriano** in Panoramalage ist nur zu Fuß erreichbar (Parkplatz am Ortseingang). Die Wanderung auf den Bergvorsprung – am Friedhof vorbei und über die Steinbrücke des Rio Frondizzon – dauert etwa 45 Min (2 km, 200 Hm, feste Schuhe). Im 4. Jh. soll hier schon eine Kirche gestanden haben, und im Mittelalter war ihr Nachfolgebau Teil der optischen Nachrichtenkette aus Burgen, die zur Übermittlung von Gefahren diente. Die heutigen Fundamente stammen aus dem 19. Jh., der Bau selbst aus dem 15. Jh.

■ **Pieve di San Floriano,** Juni–Sept. So 10–16 Uhr.

Lago di Verzegnis

Der in den 1950er-Jahren entstandene, türkis gefärbte **Stausee** in den Hügeln gleich südlich von Tolmezzo entstand als Speicher für die Stromerzeugung. Baden

Schwarzküche in Tolmezzos ethnografischem Museum

ist verboten, und als Infrastruktur gibt es einzig einen Picknickplatz (bei der Brücke). Seine Osthälfte lässt sich auf einem Spaziergang in 40 Minuten umrunden (am Picknickplatz nach Osten und über die Brücke zurück). Im 2 km nördlich des Sees liegenden Villa di Verzegnis versteckt sich der frei zugängliche Kunstpark **Prato d'Arte Marzona** (Via Marzona, bei der Pfarrkirche) mit Großskulpturen des Sammlers *Egidio Marzona,* u.a. von *Mario Merz, Sol Lewitt* und *Bruce Nauman:* Arte Povera und Land Art. Vom See gelangt man auf der SP1 in das spannende **Arzino-Tal** (→ S. 262, Spilimbergo/Rund um den Monte Pala).

Radtour Forra del Vinadia

Die Radtour auf wenig befahrenen Asphaltstraßen (die sich auch gut mit dem Wagen machen lässt, sofern einen schmale Straßen nicht stressen) führt in die Berge zur spektakulären Schlucht von Vinadia. Sie beginnt im **Ortsteil Casanova** westlich des But. Dort zweigt ein Sträßlein Richtung Fusea ab und windet sich in Serpentinen in die Berge. Auf der Hauptstraße bleibend fährt man durch **Fusea,** in lichtem Mischwald weiter hinauf, bis es auf immer schmaler werdendem Weg über Almwiesen geht, schließlich hinunter zum **Torrente Chiantone** und wieder hinauf ins abgeschiedene **Buttea.** Dort hält man sich Richtung Lauco, radelt weiter bergan zum Weiler **Fuessa**, dann abwärts über die Wiesen an **Plugna** vorbei und über Serpentinen hinunter ins üppig bewachsene Tal von **Vinaio** am Zusammenfluss der Torrenti Pichions und Vinadia (12 km von Tolmezzo). Nun folgt man den Schildern nach Lauco. 500 m hinter der Kirche und nach einer Kehre stellt man an der Trafostation das Rad ab (das Auto unten an der Kehre) und kraxelt in 10–15 Min. zur **Forra del Vinadia** hinab – die dortigen Entdeckungen sind je nach Wasserstand eine feuchte bis nasse Angelegenheit. Abschließend radelt man über **Lauco** und steile Serpentinen hinunter nach **Villa Santina** und über **Casolari** und **Caneva** im Tagliamento-Tal zum Ausgangspunkt zurück.

GPS **Radtour Forra del Vinadia,** 30 km, 1100 Hm, 4 Std.; schwieriger Fußpfad in die Schlucht (www.forravinadia.it), steil, rutschig und mit Bachquerung – Bergstiefel sind empfohlen.

Lago di Cavazzo

Der Lago di Cavazzo 12 km südlich von Tolmezzo ist trotz seiner überschaubaren Maße von 1,18 km² der größte See des Friaul und Naherholungsgebiet mit Windsurfern und Schwimmern (die frische Temperaturen nicht schrecken). Die Badezonen liegen am Südwest- und Südostufer, im Westen gibt's zwei Campingplätze. Hotel und Restaurants komplettieren das Angebot.

■ **Wanderung um den Lago di Cavazzo,** Parkplatz am Südufer (Via Interneppo, 1 €/Std., 5 €/Tag), 9 km, 2,5–3 Std.; am Ostufer auf separaten Fußwegen, am Westufer meist auf der Nebenstraße am Seeufer.

Bordano

Das Dorf Bordano (700 Einw., 220 m) zwischen dem Lago di Cavazzo und dem Tagliamento ist berühmt für seine Schmetterlinge, die nicht nur durch die Luft flattern, sondern auch an vielen Hausfassaden als bunte **Murales** verewigt sind. In den großzügigen, überdachten Gärten des **Schmetterlingshauses** umwerben, paaren und ernähren sich über 400 der schönsten Arten der Welt, aufgeteilt in drei Abteilungen: (Sub-)Tropen/Amazonien, Afrika und Indien/Australien. Sämtliche Entwicklungsstadien der Insekten sind zu entdecken: Ei, Raupe, Puppe und Schmetterling. Beste Besuchszeit sind die frühen Morgenstunden und der Nachmittag.

Casa delle Farfalle, Tel. 04 32 98 81 35, www.bordanofarfalle.it, Mitte März–Mitte Okt. tgl. 10–18 Uhr, 12 €, Kind 10 €.

Monte San Simeone

Auch der **Schmetterlingspfad** am Monte Simeone bringt Naturliebhabern die Welt der Schmetterlinge näher. Aufgestellte Tafeln erklären die Flatterwelt rund um den Tagliamento, die über 100 Tagschmetterlingsarten und etwa 550 Nachtschmetterlingsarten umfasst.

Startpunkt ist die Via Sella Piccola in Bordano, von der aus es durch den Wald bergauf zur geteerten Zufahrtstraße auf den Monte San Simeone geht. Auf dieser hält man sich links und spaziert, Höhe haltend, nach Westen, an der Abzweigung zum Monte Festa vorbei und danach bergab zur SP36, auf der man schließlich zum Ausgangspunkt zurückkehrt.

GPS **Wanderung Sentiero delle Farfalle,** 3,5 km, 200 Hm, 1,5 Std.

Tolmezzo und Umgebung: Zugabe!

- **Pinacoteca Cornelia Corbellini,** Via Renato del Din, Tolmezzo, Tel. 04 33 41 247, Juni–Sept. Mi–Mo 10–12.30, 15–19, Winter Mo/Mi–Sa 10.30–12.30, 15–17.30, So 14–18 Uhr. Gemälde der in Tolmezzo geborenen Künstlerin (1919–2014), die sich auf Landschaftsmalerei spezialisiert hatte.
- **Chiesa di San Michele del Pagani,** Via Castello, Braulins (4 km südlich von Bordano), 100 Hm über dem Ort, Anstieg auf schmalem Naturtreppenweg in 15 Min.; an eine Felswand gebaute Einsiedelei mit einer Kapelle und Ursprung im 13. Jh., die sich mit ihrem roten Anstrich von der Umgebung abhebt – schöner Blick übers Tal.
- **Monumento alle Vittime del 2 Maggio del 1945,** Piazza 2 Maggio, Avasinis (4 km südlich vom Lago di Cavazzo). Erinnerungsstätte an ein Massaker der SS-Division Karstjäger – 19 Männer und 31 Frauen, Babys, Kinder und Greise, wurden an jenem Tag, an dem die Teilkapitulation der deutschen Truppen in Italien in Kraft trat, bestialisch ermordet. Gegen Mitglieder der Division wurde zwar ermittelt, das Verfahren aber wegen Beweismangels 2007 eingestellt (→ Massaker von Cervignano del Friuli, S. 248).

Die Straße zur **Kirche San Simeone** auf dem Altopiano San Simeone ist zwar für Autos zugelassen, aber sehr schmal – ideal für eine Radtour. Von Bordano fährt man 1,5 km westlich Richtung See und nimmt, den Schildern folgend, den Weg zum Berg. Die Fahrt durch den lichten Wald hat es in sich. Tatsächlich sind es von Bordano zur Kirche nur 2 km

Luftlinie, doch die Streckenführung mit 26 Kehren – davon neun in Tunneln – machen die Auf- und besonders die Abfahrt ungemein spannend (Rasen ist nicht!). Die Sicht weiter oben, aus dem Wald rausgekommen (etwa ab dem Madonnen-Marterl bei Km 8), ist atemraubend. Am Aussichtspunkt 3,5 km weiter kann man sich auf Bänken ausruhen, auf den Tischen die Vesper ausbreiten und die Aussicht über das Tagliamento-Tal genießen. Der nächste Panoramahalt eine Kehre weiter (mit Haus) markiert den Zugang zur **Kirche von San Simeone:** Ein Pfad zweigt 150 m dahinter nach links ab (2 Min.). Im 14. Jh. errichtet, haben mehrere Erdbeben sie schwer beschädigt, und die Renovierungen haben von den ursprünglichen Fresken nichts übrig gelassen. Das Saalkirchlein mit Apsis aus Naturstein vor dem Hintergrund der Gipfel ist dennoch ein schöner Platz. Von der Kirche sind es 300 Hm und 50 Min. Fußmarsch hinauf zur Wetterstation auf dem Monte San Simeone (1505 m).

GPS **Radtour auf den Monte San Simeone,** 24 km (12 km einfache Strecke), An-/Abstieg 1200 Hm, 2,5 Std.

Praktische Tipps

Informationen

- **Infopoint Tolmezzo,** Via della Vittoria 4, 33028 Tolmezzo, Tel. 04 33 44 898, www.comune.tolmezzo.ud.it, Mo–Mi/Fr/Sa 8.30–12.30, 14–18, So 8.30–12.30 Uhr.
- **Infopoint Bordano,** Via Venzone 12, 33010 Bordano, Tel. 04 32 16 19 880, www.prolocobordano.it, Juni–Sept. tgl. 15–18, Sa/So auch 10–13 Uhr.

123rf sk

Unterkunft

- **Hotel Al Benvenuto**②, Via Grialba 9, Tolmezzo, Tel. 04 33 29 90, www.albenvenuto.it. Alpenländisches Hotel im Stil der 1970er-Jahre mit 20 Zimmern und einem Restaurant② (So geschl.).
- **Albergo Diffuso Tolmezzo**②-③, Piazza XX Settembre, Tel. 04 33 41 613, www.albergodiffusotolmezzo.it. Schöne Apartments und Häuser, verteilt über die Ortsteile Tomezzos – besonders toll das Lì di Rizoti in Illegio.
- **Albergo Roma**②-③, Piazza XX Settembre 14, Tel. 04 33 46 80 31, www.albergoromatolmezzo.

☐ Alte Mühle in Illegio

it. Altehrwürdiges Stadthotel in zentraler Lage mit 20 großen Komfortzimmern und einer angeschlossenen Enoteca – gutes Frühstück; Parkplatz.

In der Umgebung

■ **Rooms & Osteria Al Fogolâr**②, Via Udine 15, **Verzegnis** (auf halbem Weg von Tolmezzo zum Lago di Verzegnis), Tel. 04 33 41 025, www.roomsandosteria.com. Sechs schöne, etwas hellhörige Zimmer und ein ausgezeichnetes Restaurant② (7–23 Uhr), das dafür entschädigt; Spezialität: Fleisch von der offenen Feuerstelle.

■ **Hotel Trilago**②, Via Interneppo 2, **Lago di Cavazzo,** Tel. 04 32 97 94 86, www.trilago.it. 2020 eröffnetes, elegantes Hotel am Südufer mit allem Komfort, Außenschwimmbad, Restaurant und Pizzeria-Bar.

Camping

■ **Campeggio Lago Tre Comuni,** Via Tolmezzo 52, **Lago di Cavazzo,** Tel. 04 32 97 94 64, www.lago3comuni.com, April–Sept. Schöner Platz am Seeufer mit Sanitäranlagen, die größer sein könnten; Glampingangebote, Bar/Restaurant, Kajak-, SUP- und Radverleih; Stellplatz und 2 Erw. 21–24 €.

Essen und Trinken

■ **Antica Trattoria al Borgat**②-③, Piazza Mazzini 7/B, Tel. 04 33 94 96 57, www.facebook.com/AnticaTrattoriaBorgat, Mo/Mi–Sa 9.30–15, 17–22, So 9.30–15 Uhr. „Renaissance-Kneipe" mit kleiner Spezialitätenkarte und einem netten Freisitz – für den Abend in gehobener Weinbeisl-Atmosphäre.

■ **Mensa Comuale**①, Via XXV Aprile 29, Tel. 04 33 40 864, Mo–Fr 11–15 Uhr. Primo, Secondo und Wasser für unter 10 € – in guter Qualität; günstiger geht nicht.

■ **Pizzeria da Otello**①, Via Illegio 30, Tel. 04 33 46 82 88, www.facebook.com/BarPizzeriadaOtello, Di–So 17–23 Uhr. Die beste Pizza der Stadt gibt's am Stadtrand – dünner Boden, perfekter Rand und hohe Zutatenqualität.

In der Umgebung

Unser Tipp: **La Buteghe di Pierute**②-③, Via Damarie 2, **Illegio,** Tel. 04 33 41 140, Mo–Mi 12–14/15, Do–So 12–14, 19–21 Uhr. Nicht unangenehm auf gemütlich getrimmte Ausflugsgaststätte mit überdurchschnittlich guten Spezialitäten auf der Karte (wie die karnischen Ravioli oder Frico); große Portionen, angenehmer Service.

■ **Antica Osteria Stella D'Oro**③, Via Tolmezzo 6, **Lago di Verzegnis,** Tel. 04 33 26 99, https://osteria-stella-doro.business.site, Mi–Sa 9–15, 18–23, Do 9–15, So 9–19 Uhr. Das gemütliche Lokal ist bekannt für seine karnische Küche mit frischen Zutaten wie Wildkräutern, Bergradicchio, Kürbis und Kaninchen.

Unser Tipp: **Borgo Poscolle**②-③, Via Poscolle 21/A, **Cavazzo Carnico** (auf halbem Weg von Tolmezzo zum Lago di Cavazzo), Tel. 36 64 91 58 54, Do–So 12–14, 19–22 Uhr. Drinnen und draußen sehr behaglich ohne aufgesetztes Lokalkolorit und eine geradlinige karnische Landküche bester Qualität zu sehr fairen Preisen. Reservieren!

■ **Ristorante/Pizzeria alla Darsena**①-②, Via Lago 81, **Lago di Cavazzo,** Tel. 04 32 97 95 33, tgl. 10–22 Uhr. Lokal mit Freisitz an der Straße, einfachen Gerichten und Pizza – für ein schnelles Mittagessen beim Baden.

■ **Ristorante alle Sorgenti**①-②, Viale Udine 4, **Bordano** (1 km südlich von Bordano), Tel. 04 32 98 82 00, www.ristoranteallesorgenti.net, Fr–Mi 9–22 Uhr. Ausflugsgaststätte unweit des Tagliamento mit günstigen Mittagsangeboten.

Apero & Abend

■ **Tilly's Pub,** Via Ermacora 4, Tel. 33 41 36 34 78, www.facebook.com/paninotecapub. Bierkneipe und Brötchenbar mit Essen und lauschigem Innenhof.

Einkaufen

- **Antema/Mode,** Via Roma 38, Tel. 34 56 64 80 31, www.antema.it. Hochklassige Mode, Taschen und Accessoires nach eigenem Design zum #unbedingthabenwill.
- **Pasticceria Manin/Süßigkeiten,** Piazza Garibaldi 14, Tel. 04 33 40 573, www.instagram.com/pasticceriamanin. Der Traditionsladen für Brot, Gebäck und knallbunt Süßes.

Aktivitäten

- **Wassersport/Baden:** Lago di Cavazzo (s. oben).
- **Radverleih/Carnia Rent Bike:** Via Grialba 35, Tel. 04 33 24 46, http://carniarentbike.it. E-MTB 39 €/Tag, 94 €/3 Tage.

Verkehr

- **Bushof/Autostazione,** Via Carnia Libera 1944, https://tplfvg.it, Busverbindungen in die Täler und zum Bahnhof Stazione FS Carnia in Venzone (30 Min., um 3 €), von dort nach Udine (um 4,50 €).

Die Karnischen Alpen

Natürlich sind die Berge Karniens nicht so hoch wie die der Dolomiten, dafür ist hier alles einen Tick ursprünglicher und abgeschiedener und weniger vom Tourismus vereinnahmt. **Acht Täler** durchziehen die Karnischen Alpen, zahllose Ziehwege enden im Nirgendwo unter dem Himmel, und ein Netz von Wanderpfaden lockt Sommerfrischler in die Berge mit ihren malerischen Almen und Bergkapellen. Und Radfahrer profitieren von den **Militärstraßen des Ersten Weltkriegs,** die – inzwischen asphaltiert – bis in höchste Höhen führen.

Die Karnier: Wälder und Felsen

124f sk

Wandern in den Karnischen Alpen

Es gibt unzählige Wanderrouten in den Karnischen Alpen, nach denen man sich vor Ort erkundigen sollte. Tolmezzo und Hermagor (auf der österreichischen Seite) haben den **Karnischen Almweg** entwickelt mit zwölf teils mehrtägigen, thematisch organisierten Wanderungen an der Grenze. Diese Routen sind detailliert in einer Broschürensammlung beschrieben, die in den Tourismusbüros in Tolmezzo (Adresse siehe oben) und in Hermagor erhältlich sind.

■ **NLW Tourismus Marketing GmbH,** Wulfeniaplatz 1, A-9620 Hermagor, Tel. 0043 42 82 31 31, https://nlw.at.

Museumsweg

Der Museumsweg (→ auch S. 344, Passo di Monte Croce Carnico) beginnt an der Bar „Laghetti" (930 m) hinter dem Tunnel auf dem Weg von Timau zum Plöckenpass vor den Kehren hoch zum Pass. Auf der Wanderung kommt man an den Kampfstellungen des Ersten Weltkriegs vorbei und überschreitet die Grenze am **Monte Pal Piccolo** (Kleiner Pal, 1866 m). Zielpunkt ist das **Plöckenhaus** (1215 m) auf österreichischer Seite. Zum Kleinen Pal geht man etwa 3,5 Std., weiter zum Plöckenhaus knappe 1,5 Std. Kehrt man am Kleinen Pal um, dauert die gesamte Wanderung etwa 6 Std. (einfache Bergwanderung, auf österreichischer Seite gute Schuhe und Trittsicherheit notwendig).

Wallfahrtsweg

Er beginnt bei der Casa Mazzalis bei Tolmezzo am anderen Ufer des But und führt über die Straßen oder parallel zu ihnen über Ravascletto und Forni Avoltri nach **Maria Luggau** in Österreich. Der Weg teilt sich in drei Etappen: 1. bis Ravascletto (8 Std.), 2. bis Forni Avoltri (6 Std.) und 3. über das Ofner Joch (7 Std.).

Rundtour ab Forni Avoltri

Bei Nutzung des Naturwegs und des Wolayer Wegs kann man eine Rundtour ab Forni Avoltri zusammenstellen. Der **Wolayer Weg** beginnt bei der mit Auto erreichbaren Tolazzi-Hütte (in 1350 m Höhe, 7 km ab Forni Avoltri nach Osten) und führt hoch zum **Passo Volaia** (Wolayer Pass, 1977 m) zur Grenze. Über die **Obere Wolayer Alm** steigt man auf 1650 m ab und nimmt den Naturweg über den **Passo Giramondo** (2005 m) nach Forni Avoltri zurück. Von Tolazzi bis zur Oberen Wolayer Alm ca. 2,5 Std., von der Alm bis Forni Avoltri ca. 3 Std. (einfache Bergwanderung).

Valle del But

Das But-Tal (auch Canale di San Pietro) zieht sich von Tolmezzo nach Norden bis zur **Quelle des But** westlich des Plöckenpasses (an der Forcella Plumbs). Mehrere Tributäre fließen zu, darunter von Osten der Chiarsó im Val/Canale

Karnische und Julische Alpen

d'Incaroio, der Torrente Pontaiba im Val Pontaiba und von Westen der Torrente Gladegna im Valcalda.

Zuglio

In Zuglio (600 Einw., 430 m), dem römischen Iulium Carnicum 10 km nördlich von Tolmezzo, haben Grabungen die Reste des Forums, einer Basilika, eines Tempels und einer Therme ans Licht gebracht. Viele Funde aus prähistorischer, vorrömischer und römischer Zeit sowie aus Frühmittelalter und Renaissance sind im recht großen **Archäologischen Museum** aufbewahrt.

■ **Civico Museo Archeologico Iulium Carnicum,** Via Giulio Cesare 19, Zuglio, Tel. 04 33 92 562, Juni–Sept. Mi/Do 9–12, Fr–So 9–12, 15–18, Okt.–Feb. Do/ Fr 9–12, Sa/So 9–12, 15–18, März–Mai Fr/ Sa 9–12, 15–18 Uhr, 3 €.

Oberhalb von Zuglio steht die **Chiesa di San Pietro**, die älteste Kirche Karniens (bereits 808 urkundlich erwähnt). Der heutige Bau wurde 1312 errichtet; die Asymmetrie ist Umbauten in den Folgejahrhunderten geschuldet. Die Fresken und das Baptisterium sind sehenswert. Den Hauptaltar hat *Domenico da Tolmezzo* geschnitzt, allerdings haben Diebe bei zwei Raubzügen (1970/1981) die 18 Skulpturen geklaut, und man musste sie durch Repliken ersetzen. Acht der Figuren konnten die *carabinieri* 2016 wiederfinden (heute im Diözesanmuseum in Udine). Neben der Kirche kann man den **Botanischen Lehrgarten** mit Ess-, Heil- und Giftpflanzen aus Karnien besuchen und danach im empfehlenswerten Restaurant Polse di Cougnes essen.

■ **Chiesa di San Pietro di Carnia,** Sommer tgl. 10–13, 15–18 Uhr, sonst nur So.

■ **Orto Botanico,** Mitte Mai–Mitte Sept. Di–So 10–18 Uhr.

Arta Terme

Der historische Bade- und Kurort Arta Terme (2000 Einw., 440 m), 2 km nördlich von Zuglio, sollte eigentlich an den Erfolg als mondäne Sommerfrische im 19. Jh. anknüpfen – von dem noch so einige prächtige Villen künden. Schließlich haben schon Römer die **Pudia-Quelle**, die Arta mit Wasser versorgt, zu Heilzwecken genutzt, da ihr Thermalwasser gegen Atemwegs-, Leber- und Hautkrankheiten, gegen Arthritis und Arthrose hilft.

Als Sprung ins 21. Jh. war die vom Steuerzahler finanzierte Renovierung des (1870 als Albergo Grassi gebauten) **Grand Hotels Savoia** gedacht. Sie begann 2000 und war nach acht Jahren und 7 Mio. € weniger im Stadtsäckel abgeschlossen. Seitdem steht der Prunkbau leer – kein Betreiber, keine Gäste, nur unschuldige Stadtobere. So bleibt das vermögende Publikum aus und man muss so lala zurechtkommen wie eh und je.

Die **Therme** an der gegenüberliegenden Uferseite hat ein breites Heilangebot für Kranke und Rekonvaleszenten, moderne, großzügige Wellness- und Fitnesseinrichtungen und ist durchaus empfehlenswert (und mit einem Tattoo-Studio auch sehr *up to date*).

■ **Arta Terme,** Via Nazionale 1, Arta Terme, Tel. 04 33 92 93 20, www.termediarta.it, Mo–Sa 8–20, So 10–20 Uhr.

Val d'Incaroio/Paularo

Hauptort des breiten Val d'Incaroio, auch **Val Chiarsò** genannt, das etwa ab Zuglio nach Nordosten verläuft, ist das mit seinen zahlreichen Palästen recht charmant wirkende **Paularo** (2500 Einw., 650 m) zwischen Monte Tersàdia (1961 m) im Süden, Monte Zermula (2145 m) im Nordosten und Monte Paularo (s. unten) im Nordwesten. Die **Pfarrkirche** Chiesa dei Santi Vito, Modesto e Crescenzia steht hoch über dem Ort. 1750 errichtet, erhielt sie ihren markanten Säulenvorbau im auslaufenden 19. Jh. Beachtenswert sind u.a. der zweiflügelige **Palazzo Valesio-Calice** (Via Pal Piccolo) aus dem Jahr 1591 und der **Palazzo Linussio-Fabiani** (Piazza Nascimbeni) aus dem 18. Jh., der zahlreiche Künstler als Gäste sah.

Im Dorf **Dierico** auf der anderen Flussseite (2 km) erwartet man eigentlich kein großes Gotteshaus, schon gar nicht solch ein Polyptychon: Geschnitzt hat es *Antonio Tironi* um 1525 für die **Kirche Santa Maria Maggiore.** Zu sehen sind in den Nischen, jeweils in der Mitte der drei Etagen und von je zwei Heiligen an den Seiten flankiert, die Mutter mit dem Kind, St. Georg und der Erlöser. Die gotische Kirche entstand Anfang des 14. Jh. mit Grundriss eines griechischen Kreuzes und Zentralkuppel, die Fresken stammen aus dem 16. Jh.

■ **Chiesa Santa Maria Maggiore,** Borgo della Chiesa, Dierico, tgl. 8–18 Uhr.

Umrundung des Monte Tersàdia

Mit dem Auto, dem Motorrad und (sehr herausfordernd) dem Fahrrad kann man ab Zuglio über Paularo, Ligosullo und Treppo Carnico den Monte Tersàdia umrunden. Man nimmt dafür im Ortsteil **Cedarchis** die – oberhalb des Talgrunds verlaufende und weniger befahrene – SP40, die 3 km vor Paularo auf die SP23 trifft, der man dann folgt. Hinter Paularo windet sie sich mit mehreren Kehren den Berg hoch, führt durch die bewaldeten Hügel, schwingt in weiteren Serpentinen hinauf, wird schließlich recht schmal und kurz vor **Ligosullo** zur SP24, die einen abwärts an Wiesenhängen und Mischwald vorbei in engen Kurven durch den Ort bringt. Wieder breiter geworden, führt sie hinüber nach Treppe Carnico und weiter nach **Paluzza** am But. Wer mit dem Rad unterwegs ist, wechselt mehrmals die Flussseite und fährt so auf verkehrsärmeren Wegen zurück nach Cedarchis.

GPS **Monte Tersàdia-Umrundung,** 40 km, ca. 900 Hm, Fahrzeit: Auto/Krad 2 Std., Rad 3,5–4,5 Std.

Radtour auf den Monte Paularo

Von **Ligosullo** (Abzweig „Lago Dimon" bei der Osteria Al Camoscio) führt eine alte Militärstraße in die Berge zum Gipfel des Monte Paularo (2043 m), ideal für eine Radtour. Sie verläuft zuerst auf Asphalt hinauf durch den Wald und passiert das **Castello di Valdajer,** eine ehemalige Pension. 1 km dahinter endet der Asphalt. Nun radelt man auf einem Ziehweg mit gutem, festem Untergrund weiter am Waldrand entlang. In weiten Kehren gewinnt man schließlich Höhe und passiert den Lago Dimon und hinter ihm die Almgebäude der (unbewirtschafteten) **Casera Montelago** (1920 m). Nach der Käserei und oberhalb des kleinen namenlosen Sees lässt man das Rad stehen und erreicht in 10 Min. zu Fuß das einfache Holzkreuz auf dem **Gipfel**. Zurück geht's auf demselben Weg.

GPS **Radtour Monte Paularo,** 11 km, 1000 Höhenmeter, 3 Std.

Sutrio

Das Dorf Sutrio (1300 Einw., 570 m), 8 km nördlich von Zuglio, ist für seine Schnitzer bekannt. Zahlreiche kunsthandwerkliche Holzfiguren schmücken die Straßen des netten und ruhigen Ortes. Die **Krippenausstellung** in der Casa Cau widmet sich vornehmlich dem Schnitzer *Gaudenzo Straulino* (1905–88), der 30 Jahre an seiner bezaubernden Krippe gearbeitet hat. Tatsächlich ist sie so etwas wie eine ethnografische Bestandsaufnahme des Dorflebens vergangener Zeiten – ein kleines Wunderwerk voller Entdeckungsmöglichkeiten.

Presepe di Teno, Via Roma 60, Tel. 04 33 77 89 21, Besuch nach Voranmeldung, 2 €.

Die barocke **Pfarrkirche** mit St. Ulrich als Patron steht erhöht im Ort und erhielt die Weihe 1791 (sie teilt sich ihre Funktion mit der Chiesa Ognissanto von 1806 am südlichen Ortsrand). Ihr zweiter Turm wurde nie fertiggestellt. Im Inneren sind Fresken der Venezianer Vater und Sohn *Novelli* aus dem Jahr 1790–93 zu sehen. Der Legende nach sollen die Fresken nicht wenige Dorfbewohner jener Zeit abbilden.

Chiesa Comparrocchiale di Sant'Ulderico, Via Candido, tgl. 8–12, 16–18/9 Uhr.

Valcalda/Ravascletto

Kurz hinter Sutrio zweigt nach Westen das Valcalda ab und verbindet das But-Tal mit dem Degano-Tal. **Ravascletto** (500 Einw., 950 m) ist der Hauptort des Valcalda-Tals – mit teilweise erhaltenen typischen Natursteinhäusern – und Talstation der Gondelbahn ins kleine, aber feine **Skigebiet** des Monte Zoncolan im Süden. Bis Mitte April wird auf 1700 m Höhe gewedelt. Die Gegend gilt als ausgesprochenes „Schneeloch" und punktet mit herrlichen Alpenpanoramen, mehreren Schleppliften und rund 30 km Piste. Im **Sommer** lässt sich auf gut beschilderten Wegen schön durch die sattgrüne Kuppenlandschaft wandern.

Funivia Ravascletto-Zoncolan, Via Aquileia, Tel. 04 33 66 033, hin und zurück 10 €.

Radtour über den Monte Zoncolan

Im Sommer ist die direkt über den Gipfel führende, durchweg asphaltierte Passstraße SP123 von Sutrio nach Ovaro für Radfahrer die Herausforderung schlechthin. Sie beginnt oberhalb von **Sutrio** an der Via Enzo Moro (Hinweisschild „Zoncolan 11 km") und führt nur leicht ansteigend in weitem Zickzack, zu Beginn schattenlos und mit freiem Blick, dann durch lichten Mischwald aus dem Tal heraus.

Bei den ersten Häusern des **Ortes Zoncolan** auf 1350 m Höhe zweigt die SP123 nach links ab („Cima Zoncolan"), geradeaus endet die Straße an den Liftparkplätzen. Die Straße bleibt zwar geteert, ist aber nun wesentlich schmaler und passiert weiter mäßig ansteigend zahlreiche Wochenendhäuschen und Strukturen der Lift- und Beschneiungsanlagen auf der Hochebene. Über und entlang der Pisten schwingt die Straße dann etwas steiler die Hügel hinauf und kommt schließlich zum Sattel **Sella Zoncolan** (1750 m) mit dem Monumento al Ciclista Scalatore. Es erinnert an die Bergradler, die den Zoncolan (mit heftigen Gradienten an der Westseite) bewältigt haben – 2021 war der Berg Ziel einer der anstrengendsten Etappen des Giro d'Italia. Auf sehr schmalem Asphaltband verliert man nun über enge Serpentinen schnell an Höhe und durchfährt anschließend eine Kette von drei Tunneln. Nun blickt man bereits hinunter ins Degano-Tal. Nach einer kurzen Hangquerung beginnen die steilen Serpentinen nach **Liariis** mit bis zu 20 % Gefälle (Sutrio-Seite 9 %). Im Weiler angekommen, geht es über 2 km bis zum **Endpunkt Ovaro.**

GPS **Radtour über den Monte Zoncolan,** 22 km, Anstieg 1100 Hm, Abfahrt 1250 Hm, 3–3,5 Std., empfohlene Fahrtrichtung von Sutrio nach Ovaro; Rückfahrt mit Bussen Nr. 120/130 (Umstieg in Tolmezzo, alle 1–2 Std., Fahrtzeit ca. 1 Std., um 5 €).

Radtour zum Monte Crostis

Die weitgehend asphaltierte Panoramastraße, ein ehemaliger Militärweg, führt auf einer Rundtour nach Norden fast bis zum Gipfel des Monte Crostis (2250 m) – eine anstrengende, aber auch sehr aussichtsreiche Strecke. Sie beginnt **westlich von Ravascletto** an der Kreuzung der Viale Edelweiss mit der SR465 (Schild „Panoramica delle Vette"). Die extrem schmale Straße schlängelt sich durch den Nadelwald bergan und kommt nach 8 km und auf 1700 m Höhe zur **Baumgrenze**. Nun geht es schattenlos und mit schönem Blick über das Tal weiter schräg an den Hängen entlang bergan. Vereinzelt stehen noch Föhren am Wegesrand, doch dann verschwinden auch sie, nur noch Gras bedeckt die Bergflanken, und im Hintergrund stehen Felsnadeln. Nach 1,5 km, kurz hinter dem Holzbrunnen Fontana Valsecca, endet der Fahrbahnbelag. Es geht auf fester **Kiesstraße** weiter und nach 2,5 km an der (unbewirtschafteten) **Casera Tarondòn alta** vorbei. Nach nochmal 1,5 km steht unterhalb die **Casera Tarondut alta**, 2 km dahinter die Alm **Malga Crostis**. Ab hier fährt man wieder auf Asphalt. 700 m weiter ist das **Rifugio Chiadinas** (1900 m) erreicht.

Wer auf den Monte Crostis will, sperrt sein Rad ab und macht sich zu Fuß auf den Weg zum Gipfel (vom Parkplatz sind es 50 Min. und 300 Hm). Ohne den oder nach dem Gipfelabstecher geht es knapp 2 km mehr oder weniger Höhe haltend schräg zum Hang nach Süden, dann beginnt die steile **Abfahrt** über Serpentinen und enge Kurven, schnell Höhe abbauend und in den Wald hinein, den man – ohne große Talausblicke zu haben – auch nicht mehr verlässt. Nach ereignisarmer, 9 km langer Abfahrt taucht schließlich voraus der Kirchturm von **Tualis** auf. An der Piazza Giro d'Italia hält man sich links Richtung Ravascletto und fährt durch den Wald Höhe haltend über Salars zum Ausgangspunkt zurück.

GPS **Radtour zum Monte Crostis,** 34 km, 1400 m, 4–5 Std., bis auf 6,5 km (flach verlaufender) Strecke geteert.

■ **Rifugio Chiadinas,** Panoramica delle Vette, Tel. 32 98 97 64 52, www.rifugiochiadinas.com, Juni–Mitte Okt., Mehrbettzimmer und Essen.

Paluzza

Das unscheinbare Paluzza (2100 Einw., 600 m) war ab dem 13. Jh. als Zollstation des Patriarchen von Aquileia von Bedeutung; einer der beiden Inkasso-Türme ist erhalten: Die **Torre Moscarda** steht am nördlichen Ortsausgang in Höhe der Brücke an der SS52 auf einer Kuppe im Wald (Zugang Via San Daniele, GPS N 46.54138, E 13.01505, 150 m Fußweg).

Val Pontaiba

Paluzza liegt an den Eingängen des Valcalda nach Westen und des Val Pontaiba nach Osten (das nach Paularo im Val d'Incaroio verbindet, s. o.). Nimmt man Letzteres, passiert man **Treppo Carnico** (600 Einw., 670 m) mit einer **Pinakothek**, die Werke bedeutender friulanischer Künstler des 20. Jh. ausstellt.

■ **Galleria d'Arte Moderna Enrico de Cillia,** Treppo Carnico, Tel. 04 33 77 70 23, nach tel. Voranmeldung Mo–Fr 9–13 Uhr, 2,60 €.

Timau

Timau (300 Einw., 830 m, österr. Name Tischelwang), Etappe auf der Reise von und nach Mitteleuropa, wirkt eher uncharmant zusammengewürfelt. Im Ersten Weltkrieg war es Frontstadt, und nur wenige historische Gebäude sind erhalten, darunter die in den Gassen versteckte **Pfarrkirche St. Gertrude** aus dem 18. Jh. mit barocker Ausstattung. Blickfang an der Durchgangsstraße ist dagegen die 1946–64 gebaute **Christkönigskirche.** Bezahlt hat sie großenteils ein mit der Deutschen Wehrmacht verbündetes, vornehmlich gegen Partisanen eingesetztes Kosakenkommando, das auf dem Rückzug im Mai 1945 dem Ortspfarrer 1 Mio. Lire für einen Kirchenbau „spendete" – so erzählt man es sich jedenfalls. Das im Presbyterium aufgestellte Kreuz ist nicht zu klein geraten: 12 m hoch und 3 t schwer. Im **Kriegsmuseum** nebenan dokumentieren Fotos und Ausrüstungsgegenstände die Geschehnisse an der Karnischen Front 1914–18.

■ **Museo della Grande Guerra,** Via Nazionale 90, Timau, Tel. 04 33 77 91 68, www.museograndeguerratimau.it, Aug. Di–So 9–12, 15–19, Juni/Okt. Sa/So 9–12, 14–18, Juli/Sept. Di–Fr 14.30–18.30, Sa/So 9–12, 14.30–18.30 Uhr, 3 €.

Das **Beinhaus von Timau** am nordwestlichen Ortsrand (über die Brücke) ist die Grabstätte für Gefallene des Ersten Weltkriegs: 1698 Italiener:innen und 65 habsburgische Soldaten. Entstanden ist der Tempio Ossario 1939 durch den Umbau eines Gotteshauses. In der von Kriegsgerät flankierten Hallenkirche mit umlaufendem Arkadengang ist auch die als Heldin verehrte *Maria Plozner Mentil* begraben, Munitionsträgerin der italienischen Armee, die ein österreichischer Scharfschütze erschoss.

■ **Sacrario Militare di Timau,** Via Don Titta Bulfon, April–Sept. tgl. 9–12, 15–18 Uhr.

Passo di Monte Croce Carnico

Der **Plöckenpass** (1357 m) war einer der wichtigsten Alpenübergänge und Teil der römischen Via Iulia Augusta von Aquileia nach Kärnten. Zu jener Zeit war der Weg kaum 1,50 m breit und steinschlaggeplagt. Heute schützen massive Galeriebauten die 10 km lange Bergstrecke von Timau hinauf. Oben am Pass haben Römer zwei **Inschriften** in den Felsen hinterlassen. Die am schnellsten erreichbare (und ziemlich verwitterte) Gravierung stammt vom Römer *Respectus* (um 180 n. Chr.): Vom Parkplatz am südlichen Ende den Schildern „iscrizioni romane" nach Westen folgen (3 Min.).

Kriegszeugen am Plöckenpass

Die Frontlinie blieb hier oben während des gesamten Ersten Weltkriegs unverändert, beidseitig scheiterten jegliche Angriffe. Die in den Boden gegrabenen und in die Felsen gesprengten Bunker künden vom Ringen. Tausende starben, ein Drittel von ihnen durch die Lawinen, die der Feind durch Beschuss der Steilhänge auslöste. Die Zerstörungen waren bei Kriegsende 1918 so groß, dass der Pass erst 1938 wieder voll befahrbar war.

Die militärischen Einbauten sind in weiten Teilen noch sichtbar und als **Freiluftmuseum** zugänglich. Der Besuch ist kein Sonntagsspaziergang, sondern eine Hochgebirgswanderung auf teilweise sehr ausgesetzten Steigen, die entsprechende Ausrüstung und eine stabile Wetterlage erfordert. Auch Vorsichtsmaßnahmen sind einzuhalten: Munitionsfunde der Polizei melden, Höhlen – soweit nicht als begehbar gekennzeichnet – keinesfalls betreten, auf Vipern achten! Wer wenig Zeit hat und nur eine Idee von den Befestigungsanlagen bekommen will, steigt in einer halben Stunde über 100 Höhenmeter auf zu den Schützengräben und Bunkern bei den Stellungen „Maschinengewehr-Kaverne" und „Rundumstellung" und kehrt dann zurück.

Das Tischlbongerische

Timau/Tischelwang ist eine der deutschen Sprachinseln Italiens (neben den Zimbern in den Sieben Gemeinden um Asiago und den Dreizehn Gemeinden bei Verona). Die Älteren pflegen noch ihren bayrisch-kärntnerischen, stark von romanischen Lehnwörtern durchsetzten Dialekt – das Tischlbongerische.

GPS **Museo all'Aperto del Pal Piccolo,** Passo di Monte Croce Carnico, 5,5 km, 450 Hm, 3–3,5 Std., Saison je nach Schnee- und Wetterlage spätes Frühjahr bis Herbst.

Und weil's im Ersten und Zweiten Weltkrieg so schön war: Der Plöckenpass war auch im Kalten Krieg von Bedeutung. Mit dem **Bunker Cherso 1** sollten die Alpini von Norden anstürmende russische Horden aufhalten. Je zweimal gibt's in den Sommermonaten Führungen durch die perfekt erhaltenen und immer noch ausgestatteten Anlagen.

■ **Bunker Museo Cherso 1,** Passo di Monte Croce Carnico, Tel. 33 95 68 17 20, www.facebook.com/people/Bunker-Museo-Cherso-Assfne, nur mit Anmeldung zu den festen Terminen, 10 €.

Val Degano und Val Pesarina

Das nordsüdlich verlaufende Degano-Tal (auch Canale di Gorto genannt) zieht sich von Villa Santina hinauf zur Hochebene von Degano. Von ihr gelangt man über Forni Avoltri und Sappada hinüber ins Cadore (→ S. 440). Das nach Westen abzweigende Pesarina-Tal ist als Verbindung ins Cadore wegen der über 1800 m hohen Pässe weniger befahren, landschaftlich aber sehr reizvoll, und wer sich von Monumentaluhren inspirieren lassen will, ist im Dorf Pesariis genau richtig.

Aussichtsreich und empfehlenswert ist die **Rundfahrt durch das Val Tagliamento** hinauf (an den von *Gianfrancesco da Tolmezzo* freskierten Kirchen vorbei), über den **Passo della Mauria** (s. unten) zum Piave ins Cadore und dann über die Pässe **Sella Ciampigotto** (1790 m), **Sella di Razzo** (1760 m) und **Sella di Rioda** (1800 m) ins Val Lumiei am Sauris-See und zurück nach Tolmezzo – alternativ nimmt man hinter dem Sella di Razzo die nördliche Route durch das Val Pesarino und Pesariis nach Tolmezzo; beide Strecken sind 130 km lang (jeweils 4 Std. Fahrzeit).

Villa Santina

Das ruhige Städtchen Villa Santina (2100 Einw., 360 m) an der Mündung des Torrente Degano in den Tagliamento ist für die elegante gewebte Tisch- und Bettwäsche mit charakteristischen floralen Motiven in zurückhaltender Farbgebung und für die Herstellung von Wandteppichen berühmt: *Arte tessile* – textile Kunst (s. Einkaufen). Das Frico von Santina (wir erinnern uns: gebratene Kartoffel-Käse-Pampe) gilt als etwas ganz Besonderes; es wird u.a. mit Speck, Kürbis und Pilzen verfeinert oder als Pizza serviert.

Val Degano (Canale di Gorto)

Auch wenn das Tal als Handelsweg nicht so bedeutsam war wie das parallele But-Tal hoch zum Plöckenpass – **Comeglians** in der Mitte des Degano-Tals und am Ausgang der beiden Seitentäler Val Pesarina im Westen und Valcalda entlang des Rio Margò im Osten war als Sammel- und Verteilzentrum des Holzeinschlags wichtig, ebenso wie das gleich südlich liegende **Ovaro,** in dessen Sägewerken die Stämme verarbeitet wurden. Die das Tal durchlaufende SR355 ist breit ausgebaut und in gutem Zustand.

Ovaro

Die Besiedelungsgeschichte des Tals reicht weit in die Vorzeit zurück. Bei Ovaro wurden zahlreiche Artefakte ausgegraben. Venedigs Aufstieg (und Holzbedarf) machte Ovaro zu einer vermögenden Stadt – die Herrenhäuser und das **Holzmuseum** im Ortsteil Aplis zeugen davon. Das Sägewerk stammt von 1755 und zeigt die bereits recht fortgeschrittene Technik. Angeschlossen ist eine naturkundliche Abteilung mit Dutzenden von Vogelbälgern.

■ **Museo del Legno e della Segheria Veneziana,** Località Aplis, Tel. 04 33 61 90 08, Zugang nach Voranmeldung im Hotel Aplis (außer Mi).

125fsk

Die Fresken der aufs 13. Jh. zurückgehenden **Kirche San Vigilio** entstanden 1370 im Stil *Vitale da Bolognas;* der holzgeschnitzte Kirchenpatron stammt von *Domenico da Tolmezzo* (15. Jh.).

■ **Chiesa di San Vigilio,** Via San Vigilio, Tel. 04 33 67 268, nur auf Anforderung.

Über das Degano-Tal gelangt man hoch zur Piave-Quelle mit seiner Berghütte

Forni Avoltri

Am nördlichen Ende des Canale di Gorto liegt das renommierte internationale Zentrum für Biathlon, die Kaderschmiede Italiens für den Langlauf- und Schießwettbewerb. Das **Ethnografie-/ Kriegsmuseum** beschreibt das Leben bis ins beginnende 20. Jh., eine eigene Abteilung die Weltkriegsgeschehnisse in der Gegend.

■ **Collezione Etnografica e Mostra 1° Guerra Mondiale,** Via Roma, Tel. 33 34 30 78 27, www.forniavoltri.eu/musei, Sommer Di–Sa 17–18.30, 20–22.30, So 11–12, 16.30–18.30 Uhr, Winter nach Voranmeldung, Spende erbeten.

Marmorbruch Fior di Pesco

Nördlich von Forni di Avoltri zweigt nach der Brücke von der SR335 die Straße hinauf Richtung Pierabech ab und führt ins **Wandergebiet** zwischen Monte Avanza (2481 m) im Westen und dem Monte Navagiust (2129 m) im Osten. Kurz hinter dem Don-Bosco-Heim endet der Asphalt nach 3 km am Parkplatz. Zu Fuß sind es von hier 10 Min. zur **Cava Marmo** links am Hang. Wie eine weiß blutende Wunde auf grüner Haut wirken die im Wald in den Stein geschnittenen Riesenstufen. Noch heute ist der Bruch in Betrieb. Sein Marmor trägt den Markennamen „Fior di Pesco Carnico", wird wegen seiner Farbgebung mit Weiß, Elfenbein, Rosa und Grau besonders geschätzt und in die ganze Welt exportiert.

Val Pesarina

Wer bei Comeglians ins Pesarina-Tal abbiegt, kann seinen Ausflug auf einer **Rundtour** über die Bergpässe am Razzo-Sattel hervorragend mit dem Besuch des Lumiei-Tals (Sauris di Sotto/Sopra) verbinden (ab/bis Comeglians 75 km, 2,5–3 Std. Fahrzeit).

Im vergleichsweise schmalen Tal reihen sich nach Avano die Dörfer der Gemeinde **Prato Carnico** mit in der Regel zwei – links und rechts die Straße begleitenden – Häuserreihen fast nahtlos aneinander. Man achte im Hauptort Prato Carnico auf den sehr, sehr schiefen Kirchturm. Grauer Naturstein und die kleinen Fenster der erhaltenen historischen Gebäude geben ein malerisches Bild ab, berichten aber auch von harschen Wintern.

Berühmt ist der Gemeindeteil **Pesariis** (200 Einw., 750 m), das **Dorf der Uhren.** Bereits im frühen 18. Jh. hat man hier präzise Groß-Zeitmesser gefertigt und nach ganz Italien geliefert. Heute sind im Ort zwölf Monumental- und Sonnenuhren aufgestellt. Das **Uhrenmuseum** im Ortszentrum legt die Geschichte des Ortes dar und zeigt interessante Pendel-, Turm- und Klappuhren.

■ **Museo dell'Orologio,** Località Pesariis, Prato Carnico, Tel. 04 33 60 034, Juli–Mitte Sept. Mo–Fr 10–13, 14–18, Sa/So 10–18, sonst Sa/So 10–13, 14–18 Uhr, 3 €.

Die Gebäude der für die Uhren verantwortlichen Firma Solaris stehen westlich des Orts und markieren das Ende der Siedlungen an der Pesarina. Die SR465 führt ins immer engere Tal hinein, dem waldigen Ufer folgend und zusehends auch ansteigend. 15 km hinter Pesariis geht es am Abzweig zur Forcella Lavardet auf der SP619 weiter (nach Venetien) und hoch zum Pass **Sella di Razzo,** dem Übergang ins Val Lumiei, und von dort über den **Sella di Rioda** wieder ins Friaul und nach Sauris (s. Val Lumiei).

Val Tagliamento

Auf 1200 m Höhe beginnt der Tagliamento seinen Weg zur Adria, ein schmales Rinnsal erst, am Ende bis zu 1,5 km breit – der letzte Fluss Italiens, dessen Lauf naturbelassen geblieben ist: im Sommer ein blankes, weißes und leeres Schotterbett, nach der Schneeschmelze im Frühjahr ein tobender, brauner Strom. Auf der breiten SS52 geht es von Tolmezzo ins Tal hinein zu den Wintersportorten und Sommerfrischen **Forni di Sotto** und **Forni di Sopra** am Nordrand des Naturparks Friulanische Dolomiten (→ S. 405) mit seinen hochalpinen Wanderwegen. Weiter gelangt man über das **Alta Val Tagliamento** ins Cadore.

Ampezzo

Das blitzsaubere Ampezzo (950 Einw., 560 m, österreichischer Name Petsch) am Zufluss des Lumiei kann sich einer ersten schriftlichen Erwähnung im 8. Jh. rühmen. Die Gassen und Plätze verströmen eine weltoffene, fast schon mediterrane Stimmung.

Sechs Gemälde des karnischen Malers *Nicola Grassi* (1682–1748) sind in der **Pfarrkirche San Daniele** in der Kapelle links des Chors ausgestellt, darunter „Daniel in der Löwengrube" (um 1727).

■ **Chiesa di San Daniele Profeta,** Via della Cleva, tgl. 8–13, 16–19 Uhr.

Im **Geologischen Museum** im Palazzo Angelo Unfer ist die Zeitenschau mit Versteinerungen nach modernen museumspädagogischen Konzepten organisiert und beginnt vor 450 Mio. Jahren.

■ **Museo Geologico,** Piazza Zona Libera della Carnia, Tel. 04 33 48 77 79, Juni–Sept. Di–So 9.30–12.30, 15–18 Uhr, Weihnachtsferien tgl., Feb.–Mai Sa/So 15–18 Uhr, Eintritt frei.

Socchieve

In der über Socchieve (6 km südöstlich von Ampezzo) wachenden **Votivkirche San Martino** mit ihrem Vorbau hat sich der hier geborene *Gianfrancesco da Tolmezzo* (1450–1511) im Jahr 1493 mit einem sehenswerten Freskenzyklus ver-

126f sk

ewigt. Das Altarbild stammt ebenfalls von ihm; da er an der Pest starb, konnte er es aber nicht vollenden.

■ **Chiesa di San Martino,** Via Nazionale 25, Socchieve, Tel. 04 33 80 191, Mai–Aug. Mi/Sa/So 10–12, 15–18 Uhr.

Alta Val Tagliamento

Das obere Ende des Tagliamento-Tals markiert die recht unspektakulär entspringende **Tagliamento-Quelle** (GPS N 46.44986, E 12.52206) direkt an der Straße gleich südlich des **Passo della Mauria** (1298 m). Die SS52 hinauf von Tolmezzo bzw. Ampezzo ist die Hauptverbindung von den Karnischen Alpen ins Cadore und zu den Dolomiten (→ S. 443) und vorzüglich ausgebaut. Zwei Kirchen aus dem 14. Jh. bilden die Glanzlichter der Taldurchfahrt.

Forni di Sotto

Ein Werk von *Gianfranceso da Tolmezzo* bewahrt auch die kleine, mit Portikus versehene **Votivkirche San Lorenzo** vom Ende des 14. Jh. (mehrfach umgestaltet). Sie steht an der Bergstraße Via Nazionale, die von **Forni di Sotto** (600 Einw., 780 m) kommend in Richtung Ampezzo kurz vor dem Straßentunnel rechts abzweigt; das Gotteshaus ist nach 600 m erreicht. Thema der 1492 in der Apsis und im Saal entstandenen Fresken ist u.a. das Martyrium des heiligen Laurentius, Kirchenväter und Verkündigung.

127fsk

Die Lorenzkirche bei Forni di Sotto

Nicht mit dem mondänen Cortina d'Ampezzo verwechseln: Ampezzo ist recht beschaulich

■ **Chiesa di San Lorenzo,** Via Nazionale, Tel. 04 33 80 758 oder 04 33 87 034, nur auf Anforderung offen.

Forni di Sopra

Mit dem Dolomiti Adventure Park und dem Fantasy Park bietet Forni di Sopra (1000 Einw., 900 m) im Sommer Attraktionen für Familien (→ Aktivitäten). Außerdem gelangt man mit dem nördlichen Sessellift in zwei Etappen zur **Varmost-Alm** (1700 m) unterhalb des Monte Crusicalas (2105 m) mit modernem Restaurant, Blick auf die Bergwelt, schönen Wandermöglichkeiten und im Winter einer 12 km langen Talabfahrt.

■ **Sessellift/Seggiovia Varmost,** Via Nazionale, Tel. 04 33 88 208, Mitte Juli–Anfang Sept. tgl. 9–16.30 Uhr, Juni–Anfang Juli und Mitte Sept. nur Sa/So, hin und zurück 10 €, Kind 5 €.

Der recht schneesichere Ort besitzt eine hübsche Altstadt und die von außen unscheinbare **Kirche San Floriano** aus dem 15. Jh. im Vorort Cella di Forni di Sopra (direkt gegenüber der Pfarrkirche). Sie birgt neben dem Altargemälde von *Andrea Bellunello* aus dem Jahr 1480 den dritten Freskenzyklus von *Gianfrancesco da Tolmezzo*, aus dem Jahr 1500 und St. Florian gewidmet, der neben Aposteln und Kirchenvätern zu sehen ist.

■ **Chiesa di San Floriano,** Via Nazionale (Località Cella), Tel. 04 33 88 331, Juli/Aug. tgl. 17–20 Uhr, sonst nach Anforderung.

Val Lumiei

Im Tal ist man auf einer der schönsten Strecken Karniens unterwegs. Von Ampezzo führt sie aussichtsreich hinauf zu den 1800 m hohen Pässen **Sella di Rioda** und **Sella di Razzo** und verbindet hinüber nach Venetien. Für die Hochfahrt zum Lago di Sauris nimmt man entweder die schnelle, 9 km lange SP73 durch mehrere Tunnel oder die alte, sehr kurvenreiche und 15 km lange Straße (Strada Turistica) über den **Pura-Pass** (1428 m).

Lago di Sauris

Der See beim Weiler Màina ist erste Station der Hochfahrt. Der Bau des Damms begann 1941 und dauerte sieben Jahre. Bei Fertigstellung war er der zweithöchste Europas. Hat man die Mauer passiert, könnte der See genauso gut natürlichen Ursprungs sein. In seinem Wasser spiegeln sich die grünen Hügel und blanken Felsgipfel. Das hochgelobte Restaurant Oro Nero am Ufer profitiert davon.

Sauris di Sotto und Sauris di Sopra

3 km über dem See ist **Sauris** (400 Einw., 1200/1500 m) erreicht, von der deutschsprechenden Minderheit Zahre (von Zähre/Träne) genannt, die höchstgelegene Gemeinde im Friaul (1000–1400 m). Das untere Sauris di Sotto und das 3 km und 200 Höhenmeter oberhalb liegende Sauris di Sopra sind aus Holz und Stein errichtet und zeigen sich fast durchweg in traditionellem Gewand. Die Gebäude, die *stavoli,* stehen eng gedrängt im Ortskern oder locker verteilt am Ortsrand. Noch heute wird der typische Dialekt gesprochen, der auf einen germanischen Volksstamm zurückgeht, der sich im 13. Jh. niedergelassen haben soll. Die Bergwelt der Umgebung lädt zu Wanderungen ein. Die gotische **Chiesa San Lorenzo** unterhalb von Sauris di Sopra besitzt einen Flügelaltar von 1551 aus der Hand des Ostbayern *Michael Parth.* Das kleine **Ethnografische Museum** im „s'Haus van der Zahre" gleich daneben beschreibt das Leben in den Bergen.

■ **Centro Etnografico,** Sauris di Sopra 3A, Tel. 04 33 86 262, www.carniamusei.org, Mitte Juni–Mitte Sept. Di/Do–So 10–12, 15–18 Uhr, Eintritt frei.

Anschauen sollte man sich auch die **Pfarrkirche Sant'Osvaldo** in Sauris di Sotto. Den Altar schnitzte *Nicolò da Bru-*

128fsk

nico 1524, der in derselben Werkstatt in Bruneck arbeitete wie *Michael Parth*.

Malga Casera Razzo

Die Razzo-Käsealm liegt direkt am **Passo di Razzo** (1760 m) inmitten der weiten, sattgrünen Wiesen vor der Kulisse der blank-blauen Felsgipfel auf der Grenze von Venetien und Friaul. Und als genügte dies nicht, blitzt darunter der in einem zehnminütigen Spaziergang erreichbare **Laghetto** in der Sonne. Vor der Weiterfahrt kann man sich mit Ricotta und leckerem Almkäse eindecken.

- **Malga Casera Razzo,** Sella di Razzo (Vigo di Cadore), Tel. 38 95 93 15 11, www.regolavigo.org, im Sommer bei gutem Wetter.

Praktische Tipps

Information

- **Infopoint Arta Terme,** Via Nazionale 1, 33022 Arta Terme, Tel. 04 33 92 92 90, www.comune.arta-terme.ud.it, Do/Fr 8–12.30, Do auch 14–18, Sa 8–12.30, 13–15.30 Uhr.
- **Infopoint Ravascletto,** Via Valcalda 17, 33020 Ravascletto, Tel. 04 33 66 477, in der Saison tgl. 8.30–12.30, 15–18 Uhr.
- **Infopoint Villa Santina,** Piazza Venezia 1, 33029 Villa Santina, Tel. 04 33 74 040, tgl. 9.30–12.30, 15–18 Uhr, Winter nur Sa/So vormittags.
- **Infopoint Forni Avoltri,** Corso Italia 22, 33020 Forni Avoltri, Tel. 04 33 72 202, www.forniavoltri.eu, Mo–Fr 9–12, 14–18 Uhr.

⌃ Im Bergdorf Sauris di Sopra

■ **Infopoint Ampezzo,** Piazza Zona Libera 1944, 33021 Ampezzo, Tel. 04 33 80 758, www.facebook.com/ufficioturisticoampezzo, Sommer tgl. 9–12, 14–18 Uhr

■ **Infopoint Forni di Sopra,** Via Cadore 1, 33024 Forni di Sopra, Tel. 04 33 88 67 67, www.fornidisopra.com, Mo–Sa 9–13, 14–18, So 9–13 Uhr.

■ **Infopoint Sauris di Sotto,** beim Kursaal, 33020 Sauris di Sotto, Tel. 04 33 86 076, www.sauris.org, tgl. 9–19 Uhr.

Unterkunft

In der Region gibt es mit den **Alberghi Diffusi** zahlreiche in den Dörfern verteilte Ferienwohnungen in modernen und historischen Häusern (s. unten); eine ausgezeichnete Alternative zu Hotels, wenn man etwas verweilen will (teilweise Mindestaufenthalt von zwei oder drei Nächten).

Valle del But

■ **Grand Hotel Gortani③,** Via Umberto I 43, **Arta Terme,** Tel. 04 33 92 87 54, www.gortani.it. Komfortables, modernes Drei-Sterne-Haus mit Innenpool, Wellness-Bereich und Fahrradverleih.

■ **Agriturismo Randis②,** Randice, **Arta Terme** (Piano d'Arta, bei Kilometerstein 13 von der SS52 abbiegen, 3 km), Tel. 32 92 31 62 54, www.agriturismorandis.it. Geschmackvoll-rustikal gestalteter Betrieb fast mit Schlösschencharakter. Fünf Zimmer, Pferde und ausgezeichnete, herzhafte Küche②.

■ **Albergo Díffuso Sutrio②,** Via Linussio 1, **Sutrio,** Tel. 04 33 77 89 21, www.albergodiffuso.org. Der „verstreute Gasthof" will den Gästen das Dorfleben näherbringen, und so sind die über 30 Wohnungen auf Häuser im Dorf verteilt, die von einer gemeinsamen Rezeption betreut werden; Mittag- und Abendessen werden im Dorfrestaurant eingenommen.

■ **Dolomiti Village②-③,** SR465 (Km 38), **Ravascletto,** Tel. 39 14 66 24 08, www.dolomitivillage.it. Großzügige Holzchalets und ein supergemütliches „Baumhaus", dazu Restaurant und Wellnessangebote – Ferienunterkunft mit Dorfcharakter.

■ **Hotel La Perla③,** Via Santo Spirito 43, **Ravascletto,** Tel. 04 33 66 039, www.laperlahotel.eu. Modernes, großes Vier-Sterne-Haus mit 35 Zimmern, Wellness-Bereich, Garten und Panoramablick.

■ **Albergo Bellavista②-③,** Viale Edelweiss 11, **Ravascletto,** Tel. 04 33 66 089, www.bellavistaravascletto.it. Berghotel der Drei-Sterne-Kategorie über dem Dorf mit 35 Zimmern, Restaurant und Sauna.

Gerstensaft und Schinken

Seit 1999 brauen die Bewohner von Sauris ihr ganz spezielles Bier. *Agribirra* (www.zahrebeer.com) fließt naturrein, unpasteurisiert und nicht gefiltert aus dem Fass, und nicht nur Einheimische trinken es gerne – der hohe Preis sorgt allerdings für ein „rauschloses" Ende. Zweites Standbein der „Saurier" sind die Räucherkammern. Seit 1862 kommt aus ihnen Schweinernes, übers Jahr summiert es sich auf 80.000 Schinken, 100.000 Speckseiten und viele Zentner Wurst.

129f sk

■ **Albergo Diffuso La Marmote**①-②, Via San Nicolò 5, **Paluzza,** Tel. 04 33 78 60 68, https://albergodiffusopaluzza.it. Apartments und Häuschen, von gewöhnlich bis ungewöhnlich; Tipp: die postmoderne Struttura Faas.

■ **Albergo da Otto**②, Via Maria Plozner Mentil 15, **Timau,** Tel. 04 33 77 90 02, www.facebook.com/ristorantedaotto. Stadtpension mit zwei Sternen, zehn Zimmern, Sauna und einem guten Restaurant② mit kleiner Karte und italienischen Standards. Günstige Halbpensionsangebote.

Val Degano

■ **Albergo Diffuso Zoncolan**①-②, Via Caduti II Maggio 144, **Ovaro,** Tel. 04 33 67 80 28, www.albergodiffusozoncolan.it. Liebe- und geschmackvoll eingerichtete Apartments mit allem Komfort in neuen und historischen Häusern im Degano- und Pesarina-Tal.

■ **Hotel Aplis**②, Località Aplis 2/C, **Ovaro,** Tel. 04 33 61 90 08, www.hotelaplisovaro.it. Modernes Landhotel in ruhiger und schöner Lage mit 17 Zimmern, zwei Apartments, Wellnesseinrichtungen, angeschlossenem Museum und Naturpark; gutes Restaurant②.

■ **B&B Al Pedale**①-②, Via Caduti II Maggio 75, **Ovaro,** Tel. 04 33 32 02 63, https://alpedale.it. Sehr nette und blitzsaubere Pension mit drei schönen Zimmern und Radwerkstatt. Ideal für Radler.

■ **Albergo Scarpone**②, Corso Italia 16, **Forni Avoltri,** Tel. 04 33 72 74 63, www.hotelscarpone.com. Das freundlich eingerichtete Drei-Sterne-Hotel mit 12 Zimmern im Ortskern besitzt ein sehr empfehlenswertes Restaurant③ mit typischen Gerichten aus den Karnischen Alpen; probieren Sie die *cjarsons,* eine Art Ravioli, oder im Herbst die Hirschspieße.

Val Pesarina

■ **Albergo Ai Sette Nani**①-②, Località Prato, **Prato Carnica,** Tel. 04 33 69 013, www.nanos.it. Gasthof mit Restaurant an der Durchgangsstraße, für eine Nacht in Ordnung (am besten Halbpension buchen).

Unser Tipp: **Agriturismo Sot la Napa**①-②, Pesariis 61, **Pesariis,** Tel. 04 33 69 51 03, www.sot-lanapa.it. Zehn wunderschön eingerichtete Zimmer mitten im Ort in einem fachkundig sanierten Haus aus dem 17. Jh.; kleiner Bauernladen, Restaurant② unter Fresken, Taverne; auf den Tisch kommen Spezialitäten wie *cjarsons* und Frico – rundum perfekt.

Val Tagliamento

■ **Albergo Diffuso Dolomiti**②-③, Borgo Baselia 1, **Forni di Sotto,** Tel. 36 67 39 18 70. Zwölf im Ort verteilte, außergewöhnlich qualitätsvoll sanierte und kultiviert eingerichtete Ferienwohnungen und -häuser.

■ **Hotel/Restaurant La Stube**②, Via Trieste 4, **Forni di Sopra,** Tel. 04 33 88 158, www.lastube.it. Rustikal-gemütliche Familienpension mit drei Sternen, zehn einfacheren Zimmern und gutem Restaurant②, Spezialität sind u.a. Spinatknödel – *canederli verdi agli spinaci.*

■ **Albergo Centrale**②, Piazza del Comune 6, **Forni di Sopra,** Tel. 04 33 88 062, www.albergocentraleforni.com. Alpenländisches Hotel am Hauptplatz mit drei Sternen und 13 Zimmern, sehr gemütlich („Zirbelholzstube"), gutes Restaurant②-③ (Halbpension empfohlen), kleines Wellnesscenter, kostenlose Räder.

Val Lumiei

■ **Agriturismo Schène Welde**②, Passo Pura, **Lago di Sauris,** auf 1428 m Höhe, Tel. 32 79 28 89 14, Mitte Juni–Ende Sept. Hier kann man essen und nächtigen und genießt den namensgebenden Blick auf die „schöne Welt", Halbpension angeraten, sechs Zimmer mit Bad.

■ **Rifugio Tita Piaz**②, Passo Pura, **Lago di Sauris,** Tel. 33 91 37 88 97, www.rifugiotitapiaz.com. Berghütte neben der Schène Welde mit 14 Zimmern (jeweils mit eigenem Bad).

■ **Garnì Pluème**②, **Sauris di Sotto,** Tel. 04 33 86 63 74, www.hotelpluemesauris.it. Das B&B macht sich mit Rückholdienst etc. besonders für Radfahrer

Cjarsons

Ravioli mal anders! Die Teigtaschen aus Wasser, Salz und Mehl werden (nicht nur, aber meistens) süß gefüllt. Die Variationen sind unendlich und Familiengeheimnisse. Als Standardversion gilt die Füllung mit Kartoffeln, Rosinen, Zimt und frischen Kräutern. Ansonsten ist alles offen, und fast jedes Tal reklamiert für sich eine Abwandlung als Spezialität. Was aber keinesfalls reinkommt, ist Fleisch.

stark; 10 Zimmer mit Internetzugang in einem umgebauten Holzschuppen, gemütlich-rustikal, gefrühstückt wird in der Scheune.

- **Albergo Diffuso Sauris**②-③, **Sauris di Sopra,** Tel. 04 33 86 221, www.albergodiffusosauris.com. Rustikal eingerichtete, doch durchaus luxuriöse Apartments (2–4 Pers.) in der Bergwelt.

Camping

- **Area Sosta Camper,** Via Terme di Arta, **Arta Terme**/Valle del But. Gute Lage hinter den Thermen, mit Hecken abgeteilte Stellplätze, Wasser, Strom, gebührenfrei.
- **Campeggio Zoncolan,** Via Vidrina di Chialina 31, **Ovaro**/Val Degano, Tel. 04 33 67 80 28, https://zoncolancampingcaravan.it, Nov./April geschl. Sauberer kleiner Platz (22 Stellflächen) über dem Städtchen, abseits der Hauptstraße mit Stromanschluss und Waschmaschinenbenutzung. 6–8 €/Person, 8–12 €/ Stellplatz.
- **Area Camper,** Via Laucjit, **Ampezzo**/Val Tagliamento, www.comune.ampezzo.ud.it, 1 km vom Zentrum, einfache Stellplätze hinter dem Sportplatz, Wasser/Abwasser, Strom. 7 €/Nacht (Automat).
- **Campeggio Tornerai,** Località Stinsans 11, **Forni di Sopra**/Val Tagliamento, Tel. 04 33 88 035, www.campingtornerai.it. Familiär-lockerer Platz, auch Caravan-Bungalows. 2,50 €/Auto, 7 €/Person, 8 €/Zelt, 10–12 €/Camper.
- **Campeggio Treinke,** Località Treinke, **Sauris di Sotto**/Val Lumiei, Tel. 35 01 63 79 55, www.albergodiffusosauris.com. Gebirgscamping 2 km vom Ort mit 70 Stellplätzen und guten Sanitäreinrichtungen (Camper: Strom/Wasser/Grauwasser), Snackbar gegenüber. 9–12 €/Person, 10–12 €/Stellplatz.

Essen und Trinken

Valle del But

- **Polse di Cougnes**②, Via Pieve di San Pietro 1, **Zuglio**/Arta Terme, Tel. 04 33 92 296, Sommer Di–So 11–15, 19–21 Uhr, Winter nur Fr–So. Wenige Gerichte, dafür alles hausgemacht: Eintöpfe, *cjarsons,* Polenta, Frico und Fleisch vom Grill – karnische Bergküche der besten Art in Bergweiler; auch Zimmervermietung②.
- **Edelweiß**①-②, Via delle Terme 1, **Arta Terme,** Tel. 04 33 92 002, Di–So 8.30–14.30, 16.30–22 Uhr. Restaurant und Abendpizzeria an der Hauptstraße mit großer schattiger Terrasse und Spezialitätenküche – trotz vieler Durchgangsbesucher gut.
- **Hostaria La Colonie**②, Via Enzo Moro, **Sutrio,** Tel. 34 84 41 82 89, Di–So 10–24, Mo 10–17 Uhr. Ganz was anderes: modernes Lokal mit viel hellem Holz und Hüttencharakter über dem Ort am Waldrand, große Terrasse, Aussicht und Fleischgerichte; engagierte Betreiber.
- **La Torate**②, Via Divisione Julia 54, **Paluzza,** Tel. 04 33 77 51 54, Mi–Mo 17–23, Sa/So auch 11–14.30 Uhr. Auch wenn es eine sehr gute Pizza gibt, das Fleisch vom offenen Feuer ist ein Muss – und bloß nicht welldone bestellen!

Val Degano

- **Ristorante Donada**②, Via Cesare Battisti 82, **Villa Santina,** Tel. 04 33 74 166, www.facebook.com/RistoranteDonada, Mo/Mi 12–14.30, Do–So 12–14.30, 19–23 Uhr. Leckere karnische Küche mit Hirscheintopf, Pizza al Frico, auch gute Fischgerichte und üppige Desserts; angenehme, unaufgeregte Atmosphäre.

■ **Alla Frasca Verde③,** Via Capoluogo 64, **Lauco/**Villa Santina (6 km nordöstlich in den Bergen), Tel. 04 33 74 122, www.frascaverde.it, Di–So 12–14.30, 19–22 Uhr. Das Ausflugslokal mit seiner sehr feinen, karnischen Küche lohnt einen Abstecher: *antipasto toc in braide* – Maispolenta mit geräuchertem Ricotta – und der Tag ist gerettet; Degustationsmenü angeraten. Auch Albergo② mit sechs Zimmern.

■ **Al Feralut②,** Via Vidrina di Chialina 31, **Ovaro,** Tel. 04 33 78 62 46, https://zoncolancamping caravan.it, Mo/Di/Do–So 12–15, Do–So auch 18–22 Uhr. Eigentlich erwartet man von einem Zeltplatz-Restaurant ja nicht unbedingt hochklassige Küche – hier die Ausnahme: Künstler der Bergküche.

Val Pesarina

■ **Osteria Ri-Creativa②,** Località Pesariis, **Pesariis,** Tel. 36 61 28 86 35, www.facebook.com/Val PesarinaOsteriaRiCreativa, Mo/Do 10–14, 16.30–21, Fr–So 10–23 Uhr. Kalte Platten, Forellen, Polenta, süße Ravioli oder Apfelstrudel – herzhaftes Essen in jungem Ambiente.

Val Tagliamento

■ **Antica Osteria Speranza②,** Via degli Orti, **Forni di Sopra,** Tel. 34 59 79 70 59, tgl. 10–22 Uhr. Handfeste Spezialitäten wie Gulasch mit Polenta, Frico, Spinatknödel und Graupeneintopf in Tavernen-Atmosphäre.

■ **Zwarbar②,** Via Tagliamento 24, **Forni di Sopra,** Tel. 33 32 39 20 39, www.facebook.com/zwar.bar, tgl. 8–20 Uhr. Im Winter Fun-Ski-Bar, im Sommer köstliche karnische Küche und Kuchen zum Sterben – Panoramalage.

Die Karnischen Alpen: Zugabe!

■ **Pinacoteca Marco Davanzo,** Piazza Zona Libera 5, Ampezzo, Tel. 04 33 80 758, Juni–Sept. Di–So 9.30–12.30, 15–18 Uhr, sonst nur Sa/So. In der zweiten Etage des Palazzo Unfer sind die Landschaftsmalereien des Ampezzaners *Marco Davanzo* ausgestellt.

■ **Museo di Miniera di Cludinico,** Località Cludinico 3, Ovaro (5 km südlich), Tel. 04 33 67 77 82, https://minieradicludinico.it, nach Voranmeldung, 15 €. Spannende, 3-stündige Führung durch die ehemalige Kohlenmine.

■ **Mostra Planelas e Scugjelas,** Via Rosas di Cella, Ovaro, Tel. 33 85 61 98 58, nach Anmeldung. Brennöfen zur Kalkherstellung spielen in den Kalkalpen eine wichtige Rolle; die Ausstellung erzählt die Geschichte.

■ **Esposizione Naturalistica,** Via Cofuc, Preone (→ S. 262, „Rund um den Monte Pala"), Tel. 04 33 48 779, Sommer Sa 16–18, So 11–12, 16–18 Uhr. Ausstellung zur Geologie, Flora und Fauna des Tals.

■ **La Mozartina,** Via Jacopo Linussio 24, Paularo, Tel. 32 84 18 685, nach Voranmeldung. Große Instrumentenausstellung in den Räumlichkeiten eines herrschaftlichen Palastes aus dem 18. Jh.

■ **Mostra del Fossile,** Via Peresson 27, Arta Terme, Tel. 04 33 92 037, Mitte Juli–Aug. tgl. 15–19 Uhr. Paläontologische Sammlung mit in der Region gefundenen Versteinerungen von Ammoniten und Gastropoden aus der Trias-Zeit.

Val Lumiei

■ **Ristorante Oro Nero③-④,** La Màina, **Lago di Sauris,** Tel. 04 33 78 62 30, www.ristorante oronero.it, Fr–Di 19.30–21.30, Fr–So auch 12.30–14.30 Uhr. Tolle Lage am See mit großen Glasflächen für ungetrübten Blick. Gourmetküche und perfekt geschultes Personal – das Degustationsmenü lässt keine Wünsche offen.

■ **Riglarhaus②-③,** Frazione Lateis 3, **Sauris** (4 km östlich oberhalb des Sees), Tel. 04 33 86 049, www.riglarhaus.it, Di geschl. Uriger Berggasthof, in dem es *cjarsons* mit Wiesenkräutern, Hirsch in Wacholder und selbst gebackenen Kuchen gibt, auch 14 Gästezimmer② und Wellnesscenter.

■ **Pizzeria Pamestifl①-②, Sauris di Sopra** 3B (im Ortskern), Tel. 04 33 86 249, Di geschl. Die vielleicht beste Pizza der Alpen und leckere Aufschnittplatten, gemütlich drinnen und urig auf der Terrasse.

■ **Agriturismo Monte Rucke②, Sauris di Sopra** 72 (1 km Forststraße), Tel. 33 98 27 95 44, www.agriturismomonterucke.it, Mi–Mo 10–19 Uhr, Winter nur Sa/So. Die traditionelle Gaststätte „Bergrückenhütte" mit ebensolchen Gerichten: Knödel mit Speck, Polenta mit Kräutern, Wild, Salami, Käse, Schinken.

■ **Ristorante alla Pace③, Sauris di Sotto** 92, Tel. 04 33 86 010, www.ristoranteallapace.it, Do–Di 9–23 Uhr. Feine Regionalküche zu fairen Preisen in gemütlicher, familiärer Atmosphäre, auch acht Gästezimmer②.

Fomadi Fant

Wenn die Rinde des Käselaibs aufplatzte, sonst ein Malheur passierte oder Käsereste verfügbar waren, hat man ihn früher zerbröckelt und mit Rahm und Kräutern versetzt neu gepresst – Rettung aus der Not. Heute ist der Fomadi Fant eine eigens komponierte Spezialität mit Slow-Food-Qualität.

130f sk

Einkaufen

Valle del But

■ **Caseificio Sociale Alto But/Käse,** Viale Artigianato 1, **Sutrio,** Tel. 04 33 77 80 45, www.caseificio altobut.it, tgl. 8.30–12.30, Di–Sa auch 15.30–19.30 Uhr, Winter nur Fr/Sa, auch nachmittags. Süße Ravioli *(cjarsons),* Gebäck und natürlich Käse: frisch, gealtert, geräuchert, mit Blauschimmel und als Fomadi Fant.

Val Degano

■ **Carnica Arte Tessile/Stoffe,** Via Nazionale 14 (Borgo Sant'Antonio), **Villa Santina,** Tel. 04 33 74 129, www.carnica.it, Mo–So 9.30–12.30, 15–18.40 Uhr. Elegantes Leinen und Baumwollleinen mit gewebten Mustern für Tisch, Schlafzimmer und Bad.

Val Tagliamento

■ **Caseificio Val Tagliamento/Käse,** Via Casolari 3, **Enemonzo** (8 km östlich von Ampezzo Richtung Villa Santina), Tel. 04 33 74 349, https://caseificio valtagliamento.it, Di–So 8.30–12.30, 15–19, Mo 8.30–12.30 Uhr. Die karnischen Käsespezialitäten aus eigener Herstellung und noch viel mehr, darunter Frico eingeschweißt zum häuslichen Aufbacken.

Val Lumiei

■ **Speckstube/Räucherwaren,** Sauris di Sopra 44, **Sauris di Sopra,** Tel. 34 26 82 13 13, tgl. 8–22 Uhr. Speck, Lardo, Würste und natürlich Zahre-Bier zum Mitnehmen oder Verkosten vor Ort.

■ **Prosciuttificio Wolf/Schinken,** Sauris di Sotto 88, **Sauris di Sotto,** Tel. 04 33 86 054, www.wolf sauris.it, tgl. 9–13, 15–18 Uhr. Der größte Hersteller von Geräuchertem am Ort.

☒ Am Lago di Sauris

■ **Tessitura Artigiana/Stoffe,** Sauris di Sotto 10/A (Beibarhaus), **Sauris di Sotto,** Tel. 33 43 12 12 77. Aus Hanf und Wolle entstehen handgewebte Decken, Schals, Westen, Tischdecken und Teppiche.

Aktivitäten

■ **Zipline Sauris,** Sauris di Sopra 50, **Lago di Sauris**/Val Lumiei, Tel. 32 87 07 53 27, https://zipline sauris.com, Aug. 9–19, Mai–Juli/Sept. Fr–So 9–18, sonst Fr–So 10–17 Uhr, 77 €. Der längste „Seeflug" Europas geht über drei Abschnitte und insgesamt 2 km und dauert 60 Min.

Dolomiti Adventure Park, Via Nazionale, **Forni di Sopra,** Tel. 32 81 84 19 88, www.fornidolomiti.it, Mai So, Juni–Mitte Sept. tgl. 10–18/19 Uhr. Hochseilpark mit mehreren Parcours (auch für Kleinkinder), 15 €, Kind 10 €.

Fantasy Park, Via Nazionale, **Forni di Sopra,** Tel. 33 88 05 01 23, www.facebook.com/fantasy parkfornidisopra, ganzjährig. Hüpfburgen, Rutschbahnen und im Winter auch Schlitten für die Kleineren, Kind 5 €.

Feste und Veranstaltungen

■ **Fiesta tas Corts:** Am dritten Sonntag im August in **Ravascletto** empfangen beim „Fest in den Höfen" die Einheimischen in Tracht Gäste mit traditionellen Gerichten in ihren Höfen und Häusern.

■ **Magia del Legno:** Am ersten Sonntag im September feiern die Bewohner von **Sutrio** den „Zauber des Holzes" mit Schnitzarbeiten der Männer, Stickereien der Frauen, Musik und Speiseangeboten.

■ **Sedere della Bèlin:** Der „Orsch" der Hexe Bèlin ist ekelhaft dreckig und muss – der Tradition folgend – von allen Kindern, die das erste Mal das Tal verlassen, geküsst werden; Spektakel am 5. Januar beim Riglarhaus in **Lateis di Sauris** mit Hexenkostümen und allerlei Rahmenprogramm.

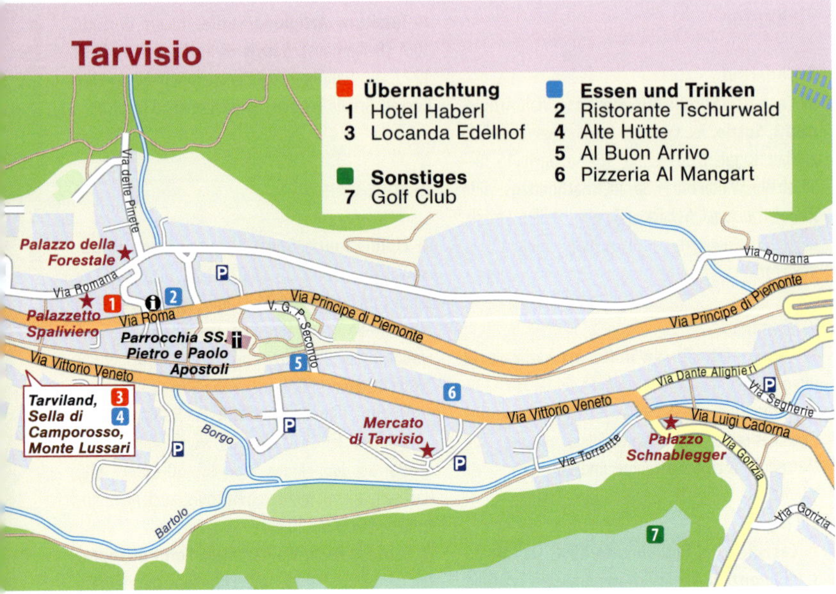

Tarvisio

■ 754 m üNN, 4100 Einw., Udine 95 km, Villach 30 km, Ljubljana 100 km, österr. Name Tarvis, slow. Name Trbiž

Lang gestreckt, mit alpenländischer Architektur im weiten Tal, umgeben von Wäldern, Seen und Gipfeln zeigt sich Tarvisio dem Tourismus verschrieben – im Sommer und Winter ist die Stadt Ziel für Erholungssuchende und Bergsportler.

Im **Länderdreieck** Italien, Österreich und Slowenien mit seinen vier Kulturtraditionen war und ist man kosmopolitisch, teilt die landestypischen Küchen und unterhält sich mehrsprachig (neben den deutschen, italienischen und slowenischen Einflüssen sind auch die friulanischen nicht unbedeutend). **Naturschutzgebiete** rundherum und der slowenische Triglav-Nationalpark als Nachbar machen das **Val Canal** mit dem Fella-Fluss und dessen Seitentäler zum perfekten Urlaubsziel – wer auf dem Weg nach Süden nur durchsaust, versäumt viel.

Geschichte

Die Region war immer bedeutend für den **Alpentransit** und bereits während der Zwischeneiszeit besiedelt. Eine Axt aus grünem, geschliffenem Porphyr kam in Riofreddo bei Grabungen ans Tageslicht, wahrscheinlich von **Gallo-Karniern** stammend, die hier um 600 v. Chr. lebten. Mit den Römern unterhielten sie Handelsbeziehungen,

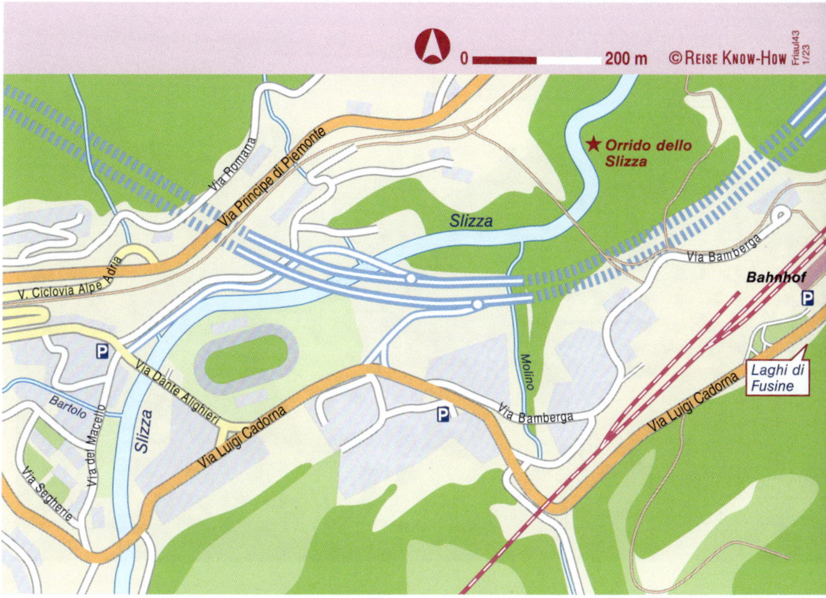

lieferten Wachs, Honig und Sklaven und erwarben im Gegenzug Wein, Öl und weitere Produkte des Südens. Die Römer pflasterten die Straße schließlich ordentlich (ein Abschnitt blieb an den Laghi di Fusine erhalten), bauten in **Camporosso** eine Poststation für die Pferdewechsel und ein Militärlager. Die erste schriftliche Erwähnung Tarvisios in der Neuzeit datiert von 1219, als **Bischof Eckbert von Bamberg** seinen Bruder *Bertoldo,* Patriarch von Aquileia, nach „Tarfiis in Canaal" einlud. In dieser Zeit wanderten auch immer mehr Deutschsprachige zu. 1456 ehrte der Bischof von Bamberg die Stadt mit einer jährlichen Messe, und man begann, in **Cave del Predil** Eisenerz abzubauen (Canal del Ferro!). Die gekreuzten Schlüssel im Gemeindewappen symbolisieren die Eisenindustrie und das Tor zwischen den Welten im Norden und Süden. 1759 kam die Stadt zu Österreich. 1872 eröffnete die **Eisenbahnlinie** Ljubljana-Tarvis, der Eisenbahnanschluss an Villach kam fünf Jahre später.

Sehenswertes

Große Parkplätze befinden sich südlich des Zentrums, fünf Minuten zu Fuß von der Pfarrkirche. Tarvisio an der Gailitz – ein nur 30 km langes Flüsschen, das in die Gail mündet und zusammen mit ihr in die Drau fließt – lässt sich grob in eine Oberstadt (rund um die Pfarrkirche) und die Unterstadt teilen. In der **Oberstadt** war die **Kirche Peter und Paul** einst Teil des Befestigungsgürtels, von dem auch noch ein runder und ein achteckiger Wachturm

aus dem 15. Jh. erhalten sind (ein dritter Turm wurde im 19. Jh. abgetragen). In der Pfarrkirche ist die graubeige Farbgebung der Altäre auffällig; zu sehen sind außerdem Teile der in Camporosso gefundenen römischen Grabstätten – ein Basrelief aus dem Jahr 190, ein Stein mit der Inschrift „180 n. Chr." und ein Grabstein von 220.

■ **Chiesa Santi Pietro e Paolo,** Piazza Unità, tgl. 8–19.30 Uhr.

Ebenfalls in der Oberstadt steht der **Palazzo della Forestale** (Via Romana 35). Unter der Herrschaft der Bischöfe von Bamberg 1516 errichtet, war er Sitz des Försters. Heute ist darin eine Einheit der Carabinieri untergebracht, die sich um Belange des Umweltschutzes kümmert. 1843 hatte man das Gebäude um eine weitere Etage aufgestockt und das jetzige Eingangsportal errichtet.

Der **Palazzetto Spaliviero** (Via Roma 22), ein herrschaftliches Anwesen aus dem 17. Jh., weist Merkmale der Kärntner Architektur auf: kleine, rechteckige Fenster und Doppelschornsteine. Interessant ist das zweibogige Fenster mit ionischen Kapitellen.

In der jüngeren Geschichte war Tarvisio vor allem wegen seines Marktes **Mercato di Tarvisio** bekannt. Aus der

Wallfahrtsort Monte Lussari

jugoslawischen „Teilrepubik" Slowenien reisten Käufer an, um sich mit Westware einzudecken. Nach dem Zusammenbruch des Ostblocks wurde der Marktbesuch zum Reisevergnügen österreichischer Rentner, die sich busweise mit Lederjacken und -taschen eindeckten. Heute ist der Markt stark geschrumpft und in eine Halle gezwängt; die Händler bieten vornehmlich und nicht gerade unaufdringlich billigste Chinaware an.

■ **Mercato di Tarvisio,** Via Vittorio Veneto 210-220, Mo–Sa 10–17, So 10–14 Uhr.

Im ehemaligen Hotel Schnablegger (Via Vittorio Veneto 17) residierte 1895 Kaiser *Franz Josef*. Das Bürgerspital unterhalb entstand im Jahr 1828 als Krankenhaus.

Das bemerkenswerteste Gebäude der **Unterstadt** – der **Palazzo Schnablegger** aus dem 16. Jh. (Via Gorizia 1) – ist seit Jahren dem Verfall preisgegeben. Er war ehemals Teil einer größeren Anlage und erhielt 1840 sein heutiges Aussehen. Besitzer war die Familie *Schnablegger*, der die Minen oben am Pradil-Pass gehörten.

In der Umgebung

Orrido dello Slizza

Die **Gailitz-Schlucht**, ein kleines Naturschutzgebiet in den nordöstlichen Ausläufern Tarvisios, lockt mit einer netten, überschaubaren **Wanderung.** Diese führt vom Parkplatz zum monumentalen Denkmal für den Österreichischen Grenadier, dort kurz und relativ steil hinunter in die Schlucht, auf Holzstegen an der Gailitz entlang nach Westen zum Gedenkstein für *Carl Graf Arco* (der 1784 die Idee für den Schluchtweg hatte) und in einer weiten Schleife hinauf zum Radweg Alpe-Adria und zurück zum Ausgangspunkt.

GPS **Orrido della Slizza,** Via Bamberga (Parkplatz GPS N 46.50610, E 13.60409), 1,5 km, 80 Hm, 45 Min.

Sella di Camporosso

Der **Pass von Camporosso** (österr. Saifnitz) 4 km westlich von Tarvisio ist mit 816 m Höhe der niedrigste Übergang im gesamten Alpenraum – und eigentlich kein genau lokalisierbarer Punkt in der Landschaft. Die Wasserscheide zwischen Adria und Schwarzem Meer hat als Trogtal einen ungefähren Durchmesser von 3 km, nach Westen entwässert die Fella, nach Osten Zuführungen der Slizza (Gailitz). Als Fundstätte römischer Artefakte hat sich Camporosso ein **Antiquarium** zugelegt. Highlights sind die Exponate, die den Mitras-Kult in der Region dokumentieren.

■ **Museo Antiquarium,** Viottolo Florianca 13, Camporosso, Tel. 04 28 298 80, tgl. 10–18, Juli/Aug bis 22 Uhr, Eintritt frei.

Monte Lussari

Das **Heiligtum der Madonna am Luschariberg** ist mit Camporosso durch eine Gondelbahn verbunden. Der immer gut besuchte Wallfahrtskomplex in 1750 m Höhe ähnelt einem Dorf mit

Pensionen, Restaurants und Devotionalienshops. Die Legende besagt, dass ein Hirte im Jahr 1360 seine Schafe am Berg an einem Busch kniend vorfand, dort eine Madonnenfigur mit Kind entdeckte und diese zum Pfarrer brachte. Doch am nächsten Morgen war die Figur wieder am Berg – und, erneut zum Pfarrer gebracht, am dritten Tag ebenfalls. Da entschied der Patriarch von Aquilea den Bau einer Kapelle. Die heutige Kirche ist eine Rekonstruktion des im 16. Jh. errichteten und im Ersten Weltkrieg zerstörten Baus. Die Madonna – prächtig in Gold gewandet – tätigt ihre Wunder am Hauptaltar. Den Presbyteriumsumgang schmücken zahlreiche Votivgaben. Hinter der Kirche führt ein Naturtreppenweg zum **Gipfelkreuz** (1788 m). Wer körperliche Anstrengung nicht scheut, verzichtet auf die Gondel und steigt zu Fuß den steilen **Kreuzweg** (Via Crucis) hinauf.

■ **Santuario della Madonna del Lussari,** Tel. 04 28 63 057, https://lussari.eu, Messe (auch deutsch) 10/11/12, So auch 15 Uhr.
■ **Telecabina Monte Lussari,** Via Lussari, Camporosso, Ende Juni–Mitte Sept. Mo–Sa 9–17.15, So (und Ferragosto) 8.30–18.15, im August jeden Fr bis 22.45 Uhr, hin und zurück 14 €, Kind 7 €.
■ **Via Crucis,** 2,5–3 Std., 1000 Hm (Start östlich der Talstation am Parkplatz in der Via Lussari (GPS N 46.50233, E 13.54084).

Laghi di Fusine

Die **Weißenfelser Seen** 10 km östlich von Tarvisio liegen wunderschön zwischen bewaldeten Hügeln und unterhalb des mächtigen Mangart-Massivs in absoluter Ruhe – eines der beliebtesten Nahziele der Einheimischen mit Ausflugsgaststätten, Picknickplätzen, Wandermöglichkeiten und zahlreichen Ruhebänken.

Der **Lago Inferiore** (924 m) ist 9 ha groß und 25 m tief, der **Lago Superiore** (928 m) 15 ha groß und 15 m tief. Die Umrundung der beiden Seen auf einem Spaziergang ist möglich. Die Seen sind ein Überbleibsel der Eiszeit, die einen Muränenwall zwischen ihnen aufgetürmt hat. Augenfälliger und mit 30.000 m³ größter Zeitzeuge ist der dort liegende – nach einem Forscher benannte – **Findling** „Giulio Andrea Pirona".

■ **Umrundung Laghi di Fusine,** Parkplatz beim Ristorante Edelweiss östlich des unteren Sees (Maut-/Parkgebühr 4 €), 4 km, 10 Hm, 75 Min.

Malborghetto Valbruna

Das 12 km westlich von Tarvisio an der SS13 gelegene Malborghetto (900 Einw., 720 m, österr. Malborgeth-Wolfsbach) verdient wegen einiger Herrenhäuser einen Besuch. Im **Palazzo Veneziano** ist das Ethnografische Museum untergebracht. Gegen 1551 verwandelte die venetische Kaufmannsfamilie *Paul* das alte Gebäude in einen Herrensitz der frühen italienischen Renaissance. Charakteristisch sind die Hauptfassade mit dem Rundbogenportal, die beiden Drillingsfenster in den oberen Etagen und die rückwärtige Fassade mit einer zweifachen Bogenreihe und übereinander liegenden Loggien.

Das **Ethnografische Museum** mit geologischen, paläontologischen und völkerkundlichen Sektionen zeigt auch einiges zum Bergbau.

■ **Museo Etnografico Palazzo Veneziano,** Via Bamberga 53, Tel. 04 28 64 970, Di–So 10.30–12.30, 15–18 Uhr, 3 €, mit FVGcard frei.

Die **Casa di Paul** (1526, Via Bamberga 41) in der Altstadt von Malborghetto gehörte ebenfalls derer *von Paul* und ging 1750 an die Venezianer *Canal* über. Die Fenster mit Blenden aus gehämmertem und vernageltem Eisenblech sind nicht gleichförmig um die zentrale Achse verteilt, die vom Eingangsportal und den darüber liegenden zweibogigen Fenstern durchbrochen ist.

Die **Casa Rachoi Guldenbrein** (Via Bamberga 7) von 1765 ist ein typisches Beispiel für den in Kärnten bevorzugten Barockstil. Die Fenster der Hauptfassade sind mit barocken Giebelfeldern verziert; in der Mitte befindet sich ein kleiner Balkon aus Schmiedeeisen, den Konsolen aus Profilmauerstein stützen.

Pontebba

Pontebba (1400 Einw., 570 m, österr. Pontafel) liegt 10 km westlich von Malborghetto an der SS13 und am Abzweig zum Nassfeldpass (s. unten) mit seinem Skigebiet. Die **Casa di Gaspero Rizzi** (Via Roma 22) aus dem 17. Jh. zählt zu den ältesten Gebäuden des Städtchens. Im 19. Jh. züchtete der Besitzer Seidenraupen und wob deren Fäden zu feinen Tüchern.

Die **Kirche San Giovanni Battista** von 1368 mit Umbauten im 17. und 18. Jh. und einem massiven Glockenturm in der typischen Zwiebelform Kärntens weist in der Apsis gotische Elemente auf. Den Hochaltar in barockem Stil schmückt eine Holzstatue des Kirchenpatrons; am rechten Nebenaltar ist eine Heiligherz-, am linken eine Madonnenfigur zu sehen. In der Nische des Außengiebels ist eine weitere Statue des hl. Johannes aufgestellt.

■ **Chiesa di San Giovanni Battista,** Via della Chiesa 7, tgl. 8–13, 16–19 Uhr.

⊃ Historischer Grenzstein in Pontebba

Auf den Spuren des Krieges

Bis heute sind in den Bergen um Tarvisio die Zeugen des Ersten Weltkriegs erhalten: Schützengräben, Stellungen, Kasernen und Höhlen. Südlich von Pontebba geht die Straße im Dogna-Tal nach Osten hoch zum **Sella di Sompdogna** (auch Sella di Somdogna) auf 1393 m Höhe. 1915 kämpften Italiener und Österreicher um den Besitz der Gipfel. Ende 1915 verliefen die italienischen Stellungen entlang der Linie Plans, Clap Forat, Poccet, Sella Bieliga, Sechieiz, Forcella Cuel Tarond, Monte Due Pizzi, Monte Piper, Jôf di Miezegnot grande, Monte Strechizza, Monte Carnizza, Jôf di Montasio. Die österreichische Linie verlief entlang der Berge Jôf di Miezegnot piccolo, Val Saisera, dem kleinen und großen Monte Nabois, Jôf Fuart, Cime Castrein. 1916 durchbrachen die Österreicher die Linien am oberen Isonzo in Plezzo und Tolmino und verursachten die **Niederlage von Caporetto.** Die Verteidigungsanlagen bei San Rocco di Pietratagliata am Eingang des Canal del Ferro südlich von Pontebba bestehen aus zwei Anlagen an den Talseiten: San Rocco, auf dem Kamm, der vom Ortsteil Piani zum Fella hinunterführt, und einen Kilometer weiter talwärts bei der Abzweigung von Pietratagliata die Absperrungsbauten der Christusbrücke über den beiden Straßen, die entlang des Flusses und der Eisenbahn verlaufen. Die Verteidigungsanlagen der Berge Strechizza und Jôf di Miezegnot bei Valbruna sollten helfen, die Gipfel der Julischen Alpen zu kontrollieren. Eine **Hochgebirgswanderung** geht von der Saisera-Alm südlich von Valbruna über den Sattel von Sompdogna auf den Jôf di Miezegnot mit einer Variante über den Due Pizzi.

Die **Pfarrkirche Santa Maria Maggiore,** 1504 in gotischem Stil als Basilika errichtet (mit Umbauten im 17. Jh.), ist ein Nachfolgebau einer Kirche aus dem 12. Jh. Im Inneren steht ein fein geschnitzter, detailreicher Flügelaltar von 1517, wahrscheinlich aus der Hand des Villachers *Sigismund Wolfgang Haller*.

■ **Pieve di Santa Maria Maggiore,** Via della Pace 15, tgl. 7.30–12, 16–19 Uhr.

Das **Kriegsmuseum** zeigt Funde aus den Bergen, die über die Jahrzehnte gesammelt wurden, darunter Waffen, Briefe und Gegenstände des täglichen Lebens wie Salben, Kleidung oder Geschirr.

■ **Museo della Grande Guerra,** Piazza Garibaldi, Tel. 34 80 55 25 82, Sa/So 10–12, 16–18 Uhr nach Voranmeldung.

Moggio Udinese

Am schönsten ist der Blick auf Moggio Udinese (1700 Einw., 340 m, österr. Mosnitz), das sich am Anfang des Canal del Ferro ins Tal schmiegt, von der erhöht liegenden **Abtei San Gallo.** Errichtet haben Benediktiner sie ab 1084 anstelle eines über die Handelsstraße wachenden Kastells – die talseitig stehende, wuchtige **Torre delle Prigioni** ist ein Überbleibsel dieser Burg. Im 17. Jh.

mussten die Mönche den Berg verlassen und ihr Gotteshaus erhielt den Status einer Pfarrkirche. Seit 1985 ist die Anlage wieder ein Kloster (Klarissen) und bis auf die **Kirche San Gallo Abate** nicht zu besichtigen. Letztere birgt rechts des Hauptaltars über dem Kapelleneingang den wertvollsten Besitz: ein Kruzifix von 1466.

Nach Norden verbindet das – zum Canal del Ferro parallel verlaufende – **Val d'Àupa** Moggio mit Pontebba, im Süden am anderen Ufer des Fiume Fella geht es bei Resiutta hinein ins **Val Resia** (→ Julische Alpen).

Die Karnischen Alpen um Tarvisio

Die Bergketten, die sich nördlich des Kanaltals auftürmen, gehören streng genommen noch zum Karnischen Gebirgszug, der nach Osten hin zu den Karawanken überleitet, dem Grenzgebirge zwischen Österreich und Slowenien. Da dieser Teil aber besser von Tarvisio erschlossen ist, wird er hier beschrieben.

Val Bartolo

Die Zufahrt mit Auto ins Tal ist ab dem Klettergebiet (→ Aktivitäten) nur bei Besuch der Almwirtschaften erlaubt. Am Kreisel in Ugovizza biegt man von der SS13 nach Norden ab, folgt den Wegweisern „Val Bartolo" und nimmt dann die Kies-/Teerstraße Via della Sella am Rio Bartolo entlang ins Tal hinein mit zahlreichen **MTB-Tourmöglichkeiten.**

Valli di Ugovizza

Eine schmale Asphaltstraße führt entlang der Uqua hinauf in das **Wandergebiet** rund um Monte Cocco (1941 m) und Monte Osternig (2050 m). Die Fahrt endet für Pkw nach 7 km ab der SS13 am Wanderparkplatz unterhalb des Rifugio Fratelli Nordio-Deffar (1410 m); mit dem MTB und zu Fuß geht es auf Schotter weiter zur **Schutzhütte** (2 km Fußweg, 45 Min., 200 Hm) an der österreichischen Grenze.

■ **Radtour Valli di Ugovizza,** Start an der Pfarrkirche von Ugovizza (Via Uque), 8 km, 700 Hm, 1 Std.
■ **Rifugio Fratelli Nordio-Deffar,** Ugovizza, Tel. 32 08 15 10 52, Mitte Juni–Mitte Sept., Essen, Mehrbettzimmer.

Pontebba-Täler

In Pontebba treffen fünf Täler aufeinander: die zwei Haupttäler Kanaltal und Eisental (→ S. 373), das nach Norden abgehende Tal entlang des Bombaschgrabens hinauf zum Nassfeldpass, das nach Nordwesten führende Pontebbatal zum Lanzenpass (über den man nach Paularo und ins But-Tal gelangt) und das südwestlich ausgerichtete Àupatal nach Moggio Udinese.

Passo di Pramollo/Nassfeldpass

Wo in Pontebba die Via Pramollo/SP110 zum Pass abgeht (bzw. 25 m südwestlich am Kanal), steht ein Stein, der bis 1918 die italienisch-österreichische Grenze markierte. Nach 3 km auf der Passstraße kann man sich ein weiteres Mal beim **Freiluftmuseum** auf Entdeckungstour in die Stellungen des Ersten Weltkriegs begeben. Danach sind es noch 10 km zum (ganzjährig befahrbaren) **Nassfeldpass** (1541 m) und hinunter ins österreichische Tröpolach (weitere 11 km). Südlich des Passes blinkt im idyllischen Hochtal der **Nassfeld-See.** Nördlich erstreckt sich das größte **Skigebiet** Kärntens mit 110 km Pistenlänge – das Sonnenalpe/Nassfeld-Gebiet mit ausgefeiltem Liftnetz. Die Straße der italienischen Seite ist schmaler und kurviger als die der österreichischen und führt durch einen 220 m langen Kehrtunnel.

■ **Parco Tematico della Grande Guerra "Bombaschgraben",** www.quellochelemontagnerestituiscono.it, geführte Besichtigung nach Voranmeldung unter Tel. 34 80 55 25 82 oder auf eigene Faust, 2,5 km, 100 Hm, 1,5–2,5 Std.

Auf der Passhöhe gibt es Restaurants und Hotels und die **Nassfeld-Gedächtniskapelle,** die an 42 Soldaten erinnert, die bei einem Lawinenunglück 1916 ihr Leben verloren.

Passo del Casòn di Lanza/Lanzenpass

Die 30 km lange, ab Studena Bassa sehr schmale Passstraße in mittelmäßigem Zustand verbindet Pontebba über den Lanzenpass (1552 m) mit Paularo. Die Strecke folgt dem Lauf des Torrente Pontebba und schwingt sich durch lichten Wald und über Wiesen hinauf in die Berge zum Pass zwischen den Felsmassen des **Monte Zermula** (2143 m) im Westen und des **Creta di Aip** (2279 m) im Osten – eine attraktive, aussichts- und kurvenreiche Fahrt. Die recht große

Tarvisio und Umgebung: Zugabe!

■ **Fortificazioni II Guerra Mondiale,** Villa Bassa, Poscolle (5 km von Tarvisio Richtung Fusine und in Villa Bassa von der SS54 nach Norden abbiegen, 4 km). Frei zugängliche Kasernenruinen des faschistischen Italiens.

■ **Monumento Erzherzog Karl Franz Josef** (Kaiser *Karl I.*, 1887–1922), SS13, Ugovizza (Parkplatz an der SS13, GPS N 46.50661, E 13.49214). Steinpyramide zu Ehren des letzten Herrschers der k. u. k. Monarchie, der 1915 hier der Bombardierung eines österreichischen Sperrforts beiwohnte – 2004 sprach der Papst ihn selig. Karls Wunder: Heilung einer polnischen Nonne, die ihn 1960 wegen ihrer Krampfadern um Fürbitte anrief.

■ **Forte Beisner Opera 4,** SS13, Ugovizza (Parkplatz Via Saisera, GPS N 46.50401, E 13.489010, dann 15 Min. Fußweg, 50 Hm), Tel. 33 41 24 91 93, www.landscapesvalcanale.eu, im Sommer einmal im Monat So 10–12, 15–17 Uhr. Auf dem Kugelberg sicherte das 1938 erbaute Werk 4 im Kalten Krieg mit schwerer Artillerie das Tal (1990 aufgelassen).

■ **Monumento e Fort Hensel,** SS13 (zwischen Ugovizza und Malborghetto, Parkplatz gegenüber dem Restaurant Rio Argento). 1884 errichtetes, überwuchertes Fort mit zwei Werken auf dem Hügel über dem Tunnel (zum Werk A 10–15 Min. Fußweg); das Monument auf der anderen Tunnelseite an der Straße erinnert an den – bei den Befreiungskriegen 1809 gefallenen – Namensgeber.

■ **Museo del Territorio,** Vicolo del Museo 2, Dogna, Tel. 04 28 93 000, www.comune.dogna.ud.it, Juli–Sept. Sa 15–18, So 10–12, 15–18 Uhr. Paläontologie-, Geschichts- und Ethnologiemuseum mit Versteinerungen eines Urkrokodils (Phytosaurus).

■ **Museo della Guerra Fredda di Chiusaforte,** Via Attilio Ruffi 40, Chiusaforte, www.museoguera fredda.com, So 16–18 Uhr. Museum zur Militärgeschichte des (inzwischen aufgelösten) Bataillons „Cividale" in der Epoche des Kalten Kriegs.

Almanlage am Pass mit Einkehr- und Unterkunftsangebot liegt ziemlich in der Mitte der Verbindungsstraße und ist eine gute Basis für die Besteigung der beiden Gipfel. 1478 gab es hier eine Schlacht, als die Türken versuchten, nach Süden vorzudringen. Die venezianische Miliz schlug sie zurück, und die erbeuteten Lanzen sollen dem Pass seinen Namen gegeben haben.

2 km westlich der Lanzenalm zweigt die schmale Kies- und Erdstraße nach Norden über den **Passo Polentin/Straniger Sattel** (1613 m) hinüber ins österreichische Gailtal – eher eine Wander-/Rad- als eine Fahrstrecke (gleichwohl Juni bis Sept. 9–18 Uhr für Kfz freigegeben).

☒ Die Karnischen Berge stehen für raue Natur

■ **Malga Casòn di Lanza,** Tel. 34 88 20 65 05, Essen und Unterkunft, Frühjahr/Herbst nur an Wochenenden.

Val d'Àupa

Am westlichen Ortsrand von Pontebba führt die SP112 am Rio Studena entlang aus dem Eisental heraus nach Studena Alta und über die Almwiesen nach Àupa – eine landschaftlich schöne Alternativstrecke zu den Schnellstraßen im Canal del Ferro.

Auf Serpentinen geht es durch den Wald hoch zum **Cereschiatis-Sattel** (1066 m) und mit Blick auf die Felstürme des Grauzaria-Massivs (2065 m) ins Tal mit dem Geröllbett des Torrente Àupa und ihm folgend nach Moggio Udinese.

Praktische Tipps

Informationen

- **Infopoint Tarvisio:** Via Roma 14, 33018 Tarvisio, Tel. 04 28 21 35, https://discoveralpigiulie.eu, Mo–Sa 9–13, 14–19, So 9–13, 15–19 Uhr.
- **Infopoint Malborghetto:** Via Bamberga 52, 33010 Malborghetto-Valbruna, Tel. 04 28 64 970, Di–So 10.30–12.30, 14.30–18 Uhr.
- **FVGcard:** Auch im Tarvisiano, der Region Tarvisio, ist die Karte erwerbbar und gültig – u.a. freie Seilbahnfahrt auf den Monte Lussari.

Unterkunft

3 **Locanda Edelhof**③, Via Diaz 13, Tel. 04 28 40 081, www.hoteledelhof.it. 200 m vom Zentrum bei den Skiliften, Vier-Sterne-Hotel mit 16 Zimmern in alpenländischem Ambiente, Spa und Restaurant②.

1 **Hotel Haberl**②, Via Kugy 1, Tel. 04 28 22 33, www.hotelhaberl.com. Modernes Drei-Sterne-Haus mitten im Stadtkern mit 35 komfortablen Zimmern und guter Küche②.

In der Umgebung

- **Hotel Bellavista**②, Via Sella 6, **Camporosso,** Tel. 04 28 65 39 01, www.sporthotelbellavista.it. Großzügiges Sporthotel mit 40 Zimmern mit Aussicht, in modern-alpinem Stil möbliert, Restaurant②, kleiner Fitness-Bereich.
- **Albergo Rododendro**②, Località Lussari, **Monte Lussari,** Tel. 04 28 65 39 23. 19 modern-rustikal möblierte Zimmer in toller Lage im Bergdorf (Auffahrt mit der Seilbahn); gutes Restaurant② mit karnisch-österreichischer Küche.

Unser Tipp: **Locanda al Convento**②, Località Lussari, **Monte Lussari,** Tel. 33 81 78 11 33, https://rifugioalconvento.it. Die Holzbalken in Kombination mit modernen Möbeln ergeben ein perfektes und geschmackvolles Ambiente (auch für einen längeren Aufenthalt). Das Halbpensionsangebot sollte man annehmen. „Schutzhütte" der Pfarrei mit acht Zimmern.

- **Agriturismo Kassian**①-②, Via Raffaele Cadorna 51-53, Località Fusine in **Valromana,** Tel. 04 28 65 13 22, www.agriturismokassian.it. Drei Doppelzimmer und ein Apartment auf einem Bauernhof im Dorf; familiär und viele Tipps zu Unternehmungen.
- **Albergo Edelweiss**②, Via dei Laghi 8, Località Fusine in **Valromana,** Tel. 04 28 61 050, www.albergo-edelweiss.com. Landgasthof am Seeufer mit Terrasse und sieben Zimmern für den ruhigen Schlaf (wenn die Tagesausflügler weg sind); auch einfache, aber schmackhafte Küche.
- **Hotel La Baita**②-③, Via del Forte, **Malborghetto,** Tel. 04 28 41 959, http://hotel-labaita.com. Familiär geführtes Drei-Sterne-Hotel mit 20 Zimmern und einem Restaurant mit typischer Regionalküche②-③, Pizza und viel Wild.
- **Hotel Al Gallo Forcello**②-③, Passo Pramollo, **Pontebba,** Tel. 04 28 90 014, www.forcello.com. Drei-Sterne-Hotel mit 40 Zimmern in exklusiver Lage am Nassfeldpass, 200 m vom Lift, der die Anbindung ans Skigebiet auf österreichischer Seite erlaubt.

Unser Tipp: **Agriturismo La Vecchia Latteria**②, Studena Bassa, **Pontebba** (4 km nach Nordwesten im Val Pontebbana), Tel. 04 28 99 12 22, Juli/

Aug. tgl., sonst Fr–So. Bauernhof in toller Lage mit vier Zimmern mit Bad, auch Essmöglichkeit②.
■ **Forte di Col Badin Hostel**①, SS13, **Chiusaforte** (2 km westlich), Tel. 34 05 09 52 71, www.cycle taurus.com. Radler-Hostel in einem sanierten Sperrfort direkt am Radweg Alpe-Adria (wer mit dem Auto kommt, sollte kein Gepäck darin lassen); Restaurant②.

Essen und Trinken

6 **Ristorante Pizzeria Al Mangart**①-②, Via Vittorio Veneto 57, Tel. 04 28 22 46, Di–So 10–18.30 Uhr. Einfaches Stadtlokal im besten Sinn mit verlässlicher Qualität für ein Mittag- oder ein frühes Abendessen mit Fisch, Fleisch oder Pizza.
2 **Ristorante Tschurwald**②-③, Via Roma 8, Tel. 04 28 40 534, www.facebook.com/Tschurwald Tarvisio, Fr–Mi 9–23 Uhr. Familiengasthof mit Tradition und ausgezeichneter Fisch- und Fleischküche, auch Pizza.
5 **Al Buon Arrivo**②-④, Via della Stazione 8, Tel. 04 28 22 19, So/Di–Fr 11–15, 18–22, Sa 11–22 Uhr. Abends Slow-Food, bei dem wunderbar zubereiteter und gewürzter Fisch den Ton angibt; auch Pizzeria①.
Unser Tipp: 4 **Alte Hütte**②, Via Lussari 131, Tel. 04 28 65 35 15, www.facebook.com/ristalte hutte, Mi–Mo 12–14.30, 19–21 Uhr. Urgemütliches Lokal nahe der Lussari-Seilbahn, in dem man sich wünscht, dass der Winter nie aufhören möge (aber auch im Sommer sitzt man wunderschön davor); kleine Karte und Spezialitäten wie Gulasch oder Kaldaunen mit Polenta.

In der Umgebung

■ **Dawit**②, Via Alpi Giulie 30, **Camporosso**, Tel. 04 28 63 012, Di–Sa 6–19, So 6–18, Mo 6–13 Uhr. „Jausenstation" mit Frühstücksangebot und leckeren Snacks wie Panini mit Lardo, Käse und sonnengetrockneten Tomaten, und außerdem Enoteca mit eigenen Weinen und Bränden; auch Laden.
■ **Ristorante Rio Argento**②, Via Pontebbana 2, **Ugovizza** (2 km Richtung Pontebba), Tel. 04 28 60 038, www.rioargento.it, Do–Mi 11–22 Uhr. Im Garten über dem Forellenteich und unterhalb der SS13 entscheidet man persönlich, welcher Fisch auf den Teller kommt. Spezialitäten wie Forellen-Carpaccio.
■ **Alla Vecchia Stazione**②, Via Stazione, **Ugovizza,** Tel. 32 74 32 96 04, www.facebook.com/alla vecchiastazioneugovizza, tgl. 8–20 Uhr. Bar und Gaststätte mit leckerer Pasta und engagierten Macher:innen im alten Bahnhof; auch Radverleih/-reparatur, direkt am Radweg Alpe-Adria.
■ **Locanda Mandi**②, Via Laghi, Località Fusine in **Valromana,** Tel. 34 06 03 96 12, www.facebook.com/locandamandifusine, Di–So 10–20 Uhr. Schöne Lage am Waldbach auf dem Weg zu den Seen, besonders für die Desserts bekannt, sonst einfachere Küche.
Unser Tipp: **Casa Oberrichter**③, Via Superiore 4, **Malborghetto,** Tel. 04 28 41 888, www.casa-oberrichter.com, Do–Mo 12–14, 19–21 Uhr. Die charmante Casa in einem jahrhundertealten Palazzo versteht sich als Restaurant mit deftig-exzellenter Küche und Pension②-③ mit vier Zimmern – und als Künstlertreff; originell, komfortabel und sehr lecker!

Einkaufen

■ **Mercato di Tarvisio,** s. bei Sehenswürdigkeiten.
■ **Caseificio di Ugovizza/Käse,** Via Pontebbana 24, **Ugovizza,** Tel. 04 28 64 942, Di–So 9–12.30, 15–18, Mo 9–13 Uhr; natürlich Bergkäse, aber auch andere Lebensmittel und Spezialitäten der Region.

Aktivitäten

7 **Golf senza Confini,** Via Priesnig 5, Tarvisio, Tel. 04 28 20 47, www.golfsenzaconfini.com. Länderübergreifendes Golf in den Bergen, 18-Loch-Platz, 5263 m, Par 70, Greenfee 68 €.

Radtour durchs Kanaltal

Die 22,5 km lange Trasse der **Pontafelbahn** (Pontebbana) wurde 1879 in Betrieb genommen und verband die österreichische Rudolfsbahn von Villach nach Tarvis mit den italienischen Schienen ab der – 1866 geschaffenen – Landesgrenze bei Pontebba. Im Jahr 2000 wurde eine neue Trassenführung in Betrieb genommen und die alte Strecke als Teil der **Ciclovia Alpe Adria** (von Salzburg nach Grado) zum Radweg umgebaut. Er führt aussichtsreich über Brücken und durch (beleuchtete) Tunnel der Originalstrecke – wo Umfahrungen notwendig wurden, verläuft er auf vom Autoverkehr separierten Wegen (außer kurzen Abschnitten ab dem Bahnhof San Leopoldo und nach Pontebba hinein). Die Radtour startet in Tarvisio am Parkplatz vor dem Alten Bahnhof (Tarvisio Città). Die Route lässt sich über die Pontebbana hinaus bis Udine verlängern, doch die spannendsten Abschnitte enden hinter Venzone, wenn der Radweg den Tagliamento verlässt.

■ **Info:** www.alpe-adria-radweg.com
GPS **Radtour Pontebbana,** 22,5 km, 1,5 Std.
GPS **Radtour Pontebba–Venzone,** 35 km, 2 Std.
■ **Rückfahrt mit der Bahn:** Pontebba – Tarvisio Boscoverde (2,5 km außerhalb im Osten) ca. 3,50 €, Venzone – Tarvisio Boscoverde ca. 6 €, Tagesticket Rad ca. 3,50 €, 3–5 Mal/Tag.

Spielplatz/Tarviland, Via Alpi Giulie 53, Tel. 04 28 65 39 15, Sommer tgl. 10–13, 15–19, Winter 10–16 Uhr, 8 €, Familie 25 €. Action für Kinder mit Grasrodeln, Sommerbobbahn und Hüpfburgen.

■ **Wassersport:** Am unteren **Fusine-See** kann man bei der Belvedere-Bar (Tel. 34 98 12 10 52) Ruderboote mieten (halbe Stunde 8 €).

■ **Baden:** Die **Ufer des Lago del Predil** sind im Sommer sehr beliebte Badeplätze.

■ **Klettern:** Im **Val Bartolo** ist eine Felswand als Klettergebiet ausgewiesen (Palestra della Val Bartolo, 2,5 km von Ugovizza).

■ **Radverleih/Rentbike Tarvisio:** Via Priesnig 48/52, Tarvisio, Tel. 35 17 14 24 43, www.rentbike tarvisio.com, E-MTB ab 36 €/Tag.

■ **Radverleih/Alla Vecchia Stazione:** Via Stazione, Ugovizza, Tel. 32 74 32 96 04, www.facebook.com/allavecchiastazioneugovizza, E-Fully ab 55 €/Tag.

Feste und Veranstaltungen

■ **No Borders Music Festival:** Ende Juli kommen Gruppen der verschiedensten Musikrichtungen für zwei Wochen zu Open-Air-Konzerten an die Weißenfelser Seen, www.nobordersmusicfestival.com.

■ **Baite Aperte in Val Bartolo:** Das Fest der offenen Almhütten findet am 3. und 4. Augustwochenende statt (Zugang nur zu Fuß oder mit Rad); Essen, Trinken und Musik; www.facebook.com/BaiteAperte.

■ **Fiaccolata Monte Lussai:** Fackelzug per Ski am Abend des 1. Januar vom Luschariberg ins Tal.

Verkehr

■ **Bahnhof/Stazione Tarvisio Boscoverde:** Via Luigi Cadorna (2,5 km im Osten), www.ferrovieudine cividale.it; Züge nach Villach und Udine/Triest (Villach 30 Min., ca. 6,50 €, Udine 70 Min., ca. 10,50 €).

Die Julischen Alpen

Die unwirtlich-malerische Hochgebirgslandschaft kontrastieren sattgrüne Täler mit Dörfern und Almen – ein hervorragendes Wandergebiet für Spaziergänger und ambitionierte Bergentdecker.

Die italienischen Julier erstrecken sich östlich vom Eisental zwischen Val Canal im Norden und Val Resia im Süden zur slowenischen Grenze hin. Höchster Gipfel ist der **Jôf di Montasio** (2753 m, österr. Montasch) zwischen Val Dogna und Val Raccolana. Südlich des Val Resia schließen die als **Parco Naturale Prealpi Giulie** geschützten Julischen Voralpen an.

Val Rio del Lago

Gleich südlich von Tarvisio beginnt das Seebachtal entlang der Gailitz, das nach **Cave del Predil/Raibl** hinauf und in die Minengeschichte des Friaul führt. 1,5 km hinter Raibl liegt der **Lago del Predil/ Raibler See.** Vor ihm teilt sich die Straße: Der linke Ast verbindet über den Passo del Predil nach Osten ins slowenische Soča-Tal, der rechte über die Sella Nevea nach Westen ins Val Raccolana.

Cave del Predil

8 km südlich von Tarvisio entstand Cave del Predil oder **Raibl** als Minendorf, in dem die Hauer ab 1881 Zinksulfid und Blei schürften. **Bergwerksmuseum** und **Geomineralienpark** erinnern daran. Seit dem 11. Jh. ist die Förderung von Blei nachgewiesen, doch wird angenommen, dass bereits in vorrömischer Zeit das Metall aus dem Berg geholt wurde. 1882 waren 400 Arbeiter beschäftigt, fast tausend im beginnenden 20. Jh. Im Sommer finden zweimal am Tag **Führungen** in die Minen statt, für die man sich warm anziehen sollte (6 °C).

■ **Museo della Tradizione Mineraria/Parco Internazionale Geominerario,** Largo Mazzini 10, Cave del Predil, Tel. 04 28 87 65 36, Mai–Sept. tgl. 10–12.30, 14–18.30, Winter Fr–So 10.30–12.30, 14.30–17.30 Uhr, 6 €; Museum und Minenführung Sommer 11.30/16 Uhr, 1 Std., 15 €.

Eine Besonderheit des Bergwerks von Raibl war die „Galleria di Bretto", ein Tunnel, der das Tal mit dem Isonzo-Tal verband und ursprünglich der Wasserableitung diente. Die Pioniere bauten ihn während des Ersten Weltkriegs aus und versahen ihn mit einer elektrischen Eisenbahn. Rund 600.000 österreichische Soldaten fuhren so in die Kämpfe am Isonzo.

Gegenüber dem Bergwerksmuseum zeigt das große **Militärmuseum** neben Uniformen aus napoleonischer Zeit und Waffen ein Geländerelief im Maß 3 x 7 m mit der Frontlinie des Alpenkriegs.

■ **Museo Storico-Militare,** Piazza della Chiesa, Cave del Predil, Tel. 34 67 67 47 14, Mai–Sept. tgl. 10–12.30, 14–18.30, Winter Fr–So 10.30–12.30, 14.30–17.30 Uhr, 6 €.

Lago del Predil

Der 1,5 km lange, 500 m breite und 30 m tiefe Lago del Predil oder **Raibler See**

(959 m) liegt 10 km von Tarvisio entfernt, malerisch zwischen die Berge gegossen. Der zweitgrößte natürliche See des Friaul ist in der Eiszeit entstanden. Dank Badeplätzen und Kinderspielplatz kommen in heißen Sommern zahlreiche Ausflügler hoch, und morgens und abends treffen sich die Windsurfer. Das **Centro Nautico** am Nordufer verleiht SUP-Bretter und Kajaks (s. Aktivitäten).

Passo del Predil

Der Passo del Predil oder **Predilpass** (1156 m, slow. Predel) verbindet Tarvisio über 30 km mit dem slowenischen Bovec (ital. Plezzo, dt. Flitsch). Im 14. Jh. hatten Händler in Cividale den Bau einer ersten Passstraße finanziert. Ihr Schutzherr – der Bamberger Bischof – gab ihnen dafür das Mautrecht. 1909 wurde der 5 km lange, unter dem Pass verlaufende **Kaiser-Franz-Josef-Hilfsstollen** nach acht Jahren Bauzeit fertig und diente zur Wasserabführung aus dem Bergwerk und als Minenzugang für die slowenischen Bergleute. Im Ersten Weltkrieg sollen durch ihn 500.000 Soldaten und 250.000 t Material an die Front gebracht worden sein.

Auf den Mangart

Wer noch höher hinauf will, biegt auf der slowenischen Seite nach 1,5 km auf die 9 km lange, waghalsig geplante und in den Felsen geschlagene **Mangart-Mautstraße** ab, die auf 1900 m am Parkplatz endet, wo es an Wochenenden recht eng werden kann – es ist eben eine beliebte Motorradstrecke. Zum Gipfelkreuz auf dem **Mangart** (2677 m) sind es 2,5–3 Std. teils sehr steiler und gerölliger Anstieg zu Fuß.

■ **Strada del Mangart/Mangartska Cesta,** Zahlstelle nach 2 km, 10 €.

Val Raccolana

Vom Lago di Predil sind es 10 km zum im Sommer wenig attraktiven Wintersportgebiet an der **Sella Nevea** (1190 m) mit Großhotels und Lifteinrichtungen. Als Ausgangspunkt für Gipfelstürme ist der Neveasattel durch die Nähe so einiger Zweitausender – insbesondere des Kanin (2587 m) – ganz gut geeignet, und im Hochseilgarten des **Abenteuerparks** kann man locker einen ganzen Tag

134f sk

verbringen (→ Aktivitäten). Ein 4 km langer Abzweig führt vom Sattel weiter hoch zum Parkplatz am **Altopiano Montasio** unterhalb des Jôf di Montasio (2753 m). Hierher kommt man aber nicht nur, um zu wandern. Die **Latteria Malga Montasio** verkauft den gleichnamigen köstlichen Bergkäse (s. unten).

Bei der Abfahrt ins Eisental folgt man dem Torrente Raccolana und sollte 14 km hinter dem Sattel (3 km vor Chiusaforte) auf die Schilder zur **Cascata Repepeit** achten – nicht, weil der Wasserfall beeindruckt, sondern weil der Gebirgsbach hier einen idyllischen kleinen Strand gebildet hat, der an heißen Tagen geradezu zu einem Bad einlädt.

■ **Cascata di Rio di Repepeit,** Parkplatz GPS N 46.39581, E 13.34195.

Val Saisera

Bei Malborghetto zweigt im Ortsteil Valbruna/Wolfsbach die Straße ins Val Saisera ab. Kurz nach den letzten Häusern passiert man rechter Hand den Österreichisch-Ungarischen Heldenfriedhof mit einer Holzkapelle und 179 Gräbern. Die Großparkplätze entlang der Straße geben einen Eindruck davon, was an schönen Sommerwochenenden los ist. Der letzte Parkplatz an der Saisera-Alm ist dann schnell voll. Fast unausweichlich: Auch im Tal gibt's ein **Freiluftmuseum** zum Krieg; auf einer Waldwanderung (die sich auch gut abkürzen lässt) geht es an Geschützstellungen, Quartieren und Horchposten vorbei. Sie folgt in Teilen dem **Klangwaldweg** („Sentiero Alberi di Risonanza") und führt an einem Forst vorbei, dessen Rotfichten sich bestens für die Herstellung von Resonanzböden eignen. Ihr gerader und fester Wuchs verleiht Violinen, Gitarren und auch Klavieren den ganz besonderen Klang.

■ **Parcheggio Malga Saisera,** 2,50 €/Tag, Camper 8 €/Tag.

GPS **Wanderung Sentiero Natura (Parco Tematico della Grande Guerra),** Malga Saisera, Startpunkt 200 m nordöstlich von der Locanda Jôf/Parkplatz 3 (GPS N 46.46083, E 13.48236), 6 km, 300 Hm, 2,5 Std.

Val Dogna

Der Übergang vom Val Saisera zum Val Dogna am **Sella Somdogna** (1392 m) ist nur Wanderern oder MTB -Fahrern erlaubt (von der Malga Saisera 5 km Serpentinenstrecke, 450 Hm). Vom Sattel sind es dann auf nicht allzu schmaler, guter Teerstraße 18 km hinab nach Dogna im **Canal del Ferro (Eisental).** Der umgekehrte Weg von Dogna/Prerit hoch zum Sattel ist eine – wegen der meist relativ erträglichen Steigungen – am Wochenende recht belebte, schattige Radstrecke durch dichten Mischwald.

Nach 14 km beginnt noch vor der **Spadovai-Alm** mit ersten Kehren der steilere Anstieg, ab der Alm mit neun weiteren Kehren. Am Sattel kann man dann verdient in die (im Sommer be-

☐ Badeplatz am Rio di Repepeit

wirtschaftete) Somdogna-Alm einkehren und vor der Abfahrt bei guter Aussicht rasten.

■ **Agriturismo Plan dei Spadovai,** Val Dogna, Tel. 33 92 61 39 48, Essen, Unterkunft, Kuh-/Ziegenkäse.

GPS **Radtour Val Dogna,** Start in Dogna (Parkplatz Via Prerit di Sopra, GPS N 46.44870, E 13.31761), 18 km, 950 Hm (max. Steigung 11 %), 3 Std.

Val Resia

Wer dem Trubel entfliehen will, ist im Resia-Tal (bei Moggio Udinese) richtig. Es liegt zwischen den Julischen Hochalpen und den zum Naturpark erklärten Voralpen, hat 800 Bewohner, fünf Dörfer, zwei Museen, einige Gasthöfe, eine eigene Sprache, eine eigene Musik und dann auch noch einen eigenen Knoblauch – *aglio di Resia* (→ Exkurs). Die abgeschiedene Lage hat die Bewahrung der Kultur der Resianer befördert, Slawen mit einem speziellen slowenischen Dialekt und einer unverfälschten Tanzmusik, die ihrer Einfachheit und Ursprünglichkeit wegen als besonders schützenswert gilt.

Bei **Gniva** in der Mitte des weiten, auf das Kanin-Massiv (Monte Canin, 2587 m) zuführenden Tals zweigt eine Straße nach Süden und hoch zum **Sella Carnizza** (1092 m) ab, über den man nach Uccea an der Hauptstraße SR646 von Bovec/Kobarid nach Udine kommt. Fährt man bei Ghiva geradeaus, gelangt man zum letzten Ort im Tal. Im Scherenschleiferdorf **Stolvizza** endet die Straße. Das nette **Ethnografische Museum** widmet sich der Wohnsituation im Tal und seinen Legenden und Geschichten bzw. der mündlichen Überlieferung.

Knoblauch aus dem Resia-Tal

Der fein-süßliche Resia-Knoblauch, von den Einheimischen „Strok" genannt, gilt als sehr mild, lange haltbar und überaus gut verträglich. Die kleine Knolle besteht aus nur einem Kranz aus sechs bis acht Zehen, angebaut wird sie von den Familien in Privatgärten. Im Juli findet die Ernte statt, dann die Trocknung, und anschließend flechten die Frauen den Knoblauch zu Zöpfen. Gekauft werden kann er im ganzen Tal – einfach fragen!

135fsk

■ **Museo della Gente della Val Resia,** Stolvizza, Tel. 04 33 53 428, https://rezija.com, Mo–Fr 10–13, 14–16, Sa/So 14–16 Uhr, Eintritt frei.

Das Schleifermuseum beleuchtet einen der einstigen Hauptberufe der Männer, die sich ihr Geld als wandernde bzw. Rad fahrende Scherenschleifer in ganz Europa verdienen mussten.

■ **Museo Arrotino,** Stolvizza, Tel. 04 33 53 554, http://arrotinivalresia.it, Mi–So 10–13, Sa/So auch 14–16 Uhr, Eintritt frei.

Praktische Tipps

Informationen

■ **Centro Visite Parco Naturale Prealpi Giulie,** Piazza del Tiglio 3, 33010 Prato/Val Resia, Tel. 04 33 53 534, www.parcoprealpigiulie.it, Fr–So 9–13, 14–17 Uhr, Winter geschl.

Unterkunft

■ **B&B Pr'Krajncu②,** Val Saisera (1 km von der SS13 ins Val Saisera hinein), **Valbruna,** Tel. 33 35 06 99 59, www.krajnc.info. Privatzimmer in neuem Haus mit Blick auf die Berge, deutschsprachig.

UNSER TIPP: **Agriturismo Prati Oitzinger②,** Val Saisera, **Valbruna,** Tel. 04 28 60 224, www.agri turismopratioitzinger.it, nur Fr–So (im Mai/Nov. geschl.). Bauernhof mit fünf gemütlich eingerichteten Zimmern mit eigenem Bad und einer Küche, die auch die Einheimischen anzieht (Gulasch mit Polenta!), Reitmöglichkeit, auch längere Touren auf dem Pferderücken.

■ **Foresteria Centro Visite①,** Piazza del Tiglio 3, **Prato**/Val Resia, Tel. 04 33 53 534, www.parcopre alpigiulie.it. Zwölf Betten in drei Zimmern jeweils mit eigenem Bad im Besuchszentrum. Achtung: Bettwäsche oder Schlafsack müssen mitgebracht werden.

■ **Albergo Alle Alpi②,** Via San Giorgio 2, **Prato**/Val Resia, Tel. 04 33 55 39 12. Elf Zimmer in einem neueren Gebäude mitten im Ort mit Bar und Restaurant②.

Essen und Trinken

UNSER TIPP: **Osteria Alla Speranza②,** Via Prato 3, **Prato**/Val Resia, Tel. 04 33 53 057, https://osteriaallasperanza.myadj.it, Mi–Mo 7.30–23.30 Uhr. Urgemütliches Lokal mit Tradition und lokaler Küche auf hohem Niveau; auch schöner Garten nach hinten hinaus; unbedingt probieren: *zuppa d'aglio.*

■ **Trattoria All'Arrivo①-②,** Via Udine 31, **Stolvizza**/Val Resia, Tel. 33 92 25 74 03, tgl. 8–22 Uhr. Lebensmittelladen, Bar, Kneipe und Restaurant – der Lebensmittelpunkt der Einheimischen am Ende des Tals.

Einkaufen

■ **Latteria Malga Montasio,** Località Malghe del Montasio, **Sella Nevea,** Tel. 33 46 28 02 90, nur Sommer; Almwirtschaft mit Essen①-②, Zimmern② und Käserei. Authentischer gibt's den Käse nirgends.

■ **Knoblauch,** → Exkurs

Aktivitäten

🯅 **Parco Avventura,** Sella, **Sella Nevea,** Tel. 33 57 88 69 26, https://sellaneveaparco.it, Mai–Sept. wetterabhängig 10–18/19 Uhr, 18 €, Kind 13 €.

■ **Baden:** Am Lago di Predil und bei der Cascata Repepeit im Val Raccolana.

■ **Wassersport:** Centro Nautico, Nordufer, **Lago di Predil,** Tel. 34 63 87 41 19, www.facebook.com/CentroNautiCave, Boot- und SUP-Verleih, ab 12 €/Stunde.

Feste und Veranstaltungen

■ **Festa dell'Aglio di Resia:** An einem Tag Ende Juli feiert das Resia-Tal den Knoblauch mit Verkaufsständen und Musik.

136f sk

7 Dolomiten

» Cortina d'Ampezzo ist das Skilauf-Paradies, das Cadore das Bergsteiger-Ziel, und nach Feltre pilgern Renaissance-Liebhaber.

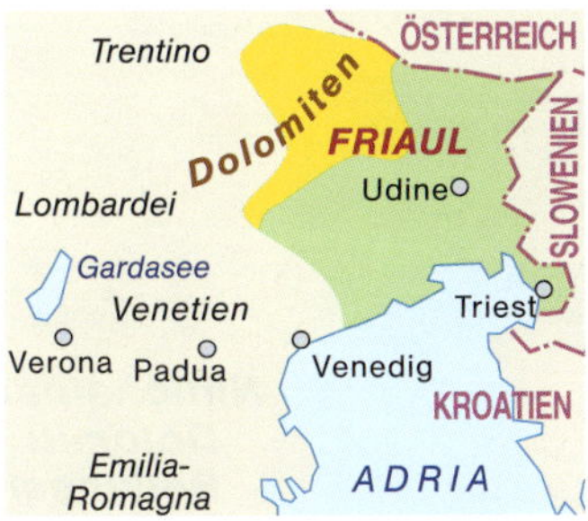

‹ Das Panorama von Feltre

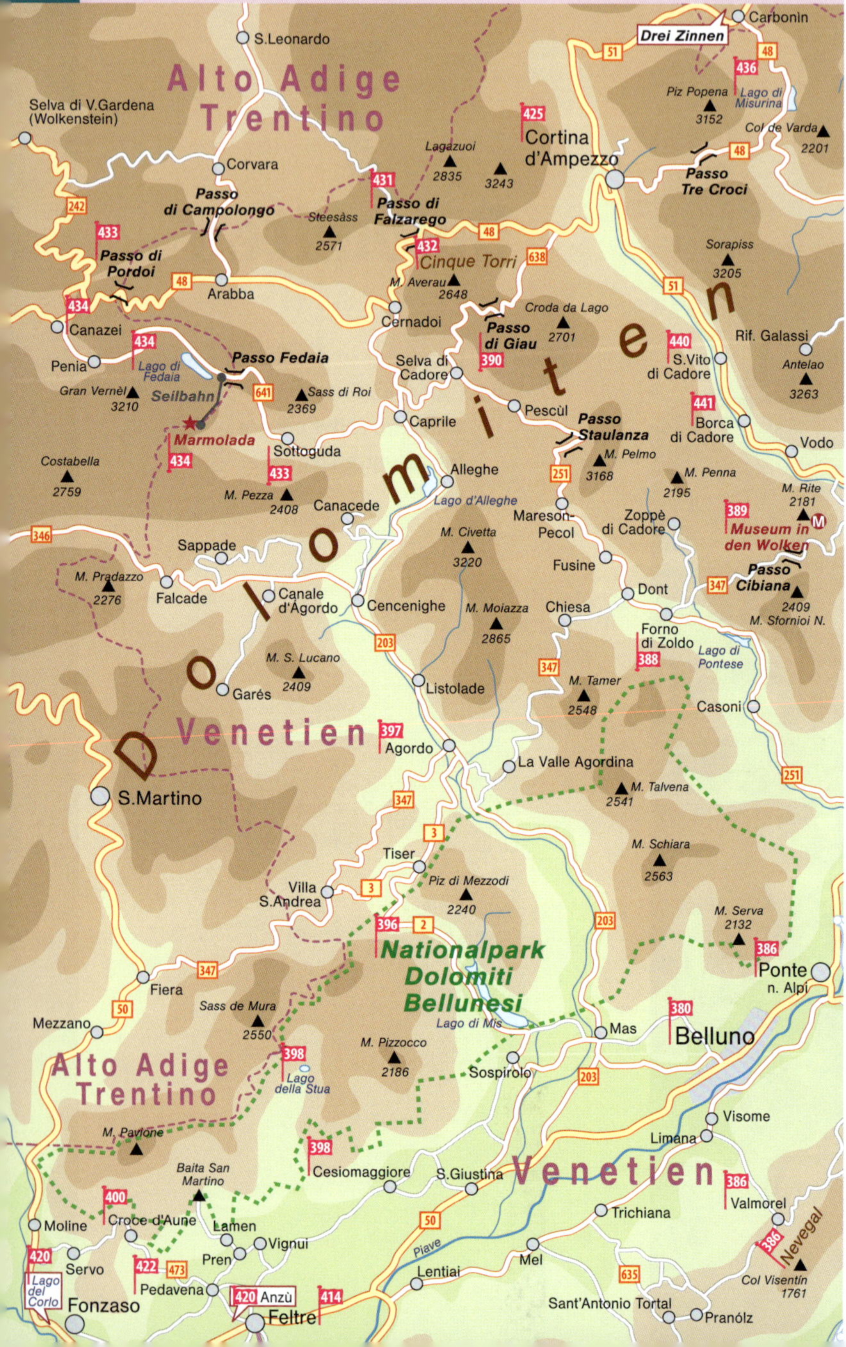

Drei Zinnen
Carbonin
S.Leonardo
Alto Adige Trentino
Selva di V.Gardena (Wolkenstein)
Corvara
Passo di Campolongo
Passo di Pordoi
Arabba
Canazei
Penia
Lago di Fedaia
Passo Fedaia
Seilbahn
Marmolada
Gran Vernèl 3210
Costabella 2759
Sass di Roi 2369
Sottoguda
M. Pezza 2408
Canacede
Sappade
M. Pradazzo 2276
Falcade
Canale d'Agordo
Cencenighe
M. S. Lucano 2409
Garés
Steesàss 2571
Lagazuoi 2835
3243
Passo di Falzarego
Cinque Torri
M. Averau 2648
Cernadoi
Selva di Cadore
Caprile
Alleghe
Lago d'Alleghe
Passo di Giau
Croda da Lago 2701
Pescùl
Passo Staulanza
M. Pelmo 3168
Cortina d'Ampezzo
Piz Popena 3152
Lago di Misurina
Col de Varda 2201
Passo Tre Croci
Sorapiss 3205
Rif. Galassi
Antelao 3263
S.Vito di Cadore
Borca di Cadore
Vodo
M. Penna 2195
M. Rite 2181
Museum in den Wolken
Passo Cibiana 2409
M. Sfornioi N.
Zoppè di Cadore
Mareson-Pecol
Fusine
Dont
Forno di Zoldo
Lago di Pontese
Casoni
M. Civetta 3220
M. Moiazza 2865
Chiesa
Listolade
M. Tamer 2548
Dolomiten
Venetien
Agordo
La Valle Agordina
M. Talvena 2541
S.Martino
Tiser
Piz di Mezzodi 2240
Villa S.Andrea
M. Schiara 2563
M. Serva 2132
Ponte n. Alpi
Nationalpark Dolomiti Bellunesi
Lago di Mis
Fiera
Mezzano
Sass de Mura 2550
M. Pizzocco 2186
Lago della Stua
Sospirolo
Mas
Belluno
Alto Adige Trentino
Visome
Limana
M. Pavione
Baita San Martino
Cesiomaggiore
S.Giustina
Venetien
Valmorel
Trichiana
Nevegal
Moline
Croce d'Aune
Lamen
Vignui
Pren
Servo
Lago del Corlo
Fonzaso
Pedavena
Anzù
Feltre
Piave
Lentiai
Mel
Col Visentin 1761
Sant'Antonio Tortal
Pranólz

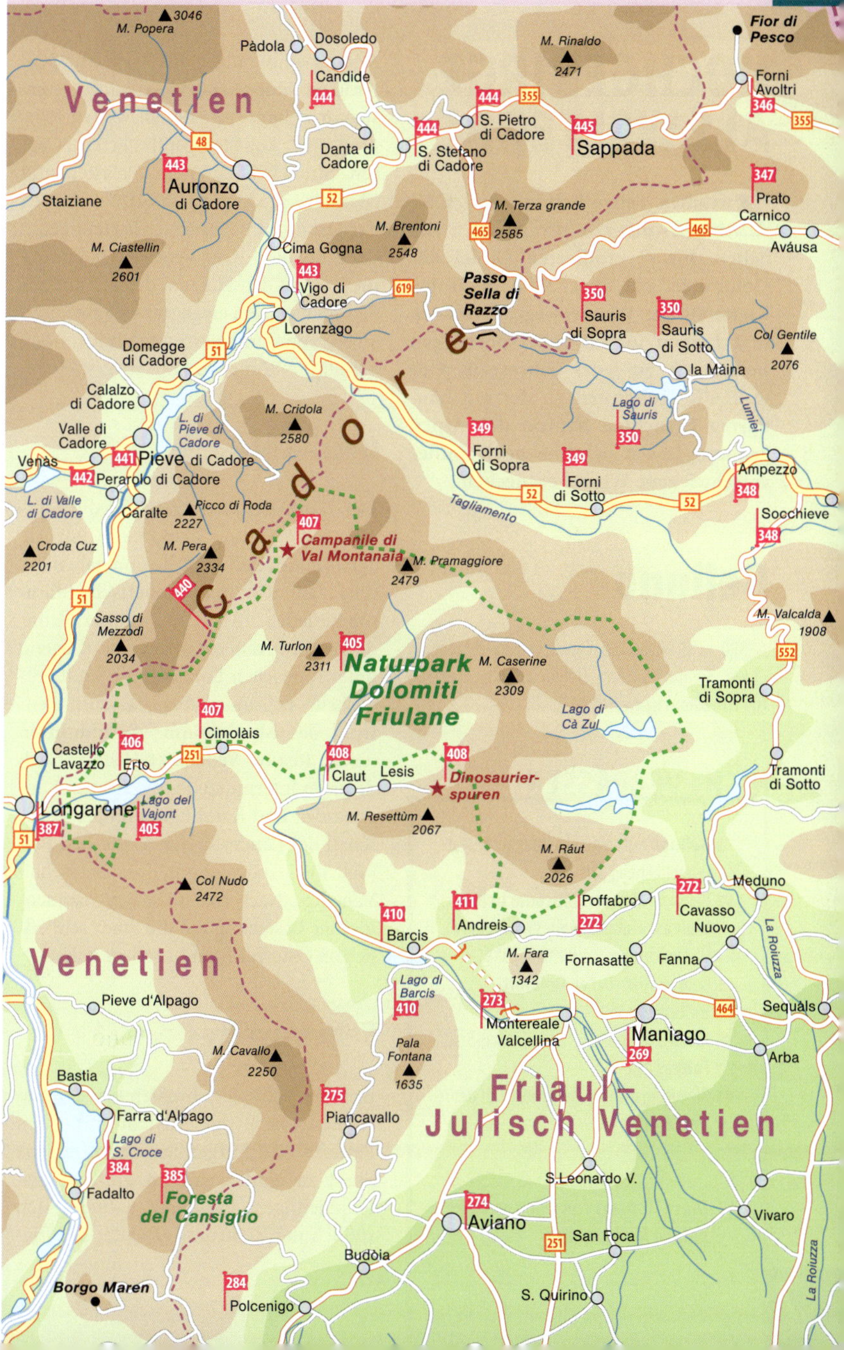
3046
M. Popera
Pàdola
Dosoledo
Candide
444
M. Rinaldo
2471
Fior di Pesco
Forni Avoltri
346
355
Venetien
444
355
S. Pietro di Cadore
444
Danta di Cadore
S. Stefano di Cadore
445
Sappada
48
443
Auronzo di Cadore
Staiziane
52
347
Prato Carnico
M. Terza grande
2585
465
465
M. Brentoni
2548
Avàusa
M. Ciastellin
2601
Cima Gogna
443
Vigo di Cadore
619
Passo Sella di Razzo
350
Sauris di Sopra
350
Sauris di Sotto
Col Gentile
2076
Lorenzago
Domegge di Cadore
51
la Màina
Calalzo di Cadore
M. Cridola
2580
L. di Pieve di Cadore
Lago di Sauris
350
Lumiei
Valle di Cadore
441
Pieve di Cadore
349
Forni di Sopra
349
Forni di Sotto
Ampezzo
348
Venàs
442
Perarolo di Cadore
L. di Valle di Cadore
Caralte
Picco di Roda
2227
52
52
Tagliamento
Socchieve
348
407
Campanile di Val Montanaia
Croda Cuz
2201
M. Pera
2334
M. Pramaggiore
2479
Cadore
440
51
Sasso di Mezzodì
2034
M. Valcalda
1908
552
M. Turlon
2311
405
Naturpark Dolomiti Friulane
M. Caserine
2309
Tramonti di Sopra
Lago di Cà Zul
407
Cimolàis
406
Castello Lavazzo
Erto
251
408
Claut
Lesis
408
Dinosaurierspuren
Tramonti di Sotto
Longarone
Lago del Vajont
405
387
51
M. Resettùm
2067
M. Ràut
2026
Col Nudo
2472
Poffabro
272
272
Cavasso Nuovo
Meduno
410
Barcis
411
Andreis
M. Fara
1342
Fornasatte
Fanna
La Roiuzza
Venetien
Lago di Barcis
410
273
Montereale Valcellina
Maniago
269
464
Sequals
Arba
Pieve d'Alpago
M. Cavallo
2250
Pala Fontana
1635
Bastia
275
Piancavallo
Friaul–Julisch Venetien
Farra d'Alpago
Lago di S. Croce
384
385
Fadalto
Foresta del Cansiglio
S.Leonardo V.
274
Aviano
Vivaro
251
San Foca
Budòia
La Roiuzza
Borgo Maren
284
Polcenigo
S. Quirino

HOCHGEBIRGE ALS WELTERBE

Zwischen Feltre/Belluno und Cortina d'Ampezzo türmen sich die hellen, bizarr erodierten Gipfel der Dolomiten auf über 3000 m Höhe. Klettersteige, Wanderwege, Skipisten und Loipen locken zum sportlichen Vergnügen zu jeder Jahreszeit. Obwohl die Dolomiten zu der am häufigsten besuchten Region der Alpen gehören, lassen sich hier noch immer verschwiegene Winkel entdecken.

Belluno

■ 390 m üNN, 36.000 Einw., Cortina d'Ampezzo 71 km, Trento 112 km, Udine 117 km, Venedig 106 km, österr. Name Beilun

NICHT VERPASSEN!

- **Belluno** mit seinen kostbar ausgestatteten Kirchen | 380
- Reinhold Messners **Museum in den Wolken**, ein spannendes Museum mit Übernachtungsmöglichkeit | 389
- Bergwandern in den **Dolomiti Bellunesi** | 399
- Rundgang durch die Renaissance-Stadt **Feltre** | 414
- Die einzigartige Felsenlandschaft der **Drei Zinnen** | 437

Diese Tipps erkennt man an der gelben Markierung.

Am Zusammenfluss des Piave mit dem Ardo auf einer Landzunge gelegen, verströmt Belluno mit seinen weiten Plätzen und kopfsteingepflasterten Gassen, Straßencafés, Villen, Palästen und Märkten mediterranes Flair inmitten der Voralpen. Belluno ist die Hauptstadt der größten Provinz Venetiens. Steil sind die Ufer zu den Flüssen, die sich tief ins Sedimentgestein eingegraben haben und so einen natürlichen Schutz bilden, den bereits die Römer zu nutzen verstanden.

Geschichte

Der Name des Ortes geht auf die keltische Bezeichnung Belodonum zurück, „glänzende Stadt". Die Region haben bereits 3000 v.Chr. **paläovenetische Stämme** besiedelt. 181 v.Chr., mit der Gründung von Aquileia, kam die Gegend unter römischen Einfluss. Die Stadt entwickelte sich unter *Augustus* zum Zentrum des **Municipiums Bellunum** in der X. Region Venetia et Histria. Nach diversen Intermezzi der Byzantiner, Langobarden und Karolinger und der Herrschaft der Landesfürsten stellte sich Belluno 1404 freiwillig unter die Herrschaft Venedigs. Nach siebenjähriger napoleonischer Besatzung fiel die Stadt schließlich an Österreich und 1866 an Italien.

Sehenswertes

Es lohnt sich, die schmalen Gassen und kleinen Plätze der Altstadt mit ihren Palästen und Bürgerhäusern auf eigene Faust zu entdecken. Ein großer (kostenpflichtiger) **Parkplatz** befindet sich südlich des Zentrums am Ufer des Piave etwa in Höhe des Doms (Viale dei Dendrofori). Er ist mit diesem über eine Rolltreppe verbunden. Einige Parkplätze stehen auch an der Piazza dei Martiri zur Verfügung (max. 45 Min. Parkzeit).

Das Herz der Stadt sind die **Piazza dei Martiri** und die östlich von ihr nach Süden verlaufende **Via Rialto** mit ihrer Verlängerung **Via Mezzaterra.** Die Stadtanlage des Zentrums richtet sich nach dem in römischer Zeit festgelegten Plan. Die Piazza dei Martiri hieß ehemals Piazza Campedel, wurde aber am 3. Juni 1945 zu Ehren und zur Erinnerung an vier Partisanen umbenannt, die die deutschen Besatzer am 17. März desselben Jahres auf dem Platz exekutiert hatten.

Am Domplatz

Über die Rolltreppe gelangt man vom Parkplatz zur **Piazza Duomo** südlich der Piazza dei Martiri. Die dreischiffige Kathedrale entstand im 16. Jh. als Folgebau nach Plänen des Frührenaissance-Architekten *Tullio Lombardo* mit einer unverkleideten Fassade aus Naturstein und Ziegeln. Die Innenausstattung geht auf venezianische Meister zurück (*Schiavone, Palma der Jüngere, Gaspare Diziani* und *Bassano*). In der Krypta stehen ein Polyptychon aus dem 15. Jh. und der Sarkophag der Avoscano-Familie aus dem 14. Jh. Der 1743 fertiggestellte Glockenturm misst inklusive des Engels 72 m.

■ **Basilica Minore di San Martino,** Piazza del Duomo, tgl. 7–19.30 Uhr.

Gegenüber der Basilika steht der eindrucksvoll große **Rektorenpalast** – Sitz des Vertreters der Serenissima und heute die Präfektur. Im Jahr 1406 begonnen, konnte man den Bau erst 1536 in seiner heutigen Gestalt beenden und mit dem Uhrturm versehen. Den zentralen Saal deutet das siebenbogige Fenster an der Fassade an. Etwas nach Osten versetzt beherbergt der **Palazzo dei Giuristi** aus dem 17. Jh. das Museo Archeologico. Es zeigt die städtische Sammlung prähistorischer, paläovenetischer, römischer und mittelalterlicher Fundstücke.

■ **Museo Archeologico,** Via Duomo 16, Tel. 04 37 95 63 05, www.mubel.comune.belluno.it, Do–Sa 10–12 Uhr, 8 € (mit Museo Civico).

Über die Via Mezzaterra und Via 1 Novembre gelangt man zur **Porta Rugo** an der Piazza di Santa Maria dei Battuti aus dem 12. Jh. (1622 überarbeitet). Nun hält man sich nördlich und spaziert über den Domplatz zur Piazza dei Martiri.

Rund um die Piazza dei Martiri

Im **Stadtmuseum** im **Palazzo Fulcis** gleich östlich der Piazza dei Martiri sind

Die Highlights für Kinder

- In **Messners Museum in den Wolken** können größere Kinder viel entdecken | 389
- Das **Museo Vittorino Cazzetta** in Selva di Cadore führt durch die Naturgeschichte der Dolomiten, angefangen bei den Dinos | 390
- Mit dem **Trenino della Valcellina** durch die Cellina-Schlucht tuckern oder – für Ältere – gut gesichert den Ponte Tibetano überqueren | 410
- Hochseilspaß für alle Altersgruppen im **Tre Cime Adventure Park** | 447

Belluno

Übernachtung
1 Bed in Bus
2 La Cerva B&B
7 Hotel Astor e Spa
9 Hotel Cappello e Cadore
12 Centro Storico B&B
15 Agriturismo Casa de Bertoldi

Essen und Trinken
3 Sorbettiera
5 Terracotta
6 Ristorante/Pizzeria Al Mirapiave
10 Ristorante Taverna
13 Al Borgo

Nachtleben
8 Caffè Deon 1870
11 Enoteca Mazzini

Einkaufen/Sonstiges
4 Decathlon Rent
14 De Gusto Dolomiti

Werke von Malern zu sehen, die mit Belluno verbunden waren (*Palma der Jüngere, Sebastiano Ricci* und *Bartolomeo Montagna*), außerdem Skulpturen von *Andrea Brustolon*.

■ **Museo Civico,** Via Roma 28, Tel. 04 37 95 63 05, www.mubel.comune.belluno.it, Di–Fr 9.30–12.30, Di/Mi/Fr auch 15.30–18.30, Sa/So 10–18.30 Uhr, 8 € (mit Museo Archeologico).

An der weiten Piazza San Rocco mit Grünflächen steht im Norden die **Rochus-Kirche** aus der Renaissance. Sie entstand aus einem Gelübde zur Abwehr der Pest im Jahr 1561. Aus dieser Zeit stammen auch die Fresken an den Wölbungen der Vorhalle: die Jungfrau mit den hl. Cosma und Damiano und die Kreuzigung mit den hl. Rocco und Sebastiano. Ebenso aus dem 16. Jh. datiert die Fassadenlünette aus Kupfer. Das Innere haben *Gaspare Diziani, Cesare Vecellio* und *Luigi Cima* ausgeschmückt.

■ **Chiesa di San Rocco,** Piazza dei Martiri, tgl. 8–13, 16–19 Uhr.

Die **Porta Doiona** östlich an der Piazza Emanuele zeigt an der südlichen Seite teils noch das Erscheinungbild aus dem Jahr 1289; die nördliche Seite wurde 1553 erneuert. Das **Teatro Comunale**

☐ Fischerboote auf Reede auf dem Lago di Santa Croce bei Belluno

137f sk

138fsk

hat *Giuseppe Segusini* (1801–76) im neoklassizistischen Stil 1835 geschaffen. Der **Palazzo Doglioni** zeigt sich mit einer Fassade des 16. Jh.

Nordöstlich der Piazza Emanuele steht die **Kirche der hl. Blasius und Stephan,** 1485 im gotischen Stil errichtet. In ihrem Inneren sind Skulpturen von *Brustulon* zu sehen und Gemälde von *Frigimelica d.Ä., Vecellio* und *Lazzarini.*

■ **Chiesa dei SS. Biagio e Stefano,** Via Ostilio 2, Tel. 04 37 94 34 91, tgl. 8–12, 16–18 Uhr.

In der Altstadt von Belluno

In der Umgebung

Lago di Santa Croce

Auf allen Seiten von Bergen umfasst, dunkles Wasser, Wälder an steilen Hängen, Segler, Kanuten, Strandbäder, Campingplatz und Wanderwege – der natürlich entstandene Lago di Santa Croce ist heute ein beliebtes Naherholungsgebiet und ein „Geheimtipp" für Windsurfer, die vom überlaufenen Gardasee flüchten und hier mit verlässlichen und starken Morgen- und Abendwinden ebenso gute Verhältnisse vorfinden.

Mehrmals wurde der See durch Menschenhand verändert. Um Holz aus den dichten Wäldern des angrenzenden Cansiglio an den Piave flößen zu können, hatte man im 18. Jh. dem bis dahin abflusslosen See einen künstlichen Ablauf verpasst: den **Fiume Rai,** der an der Nordwestecke den See verlässt und etwa der Autobahntrasse nördlich folgend nach 7 km im Piave mündet (er dient jetzt nur noch dem Hochwasserschutz). 1913 erhielt der See dann an der Nordseite einen **Staudamm,** zur zusätzlichen Wassereinspeisung an der Nordostecke den Canale Cellina (mit Wasser aus dem Piave) und am südlichen Seeende eine 2,5 km lange Druckleitung. Deren Wasser treibt die Turbinen des **Kraftwerks** am 100 m tiefer liegenden, 75 ha großen **Lago Morto** an. Das nächste Kraftwerk steht dann noch mal 100 m tiefer und 2 km weiter am 10 ha großen **Lago del Restello.** In den 1930ern wurde der Lago di Santa Croce auf die heutige Fläche von 8 km² vergrößert (um sein Speichervolumen zu erhöhen).

Wer zum Wandern oder **Baden** herkommt, merkt von alledem wenig. Am besten ins Wasser gelangt man am Ostufer beim breiten **Strand von Farra d'Alpago** mit Sonnenschirmverleih und Kiosk. Schön ist auch die **Baia delle Sirene** am Südende mit Kiosk/Restaurant (im Hochsommer Partyzone). Gleich westlich davon hat der **Segelclub von Belluno** sein Areal. Weniger Betrieb ist an der **Spiaggia Paradiso** des **Lago Morto** mit Kiosk, allerdings ist das Summen von der Autobahn, die auf Stelzen das Ufer begleitet, allgegenwärtig. Auch auf dem Lago Morto finden **Windsurfer** gute Bedingungen, und **Spaziergänger** können ihn auf dem steigungslosen Uferweg mit mehreren Picknickplätzen in einer guten Stunde (4 km) vollständig umrunden.

Foresta del Cansiglio

Östlich des Lago di Santa Croce erstreckt sich der 7000 ha große **Cansiglio-Forst,** ein etwa 1000 m hohes Plateau mit dichtem Wald, das nach Osten hin die Gipfel des Piancavallo abgrenzen (→ S. 275). Frühmenschen nutzten den Wald als Jagdgebiet und die Schiffsbauer Venedigs das widerstandsfähige Buchenholz zur Herstellung von Rudern. So wichtig war der Baumbestand der Serenissima, dass sie Verwalter einsetzte, die das Schlagen zu kontrollieren und für anschließende Aufforstung zu sorgen hatten. Ihren Töchtern wurde sogar per Dekret erlaubt, in den Adel einzuheiraten (was niederen Ständen sonst verboten war). 11 km östlich vom See erzählt das **Museum zur Besiedlung** die passenden Geschichten von den ersten Nomaden, über Venedig bis zur Einwanderung der Zimbern im 18. Jh. (→ Exkurs).

■ **Museo Regional dell'Uomo in Cansiglio Anna Vieceli,** SP422 6, Farra d'Alpago, Sommer Mi–Fr 14–18, Sa/So 10–12.30, 14–18 Uhr, 3 €.

1,5 km weiter kann man das Ökologische Museum besuchen, das sich der Natur der unmittelbaren Gegend widmet, der Tierwelt, aber auch den Karsteigenheiten des Hochplateaus mit Schlucklöchern und Dolinen.

■ **Museo di Ecologia Giovanni Zanardo,** Via dei Spert, Tambre, http://museisitialpagocansiglio.it, Sommer Mi–Fr 14–18, Sa/So 10–12.30, 14–18 Uhr, Eintritt frei.

Rüber zum kleinen, sehr liebevoll angelegten **Alpinen Botanischen Garten** sind es in einem Bogen 3 km (Luftlinie 500 m). Auf 2 ha wächst vornehmlich für den Cansiglio typische Flora, in Lebensräume entsprechend ihrer jeweiligen Höhenlage und notwendigen

Zimbern

Zimbern – Zimmerleute wahrscheinlich aus dem bayrisch-tirolerischen Raum (andere Theorien verorten ihren Ursprung bei den Langobarden) – haben sich zwischen dem 12. und 17. Jh. an mehreren Stellen im Veneto niedergelassen und Gemeinden gegründet, darunter die **Sette Comuni** bei Asiago. Von dort kam im 18. Jh. aus unbekannten Gründen eine Abspaltung der Zimbern nach **Cansiglio**; sie alle haben bis heute die alten Ortsnamen bewahrt, üben Traditionen wie das Abfeuern von *trombini* (überdimensionale Musketen) aus und sprechen teilweise noch ihren Dialekt.

Bodenbeschaffenheit gegliedert; auf Schautafeln erfährt man mehr, Schildchen nennen die Namen der Pflanzen.

■ **Giardino Botanico Alpino,** Via Cansiglio, Tambre, Tel. 04 38 58 17 57, www.ortobotanicoitalia.it, Sommer Mi–Fr 10–12, 13–17, Sa/So 10–12.30, 14–18 Uhr, 3 €.

Nevegal

Der „Hausberg" Bellunos ist das 600 Höhenmeter über dem Tal liegende **Plateau von Nevegal,** auf einer 10 km langen Fahrt auf der gut ausgebauten SP31 Richtung Südosten schnell erreichbar – ein Sommer- und Winterziel mit im Wald versteckten Wochenendhäusern, mehreren Apartmentanlagen und Liften. Vom Plateau bringt der **Sessellift** Skifahrer und Wanderer in zwei Stufen hoch auf 1614 m. Ist der Lift außer Betrieb, sind es zu Fuß zur Bergstation auf der Direttissima 90–120 Min. (550 Hm). In 20 Min. gelangt man von der Bergstation über den **Agriturismo Faverghera** hinüber zum **Col Faverghera** (1611 m) und kann dann nach Süden am Grat entlang aussichtsreich über den Col Toront (1655 m) zum **Col Visentin** (1776 m) wandern (60 Min., 200 Hm).

Gleich unterhalb des Agriturismo sollte man unbedingt den 6 ha großen **Botanischen Garten Ostalpen** besichtigen, der mehrere Pfanzengemeinschaften präsentiert – am schönsten im Mai/Juni, wenn u.a. Rhododendron, Steinbrech, Primel und Enzian blühen. Ein paar Schritte hinter dem Eingang zum Garten kann man sich auf dem **Balcone Panoramico** über die Gipfel informieren, die im Rund zu sehen sind. Will man zu Fuß zur Talstation absteigen, sollte man dies über die Alm **Casera Erte** (1385 m) machen. Neben ihr steht eine **Riesenbank** für lustige Selfies – eigentlich aber ein Ort zur Besinnung angesichts der Größe der Berge (und der Beschränktheit des Menschen).

■ **Sessellift,** Nevegal, Tel. 04 37 90 71 06, www.nevegal2021.it, Juli/Sept So 9–17, Aug. tgl. 9–12.30, 14–17 Uhr, einfach 12 €, hin und zurück 15 €.
■ **Giardino Botanico delle Alpi Orientali,** Nevegal, Tel. 04 37 94 48 30, Sommer Di–So 9–12, 13–17 Uhr, 1,50 €.

Valmorel

14 km südlich von Belluno versteckt sich in den Hügeln ein kleines, aber feines Museum für Freunde von Western und der indianischen Kultur – *wokeys* mit Kritik an *cultural appropriation* sollten nicht vorbeischauen. Bei Limana verlässt man das Valbelluna und fährt hoch zu den sattgrünen Almwiesen von Valmorel. Das **Indianermuseum** zeigt Kunst, Kultur und Handwerk der Ureinwohner Nordamerikas, hat ein Tipi-Dorf aufgestellt und verkauft im Laden Accessoires.

Museo Indian Village, Vial Valmorel 11, Valmorel, Tel. 32 95 36 15 38, www.indianvillage.it, Sommer Mi–So 10–18 Uhr.

Ponte nelle Alpi

Das erstaunliche **Bortoluzzi-Schloss** bewacht die Brücke über den Fluss 8 km nördlich von Belluno. Das „Neuschwanstein am Piave" ließ ein Hotelunternehmen 1905 errichten, schlug es dann aber direkt nach Bauende doch lieber los. Gekauft hat es venezianischer Adel – eben die *Bortoluzzis* – als Sommerresidenz. Bis in die 1990er-Jahre haben die Töchter es bewohnt und nicht viel für den Erhalt unternommen. Schließlich verkauften sie die Ruine an eine Immobilienfirma, die es in Apartments aufteilen und kleinteilig verditschten wollte. 2005 kam das Schloss – begleitet vom Verdacht der Geldwäsche – unter den Hammer. Seitdem ist nichts mehr passiert.

Longarone

Dass in Longarone am Piave (5200 Einw., 475 m) 7 km nördlich von Ponte nelle Alpi ausschließlich moderne Gebäude stehen, hat einen traurigen Grund. Am 9. Oktober 1963 schoss eine Flutwelle aus der Valle del Vajont und tötete in Sekunden fast alle der damals 2000 Bewohner (→ Tal von Vajont). So ist Longarone nicht anzusehen, dass es eine lange Geschichte hat und schon 1190 aktenkundig wurde. Die Tragödie schildert das **Vajont-Museum.** Im Ortsteil Pirago (Via Pirago) hat der **Campanile** als einziges Bauwerk die Katastrophe überstanden. Jedes Opfer, geborgen oder verschollen, erhielt auf dem **Friedhof von Fortogna** eine Grabstelle (5 km südlich an der SS51).

☐ Bei Longarone erinnert ein Kirchlein an eine schreckliche Katastrophe

139f sk

Venedigs Holzbedarf

Der Holzbedarf Venedigs war immens – für die Flotte und als Bauholz für Häuser und Paläste. Einzeln aus den Bergen getriftet, band man die Stämme am **Piave** zuerst zu großen Verbänden und flößte sie bis in die Lagune. Später sägten zahlreiche **Mühlen** an den Talausgängen Bretter und Balken und die Flößer transportierten sie ans Meer. Ende des 17. Jh. verarbeiteten und lieferten die Knechte bis zu 350.000 Stämme im Jahr. Aus dem Cadore und dem Zoldo-Tal kamen vornehmlich harzhaltige Nadelhölzer als allgemeines **Bauholz** und Lärchenbretter, die – auf eicherne Gründungspfähle aus Dalmatien genagelt – das Steinfundament der Paläste trugen. Der Cansiglio-Wald lieferte die Buchen für **Galeerenruder,** aus Montello bei Montebelluna kamen die Eichen für **Schiffskiele** und -spanten (noch während des Wuchses in Bogenform gebracht) und bei Aurora di Cadore wuchsen die Bäume, vor Wind geschützt, langsam und gerade – ideal für **Schiffsmasten.**

■ **Museo Longarone Vajont Attimi di Storia,** Piazza Gonzaga 1, Tel. 04 37 77 01 19, www.attimidistoria.it, Di–So 9.30–12.30, 15–18 Uhr, 6 €.
■ **Cimitero Vittime del Vajont,** Via Cima La Riva, Fortogna.

Am anderen Ufer des Piave informiert im Stadtteil Codissago das große **Flößermuseum** umfassend und eindrücklich auch mit Filmen in zehn thematisch organisierten Sälen über das Leben der Holzknechte: vom Fällen übers Flößen bis zum Sägen.

■ **Museo Etnografico degli Zattieri del Piave,** Via Gianni d'Incà 1, Tel. 33 94 89 24 59, www.museozattieri.it, Juni–Sept. Di–So 9–12, 15–18 Uhr, sonst nur Sa/So, 3 €.

Val di Zoldo

Ein schöner Ausflug führt von Longarone im Val di Zoldo nach Westen ins Gebirge hoch. Die gut ausgebaute SP251, die **Via del Parco,** windet sich (nach einem ersten Tunnel) elegant durch die bewaldeten Hügel. Bei **Soffranco** tauchen dann die ersten blanken Bergflanken auf, bis schließlich voraus immer wieder graue Felsnasen in den blauen Himmel stechen. Nach mehreren Galerien und Tunneln steht am Horizont das Massiv um den **Monte Civetta** (3218 m) und kurz darauf ist **Forno di Zoldo** (2400 Einw., 850 m) erreicht: Hotels, Pensionen und Apartmenthäuser in alpenländischem Holzbalkon-Stil – ein Ferienort.

Regionalmuseum

Das **Eisen- und Nagelmuseum** widmet sich den Nägeln, deren Herstellung die Menschen der Gegend über Jahrhunderte in Lohn und Brot hielt – und Venedigs Schiffe zusammen. Mit dem Aufkommen der industriellen Produktion im 18. Jh. begann der Niedergang.

■ **Museo del Ferro e del Chiodo,** Via San Francesco 15 (Palazzo del Capitaniato), Forno di Zoldo, Tel. 04 37 78 78 11, www.comune.valdizoldo.bl.it, Sommer Mi/Fr–So 16–18.30, Aug. Mi/Fr 16–18.30, Sa/So 10–12, 16–18.30 Uhr, 2 €.

Museum in den Wolken

In 2181 m Höhe, 650 m über dem Passo Cibiana, steht auf dem Gipfelplateau des **Monte Rite** ein Fort, 1914 von Italienern errichtet. 1917 haben österreichische Truppen es erobert und 1918 kurz vor Ende des Krieges bei ihrem Rückzug teilweise gesprengt. Bis 1998 wurde es mehr oder weniger vergessen und nur noch von Bergwanderern besucht – bis *Reinhold Messner* es mit viel Energie zu einem Museum ausbaute, das 2002 seine Pforten öffnete. Das **Messner Mountain Museum** erinnert mit seiner Ausstellung an die Eroberung der Dolomiten durch die Bergsteiger und zeigt Kunst zum Thema Berge aus der Sammlung Messner. Regelmäßig finden auch Sonderausstellungen statt. Es ist Teil einer Kollektion von sechs Messner Museen. Am Monte Rite ist **Klettern in den Dolomiten** das Thema, das zentrale Museum auf Schloss Sigmundskron bei Bozen zeigt sich allgemeiner, Juval im Vinschgau beschäftigt sich mit der Religion, Ortles bei Sulden beleuchtet das Verhältnis Mensch und Gletscher, Schloss Bruneck im Pustertal bringt den Besuchern Bergvölker näher, und Corones auf dem Kronplatz bei Bruneck erzählt in 2275 m Höhe von den Abenteurern unter den Bergsteigern.

Zum Monte Rite gelangt man vom Passo Cibiana auf einer Schotterstraße. Zu Fuß sind es auf ihr 2 Std., auf dem direkteren Bergpfad 1,5 Std. und per Transfer mit dem Land Rover 20 Min. Wer es geografisch exklusiv liebt, isst und schläft oben im Rifugio Dolomites zwischen Himmel und Erde.

Museo nelle Nuvole, Tel. 04 35 50 15 27, www.messner-mountain-museum.it, Juni/Sept. tgl. 10–17, Juli/Aug. 10–18 Uhr, 9 €, Kind 5 € (Shuttle 9–18 Uhr, Hin- und Rückfahrt 13 €, Kind 10 €).

Pian del Crep

Mit der **Kabinenbahn** gelangt man von Mareson-Pecol 10 km nördlich von Forno di Zoldo zum Pian del Crep, im Winter die **Skiarena des Val di Zoldo,** im Sommer ein ausgedehntes **Wandergebiet** mit Dolomitenblick. Neben der Bergstation auf 1766 m Höhe gibt's beim **Ristoro da Bepi** eine große Wiese mit Liegestühlen; die Kinder toben auf den Hüpfburgen und im Pool, die Eltern erfreuen sich derweil am Bergblick – und alle zusammen schmausen Burger mit Pommes. Wer **zu Fuß oder mit dem MTB** hinauf will, kann dies von der Talstation auf einem breiten Kiesweg, der in großem Bogen und mit gleichmäßig angenehmer Steigung weitgehend schattenlos zur Crep-Pfanne hochführt (4 km, zu Fuß 75 Min., 350 Hm).

Cabinovia Pian del Crep, www.valdizoldo.net, Mitte–Ende Juni Sa/So, Juli–Mitte Sept. tgl. 9–17 Uhr, hin und zurück 12 €.

Ristoro da Bepi, Zoldo Alto, Tel. 04 37 78 86 50, www.ristorobepi.it, im Sommer bei gutem Wetter.

Weiterfahrt ab Forno di Zoldo

La Via del Parco

Die durchgängig landschaftlich eindrucksvolle und aussichtsreiche Strecke auf der Umrundung des Ostteils des Nationalparks beginnt in Belluno, führt über Longarone und Forno di Zoldo und kehrt über den **Canale d'Agordo** oder am **Lago di Mis** entlang zurück. Wer viel Zeit hat, verlängert die Tour über den Passo di Cereda nach Feltre. Beschreibung: siehe Nationalpark Belluneser Dolomiten, → S. 396.

Richtung Valle di Cadore über den Passo Cibiana

Vorbei an den beeindruckenden Bauernhäusern von **Fornesighe** und über den **Passo Cibiana** (1530 m) – 10 km ab Forno di Zoldo – gelangt man auf landschaftlich ebenso schöner Strecke hinüber ins Cadore (→ S. 440) und passiert dabei am Pass den Abzweig hoch zu **Reinhold Messners Museo nelle Nuvole** (→ S. 389).

Richtung Cortina über den Passo Giau

Eine spannende und herausfordernde Fahrt, vor allem für Motorradfahrer, verspricht die gut ausgebaute, relativ breite Verbindungsstraße von Dont über Mareson-Pecol nach **Cortina d'Ampezzo,** schließlich sind auf dem Weg quer durch die Dolomiten der **Passo Staulanza** (1773 m) und der **Passo di Giau** (2230 m) zu bewältigen (SP251/SP638, 50 km) – Felsgipfel allüberall. Hinter dem Staulanza-Pass, dem Ende des Val di Zoldo, passiert man das Dorf **Pescul,** in dem es zum Skizirkus von Val Fiorentina hochgeht, und in **Selva di Cadore** (1350 m), kurz vor dem Abzweig der SP638 nach Cortina, sollte man einen Blick ins erstaunlich große **Cazzetta-Museum** werfen: eine Ausstellung zum Leben in den Bergen vor Urzeiten mit Dinosaurierabdrücken, einer Begräbnisstätte des wissenschaftlich bedeutsamen Mondeval-Menschen, Skeletten von Mensch und Dino, Werkzeugen und Dioramen.

Museo Vittorino Cazzetta, Via IV Novembre 51, Selva di Cadore, www.museoselvadicadore.it, Tel. 04 37 52 10 68, Sommer tgl. 10–13, 15–19 Uhr, 10 € (mit wechselnden Sonderausstellungen).

Die SP638 schwingt hinter Selva in Bögen die Hänge hinauf, und nach Kehre Nr. 20 hat man bei **Fedare** auf 2000 m Höhe endgültig die Baumgrenze erreicht; nur noch vereinzelt steht hier eine Lärche auf den Almwiesen. Auf der Terrasse des Rifugio Fedare kann man eine Pause einlegen. Dann noch acht enge Kurven und man ist oben am **Giau-Pass** mit Restaurant und Hotel (im Winter ein beliebtes Skigebiet mit mehreren Liften). Bergeinsamkeit sollte man bei schönem Wetter nicht erwarten: Ehepaare mit Campern, Horden beleibter Männer in Motorradkluft und erschöpfte Rennradfahrer stehen traut zusammen und genießen den Blick auf den markanten Felsdom des La Gusela im Norden und auf die Felswand der Croda da Lago im Osten. Als bunte Punkte sind in der Ferne Wanderer oder Kletterer zu sehen, die den Pass als perfekten Ausgangspunkt für eine Tageswanderung im Fels gewählt haben. Da kann die Abfahrt nach Cortina nichts Schöneres bringen.

Wanderungen am Giau-Pass – Monte Nuvolau und Cinque Torri

Eine aussichtsreiche und viel begangene, einfache Wanderung auf Geröll und felsigem Pfad (hin/zurück 7 km, 340 Hm, 3 Std.) führt vom Pass nach Norden zum **Rifugio Averau** mit Blick auf die Cinque Torri, um den Felsdom der **La Gusela** herum und in leichtem Anstieg hoch zum **Monte Nuvolau** (2574 m), auf dem das gleichnamige Rifugio in unvergleichlicher Lage zu einer weiteren Pause mit Panorama einlädt (zu sehen u.a. das Marmolada-Massiv und der Monte Cristallo). Es steht an der Stelle der ersten Schutzhütte der Dolomiten, die ein deutscher Oberst 1883 gespendet hatte – aus Dankbarkeit für die Heilung seiner Lungenkrankheit in Cortina. Zurück geht es auf demselben Weg. Die Wanderung ist einfach, verläuft aber gleichwohl im Hochgebirge, sodass Ausrüstung und Vorsichtsmaßnahmen, besonders bezüglich des Wetters, darauf abgestimmt sein müssen.

Variante 1: Von der Nuvolau-Hütte kann man alternativ auf einem steilen, stahlseilgesicherten **Klettersteig** direkt zum Giau-Pass absteigen, erst gemächlich, dann zügig bergab zur Kreuzung mit dem Weg 443 und auf ihm mehr oder weniger Höhe haltend zum Pass (empfohlen sind Gurtzeug und Helm).

Variante 2 - Giro delle Cinque Torri: Vom Rifugio Averau folgt man dem breiten Ziehweg 439 nach Norden und gelangt nach 20 Min. zum **Rifugio Scoiatolli** mit dem berühmten Nahblick auf die Cinque Torri und kann ihnen sogar noch näherkommen. Hier beginnt die **Umrundung der Felsformation** (Giro delle Torri) auf verhältnismäßig guten Wegen – besonders an der Nordseite aber auch auf teils ausgesetzten, holprigen Felspfaden (wenn man dort den Schützengrabensteig, Sentiero delle Trincee, nimmt). Es geht vorbei an zahlreichen Relikten des Gebirgskriegs 1914–18 mit Geschützstellungen, Kavernen, Laufgräben und Baracken. Über das Rifugio Cinque Torri kehrt man zurück zur Scoiatolli-Hütte (ab Rifugio Averau hin/zurück 4,5 km, 250 Hm, 2 Std.).

140f sk

■ **Rifugio Averau,** Tel. 04 36 46 60, www.rifugioaverau.it; **Rifugio Nuvolau,** Tel. 04 36 85 79 38, https://rifugionuvolau.it; **Rifugio Scoiatolli,** Tel. 33 38 14 69 60, www.rifugioscoiattoli.it; **Rifugio Cinque Torri,** Tel. 04 36 29 02, https://cortinadelicious.it.

■ **Ristorante Da Aurelio③–④,** Passo Giau 5, Tel. 04 37 72 01 18, www.da-aurelio.it, Mitte Juni–Sept./Dez.–April 10–22 Uhr. Wer ausgezeichnete Küche über 2000 m für unmöglich hält, irrt! Lage, Qualität und Service sind sensationell – Sterneambition auf Dolomitenpass!

■ **Seggiovia Cinque Torri /Sessellift Passo Falzarego – Rifugio Scoiatolli,** Tel. 04 36 40 19, www.5torri.it, Juni–Sept. 9–17 Uhr, hin und zurück 21 €; mit dem Sessellift 4 km westlich vom Passo Falzarego geht es in 15 Min. hoch zur Schutzhütte.

Richtung Cortina über den Passo Falzarego

Alternativ kann man von **Selva di Cadore** in die gut ausgebaute SP20 Richtung Belluno abbiegen und folgt nach einigen Serpentinen dem engen Tal des Torrente Fiorentina bis **Caprile**. Dort geht es auf der SR203 aussichtsreich in Serpentinen aus dem Tal heraus und dann im Hochtal durch den Nadelwald zur SR48 bei **Cernadoi,** der 1909 als Ferienstraße eröffneten Transversale **Große Dolomitenstraße,** der man nach rechts folgt. Vorbei an den Ruinen von Dorf und Schloss Buchenstein geht es dann auf ihr über den **Passo Falzarego** (2105 m) nach Cortina (s. dort).

Praktische Tipps

Informationen

- **Infopoint Belluno,** Piazza Duomo 2 (am Rolltreppenausgang), 32100 Belluno, Tel. 33 42 81 32 22, http://adorable.belluno.it, Sa–Mo 10–13, 14–17, Di/Do/Fr 10–13 Uhr.
- **Infopoint Forno di Zoldo,** Via Roma 10, 32012 Forno di Zoldo, Tel. 04 37 78 73 49, www.valdizoldo.net.

Belluno und Umgebung: Zugabe!

- **Museo Interattivo delle Migrazioni,** Via Cavour 3, Belluno, Tel. 04 37 94 11 60, www.mimbelluno.it, Mo–Fr 8.30–12.30, 15–18 Uhr, 5 €. Modernes und interaktives Museum, das sich der Emigration aus den bitterarmen Berggebieten in die weite Welt widmet.
- **Museo Storico del 7° Reggimento Alpini,** Via Villa Pat 1, Sedico (12 km westlich von Belluno), www.ecomuseograndeguerra.it, So 15–18 Uhr, 3 €. Erinnerungsmuseum der Alpini, die in den Kolonialkriegen, beim Russlandfeldzug und in den 1960ern in Südtirol eingesetzt waren, als dieses versuchte, sich in die Unabhängigkeit zu bomben.
- **Museo Civico Archeologico,** Piazza Papa Luciani 7, Mel (16 km südwestlich von Belluno), www.museomel.it, Sa/So 9–12, 15–18 Uhr. Grabungsmuseum einer eisenzeitlichen Nekropole (8.–5. Jh. v. Chr.) mit Resten an Kreistumuli und Grabbeigaben.
- **Museo del Latte e della Tradizione Casearia,** Via Farra, Farra (3 km nordöstlich von Mel), Tel. 32 83 82 77 60, Sa/So 15–17 Uhr. Ethnografisches Museum in einer bis 1973 tätigen Käserei von 1907.
- **Museo di Storia Naturale di Chies d'Alpago,** Via Mazoni 215, Chies (10 km nordöstlich des Lago di Santa Croce), http://museisitialpagocansiglio.it, Sommer Sa/So 15–18 Uhr. Großes Museum zur Naturkunde der Region mit zoologischer, geologischer und mineralogischer Abteilung.
- **Casa Museo dell'Allchimista,** Via X Settembre 1944 44, Valdenogher (5 km östlich des Lago di Santa Croce), http://museisitialpagocansiglio.it, Sommer Sa/So 15–18 Uhr. Museum in einem an sich schon sehenswerten Gebäude des 16. Jh., in dem ein – wegen „Schwarzer Kunst" in Ägypten zum Tode verurteilter – Graf es nicht lassen konnte und weiter forschte.
- **Certosa di Vedana,** Sospirolo (10 km nordwestlich von Belluno am Eingang zum Agordo-Tal). Ehemaliges Kartäuserkloster aus dem Jahr 1456 mit drei Kreuzgängen, mehrfach umgebaut und heute von einem weiblichen Klausurorden genutzt – leider ist eine Besichtigung derzeit nicht möglich.

Unterkunft

7 Hotel Astor e Spa③-④, Piazza dei Martiri 26/E, Tel. 04 37 94 37 56, www.astorbelluno.it. Luxusherberge im Design-Stil mit sehr großzügigen Suiten und Spa-Bereich; fantastische Panorama-Terrasse und Bistro mit *lounge food.*

9 Hotel Cappello e Cadore②, Via Ricci 8, Tel. 04 37 94 02 46, www.albergocappello.com. Wenige Meter vom Teatro Comunale in einem Gebäude aus der Mitte des 19. Jh., Drei-Sterne-Haus mit 30 etwas kleinen, aber komfortablen Zimmern.

12 Centro Storico B&B②, Via Torricelle 6/C, Tel. 04 37 94 20 92, www.bebcentrostorico.it. Drei Zimmer mit Bad, Frühstück mitten in der Altstadt bei der Porta Rugo mit Blick über den Piave.

1 Bed in Bus①–②, Via Fisterre, Tel. 34 87 81 01 68, https://bedinbus.business.site. Zu zweit oder zu sechst schläft man im ausgebauten Doppeldeckerbus gemütlich, hat eine kleine Küche, ein Bad und die Gewissheit, außergewöhnlich untergebracht zu sein.

2 La Cerva B&B①, Via Paletti 7, Belluno, Tel. 04 37 94 41 79, www.lacerva.it. Drei Privatzimmer in Bahnhofsnähe mit Gemeinschaftsbad und einem Garten.

In der Umgebung

15 Agriturismo Casa de Bertoldi①-②, Via Pedecastello 42, Località **La Costa** (4 km östlich von Belluno), Tel. 04 37 92 50 76, www.casadebertoldi.it. Bauernhof mit Apartments und gutem Restaurant② mit Hausmannskost wie Bohnensuppe mit Dinkel und Zicklein mit Polenta.

■ **Albergo Alla Spiaggia①-②,** Viale Al Lago 5, Farra d'Alpago/**Lago di Santa Croce,** Tel. 04 37 42 38, www.albergoallaspiaggia.com. Nette Familienpension mit 10 Zimmern am Seeufer und gutem Ausflugslokal②.

■ **B&B Casagrande②,** Borgo San Nicolò, Alpago/ **Lago di Santa Croce,** Tel. 32 84 97 97 74, https:// bnbcasagrande.it. Unterkunft mit überaus geschmackvoller Einrichtung, drei Zimmer, ausgezeichnetes Frühstück und sympathische Gastgeber.

■ **Albergo Pineta②,** Via Nevegal 244, **Nevegal** (12 km südöstlich von Belluno), Tel. 33 38 58 26 70, www.albergopinetanevegal.com. Berghotel mit drei Sternen inmitten von Wäldern; 36 Zimmer in ruhiger Lage abseits der Hauptstraße.

■ **Agriturismo La Sloda①-②,** Via S. Andrea 20/ Pralongo, **Forno di Zoldo,** Tel. 32 88 42 04 33, www. lasloda.com. Bauernhof mit sieben Zimmern in 1000 m Höhe.

■ **Rifugio Dolomites②-③,** Messner Museum/ Monte Rite (→ S. 389), **Passo di Cibiana,** Tel. 34 85 65 86 75. Unterkunft und Restaurant in luftiger Höhe, das 2022 wegen explodierter Energiekosten geschlossen war.

Camping

■ **Area Comunale Lambioi,** Viale dei Dendrofori, Belluno. Großparkplatz auch für Camper, Abwasser, Entsorgung, 6 €/Tag.

■ **Camping Nevegal,** Via Nevegal, **Nevegal,** Tel. 04 37 90 81 43, www.parkcampingnevegal.it, ganzjährig. Hotel, Restaurant und Markt angeschlossen, Spielplatz, Liftnähe, saubere Sanitärbereiche, 7–8 €/Person, 10–12 €/Stellplatz.

■ **Camping Sarathei,** Viale Al Lago/Farra d'Alpago, am Seeufer des **Lago di Santa Croce,** Tel. 04 37 46 996, www.sarathei.it, April–Sept. Direkt am Seeufer mit Badestrand, gute Infrastruktur, Restaurant/ Pizzeria, 7–10 €/ Pers., 10–16,50 €/ Stellplatz.

■ **Area attrezzata Pedemontana,** Via Fadalto Basso, **Lago Morto;** keine Infrastruktur, kostenfrei.

■ **Camping Al Pez,** Frazione Pralongo, **Forno di Zoldo,** Tel. 04 37 78 75 76, www.campingalpez.com, ganzjährig. In 1000 m Höhe, kleiner, familiärer Platz im Wald, 7,50–8,50 €/Person, 8–10 €/Stellplatz.

Essen und Trinken

10 Ristorante Taverna②-③, Via Cipro 7, Tel. 04 37 25 192, www.ristorantetaverna.it, Mo–Sa 12–14.30, 19.30–22 Uhr. Traditionslokal fürs gemütliche Sitzen unter Holzbalken eines antiken Palazzo mit Fleischküche, Stockfisch und Forelle, im Sommer einige Tische in der Nebengasse.

13 Ristorante Al Borgo②-③, Via Anconetta 8 (2 km südlich des Zentrums jenseits des Piave), Tel. 04 37 92 67 55, www.alborgo.to, Mo 12–14, Mi–So 12–14, 19.30–21.30 Uhr. In einer Villa aus dem 18. Jh. und im gepflegten Garten zelebriert das Personal das ausgezeichnete Essen – und den Aufenthalt in den drei schönen Zimmern② des Nebengebäudes.

6 Ristorante/Pizzeria Al Mirapiave②, Via Matteotti 29, Tel. 04 37 94 18 13, www.facebook.com/amicialmirapiave, Mi–Mo 12–14.30, 19–23 Uhr. Gute Pizza und Küche mit Anspruch, von der (verglasten) Terrasse ein fantastischer Blick über den Piave.

Stadt vor Dolomitengipfeln: Belluno

UNSER TIPP: **5 Ristorante Terracotta②,** Via Garibaldi 61, Tel. 04 37 29 16 92, https://ristorante terracotta.it, Mi 19.30–21.30, Do–Mo 12–14, 19.30–21.30 Uhr. Unaufgeregt elegant und jugendlich frisch, mit wohldurchdachten und raffiniert angerichteten Fisch- und Fleischgerichten auf der kleinen Karte; gute Weinauswahl.

In der Umgebung

UNSER TIPP: **Tenuta Nogherazza②,** Via Gresane 78, **Faverga** (4 km östlich, an Castion vorbei und dann abbiegen), Tel. 04 37 92 74 61, www.nogherazza.it, Mi–Mo 12.30–14, 19.30–21.30 Uhr. Sehr gutes Essen in einem alten Gutshof, à la carte oder mit (tischweise) festem Menü; Sommerterrasse mit Ausblick, auch sechs wunderschöne Zimmer②.

■ **Bar/Trattoria alle Scole②,** Via Valmorel 13, **Limana,** Tel. 04 37 96 75 88, www.allescole.it, tgl. 8–22 Uhr. Pasta, Risotto und Fleischgerichte in verlässlicher Qualität und Zimmervermietung①-②, von engagiertem, jungem Ehepaar geführt.

■ **Agriturismo Mezzomiglio②,** Località Mezzomiglio/Farra d'Alpago, **Foresta del Cansiglio,** Tel. 34

141fsk

81 43 51 14, www.facebook.com/agriturismomalgamezzomiglio, Fr–So 9–23 Uhr. Einfache, leckere Küche mit Kuhweiden vor Bergblick für Ausflügler.

■ **Casera Le Rotte**②, Via dei Cimbri, **Foresta del Cansiglio,** Tel. 33 81 42 53 85, Mitte Juni–Mitte Nov. Di–So 12–22 Uhr. Almhütte mit Panorama, Liegewiese und dem Besten, was die Küchen Italiens und Österreichs hergeben – von Apfelstrudel und Germknödel bis Pasta und Gnocchi.

■ **Trattoria da Ninetta**②, Località **Mezzocanale** 22 (auf halbem Weg von Longarone nach Forno di Zoldo), Tel. 04 37 78 240, Do–Di 8.30–23.30 Uhr. Klassische Wegesrandherberge mit Alpenland-Feeling (viel Holz, ein wenig Kitsch und eine offene Feuerstelle); rustikale Küche und üppige Portionen.

■ **Pizzeria/Bar Camino Nero**①, Via Roma 52, **Forno di Zoldo,** Tel. 04 37 78 413, Do–Di 9–23 Uhr. Modernes Lokal mit hauchdünner Pizza in der Hauptstraße, In-Treff der Jugend, auch Gelateria.

Caffè & Eis

3 **Sorbettiera,** Via Vittorio Veneto 97/B, Tel. 34 87 85 82 88, www.facebook.com/LaSorbettieraGelateria, Di–So 10–21 Uhr. Eis in der Waffel, Eiskreationen im Glas und Eis mit Obst in der Schale – klassische Aromen und Ausgefalleneres (wie Bergamotte) aus eigener Produktion.

Apero & Abend

8 **Caffè Deon 1870,** Piazza dei Martiri 31, Tel. 04 37 29 14 28, Mo–Fr ab 7, Sa, So ab 8, bis 24, teils bis 2 Uhr. Tagesbar, Aperitif-Lounge und abendlicher Treff am Hauptplatz; immer wieder DJ-Auftritte und Themenabende.

11 **Enoteca Mazzini,** Piazza Mazzini 6, Tel. 04 37 94 83 13, Do–Di 10–15, 18–2 Uhr. Fürs gemütliche Zusammensitzen mit einem pastabegleiteten Glas Wein unter den Arkaden oder im Gastraum zwischen Flaschen, Holz und Kunst.

Einkaufen

14 **De Gusto Dolomiti/Wein,** Via Maessa 273, **Sagrogna** (5 km nordöstlich vom Zentrum auf der anderen Seite des Piave), Tel. 04 37 92 75 03, www.degustodolomiti.it, So/Mo geschl. Restaurant und Weinladen auf einem Gutshof.

■ **Latteria Turnaria/Käse,** Via Valtibolla, Valmorel/**Limana**. Halbharter Bergkäse aus Milch in drei Reifegraden von mild bis würzig, von Kühen, die auf den Almwiesen rund um Valmorel grasen.

Aktivitäten

■ **Wandern:** Siehe oben bei Wanderungen am Giau-Pass und unten bei Belluneser Dolomiten.

■ **Baden:** Am Ostufer des **Lago di Santa Croce** und an der Baia delle Sirene an dessen Südende schöne Bademöglichkeiten.

■ **Golfclub:** Pian del Cansiglio, Tel. 34 90 05 88 22, www.golfcansiglio.com; 1958 gegründeter, herrlich gelegener Berggolfplatz, 18-Loch-Platz, 6077 m, Par 71, Greenfee 30–60 €.

■ **MTB:** Auf dem **Nevegal-Plateau** sind mehrere kostenpflichtige MTB-Routen ausgewiesen; Auffahrt mit dem Sessellift (inkl. Permit) 25 €.

4 **Radverleih/Decathlon Rent:** Viale Dolomiti 37, Belluno, https://rent.decathlon.it (Online-Reservierung), MTB 19 €/Tag, E-MTB 40 €/Tag.

Verkehr

■ **Bahnhof/Stazione:** Piazzale Vittime delle Foibe (500 m nördlich der Piazza dei Martiri), Verbindungen nach Feltre (stdl., 40 Min., um 5 €, Anschluss nach Treviso) und Vittorio Veneto (stdl., 40 Min., um 5 €, Anschluss nach Pordenone und Treviso/Venedig).

Nationalpark Belluneser Dolomiten

Der 1993 gegründete, 32.000 ha große **Parco Nazionale delle Dolomiti Bellunesi** liegt im unwegsamen Gelände am Rande der südöstlichen Alpen. Er ist durch unterschiedliche Landschaften gekennzeichnet. Der westliche Teil (Vette) besteht aus grasbedeckten Gipfeln wie dem **Monte Pavione** (2334 m). Die Hänge bei Belluno sind durch **Dolomitenwände** (Burel della Schiara) wie auch durch „Grasgipfel" (Monte Serva) charakterisiert. Im Park liegen zwei Stauseen, der **Lago del Mis** im gleichnamigen Tal und der **Lago della Stua** im Val Canzoi.

Als die Kontinente noch nicht vollständig geformt waren, lag das Gebiet meerbedeckt zwischen Ruga Trentina und Piattaforma Friulana. Das Wasser stand an dieser Stelle nicht besonders hoch. Nur im tiefer liegenden Becken von Belluno konnten sich Sedimente ablagern. Aus diesem Grund besteht ein großer Teil des Gebiets aus **Sedimentgesteinen;** doch gibt es auch Ausnahmen, wie die Täler Valle del Mis und Valle Imperina, wo metamorphische Gesteine vorkommen.

In der **Tierwelt** spielen Huftiere wie Gämsen, Reh- und Hirschwild die Hauptrolle, aber auch Hase, Fuchs, Dachs, Hermelin, Wiesel, Marder und Igel sind zu finden. Zurückgezogen in geschützten Höhlen lebt der Goldadler; im ganzen Park sieht man Auerhahn, Haselhuhn, Alpenschneehuhn und Steinhuhn. Auf dem Boden und in den Gewässern kreuchen Salamander, Frösche und Vipern.

Die **Flora** ist mitteleuropäisch mit Laubbäumen (Hainbuchen, Eichen), subatlantisch mit Buchen und Nadelgewächsen (darunter Weißtannen und Schwarzkiefern), boreal mit Fichtenwäldern und Latschen und schließlich alpin.

Rundfahrt: La Via del Parco

Die durchgängig landschaftlich eindrucksvolle und aussichtsreiche Rundstrecke durch den Ostteil des Nationalparks beginnt in Belluno und führt über Longarone, Forno di Zoldo und den Canale d'Agordo oder am Lago del Mis entlang zurück. Der Abschnitt nach **Forno di Zoldo** wird beim Val di Zoldo beschrieben (→ S. 388). In **Dont** (3 km westlich von Forno di Zoldo) nimmt man die SP347 nach Südwesten und folgt der **Via del Parco** und dem Lauf des Duran durch lockeren Mischwald leicht bergan. Voraus beeindruckt das Felsgetürm des Molazza-Massivs. Am weiten Talschluss bei Chiesa verlegt der Molazza Nord (2865 m) den Weg und die Straße wendet sich nach Süden, wird kurvenreicher und steigt an. Nadelwald herrscht jetzt vor und die Straße verengt sich immer wieder. Auf halber Strecke nach Agordo ist man am Scheitelpunkt angekommen. Am **Passo Duran** (1605 m stehen ein paar Gebäude, das Rifugio San Sebastiano, ein Kirchlein, eine Bar. Zügig geht es dann entlang der Hänge des Torrente Rova bergab nach **Agordo** (4000 Einw., 610 m) im Tal des Torrente Cordevone. Dieser quert den

142f sk

Nationalpark der Dolomiten an dessen breitester Stelle, und die Fahrt am Fluss entlang auf der SR203 durch das Tal **Canale d'Agordo** lohnt. Vorher kann man sich noch im **Mineralienmuseum** über die Bergbaugeschichte der Region und den Abbau von Kupfer und Silber informieren. An der Durchgangsstraße südlich von Agordo ist auch noch eine Bergbauhütte mit Schmelzofen erhalten und saniert und soll 2023 zum Besucherzentrum ausgebaut werden: das **Centro Minerario di Val Imperia.**

■ **Museo Mineralogico,** Via V Maggio, Agordo, Tel. 04 37 62 015, www.agordinodolomiti.it (unter Cosa vedere), Sommer Fr–So 9.30–12.30, 16–19 Uhr (sonst nach Vereinbarung), Eintritt frei.

Die Straße verläuft nun im Tal des Cordevole zwischen steilen, bewaldeten Hängen und blanken Felsspitzen. Bei **Peron** treten die Berge zurück. Hier können Schwindelfreie auf dem 60 m langen *ponte tibetano,* der Hängebrücke **Passerella del Peron,** einen kurzen Ausflug auf die andere Flussseite unternehmen. Bei Sedico biegt man dann auf die SS50 ab und fährt nach Belluno hinein.

■ **La Via del Parco,** ab Belluno über Canale d'Agordo 90 km.

Alternative ab Agordo

Nicht so gut ausgebaut, aber noch lohnender ist die zweite – den Nationalpark querende – Straße weiter westlich, die SP2 am **Lago di Mis** entlang.

⌃ Agordo, mitten im Felsgebirge

Zu ihr gelangt man von Agordo auf der SP3 Richtung Valle del Mis (nach dem Kreisel beim südlichen Ortsrand über die Brücke). Sie führt auf die Vorberge hoch zum Pass **Forcella Franche** (990 m) und von ihm auf der schmalen SP2 durch den Ort Tiser hindurch und dann in Serpentinen hinab ins Mis-Tal, das bald immer enger wird. Der Platz reicht nun manchmal nicht mehr für Flussbett und Straße und man durchfährt mehrere Tunnel. Bevor die SP2 die Flussseite wechselt, sollte man den Abzweig nach links nehmen und nach 400 m (entlang des an der Brücke beginnenden Sees) bei der Bar Sophia parken. Fünf Minuten zu Fuß sind es im Wald zu den **Cascate della Soffia,** einen Wasserfall, der unter einem Felsüberhang in mehreren Stufen beschaulich in den See plätschert; dazu gibt's Picknickplätze unter Bäumen.

Wer mehr sehen will: Auf der anderen Seite des Flusses ist der Eingang zu den **Cadìni del Bretòn** (mit Parkplatz und botanischem Gärtchen), ein Klein-Plitwiz mit einer Kette von über einem Dutzend Erosionsteichen, die ein Wasserlauf verbindet (2 €, zur höchsten Gumpe 500 m, 50 Hm). Baden ist an beiden Stellen verboten.

Die Straße folgt nun dem westlichen Stauseeufer, und hinter dem vierten Tunnel und vor der nächsten Brücke (über die Mündungsbucht der Falcina) besteht beim Erholungsgebiet **Pian Falcina** mit Bar, Picknickplätzen und Stellplatz für Camper noch mal die Möglichkeit für einen Ausflug (→ S. 399, Sentiero Natura). Am Ende des Sees passiert man in einem Tunnel den Staudamm, verlässt die Berge und kehrt nach Belluno zurück.

■ **La Via del Parco,** ab Belluno über Lago del Mis 100 km, Fahrzeit 3,5 Std.

Stua-See und Cesiomaggiore

Zum 1954 entstandenen Stausee gelangt man von Feltre aus auf der SP12 Richtung Cesiomaggiore. In **Soranzen** (9 km von Feltre) biegt man dann in die Berge Richtung Val di Canzoi ab und fährt entlang des **Torrente Caorame** durch die bewaldeten Vorberge nach Norden. Nach 7 km und 600 m vor dem See geht es ab dem Parkplatz nur noch zu Fuß weiter. Den **Lago della Stua** kann man auf gutem Weg einmal umrunden. Wer es herausfordernder liebt, hat vom See aus einige Möglichkeiten, in die Felsen aufzusteigen.

Rundwanderung um den Stua-See

Startpunkt der Rundtour ist der **Parkplatz,** von dem aus man nach 600 m das **Seeufer** am Staudamm erreicht. Dann geht man am See entlang nach Norden und gelangt nach 25 Min. und hinter dem Seeende auf der **Brücke** über den Caorame. Gleich dahinter biegt man an einem Abzeig nach rechts auf den Waldpfad ein, der am anderen Seeufer erstmal etwas bergan und dann die Höhe haltend oberhalb des Sees wieder nach Süden führt. 50 Min. hinter der Brücke geht es am östlichen Seeende über die **Furt** eines Zuflusses und dann am Hang entlang östlich des Caorame in 40 Min. nach Süden zur **Zufahrtsstraße** und auf ihr in 35 Min. zurück zum Parkplatz.

GPS **Giro Lago della Stua,** Val Canzoi (Parkplatz GPS N 46.12721, E 11.94311), 7,5 km, 2,5 Std., 250 Hm).

Cesiomaggiore

Über das Leben in den Bergen kann man sich im **Ethnografischen Museum der Dolomiten** in Cesiomaggiore (3 km östlich von Soranzen) informieren. In einer Villa aus dem 19. Jh. inmitten eines Rosengartens werden einem die Vergangenheit und die Wandlungen der Arbeits- und Lebenskultur multimedial nahegebracht.

■ **Museo Etnografico Dolomiti,** Via Seravella 1, Cesiomaggiore, Tel. 04 37 95 91 62, www.museoetnograficodolomiti.it, Di–Fr 9–13, Sa/So 15–18.30 Uhr, 5 €.

Die Geschiche des (Lauf-)Fahrrads begann im 18. Jh. Der Radrennfahrer *Antonio Bevilacqua* (1918–1972) hat in seinem **Museo della Bicicletta** 170 Stücke aus ganz Europa zusammengetragen.

■ **Museo della Bicicletta,** Via Grei 6, Cesiomaggiore, Tel. 32 01 96 32 66, www.museostoricobicicletta.it, März–Okt. Sa/So 9.30–12.30, 15–18 Uhr, 5 €.

Wanderungen und MTB-Touren

Der Park ist ideal für Wanderer, die ausgetrampelte Pfade meiden wollen und Bergeinsamkeit genießen können; detaillierte Beschreibungen der Wege sind im Besucherzentrum und in den italienischen Buchhandlungen erhältlich.

Via Claudia Augusta

Nur zwei Hinweise auf die Via Claudia Augusta sind jemals entdeckt worden: ein Stein 1552 in Meran und ein Stein 1786 in Cesiomaggiore, der im Altar einer Kirche verbaut war. Beide tragen eine ähnliche Inschrift, geben aber eine unterschiedliche Wegführung der Straße an. Es könnten also zwei Straßenverläufe möglich gewesen sein: vom Po über den Reschenpass durch das Etschtal zur Donau und von Altino über Feltre durch das Pustertal zum Brenner und weiter zur Donau.

Sentiero Natura Val Falcina

Die **Rundtour** (4,5 km, 2 Std., ca. 250 Hm) beginnt an der **Brücke** am Picknick- und WoMo-Stellplatz **Pian Falcina** und endet auf deren anderer Seite. Am orografisch linken Ufer (also auf der Nordseite) geht es auf schmalem, etwas gerölligem Steig langsam bergan und dann im lichten Strauchwald an den Hängen entlang ins Tal hinein.

Zur Furt durch den Torrente Burt steigt man kurz ab, und 10 Min. danach ist das Bett der Falcina auf ihren Felsen balancierend zu queren (wenn sie viel Wasser führt, helfen Badelatschen). Auf der anderen Seite steigt man kurz in wenigen Serpentinen und über einige Steinstufen wieder hoch. In leichtem Auf und Ab folgt der schmale Steig – teils etwas ausgesetzt und ab und an von einem Holzgeländer begleitet und über weitere Steinstufen – dem anderen Ufer aus dem Tal heraus, immer wieder auch mit Blick auf die 2000er auf der östlichen Seeseite.

Zum Rifugio dal Piaz (MTB)

Man verlässt Feltre auf der Viale Farra nach Norden, fährt durch Pedavena und nimmt dort die Straße hoch zum **Passo Croce d'Aune** (1011 m) mit dem gleichnamigen Ferienort. Vom Parkplatz geht es auf gutem Ziehweg – ein alter Maultierweg des Militärs – erst quer zum Hang durch den Nadelwald, dann aber zügig und in weiten Serpentinen nach oben. Nach 4 km kommt man in 1450 m Höhe aus dem Wald heraus und fährt am Fels entlang. Nach einem (fallweise wegen Steinschlaggefahr gesperrten) Abschnitt mit Warnlicht taucht man noch einmal kurz in den Wald ein und kommt nach einer Kehre wieder raus auf die kahle Ostseite. Noch einmal geht es kurz durch ein Wäldchen, dann aber immer karger entlang des Felsens (an besonders ausgesetzten Bereichen mit Draht gesichert), bis inmitten blanker Bergwiesen das **Rifugio dal Piaz** (1993 m) auftaucht. Die Berghütte ist der Ausgangspunkt für Erkundungen der Vette, der **Gletscherkare** rund um das Rifugio. Sie entstanden während der letzten Eiszeit und wurden in der Folge durch Wind und Wetter immer weiter modelliert – Becken, Dolinen, Furchen und Spalten, ein Hochgebirgskarst, in dem eine ganz eigene Pflanzenwelt wächst: darunter das äußerst seltene Karawanken-Steinkraut *(Alyssum ovirense)* oder der gefährdete Pyrenäen-Steinschmückel *(Petrocallis pyrenaica)*. Vom **Passo Le Vette Grandi** gleich oberhalb der Hütte schaut man in das weite, 150 m tiefer liegende Gletscherkar **Busa delle Vette** hinein.

■ **MTB-Tour/Wanderung,** Parkplatz Croce d'Auna (GPS 46.065954, 11.83078), 10 km, 1000 Hm; MTB ca 2 Std., zu Fuß ca. 3 Std.

■ **Rifugio dal Piaz,** Tel. 04 39 90 65, www.rifugiodalpiaz.com, Juni–Mitte Sept.; Unterkunft und Essen (HP 50–60 €, berühmt für die Focaccia).

Covoli im Lamen-Tal

Der historisch-archäologische Wanderweg mit Schautafeln führt vorbei an Zufluchtsstätten kleiner, prähistorischer Gemeinschaften. Start ist der Parkplatz an der **Forsthütte Baita San Martino** mit Picknicktischen am Talschluss des Val di Lamen in der Gemeinde von Feltre (Anfahrt von Pedavena nach Val di Lamen und am Agriturismo vorbei). Der breite Weg führt erst nach Westen über die Colmeda-Brücke und nach 5 Min. im Wald nach rechts hoch zum ersten der **Covoli** (30 Min.), Felsüberhängen, die den Menschen als Lagerplatz dienten. Der nun folgende **Riparo Lamon 2** war die ergiebigste der vier Fundstätten im Tal. Nach 10 Min. Abstieg achte man linker Hand auf den Abzweig. Der Pfad führt kurz hoch, wendet sich nach rechts und steigt leicht an zum **Riparo Tomàss**, den man nach weiteren 15 Min. erreicht. Gut 100 m dahinter steigt man dann zügig zum Ausgangspunkt ab. Die Wanderung ließe sich noch nach Osten zu den **Covoli Alti** in 1100 m Höhe verlängern, allerdings mit einem sehr steilen und ausgesetzten Anstieg mit Drahtseilsicherung.

GPS **Covoli in Val di Lamen,** Parkplatz Baita San Martino (GPS N 46.07558, E 11.87311), 2,6 km, 170 Hm, 1,5 Std.

Im Tal des Cordevole

Der Wanderweg **Via degli Ospizi** führt im Tal und an den Hängen des Cordevole von San Gottardo nach Norden bis Agordo und folgt dabei einem alten Reiseweg. Das Tal **Canale d'Agordo** war früher wegen mangelnder Ackerfläche fast nicht besiedelt, andererseits aber die schnellste Verbindung in den Norden; nur die Herbergen auf dem Weg boten Schutz vor Wind, Wetter und Räubern. Auch wenn die Steigungen nur leicht und überschaubar sind, summieren sich die Anstiege am Ende doch, und unterwegs gibt es keine Einkehrmöglichkeit.

Startpunkt ist die **Kirche von San Gottardo** unweit des Klosters Vedana bei der Ortschaft Mas (10 km westlich von Belluno). Von ihr nimmt man die Straße nach Norden, die nach einer Schranke als Feldweg dem Fluss folgt. Nach einer guten halben Stunde kommt man nach **Salet** (einst eine der Herbergen), wo die Carabinieri heute ein Gestüt unterhalten und auf den saftigen Weiden zwischen hohen Bergen Pferde grasen. Auf einer schönen Allee quert

Die Panoramen der Dolomiten sind fantastisch

143f sk

man die lange Wiese, geht kurz durch den Wald und kommt nach einer Stunde ab Start ans Ufer des Cordovole und ans Ende des Ziehwegs. Gegenüber am anderen Ufer steht die ehemalige Herberge von Candaten. Auf schmalem Pfad geht es nun weiter. Kurz danach ist der Abzweig des **Naturpfads von Zanardo** erreicht, der auf Stegen in den Wald und zu den **Wasserfällen von Montareze** führt.

Zurück am Hauptweg steigt man etwas an, ignoriert zwei linke Abzweigungen, steigt über zwei Kehren wieder ab und quert das **Bett des Fagarè** (460 m). Der Weg verläuft Höhe haltend weiter nach Südwesten; der Hauptanstieg beginnt 20 Min. hinter der Furt an einem Abzweig nach links mit zwei Kehren (hier muss man auf die gelb-lila Markierung und den Strommast achten). Es geht nun auf knapp 700 m hoch, dann flach weiter, um schließlich wieder anzusteigen und in die Schlucht **Forra di Vaion** zu führen. Hier gibt es eine kürzere, ausgesetzte Stelle, die allerdings mit einem Drahtseil gesichert wurde. Hinter dem nachfolgenden, breiten Zoldani-Tal ist mit 750 m Höhe der höchste Punkt der Wanderung erreicht (3 Std. nach Start). Den Abzweig linker Hand ignorierend steigt man nun ab, passiert Fundamentreste und quert das Mus-Tal mit seinen Kaskaden. Der Pfad wird zum Ziehweg; auf einer Brücke geht es über die Pegolera und über Wiesen zum **Hospiz von Agra** (1 Std. nach dem Scheitelpunkt).

Dem Ufer folgend könnte man nach 5 Min. über die Hängebrücke von Muda abkürzen. Geradeaus sind es weitere 20 Min. über Wiesen und an alten Kasernen vorbei zum **Ponte del Torner.** Der Weg verläuft nun auf der alten Staatsstraße (durch die enge Schlucht Gola dei Castei), die nach dem Tunnelbau am gegenüberliegenden Ufer keine Bedeutung mehr hat. Nach dem **Pont dei Castei** verlässt man die Straße an einem Picknickplatz mit Infotafel über vier Kehren (50 Hm) nach oben, passiert einen Sattel mit **Bunker,** steigt ab und wandert über die kleine Brücke des Rio Carbonere. Eine gute halbe Stunde sind es nun auf gutem Weg und teils über Holzstege zum **Besucherzentrum** des Valle Imperina.

GPS **La Via degli Ospizi,** Kirche San Gottardo (GPS N 46.16830, E 12.11410), 17 km, 700 Hm, 5–6 Std., Bus Linea 1 von Agordo nach Peron (an Werktagen nachmittags jede Stunde, dann zu Fuß über die Hängebrücke in 10 Min. zur Kirche).

Val di San Martino (MTB)

Von Feltre 5 km nach Norden bis Vignui fahren, dort die Via Val San Martin nach Osten nehmen, nach 300 m links abbiegen und nach weiteren 300 m am Waldrand parken. Der Ziehweg führt ins Tal und in den Wald hinein, nach 500 m steht linker Hand die (meist abgesperrte) **Chiesa di San Martino in Valle** vom Anfang des 16. Jh. Der Weg verläuft weiter am orografisch rechten Ufer des Torrente Stien leicht bergauf. 1 km hinter der Kirche passiert man rechter Hand einen Abzweig mit einem Holzsteg über den Stien. 400 m weiter führt eine Brücke auf die andere Seite des Baches, auf der man verbleibt. Nach 300 m ist der Abzweig rechter Hand zu ignorieren (auf ihm könnte man in einem weiten Bogen über Lasen und

Villabruna zum Ausgangspunkt zurückkehren). Nach einem knappen Kilometer steht links eine winzige, von Soldaten gebaute **Holzkapelle,** mehr Schutzdach für das Kreuz als Gebäude, und 500 m weiter ist ein Picknickplatz erreicht, an dem ein aus Wackersteinen errichteter, eindrucksvoller, alter **Kalkofen (Calchera)** steht. Hier ist der Umkehrpunkt. Zu Fuß kann man noch auf die andere Seite des Stien wechseln, steil auf 500 m über 100 Hm hochmarschieren und gelangt zu einem **Wasserfall** fürs Erinnerungsfoto.

GPS **MTB-Tour/Wanderung,** Val di San Martino, Vignui-Parkplatz (GPS N 46.06654, E 11.90886), 7 km mit Rückfahrt, 200 Hm; MTB 1,5 Std, zu Fuß 2,5–3 Std.

Praktische Tipps

Informationen

- **Parkverwaltung Feltre,** Ente Parco Nazionale delle Dolomiti Bellunesi, Piazzale Zancanaro, 32032 Feltre, Tel. 04 39 33 28, www.dolomitipark.it.
- **Centro Visitatori Pedavena,** Piazza 1°Novembre, 32034 Pedavena, Tel. 04 39 30 19 43, Mai bis Sept. Sa/So 9.30–12.30 und 16–19 Uhr, Juli und Aug. auch Do/Fr 16–19 Uhr.
- **Infopoint Agordo,** Via XXVII Aprile 5/A, 32021 Agordo, Tel. 04 37 62 105, www.agordo.net, Sommer Mo/Mi–Sa 9–12, 15–18, So 9–12 Uhr.

Unterkunft

- **Hotel Villa Imperina**②-③**,** Via Pragrande 5, **Agordo,** Tel. 04 37 62 046, www.villaimperina.it. Jugendstilhotel mit drei Sternen und 32 Zimmern, in die Jahre gekommen und von fast morbidem Charme – dennoch: bestes Haus am Platz und annehmbares Restaurant. Kleiner Innenpool, Sauna, Radverleih.
- **Hotel Stella Alpina**②-③**,** Via Roma 1, Voltago, **Agordo** (5 km westlich Richtung Passo di Cereda), Tel. 04 37 66 90 01, www.hotelstellaalpina.org. Angenehme Pension im Alpenlandstil mit viel Holz und nur sieben Zimmern; Gaststätte (Halb- und Vollpension) mit guter Hausmannskost und Pizza.

Camping

- **Area Camper Lambroi, Gosaldo** (7 km vor dem Lago del Mis an der nördlichen Zufahrt zum Nationalpark). Stellplatz an der Hauptstraße mit Wasser, Abwasser, Strom und WC, 10 €/Tag.
- **Campeggio/Area Camper Pian Falcina, Lago del Mis,** Tel. 35 01 37 52 27, https://coopvalcismon.it; Bar, Strom, WC, Wasser, Abwasser, Stellplatz 20–25 €/Tag.

Essen und Trinken

- **Fabricca in Pedavena**②**,** Frazione Le Campe 8/C, **Agordo,** Tel. 04 37 62 171, www.fabbricainpedavenavalleagordina.it, Mi–Mo 6.30–23.30 Uhr. Rundumschlag für Hungrige vom Frühstück bis zum Abendessen mit Brioches, Tartes, Panini, Tramezzini und Hauptgerichten – vor allem aber die Biermarke Dolomiti aus dem nahen Pedavena, wo die größte Brauerei Italiens steht.
- **Agriturismo Val di Lamen**②**,** Via Valle di Lamen, **Lamen,** Tel. 04 39 19 00 786, Mi/Do 17–22, Fr–So 10–22 Uhr. Hausgemachte Pasta und Polenta, Pilze, Wildschwein und lockere Bauernhofatmosphäre mit Bergpanorama.
- **Orsera Val Canzoi**①-②**,** Via Val Canzoi 9, **Lago della Stua** (3 km vor dem See), Tel. 04 39 43 722, www.orsera.it, Juli/Aug. tgl. bei gutem Wetter, sonst im Sommer an Wochenenden. Urige Auflugskneipe mit Garten, deftigen Gerichten und Pizza.
- **Osteria la Certosa**②**,** Località **Mis** 82 (2 km vom Südende des Lago del Mis), Tel. 04 37 84 31 43,

Schiz

Die Käsespezialität aus den Bergen Bellunos war ursprünglich Resteverwertung auf den Almen. Die SennerInnen haben den beim Pressen aus den Formen gequollenen Käseteig kleingeschnitten, in Milch gekocht und mit Polenta gegessen. Heute wird der Frischkäse eigens produziert und an die Lokale geliefert. Er kann in Vorspeisen, Hauptgerichten oder – ungesalzen – für Desserts verwendet werden.

www.allacertosa.it, Do–Sa 19.30–23, So 12.30–14, 19.30–23 Uhr. Auf den Punkt gebrachte Landküche mit besten Zutaten; besonders gelobt: die Vorspeisen-Variationen.

■ **All'Antica Torre②,** Col dei Mich 237 (8 km westlich vom Passo Croce d'Aune), Tel. 34 79 80 28 07, Mi/Do 15–24, Fr/Sa 10–24, So 10–20 Uhr. Mitten im Nirgendwo der Vorberge gibt's ohne Trara gutes Essen in großzügigen Portionen und angenehmem Ambiente drinnen wie draußen. Engagierte Betreiber.

Einkaufen

■ **Latteria di Vallata/Käse,** Via Toccol 61, **Agordo,** Tel. 04 37 64 09 47, www.latteriadivallata.com, Mo 7.30–12.30, Di–Sa 7.30–12.30, 16–19, So 9–12.30 Uhr. Käsekooperative mit den Spezialitäten aus den Bergen; man sollte sich durchprobieren und dann entscheiden.

■ **Latteria-Bar Camolino/Käse,** La Stanga, **Canale d'Agordo** (von Agordo nach Peron auf halbem Weg), Tel. 34 53 56 91 61, www.latteriacamolino.it, Mo–Sa 5.30–19 Uhr. Frühes Frühstück mit Käsebrot und dann den ausgezeichneten Käse à la Asiago, Gorgonzola und andere kaufen; außerdem Butter und die Hartkäsespezialität Casel Bellunese in diversen Reifegraden.

■ **Birreria Pedavena/Bier,** Viale Vittorio Veneto 76, **Pedavena** (2 km nördlich von Feltre), Tel. 04 39 30 44 02, www.labirreriapedavena.it, Di–So 10–24 Uhr. Brauereigaststätte mit Laden für die Souvenirs – Bier der größten Brauerei Italiens mit den Marken Superior, Dolomiti und Pedavena.

Aktivitäten

■ **San Tomaso Zipline,** Località Celat (San Tomaso Agordino), **Canale d'Agordo** (4 km nördlich), Tel. 34 50 68 09 37, https://ziplinesantomaso.it, Sommer tgl. 8–20 Uhr, 60 €. Auf zwei Abschnitten, 1660 m Länge und 160 m über dem Boden ist die Freiheit grenzenlos (Dauer 50 Min.).

144f sk

Naturpark Friulanische Dolomiten

Der 1996 ausgewiesene, 37.000 ha große **Parco Naturale Dolomiti Friulane** nördlich von Maniago zwischen Tagliamento im Norden, Piave im Westen, dem Cellina-Tal im Süden und dem Tramontina-Tal im Osten ist ein Dorado der Wanderer und Kletterer: keine Dörfer, noch nicht mal Gehöfte, nur tiefe Wälder, steile Felshänge, enge Täler, Wildbäche und Wiesen. Steinadler schweben hoch oben, Murmeltiere pfeifen und Gämsen springen in den Wänden. Ein ausgezeichnetes und gut beschildertes Wegenetz und vorzüglich in Schuss gehaltene Berghütten bilden die Infrastruktur für die Naturfreunde.

Als besondere Sehenswürdigkeiten im Park gelten die **Dinosaurierspuren** von Casera Casavento und die Felsformation **Glockenturm** (Campanile di Val Montanaia), eine riesige, durch Erosion entstandene Felsnadel bei Cimolàis. Ein weiteres Ziel ist **Vajont** (schon außerhalb des Parks) mit seiner schrecklichen Vergangenheit. Eine Flutwelle hatte 1963 im Tal westlich von Cimolàis ihren Ursprung und riss am Piave fast 2000 Menschen in den Tod – die stummen Zeugen sind noch heute zu sehen.

Zugang

Zugang hat man von Süden von **Poffabro,** wo man direkt hochsteigen kann.

☒ In den Gassen von Erto Vecchio im Tal von Vajont

Auf die Westseite des Parks gelangt man über den Lago di Barcis nach **Claut und Cimolàis.** Mit dem Auto kann man von Claut aus über Lesis bis zum **Parcheggio Casera Casavento** mit im Sommer bewirtschafteter Hütte fahren. Von Cimolàis gelangt man bis zu den Parkplätzen beim **Rifugio Pordenone.**

Auf der Nordseite des Parks geht es von **Forni di Sopra** bis zum **Parcheggio Rifugio Graf.** Im Osten gibt es Zugang beim **Lago di Selva.**

Besucherzentren sind u.a. in Poffabro, Andreis, Claut, Cimolàis und Forni di Sopra angesiedelt.

Tal von Vajont

18 km entlang des Piave nach Norden führen von Belluno nach **Longarone** am Ausgang des Vajont-Tals. Mit seinen durchweg modernen Gebäuden und fast vorbildlicher Stadtanlage ist es ein Schmuckstück im Piave-Tal. Dass es so ist, wie es ist, liegt allerdings an der irrwitzigen Tragödie von 1963. Von Longarone sind es 8 km Serpentinen oder 2 km Luftlinie zum **Staudamm Diga Vajont** unterhalb des Ortes Casso.

Staumauer

Die Staumauer von Vajont ist heute zwar eine Touristenattraktion, sollte aber auch ein Ort der Besinnung sein. Die moderne **Chiesa di Sant'Antonio di Padova** erinnert an die Katastrophe. Die Vorgängerkirche stand unten im Tal und sollte durch den Stausee geflutet werden, weshalb man sie 1959 abtrug und ihre Steine am heutigen Kirchenplatz für

Die Katastrophe von Vajont

Schuld an der gewaltigen Flutwelle, die durch das Tal schwappte und in seinen Dörfern und unten in Longarone am Piave fast 2000 Menschen in den Tod riss, war der **Staudamm** unterhalb von Casso 4 km westlich von Erto. Starke Regenfälle und das immer höher steigende Wasser des Sees hatten die Hänge des Monte Toc an der Südseite des Stausees durchweicht und im Berg eine Lage Tonerde zur Schmierschicht werden lassen. Schließlich glitt eine 2 km lange Bergflanke am **9. Okt. 1963** mit geschätzten 100 km/h ab und 260 Mio. t Gestein und Erde (das Doppelte des Seevolumens) drückten zum einen das Wasser talaufwärts Richtung **Erto,** wo es einige Opfer gab. Den Löwenanteil des Wassers peitschte der Erdrutsch aber über die Dammkrone, wo es dann ungebremst mit einer 160 m hohen Welle sein Zerstörungswerk in **Longarone** am Piave vollendete – das die meisten Toten zu beklagen hatte. Der Damm galt bei Fertigstellung 1960 als Meisterwerk der Ingenieurskunst und war mit 261 m Höhe die weltweit größte kuppelförmige Staumauer (und tatsächlich hielt sie der Belastung des Erdrutsches stand).

Wer war schuld? Die Katastrophe hatte sich schon vorher mit Beben und kleineren Erdrutschen angekündigt, ein Gutachten der Universität Padua schrieb aber das Risiko klein, ein Gegengutachten (das haarklein das dann stattfindende Ereignis vorhersagte) wurde verheimlicht, und die Dammbetreiber setzten unter Missachtung der Genehmigungsregeln das Projekt durch. Zwei **Verantwortliche** erhielten für „fahrlässige Tötung" fünf Jahre Haft (und wurden nach drei Jahren amnestiert), **Entschädigungen** waren erstinstanzlich ausgeschlossen und konnten erst 1997 in lächerlichem Gesamtumfang von 2 Mrd. Lire durchgesetzt werden – in heutigem Wert durchschnittlich 1000 € für jeden Toten. Im Jahr 2000 verdreifachte die letzte Instanz die Summe auf 6 Mio. €. Der Stausee wurde nie wieder befüllt. Festgehalten haben die Tragödie die Autoren Marco Paolini und Gabriele Vacis („Der fliegende See", Rowohlt Taschenbuch, 2000).

die Rekonstruktion lagerte. Die Flut riss alles weg. Auf der **Dammkrone** kann man bei einer Führung die Ereignisse des 9. Oktober 1963 nachvollziehen. Der 2 km lange Hangstreifen des Abbruchs ist noch klar erkennbar.

■ **Diga del Vajunt,** SR251, Tel. 04 27 87 333, Führungen Juli/Aug. tgl. halbstündlich 10–17 Uhr, sonst an Wochenenden, 6 €.

Erto

Die schmucken Häuser von Erto (200 Einw., 775 m) verteilen sich 4 km östlich des Damms in lockerer Bebauung zu Füßen des Monte Borgà (2228 m) oberhalb des Lago del Vajont. Gebaut wurde der Ortsteil nach der Katastrophe von 1963, da das talseitige historische **Erto Vecchio** stark zerstört war. Heute lädt dieses wieder mit malerisch-ehrwürdigem

Gemäuer und engen Gassen zu einem Spaziergang ein (und als Albergo Diffuso auch zur Übernachtung). Das **Besucherzentrum** mit einer detaillierten Ausstellung zur Katastrophe befindet sich direkt unterhalb der Durchgangsstraße in der parallel verlaufenden Gasse (mit Parkplatz) und ist auch ein guter Ausgangspunkt für einen Besuch des alten Erto.

■ **Centro Visite,** Plazzale del Ritorno 3, Tel. 04 27 87 333, Mitte Juli–Ende Sept. tgl. 10–12, 14–18.30, Feb.–Mitte Juli an Wochenenden 10–12, 14–17 Uhr.

Talumrundung Auto/Rad

Gleich östlich von Erto zweigt die schmale Asphaltstraße ab, die in weitem Bogen um den See von Vajunt herum und über die Weiler Marzana, Prada, Liron und Pineda schließlich entlang der Abrisskante des Hangrutsches zurück zur SR251 und auf ihr zum Augangspunkt führt, eine Strecke, die – wenngleich nicht flach verlaufend – auch ideal für eine Radtour ist.

■ **Radtour Vajont-Tal,** 13,5 km, 350 Hm, 75–90 Min.

Cimolàis

Von Erto sind es 6 km im Tal des Vajont an bewaldeten Hängen entlang und über sattgrüne Wiesen hinüber zum **Passo di Sant'Osvaldo** (827 m) mit seinem Kirchlein und auf gut ausgebauter Straße im Tal des Rio Tremenigia hinab nach Cimolàis (340 Einw., 650 m). Hohe Felsgipfel umgeben das adrette Gebirgsdorf im Tal der Cimoliana, das sich hier – an der Mündung in die Cellina und am Beginn des Valcellina-Tals – verbreitert. Lieferte Maniago am Ende des Valcellina-Tals der Serenissima Waffen, war Cimolàis ab dem 15. Jh. Holzlieferant für Venedigs Flotte. In der **Pfarrkirche Santa Maria Maggiore** ist ein barocker Holzaltar aus dem 17. Jh. zu sehen. Das Besucherzentrum zeigt eine multimedial organisierte **Ausstellung** zu Fauna, Flora und Geologie der Berge.

■ **Centro Visite,** Via Roma 6, Tel. 04 27 87 333, Mitte Juli–Ende Sept. tgl. 10–12, 14–18.30, Feb.–Mitte Juli an Wochenenden 10–12, 14–17 Uhr.

Gipfelsturm zum Glockenturm

Auch wenn die Hütte unterhalb des Glockenturms mit dem Wagen auf 13 km schmaler, asphaltierter Mautstraße erreichbar ist, das Ziel steht im Hochgebirge, und der Pfad durch die steilen Rinnen mit losem Gestein erfordert feste Bergstiefel mit Profil. Der Parkplatz befindet sich 50 Hm unterhalb des **Rifugio Pordenone** (1249 m). Der Weg führt in 10 Min., auf das Kommende einstimmend, durch ein Geröllfeld hinauf zur Hütte. Hinter ihr weisen Schilder zu Turm und Biwakschachtel in den Wald, in dem es auf verwurzeltem Weg – am Anfang in engen Serpentinen – zügig berauf geht. Nach 10–15 Min. lichtet sich der Wald und man wandert rüber ins Geröllfeld des **Rio Val Montanaia** und folgt ihm auf steinigem, teilweise gut sichtbarem Pfad steil und in Ermangelung von Schatten auch schweißtreibend bergauf. Wo man Orientierungsprobleme hat, weisen Steinmännchen die Richtung. Geduckte Latschen lösen die Kiefern seitlich des Torrente schließlich ab, und die Schlucht verengt sich zusehends. Auf 1500 m Höhe und etwa 75 Min. vom Rifugio passiert man linker Hand ein Nebental. Ein paar Minuten weiter rückt voraus im Norden der „Glockenturm" ins Bild. Bald werden die Latschen dichter, und felsige Passagen wechseln immer häufiger mit steinigem, teils mit Holzstufen befestigtem Erdpfad, der schließlich in Serpentinen übergeht. Nach ihnen kann man unter einigen Bäumen pausieren – das Gröbste ist geschafft. Die letzten 100 Hm führen über Geröll, und nach 150 Min. steht man am Fuß des **Campanile di Val Montanaia,** der in 2173 m Höhe als Solitär 280 m in den Himmel ragt. An seiner Basis hat er einen Durchmesser von 60 m. Erst 1902 wurde er erstmals erstiegen. Heute kommen Freeclimber und versuchen sich an dem Felsen – wer oben ist, läutet die dort angebrachte Glocke. Bei Wetterumschwüngen rettet die Biwakschachtel Perugini (2060 m) gleich nördlich der Felsnadel.

■ **Campanile di Val Montanaia,** ab Rifugio Pordenone 800 Hm, 2,5 Std.
■ **Strada Pian Fontana,** Ponte Compol – Rifugio Pordenone, Mautautomat an der Ponte Compol, 6 €
■ **Rifugio Pordenone,** s. bei Essen.

Claut

Im grünen, bewaldeten Tal am Zusammenfluss von Settimana und Cellina, umrundet von hohen Gipfeln, liegt das als Sommerfrische mit zahlreichen Aktivangeboten und als Wintersportort gleichermaßen beliebte Claut (900 Einw., 600 m). Das Dorf 7 km von Cimolàis kann auf eine lange Geschichte zurückblicken. *Imeltrude,* langobardische Gräfin, stiftete es einer Abtei und ließ dies festhalten – A. D. 924. Von wirtschaftlicher Bedeutung war im Mittelalter aber nur das mithilfe von Triften (Stauseen, deren plötzlich abgelassenes „Schwallwasser" die Stämme mitriss) auf der Cellina ins Tal geflößte Holz. Das **Claut-Museum** erzählt vom Leben im Tal mit einem Schwerpunkt auf der Rolle der Frauen, die nicht nur Haus- und Feldarbeit machten, sondern auch als fahrende Händlerinnen im Winter hergestelltes Holzwerkzeug verkaufen mussten. Der Ableger **Ciasa da Fum** (Via Cesare Battisti) ist als typisches Wohnhaus des 16. Jh. wiederhergerichtet worden.

■ **Museo della Casa Clautana/Infopoint,** Via Antonio Giordani 17, Tel. 04 27 87 333, Mitte/Ende Juli–Aug. tgl. 10–12, 16–19, sonst Sommer nur an Wochenenden 14–17 Uhr, Eintritt frei.

Dinosaurierspuren

Die Dinosaurierspuren erreicht man auf einer kurzen Wanderung vom Parcheggio Casera Casavento. Die Straße zum Casera ist ab Lesis (650 m) auf zwei Dritteln zwar asphaltiert, aber sehr, sehr schmal (Autofahrer müssen außerdem in Lesis Maut zahlen). Wer ein Rad dabeihat, ist also besser beraten, in Lesis auf den Sattel zu steigen. Die fast durchgängig von Laubbäumen beschattete **Strada degli Alpini** wurde zu Beginn des 20. Jh. von italienischen Gebirgs-

145fsk

jägern angelegt. Studenten haben die Spuren, die Saurier in der Trias vor etwa 215 Mio. Jahren in den Schlamm getrampelt haben, 1994 per Zufall entdeckt.

In **Lesis** folgt man dem Asphalt über die Brücke über die Cellina. Nach 2,2 km beginnt ein 1,5 km langer Abschnitt mit engen Serpentinen, auf denen man 200 Höhenmeter überwindet. Kurz danach endet die Asphaltdecke, der Weg ist nun festes Kiesbett. 700 m weiter muss man die Cellina in einer betonierten Furt kreuzen, und nach weiteren 700 m ist an einer Schranke für Autos Ende der Fahnenstange. 300 m sind es von hier zur **Casera Casavento** (974 m) und von ihr nochmals 300 m auf gutem Weg zu den **Fußspuren.** Nicht enttäuscht sein! Klar ersichtlich und durch Tafeln markiert ist nur der Abdruck der linken Klaue von einem Zweifüßer mit drei Zehen, der seine Spur im Schlamm eines Wattenmeeres hinterließ (an der schräg stehenden Felsplatte im Bachbett des Chiavola).

Impronte Dinosauro, ab Lesis 5,7 km, 325 Hm, zu Fuß 2,5 Std., per Rad 25 Min.

■ **Strada degl Alpini,** Lesis – Casera Casavento, Mautautomat 5 €

■ **Casera Casavento,** Lesis, kein Telefon, Juli/Aug. tgl., Restsommer Sa/So. Käse (frischer, selbst geräucherter Ricotta!), Schinken, Brot und Getränke in abgelegener Almwirtschaft zwischen Kühen und Ziegen.

Augen auf! Dinosaurierland!

Lago di Barcis

Eines der touristischen Hauptziele in den friulanischen Dolomiten ist der malerisch zwischen die bewaldeten Berge gegossene, smaragdfarbene Lago di Barcis 50 km von Belluno und 15 km von Claut (und auf der Tunnelstraße SR251 von Maniago/Montereale aus schnell erreichbar) – ein 1954 zur Stromerzeugung entstandener **Stausee,** dessen künstlichen Ursprung man ihm nicht ansieht. Der See in 400 m Höhe und seine Umgebung sind als **Riserva Naturale Forra del Cellina** geschützt. Auf ihm gibt's Wassersport, rundherum Wanderwege, eine gute Infrastruktur, Unterkünfte, deren Balkone voller Blumen hängen, und gute Restaurants mit bunten Schirmen. Eine **Bimmelbahnfahrt** (Trenino della Valcellina) über die aufgelassene „Vecchia Strada della Valcellina" entlang des **Torrente Cellina** entführt in die längste Schlucht des Friaul, eng wie eine Klamm, mit hohen Felswänden und zahlreichen kurzen Tunneln. In ihr hat man 2017 eine rund 50 m lange **Hängebrücke** (Ponte Tibetano) montiert. Auch wenn der vorgeschriebene Sicherungsgurt etwas dick aufgetragen scheint: Wer nicht schwindelfrei ist, wird 50 m über dem Wasser seinen Spaß haben.

Trenino della Valcellina, Ponte Antoi, Tel. 04 57 50 316, www.friuliviaggi.it, Mitte April–Ende

146f sk

Sept. mehrere Abfahrten von Ponte Antoi in zwei Varianten, jedesmal aber auf einer Teilstrecke durch die enge Schlucht von Valcellina, 5/8 €, Dauer 30/ 60 Min.

■ **Ponte Tibetano,** Ponte Antoi, www.facebook.com/pontetibetanobarcis, 1 km zu Fuß und durch mehrere Tunnel in die Schlucht, 3 € Zugang (inkl. Pflichthelm), 3 € Brücke (inkl. Pflichtgurtzeug).

Wanderung durch die Cellina-Schlucht

Eine **Rundwanderung** beginnt in Ponte Antoi, führt durch die Schlucht (Eintritt!), nach 1,5 km entlang eines Tributärs nach Norden an der Osteria Molasse vorbei und unter der Straße durch. Sich hinter der Unterführung zweimal links haltend gelangt man auf den Wanderweg **Sentiero del Dint.** Nach einem guten Kilometer hinter der letzten Abbiegung hält man sich erneut links. Bei der Gabelung nach 700 m rechts abbiegend, kommt man direkt nach Ponte Antoi zurück (insgesamt 4 km, 200 Hm, 90–120 Min.). Hält man sich an der Gabelung links, sind es etwa 500 m mehr, man passiert allerdings zwei **Aussichtspunkte,** den ersten mit Blick in die Schlucht und den zweiten mit herrlicher Panoramasicht auf See und Staumauer von einem ins Nichts hinausgebauten Steg.

◁ Touristenbahn am Lago di Barcis

Seeumrundung

Mit dem Rad kann man den See umrunden – und auch mit dem Auto, vorausgesetzt es wiegt nicht mehr als die 1,5 t, für die die Brücke am Westende ausgelegt ist (Strecke 5,5 km). Man passiert dabei den sympathischen Ort **Barcis** mit der **Chiesa di San Giovanni Battisti** aus dem 18. Jh. (barocke Innenausstattung) und den augenfälligen **Palazzo Centi** mit seiner gedrungenen, neoromanisch wirkenden Fassade, die tatsächlich aber venezianischen Loggien-Baustil mit Gebirgsarchitektur verbindet und aus dem 17. Jh. stammt.

■ **Radverleih/Rent Bike Barcis,** Via Piave 7, Barcis, Tel. 34 04 13 20 10, www.facebook.com/RentBikeBarcis, E-Bike 14 €/2 Std.

Andreis

Der kleine Bergort Andreis (250 Einw., 450 m) am Ende des Cellina-Tals, rund 6 km nach dem Barcis-See, ist wegen seines **Vogelschutzgebietes** einen Besuch wert.

Das **Besucherzentrum** liegt etwas versteckt im Ort, hat Infos zum Naturpark Friulanische Dolomiten und eine kleine Ausstellung zur Vogelfauna in den Bergen. Das eigentliche Herz des Zentrums bilden allerdings die Volieren gleich nordwestlich des Zentrums an der Parallelstraße (zu Fuß 250 m). In einem Bereich werden die Vögel gepflegt, die sich nicht mehr zur Auswilderung eignen, im zweiten die, die wieder in die Berge entlassen werden. Zu sehen sind (meist) Steinadler, Falken, Bussarde, Sperber, Habichte und Eulen.

■ **Centro Visite/Area Avifaunistica,** Via Aquedetto 7, Tel. 04 27 87 333, Mai–Juli/Anfang–Mitte Sept. nur So, im Aug. tgl. 15.30–18.30 Uhr.

Geologische Phänomene

Ein Leckerbissen für Geologen ist das Phänomen der **Faglia Periadriatica** oberhalb von Andreis in den Felsen. Der Fußweg beginnt in Andreis in der Via Sott'Anzas in der Kurve kurz vor Ende der Straße rechts der dortigen Straßengabelung, führt ins Bett des Susaibes und in ihm hoch. Nach 200 m ist unterhalb des Damms das Phänomen sichtbar: Bei Kollision der europäischen und afrikanischen Kontinentalplatten haben sich die Gesteinsschichten verschoben und wie poliert wirkende Flächen und künstlich erscheinende Bänder gebildet.

Friulanische Dolomiten: Zugabe!

■ **Foresta del Prescudin,** Prescudin (Parkplatz 4 km westlich von Barcis). 1500 ha großes Schutzgebiet mit Rotwild an den (auch mit den seltenen Eiben) bewaldeten Hängen des Monte Messer (2330 m) mit markierten Spazierwegen und Wanderpfaden, die bis zu den Gipfeln führen; eine leichte Wanderung verläuft auf gutem Fahrweg (3,8 km, 250 Hm, 75 Min.) vom Parkplatz zum Parkzentrum Villa Emma (keine Infrastruktur, aber Bademöglichkeit im Wildbach).

Parco Faunistico Pianpinedo, Cimolàis (zwischen Cimolàis und Claut), Tel. 04 27 87 333, Aug. tgl., April–Juli/Sept. So 9–18 Uhr, 3 €. Rund 35 ha großer Tierpark mit Hirsch- und Rehwild, Gämsen, Steinböcken, Murmeltieren und einem Reptilienhaus.

Praktische Tipps

Informationen

■ **Infopoint Barcis,** Località Antoi, Tel. 04 27 87 333, Sommer tgl. 10–13, 15.30–18.30, sonst So 14–17 Uhr.

Unterkunft

■ **Agriturismo Pian dei Tass**②, Via Pentina 13, **Lago di Barcis** (nahe dem Barcis-See), Tel. 04 27 76 282, www.facebook.com/piandeitass. Ruhig in den Bergen gelegen, nur vier rustikal gestaltete Apartments, Restaurant② mit bodenständiger Küche, charmante Unterkunft.

■ **Albergo Diffuso di Barcis**①-②, Via Giuseppe Garibaldi 13, **Lago di Barcis,** Tel. 33 31 63 13 33, www.albergodiffusobarcis.it. Zimmer und Wohnungen am See in modernen und historischen Gebäuden.

■ **Albergo Diffuso Valcellina/Val Vajont**①-②, Unterkünfte in **Claut, Cimolàis** und **Erto,** www.albergodiffusovalcellinavalvajont.it. Zimmer und Apartments unterschiedlicher Kategorie in schön restaurierten, typischen Häusern.

■ **Tree Village**①, Via Val Settimana, **Claut** (etwas oberhalb), Tel. 33 33 86 63 63, www.treevillage.it. Neun Baumhäuser, Gemeinschaftstoiletten und -duschen und ein gutes Frühstück – Achtung: kein Strom, kein Licht und kein Warmwasser, dafür jede Menge Natur; Schlafsack mitbringen.

■ **Albergo Margherita**②, Via Roma 7, **Cimolàis,** Tel. 04 27 87 060, www.facebook.com/albergoristorantemargherita. Familiär geführtes, angenehmes Zwei-Sterne-Haus im alpenländischen Stil mit zwölf recht komfortablen Zimmern und gutem Restaurant② mit Wild- und Pilzgerichten (Mo geschl.), Halbpension angeraten.

147f sk

■ **Camere Emma**②, Via IX Ottobre 34, **Erto,** Tel. 37 72 93 04 54, www.facebook.com/camereemma. Vier einfache, aber ordentliche Zimmer jeweils mit Bad und gutem Frühstück, herzliche Gastgeberin.

Camping

■ **Campeggio San Francesco,** Località Ribe 18, **Barcis,** Tel. 33 19 45 09 10, www.campingbarcis.it. Schöner, sauberer Platz in Seenähe mit allem Komfort wie Grillecke, Spielplatz, Bar/Bistro und Waschmöglichkeit; 6–8 €/Person, 8–10 €/Stellplatz, Camper 20 €.

■ **Camper/Area Sosta Barcis,** Località Ribe 5, **Barcis.** Schöne Stellplätze gleich am Ufer mit Strom, WC, Wasser/Abwasser; 12 €/Nacht.

■ **Camper/ Area Comunale Andreis,** Strada Provinciale, **Andreis.** Zwischen Hauptstraße und Bach, WC, Wasser/Abwasser, 10 €/Tag.

■ **Camping Bresin, Val Cimoliana** (2 km nördlich von Cimolàis), Tel. 33 55 26 97 62, Juni–Sept. Einfacher Gebirgszeltplatz in ruhiger Lage mit ausreichender Infrastruktur und 40 schattigen Stellplätzen, 9 €/ Person, 12 €/Stellplatz.

Essen und Trinken

■ **Enoteca con Cucina Aquila Nera**②-③, Via Roma 18, **Barcis,** Tel. 04 27 76 390, tgl. 10–22 Uhr. Winziges Lokal mit typischen Gerichten der Region wie Ziegenricotta, Salami und delikaten cjarsons mit Spinat und Räucherkäse, nicht immer, doch meistens in guter Qualität.

■ **Rifugio Vallata**②, Località Vallata, **Barcis,** Tel. 34 97 05 33 00, www.rifugiovallata.it, Mo 10–14.30, Mi–So 10–14.30, 18.30–21/22 Uhr. Regionalküche auf gehobenem Niveau (Wildschwein- und Hirschschinken!) zu immer noch fairen Preisen, schönes Sitzen mit Aussicht rund ums Haus; immer gut besucht. Auch Zimmervermietung②.

■ **Osteria Corona**①-②, Via Pinedo 30, **Claut** (am Abzeig in den Ort), Tel. 04 27 87 81 77, Di–So 9–21 Uhr. Einfache Küche, kleine Karte – schmackhafte Gerichte in schmucklosem Gastraum oder vorm Haus, dazu schnelles Personal und günstige Preise, da verzeiht man den Namen.

■ **Rifugio Pordenone**②, Pian Meluzzo, **Cimolàis** (13 km nördlich in den Bergen), Tel. 04 27 87 300, www.rifugiopordenone.it, Juni–Sept. tgl. Ausgezeichnetes Essen jenseits von Hüttenkultur, auch Zimmervermietung② (zehn 2–4-Bett-Zimmer in mehreren Häuschen).

■ **Trattoria Cervo Bianco**②, Via della Bruasa 26, **Erto,** Tel. 33 96 38 88 81, www.cervobiancoerto.it, tgl. 12–15, Mi–So auch 19–22 Uhr. Oberhalb des Ortes, sehr reichhaltige friulanische Spezialitäten mit ungetrübter Aussicht auf das Tal: hausgemachte Pasta mit selbst geräuchertem Ricotta oder Pilzen,

⌃ Hängebrücken-Thrill im Valcellina

Wurst in Essig und Sahne mit Polenta, Wildschwein in Rotwein …

■ **Osteria Gallo Cedrone②, Via della Bruasa 26, Erto,** Tel. 33 95 61 67 28, www.cervobiancoerto.it, tgl. 12–15, 18–22 Uhr. Rustikale Kneipe in Erto Vecchio mit Bergküche wie Graupen in Bohnenpaste, Gnocchi mit Salbeibutter und Räucherkäse, Frico und Wildgulasch mit Polenta.

Aktivitäten

■ **Wanderung Lago di Barcis:** Umrundung des Lago di Barcis und Spaziergang zur Hängebrücke (s. oben).

■ **Wanderung Vajont-Tal:** Der Panoramaweg **Trui dal Scarbion** oberhalb des Talgrundes beginnt in Erto (vom Parkplatz/Parcheggio Centro an der SR251 die Via de la Crosera, dann die Via de la Creus hoch bis zur Via Val Zemola, Startpunkt in der Kurve) und führt auf schmalem, manchmal etwas ausgesetztem Pfad mit schönen Aussichten und einem historischen Weg folgend hinüber nach Casso oberhalb des Staudamms; 4 km, 300 Hm (Hauptanstieg gleich zu Beginn), 90–120 Min., Rückkehr auf demselben Weg oder per Buslinie P69 2,50 € (geringe Frequenz, https://www.mycicero.it/tplfvg-go/TPWebPortal).

■ **Wandern in den Dolomiti Friulane:** Spaziergang zu Dinosaurierspuren bei Claut (s. oben), herausfordernde Wanderung zum Campanile di Val Montanaia bei Cimolàis (s. oben).

■ **Radfahren:** Geeignete Rad- bzw. MTB-Touren sind u.a. die Runden um den Lago di Barcis und den Lago del Vajont und die Hochfahrt zu den Dinosaurierspuren von Claut.

Feltre

■ 325 m üNN, 20.200 Einw., Belluno 32 km, Padova 93 km, Trento 81 km, Venedig 88 km, österr. Name Felters

Man mag gar nicht glauben, dass Feltre die herrlichsten Palazzi besitzt, weltberühmt für ihre stimmige, elegante Architektur und ihre feinen Fresken – eine der schönsten Renaissancestädte Italiens. Doch in den engen Gassen zwischen den Belluneser Dolomiten und den Voralpen Venetiens am Rand des Piavetals herrscht fast immer gelassene Ruhe. Von der Hauptachse und Einkaufsstraße Via Mezzaterra zieht sich die Stadt den Hang hinauf Richtung Berge, die allgegenwärtig scheinen. Feltre ist auf der Fahrt durch das nördliche Veneto ein Muss.

Geschichte

Schon in der Vorgeschichte besiedelt, gelangte Feltre im 2. Jh. v. Chr. in Besitz der **Römer.** Die Stadt lag an der Via Claudia Augusta, die das untere Venetien mit der Donau verband – eine wichtige Handelsstraße. Mehrfach geplündert und zerstört von den Goten, Hunnen und Langobarden, verlegte man den Ort, um ihn besser zu schützen, auf den Hügel an seine heutige Position. Von den Langobarden geriet Feltre in die Hände der Franken, die die Stadt und ihre Umgebung im 10. Jh. an Herrscher aus der Region abgaben. Nach den *Caminesi* und Veronas *Scaligeri* kam schließlich auch der berüchtigte *Ezzelino da Romano* an die Macht. Mit der

148f sk

Ausdehnung der **Herrschaft Venedigs** 1404 trat für 100 Jahre Ruhe ein. 1510 wurde Feltre erneut zerstört. Die Söldnertruppen *Maximilians I.* nahmen die Stadt ein. Sie kämpften unter der Fahne der **Liga von Cambrai,** die mit dem Papst, dem deutschen Kaiser, Frankreich und Spanien gegen Venedig antrat, brannten Feltre nieder und töteten viele Bewohner. Venedig baute die Stadt wieder auf und gab ihr das heutige Aussehen. Mit dem Vertrag von Campofòrmido gelangte Feltre zu Österreich, 1866 an Italien.

Sehenswertes

Parkmöglichkeiten gibt es in der Via Campo Giorgio in Höhe des Doms (Durchgänge in der Stadtmauer). Feltre heißt zu Recht „Stadt der Fresken". Über 100 Gebäude sind katalogisiert – für ihre Malereien unterschiedlicher Größe, teils kleine Zeichnungen, teils ganze Fassaden, viele allerdings schon sehr verblasst, andere wieder in fröhlichen Farben. Die Malereien verkörpern den Beginn des bürgerlichen Selbstbewusstseins, wobei die Protagonisten der Bilder wie selbstverständlich eine bunte Mischung sind: Heilige, Bürger und Handwerker, Damen und Ritter neben der Jungfrau Maria.

⌃ Pure Renaissance in Feltre

Domplatz

Unterhalb des Parkplatzes (und außerhalb der Stadtmauern) steht die **Konkathedrale San Pietro.** Die mehrfachen Zerstörungen der Stadt trafen auch den Dom, sodass er zwischen 1514 und 1585 neu gebaut werden musste. Der Campanile stammt noch aus dem 14. Jh. (mit Umbauten im 18. Jh.). Das Innere der Kirche hat nur wenig an Wertvollem zu bieten; dazu gehört die Orgel (1767) des venezianischen Meisters *Gaetano Callido.* Vor dem Hauptaltar geht es hinunter in die Krypta der Vorgängerkirche aus dem 11. Jh. (Säulen aus der Römerzeit). Ihre Kassettendecke mit Szenen zum Leiden Jesu stammt von 1636 und das Fresko in der Altarnische aus dem 16. Jh.

■ **Concattedrale di San Pietro Apostolo,** Via Antonio Vecellio 7, tgl. 8–18.30/19.30 Uhr.

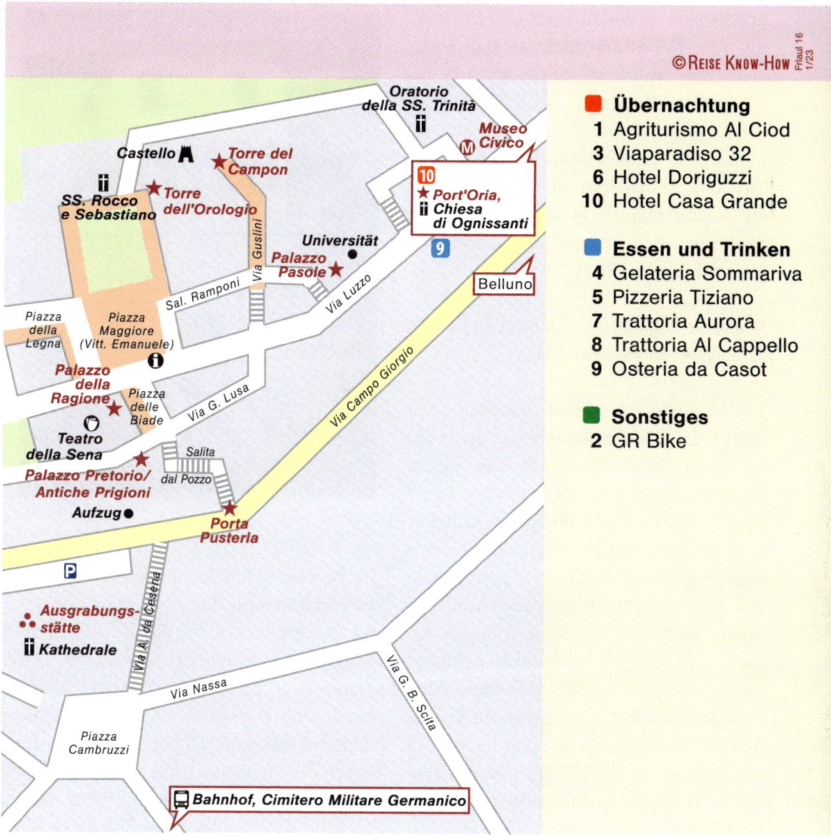

Unter dem Dom (Eingang links vor der Front) liegt eine ab 1970 erkundete und seit 1995 zugängliche, 1000 m² große archäologische **Grabungsstätte,** die die Fundamente römischer Bauten des ehemaligen Feltria zeigt (Erläuterung auf einer Führung). Ruinen aus mittelalterlicher Zeit sind ebenfalls zu sehen, so eine Kapelle des 11. bis 13. Jh. mit kreisförmigem Grundriss und einem Säulengang in der oberen Etage.

■ **Area Archeologica,** Piazza Duomo, Tel. 04 39 83 879, www.visitfeltre.info, bis Mitte 2024 wg. Renovierung geschl., dann März–Okt. Fr–So 10–13, 16–19 Uhr, Eintritt frei.

Piazza Maggiore

Von der **Via Campo Giorgio** führt gegenüber dem Dom die Treppe der Salita dal Pozzo seit 1494 durch die **Por-**

ta Pusterla in die Altstadt (wenn man's mit den 110 Stufen nicht so hat: 30 m links des Aufgangs versteckt sich im Mauerdurchbruch ein Aufzug, Mo–Sa 8–19.30 Uhr). Durch das Tor gelangt man direkt zum **Palazzo Pretorio,** einst Sitz des Statthalters der Serenissima. Heute darf man darin das **Alte Gefängnis** besichtigen, passend und schön gruselig zur Nachtstunde.

■ **Antiche Prigioni,** Salita dal Pozzo, Tel. 04 39 88 52 42, Juni–Sept. Fr–So 20–23 Uhr, ToTeM Card.

Ein Übergang verbindet den Palast mit dem Palazzo della Ragione. Er steht am schönsten Platz der Stadt, der Piazza Maggiore (auch Piazza Vittorio Emanuele bzw. – wie ein Schild aus österreichischer Zeit kündet – Karlsplatz), umstanden von attraktiven Gebäuden, geschmückt mit Denkmälern, Balustraden und Venedigs Säulenlöwen. Die gewaltigen Arkaden des dominanten **Palazzo della Ragione,** Verwaltungssitz Venedigs, hatte *Andrea Palladio* 1510 geplant. Zu Beginn des 18. Jh. wandelte man den Ratssaal in der Beletage in ein Theater um, das **Teatro della Sena,** in dem kein Geringerer als *Carlo Goldoni* (1707–1793) seine ersten Werke aufführen ließ. Zu dieser Zeit war er 22 Jahre alt und beim Kriminalgericht von Feltre beschäftigt. Nach Umbauten im Jahr 1813 erhielt das nun reich verzierte Theater mit seiner Monumentaltreppe nicht ohne Grund den Beinamen „La Piccola Fenice" – zuständig war *Gian Antonio Selva* (1851–1819), Architekt der Oper Venedigs.

■ **Teatro della Sena,** Piazza Maggiore, 2022 wg. Renovierung geschl, Wiedereröffnung Sommer 2023 geplant, ToTeM Card.

Im Norden schließt die **Kirche SS. Rocco e Sebastiano** den Platz ab; Ende des 16. Jh. errichtet, sollte sie die Pest fernhalten. Ihre wappengeschmückte Terrassenfront bildet die **Fontane Lombardesche** von 1488 und versteckt die Zisterne dahinter. Gleich östlich ist die unter den *Scaligeri* 1324 gebaute **Torre dell'Orologio** der Eingangsturm zum Castello di Alboino. Heute ist darin die Multimediaaustellung zur Stadtentwicklung untergebracht.

■ **Torre dell'Orologio,** Piazza Maggiore, Ostern–Sept. Fr–So 10–18 Uhr, ToTeM Card.

Das **Castello Alboino** auf dem Colle delle Capre hat über die Jahrhunderte zahlreiche Umbauten erfahren und

Verheißungsvoller südlicher Stadteingang nach Feltre

149fsk

wurde nach und nach unterschiedlichen Nutzungsformen zugeführt, teils gewerblich, teils als Wohnungen. Den rechten Überblick erlaubt die Glockenstube (mit der fast 2 t schweren Glocke) auf der **Torre del Campon,** dem zweiten Burgturm (erste Hälfte des 14. Jh.). In 34 m Höhe ist der Blick über das Tal von Feltre weitschweifend.

■ **Torre del Campon,** Salita Nicolò Ramponi, Ostern–Sept. Fr–So 10–18 Uhr, ToTeM Card.

Das Denkmal der Ostseite des Platzes ist **Panfilo Castaldi** (1430–1487) gewidmet. Laut Lokalpatrioten soll er die Druckmaschine mit beweglichen Lettern erfunden haben - nicht *Gutenberg.*

Östlich der Piazza Maggiore

200 m sind es auf der Via Lorenzo Luzzo vorbei an einigen schönen Palästen zur Salita Pasole mit dem **Palazzo Villabruna-Pasole** aus dem 16. Jh., heute ein Universitätsinstitut. Ein paar Häuser weiter zeigt das **Stadtmuseum** hinter dem Treppenweg Salita Villabruna im Parterre des Palazzo Villabruna Funde aus der Früh- und Römerzeit in einer hervorragend konzipierten Ausstellung. In der ersten Etage kann man die Lebensweise des Adels über mehrere Epochen nachempfinden und im zweiten Stock hängen wertvolle Gemälde u.a. von *Gentile Bellini* (1429–1507) und *Cima da Conegliano* (1460–1517).

■ **Museo Civico Archeologico,** Via Lorenzo Luzzo 23, Tel. 04 39 88 52 41, www.visitfeltre.info, Aug./Sept. Fr–Mo 10–18, sonst Fr–So 10.30–13, 15–18 Uhr, ToTeM Card.

Den Treppenweg hoch kommt man nach 50 m zum **Oratorio della Santissima Trinità** von 1404, eines der wenigen Gebäude, die den Brand von 1510 überstanden haben. Das Basrelief der Dreifaltigkeit über dem gotischen Portal und die – sechs verschiedenen Meistern zugeschriebenen – Fresken im Inneren stammen aus der Bauzeit.

■ **Oratorio della SS. Trinità,** Salita Turrigia, Aug./Sept. So 15–18 Uhr.

Weiter auf der Via Luzzo nach Osten, durchschreitet man die mehrfach gesicherte **Port'Oria** (Porta Orientale – Osttor). Sie zeigt sich im Originalzustand von 1502. Auf der Via Luzzo und dann auf dem Borgo Ruga weiter erreicht man nach 300 m die **Chiesa di Ognissanti** mit einem Turm aus dem 10. Jh. Über die Zuständigkeiten für die Bewahrung des wertvollen Freskos von *Lorenzo Luzzo* im Inneren der baufälligen Kirche wird seit Jahren gestritten.

Westlich der Piazza Maggiore

Nun kehrt man zur Piazza Maggiore zurück und nimmt die Via Paradiso nach Westen. An der Ecke zur Salita Muffoni steht der freskengeschmückte **Palazzo Tomitano** von 1542. 100 m weiter zeigt rechter Hand die **Galerie der Modernen Kunst** in einer Residenz des 16. Jh. eine Sammlung schmiedeeiserner Kunst, Gemälde, Skulpturen und Möbel.

■ **Galleria d'Arte Moderna Carlo Rizzarda,** Via Paradiso 8, Tel. 04 39 88 52 34, www.visitfeltre.info, Juni–Sept. Mo–Do 10.30–13, 15–18, Fr–So 10–18, sonst Fr–So 10.30–13, 15–18 Uhr, ToTeM Card.

Am Largo de Mezzan stammt der Komplex rechter Hand aus dem 16. Jh. – der **Palazzo de Mezzan** (mit wunderschönen Fresken im nicht zugänglichen Inneren). Gegenüber sind im **Diözesanmuseum** des Bischofspalastes Kultgegenstände, sakrale Kunst und wertvolle Stoffe ausgestellt. Bedeutendstes Exponat ist der Kelch des Diakons Orso – datiert auf das 6. Jh. Der Palazzo (selbst schon ein Museum) geht auf die Mitte des 13. Jh. zurück, seine Fresken in der Eingangshalle stammen vom Umbau zu Beginn des 16. Jh., weitere Änderungen im Stil des Rokokos fanden im 18. Jh. statt.

■ **Museo Diocesano di Arte Sacra,** Via Paradiso 19, Tel. 04 39 84 40 82, www.museodiocesanobellunofeltre.it, Fr–So Juni–Sept. 9.30–13, 14.30–19, sonst 9–13, 14–18 Uhr, ToTeM Card.

An der **Chiesa San Giovanni** (1743) vorbei folgt man der Via Paradiso hinunter zum Stadttor **Porta Imperiale**, dem westlichen Ende des Altstadtkerns. 1489 als Verteidigungswerk errichtet, erhielt es 1545 das heutige Aussehen als Repräsentationsbau ohne Wehrfunktion. Seinen Namen trägt es als Stadtzugang der Kaiser des Hl. Römischen Reiches Deutscher Nation bei ihren Reisen.

Am Beginn des Arkadengangs an der dreieckigen Piazza Trento Trieste steht der **Palazzo Crico-Tauro** aus dem Jahr 1500 mit (noch) sichtbaren Fresken von *Lorenzo Luzzo:* „Jesus und die Ehebrecherin", „Isaaks Opferung" und die „Tugenden" (um 1515).

Auf der Via Mezzaterra spaziert man zurück zur Piazza Maggiore. Unterwegs passiert man die **Chiesa San Giacomo**, deren Fresko in der Fassadenlünette aus dem beginnenden 15. Jh. stammt.

In der Umgebung

Sanktuarium der Heiligen Vittore und Corona

Das Heiligtum 4 km südöstlich bei der Ortschaft Anzù steht auf einem Vorsprung des Monte Miesna zu Ehren von Vittore und Corona, Beschützer und Beschützerin der Stadt Feltre. Es entstand als Nachfolgebau eines Verteidigungssystems der heute nicht mehr existenten Burgen Rocchetta und Castelcucco gegenüber. Die zwischen 1096 und dem ersten Jahrzehnt des 12. Jh. errichtete Kirche gilt als eines der bedeutendsten religiösen Gebäude Venetiens. Seine großflächigen Fresken sind vornehmlich aufs 15. und 16. Jh. datiert und der Schule von *Tommasos da Modena* und *Giotto* zugeschrieben. Sehenswert sind auch der marmorne Sarkophag des Gründers in der Sakristei, der steinerne Bischofsstuhl aus dem 13. Jh., die spätgotische Skulptur des hl. Vittore von 1440 und das mit gotischen Verzierungen versehene Tabernakel. Ende des 15. Jh. kam das Kloster mit Kreuzgang hinzu.

■ **Santuario dei Santi Vittore e Corona,** Viale Ss. Mm. Vittore e Corona 19, Località Anzù, Tel. 04 39 21 15, www.santivittoreecorona.it, tgl. 9–12, 15–19 Uhr.

Lago del Corlo

Der sich in die Hügel schmiegende See, auch **Lago di Arsiè** genannt, 10 km südwestlich von Feltre, ist das perfekte Naherholungsgebiet für Feltriner, die nicht in die Berge wollen. Der Stausee zwischen den Dolomiten und Monte

Vittore und Corona

Die beiden anonymen Heiligen erhielten erst im Mittelalter ihre Namen – der biblischen Terminologie entlehnt – „Gewinner" und (mit der Märtyrerkrone) „Bekrönte". **Vittore** war möglicherweise ein römischer Legionär aus Cilicia, den *Mark Aurel Antonius* Ende des 2. Jh. als Christ verfolgen ließ, **Corona** könnte ein junges Mädchen aus der Umgebung gewesen sein. Der **Legende** nach wurden beide gevierteilt und ihre Körper in einen Ochsenkarren gelegt. Auf dem Weg nach Anzù wollten die Zugtiere plötzlich nicht mehr weiter. Da kam eine alte Frau mit zwei mageren Kühen vorbei und erzählte, dass ihr Vittore erschienen sei. Man spannte also ihre Kühe vor den Karren und diese zogen ihn zum **Monte Miesna,** wobei die Hufe im Fels tiefe Spuren hinterließen – Grund genug, ein Heiligtum zu errichten.

Grappa zieht sich über knapp 6 km recht schmal von Nord nach Süd (2,45 km²) und entstand mit der Aufstauung des Cismon 1954 durch den Dammbau am Südende. Man kann baden, rudern und rund um den See wandern.

Es gibt Campingplätze, Hotels und Pensionen und (im Wald verborgen) mehrere verlassene Dörfer. Das interessanteste ist das **Villagio Fumegai** östlich der schmalsten Stelle des Sees, der hier auf drei Brücken überquert werden kann.

Rundwanderung nach Fumegai

Am sinnvollsten parkt man das Fahrzeug an der Westseite beim **Friedhof von Arsiè** auf 275 m, verlässt den Platz westlich nach links, nimmt nach 3 Min. die Brücke **Ponte di Polo** über die Seeenge und folgt im Wald, in etwa Höhe haltend, der Uferlinie. Nach 5 Min. wendet sich der Weg nach Westen und steigt nun für 15 Min. zügig auf 400 m an und stößt auf eine **Gabelung.** Hier muss man sich rechts halten und geht erst flach, dann wieder ansteigend in leicht südlicher Richtung und sich bei einem Abzweig links haltend weiter durch den Wald, bis man nach weiteren 10 Min. auf den Weiler **Forcelleta** (524 m) an der Quelle Veduta Lago Corlo stößt – eine verlassene Siedlung an einer Quelle mit teils hübsch als Ferienhäuser hergerichteten, über mehrere Lichtungen verteilten Gebäuden und gepflastertem Weg. Man hält sich hier an der Kreuzung geradeaus und nach Südosten und gelangt nach gut 10 Min. an eine **Einmündung** (diesem Pfad wird man bei Rückkehr bergab folgen). Noch mal gut 10 Min. sind es dann geradeaus zu den im Wald versteckten Ruinen des Dorfes **Fumegai.** Es wurde zu Beginn des 20. Jh. nach und nach verlassen und verfiel. In den 1960ern zog eine Hippiegemeinschaft her, die irgendwann wieder verschwand. Sessel, Betten, Geschirr und Werkzeug erinnern noch an sie – eine bizarr-skurrile Szenerie.

Man kehrt zur **Einmündung** zurück, hält sich links und gelangt absteigend an Weilern vorbei auf dann breitem Fahrweg und über eine Brücke zur **Asphaltstraße** (35 Min. hinter Fumegai). Man verlässt sie sofort wieder nach rechts bergab, kreuzt sie nochmals und steht wieder an der Seeenge, allerdings zwei Brücken weiter südlich an der – an Seilen aufgehängten – **Ponte della Vittoria.**

Über sie und durch den Ort Rocca d'Arsiè gelangt man in weitem Bogen in ca. 30 Min. zum **Ausgangspunkt** zurück.

GPS **Wanderung Ruderi di Fumegai,** Parkplatz Cimitero di Arsiè (GPS N 45.95235, E 11.75453), 5,5 km, 300 Hm, 2 Std.
GPS **Umrundung Lago del Corlo,** 11 km

Pedavena

Pedavena (4400 Einw., 350 m), 3 km nördlich von Feltre, wäre an sich uninteressant, wenn es nicht die größte Brauerei des Landes besäße. Man sollte keinesfalls das **Brauereimuseum** verpassen – schließlich erzählt es die Geschichte der Birreria, die jährlich 40 Mio. Liter ausstößt und auf 1896 zurückgeht. Nach Besichtigung der Anlagen darf man zwei Sorten verkosten. Wer will, isst in der riesigen Gaststätte mit Biergarten und nimmt sich im Laden Souvenirs mit.

- **Museo della Fabbrica di Pedavena,** Viale Vittorio Veneto 76, Pedavena (2 km nördlich von Feltre), Tel. 04 39 30 44 02, www.labirreriapedavena.it, Führung nach Voranmeldung Di–So 10, 11.30, 15, 16.30 Uhr, 10 €.

Feltre und Umgebung: Zugabe!

- **Cimitero Militare Germanico,** Via San Paolo, frei zugänglich. Soldatenfriedhof 1 km vom Zentrum am westlichen Stadtrand mit 203 deutschen und 68 österreichischen Gräbern des Ersten Weltkriegs (Schlachten um den Monte Grappa).
- **Castello di Lusa,** Via Castel di Lusa 12, Feltre (7 km nördlich), Tel. 34 76 16 63 30, www.facebook.com/castellodilusa; nach Voranmeldung für Gruppen ab 10 Personen, 6 €/Person. Im 10. Jh. erstmals erwähnte Burg mit häufigen Besitzerwechseln und Umbauten, schöne Lage und guter Zustand; auch literarische Veranstaltungen.
- **Museo delle Zoche e della Tarsia,** Via dell'Emigrante, San Gregorio nelle Alpi (16 km nordöstlich von Feltre), Tel. 33 88 37 52 56, Sommer So 15–19 Uhr. Intarsienkunst, für die das Dorf einst berühmt war.
- **Museo del Piave Vincenzo Colognese,** Piazza Caorera, 1, Caorera (16 km südlich von Feltre), Tel. 04 39 78 90 09, Sommer So 15–18 Uhr. Kriegsmuseum mit einer interessanten Sammlung aus Uniformen, Waffen, einem Flugzeug und Originalnotizen von *Rommel*.

Praktische Tipps

Informationen

- **Infopoint Feltre:** Piazza Maggiore 21, 32032 Feltre, Tel. 04 39 25 40, www.visitfeltre.info, www.dolomitiprealpi.it, tgl. 9.15–12.30, 14.15–17 Uhr, Winter nachmittags geschl.
- **ToTeM Card:** Eintrittskarte für die Museen Feltres und seine zwei Türme, 10 €; beim Infopoint und in den Museen.

Unterkunft

10 **Hotel Casa Grande**②**,** Via Belluno 47, Tel. 04 39 84 00 25, www.hotelcasagrande.it. Modernes Drei-Sterne-Haus mit 32 Zimmern.

6 **Hotel Doriguzzi**③**,** Viale del Piave 2, Tel. 04 39 20 03. Ein Palast aus dem 19. Jh. mit Blick auf die Berge und doch mitten in der Stadt; knapp 50 Zimmer, sehr modern und stylisch eingerichtet.

3 **B&B Viaparadiso 32**③**,** Via Paradiso 32, www.viaparadiso32.it, Kontakt über E-Mail: contact@viaparadiso32.it. Drei Suiten, aber was für welche:

Naturstein, Designermöbel, Kerzen, Antiquitäten und eine geschickte Hand haben Wunder vollbracht.

In der Umgebung

1 Agriturismo Al Ciod②, Via Prai 2, **Arsiè** (15 km westlich von Feltre über die SS50bis), Tel. 34 89 20 31 00. Nette, kleine Zimmer und hausgemachte Pasta mit Kräutern und Pilzen, auch Camping.

■ **Bikehotel Parigi②,** Via Cassiano, **Lago del Corlo,** Tel. 04 39 58 528, www.alparigi.it. Schönes Aktivhotel am Seeufer mit acht Zimmern (Seeblick) und gutem Restaurant.

Camping

■ **Campeggio Lago Arsiè,** Via Campagna 14, **Lago del Corlo** (Arsiè), Tel. 04 39 58 540, www.campinglago.com. Großzügig gestaltetes Campingdorf am Seeufer mit Glamping (Zelte am Ufer mit Dusche/WC), Spielplätzen, Pool, Pizzeria, Restaurant und Radverleih; Stellplatz für 2 Personen ab 25 €.

Essen und Trinken

7 Trattoria Aurora②, Via Garibaldi 24, Tel. 04 39 20 46, www.facebook.com/ristoranteaurorafeltre, Mo–Sa 12–14.30, 19–21.30 Uhr. Hochgelobte, sehr leckere Hausmannskost nach den traditionellen Rezepten des Feltrino.

8 Trattoria/Pizzeria Al Cappello①-②, Via Monte Tomatico 1, Tel. 04 39 23 50, Do–Sa/Mo 12–14, 18.30–21.30, Di 12–14, So 18.30–21.30 Uhr. Zwischen hellem Holz werden Polenta, Salsiccia, Pilzgerichte und anderes aus der regionalen Küche gereicht, außerdem: riesige Pizza.

5 Pizzeria Tiziano①, Piazzale della Lana 8, Tel. 04 39 29 87, www.facebook.com/ristorante.pizzeria.tiziano, So–Fr 11.30–14, 18.30–22, Sa

Kleiner Markt in Feltre

18.30–22 Uhr. Moderne Pizzeria mit guter Pizza in unauffälligem Ambiente.

9 **Osteria da Casot**①, Via Borgo Ruga 1, Tel. 32 00 58 45 51, www.facebook.com/anticaosteriacasot, tgl. 8–14.30, 16.30–22 Uhr. Kleine, gemütliche Osteria mit Wohnzimmercharakter und Freisitz, kalte Platten, Rösti, Toast etc.

In der Umgebung

■ **La Birreria Pedavena**②, Viale Vittorio Veneto 76, **Pedavena** (3 km nördlich von Feltre), Tel. 04 39 30 44 02, www.labirreriapedavena.it, Di–So 10–24 Uhr. Noblesse oblige: In der Gaststätte der größten Brauerei Italiens mit Biergarten gibt's zum Gerstensaft Spezialitäten wie Bohnensuppe und *tegamini* (Eintopf mit Polenta, Käse, Pilzen und Hackfleisch), aber auch Fastfood wie Gulaschsuppe und Wurstel; Nachtisch: Torte mit Biercreme oder Birramisù!

■ **Panevin**③-④, Via Cart 16, **Cart** (4 km nordöstlich von Feltre), Tel. 04 39 83 466, www.ristorante panevin.com, Mo/Di/Do–Sa 12–13.30, 19–21.30, So 12–13.30 Uhr. Lohnende Edelküche, die ihren Preis hat; Fisch- und Fleischgerichte mit Crossover aufs Feinste zubereitet und ästhetisch arrangiert; modern-elegant.

■ **Trattoria Alpina 1954**②, Via Vecellio 43, **Nòrcen di Pedavena** (5 km nordwestlich von Feltre), Tel. 34 73 24 52 61, www.alpina1954.it, Mo/Di/Do/Fr 18–22.30, Sa/So 12–14.30, 18–22 Uhr. Beliebtes Familienlokal unter Weinreben mit einer großen Terrasse; Spezialitätenküche und Pizza am Abend.

Caffè & Eis

4 **Gelateria Sommariva**, Via XXXI Ottobre 16, Tel. 04 39 21 22, http://gelateriasommariva.it, Di–So 8–13, 14–21.30 Uhr. Wie es war, wie es ist und wie es sein soll – Eis am Stiel mit Schokoüberzug oder zwischen Waffeln gefroren aus der eigenen Werkstatt, außerdem der Hit: karamellisierte Früchte auf Stäbchen.

Aktivitäten

■ **Baden/Wassersport Lago del Corlo:** Bootsverleih Carazzai, Via Liberazione 62, Tel. 34 57 17 65 42.

■ **Wandern:** s. Nationalpark Belluneser Dolomiten.

2 **Radverleih:** GR Bike, Via Rizzarda 5, Tel. 34 55 93 93 09, www.gr-bike.it, E-MTB 30 €/Tag, E-Fully 45 €/Tag.

Feste und Veranstaltungen

■ **Palio:** Geburtstag des Anschlusses von Feltre an Venedig im Jahr 1404 am ersten Augustwochenende, www.paliodifeltre.it. Mittelalter pur mit Jahrmarkt, Gauklern, Akrobaten und einer Parade Adliger und ihrer Damen. Die Mannschaften der vier historischen Viertel Santo Stefano, Duomo, Port'Oria und Castello (jede mit eigenen Farben und Symbolen) treten in einen Wettstreit um ein kostbares besticktes Tuch – per Stafettenlauf, Tauziehen, Bogenschießen und Pferderennen werden die Besten ermittelt.

■ **Gran Fondo Sportful:** Im Juni kommen Tausende zum bedeutendsten Amateur-Radsport-Festival Italiens nach Feltre – 204 km mit 4900 Höhenmeter durch die Berge; www.sportfuldolomitirace.it.

Verkehr

■ **Bahnhof/Stazione:** Viale Monte Grappa; Verbindungen nach Belluno (stdl., 40 Min., um 4,50 €), Bassano del Grappa (stdl., 90 Min. mit 2x Umsteigen, um 7 €) und Treviso (stdl., 70 Min., um 5,50 €).

▷ Cortina: Sehnsuchtsort für Skifahrer, Sommerfrischler und den Jetset

Cortina d'Ampezzo

■ 1224 m üNN, 5900 Einw., Belluno 71 km, Bozen 133 km, Innsbruck 165 km, österr. Name Hayden

Das Valle d'Ampezzo zieht sich bogenförmig von Cortina nach Südosten. Hier soll die Sonne länger und intensiver strahlen als in der Nachbarschaft! Ob's stimmt? Im Gebirgsdorf leuchten auf alle Fälle Sternchen und Stars – im Winter in den Bars zum Après-Ski, im Sommer davor zum Aperitif in der Abendsonne.

Das Alpendorf hat sich mit modernen Hotels zu seiner heutigen Größe aufgeplustert. Regelmäßig bricht an den Wochenenden der Verkehr zusammen, man hat dann Mühe, ins Zentrum vorzustoßen oder gar einen Parkplatz zu finden. Doch bietet Cortina neben typischen Urlaubsvergnügungen auch anderes: Im Sommer und Winter finden Kunstausstellungen, Lesungen und Konzerte statt.

1956 war Cortina Austragungsort der **Olympischen Spiele,** ein Ereignis, von dem der Ort und seine Besucher zu Recht heute noch zehren, doch geht der **Tourismus** schon auf den Beginn des 19. Jh. zurück, als die ersten begüterten Sommerfrischler auftauchten. Die Lage des Ortes am Fuß der Dolomitengipfel ist einmalig, ebenso wie die Preise in den Hotels und Restaurants – doch wer kommt, knausert nicht mit Geld, sondern will Ski fahren, luxuriösen Winterurlaub verbringen oder einen der Weltcups der Skirenn- oder Bobfahrer bestaunen. Nicht wesentlich ruhiger ist es im Sommer, wenn die Wanderer und Bergsteiger in Scharen Station machen auf ihrem Weg ins Hochgebirge. Zahllos sind die Möglichkeiten, in den Fels zu steigen oder in den Tälern zu spazieren.

Sehenswertes

Die dem Zentrum nächstliegenden **Parkplätze** sind der Parcheggio Largo

151fsk

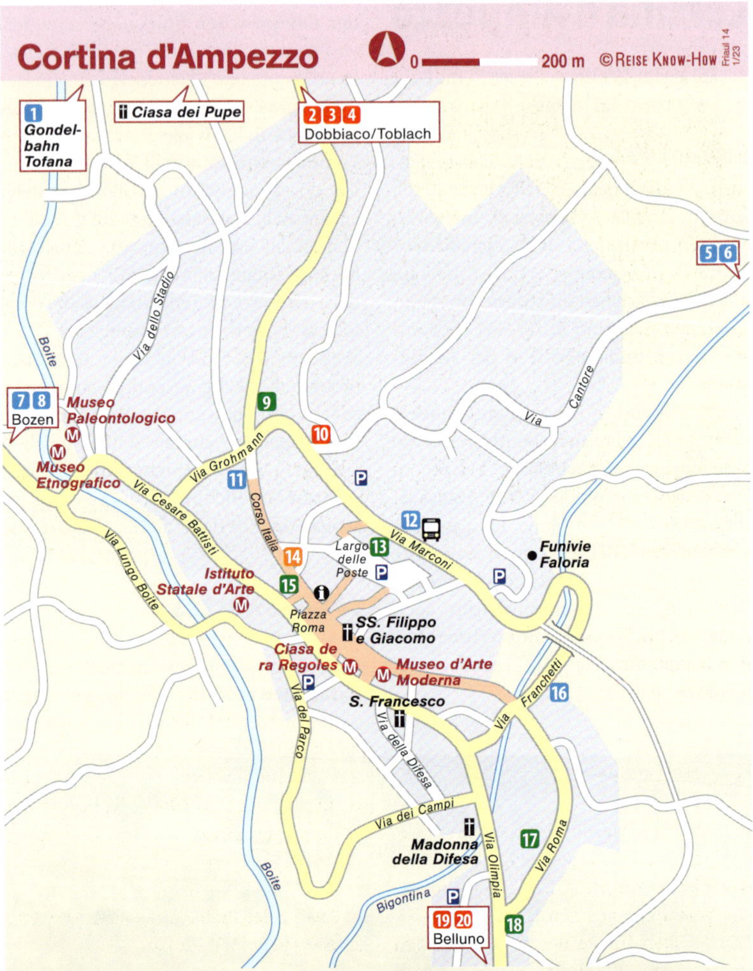

■ **Übernachtung**
2 Hotel Menardi
3 Hotel Fiames
4 Camping Olympia
10 Hotel Ciasa Lorenzi
19 Grand Hotel Miramonti Majestic
20 Camping Rocchetta

■ **Nachtleben**
14 Bar-Café Sport

■ **Essen und Trinken**
1 Pizzeria Capanna Ra Valles
5 Ristorante Leone & Anna
6 San Brite
7 Ristorante Baita Piè Tofana
8 Ristorante Tivoli
11 Pasticceria Alverà
12 Self Service Magro/Buffet Stazione
16 Pizzeria Il Ponte

■ **Einkaufen, Sonstiges**
9 Scuola Sci Cristallo Cortina
13 Scuola Sci Dolomiti
15 Kletterschule Cortina
17 Due & Due
18 Scuola Sci Azzurra

152f sk

Poste nördlich des Corso Italia und der Parcheggio Piazzale Mercato südlich des Corso.

Fußgängerzone

Das Zentrum der Fußgängerzone bildet die **Basilika Philippus und Jakobus** an der Piazza Angelo Dibona, eine barocke Saalkirche aus den Jahren 1769–75. Die Fresken führte der – vornehmlich in Süddeutschland und Südtirol tätige – Rokokomaler *Franz Anton Zeiller* aus. Das Tabernakel von 1703 stammt von *Andrea Brustolon.* Während des Kirchenbaus nahm die Statik des frei stehenden Glockenturms von 1590 Schaden, sodass es immer wieder zu Unglücken kam. 1851 errichtete man ihn aus Dolomitgestein neu – schlank und 66 m hoch. In den 1960er-Jahren erhielt er ein Glockenspiel mit der Tonfolge von Londons Big Ben.

■ **Basilica dei Santi Filippo e Giacomo,** Corso Italia 88, tgl. 7–13, 16–20 Uhr.

Der Basilika schräg gegenüber residiert an der Piazza in der historischen Ciasa de ra Regoles das **Museum für Moderne Kunst.** Die Ciasa ist lombardischen Ursprungs und war Verwaltungssitz einer Gesellschaft mit 800 Mitgliedern, die die Nutzung der Wälder und Almen um

⌃ Üppig-alpenländischer Balkonschmuck in Cortina d'Ampezzo

153fsk

Werbung aus einer anderen Zeit

das Tal regelte. Gezeigt werden Gemälde und Skulpturen italienischer Meister des 20. Jh. und immer wieder interessante Wechselausstellungen.

■ **Museo d'Arte Moderna Mario Rimoldi,** Corso Italia 69, Tel. 04 36 86 62 22, https://musei.regole.it, Ende Juni–Anfang Okt. Di–So 10.30–12.30, 16–20 Uhr, Aug. auch Mo, 8 €, Sammelticket 12 €.

Nordwestlich des Zentrums

Das **Völkerkundliche Museum** widmet sich in den Räumlichkeiten einer ehemaligen Sägemühle der bäuerlichen Kultur mit einer Ausstellung zum Kunsthandwerk mit Schmiedearbeiten, Gegenständen aus Silber sowie Möbeln und Geräten aus Holz.

■ **Museo Etnografico Regole d'Ampezzo,** Via Marangoi 1, Tel. 04 36 22 06, https://musei.regole.it, Öffnung und Preise wie Kunstmuseum.

Das **Paläontologische Museum Rinaldo Zardini** im Nebengebäude entführt mit Fossilien, die der aus Cortina stammende Forscher *Rinaldo Zardini* in den Dolomiten gesammelt hat, in eine Zeit vor 234 Mio. Jahren.

■ **Museo Paleontologico Rinaldo Zardini,** Via Marangoi 1, Tel. 04 36 87 55 02, https://musei.regole.it, Öffnung und Preise wie Kunstmuseum.

Südlich des Zentrums

Die **Minoritenkirche Madonna della Difesa** wurde im 15. Jh. gegründet und 1743 umgebaut. In ihr finden sich Skulpturen aus dem Rokoko und auch wieder Gemälde von *Zeiler* (links und rechts des Hauptaltars). Die Innenraumbemalung führten die Gebrüder *Prekoller* im Jahr 1908 aus.

■ **Convento Madonna della Difesa,** Via Difesa 30, Tel. 04 36 86 37 13, tgl. 8–12, 16–19 Uhr.

Cortina hat eine lange Tradition des Kunsthandwerks, die auf die Habsburger Zeit zurückgeht. Noch heute wird sie vom **Istituto Statale d'Arte** gepflegt, das Kunsthandwerker in der Holzverarbeitung, in Intarsienarbeiten und in der Schmiede- und Webkunst ausbildet und Möbeldesign lehrt.

Praktische Tipps

Informationen

■ **Infopoint:** Corso Italia 81, 32043 Cortina d'Ampezzo, Tel. 04 36 86 90 86, www.dolomiti.org, Mo–Sa 9.10–12.35, 15–18.20, So 9–12.30 Uhr.

Unterkunft

19 **Grand Hotel Miramonti Majestic⑤,** Via Pezie 103, Cortina, Tel. 04 36 42 01, www.miramontimajestic.it. Die Traditionsadresse mit Luxus pur, fünf Sterne, 122 Zimmer und elegante Hallen zu Füßen einer Felswand, Innenpool, Wellness-Bereich, Restaurant④.

2 **Hotel Menardi③-④,** Via Majon 110, Cortina, Tel. 04 36 24 00, www.hotelmenardi.it. Seit 1836 in Familienbesitz, Drei-Sterne-Hotel mit 51 Zimmern, Antiquitätenausstattung und einem lauschigen Garten.

10 **Hotel Ciasa Lorenzi③,** Via Cantore 1, Cortina, Tel. 04 36 22 32, www.ciasalorenzi.it. Im Zentrum gelegenes, kleines, angenehmes Hotel mit drei Sternen und 20 rustikal eingerichteten Zimmern, gutes Restaurant②-③.

3 **Hotel Fiames②,** Località **Fiames** (am nördlichen Stadtausgang beim Campingplatz Olimpia), Tel. 04 36 23 66, www.hotelfiames.com. Kleines, nettes Hotel mit 12 Zimmern teils ohne Bad, Halbpension angeraten.

Camping

4 **Olympia,** Località **Fiames** (am nördlichen Ortsausgang Richtung Toblach), Tel. 04 36 50 57, www.campingolympiacortina.it, März–Sept. Gut ausgestatteter Platz unter Bäumen mit Restaurant/Pizzeria und kleinem Markt, Flussstrand, MTB-Vermietung, Shuttle in die Stadt. 11–13,50 €/Person, 10–15 €/ Stellplatz.

20 **Rocchetta,** Campo di Sopra (2 km südlich von Cortina), Tel. 04 36 50 63, www.campingrocchetta.it, Dez.–April/Juni–Sept. Wiesenplatz mit Bar und kleinem Markt. 11–14 €/Person, 8–14 €/Stellplatz.

Essen und Trinken

8 **Ristorante Tivoli⑤,** Località Lacedel 34 (2 km außerhalb Richtung Bozen), Tel. 04 36 86 64 00, www.ristorantetivolicortina.it, Mi–So 12.30–14, Di–So auch 19.30–22 Uhr. Mit tollem Blick auf die Dolomiten gibt es preisgekrönte Küche (Michelin-Stern) mit Pilzen, Trüffeln und hausgemachter Pasta.

Unser Tipp: **16** **Ristorante/Pizzeria Il Ponte②,** Via Franchetti 8, Cortina, Tel. 04 36 86 76 24, www.ilpontecortina.it, Di–So 12–15, 18.30–23 Uhr. Beliebtes Lokal im Zentrum mit zahlreichen Pizza-Variationen in bester Holzofen-Qualität, unaufgeregte Alpin-Atmosphäre.

12 **Self Service Magro/Buffet Stazione①,** Via Marconi 9 (Busbahnhof), Tel. 04 36 25 29, So–Fr 6.30–21.30 Uhr. Nicht ungemütlich; für günstiges, schnelles Essen in recht guter Qualität: Gulasch, Polenta mit Pilzen, Grillhähnchen etc.

In der Umgebung

5 **Ristorante Leone & Anna④,** Alverà 112, Località **Alverà** (1,5 km östlich), Tel. 04 36 27 68, www.ristoranteleoneanna.com, Mi–Fr/So/Mo 12.30–14.45, 19.30–23.45, Sa 12.30–14.45 Uhr. Gemütliche Atmosphäre, große Weinkarte, sardische und lokale Spezialitäten.

6 **San Brite⑤,** Alverà 200, Località **Alverà** (1,5 km östlich), Tel. 04 36 86 86 41, www.sanbrite.it, tgl. 12–14.30, 19.45–21.45 Uhr. Ökologischer Anspruch und Michelin-Stern, bäuerlich-rustikal und elegant, Schäumchen und krustiges Brot? Auch das gibt's! Wenige Tische, feines Essen und exklusive Kundschaft – für den besonderen Abend.

7 **Ristorante Baita Piè Tofana③,** Località **Rumerlo** (Richtung Lago Ghedana am Parkplatz am Schlepplift, 6 km), Tel. 34 70 76 57 54, www.baitapietofana.it, Di–So 12.30–14.30, 19.30–21.30 Uhr. Feine Küche in Berghüttenatmosphäre, im Sommer auf der Terrasse mit Blick auf die Bergwelt. Besser reservieren!

1 **Pizzeria Capanna Ra Valles②, Ra Valles,** Tel. 04 36 86 23 72, tgl. 9–17 Uhr. Gondelbahnstation (s. bei Tofane) auf 2470 m, mit der höchstgelegenen Pizzeria der Welt (vielleicht auch nur der Dolomiten); fantastischer kann die Aussicht nicht sein.

Caffè & Eis

11 **Pasticceria Alverà,** Piazza Painters Fratelli Ghedina 14, Tel. 04 36 86 21 66, www.pasticceria alvera.com. Konditorei-Café mit perfektem Gebäck und schweren Torten.

Apero & Abend

14 **Bar-Café Sport,** Corso Italia 132, Tel. 04 36 86 84 44, tgl. 8–2 Uhr. Zu (fast) jeder Tages- und Nachtzeit – flüssiges Katerfrühstück, Aperitif, Cocktails. Man kennt sich, man sieht sich.

Aktivitäten

- **Skischulen und -verleih:** 13 **Scuola Sci Dolomiti,** Largo Poste 33, Tel. 04 36 85 00 00, www.dolomitiscuolasci.com; 18 **Scuola Sci Azzurra,** Via Roma 91/B, Tel. 04 36 26 94, www.azzurracortina.com; 9 **Scuola Sci Cristallo Cortina,** Corso Italia 210, Tel. 04 36 87 00 73, www.scicristallocortina.com.
- **Bergführer:** 15 **Kletterschule Cortina,** Corso Italia 69, Tel. 04 36 86 85 05, www.guidecortina. com.
- **Radverleih:** 17 **Due&Due,** Via Roma 70, Tel. 04 36 41 21, www.dueduecortina.it; E-MTB ab 55 €/Tag.

Feste und Veranstaltungen

- **Cortina Fashion Week:** Acht Tage Anfang Dezember stehen im Zeichen der Mode und des Glamours mit vielen Events und Rahmenprogramm; www.cortinafashionweekend.cortinaforus.it.
- **Volksskilauf Toblach-Cortina:** Seit 1977 darf, wer will, am Rennen Anfang Februar teilnehmen; es verläuft entlang der 42 km langen, im Ersten Weltkrieg gebauten und 1962 aufgelassenen Trasse der Dolomiteneisenbahn; www.dobbiacocortina.org.

Verkehr

- **Bushof/Autostazione:** Via Marconi, Verbindungen in der Saison nach Treviso/Venedig (Linie 29, www.atvo.it, um 18 €), Toblach (Linie 445, www.sad.it, um 5 €) und nach Belluno (Linien 1/3/30/31, www.dolomitibus.it, um 7 €).
- **Parken:** Parcheggio Largo Poste 3 €/Std., Parcheggio Piazzale Mercato 2 €/Std. (beide in etwa in Höhe der Basilika); Parkplatz an der Piazzale Marconi beim Busbahnhof 1 €/Std. für die ersten vier Stunden, dann 0,50 €/Std. (Di/Fr 6–15 Uhr wg. Markt geschl.); Preise jeweils für die Periode Juni–Sept.
- **Radiotaxi:** www.taxicortinadolomiti.com, Tel. 04 36 86 08 88.

Bergbahnen

- **Lagazuoi,** Cinque Torri, Sass Pordoi und Marmolada s. unten bei Dolomiten um Cortina.
- **Tofana/Freccia nel Cielo,** Olympiastadion, www.freccianelcielo.com, tgl. 9–17 Uhr. Dreistufige Gondelbahn von 1217 m zum Rifugio Col Druscié (1778 m, hin und zurück 18 €/Kind 9 €), weiter zum Ra Valles (2475 m, hin und zurück 30 €/Kind 15 €) und zum Gipfel des Tofana (3244 m, Rückfahrkarte 38 €, Kind 19 €), wo man einen fantastischen Blick über die Bergwelt genießt und bei klarem Wetter bis zur Adria schauen kann.
- **Faloria/Funivie Faloria,** Via Ria de Zeto 10 (am östlichen Ortsrand), https://faloriacristallo.it, tgl. 9–16.30 Uhr. Zweistufige Gondelbahn mit Mittelstation (1480 m) zum Rifugio Faloria auf 2123 m Höhe, Ausgangspunkt für schöne Wanderungen (hin und zurück 24,50 €, Kind 18,50 €), MTB-Transport möglich.

Die Dolomiten um Cortina

Cortina liegt mittendrin – im Herzen der Dolomiten. Im Norden schützt der Parco Naturale delle Dolomiti d'Ampezzo (11.000 ha) das Welterbe. Er umschließt Cortina nördlich in einem Halbbogen und ist mit den Südtiroler Naturparks Parco Naturale Fanes-Sennes-Braies im Norden (25.000 ha) und Parco Naturale Tre Cimi im Osten (12.000 ha) verbunden. Im Süden schließen das Val di Zoldo (siehe bei Belluno) und das Cadore (s. unten) an – Felsgetürm allüberall also. Rundum stapeln sich deshalb im Sommer zumindest auf den mit Seilbahnen und über Passstraßen leicht erreichbaren breiten Wanderwegen die Besucher. Doch wenn man auf einen der schmaleren Steige abbiegt, ist man dem Trubel schnell entronnen.

Passo di Falzarego

Einer der Zweitausender-Übergänge der Dolomiten ist der **Falzarego-Pass** (2105 m) – mit dem eigenen Fahrzeug auf gut ausgebauter Straße leicht erreichbar –, der direkten Zugang zum nördlich anschließenden Naturpark Ampezzaner Dolomiten bietet. Dessen erster Gipfel, der **Lagazuoi** (2778 m), ist mit einer Seilbahn (Bergstation auf 2720 m) und über mehrere Wanderwege erschlossen. Zu Fuß geht man in etwa 2 Std. hoch. Von Cortina zum Pass sind es 15 km und eine halbe Stunde Fahrt.

Kriegsspuren um den Lagazuoi

Rund um den Gipfel des Lagazuoi liegen ausgedehnte Felsfestungsanlagen der

☑ Bergstation am Lagazuoi

154f sk

Italiener und Österreicher aus dem Ersten Weltkrieg mit Stollen, Schützengräben und zahlreichen Ruinen. Die ganze Anlage ist als **Freilichtmuseum/Museo all'aperto Lagazuoi** konzipiert. Mehrere Wege, teils einfache Wanderungen, teils Klettersteige, führen duch die kriegerische Vergangenheit. Wer den Abstieg über den eindrucksvollen, 1000 m langen **Kriegsstollen** (Taschenlampe!) wählt, muss trittfest und schwindelfrei sein, nicht wegen des eigentlichen Wegs, sondern wegen des zwar kurzen, aber sehr steilen Abstiegs zum Zugang direkt unterhalb der Bergstation in der Felswand. Höhenangst kann man aber auch auf dem breiten, 10-minütigen Panoramaweg zum Gipfel bekommen, wenn man den in die Felsen gehängten **Gitterweg** wählt und der Blick ungebremst in der Tiefe endet – besser richtet man da die Augen auf das Marmolada-Massiv. (Der Panoramaweg ist kinderwagen- und rollstuhlgeeignet.)

Am Passo di Falzarego

■ **Funivia Lagazuoi,** Passo Falzarego, Tel. 04 36 59 21, https://lagazuoi.it, Juni–Okt. 9–17 Uhr, hin und zurück 23 €, Parkplatz 5 €/Tag.

Forte Tre Sassi

2 km nördlich des Passo di Falzarego an der SP24 über den Valparola-Pass nach Südtirol steht das teilrestaurierte ehemalige österreichische **Sperrfort Tre Sassi** vom auslaufenden 19. Jh. und dokumentiert als Museum den Krieg am Pass und das Soldatenleben allgemein (Audioguide auf deutsch verfügbar).

■ **Museo Forte Tre Sassi,** Tel. 04 36 86 11 12, Mitte Juni–Sept. 10–13, 14–17 Uhr, 8 €.

Giro Cinque Torri

Die Wanderung rund um die Cinque Torri ist bei Belluno/Val di Zoldo („Wanderungen am Giau-Pass", → S. 391) beschrieben. Die **Talstation des Sessellifts** hoch zum Augangspunkt Rifugio Scoiatolli befindet sich 4 km östlich vom Falzarego-Pass.

■ **Seggiovia Cinque Torri,** Tel. 04 36 40 19, www.5torri.it, Juni–Sept. 9–17 Uhr, hin und zurück 21 €.

Weiterfahrt vom Falzarego-Pass

Vom Falzarego-Pass führt die SP24 Höhe haltend nach Norden hinüber zum **Passo di Valparola** (2192 m) am gleichnamigen See und hinunter nach Südtirol. Südwärts verläuft die SR48 hinunter Richtung Agordo. Nach 4,5 km achte man auf den Abzweig rechter Hand zum Castello di Andraz. Das malerisch auf einer Hochalm vor Felswänden liegende **Schloss Buchenstein** ist nach 1 km erreicht. Mit Ursprung im 11. Jh. stand es an strategischer Stelle des Weges von Agordo ins Pustertal und in optischer Verbindung mit weiteren Wehrbauten entlang der bedeutenden Dolomitentransversale. Das Museum beschreibt die Burggeschichte und den Bergbau in der Region.

■ **Castello di Andraz,** Tel. 33 43 34 66 80, www.castellodiandraz.it, Aug. tgl., Juli Di–So, Sept. Do–So, Okt. Fr–So 10–12.30, 14–19 Uhr, 6 €.

5 km weiter zweigt die SR203 nach Süden Richtung Agordo (s. Belluneser Dolomiten) und ins Val di Zoldo (s. Belluno) ab. Folgt man weiter der SR48, muss man sich nach 2 km entscheiden, wie man zur **Marmolada** fahren will. Der direktere Weg führt auf SP563 und SP641 und durch das hübsche Alpendorf **Sottoguda** nach 16 km zur Marmolada-Talstation bei **Malga Ciapela.** Fährt man dagegen weiter auf der SR48, sind es 50 km auf der ebenfalls sehr reizvollen Strecke über die grünen Almen des **Passo di Pordoi,** durch Canazei im Trientiner **Fassa-Tal** und wieder hoch zum Lago di Fedaia.

Sottoguda

Das **Bergdorf** zeigt sich im historisch-idyllischen Gewand mit adretten Fassaden, blumengeschmückten Balkonen, weit vorkragenden Dächern, süßem Kirchlein und zahlreichen ehrwürdig verwitterten Heuschobern – einer der *borghi più belli* (schönsten Orte) Italiens. Ein Spaziergang führt über 2 km durch die Schlucht **Serrai di Sottoguda,** nicht nur im Sommer ein beliebtes Ziel: Im Winter kommen Eiskletterer mit Steigeisen und Pickeln aus aller Welt. Der Weg durch die malerisch-enge Schlucht ist breit, geteert und für Fußgänger und Radfahrer freigegeben. Er beginnt am Westende von Sottoguda und endet an der Talstation der Marmolada-Seilbahn. Die kleine, rudimentäre Stollenkapelle am Beginn war im Ersten Weltktieg ein Munitionslager. Am Wegesrand erzählen einige Tafeln auf italienisch Legenden, die sich um die Schlucht ranken. Im Sommer fährt eine Touristenbahn von Sottoguda durch die Schlucht zur Seilbahn.

Spaziergang Serrai di Sottoguda, Wiedereröffnung nach Bergrutsch Ende 2023, tgl. 8.30/9–17.30/19 Uhr, 3,50 €/Erw., 1,50 €/Kind, Rad 2,50 €, Parkplatz 6 €/Tag, Zugfahrt 6,50 €/Erw., 4,50 €/Kind.

Passo di Pordoi

Nicht schroff, sondern fast lieblich, mit grünen Wiesen und zufriedenen Kühen, gibt sich der Passo di Pordoi (2239 m) im Sommer. Das Hotel am **Pordoijoch** existiert seit 1905, die Bronzetafel auf der Passhöhe erinnert an den Radrennfahrer **Fausto Coppi** (1919–1960), der zweimal die Tour de France und fünfmal den Giro d'Italia gewann. Entsprechend mühen sich viele Enthusiasten per pedes für ein Foto am Denkmal die 27 Serpentinen von Westen hoch oder die 33 von Osten. In vier Minuten und schwindelnde Höhen entführt die 1962 gebaute **Seilbahn** vom Pass auf den Sass Pordoi (2950 m). Rosengarten im Westen, Piz Boè im Osten, der österreichische Alpenhauptkamm im Norden und die Marmolada im Süden bilden das 360°-Panorama; nicht umonst heißt die Bergstation **Terrazza delle Dolomiti.** Wer weiter will – was nur zu Fuß geht –, muss perfekt ausgerüstet sein und hochalpine Erfahrung mitbringen. Trittsicherheit ist auch beim Abstieg verlangt: Der Steig über die Forcella am Nordhang runter ist geröllig und steil (Dauer etwa 70 Min.).

■ **Funivia del Sass Pordoi,** Passo di Pordoi, Tel. 04 62 60 88 96, www.valdifassalift.it, Juni–Okt. tgl. 9–16.30/17 Uhr, hin und zurück 25 €.

Val di Fassa

Canazei (1900 Einw., rund 7000 Gästebetten, 1450 m) im Fassa-Tal ist einer der bekanntesten Wintersportorte des Trentino inmitten der Skiarena **Dolomiti Superski** mit zahlreichen Gondelbahnen und Sesselliften. Auffahrten mit den Seilbahnen werden auch im Sommer angeboten, obwohl die Hochalmen optisch schon sehr unter den zahlreichen Masten der Schlepplifteinrichtungen für den Winter leiden.

Marmolada

Von Canzei führt die SP641 weiter ins Tal hinein, um dann in wenigen Serpentinen hoch und am Ende galeriegeschützt in die baumlose Hochgebirgslandschaft am Fedaia-See vom **Passo di Fedaia** (2054 m) zu führen – natürlich mit Blick auf das Marmolada-Massiv, das direkt auf der Grenze von Trentino und Veneto in den Himmel sticht.

Lago di Fedaia

Am Westende des Sees gelangt man über den Damm zum kleinen **Privatmuseum des Großen Krieges** mit Bar und Terrasse. Es gibt einen ersten Einblick in die Geschehnisse auf dem höchsten Schlachtfeld der Dolomitenfront.

■ **Museo della Grande Guerra,** Passo di Fedaia, Tel. 04 62 60 11 81, www.trentinograndeguerra.it, Juni–Sept. Mi–Mo 10–12.30, 14–17.30 Uhr, 6 €.

Gipfelsturm

Tiefer einsteigen in den Gebirgskrieg kann man, wenn man 8 km weiter auf der Ciapela-Alm die Seilbahn hoch zur Marmolada besteigt. Die **Malga Ciapela** (1450 m) ist Ausgangspunkt für eine der **spektakulärsten Gondelreisen** Italiens. In drei Stufen geht es zur Bergstation unterhalb des Gipfels **Punta Rocca** (3310 m). Höher ist nur noch der Nachbargipfel Punta Penia (3343 m). Mit den weiteren Gipfeln der Marmolada-Gruppe (dt. Schreibweise Marmolata), darunter Punta Ombretta (3230 m), Pizzo Serauta (3035 m) und Punta Serauta

(3069 m), bilden sie einen Gratrücken – die Frontlinie im Ersten Weltkrieg zwischen Österreich-Ungarn und Italien. An seiner Nordseite liegt der einzige nennenswerte Gletscher der Dolomiten, der **Ghiacciaio della Marmolada.** Er spielte im Krieg eine bedeutende Rolle: Die in sein Eis gehauenen, insgesamt 10 km langen Stollen gaben Hunderten Österreichern Unterkunft, die so relativ sicher und bei einer gleichbleibenden Temperatur um den Gefrierpunkt hausten, während draußen bis zu minus dreißig Grad Kälte klirrte. Nachteil: Der Rauch aus den Holzöfen konnte nicht richtig abziehen, sodass die Soldaten immer kurz vor dem Ersticken waren. Die Eisstadt hat der Gletscher mittlerweile verschlungen. Das **Marmolada-Kriegsmuseum** in der **Bergstation Serauta** des zweiten Seilbahnabschnitts ist eine modern und aufschlussreich konzipierte Ausstellung zum Stellungskrieg und auf 2950 m das höchste Museum Europas. Die Stellungen der Italiener mit Schützengräben und Höhlen sind zugänglich und auf einem einstündigen, technisch unschwierigen, aber teilweise ausgesetzten **Geschichtssteig** abzugehen (dennoch: Bergschuhe, feste Kleidung, Sonnenschutz nötig).

■ **Museo Marmolada Grande Guerra 3000 M,** Serauta, Tel. 04 37 52 29 84, www.museomarmoladagrandeguerra.com, zu den Betriebszeiten der Bergbahn offen.

☒ Einer von drei Gondelbahnabschnitten hoch zur Marmolada

156f sk

Hauptziel ist aber die Bergstation (3265 m) des dritten Seilbahnabschnitts – die 2011 gebaute **Terrazza Marmolada.** Höher und weiter geht's nicht, die Welt liegt dem Betrachter zu Füßen: ein 360°-Blick auf die Dolomiten vom höchsten Berg aus. Die Madonnenfigur in der **Grotta della Madonna** hat Papst *Johannes Paul II.* 1979 höchstselbst geweiht. Wer etwas essen will, muss zur Serauta-Station abfahren.

■ **Funivie Marmolada,** Malga Ciapela, Tel. 04 37 52 29 84, www.funiviemarmolada.com, Winter Dez–Apr. 8.40–16 Uhr, Sommer Mitte Juni–Mitte Sept. 9–16 Uhr, hin und zurück 35 €.

Lago di Misurina

In engen Kehren geht es von Cortina d'Ampezzo auf der SR48 nach Osten ins Gebirge und über den **Passo Tre Croci** (1809 m) unterhalb des Monte Cristallo (3216 m). Auf der anderen Seite des Passes liegt auf 1756 m Höhe der Gebirgssee **Lago di Misurina** mit Hotels und Restaurants recht idyllisch zu Füßen der imposanten Drei Zinnen (Tre Cime) an der Grenze zu Südtirol. Noch malerischer ist aber der kleinere **Lago Antorno** mit seinem Inselchen. Beide Seen kann man auf Verdauungsspaziergängen umrunden (Misurina in 45 Min., Antorno in 15 Min.)

Unterhalb der Drei Zinnen

Die Drei Zinnen

Das vielleicht beliebteste Ziel der Dolomiten ist die Felsgruppe der Drei Zinnen, nicht zuletzt, weil sie mit dem Auto bequem erreichbar und der Wanderweg zur Schutzhütte mit dem berühmten „Dreizinnenblick" ausgesprochen breit ist und praktisch ohne Steigung verläuft.

Anfahrt

Die Mautstraße hoch zum **Rifugio Auronzo** zu Füßen der Tre Cime ist mit 5 km recht kurz, dafür im Preis ausgesprochen heftig. 700 Parkplätze stehen oben zur Verfügung, und wenn die voll sind, ist … Ende Gelände! Dann stauen sich bei schönem Wetter die Fahrzeuge an der Zahlstelle kurz hinter dem Lago Antorno kilometerweit hinunter nach Misurina (und sehr viele werden umsonst warten). Wer also mit dem Wagen hinauf will, sollte so früh wie möglich anreisen. Eine Alternative ist der Shuttle-Bus vom Lago di Misurina (auch wenn der Parkplatz oben schon voll ist).

■ **Strada a Pedaggio Rifugio Auronzo,** Lago Antorno, Tel. 04 35 40 00 35, Juni–Okt. Mautstelle durchgängig offen, Krad 20 €, Pkw 30 €, Camper 45 €.
■ **Bus Navetta Rifugio Auronzo,** Haltestelle an der Nordseite des Lago di Misurina beim Restaurant Genzianella, Mitte Juni–Ende Sept. ca. 8.30–ca. 17.30 Uhr halbstdl./stdl., 4 € einfach, Parken 2 €/Std., 14 €/Tag.

Wanderung um die Drei Zinnen

Das Gros der Besucher verlässt das Rifugio Auronzo (2330 m) nach Osten und nimmt den breiten Ziehweg an den Zinnen südlich vorbei zum Patternsattel und dann ohne große Steigungen hinüber zum Rifugio Antonio Locatelli/Sepp Innerkofler – vulgo **Dreizinnenhütte** (1881 erbaut). Zugegebenermaßen tut sich von ihr ein fantastischer Blick auf die Felsformation auf. Doch wer es ruhiger liebt, verlässt den Parkplatz an der Auronzohütte nach Westen und folgt dem **Wanderweg 105** Richtung Pian da Rin hinüber zur **Mitterscharte** (2310 m). Von ihr sieht man von den Drei Zinnen noch nicht viel; sie verbergen sich in einer geraden Linie nach Osten hinter dem Zinnenkopf (2763 m). Doch wenn man auf klarem Pfad zur Langalm hinabsteigt, werden die Zinnen immer besser sichtbar.

An der urig-gemütlichen **Langalm** (2283 m) kann man den Blick auf die Nordwand der Drei Zinnen so richtig genießen. Linker Hand steht die mit zwei Nebengipfeln gegliederte Kleine Zinne (2857 m), in der Mitte die Große Zinne (2999 m) und rechts die Westliche Zinne (2973 m). Die Alm ist übrigens eine der wenigen, die nicht über einen Fahrweg erreichbar sind (das Hüttenpersonal transportiert alles im Rucksack und per E-Bike).

Man verlässt die Alm weglos nach Norden auf die Drei Zinnen zu zwischen der westlichen und mittleren Gumpe, wendet sich gleich nach links und Osten und passiert an der östlichen Seite der Ostgumpe den **Ursprung der Rienz** – der 80 km lange wichtigste Tributär der Eisack. Nun hält man sich weiter weglos strikt nordöstlich und gelangt über die Hänge leicht ansteigend zum Hauptweg, dem man nach rechts und östlich folgt. An der Kreuzung biegt man rechts ab und folgt einem der Wege hinauf zum **Patternsattel,** wo man wieder auf den Menschenzug Richtung Dreizinnenhütte stößt. Auf breitem Ziehweg geht es hinunter zur **Lavaredo-Hütte** (wer sie ignoriert, macht nichts falsch), an der Kapelle vorbei und auf die **Auronzohütte** zu. Und die Legende zur Entstehung der Drei Zinnen? Es gibt keine!

GPS **Giro delle Tre Cime,** 2,5 Std., 7,5 km, 250 Hm; es herrscht striktes MTB-Verbot.

■ **Rifugio Auronzo,** Tel. 04 35 39 002, www.rifugioauronzo.it, Mitte Juni–Mitte Okt., Essen/Unterkunft, Langalm, Tel. 34 28 55 36 44, www.longolbe.com, Juni–Sept., Essen, Dreizinnenhütte, www.dreizinnenhuette.com, Mitte Juni–Mitte Okt., Essen/Unterkunft.

Monte Piana und Monte Piano

Am Lago di Misurina startet der Shuttle-Jeep hoch zum nördlich in den Bergen versteckten **Rifugio A. Bosi** (2203 m) mit seinem Wanderwegenetz rund um die Gipfel Monte Piana und Monte Piano – ein weiteres **Freiluftmuseum** zum Ersten Weltkrieg.

Wer den ganzen, überaus aussichtsreichen Rundweg auf dem Hochplateau absolvieren will, sollte trittsicher und fürs Hochgebirge gewappnet sein, da mehrere Engstellen sehr ausgesetzt sind. Der südliche **Monte Piana** (2324 m) markierte das Zentrum der Stellungen der Italiener, der nördliche **Monte Piano** (2306 m) das der Mittelmächte – Luftlinie 800 m. Dazwischen, daneben und rundherum: Schützengraben, Stacheldraht, Kaverne, Stollen, Hölle – 14.000 totgeschossene Soldaten in 30 Monaten.

■ **Sentiero Storico Monte Piana,** 2,5 Std., 5,5 km, 250 Hm; vom Rifugio über den Monte Piana zum Monte Piano und zurück.

■ **Jeep Service,** Abfahrt vor dem Ristorante Genzianella, Tel. 33 85 28 24 47, www.montepiana.com, Juni–Okt. 9–17 Uhr (alle 20 Min.), 13 €, hin und zurück 20 €.

■ **Rifugio A. Bosi,** Tel. 04 35 39 034, https://rifugiobosimontepiana.business.site, Mitte Juni–Ende Sept., Essen/Unterkunft.

Praktische Tipps

Informationen

■ **Infopoint Sottoguda,** Sottoguda 33, Tel. 04 37 72 22 77, www.visitmarmolada.com, Hochsaison (Sommer/Winter) tgl. 10–12.30, 16–18.30 Uhr.

■ **Infopoint Lago Misurina,** Via Monte Piana 2, Tel. 04 35 39 016, www.comune.auronzo.bl.it, Mitte Juni–Mitte Sept. tgl. 9.30–12.30, 14–17 Uhr.

Unterkunft

■ **Starlight Room Dolomites 360⑤,** Rifugio Col Gallina, **Passo Falzarego,** Tel. 33 04 42 51 05, https://starlightroom.it. Für das ganz besondere Wochenende: 11 qm, Toilette, Essecke und ein Bett unter Glas – drehbar fürs Wunschpanorama; Alleinlage auf 2400 m Höhe, Frühstück und Abendessen werden gebracht. Und wer nur tagsüber Zeit hat, bucht den Business Room von Sonnenauf- bis -untergang: Schreibtisch mit Rundumblick, Alleinlage, Frühstück, Lunch.

☒ Schnitzkunst in Sottoguda

158f sk

■ **Hotel Digonera**②-③**,** Digonera 16, **Rocca Pietore** (zwischen Castello di Andraz und Sottoguda), Tel. 04 37 52 91 20, www.hoteldigonera.com. Süßes Hotel garni mit 24 Zimmern aus den 1920ern in Familienbesitz – kein Chichi, dafür viel Charme.

■ **Quinz/Locanda al Lago**②**,** Via Guide Alpine 2, **Lago di Misurina,** Tel. 04 35 39 22 20, www.quinz.net. Traumlage direkt am Seeufer, sechs Zimmer und Suiten zu günstigen Preisen – also rechtzeitig buchen. Gemütliches Restaurant und Pizzeria①-② mit Seeterrasse.

Camping

■ **A La Baita,** Via Guide Alpine 4, **Lago di Misurina,** Tel. 04 35 39 151, https://campingallabaita misurina.com, Mai–Sept. Achtung: Keine Reservierung, (wer zuerst kommt, ...); Wiesenplatz mit Restaurant und 25 Stellplätzen, gute Sanitäranlagen, Campereinrichtungen, 8–10 €/Person, 8–12 €/Stellplatz.

Essen und Trinken

■ **Stua sa Laste**②**,** Laste di Rocca Pietore 11, Località **Dagai** (zwischen Castello di Andraz und Sottoguda), Tel. 37 91 44 43 70, www.facebook.com/stuasa.laste, Sommer tgl. 12–15, 18.30–22 Uhr. Einfallsreich interpretierte Traditionsrezepte mit viel Wild als Basis (Hirsch, Hase, Gans ...) und Spezialitäten wie Kaldaunen mit Polenta in einem ehemaligen Heuschober. Sehr kleine, täglich neu geschriebene Karte, modern-rustikale Atmosphäre.

■ **Rifugio Fredaola**①-③**,** Strèda de Pordoi 120, **Passo Pordoi** (25 Min. Bergmarsch vom Pass), Tel. 33 55 65 40 72, www.fredarola.it, tgl. 9–17 Uhr. Berghütte mit kalten Platten, toller Pizza und einer sowohl hinsichtlich Fleischqualität als auch Zubereitung wirklich ausgezeichneten Steak-Küche.

■ **Col de Cuk**①-②**,** Via Passo Fedfaia 1, Lago Fedaia/**Marmolada**, Tel. 34 77 77 32 61, Sommer tgl. 9–18 Uhr. Einfache, herzhafte Gerichte (Wurstel con Sauercraut, Zuppa Goulasch), gute Pizza und große Terrasse mit Blick auf die Berge und die Marmolada-Gipfel.

■ **Agriturismo Malga Misurina**②**,** Via Monte Piano 5, **Lago di Misurina,** Tel. 04 35 39 247, www.infodolomiti.it, tgl. 10–20 Uhr. Oberhalb des Sees deftige Almkost mit Schinken, Käse, Grillwurst, Fleisch, Polenta und einer herrlichen Aussicht – nur: an sonnigen Wochenenden holt der Erfolg die Betreiber ein.

■ **La Stube/Biblioteca**②-④**,** Malga Rin Bianco, **Lago di Misurina** (oberhalb an der Mautstraße zu den Drei Zinnen, im Sommer kostenfreier Feldweg direkt vor der Mautstation links weg, im Winter Shuttle mit Kettenfahrzeug), Tel. 32 05 69 93 75, www.rinbianco.com, Fr–Di 12–15, Fr/Sa auch 19.30–21.30 Uhr (Nov. geschl.). Drei in einem: Wein-/Snackbar, Restaurant und die namengebende Gourmet-„Bibliothek", in der gespeist wird – elegant-rustikale Berghütte mit Charme und ausgezeichnetem Essen für jeden Geldbeutel.

Das Cadore

Gerahmt von hohen und blanken Dolomitengipfeln, ist das Cadore perfekter (und beliebter) Ausgangspunkt für herrliche Wanderungen und Klettererlebnisse. In zahlreichen Hütten kann man übernachten und – zumeist – ausgezeichnet essen. Aber auch die kleinen Orte in den Tälern sind einen Besuch wert und ihre Museen und Kirchen bemerkenswerte Zeugen der Vergangenheit.

Die Hochtäler des Cadore reihen sich nördlich des Val di Zoldo zwischen dem Fluss Piave und Südtirol/Osttirol auf, erst ost-westlich ausgerichtet, zum Friaul hin aber immer mehr nord-südlich. Entlang der drei Haupttäler **Valle del Bóite** (zwischen Pieve di Cadore und Cortina), **Val d'Ansiei** (zwischen Auronzo di Cadore und Cortina) und **Val Pàdola** (zwischen Candide und Passo Monte Croce) verlaufen seit Urzeiten bedeutende Handelswege. Doch die kleineren Täler enden in den Bergen und waren für die Bevölkerung seit der Zeitenwende sichere Rückzugsorte. So konnten sich die Ladiner bis heute ihre Kultur und ihre Sprache bewahren und die Straßenschilder weisen folgerichtig auch die rätoromanischen Namen aus.

Valle del Bóite

Die Hauptroute des Cadore nach Südtirol verbindet den Piave über Cortina d'Ampezzo mit Toblach/Dobbiaco im Norden und Bozen/Bolzano im Westen. Die SS51 ist gut ausgebaut und viel befahren.

Dolomitenbahn

Die 65 km lange **Schmalspurbahn** verband das Pustertal über Cortina d'Ampezzo mit Calalzo bei Pieve di Cadore. Die Trasse entstand – richtig geraten! – wegen des Krieges, um ab 1917 die k. u. k. Truppen im Tal zu versorgen. Nach dem Krieg wurde sie zur beliebten Touristenbahn. 1964 stellte man den Verkehr ein, und in den 2000ern wurde die Bahnlinie mit ihren zehn Tunneln zum teilweise asphaltierten **Dolomiten-Radweg** umgewandelt.

San Vito di Cadore

Nur wenige Kilometer südlich von Cortina d'Ampezzo liegt zwischen den Bergmassiven Pelmo, Antelao und Marcora in der Sorapisgruppe San Vito di Cadore (1900 Einw., 1010 m). Das typische Dolomitendorf ist nach Cortina d'Ampezzo der wichtigste Sommerfrischler- und Wintersportort des Boite-Tals. Und der westlich angrenzende winzige **Lago Mosigo** darf sich des schönsten Polzeireviers Italiens rühmen; es steht direkt am Ufer. Die Pfarrkirche stammt aus dem 18., die gotische Kirche aus dem 16. Jh. Ein kleines **Heimatmuseum** widmet sich in der ehemaligen Molkerei den Volksbräuchen der Region und in der 1964 aufgelassenen türmchengeschmückten Bahn-

▷ Am Lago Mosigo – eine schönere Polizeistation gibt es nicht

station dem Rennbob und der einstigen Dolomiteneisenbahn.

■ **Museo delle Tradizioni populari,** Via Senes 5/11, Tel. 04 36 93 37, www.facebook.com/MuseoEtnograficoSanVitoDiCadore, nur auf Anforderung.

Borca di Cadore

Das 1240 erstmals erwähnte Borca di Cadore (900 Einw., 940 m) im breiten Becken des Quellgebiets des Boite umgeben die Felswände des Pelmo (3168 m) und des Antelao (3263 m). Den Hintergrund bilden Cortina d'Ampezzos Gipfel. Die Pfarrkirche wurde im 18. Jh. erbaut. In der **Kirche Santi Simone e Guida Taddeo** wird noch immer die vom Meister *Gaetano Callido* 1791 gebaute Orgel bespielt. Das **Naturkundliche Museum** beim Infopoint an der Durchgangsstraße stellt Säugetiere, Vögel, Insekten und Mineralien aus.

■ **Museo Maestra Olimpia Perini,** Via Roma 80, Tel. 04 35 48 20 15, www.prolocoborca.eu, Mo–Sa 9–12, Do–Sa auch 16–18, Juli–Sept. tgl. 9–12, 16–18 Uhr, Eintritt frei.

Zwischen Borca di Cadore und Pieve di Cadore zweigt die SP347 nach Westen ab und führt am Monte Rite mit dem **Messner Mountain Museum** vorbei ins **Zoldo-Tal** (→ S. 388, Val di Zoldo).

Pieve di Cadore

Über dem Piave, der sich hier zum lang gestreckten **Lago di Centro Cadore** weitet, liegt Pieve di Cadore (3800 Einw., 880 m), ein lebendiges Städtchen, das

159f sk

mit einem sehr berühmten Stadtsohn punkten kann: *Tizian* (1490–1576), Protagonist der Hochrenaissance, malte (gefühlt) ganz Venedig aus.

Die kleine Altstadt eignet sich für einen kurzen Spaziergang. Den Hauptplatz dominiert der Palazzo della Magnifica Comunità di Cadore mit augenfälligem Zinnenturm. Er beherbergt das **Archäologische Museum** mit paläovenetischen, keltischen und römischen Fundstücken des 5./6. Jh.

■ **Museo Archeologico Cadorino MARC,** Piazza Tiziano 2, Tel. 04 35 32 262, Mitte Mai–Mitte Sept. tgl. 9.30–12.30, 15–18, Mitte Sept.–Mitte Mai Di–So 10–12.30, 15–18 Uhr, 6 € (mit Casa di Tiziano und Brillenmuseum 8 €).

Ebenfalls auf der Piazza: *Tiziano Vecelli* in Bronze mit Farbpalette und Pinsel auf gebührend hohem Sockel (1880 aufgestellt). **Tizians Geburtshaus** versteckt sich etwas unterhalb des Platzes und ist eines der wichtigsten Denkmäler der Gegend. Die kleinen Kammern waren zur damaligen Zeit für Bürgerliche großer Luxus. Zu Lebzeiten *Tizians* noch im Besitz seiner Familie, wohnte der Maler hier, wenn er aus Venedig zu Besuch kam.

■ **Casa di Tiziano,** Via Arsenale, Tel. 04 35 32 262, www.museicadoredolomiti.it, Mitte Mai–Mitte Sept. tgl. 9.30–12.30, 15–18 Uhr, Winter nach Voranmeldung, 6 € (mit Arch. Museum u. Brillenmuseum 8 €).

Im **Brillenmuseum** kann man sich über die Bedeutung der optischen Industrie für die Region informieren. Bis zu 80 % aller italienischen Brillen werden heute noch im Raum Belluno hergestellt. 2000 Exponate dokumentieren die Produktion, die im 16. Jh. ihren Anfang nahm.

■ **Museo dell'Occhiale,** Via degli Alpini 39 (im Ortsteil Tai di Cadore), Tel. 04 35 98 88, www. museo dellocchiale.it, Juni–Sept. Di–So 9.30–12.30, 15.30–18.30, Winter Di–Sa 10–13, 15–18 Uhr, 7 € (mit Casa Tiziano und Arch. Museum 8 €).

Perarolo di Cadore

7 km südlich von Pieve und einige Serpentinen bergab liegt das Örtchen Perarolo di Cadore (400 Einw., 530 m), dessen **Museum** im Jugendstilpalast Lazzaris-Costantini (19. Jh.) sich der Holzindustrie und der Flößerei widmet. In Perarolo wurde alles geflößte Holz aus dem Piave und dessen Zuflüssen Padola, Ansiei und Boite an Sperren, den *cidoli*, gesammelt, identifiziert und an die Aufkäufer weitergeleitet.

■ **Museo del Cidolo e del Legname,** Via Regina Margherita 4, Perarolo di Cadore, Tel. 04 35 71 036, www.prolocolongarone.it, Sommer tgl. 10–12, 17–19 Uhr, Eintritt frei.

Val d'Ansiei

Der Ansiei, Ablauf des Misurina-Sees (s. Cortina), mündet nach 31 km in den Piave, gerahmt von Dreitausendern wie Croda da Campo (3092 m), Croda dei Toni (3094 m), Cristallo (3221 m) oder Piz Popena (3152 m). Sein Tal eignet sich als Basis für Sommer- und Wintersport.

[>] Früher Morgen in Auronzo di Cadore

160f sk

Vigo di Cadore

Vigo di Cadore (1300 Einw., 950 m) besitzt insgesamt drei kulturhistorisch bedeutsame Gotteshäuser. In der Votivkirche **Chiesa della Madonna della Difesa** (1512–15) steht ein Taufbecken von 1208, das Erzengel-Fresko entstand 1519. Die benachbarte Pfarrkirche **Chiesa San Martino** stammt von 1559 (mit Erweiterungen im 18. Jh. Das Highlight ist aber die **Ursula-Kirche** aus dem beginnenden 14. Jh. mit zwei Fresken aus der Bauzeit an der Front und einem Freskenzyklus zum Leben der hl. Ursula (Mitte 14. Jh.) im Inneren.

■ **Chiesetta Sant'Orsola,** Piazza Sant'Orsola, Sommer tgl. 10–12, 16.30–18.30 Uhr.

In Vigo di Cadore zweigen zwei Straßen ab: die hinter dem Passo Mauria (1298 m) entlang des Tagliamento verlaufende, ausgezeichnet ausgebaute **SS52** nach Forni di Sopra, Forni di Sotto, Ampezzo und Tolmezzo sowie die schmale Passstraße **SP619** über den Sella di Razzo (1760 m) zum Lago di Sauris (mit Sauris di Sopra und Sauris di Sotto) und weiter über Ampezzo nach Tolmezzo (s. Julische und Karnische Alpen).

Auronzo di Cadore

Der lang gestreckte Hauptort Auronzo di Cadore (3200 Einw., 870 m) der aus elf Dörfern bestehenden Gemeinde liegt malerisch am Nordostufer des in den

1930ern zum **Lago di Santa Caterina** gestauten Anisei. Die mächtigen Felsen des Monte Aiàrnola (2456 m) türmen sich hinter dem Ort auf. Bedeutung erlangte Auronzo durch die Blei- und Schwefelminen in den Bergen, die teils noch bis in die 1970er-Jahre in Betrieb waren. Die Gemeindekirche von **Santa Giustina** stammt aus dem 18. Jh. Über 200 km **Wanderwege** durch Wälder und in die Berge sind in der unmittelbaren Umgebung ausgewiesen.

Val Pàdola

Auf der direkten Tunnelstrecke trennen 9 km das Tal von Auronzo, nimmt man die SP532/SP6 über Danta di Cadore sind es 20 km Bergstraße. Das Tal mit Sommer- und Wintersportangeboten ist abgeschieden, und den Passo Monte Croce hinüber nach Süditrol befahren nur wenige Fahrzeuge.

Santo Stefano di Cadore

Santo Stefano di Cadore (2500 Einw., 900 m) liegt in einem grünen Talkessel am Zusammenfluss von Pàdola und Piave und ist von den Gipfeln Monte Tudaio (2140 m), Crissin (2503 m), l'Aiàrnola (2456 m) und Pupera (2513 m) umgeben. Der viel besuchte Ferienort ist die Heimat von berühmten Langläufern wie *Maurilio De Zolt, Silvio Fauner* und *Pietro Piller Cottrer.* Von 1420 bis 1797 holzte die Serenissima das wertvolle Holz in den Wäldern des Comelico ab. Die Baumstämme schwammen auf dem Piave bis ans Meer. Sehenswert ist die **Pfarrkirche** aus dem 14. Jh., 1667 restauriert. Die Fassade entstand 1817 im neoklassizistischen Stil.

Candide

Der Hauptort Candide (2100 Einw., 1210 m) der Gemeinde Comelico Superiore (mit dem Ortsteil Pàdola) ist von Auronzo über den **Passo Sant'Antonio** (1489 m) erreichbar (auch als Passo del Zovo bekannt). In Pàdola informiert das ethnografische **Museum der Ladinischen Kultur** über selbige, die Arbeit und das Leben im Gebirge.

■ **Museo della Cultura Alpina Ladina del Comelico,** Largo Calvi 4, Pàdola, Tel. 04 35 67 021, Juni/Sept. Sa/So, Juli Do/Sa/So, Aug. Mi/Do/Sa/So 16–19 Uhr, Eintritt frei.

Direkt bei der Einmündung der SP532 von Auronzo in die SS52 findet sich unterhalb der Straße die **Stua del Fiume Pàdola,** ein Staudamm aus dem 16. Jh., 1521 erstmals aktenkundig. Talaufwärts sammelte sich Wasser, und bei Schleusenöffnung wurde das Holz auf einen Schlag ins Tal geschwemmt – so konnten die Stämme auch bei Niedrigwasser den Piave erreichen.

Östliches Cadore

San Pietro di Cadore

Das schönste Rathaus des Cadore steht in San Pietro di Cadore (1600 Einw., 1350 m). Es entstand als Sitz der Familie *Poli,* die sich – mit Holzhandel reich geworden – bei der Serenissima für 100.000 Dukaten einen Adelstitel kaufte und 1667 einen standesgemäßen Palast errichten ließ. Im Ortsteil Costalta, einem Bergdorf 4 km oberhalb von San Pietro, beschreibt das historische Bauernhaus Ángiul Sai als **ethnografisches Museum** das einfache Bergbauernleben.

■ **Casa Museo Ángiul Sai,** Via Stadoan 22, Costalta, Tel. 34 82 63 09 28, www.casamuseoangiulsai.it, nur nach Voranmeldung.

Val Visdende

Zwischen San Pietro und Sappada geht es über eine Brücke zum anderen Piave-Ufer und hinauf zum wunderschönen Val Visdende mit seinen hochgewachsenen Nadelbäumen, weiten Weideflächen, dem verwunschenen Waldsee Laghetto Prà Picol, Wander- und Spazierwegen, Einzelhöfen, Alberghi und Locandi.

Sappada

Der quirlige Urlaubsort Sappada (1300 Einw., 1250 m) liegt bereits im Friaul, ist winters wie sommers beliebt und bietet alles, was Herz und Bauch begehren. Er erstreckt sich über 5 km schmal die Straße entlang etwas oberhalb des Talgrundes. Ein altes Bauernhaus ist als **Etnografisches Museum** hergerichtet.

■ **Museo della Civiltà Contadina,** Borgata Cretta 1, Sappada, Tel. 04 35 46 91 26, www.plodn.info, Juni/Juli/Sept. Mo/Mi/Fr, Aug. tgl. 17–19 Uhr, Eintritt frei.

Zur Piave-Quelle

Eine der schönsten Ecken ist der östliche Ortsteil **Cima Sappada,** in dem es auch zur Quelle des Piave abgeht. Sie ist mit dem Auto (keine Camper!) oder zu Fuß erreichbar. Wer zu Fuß hinauf will, parkt beim Museum und nimmt dahinter den Weg auf. Mit dem Auto sind es über wilde Serpentinen und mit nervenaufreibendem Gegenverkehr (wenngleich auf gutem Asphalt) knapp 9 km zum **Rifugio Sorgenti del Piave.** Das Wasser dringt unterhalb eines kleinen Stahlhelmmonuments in 1800 m Höhe recht unspektakulär aus dem Boden und nimmt in einem Rinnsal den Weg ins Tal auf. Für Italiener hat der Piave eine ganz besondere Bedeutung, wurde doch 1917 an ihm der österreichische Vormarsch gestoppt. Die Landschaft mit grünen Almwiesen und mächtigem Felsgetürm ist auf alle Fälle eindrucksvoll und die Anfahrt wert. Und wer wandern will: Am Rifugio beginnen zahlreiche Wege.

■ **Shuttle Sappada – Piave-Quelle:** Mitte Juli–Mitte Sept. je zwei Fahrten morgens, mittags und abends, Buchung am Vorabend im Infopoint, 3 €.

Praktische Tipps

Informationen

■ **Infopoint San Vito,** Corso Italia 92/94, 32046 San Vito di Cadore, Tel. 04 36 92 38, Mo–Sa 8.30–12.30, So 9–12, Mo, Mi–Sa auch 16–18.30 Uhr.

■ **Infopoint Auronzo,** Via Roma 24, 32041 Auronzo di Cadore, Tel. 04 35 40 00 78, www.auronzomisurina.it, Sommer-/Wintersaison tgl. 9–12, 15–18 Uhr.

■ **Infopoint Santo Stefano,** Piazza Roma 37, 32045 Santo Stefano di Cadore, Tel. 04 35 62 230, www.valcomelicodolomiti.it, Sommer-/Wintersaison Mo/Di/Do–So 9.30–12.30, Fr/Sa auch 16.30–18 Uhr.

■ **Infopoint Sappada,** Borgata Bach 41, 33012 Sappada, Tel. 04 35 46 91 36, www.sappadadolomiti.com, tgl. 9–13, 14.30–18.30 Uhr.

Unterkunft

■ **Locanda Al Capriolo②-③,** Via Nazionale 108, **Vodo di Cadore** (5 km südlich von San Vito di Cadore), Tel. 04 35 48 92 07, www.alcapriolo.it. Sechs komfortable, elegant-rustikale Zimmer und empfehlenswertes Restaurant② in der alten Post aus dem 19. Jh.

■ **Locanda ai Dogi②,** Piazza Miunicipio 21, **Pieve di Cadore,** Tel. 04 35 58 12 79, www.locandaaidogi.it. Kleines Stadthotel mit 10 angenehmen Zimmern und Restaurant② mit guter, bodenständiger Küche.

Unser Tipp: **Alla Stažion/Locanda nelle Dolomiti②–③,** Via Mazago 7, **Pieve di Cadore,** Tel. 37 73 47 13 58, https://allastazion.com. Im ehemaligen Bahnhof des Ortsteils Tai di Cadore schläft man im Loft oder in einem der beiden anderen Zimmer (das eine mit Hammam, das andere mit Sauna). Selbstredend ist das Essen im Restaurant② leicht und sehr gut; Radverleih und am Wochenende Musikprogramm – frisch, frei, jung, angesagt.

■ **B&B Nonna Pina②,** Via La Stua 17, **Pàdola** (Candide), Tel. 335 25 06 06. Drei Studios in einem zünftigen Holzbauernhaus mit aufmerksam und geschmackvoll eingerichteten Räumen in ruhiger Lage für die entspannte Nachtruhe.

■ **Albergo Gasperina①-②,** Località Cima Canale 1, Val Visdende/**San Pietro di Cadore,** Tel. 33 39 24 93 22, www.albergogasperina.com. Ideale Unterkunft für Entdeckungen im Tal mit guter Gaststätte②; sympathische Familienpension mit sieben Zimmern (Mindestaufenthalt drei Nächte).

■ **Albergo Difuso Costauta①-③,** Piazza Casanova 39, Costalta/**San Pietro di Cadore,** Tel. 37 74 34 38 87, www.albergodiffusocostauta.it. Im Dorf verteilte Zimmer und Apartments in Privatbesitz, die das Konsortium vermietet; gemütliche Unterkünfte zu erschwinglichen Preisen (meist zwei Nächte Mindestaufenthalt).

■ **Rifugio Sorgenti del Piave②,** Località Val Sesis, **Sappada** (direkt an der Quelle des Piave auf 1830 m Höhe), Tel. 33 47 79 91 75, www.facebook.com/rifugiosorgentidelpiave. Etwas spartanische Zimmer mit insgesamt 15 Betten und Gemeinschaftsbad, aber man ist ja im Hochgebirge. Speck, Wurst, Käse und Panorama entschädigen.

Camping

■ **Camper/Area Attrezzata da Gasperina,** Località Cima Canale 1, Val Visdende/**San Pietro di Cadore,** Tel. 33 39 24 93 22, www.albergogasperina.com. Wasser/Abwasser, Strom, 18–23 €/Nacht.

Essen und Trinken

■ **Pizzeria Il Covo①-②,** Via al Lago 73, **San Vito di Cadore,** Tel. 04 36 89 81 54, Di–So 12–14.30, 19–23 Uhr. Gute Pizza im Napoli-Stil in schöner

161fsk

Terrassenlage direkt am Seeufer des kleinen Lago di Mosigo.

■ **I Manicaretti③,** Via Nazionale 90, **Vodo di Cadore** (5 km südlich von San Vito di Cadore), Tel. 32 71 10 76 73, http://ristoranteimanicaretti.com, Di–So 12–14.30, 19–22 Uhr. Wem es nach Meeresgetier gelüstet, der ist hier richtig: erst Austern, Garnelencarpaccio an Pilzrisotto mit Schwarzer Trüffel und als Secondo *Pesce misto* auf Artischocken-Carpaccio?

■ **Agriturismo Al Tabià②,** Località Transacque, **Auronzo di Cadore,** Tel. 33 70 90 34 74, www.facebook.com/agriturismoaltabia, Sommer Mo–Sa 10.30–15, 18–22, So 10–22 Uhr. Beliebte Ausflugsgaststätte mit Seeblick, Auronzo gegenüber; Hausmannskost mit u.a. Gulasch/Polenta, Gnocchi mit Pilzen, kalten Platten und Apfelstrudel.

■ **Ristorante La Rotonda②-③,** Val da Rin 3, **Auronzo di Cadore,** Tel. 04 35 97 038, www.chaletallarotonda.it, Do–Mo 10–14.30, 18–21.30 Uhr. Nördlich von Auronzo am gegenüberliegenden Ufer des Fiume Ansiei gibt es im dichten Wald lokale Gerichte und Ausgefalleneres wie Fleisch mit Mandeln.

■ **Ristorante/Music Bar Ribotta Artbar②,** Via Pause 7, **Auronzo di Cadore** (über die Fußgängerbrücke über den Ansiei erreichbar), Tel. 04 35 40 99 32, Hochsaison tgl. 10–24, sonst Sa/So 10–21 Uhr. Man ist mit den einheimischen Familien unter sich, die wegen des Spielplatzes und einer Sommerbobbahn in großer Zahl anreisen. Herzhafte Bergküche.

■ **Baita Pian dei Osei②,** Via Frison 4, Campolongo/**San Pietro di Cadore** (2 km südlich), Tel. 33 97 51 58 58, Fr–Mi 10.30–15.30, Fr/Sa auch 19–22 Uhr. Deftige Bergkost in Taleinsamkeit, ideal für Hungrige nach einer langen Tour.

■ **Ristorante Laite⑤,** Via Borgata Hoffe 10, **Sappada,** Tel. 04 35 46 90 70, www.ristorantelaite.com, Fr–Di 12.30–14, 19.30–23.45, Do 19.30–23.45 Uhr. In einem Haus aus dem Jahr 1700 wird traditionelle Küche neu definiert. Elegantes Ambiente, perfekter Service, beste Weine und Ingredienzen vom Feinsten führen natürlich dazu, dass man (mit Getränken) schon mal über 100 € pro Person auf dem Tisch lässt.

☒ Tizian-Denkmal in Pieve di Cadore

Aktivitäten

■ **Fun Bob,** Via Pause, **Auronzo di Cadore,** http://auronzomisurina.it/fun-bob, Mitte Juni–Mitte Sept., 3 km (der längste Italiens), 500 Höhenmeter und 45 km/h; bis 7 Jahre nur in Begleitung, ab 8 Jahren solo, ein Riesenspaß (eine Runde dauert etwa 15 Min.), 15 €, Kind 1 €, Dreierkarte 33/24 €.

Tre Cime Adventure Park, Via Pause, **Auronzo di Cadore,** Tel. 34 62 89 82 24, https://auronzomisurina.it/trecime-adventure-park, Mitte Juni–Mitte Sept. 9–19 Uhr. Hochseilpark mit fünf luftigen Parcours (auch einer für die Kleinen ab 3 Jahren) mit 43 Plattformen, 25 €, Kind 18 €.

Adventure Park Sappada, Boragata Cima 133, **Sappada,** Tel. 34 06 35 33 54, www.adventureparksappada.com, Mitte Juli–Aug. 10–18 Uhr. Kinder-Parcours (3–8 Jahre) und herausfordernde Routen für die ganze Familie, 20 €, Kind 15 €.

■ **Radverleih: Borca di Cadore** – Noleggio Sci, Via Roma 16, Tel. 04 35 48 22 97, www.skirentborcadolomiti.com, E-MTB ab 45 €/Tag; **Auronzo di Cadore** – Go Active, Via Pause 7 (Località Taiarezza), Tel. 04 35 92 40, www.goactiverent.com, E-MTB ab 50 €/Tag; **Sappada** – Piller, Borgata Palù 59, Tel. 04 35 46 91 58, www.sportpiller.com, E-MTB ab 55 €/Tag.

Verkehr

■ **Bahnhof/Stazione Calalzo di Cadore,** Via Stazione, Endhaltestelle mit Verbindung nach Belluno (60 Min., um 6 €) und weiter nach Vivenza/Venezia; ab Calalzo Busse nach Cortina d'Ampezzo (60 Min., um 5 €); alle Züge und Busse haben Platz für Räder.

162f sk

8
Praktische Reise-tipps A–Z

An der Piazza Giacomo Matteotti in Udine

Anreise

→ Autofahren
→ Notfälle
→ Verkehrsmittel

Friaul-Julisch Venetien, die nordöstlichste Region Italiens, ist in mehrere Provinzen unterteilt. Im Norden und Osten grenzen Österreich und Slowenien an, im Westen und Süden die Region Venetien (Veneto) mit der Lagunenstadt. Die Berge gliedern sich von Ost nach West in die Julischen Alpen, die Karnischen Alpen und die Dolomiten. Im Südosten plätschern die Wellen des Mittelmeers an die Küste und aus den Bergen rasen zur Schneeschmelze die Flüsse Isonzo und Tagliamento durch die Ebenen. Nur ein Katzensprung ist es von Mitteleuropa, wenn man nicht gerade in der Hauptreisezeit unterwegs ist.

Anreise mit dem Auto

Papiere

An Fahrzeugpapieren sind zwingend notwendig der nationale **Führerschein** sowie die nationale **Zulassung.** Unter Umständen kann auch eine **Vollkasko-Versicherung** sinnvoll sein, da die italienischen Versicherungsgesellschaften im Schadensfall nicht die in Mitteleuropa üblichen Summen auszahlen. Auch ein **Auslandsschutzbrief** des Automobilclubs kann bei Unfällen oder schweren Pannen nützliche Dienste (bis hin zur Rückholung) leisten.

Routen

Ganz gleich aus welcher Region Deutschlands man anreist, die günstigste Route führt über **München.** Für Schweizer empfiehlt sich z.B. ab **Bern** die Strecke über Milano. Von München gibt es zwei Hauptstrecken durch Österreich und Italien an die Adria, beide sind durchgehende Autobahnen: entweder über **Innsbruck** und den Brenner am Gardasee entlang nach Verona und dann nach Osten oder über **Salzburg** und Villach an der slowenischen Grenze entlang Richtung Triest. Jede Strecke hat ihre Reize, die Wahl hängt vom Zielort ab. Von München sind es nach Triest über den Brenner 510 km, über Villach 500 km, von Bern nach Triest fährt man 670 km.

Mautgebühren

Die Kosten setzen sich zusammen aus der **österreichischen Generalmaut** (Auto bis 3,5 t/Wohnmobile ohne Gewichtsbeschränkung zehn Tage 9,60 €, zwei Monate 28,80 €, ein Jahr 93,20 €, Motorräder 5,60/14,10/37,20 €, Anhänger benötigen keine Extravignette) und bei der Brenner-Route zusätzlich aus der Benutzungsgebühr der **Brennerautobahn** (10,50 €) und den entfernungsabhängigen **italienischen Autobahngebühren** (um 45 € bis Triest). Bei der Villach-Route aus der Zusatzmaut durch **Tauern- und Katschbergtunnel** (13 €) und den italienischen Autobahngebühren (um 15 € bis Triest).

Auf der Strecke von Bern nach Triest fallen 42 € für die **Schweizer Vignette** und ca. 45 € italienische Mautan.

Staus und Wartezeiten

Neuralgische Punkte, an denen regelmäßig Staus entstehen, sind auf der **Brenner-Strecke** die Mautstationen an der Europabrücke kurz hinter Innsbruck und bei Vipiteno/Sterzing hinter dem Brenner. Steht der Verkehr auf der Autobahn einmal, füllen sich die parallel laufenden Straßen binnen kürzester Zeit ebenfalls. In Österreich besteht im Sommer ein Verbot der Stauumfahrung auf der Landstraße. Ein weiterer kritischer Punkt ist das **Autobahnkreuz von Verona,** wo sich die Nord-Süd- mit der Ost-West-Verbindung Venedig–Mailand trifft.

Sowohl auf der Brenner- als auch auf der Salzburgstrecke ist bei der **Rückreise** wegen verstärkter Identitätskontrollen mit Staus zu rechnen, diese können sich je nach Verkehrsaufkommen auf bis zu drei Stunden ausdehnen.

Reservierung

Alle Züge nach Italien sind **reservierungspflichtig.** In den Sommermonaten ist eine langfristige Reservierung sowohl für Sitz- als auch für Liege- und Schlafplätze dringend angeraten. Auch in den kälteren Monaten gibt es einige kritische Wochen und Wochenenden (Herbstferien, Allerheiligen und andere Feiertage sowie Karneval), an denen die Züge ausverkauft oder die Plätze teuer sein können, wenn man zu kurzfristig dran ist.

Ein **Fahrrad im Zug** nach Italien mitzunehmen ist möglich (Reservierung zwingend; Kosten über die Brennerstrecke 12 €), kann aber bei kurzfristiger Buchung problematisch werden. Radkunden rufen in Deutschland die Servicenummer der Deutschen Bahn an: Tel. 030 29 70.

Anreise per Bahn

Bequem und praktisch ist die Anreise mit der Bahn. Von **München** geht es im Direktzug über den Brenner nach Verona und nach dem Umsteigen weiter nach Triest (ca. 9 Std., mit zwei- bis dreimal Umsteigen um 7 Std.). Ein Nachtzug mit Liege- und Schlafwagen der ÖBB fährt ab München über Salzburg und Udine nach Venedig (tgl. 23.35–8.24 Uhr, Einzelabteil Schlafwagen um 150 €, www.nightjet.com).

Auch von **Wien** geht's direkt im Schlaf-/Liegewagen Richtung Venedig und nach Umstieg in Udine weiter nach Triest. Verbindungen ab Basel oder Zürich nach Triest gibt es nur mit Umsteigen in Mailand und Venedig.

Anreise per Bus

Der Platzhirsch unter den Busunternehmen, **Flixbus** (www.flixbus.de), bietet Fahrten von z.B. Berlin nach Verona an; die Preise für die einfache Strecke bewegen sich zwischen 40 € und 65 € bei einer Fahrtdauer von ca. 15 Stunden. Vor allem für Preisbewusste, die sich nicht Ewigkeiten im Voraus festlegen wollen, ist der Bus eine gute Wahl. Während bei der Bahn oder den Billigfliegern alle bezahlbaren Kontingente meist nur bei langfristiger Vorbuchung zu haben sind, lässt sich ein Busticket in der Regel noch relativ kurzfristig bekommen.

Verkehrswege Alpen

0 — 50 km

Anreise per Flugzeug

Den internationalen Flughafen **Triest/ Aeroporto Pietro Savorgnan di Brazzà** (www.triesteairport.it) fliegen direkt nur der Alitalia-Nachfolger ITA (www.ita-airways.com) von Rom aus und die Lufthansa von Frankfurt aus an. Alternativ kann man mit Air Dolomiti (www.airdolomiti.de) im Auftrag von Lufthansa ab München nach **Verona und Venedig** fliegen. Dann geht es mit dem Zug weiter. Von Zürich kommt man mit Swiss (www.swiss.ch) und von Wien mit Austrian Airlines (www.austrianairlines.at) nach Venedig. Die folgenden Gesellschaften fliegen in der Sommersaison nach Italien: Ryan Air (www.ryanair.com) verbindet Venedig/Treviso mit Frankfurt/Hahn. Easy Jet (www.easyjet.com) fliegt von Basel, Genf, Stuttgart, Hamburg und Berlin nach Venedig. Eurowings (www.eurowings.com) fliegt von Köln/Bonn, Düsseldorf, Hamburg, Nürnberg, Karlsruhe, Stuttgart, München, Dresden, Leipzig/Halle, Berlin, Frankfurt/Main, Salzburg, Wien, Zürich und Basel nach Venedig und von Berlin, Rostock, Leipzig/Halle, Dresden, Hamburg, Köln/Bonn und Wien nach Verona.

Flugpreise

Ein Economy-Ticket von Deutschland, Österreich und der Schweiz hin und zurück nach Verona, Venedig oder Triest bekommt man je nach Jahreszeit und Aufenthaltsdauer für 50–300 € (Endpreis inkl. aller Steuern, Gebühren und Entgelte). Am teuersten ist es in der Hauptsaison im Sommerhalbjahr.

Handgepäck

Fluggäste dürfen Flüssigkeiten oder vergleichbare Gegenstände in ähnlicher Konsistenz (z.B. Getränke, Gels, Sprays, Shampoos, Cremes, Zahnpasta, Suppen) nur noch in der Höchstmenge von jeweils 0,1 l als Handgepäck mit ins Flugzeug nehmen. Die Flüssigkeiten müssen in einem durchsichtigen, wiederverschließbaren Plastikbeutel transportiert werden, der maximal 1 l Fassungsvermögen hat. Ebenfalls darf man aus Sicherheitsgründen Taschenmesser, Nagelfeilen, Nagelscheren, sonstige Scheren und Ähnliches nicht im Handgepäck mitführen.

Mitfahrgelegenheit und Trampen

Eine **Mitfahrgelegenheit** ist neben Trampen die günstigste Möglichkeit, nach Italien zu kommen. Unter www.blablacar.de werden zahlreiche Mitfahrmöglichkeiten angeboten. Auch wenn die Beteiligungssumme im Ermessen des Fahrers liegt, sollten die Kosten so definiert sein, dass Benzin, Autobahngebühren und andere direkte Reisekosten durch die Anzahl der Reisenden geteilt werden, zuzüglich einer geringen Summe für den Fahrzeugbesitzer (z.B. wären von München über Villach nach Triest bei drei Mitfahrern plus Fahrer um 30 € pro Person eine gerechtfertigte Beteiligung).

Trampen ist auch in Italien nicht mehr sonderlich en vogue. Selten begegnet der Autofahrer auf dem Land jemandem, der mitgenommen werden will (außer für kurze Strecken, beispielsweise in eine Stadt hinein), und genauso selten wird der Tramper jemandem begegnen, der ihn mitnehmen würde. Die italienische Jugend setzt lieber auf die Unabhängigkeit des Motorrollers.

Autofahren

→ Anreise
→ Notfälle
→ Verkehrsmittel

Vom Segen des Automobils ist in der Hochsaison am Lungomare oder in der Rushhour in Triest nichts zu spüren. Man mag schier verzweifeln, an Vorwärtskommen ist nicht zu denken. Im Frühjahr und Herbst ist das Auto jedoch hervorragend geeignet, abseits der Hauptrouten liegende Orte und Unterkünfte wie Agriturismo-Betriebe zu erreichen.

Mietwagen

In jeder größeren Stadt und an den internationalen Flughäfen finden sich Autovermieter. Günstiger ist es jedoch, die Buchung schon vom Heimatland aus vorzunehmen.

Vor Ort variieren die Preise zwischen den einzelnen Anbietern nur wenig. Man muss für die kleinste Wagenklasse (Panda, Cinquecento) für eine Woche ca. 100 € bei unbegrenzter Kilometerzahl und mit Zusatzversicherungen rechnen (wer nicht ca. 500 € als Kaution hinterlegen will, muss eine Kreditkarte besitzen).

■ **Vergleichsportal:** Unter www.billiger-mietwagen.de findet man den (im Vergleich zur Leistung) günstigsten Anbieter.

Motorrad

Das Friaul mit seinen zahlreichen bis zu 2000 m hohen Pässen und engkurvigen Passstraßen ist ein Dorado für Motorradfahrer und gehört zu deren liebsten Betätigungsfeldern.

Tanken

An den meisten Tankstellen ist **Selbstbedienung** vorgesehen. Es wird vorab am Automaten mit Banknoten oder Kreditkarte gezahlt. Die Kreditkarte wird dabei bis zum Betrag von 100 € freigeschaltet. Abgerechnet wird abschließend die tatsächlich getankte Menge, und die Maschine wirft eine Quittung aus. Die Systeme funktionieren weitestgehend unproblematisch, zuverlässig und 24 Std./Tag. Bei **Tankstellen mit Service** ist mit Mehrbeträgen pro Liter Treibstoff von bis zu 0,20 € zu rechnen.

Elektromobilität

In den Städten Norditaliens ist die Versorgung mit **Ladestationen für Pkw** relativ gut, an der Brennerautobahn sogar recht gut. Ist man in den Bergen unterwegs, muss ein überproportional hoher Verbrauch bei den Passfahrten eingeplant werden (der durch Rekuperation nicht in entsprechender Weise rückgewonnen werden kann). Und in den Alpen sollte man abseits der großen Staatsstraßen nicht mit Ladeeinrichtungen rechnen. Abgerechnet wird – je nach Versorger – nach tatsächlicher Ladung oder nach Parkdauer an der Station.

Verkehrsregeln

Die **Höchstgeschwindigkeiten** betragen für Pkw, soweit nicht anders angezeigt, außerhalb von Ortschaften 90 km/h (Wohnmobile über 3,5 t 80 km/h, Pkw mit Anhänger 70 km/h). Auf Schnellstraßen mit je zwei Fahrstreifen pro Richtung (durch einen Mittelstreifen getrennt) darf man 110 km/h fahren (Wohnmobile über 3,5 t 80 km/h, Pkw mit Anhänger 70 km/h), auf Autobahnen 130 km/h (Wohnmobile über 3,5 t 100 km/h, Pkw mit Anhänger 80 km/h) und innerhalb geschlossener Ortschaften 50 km/h.

Auf **Autobahnen** sind Motorräder unter 149 cm³ und das Abschleppen von Fahrzeugen verboten. In Tunneln und Galerien ist Abblendlicht einzuschalten. Fahrmanöver wie Anhalten oder Spurwechsel sind mit Blinker anzuzeigen.

Parkverbotszonen werden nicht nur durch Schilder angezeigt, sondern auch durch Kennzeichnung der Bordsteine in schwarz/gelb oder gelb und durch gelbe Kennzeichnung von Flächen. Halteverbotsschilder können einen Hinweis tragen, dass zu bestimmten Zeiten die Straße gereinigt wird. Wer zu dieser Zeit dort seinen Wagen stehen hatte, kann ihn später bei der Polizei abholen. Blau gekennzeichnete Flächen weisen auf **gebührenpflichtiges Parken** hin (viele Parkuhren erlauben bargeldloses Zahlen).

Generell werden **Verstöße** sehr streng, sprich teuer, geahndet (und die

Strafen bzw. Bußgelder auch im Heimatland vollstreckt).

Das Mitführen von **Warnwesten** im Fahrgastraum ist Pflicht. Für den Fahrer und jeden Passagier muss eine Weste vorhanden sein; sie ist anzuziehen, wenn das Fahrzeug im Falle einer Panne oder eines Unfalls außerhalb einer Ortschaft verlassen wird.

Städte reglementieren den Verkehr mit **Einfahrtsverboten ins Zentrum**, der ZTL *(Zona traffico limitato)*, und kontrollieren die Einhaltung mit Kameras.

Sind **Räder am Heck** befestigt (Klappen- oder Anhängerkupplungsträger), müssen diese als Ladung mit einer weiß-rot gestreiften Warntafel gekennzeichnet sein.

Verkehrswege

Die überregionalen Verkehrswege sind in gutem Zustand. Es kommt allerdings in den gebirgigen Gegenden bei starken Regenfällen immer wieder zu Unterspülungen, sodass Straßen einmal mehrere Kilometer nicht mehr befahrbar sein können und man lange Umwege durch ein Paralleltal in Kauf nehmen muss.

Straßenkategorien

Die Straßen sind durch Buchstaben klassifiziert. A steht für Autobahn, SS für Staatsstraße, SR für Regional-, SP für Provinz- und SC für Kommunalstraße. In den Karten sind nur die Nummern der Autobahnen und Staatsstraßen eingetragen. An den Straßenrändern stehen aber in regelmäßigen Abständen Kilometersteine mit Angabe der Straßennummer und der genauen Entfernung entweder vom letzten oder bis zum nächsten Ort, sodass eine exakte Ortsangabe von Abzweigungen möglich ist.

Autobahnen *(autostrade)* sind bis auf wenige Teilstücke um die Großstädte herum (meist Autobahnringe) mautpflichtig. **Staatsstraßen** *(strada statale)* sind meist sehr gut ausgebaut. Trotzdem gibt es Gegenden, wo sie zu kleinen und schmalen Sträßchen werden, die sich um und über die Berge winden. Teilweise haben sie aber auch autobahnähnlichen Charakter, was die Einheimischen gehörig ausnutzen. **Provinzstraßen** *(strada provinciale)* sind im Allgemeinen kleinere und kurvenreiche Straßen, auf denen man mit dem Wohnmobil schon mal ins Schwitzen geraten kann. **Kommunalstraßen** *(strada communale)* haben schon fast Feldwegcharakter: kleine Straßen, die fast nicht unterhalten werden und nur landwirtschaftlichem Verkehr oder als Stichstraße dienen.

Barrierefreies Reisen

Viele Institutionen (wie Kirchen und Museen, Behörden und Hotels) sind in Friaul-Julisch Venetien mit **barrierefreiem Eingang** versehen. Auch viele Strände bieten Menschen mit eingeschränkter Mobilität besondere (meist mit Holzplanken vorbereitete) Zugänge. Entsprechende Einrichtungen tragen das blaue Logo mit einem Rollstuhl bzw. sind mit „Accesso per Disabili" oder „Accesso per Diversamente Abili" gekennzeichnet.

Praktische Informationen zum Beispiel zur Unterkunft für Touristen mit besonderen Bedürfnissen (Rollstuhlfahrer, Blinde, Gehörlose und auch Allergiker) erhält man auf www.turismosenzabarriere.it. Auch die Website www.handysuperabile.org stellt Infos zur Verfügung.

Camping

Die Kategorien der **Campingplätze** gehen von einem bis zu vier Sternen. Wichtige Auswahlkriterien sind Schatten, Infrastruktur wie Läden und Restaurants oder die Nähe zum Meer.

Wildes Zelten ist verboten. Sollte man das Glück haben, einen einsamen Strand zu finden, und dort sein Zelt aufschlagen, so kann man gewiss sein, dass man umgehend – spätestens aber in den frühen Morgenstunden des nächsten Tages – weiterziehen muss.

Mit dem **Wohnmobil** genießt man eine andere Art der Unabhängigkeit. Man darf allerdings nicht davon ausgehen, dass man sich einfach am Straßenrand zur Nachtruhe niederlassen könnte. Dies ist strikt verboten, und schnell wird man vom Abendbrottisch gejagt. Auch sind die Fahrzeuge mit ihrer Behäbigkeit im Gebirge oft ein Straßenhindernis. Aber das sollte den erfahrenen Mobilcamper nicht sorgen. In der Hochsaison sind die Norditaliener zu Tausenden mit Gefährten aller nur erdenklichen Größe unterwegs und finden in der Natur, aber auch auf zentralen Plätzen in den Städten Stellflächen.

Der eingefleischte Camper weiß, welche **Ausrüstung** er benötigt, um mehrere Wochen auf einem Campingplatz auszuharren. Wegen der großen Hitze im Hochsommer und weil nicht alle Plätze ausreichend Schatten bieten, ist ein Überzelt bzw. Vordach für Wohnwagen/Wohnmobil nicht schlecht.

Einkaufen

→ Essen und Trinken
→ Öffnungszeiten

Die **Preise** in Italien liegen auf mitteleuropäischem Niveau. Im Allgemeinen gilt, dass seriöse Fachgeschäfte die Wahl sein sollten und man Mode und Accessoires nicht beim Straßenhändler kauft.

Wer sich für **Mode** interessiert, besucht eines der Outlet-Center an der Peripherie der Städte und in den Gewerbezentren an den großen Verbindungsstraßen. Auch lässt sich ab und an Günstiges in Läden mit Ausverkauf oder mit einem der ewigen Sonderverkäufe erwerben.

Wer gern trinkt und isst, kommt allemal auf seine Kosten. **Käsespezialitäten,** luftgetrockneter **Schinken, Grappa, Weine** und Selbstproduziertes der Bauernhöfe wie Honig, Nudeln oder Marmeladen fordern nachgerade dazu auf, den Wagen damit voll zu packen.

Selbstversorger

Supermärkte

Filialen der Supermarktketten sind an den Ausfallstraßen der Städte zu finden und liegen preislich am günstigsten, sofern es um Grundnahrungsmittel und Dinge des täglichen Bedarfs geht. Obst und Gemüse sind auf den Märkten oder an den kleinen Ständen der Erzeuger an Überlandstraßen frischer und billiger. Vormittags öffnen die Supermärkte von 8 bis 13 Uhr, nachmittags noch einmal kurz zwischen 17 und 20 Uhr; die ganz großen Märkte (Ipermercati) verzichten auf eine Mittagspause.

Alimentari

Die kleinen, familiären Supermärkte sind etwas teurer und haben nur ein ausgewähltes Sortiment. In guten Läden sind auch Obst und Gemüse frisch. Es gibt weder Fleisch noch Fisch, wohl aber Wurst und Käse.

Märkte

Große Städte haben ständige Märkte, teilweise sogar am Sonntag. Verkauft werden Dinge des täglichen Bedarfs und Lebensmittel. Gegen Mittag lichten sich die Reihen und nach und nach packen die Händler ein. Das gute und komplette Angebot steht immer nur vormittags. Zu den Wochenmärkten in kleineren Städten und Dörfern kommen Wanderstände in einem festen Turnus.

Fischmärkte

Auf den Fischmärkten kommt der Tagesfang auf die Marmorbänke und wird

Spezereienladen in Triest

163fsk

nach Wunsch des Kunden präpariert und filetiert. Am besten geht das natürlich am Meer. Aber auch die Fischgeschäfte im Landesinneren bieten in heutiger Zeit topfrische Ware an.

Panetteria

In der Bäckerei ist manchmal auch Pizza vom Blech erhältlich. Es gibt Weißbrot in verschiedenen Formen und unterschiedlichen Teigarten und morgens auch süße Stücke wie Krapfen und Hörnchen *(cornetti)*. Immer häufiger liegen auch dunklere Brotsorten in den Vitrinen.

Macelleria

Das Hauptprodukt der Metzgerei ist Fleisch (nicht wie bei uns Wurst) und das Angebot entsprechend den kulinarischen Vorlieben mehr oder weniger fett, doch sehr vielfältig.

Ein- und Ausreisebestimmungen

→ Mit Haustier unterwegs
→ Notfälle

Deutsche, Österreicher und Schweizer benötigen für einen Urlaubsaufenthalt in Italien nur einen gültigen Personalausweis oder Pass. Kinder müssen ein eigenes Reisedokument mitführen. Italien ist unter anderem mit Deutschland und Österreich im **Schengener Abkommen** zusammengeschlossen, sodass eigentlich keine Grenzkontrollen stattfinden sollten. Die Wellen Asylsuchender haben dieses Abkommen ad absurdum geführt, und so finden an fast jeder Grenze (zumindest sporadisch) wieder Kontrollen statt.

In Deutschland, Österreich oder der Schweiz lebende Staatsbürger anderer Länder sollten sich bei der Botschaft der Republik Italien nach der Notwendigkeit für ein Visum erkundigen:

Italienische Botschaften

- **Ital. Botschaft Deutschland:** Hiroshimastr. 1–7, 10785 Berlin, Tel. 030 25 44 00, www.ambberlino.esteri.it, auch Generalkonsulate in Frankfurt/M., Hamburg, Hannover, Köln, München und Stuttgart.
- **Ital. Botschaft Österreich:** Rennweg 27, 1030 Wien, Tel. 01 71 25 121, www.ambvienna.esteri.it.
- **Ital. Botschaft Schweiz:** Elfenstr. 14, 3006 Bern, Tel. 031 35 00 777, www.ambberna.esteri.it.

Informationen

- **Deutschland:** Auswärtiges Amt, www.auswaertiges-amt.de, Tel. 030 50 00 20 00.
- **Österreich:** Bundesministerium Europa Integration Äußeres, www.bmeia.gv.at, Tel. 050 11 500.
- **Schweiz:** Department für auswärtige Angelegenheiten, www.eda.admin.ch (Reisehinweise), Tel. 041 80 02 47 365.

Zollbestimmungen

In allen EU- und EFTA-Mitgliedstaaten gelten weiterhin nationale Ein-, Aus- oder Durchfuhrbeschränkungen, z.B.

für Tiere, Pflanzen, Waffen, starke Medikamente und Drogen. Außerdem bestehen weiterhin Grenzen für die steuerfreie Mitnahme von Alkohol, Tabak und Kaffee. Bei Überschreiten der Freigrenzen muss nachgewiesen werden, dass keine gewerbliche Verwendung beabsichtigt ist.

Freimengen innerhalb von EU-Ländern

- **Tabakwaren** (für Personen über 17 Jahre): 800 Zigaretten oder 400 Zigarillos oder 200 Zigarren oder 1 kg Tabak oder eine anteilige Zusammenstellung dieser Waren.
- **Alkohol** (für Personen über 17 Jahre): 90 l Wein (davon max. 60 l Schaumwein) oder 110 l Bier oder 10 l Spirituosen über 22 Vol.-% oder 20 l unter 22 Vol.-% oder eine anteilige Zusammenstellung dieser Waren.
- **Andere Waren:** 10 kg Kaffee und 20 Liter Kraftstoff im Benzinkanister.

Freimengen für Reisende aus der Schweiz

- **Tabakwaren** (für Personen ab 17 Jahren): 200 Zigaretten oder 100 Zigarillos oder 50 Zigarren oder 250 g Tabak oder eine anteilige Zusammenstellung dieser Waren.
- **Alkohol** (für Personen ab 17 Jahren): 1 l Spirituosen (über 22 Vol.-%) oder 2 l Spirituosen (unter 22 Vol.-%) oder eine anteilige Zusammenstellung dieser Waren, und 4 l nicht-schäumende Weine und 16 l Bier.
- **Andere Waren:** 10 Liter Kraftstoff im Benzinkanister; für See- und Flugreisende bis zu einem Warenwert von insgesamt 430 €, über Land Reisende 300 €, alle Reisenden unter 15 Jahren 175 € (bzw. 150 € in Österreich).

Freimengen bei Rückkehr in die Schweiz

- **Tabakwaren** (für Personen ab 17 Jahren): 200 Zigaretten oder 50 Zigarren oder 250 g Schnitttabak oder eine anteilige Zusammenstellung dieser Waren und 200 Stück Zigarettenpapier.
- **Alkohol** (für Personen ab 17 Jahren): 2 l bis 15 Vol.-% und 1 l über 15 Vol.-%
- **Andere Waren:** neu angeschaffte Waren für den Privatgebrauch bis zu einem Gesamtwert von 300 SFr. Bei Nahrungsmitteln gibt es innerhalb dieser Wertfreigrenze auch Mengenbeschränkungen.

Weitere Informationen

- **Zoll Deutschland:** www.zoll.de oder beim Zoll-Infocenter, Tel. 03 51 44 83 45 10.
- **Zoll Österreich:** www.bmf.gv.at oder beim Zollamt Villach, Tel. 050 23 37 40.
- **Zoll Schweiz:** www.zoll.admin.ch oder bei der Zollkreisdirektion in Basel, Tel. 061 28 71 287.

Elektrizität

Die Netzspannung in Italien beträgt wie in Deutschland 230 V. Italienische Steckdosen haben allerdings die Erdung auf einem Zapfen in der Mitte zwischen den zwei Löchern liegen. Auch die flachen Eurostecker passen nicht überall; wer Geräte mit Erdung benutzen will, benötigt einen Adapter (in Deutschland in Kaufhäusern und Ausrüstungsläden erhältlich). In abgelegeneren Gebieten, aber auch in Touristenzentren kann es passieren, dass z.B. bei Unwettern oder Überlastung der Strom einige Zeit wegbleibt. Taschenlampen oder Kerzen und Geduld sind dann hilfreich.

Essen und Trinken

→ Einkaufen
→ Öffnungszeiten

Typische Speisen

Die **ländliche und herzhafte Küche des Friaul** ist geprägt von den Erzeugnissen der Bauern aus der direkten Umgebung, aber auch der südlicher liegenden Anbaugebiete, sodass Mais und Reis aus der Po-Region auch im Gebirge stark vertreten sind, obwohl die traditionelle friulanische Küche die **Polenta** nicht aus Mais, sondern aus Buchweizen bereitet und dann Sterz nennt. Gegessen wird Polenta immer und überall: gekocht, gebraten, frittiert, als *toc'in braide* in der Pfanne gebräunt und mit Käsesauce und zerlassener Butter übergossen oder auch als *la balote,* zum Knödel geformt und mit Käse überbacken.

Auch **Gulasch** steht nicht selten auf der Speisekarte (nicht von Knödeln, sondern natürlich von Polenta begleitet, immer mehr aber auch von Gnocchi – den Kartoffelteig-Nockerln), ebenso wie **Jota,** ein Eintopf mit Speck/Wurst, Bohnen, Sauerkraut, Kartoffeln und Graupen.

Besonders aber ist **Schinken** eine Spezialität des Friaul, eine Tradition aus Zeiten, als die Familien sich noch zur Selbstversorgung Schweine hielten. Der luftgetrocknete **Prosciutto di San Daniele** genießt Weltruf, und aus Cormòns im Collio kommt ebenfalls außerordentliche Qualität: **Prosciutto d'Osvaldo.** Auch Sauris in den Karnischen Alpen ist bekannt für Schinken, Speck und Wurst. Überhaupt: Die **Würste** in den friulanischen Metzgereien, die keine Industrieware anbieten, sondern selbst produzieren, sind köstlich: Deftig und grob, zeigen sie dem Besucher, dass er sich in einer Gebirgsregion befindet. Robusten Mägen ist das **Varhackara** empfohlen, eine Art Gehacktes aus Räucherwürsten und weißem Speck, nach Belieben mit Gewürzen und Kräutern verfeinert und in Gläser abgefüllt – köstlich z.B. auf einer Scheibe frischen Brots, aber auch als Würze für Gemüsegerichte.

164f sk

⌃ Luftgetrockneter Schinken aus San Daniele

Preiskategorien

Die **Preiskategorien** für die Restaurants beziehen sich jeweils auf ein Menü mit Vorspeise *(antipasto),* erstem Gang *(primo)* und zweitem Gang *(secondo).* In einer Pizzeria bezieht sich der Preis auf eine Pizza mit Nachspeise. Naturgemäß sind die Preise nur Circa-Werte. Insbesondere die Entscheidung, Fisch zu essen, kann ein Menü wesentlich teurer machen als ein Fleischgang.

① bis 15 €
② 15–25 €
③ 25–40 €
④ 40–75 €
⑤ über 75 €

Käse kommt frisch und gereift auf den Markt. Die Bergkäse aus Kuh- und Ziegenmilch können entweder auf den Almen oder im Tal in den Läden der Molkereikonsortien gekauft werden, sodass man nicht immer bis zur höchsten Almhütte fahren muss. Am bekanntesten ist der **Montasio Formaggio DOP** mit Ursprung am gleichnamigen Berg in den Julischen Alpen. Der würzige Hartkäse kommt als *fresco* (4 Monate Reifung), *mezzano* (um 5 Monate), *stagionato* (bis 10 Monate) und *stravecchio* (über 10 Monate) in die Läden.

Als Grenzgänger der Gerichte zeigt sich der **Frico,** halb Kartoffelpuffer, halb Grillkäse. Kartoffelbrei wird mit einer ordentlichen Portion Bergkäse (vorzugsweise aus der Montasio-Region) zu einem Teig verarbeitet, rausgebraten und mit Polenta als Beilage serviert: eine maximal sättigende Angelegenheit und Voraussetzung für das Überleben von – sagen wir mal: schwer schuftenden Holzknechten in einem harten Hochgebirgswinter.

Österreich und Slowenien sind nah und so auch die **Backtradition** und die Vorliebe für Naschwerk nicht nur zum Frühstück. Eine Spezialität ist z.B. das Hefeteiggebäck **Gubana** aus der Cividale-Region. In Pordenone gibt's ganz spezielle Biscuits und generell an allen Ecken und Enden des Friaul Pasticcerie (Konditoreien) mit unverblümten Namen wie „Zuckerfee".

Süß sein können (aber müssen nicht) die **Cjarsons,** die Ravioli Karniens, deren Füllungen nach unterschiedlichsten (meist eifersüchtig gehüteten) Familienrezepten zusammengestellt sind.

Vegetarisch und vegan

Rein vegetarische oder gar vegane Lokale sind selten; seitens der Einheimischen besteht in den kleineren Orten keine Nachfrage, weshalb sich das Angebot vornehmlich auf die großen Städte beschränkt. In Italien kann man sich aber auch in „normalen" Restaurants ganz gut vegetarisch ernähren. Pasta-Gerichte mit Pilzen, Gemüse- oder Käsesauce stehen auf jeder Speisekarte, knackige Salate ebenfalls, und auch Gemüselasagne oder mit Spinat belegte Pizza gehören inzwischen zum Standard. Veganer haben es schwerer. In vielen Restaurants und besonders in kleinen, familienge-

⊡ Wenn im Triestiner Winter die Sonne scheint, trifft man sich draußen

führten Trattorien sind die Köche aber meist flexibel genug, spontan auf besondere Bedürfnisse ihrer Gäste einzugehen.

Essen gehen

Bar

Die Bar ist der klassische Treffpunkt zu jeder Tages- und Nachtzeit. Die Jugendlichen haben ihre eigenen Orte, die Twens und alten Männer ebenso. Man kehrt morgens auf einen Espresso ein, mittags für ein Sandwich und ein Glas Wein an der Theke, nachmittags für einen Kaffee mit Grappa oder ein Eis, nach der Arbeit, um diese bei einem Cocktail zu vergessen, und am Abend, um Freunde zu treffen, mit denen man gemeinsam essen geht. Nach dem Essen nimmt man noch einen Digestif – natürlich in der Bar. Sie ist aus dem italienischen Leben nicht wegzudenken und für jeden erschwinglich. Keiner wird schräg angeschaut, wenn er nur ein Glas Mineralwasser im Stehen an der Theke konsumiert. Wer sich setzt, für den wird es teurer. Jede Bar hat zwei Preislisten, die höheren Preise sind für die Gäste an den Tischen. Kaffee, Wein, Spirituosen, kleine Snacks (süß oder salzig), Sandwiches, Toasts – das ist die Bandbreite des Angebots. Offen sind Bars von 6 Uhr morgens bis nach Mitternacht, abhängig von der Klientel, die dort ihren Stammplatz hat.

Tavola Calda

In kleinen Räumlichkeiten – nicht selten ohne Sitzmöglichkeit, manchmal als Anhängsel einer Bar – wird gerade eben gereicht, was satt macht: auf die Schnelle, ohne kulinarische Ansprüche und Bequemlichkeit, aber mit günstigsten Preisen und häufig durchgehend geöffnet.

165f sk

Über den Tresen

Dort, wo die **Rosticceria** nicht nur Hühnchengrill ist, kann sie zum Gourmet-Tempelchen mutieren. Kleine und fantasievolle, gegrillte oder frittierte Köstlichkeiten munden dann im Stehen oder auf dem Barhocker und sind vergleichsweise billig.

Die **Panineria** bietet eine große Auswahl belegter Brötchen an einer Theke, meist zum Mitnehmen für den Hunger zwischendurch. Manchmal wird auch Pizza vom Blech geschnitten.

Die **Tramezzineria** hat sich auf Tramezzini spezialisiert, heftig mit viel Majo belegte Weißbrotdreiecke, und die **Cicchetteria** auf die leckeren kleinen Appetithappen – auch als Mittagssnack im Angebot, aber in ihren unendlichen Variationsmöglichkeiten als Begleiter zu einer Flasche Wein wesentlich beliebter.

Eine Sonderstellung nimmt das **Buffet** in Triest ein, einfacher Imbisstresen mit tradierten Billiggerichten wie Schweineohr in Semmel, aber auch In-Kneipe für – ausländische Geschäftspartner beeindruckende – Arbeitsessen (→ S. 55, Triest).

Pasticceria

Eis und Kuchen, Kuchen und Eis – als Erweiterung einer Bar ist die Pasticceria prima für den Nachmittagskaffee geeignet. Die Süßigkeiten sind mannigfaltig, gut und gehaltvoll. Bei den bekannten Adressen bilden sich nach der Siesta lange Schlangen von Wartenden zur Versorgung der zu Hause Gebliebenen.

Pizzeria

Jeder hat seine eigene Pizzeria-Empfehlung, und nur dort wird sie so zubereitet, dass sie das familiäre Gütesiegel verdient und auch Mama zufriedenstellt. Die reine Pizzeria hat auf der Speisekarte nicht viel mehr als Pizza, vielleicht noch Salate und eine kleine Auswahl an Vorspeisen und Desserts. Als Getränkebestellung wird meist ein Bier oder Wasser erwartet, Wein wird aber auch kredenzt. Wenn die Pizzeria offen hat, ist immer der Ofen angeworfen. Lokale, die sich zweifach benennen – „Ristorante/Pizzeria“ oder „Trattoria/Pizzeria“ – servieren meist nur abends Pizza oder gar nur am Wochenende. Das Essen in der „echten“ Pizzeria ist im Allgemeinen günstig. Oft sind Jugendliche und mittags Geschäftsleute die Gäste. Geöffnet ist ab Mittag (12–13 Uhr) bis in den späten Nachmittag und abends (ab 19–20 Uhr), bis keine Gäste mehr kommen.

Spaghetteria

Schwester der Pizzeria, nur mit Spaghetti. Gäste sind viele Jugendliche, mittags Geschäftsleute – kein Ort zum gemütlichen, mehrstündigen Schlemmen und Verweilen.

Cucina

In größeren Städten finden sich bei den Marktplätzen noch die echten gastronomischen Familienbetriebe. Meist nur mittags geöffnet, bieten sie Bodenständiges für die Marktleute. Günstige Preise und urige Stimmung sorgen für ein nicht notwendigerweise kulinarisches, aber kulturelles Erlebnis.

Osteria

Einfache Gastwirtschaft auf dem Lande oder in kleinen Orten mit meist einheimischen Gästen – bis die Lokalität dann „entdeckt" wird und die Besucherzahlen und Preise steigen. Gemeinhin günstiges Essen, wobei aber Wert darauf gelegt wird, dass der Gast es nicht bei einem Teller *penne* belässt. Die Öffnungszeiten sind die üblichen der Restaurants, jedoch ist auf dem Lande außer am Wochenende nicht immer mittags auf.

Trattoria

Die städtische Variante der Osteria und die günstige Schwester des Ristorante. Die Trattoria ist überall zu finden. Wer hier weniger als zwei Gänge bestellt, bekommt es möglicherweise mit schlecht gelauntem Personal zu tun. Häufig ist die Trattoria ein Familienbetrieb im echten Sinne: Die Mutter kocht, der Vater steht an der Kasse und die Kinder servieren. Ein Garant für günstige Preise ist der Name „Trattoria" nicht.

Ristorante

Das Flaggschiff der Lokale, was sich nicht unbedingt, aber immer öfter im Preis ausdrückt. Hier ist der Tisch mit Wäsche ausgestattet, über den Hauswein hinaus gibt es eine mehr oder weniger große Auswahl an geistigen Getränken, und die Speisekarte hält unterschiedlichsten Bedürfnissen stand. Es gibt Ristoranti aller Preisklassen bis zu Gourmettempeln mit Michelin-Stern. Wer Zeit und Geld hat, findet hier eine Lebensaufgabe – wenn Leber und Galle mitspielen.

Fogolar

Im Friaul sind in einigen Privathäusern und Lokalen noch die traditionellen Feuerstellen erhalten, Kochplätze für offenes Feuer unter einem Kamin mitten im Raum – der Fogolar. Umgeben von Bänken waren sie Mittelpunkt des Familien- und Arbeitslebens, Koch- und Essplatz und Lagerfeuer für Musik und Unterhaltung. Zum Kochen (oder Grillen) angeworfen werden sie heute nur noch selten, doch mit einem gemütlichen Feuer an kühlen Abenden tragen sie beträchtlich zur Atmosphäre bei.

Die Bestellung

An der Theke der Garküchen, in der Spaghetteria, der Pizzeria und im Stehimbiss bleibt es dem Gast selbst überlassen, was und wie viel er zu sich nehmen will. In der Osteria, der Trattoria und dem Restaurant ist dies mitnichten so. Hier ist der Gast eigentlich verpflichtet, eine bestimmte Speisenfolge einzuhalten. Das Minimum ist eine Vorspeise *(antipasto)* oder ein Nudelgericht (Pasta als *primo*) und ein Hauptgang *(secondo)*. Ausbaubar ist das beliebig: nach dem *aperitivo* das *antipasto*, danach der *primo* (eine Pasta, ein Risotto, vielleicht auch Muscheln *alla marinara*) und dann das Hauptgericht: Fisch *(pesce)* oder Fleisch *(carne)* mit Beilagen *(contorni)* oder auch einem Salat *(insalata)*, die extra bestellt werden müssen, ansonsten geht der Kellner davon aus, dass man nur Brot dazu essen will.

Wer's dann noch schafft, wählt nach dem Käsegang *(formaggio)* die Nachspeise, Eis *(gelato)* oder Süßigkeiten *(dolce)*, und einen Aufräumer *(digestivo)* mit einem *caffè* und einem Grappa. Dazu die entsprechenden Weine, vom Weiß- bis zum Rotwein in allen Schattierungen. Dann sind alle glücklich, auch die Kellner. Das Ganze ist aber nur „eigentlich" so, denn die Touristen teilen immer häufiger aus diätetischen Gründen mittags einen Salat mit dem Partner und fühlen sich abends von einem Teller mit Pasta gesättigt – lokale Gepflogenheiten treten dann hintan.

Kosten

Nach Abschluss des Essens geht es ans Zahlen („Il conto per favore"). Zu dem auf der Speisekarte ausgewiesenen Preis werden nun vom *padrone* (oder dessen Frau) ***servizio*** (Bedienungsgeld, meist 10 %) und das berühmte ***coperto***, der Gedeck- und Brotzuschlag pro Kopf, hinzugerechnet, das sich je nach Lokalklasse zwischen 1 und 5 € bewegen kann (auch 10 € sind schon vorgekommen). Nun muss man nur noch zahlen, darf allerdings das **Trinkgeld** nicht vergessen, das dem Kellner aber nicht schulterklopfend mit Dankbarkeit heischendem Blick überreicht wird, sondern einfach auf dem Tisch liegen bleibt (ca. 5–10 %).

Jedes Lokal ist verpflichtet, Gästen eine **Rechnung auszustellen,** und diese müssen sie bei Verlassen des Lokals mit sich tragen. Ab und an steht die Steuerpolizei – die Guardia di Finanza – auf der Straße und prüft.

Mit 10 € wird man in einer Garküche satt, mit 10–20 € in einer Pizzeria oder Spaghetteria. In der Osteria, der Trattoria und dem Ristorante variieren die **Preise** zwischen 20 € und weit über 100 € – jeweils ohne Getränke. Praktisch alle Lokale haben einen Aushang, der das Preisniveau verdeutlicht. Viele Lokale bieten auch ein – von der Qualität her durchaus empfehlenswertes – ***menu turistico*** zu günstigen Konditionen an, teils sogar inklusive Getränke, Bedienungsgeld und *coperto.*

Getränke

Wein

Die Weine Friauls besitzen Weltgeltung. Von etwa 23.000 ha Rebflächen sind rund 10.000 ha auf zehn DOC- und vier DOCG-Zonen verteilt (ein brillantes Verhältnis) und der Ausstoß beträgt um 1,1 Mio. Hektoliter, etwa 43 % als DOC-/DOCG-Wein.

Das italienische Weingesetz kennt verschiedene Qualitätsklassen. Die niedrigste Stufe ist der **Vino da tavola** (Vdt) – Weine ohne Jahrgang, Ursprungsangabe und ohne Rebsortenhinweis. Ihm folgt der Wein mit dem Prädikat **Indicazione Geografica Tipica** (IGT) – Wein aus bestimmten Rebsorten einer Region. Die **DOC-Weine** („Denominazione di Origine Controllata") sind mit einer Banderole am Flaschenhals gekennzeichnet und haben eine garantierte Herkunft. Die höchste Stufe ist der **DOCG-Wein**

(„Denominazione di Origine Controllata e Garantita").

Nun muss man nicht unbedingt den Vdt verweigern – es kann durchaus sein, dass ein Bauernhof im Agriturismo-Bereich ausgezeichneten Wein dieser Klasse ausschenkt. Die meisten Weinproben sind kostenlos, in manchen Gütern und Kooperativen muss man sich vorher anmelden.

Ein Exkurs (→ S. 302) widmet sich der Schaumwein-Spezialität Prosecco.

Bier

Die verschiedensten Marken stehen in den Regalen der Läden und werden in den Lokalen vom Fass ausgeschenkt – industriell gebraut, aber auch aus kleinen Craftbier-Manufakturen. Keinesfalls muss man auf importierte deutsche Marken ausweichen.

Wasser

Mineralwasser kommt in allen Restaurants fast selbstverständlich auf den Tisch. Mit oder ohne Kohlensäure, pur oder zur Verdünnung des Weins, aus den Bergen oder den Tälern, glasweise an der Bar oder am Strand aus der Flasche – *acqua minerale* ist allgegenwärtig.

Grappa

An Hochprozentigem ist natürlich der Grappa die Wahl in Norditalien. Aus den Überbleibseln der Weinproduktion, dem Trester, gewonnen, trinkt man ihn pur, aber auch als *caffè corretto* in einem Espresso. Das Standardglas für Grappa ist zylinderförmig mit einem dicken Boden und wird bis oben gefüllt. Bei hochklassigen Bränden, von denen die Flasche mehrere Hundert Euro kosten kann, weicht man auf kleine Weinprobiergläser aus, sodass der Alkoholdunst und die Duftnoten nicht direkt in die Nase dampfen, sondern im Glas bleiben und in homöopathischen Dosen erschnüffelt werden können.

Feiertage, Feste und Events

→ Zu jeder Zeit

Neben den landesweiten Feiertagen begehen Städte und Dörfer den Tag ihrer Ortsheiligen mit Prozessionen. Meist sind die Geschäfte dann geschlossen. Hinweise werden in den Ortsbeschreibungen gegeben.

Besonders an der Küste bieten die Städte im Sommer ein breites Programm mit Musik und Theater für die Besucher an. Die Vorstellungen finden auf öffentlichen Plätzen statt und sind meist kostenlos.

Der **Karneval** hat im Friaul nicht die Bedeutung wie in manchen Teilen Deutschlands, wenngleich einige Orte noch ganz traditionell Fasching feiern und wie in Sauris oder Sappada mit Teufelsmasken den Winter und böse Geister austreiben. Im Resia-Tal hat sich sogar ein eigener Karnevalstanz erhalten: Für die Resiana sind weiße Kostüme mit bunten Hüten vorgeschrieben.

Nationale gesetzliche Feiertage

1. Januar: Neujahr, Capodanno
6. Januar: Heilige Drei Könige, Epifania
Ostersonntag und montag, Pasqua
25. April: Befreiungstag, Festa della Liberazione
1. Mai: Tag der Arbeit, Festa del Lavoro
2. Juni: Fest der Republik, Festa della Repubblica
15. August: Mariä Himmelfahrt, Ferragosto
1. November: Allerheiligen, Ognissanti
8. Dezember: Mariä Empfängnis, Immacolata Concezione
25. Dezember: Weihnachten, Natale
26. Dezember: Hl. Stephanus, S. Stefano

Während der gesamten Karwoche finden Feierlichkeiten statt, die das öffentliche Leben lahmlegen können. Am 1. November sind die Geschäfte geöffnet.

Geld

Die Währung Italiens ist der **Euro.** Schweizer Staatsbürger müssen also Geld wechseln (→ Kasten).

Zahlungsmittel

Generell sollte man so wenig Barmittel wie möglich mit sich herumschleppen, auch wenn die Wahrscheinlichkeit eines Diebstahls oder gar Überfalls äußerst gering ist. Es ist besser, seine Reisekasse bei Bedarf mittels der **Bank- oder Kreditkarte** an den breitflächig vorhandenen Bankautomaten aufzufüllen oder mit Kreditkarte bargeldlos zu zahlen. Kreditkarten sind in Italien auch außerhalb der Touristenzentren ein durchaus übliches Zahlungsmittel (das Zeichen „CARTA SI" weist auf die Akzeptanz von Kreditkarten hin). Bei Barabhebungen an **Bankautomaten** kann man die meisten Geräte auf eine deutsche Benutzerführung einstellen.

Reisekosten

Wie viel Geld man für die Reise braucht, hängt voll und ganz von den jeweiligen Ansprüchen ab. Generell gilt, dass während der Monate Juli/August die Preise explodieren; in den Pensionen und Hotels (besonders am Meer) werden Halb- oder Vollpension zur Pflicht, Mindestaufenthalte eingefordert und die Lokale üben sich auch nicht gerade in preislicher Zurückhaltung.

Niedrigstes Budget

Verkehrsmittel der Wahl sind der Daumen, der Zug und der Bus. Übernachtet wird auf Campingplätzen, gegessen in günstigen Pizzerien, an Straßenständen oder neben dem eigenen Kocher. Souvenirs beschränken sich z.B. auf selbst gesammelte Muscheln. Dann sollte man ohne Anreise mit etwa 35–50 €/Tag auskommen (allerdings nicht in den Monaten Juli/August).

Niedriges Budget

Zug und Bus sind selbstverständlich, ein voll besetztes Auto, dessen Benzinkosten auf vier Personen verteilt werden, ist die

Geldwechsel (für Schweizer)

In italienischen Banken gibt es die Möglichkeit, die schweizerische Währung direkt zu wechseln. Dabei lohnt es sich, die anfallenden Gebühren vor Ort zu vergleichen. Die Banken betritt man häufig über Schleusen, die nur eine Person ohne Gepäck aufnehmen. Devisentausch in Hotels geht flotter und freundlicher, nur ist man danach um einiges ärmer (bis zu 10 % Abschlag).

- **Wechselkurs (Juni 2023):** 1 € = 0,97 SFr, 1 SFr = 1,03 €

Alternative. Neben dem Campingplatz findet sich ab und an eine kleine Pension oder ein Privatzimmer, und gegessen wird häufiger in der Pizzeria als am Lagerplatz. Im Budget sind Exkursionen zu tributpflichtigen Sehenswürdigkeiten enthalten. Ohne Anreise braucht man so etwa 50–100 € pro Tag.

Mittleres Budget

Eigenes Auto oder ein Mietwagen, den man sich zu zweit oder dritt teilt, Pensionen mit einem oder zwei Sternen und Agriturismo-Betriebe, gutes und tägliches Essengehen, Ausflüge und keine große Zurückhaltung beim Shopping addieren sich ohne Anreise auf 100–200 € pro Tag.

Hohes Budget

No Limits. Luxushotels für 600 € pro Person und Nacht, Leihwagen, Theaterbesuche, Speisungen in den teuersten der besten Lokalen (von denen es viele gibt), Großorder in den feinen Einkaufsstraßen, individuell geführte Exkursionen usw. Aber auch mit 250 € pro Tag und Person lässt es sich schon ausgesprochen gut leben (die Anreise spielt da keine große Rolle mehr).

Gesundheit und Hygiene

Besondere Impfungen sind für Italien nicht vorgeschrieben und bei normalem Reiseverhalten auch nicht notwendig. Will man wandern, sollte man sich unbedingt bei seinem Hausarzt über eine empfohlene Impfung gegen die von Zecken übertragenen Krankheiten FSME und Borreliose informieren. Friaul-Julisch Venetien ist **FSME-Risikogebiet.**

Wie immer auf Reisen sollte man ein paar Grundregeln einhalten. Bei Obst und Gemüse ist darauf zu achten, wo es herkommt (ist die Quelle vertrauenswürdig?), im Zweifelsfall schälen. Im Sommer brennt die Sonne gnadenlos Löcher in die Haut. Wer darauf Wert legt, in einigen Jahren keine Hautveränderungen zu haben, sollte sich entsprechend verhalten: **Sonnenschutz** mit hohem Lichtschutzfaktor, langsame Gewöhnung der Haut an die Sonne, Vermeiden der heißesten Tageszeit. Sonnenstich und Hitzschlag vorbeugen, indem man genügend Flüssigkeit zu sich nimmt, eine Kopfbedeckung trägt, Schatten ausnutzt und im Hochsommer Spaziergänge in die Morgen- und Abendstunden legt.

Für den Hochsommer gilt in den Badeorten am Meer, dass das **Leitungswasser** nicht unbedingt als Trinkwasser zu empfehlen ist. War das Frühjahr regenarm, sollte man auf alle Fälle auf Mineralwasser in Flaschen zurückgreifen.

Medizinische Versorgung

Wer trotz aller Vorsichtsmaßnahmen doch einmal erkrankt, findet in fast allen Touristenorten **Erste-Hilfe-Einrichtungen,** die kostenlos zur Verfügung stehen. Wird jedoch ärztliche Hilfe über die Notversorgung hinaus benötigt, muss man seine Krankenkassenkarte vorweisen (die auch im Ausland gültig sein sollte). Trotz europäischer Angleichung unterscheiden sich aber Leistungen und dafür vorgesehene Honorare, sodass man möglicherweise für Leistungen zahlen muss, die in Deutschland nicht honorarpflichtig sind. In diesem Fall sollte man allerdings versuchen, den Betrag von der Krankenkasse zurückzubekommen. Die zweite Möglichkeit ist die Barzahlung und spätere Rückforderung bei einer auf Zeit abgeschlossenen **Auslandskrankenversicherung** (s.u.). Bei leichten Krankheiten besteht auch die Möglichkeit, in der **Apotheke** fachkundigen Rat einzuholen und entsprechende Medikamente zu erhalten (die Rezeptpflicht ist in Italien bei Weitem nicht so restriktiv wie in Mitteleuropa).

Erste Hilfe ist über die allgemeine **Notrufnummer 112** erreichbar, auch über Funktelefon. Hier muss man rasch sagen, was Sache ist (ob das Herz nicht mehr will, ob es brennt oder jemand einem an die Börse gefasst hat), dann wird alles Weitere veranlasst.

Auslandskrankenversicherung

Die gesetzlichen Krankenkassen von Deutschland und Österreich garantieren eine Behandlung im akuten Krankheitsfall auch in Italien, wenn die medizinische Versorgung nicht bis nach der Rückkehr warten kann. Als Anspruchsnachweis benötigt man seine Krankenkassenkarte. Im Krankheitsfall besteht ein Anspruch auf ambulante oder stationäre Behandlung bei jedem zugelassenen Arzt und in staatlichen Krankenhäusern. Da die Leistungen jedoch nach den gesetzlichen Vorschriften im Ausland abgerechnet werden, kann es sein, dass man gebeten wird, zunächst die Kosten der Behandlung selbst zu tragen.

Obwohl bestimmte Beträge von der Krankenkasse hinterher erstattet werden, kann ein Teil der finanziellen Belastung beim Patienten bleiben und zu Kosten in kaum vorhersagbarem Umfang führen. Deshalb empfiehlt sich der Abschluss einer privaten Auslandskrankenversicherung. Bei Abschluss der Versicherung – die es mit bis zu einem Jahr Gültigkeit gibt – sollte z.B. darauf geachtet werden, dass ein **Vollschutz ohne Summenbeschränkung** besteht, im Falle einer schweren Krankheit oder eines Unfalls sollte auch der **Rücktransport** übernommen werden, denn dieser wird von den gesetzlichen Krankenkassen nicht gezahlt. Diese Zusatzversicherung bietet sich auch über einen Automobilclub an, insbesondere wenn man bereits Mitglied ist. Sie hat den Vorteil billiger Rückholleistungen (Helikopter, Flugzeug) in extremen Notfällen (Formulierung: Rückholung, wenn es medizinisch sinnvoll ist, nicht nur notwendig!). Wichtig ist auch, dass der Versicherungsschutz im Krankheitsfall über die vorher festgelegte Zeit hinaus automatisch verlängert wird, wenn die Rückreise nicht möglich ist.

Schweizer sollten bei ihrer Krankenversicherungsgesellschaft nachfragen, ob die Auslandsdeckung auch für Italien gilt. Sofern man keine Auslandsdeckung hat, kann man sich kostenlos bei Soliswiss (Gutenbergstr. 6, 3011 Bern, Tel. 031/380 70 30, www.soliswiss.ch) über Krankenversicherer informieren.

Zur **Erstattung der Kosten** benötigt man ausführliche Quittungen (mit Datum, Namen, Bericht über Art und Umfang der Behandlung, Kosten der Behandlung und Medikamente).

Mit Haustier unterwegs

Für alle EU-Länder ist für Hund oder Katze der Nachweis einer Tollwutschutzimpfung und das Mitführen des **EU-Heimtierausweises** (Pet Passport) erforderlich. Dieser gilt in allen EU-Staaten und in der Schweiz und kostet ca. 15 €. Darüber hinaus muss das Tier mit einem **Microchip** gekennzeichnet sein. Weitere Informationen erteilt der Tierarzt.

Information

Fremdenverkehrsämter

Die italienischen Fremdenverkehrsämter erfüllen nur noch Marketingaufgaben und sind ansonsten für Publikumsverkehr geschlossen, geben keine telefonische Beratung mehr und versenden kein Prospektmaterial – umfassendere Informationen erhält man nur auf der offiziellen Website.

- **www.italia.it.de**

- **In Deutschland:** frankfurt@enit.it
- **In Österreich:** vienna@enit.it
- **In der Schweiz:** zurigo@enit.it

Informationsstellen in Italien

Die Tourismusbehörden der Provinzen unterhalten in den meisten Provinzhauptstädten und in wichtigen Touristenorten Informationsbüros/Infopoints. In kleinen Orten sind die Büros meist nur während der Hochsaison besetzt. **Öffnungszeiten** sind im Allgemeinen Montag bis Freitag von 9 bis 13 und 15 bis 17/19 Uhr. In den Touristenhochburgen findet man die Informationen oft auch am Samstag und Sonntagvormittag geöffnet. In vielen Hotels liegt Informationsmaterial über die jeweilige Stadt bzw. Region bereit. In den Städten gibt es eigens Hinweisschilder für Fußgänger oder auch Autofahrer, die auf besondere Bauwerke und Sehenswürdigkeiten und auch auf Rundtouren aufmerksam machen und Besucher durch die Orte leiten.

Mit Kindern unterwegs

→ Kinder-Tipps

Kinder sind in Italien gern gesehen und es ist eine Selbstverständlichkeit, dass die Kleinen an jeder sozialen Aktivität teilnehmen – Kinder sind das Wichtigste! Die Strände der Adria laden die Allerkleinsten zu einem Aufenthalt mit Planschen und Buddeln, mit Sandburgenbauen und Suhlen ein, und auch in den Bergen findet sich die eine oder andere Bademöglichkeit. Auch die Besuche der Klettergärten abseits der Küste sind von allen Kindern favorisierte Unternehmungen. Die Älteren können sich in den Clubs (vornehmlich in den Badeorten) und auf der Promenade am Lungomare vergnügen.

Klima und Reisezeit

→ Reisegepäck und Ausrüstung

Friaul-Julisch Venetien ist geografisch und damit auch klimatisch recht vielfältig, vom Sandstrand bis in die Felsen des Hochgebirges. Die absolute **Hochsaison** ist Juli/August, wenn es auch die Italiener in den Sommerurlaub ans Meer zieht. Wer im **Hochsommer** von den überfüllten Stränden flüchtet und trotzdem Abkühlung sucht - es gibt zahlreiche Flussbadestellen für einen kurzen Gang ins Wasser. Und auch außerhalb der Hauptreisezeit hat das Friaul unendlich viel Interessantes zu bieten.

Im **Frühling** (von März bis Mai) ist die Landschaft bis zum Horizont der Flussebenen sattgrün und an den Flanken der Felshänge blühen die ersten Gebirgsblumen auf. Tagsüber ist es warm, nachts kühl bis kalt: eine schöne Zeit für Wanderungen durch die Natur, Radtouren auf den Dämmen der Deltas, Besichtigungen der Grabungsstätten und Spaziergänge in den Städten.

Im **Herbst** (von September bis November) ist es tagsüber warm, nachts warm bis kühl. Auch jetzt kann man hervorragend wandern, der Himmel ist stahlblau, im Meer lässt es sich noch gut schwimmen.

Im **Winter** (Dezember bis Februar) ist es tagsüber kühl, doch mit Glück schmeckt auch dann der Cappuccino auf der Terrasse. Nachts ist es natürlich kalt. In dieser Jahreszeit kommen die Skifahrer in den Dolomiten, in den Karnischen und Julischen Alpen voll auf ihre Kosten.

Ferragosto

Hauptreisezeit ist von Anfang Juni bis Mitte September, und wer Anfang August glaubt, dass es nicht schlimmer kommen kann, wird um den 15. August eines Besseren belehrt – Ferragosto, das Ferienwochenende der Italiener überhaupt, lässt die Hölle losbrechen. Die Strände sind knüppelvoll, und in die Restaurants passt kein einziger zusätzlicher Stuhl. Wer jetzt in die Städte fährt, wird diese menschenleer finden, denn alle verbringen die heißesten Tage des Jahres am Meer. Es gibt nur eines: Diesen fünf Tage dauernden Nationalwahn „Urlaub" eingebunkert in seinem Zelt oder Zimmer am Strand zu überleben – oder in angenehmerer Atmosphäre in den Städten zu verbringen (allerdings als Selbstversorger, weil fast alles geschlossen ist).

Nebensaison

Zu jeder Jahreszeit lässt es sich im Friaul gut reisen. Es hängt von den persönlichen Vorlieben ab, welchen Monat man für seinen Aufenthalt wählt: Skifahren im Dezember und Januar, Wandern im April/Mai und September/Oktober, Baden im Juni und September/Oktober. Bis auf den Zeitraum der deutschen Schulferien sind die Preise durchaus moderat.

Kommunikation unterwegs

Die **Vorwahl** von Deutschland, Österreich und der Schweiz nach Italien ist 0039 plus die Anschlussnummer (beim Festnetz mit der „0"). Italien kennt keine Ortsvorwahl mehr, die innerhalb des Ortsnetzes weggelassen werden könnte. Hingegen darf man bei der Anwahl von **Mobilfunknummern** keine „0" voranstellen. Von Italien nach Deutschland muss 0049, nach Österreich 0043 und 0041 für die Schweiz gewählt werden.

EU-Bürger, die in einem anderen EU-Land telefonieren oder **mobil im Internet surfen**, zahlen keine Roaming-Gebühren (Schweizer sollten sich vorher bei ihrem Provider erkundigen). Wer also nicht gerade Filme streamt, kann recht unbesorgt mit dem Smartphone online gehen und die Telefondienste über die Apps nutzen (Skype, WhatsApp, Facetime …). WLAN-Angebote an öffentlichen Plätzen sind weitestgehend zurückgebaut, die meisten Unterkünfte bieten allerdings einen kostenlosen WLAN-Zugang an und die Netzabdeckung ist auch abseits der Hauptouten und in Nebentälern meist recht gut.

LGBT+

Das Friaul ist keine LGBT+-feindliche Destination, aber auch nicht unbedingt der Hotspot der Szene. Abgesehen von Triest, wo eine kleine aktive LGBT+-Gemeinde lebt, sieht es mit besonderen Angeboten eher mau aus. Da Italien und insbesondere das Friaul eher konservativ sind, wird über öffentliche Liebesbezeugungen gleichgeschlechtlicher Paare eher unmutig hinweggesehen. In Triest ist die Anlaufstelle:

- **Arcigay/Arcobaleno Trieste-Gorizia,** Via Pondares 8 , Trieste, Tel. 33 41 33 40 52, www.arcigay trieste.it.

Notfälle

Notrufnummern

Notrufnummer im **Gefahrenfall** ist landesweit die 112, bei Feuer sind die *vigili del fuoco* unter der Nummer 115 zu informieren. **Erste Hilfe** ist über die 118 bzw. über die allgemeine Notrufnummer 112 anzufordern.

Autopanne/-unfall

Pannenhilfe ist z.B. für ADAC+-Mitglieder (bis max. 200 €) oder ÖAMTC-Mitglieder teilweise kostenlos. Die Pannenhilfe des ACI in Italien erreicht man unter Tel. 80 31 16 (kostenlose Rufnummer, die allerdings nicht von jedem Funktelefon angerufen werden kann, sodass man u.U. vom Festnetz aus anrufen muss). Auch die Notrufzentrale des ADAC vermittelt Pannenhilfe.

- **ADAC,** (D-)Tel. 089 22 22 22, unter (D-)Tel. 089 76 76 76 gibt es Adressen von deutschsprachigen Ärzten in der Nähe des Urlaubsortes (Liste auch vorab anforderbar).
- **ÖAMTC,** (A-)Tel. 01 25 12 000.
- **TCS,** (CH-)Tel. 058 82 72 220.

Verlust von Geldkarten

Bei Verlust oder Diebstahl der Kredit- oder Maestro-Karte sind diese umgehend zu sperren. Für deutsche Bank- und Kreditkarten gilt die einheitliche **Sperrnummer** 0049 116 116 und im Ausland zusätzlich 0049 30 40 50 40 50. Die Schweiz besitzt keinen zentralen Kartensperrdienst, jede einzelne ausgebende Bank führt eigene Notrufnummern für die Sperrung. Diese sollte man sich vor Beginn der Reise besorgen.
Für **österreichische Karten:**

- **Bankomatkarte,** Österreicher im Ausland Tel. +43 1 20 48 800.
- **MasterCard,** Tel. +1 636 722 7111.
- **VISA,** Tel. 800 81 90 14 (in Italien).
- **American Express,** Tel. +49 69 97 97 2000.
- **Diners Club,** Tel. +43 1 50 135 135.

Auslandsvertretungen

Wird der Reisepass oder Personalausweis im Ausland gestohlen, muss man diesen bei der örtlichen Polizei melden. Darüber hinaus sollte man sich an die nächste diplomatische Auslandsvertretung seines Landes wenden, damit diese einen **Ersatz-Reiseausweis** zur Rückkehr ausstellt.

Auch in dringenden Notfällen, z.B. medizinischer oder rechtlicher Art, Vermisstensuche, Hilfe bei Todesfällen, Häftlingsbetreuung o.Ä. sind die Auslandsvertretungen bemüht, vermittelnd zu helfen.

Deutsches Konsulat

- **Venedig,** Palazzo Condulmer, Santa Croce 251, Tel. 04 15 23 76 75, venedig@hk-diplo.de.

Österreichische Konsulate

- **Triest:** Camera di Commercio di Trieste, Piazza della Borsa 14, Tel. 04 02 41 90 98, consolatoaustria.ts@gmail.com.
- **Venedig:** Palazzo Condulmer, Santa Croce 251, Tel. 04 15 24 05 56, consolato.austria@zoppas.com.

Schweizer Konsulat

- **Venedig,** Dorsoduro 810, Campo S. Agnese, Tel. 04 15 22 59 96, venezia@honrep.ch.

Öffnungszeiten

Lebensmittelgeschäfte und Supermärkte öffnen zwischen 7 und 9 Uhr und schließen gegen 13 Uhr, nachmittags sind sie meist (u.U. außer mittwochs und samstags) zwischen 15/17 und 19.30 Uhr noch einmal geöffnet. Sonntags sind die Läden häufig geschlossen, einige Supermärkte haben aber geöffnet. Andere Läden haben die gleichen Öffnungszeiten, nur ist meist nicht Mittwochnachmittag, sondern Montagnachmittag geschlossen.

Im Sommerhalbjahr sind die Läden im Zentrum von Touristenhochburgen wie Grado und Lignano bis spät in die Nacht offen. Die Zeiten sind zwar gesetzlich festgelegt, die Ladenbesitzer handhaben sie aber mit einer gewissen Freiheit (je kleiner die Ortschaft, desto variabler).

Postämter öffnen um 8.30 Uhr und schließen um 13 Uhr. Nachmittags sind sie noch einmal zwischen 15 und 17/19 Uhr offen (in größeren Städten auch durchgehend).

Die Öffnungszeiten der **Banken** sind Montag bis Freitag 8.30 bis 13.30 Uhr und in neuerer Zeit auch nachmittags von 15 bis 16 Uhr (die Zeiten variieren von Region zu Region und von Bank zu Bank um bis zu eine Viertelstunde).

Behörden sind für Parteienverkehr montags bis freitags 8.30–13 Uhr geöffnet.

Restaurants öffnen mittags nicht vor 12 Uhr und bleiben dann bis etwa 15/16 Uhr offen. Abends macht kein Restaurant vor 19 Uhr auf (Ausnahmen sind Pizzerien und Lokale in Bergregionen), manche sogar erst um 20 Uhr. Viele haben außerhalb der Hochsaison einen Ruhetag in der Woche, der außen angeschlagen ist.

Bars besitzen gänzlich unterschiedliche Öffnungszeiten, je nach Lage und Klientel. Sie können bereits um 6 Uhr öffnen und ihre Pforten erst weit nach Mitternacht schließen.

Im Allgemeinen sind **Touristeninformationen** in den großen Orten durchgehend (auch an Wochenenden) ab etwa 9 bis 18 Uhr geöffnet. In kleineren Ortschaften wird mittags zugemacht und unter Umständen um 15 Uhr noch einmal geöffnet.

Häufig schließen **Kirchen und Museen** für eine Mittagspause. Montags sind Museen fast immer geschlossen.

Orientierung

Wer wandern will, kann sich die ausgezeichneten **Wanderkarten** im Maßstab 1:25.000 des italienischen Verlags Tabacco (www.tabaccoeditrice.it) besorgen. Man erhält sie im italienischen Buchhandel und online über die einschlägigen Buchversender. Tabacco deckt allerdings nicht den Küstenbereich von Venetien und Friaul ab, sodass man auf die weniger guten und teilweise recht ungenauen Karten des italienischen Verlags Belletti (www.bellettieditore.com) im Maßstab 1:50.000 zurückgreifen muss. Auch sie erhält man im italienischen Buchhandel.

Post

Briefe von Italien ins Ausland werden als **postamail internazionale** für 1,25 € losgeschickt. Da der Preisunterschied gering ist und Postkarten Laufzeiten haben, von denen man besser nicht spricht, ist es sinnvoller, Briefe zu schreiben bzw. Postkarten in Kuverts zu versenden. Briefmarken erhält man im Postamt, aber auch in den *tabacchi*- bzw. Andenkenläden.

Wer Dokumente schnell und zuverlässig versenden muss, kann die **Kurierdienste** in Anspruch nehmen (z.B. DHL). Sie haben gebührenfreie, zentrale Telefonnummern (Numero Verde Nazionale) und kommen zur Abholung und Anlieferung in die kleinsten Orte.

Rauchen

Rauchen verboten! Die italienische Regierung hat als eines der ersten EU-Länder ein Rauchverbot für alle öffentlichen geschlossenen Räumlichkeiten durchgesetzt. Darunter fallen ausnahmslos alle Bars und Restaurants. Deren Gäste finden keine Aschenbecher mehr. Die Strafen sind drakonisch. Wer es dennoch nicht lassen kann, muss ins Freie ausweichen. An den Tischen der Terrassen und in den Gassen ist Rauchen erlaubt, was die Italiener weidlich ausnutzen.

Reisegepäck und Ausrüstung

→ Elektrizität
→ Klima und Reisezeit

Will man ans Meer oder ins Hochgebirge? Geht man auf Weinverkostung oder ist es eine Kulturreise? Je nach Interessenslage stellt man sein Gepäck zusammen.

Die Kleidung lässt sich im **Hochsommer** auf ein Minimum beschränken, insbesondere, wenn man seine Ferien am Strand verbringen will. Für kühlere Abendstunden kann schon ab Mitte August ein leichter Pullover gute Dienste leisten, ab September sind die Temperaturen abends unter Umständen schon leicht fröstelig. Badematten aus Stroh sind günstig vor Ort zu erwerben, auch andere **Strandutensilien** wie Sonnenschirme werden an jeder Straßenecke angeboten. Häufig findet man allerdings keinen Strandabschnitt, der zur freien Verfügung steht. Meist sind die Strände bewirtschaftet und es ist Pflicht, Sonnenschirm und -stuhl zu in der Hochsaison phänomenalen Preisen anzumieten – es sei denn, man wählt die Lösung der italienischen Jugend, die sich auf dem „öffentlichen" Sandstreifen zwischen Liegestühlen und Meer niederlässt.

In den **Bergen** und Hügeln des Friaul lässt sich hervorragend wandern. Selbst wer keine größeren Exkursionen vorhat, sollte festes Schuhwerk und robuste Kleidung auch für kürzere Wanderungen im Gepäck haben. Viele Wege sind verwachsen, und die Dornen tun weder zarten Stoffen noch der Haut gut. Im

Friaul muss man sich auch aufs Hochgebirge einstellen und entsprechend Vorsorge treffen.

Sicherheit

Italien ist ein sicheres Reiseland. Trotzdem sollten einige Regeln befolgt werden: Das **Auto** nie unverschlossen und (falls beladen) unbeaufsichtigt lassen. Wird es geparkt, leer räumen und das Handschuhfach offen lassen, um zu zeigen, dass es nichts zu holen gibt.

Geld immer am Körper tragen (Gesäßtaschen sind ungeeignete Orte für die Brieftasche). Die Urlaubskasse verteilt man auf mehrere Personen oder Orte, den Bargeldbestand gering halten. Nicht zeigen, wie viel Geld man bei sich trägt (besonders bei Bankbesuchen). Bevorzugt mit Kredit- oder Bankkarte reisen und immer **Kopien der wichtigsten Dokumente** mitführen. Die Ausstellung von Ersatz wird damit beschleunigt.

Handtaschen sollte man von der Straßenseite abgewandt tragen.

Checkliste

Buchungsunterlagen
Flugticket/Bahnkarte
Mietwagenvertrag
Hotelvoucher/Buchungsbestätigungen

Persönliche Dokumente
Pass/Personalausweis (auch für Kinder)
Impfpass (Blutgruppeneintragung etc.)
Krankenversicherungsnachweis
Kopien wichtiger Dokumente

Autopapiere
Nationaler Führerschein
Fahrzeugschein
Grüne Versicherungskarte
Auslandsschutzbrief

Geld
Bargeld
EC-Karte
Kreditkarten
Brustbeutel/Geldgürtel/Bauchgurt

Kleidung
Persönliche Kleidung
Badesachen
Kopfbedeckung
feste Kleidung (für Wanderungen)

Sonstiges
Kulturbeutel
Sonnencreme mit hohem UV-Schutz
Sonnenbrille
Tagesrucksack
Wasserflasche (für Wanderungen)
Taschenlampe (für Stromausfälle)
Taschenmesser (zum Obstschälen)
Persönliche Medikamente
Kamera und Speicherkarte

Sport und Aktivitäten

Angeln und Fischen

Das Angeln im Meer unterliegt keinen Auflagen (16 Jahre ist das Mindestalter, wenn man unter Wasser fischen will), für Angelunternehmungen an den Binnengewässern muss bei den jeweiligen Provinzverwaltungen eine **Lizenz** eingeholt werden. Sie ist drei Monate gültig. Für die dem italienischen **Sportfischereiverband (F.I.P.S.)** vorbehaltenen Gewässer (immerhin 90 %) benötigt man auch dessen Genehmigung. Spezielle Bestimmungen existieren für den Sport in Naturschutzgebieten. Auf Angelausflügen geht es hinaus aufs Meer zum Makrelenfang. Passionierte Angler und Fischer wenden sich an:

- **F.I.P.S. (Federazione Italiana Pesca Sportiva e Attivita Subacquae),** Viale Tiziano 70, 00196 Roma, Tel. 06 87 98 00 86, www.fipsas.it.
- **F.I.P.S. Friuli/Venezia-Giulia,** Via dei Macelli, 34148 Trieste, Tel. 040 82 20 307.

Die Genehmigungen des Sportfischereiverbands und Anlaufadressen der Provinzverwaltungen erhält man bei den F.I.P.S.-Büros:

- **Gorizia,** Pass. L.L. Zamenhof 3/3, 34170 Gorizia, Tel. 33 13 67 65 43.
- **Pordenone,** Via della Libertà 75, 33170 Pordenone, Tel. 04 34 54 05 69.
- **Udine,** Via Bastian 2, 33030 Ragogna, Tel. 33 56 04 50 48.

Baden

Im Sommer ist ganz Italien am Meer und mischt sich mit den Touristen aus Mitteleuropa. Die **Wasserqualität** kann sich allerdings erheblich unterscheiden. Die Regel, dort zu baden, wo auch die Einheimischen sich ins Wasser werfen, ist mit Vorsicht zu genießen. Die Italiener haben nicht so viele Probleme mit der Wasserqualität wie Mitteleuropäer. Trostpflaster: Italien ist das Land am Mittelmeer, das am frühzeitigsten Badeverbote wegen Wasserbelastungen ausspricht – man sollte sich daran halten. Die Qualität von Wasser und Stränden wird regelmäßig getestet und beurteilt. Die Organisation „Blue Flag“ vergibt keine Negativ-Beurteilungen, sondern prämiert positiv bewertete Strände und Marinas mit der *blue flag,* der **Blauen Flagge.** Eine Liste der ausgezeichneten Strände kann man unter www.blueflag.global abrufen. 2022 erhielten zwischen Triest und Cavallino/Jesolo zwölf Strände das Prädikat. Die durchschnittlichen **Wassertemperaturen** liegen von Juni bis September bei über 20 °C.

Golf

Der Nordosten Italiens ist mit Golfplätzen reich gesegnet. Gäste sind meist gern gesehen. Die Greenfees bewegen sich normalerweise mit 60–70 € in einem akzeptablen Rahmen.

Radfahren

Wer dem Gedanken nachhängt, dass die Italiener heutzutage noch Fahrradmuffel seien, wird schnell eines Besseren belehrt. Fußgängerzonen, das sonnenreiche Klima, Sportbegeisterung und nicht zuletzt der kollabierende Autoverkehr haben in den Städten der Ebenen zu fast chinesischen Verhältnissen geführt und das Auto beinahe ins Abseits gedrängt. Wer kann, fährt mit dem Rad zur Arbeit, zum Einkaufen und am Wochenende hinaus in die Natur, um auf einem der vielen Radwege für den Giro d'Italia zu trainieren. Hunderte von Kilometern kann man relativ unbelästigt von Kraftfahrern durch die Natur strampeln, wenn man die Nebenstraßen wählt. Mit dem eigenen oder geliehenen Rad lassen sich auch in den Großstädten die Sehenswürdigkeiten hervorragend entdecken.

Ziemlich gut ist in den Städten und Bergen die Ausstattung mit **Ladestationen für E-Bikes.** Der Strom ist kostenlos, teilweise ist Werkzeug vorhanden.

- **Radportal:** www.cicloturismo.com deckt den Fahrradtourismus in ganz Italien ab und bietet, nach Provinzen geordnet, eine Unzahl an ausgearbeiteten Radrouten und Unterkünften an.

Reiten

Viele Agriturismo-Betriebe vermieten Pferde stunden- oder auch tageweise und bieten Reitkurse an.

- **F.I.S.E. (Federazione Italiana Sport Equestri),** Viale Tiziano 74, 00196 Roma, Tel. 06 83 66 84 14, www.fise.it.

Skifahren

Das Friaul mit seinen Alpen und den berühmten Abschnitten wie den Dolomiten zum Veneto hin oder den Juliern an der slowenischen Grenze bietet alle Möglichkeiten des Wintersports. Bis spät ins Frühjahr kann man die Abfahrten und Langlaufloipen nutzen.

Tauchen

Getaucht und geschnorchelt wird immer und überall, mit oder auch ohne Harpune, im trüben Wasser der Lagunen und in den klaren Fluten der Felsküste bei Triest. In jedem kleinen Ort liegen Schnorchel-Accessoires aus Gummi und Plastik in den Auslagen, meist jedoch nicht in professioneller Qualität. Wer keine eigene Ausrüstung besitzt und eine erwerben will, sollte die größeren Städte mit Fachgeschäften vorziehen. Einschränkende Tauchbestimmungen existieren – bis auf zwei – nicht. Diese sind die obligatorische Absicherung des Tauchplatzes mit einer Boje und Tauchverbot in Gegenden mit noch nicht ausgewerteten archäologischen Funden oder in Naturschutzgebieten.

Tennis

Jedes größere Hotel besitzt einen Tennisplatz, entsprechend der Kategorie der Unterkunft in besserem oder schlechterem Zustand. Auch Nicht-Gäste können meist gegen eine Gebühr den Platz benutzen.

Wandern

Im Frühjahr und Herbst ist Wanderzeit. Am schönsten ist es im Hochgebirge natürlich im späten Frühling, wenn die Natur erwacht und die Blumen bunt aus dem Grün sprießen. Man denke daran, dass alles, was man in die Wälder und auf die Berge trägt, bei der Heimkehr wieder mitgebracht werden muss. Müll gehört in die dafür vorgesehenen Behälter. Vergegenwärtigen sollte man sich auch immer, dass bei längerer Trockenheit die Natur brandgefährdet ist. Also sollte man auch dort, wo es erlaubt ist, mit offenem Feuer zu hantieren, Sorge tragen, dass kein unbeabsichtigter Funkenflug zu einem unkontrollierbaren Feuer führt.

Vogelbeobachter an der Isonzo-Mündung

Sprache

In Norditalien kommt man im Allgemeinen ganz gut mit der deutschen Sprache durch. Sollte es einmal hängen, kann man auf Englisch oder Französisch ausweichen. Im Anhang findet sich eine kleine Sprachhilfe Italienisch, mit deren Hilfe man das Nötigste sagen und verstehen kann. Über die eigenständige Sprache des Friaul, das Furlan, erfährt man etwas im Exkurs → S. 207.

Unterkunft

→ Camping

Das Friaul besitzt die ganze Bandbreite an Unterkunftsmöglichkeiten, vom hochluxuriösen Fünf-Sterne-Hotel bis zum einfachen Privatzimmer, vom feinsten Agriturismo in einer herrschaftlichen Villa bis zum ausgebauten Pferdestall mit Waschgelegenheit unter freiem Himmel, von der Apartmentanlage bis zum Campingplatz mit und ohne Schatten. Alle sind klassifiziert und in den offiziellen Listen zu finden. Die Preise, die in den Zimmern und an der Rezeption gut sichtbar aushängen müssen, sind nach Vor-, Neben- und Hauptsaison gestaffelt und werden jedes Jahr von den Behörden geprüft. Außerhalb der Hauptsaison kann man oft einen günstigeren Preis aushandeln, wenn die Herberge nicht ausgelastet ist.

Preiskategorien

Unterkunft für zwei Personen im Doppelzimmer mit Frühstück.

① bis 75 €
② 75–125 €
③ 125–175 €
④ 175–250 €
⑤ über 250 €

Hotels/Alberghi

Hotel und Albergo ist dasselbe, die Tendenz geht aber dahin, die luxuriöseren Einrichtungen als Hotel zu bezeichnen, die einfacheren Unterkünfte bleiben bei ihrem angestammten Gattungsbegriff. Die Klassifizierung reicht von einem bis zu fünf Sternen. Sie geschieht offiziell, die Hotels müssen bestimmten Anforderungen genügen (Anzahl der Zimmer mit/ohne Bad, Größe und Anzahl der Aufenthaltsräume, Öffnungszeiten, Ausstattung etc.). Nicht berücksichtigt wird die Zeit seit der letzten Renovierung, d.h. in welchem Zustand die Einrichtung ist. Es gibt also Häuser mit drei Sternen in absolut grausigem Zustand und Hotels mit zwei Sternen als Familienbetrieb mit höchstem Augenmerk auf Sauberkeit und Funktion.

Pensionen

Pensionen werden in die gleichen Rubriken eingestuft wie Hotels, entsprechen aber unseren Gasthäusern und haben einen niedrigeren Standard.

Jugendherbergen

Im Friaul gibt es nur wenige staatliche Jugendherbergen (www.hihostels.com), aber zahlreiche private Hostels. Die Preise bewegen sich bei den Jugendherbergen um 20 € pro Nacht und Kopf mit Frühstück. Teils gibt es Familienzimmer. Hat man einen **internationalen Jugendherbergsausweis** aus dem Heimatland, bekommt man uneingeschränkten Zugang. Die Jahresmitgliedschaft bei den Jugendherbergsverbänden kostet 7–22,50 € in Deutschland (www.jugendherberge.de), 15–25 € in Öster-

Überblick Buchungsportale

Als Ergänzung zu den sorgfältig zusammengetragenen Unterkunftsempfehlungen in diesem Buch können **Buchungsportale** wie *Booking.com, hrs.de, Agoda.com* oder *AirBnB.de* dazu genutzt werden, aktuelle Preise und die Bewertungen anderer Reisender einzusehen sowie Unterkünfte direkt zu buchen.

Die Plattformen arbeiten mit Unterkünften aller Art zusammen und machen diese für Reisende leicht auffindbar. Bewertungen, Fotos und Filtermöglichkeiten nach zahlreichen Details helfen bei der Auswahl. Auch der Kontakt zwischen Vermietenden und Unterkunftssuchenden sowie die Bezahlung können über die Plattformen abgewickelt werden.

Eine gewisse Vorsicht ist bei der Benutzung dennoch geboten. Wann immer möglich, sollten die Angaben mit zusätzlichen Quellen überprüft werden. Sind die Bewertungen wirklich auf allen Plattformen und Suchmaschinen so gut? Sind sie so zahlreich, dass ein Missbrauch unwahrscheinlich ist? Weshalb genau fanden die Bewertenden die Unterkunft gut und stimmt das mit meinen Interessen überein? Häufig hilft die jeweils eigene Internetseite der Unterkunft, Google Street View oder ein Anruf, um genauere Informationen zu bekommen.

Wem einzelne Aspekte besonders wichtig sind, der sollte auf jeden Fall genau prüfen – z.B. ob der versprochene „geschlossene Parkplatz" wirklich so beschaffen ist, dass man das vollgepackte Auto dort stehenlassen möchte. Auch der angepriesene „Bestpreis" und die durch die Plattformen suggerierte knappe Verfügbarkeit lösen sich bei einem Anruf vielleicht in Luft auf, weil die Vermietenden einen eigenen günstigen Preis bieten, um sich die teure Vermittlungsprovision an die Plattform zu sparen.

Während die Plattformen also eine praktische Hilfe bei der Reiseplanung sein können, empfiehlt sich doch häufig ein kritischer zweiter Blick!

reich (www.oejhv.at), und 22–33 SFr in der Schweiz (www.youthostel.ch). Tipp: Kann für die ganze Familie beantragt werden.

Ferienwohnungen/-häuser

Ferienwohnungen sind als Privatangebote zu mieten (in den großen deutschen Tageszeitungen finden sich vielfach Adressen) oder über eine der gängigen Websites wie www.ferienwohnungen.de. Ferienwohnungsanlagen heißen *residenze* und sind von einem bis zu drei Sternen klassifiziert. Viele sind autarke Einrichtungen, der Bewohner muss seine Burg für den gesamten Urlaub nicht verlassen und findet dort wirklich alles – bis auf Italien. Die Größe ist auch sehr unterschiedlich. Exklusive, kleine Einrichtungen existieren ebenso wie riesige Anlagen mit Hunderten von Betten.

Alberghi Diffusi

Besonders in wirtschaftlich benachteiligten, dafür aber touristisch wegen ihrer Authentizität umso interessanteren Regionen wird das von der EU unterstützte Projekt Alberghi Diffusi umgesetzt. Über ein Dorf verteilte historische Häuser sind renoviert, zu Ferienwohnungen umgebaut und werden nicht individuell, sondern zentral vermarktet und verwaltet. Der Gast kommt so in den Genuss eines vergleichbaren und kontrollierten Standards seiner Unterkunft, kann wie im Hotel die Dienste einer Rezeption nutzen und an verschiedenen Angeboten der Freizeitgestaltung teilnehmen.

Privatzimmer

Privatzimmer sind neben dem Camping die preiswerteste Möglichkeit der Übernachtung. Meistens werden um die fünf Zimmer vermietet, viele Zimmer verfügen über ein eigenes Bad. Die Preise bewegen sich meist zwischen 20 und 35 €, können aber auch bei 50 € liegen. Die Touristeninformationen vor Ort helfen gern bei der Suche.

Ferien auf dem Bauernhof/Agriturismo

Agriturismo ist eigentlich keine einfache Unterkunftsart, sondern eine Lebenseinstellung. Und wenn man dieser frönt, lassen sich viele Dinge machen: Essen und Trinken, Wandern, Reiten, Bootfahren, Angeln – Bodenständiges wie auch Hochkulturelles lässt sich erleben. Agriturismo ist am ehesten mit Ferien auf dem Bauernhof vergleichbar, aber doch etwas anders. Es vermittelt Ursprünglicheres, breit gefächert sind Angebot und Atmosphäre. Man kann in den Landhäusern nur Mahlzeiten einnehmen oder auch übernachten, luxuriös oder schlicht, manchmal gar nur in Zelten. Die Käserei oder die Imkerei steht Besuchern offen, Produkte werden verkauft. Einige Adressen bieten weder Restaurantbetrieb noch Unterkunft,

Hotel in den Dolomiten

167fsk

andere organisieren Reitausflüge, und die Gäste sind in ehemaligen Herrenhäusern untergebracht, wieder andere bestehen aus einfachen Häusern in den Bergen. Es haben sich verschiedene Verbände gebildet, die jeweils nur ihre eigenen Mitglieder empfehlen. Agriturist ist die größte Vereinigung und besitzt eine detaillierte Website. Turismo Verde versteht sich politisch eher links stehend.

- **Agriturist,** Direktbuchung über www.agriturist.it (auch in Deutsch).
- **Turismo Verde,** www.turismoverde.it.

Verhaltenstipps

- **In der Natur nichts** (nicht nur keine Abfälle) zurücklassen!
- **Wasser sparen** (im Hochsommer kann es an der Küste zu Engpässen kommen)!
- **Kein Feuer in der Natur machen** (dies steht wegen der extremen Waldbrandgefahr unter hoher Strafe)!
- **FKK ist verboten,** „oben ohne" unüblich.
- **Rauchen** in öffentlichen Räumen ist verboten.
- Beim Besuch einer Kirche ist **angemessene Kleidung** zu tragen (keine kurzen Hosen, keine Hüte bei Männern, bedeckte Oberarme bei Frauen). Kein Kirchen-Sightseeing während der heiligen Messen!

Verkehrsmittel

Die öffentlichen Verkehrsmittel spielen im Friaul eine wesentliche Rolle. Die Bahn und das gut ausgebaute Bussystem machen es möglich, fast jeden Punkt ohne eigenes Fahrzeug zu erreichen.

Chorprobe in der Abbazia di Rosazzo

168f sk

Busse sind generell schneller als die Bahn, da Haltestellen wegfallen, wenn man die direkten Linien nimmt.

Bahn

Der Eisenbahndienst wird in Italien von der staatlichen Eisenbahngesellschaft FS *(ferrovie dello stato)* durchgeführt. Deren Streckennetz in **Norditalien** ist dicht geknüpft. **Fahrplanauskunft** unter www. trenitalia.com. Im **Ost-Friaul** verbindet die Gesellschaft Ferrovie Udine Cividale (FUC) Triest über Udine mit Villach und Udine mit Cividale (www. ferrovieudinecividale.it).

Bus

Das **überregionale Bussystem** liegt in privater Hand, genauer in vielen verschiedenen privaten Händen. Es gibt eine Unzahl an Unternehmen, die Liniendienste anbieten, vom Kleinstbetrieb, der gerade mal ein oder zwei Linien im Vorortverkehr einer Großstadt bedient, bis zum Großunternehmen, das in ganz Norditalien zu finden ist. Die Konsequenz ist, dass fast jede Linie einen eigenen Abfahrts- und Ankunftsort hat und ein einheitlicher Fahrplan nicht erhältlich ist.

Die **innerstädtischen Busverbindungen** sind gut und unterliegen den Kommunen; in den Touristenämtern erhält man Fahrpläne und Pläne des Streckennetzes.

Taxi

Die Tarife entsprechen mitteleuropäischem Niveau. Die Wagen, üblicherweise picobello gepflegt, werden über Telefon (Radio-Taxi) gerufen. Die Fahrer sind freundlich und wählen normalerweise die direkteste Strecke. In kleineren Städten ist das Taxifahren allerdings bei kürzeren Strecken unverhältnismäßig teuer, da der Fahrer die Anfahrt mitrechnet. Auch nachts sind die Tarife deutlich erhöht.

Zeit

Italien liegt in der **Mitteleuropäischen Zeitzone (MEZ).** Die Uhren werden am letzten Sonntag im März auf Sommerzeit (MESZ) und am letzten Sonntag im Oktober auf Winterzeit umgestellt. Im März verliert man eine Stunde; im Oktober darf man eine Stunde länger schlafen. Durch die geplante Abschaffung der Zeitumstellung in der EU kann es hier zu Abweichungen kommen: Jedem Land soll freigestellt werden, ob es eine permanente Winter- oder Sommerzeit einführen will.

MERCATO DEL PESCE
UDINE
EX AREA
DORMISCH
CORTE DI
PORTA
VILLALTA
NUOVI SPAZI
PER IL
FUTURO
DELLA CITTÀ

169f sk

9 Land und Leute

< Der alte Fischmarkt von Udine ist heute eine Galerie

Italien ist verwaltungstechnisch in 20 Regionen unterteilt, unter ihnen **Friuli Venezia Giulia** (Friaul-Julisch Venetien) mit der Hauptstadt Triest. Die Friaul-Region besteht aus vier Provinzen: Gorizia, Pordenone, Trieste und Udine. Spritzig italienisch, mit alpenländischem Charme oder mit slawischer Bodenständigkeit: die Einflüsse der Nachbarländer Österreich und Slowenien sind in den unterschiedlichen Landschaften des Friaul nicht zu übersehen. Sie prägen Sprache, Architektur und Küche und machen sie unverwechselbar.

Geografie

Das Friaul besitzt eine außerordentliche landschaftliche Vielfalt. Sie reicht von den schroffen Bergspitzen der östlichen Dolomiten sowie der Karnischen und Julischen Alpen über die Voralpenebenen der *alta pianura* mit ihren breiten Kies- und Schotter-Flussbetten, die Hügelländer der Colli Orientali bis zu den Sumpf- und Lagunenlandschaften der Flüsse, die in die nördliche Adria münden. Ganz im Südosten kommt dann noch die karge, wasserarme Landschaft des Karsts hinzu.

Schroffe Berge

Den imposantesten Anblick bieten die **Karnischen Alpen** im Friaul sicherlich demjenigen, der von den Ebenen des Südens beispielsweise auf der Autobahn A23 Udine – Tarvisio ins weite Tal des Tagliamento hineinfährt und sich urplötzlich vor der Wand dieser Alpen wiederfindet. Ohne Übergang wachsen die Zweitausender aus der Ebene; die Schneise, auf der die Autobahn durch diese Bergwelt führt, ist ein uralter Weg, der Völkern seit der Jungsteinzeit als Einfallstor in den Süden diente. Wie die südöstlich angrenzenden Julischen Alpen sind auch die Karnischen Berge und die Dolomiten aus **Kalkstein** aufgebaut, der – leicht löslich – zu besonders bizarren Formen erodiert und den zahlreiche Höhlen durchziehen. Geologisch betrachtet gehören **Dolomiten und Julische Alpen** zu den Dinariden, die im italienischen Apennin und im kroatischen Küstengebirge ihre Fortsetzung finden. Sie wurden erst nach der Auffaltung des Zentralalpenkamms hochgewölbt und bestehen aus jüngeren Kalkablagerungen des Erdmittelalters. Die Karnischen Alpen sind dagegen älter und entstammen wie die Zentralgebirge dem Paläozoikum.

Flüsse mit und ohne Wasser

Mehrere große Flüsse entwässern die Berge nach Süden: der **Piave** am westlichen Rand der Region, in deren Mitte der **Tagliamento** und als Ostgrenze der **Isonzo.** Mit großer Wucht stürzen sich diese Ströme die Täler *(canali)* des Friaul hinab und häufen in der Ebene Kies- und Geröllbetten von mehreren Kilometern Breite an. Hier verliert sich die Kraft des Wassers und die Flüsse versickern im Geröll. Nur bei hohem Wasserstand bleiben einige Rinnsale oberirdisch erhalten. Dort, wo sich die *alta pianura* zur *bassa pianura,* einer Region mit wasserundurchlässigen, tonhalti-

Geländeformen im Karst: Poljen und Dolinen

Karst ist eine Landschaftsform, die zwar vielerorts auf der Welt zu finden ist, ihren Namen aber dem slowenischen *kraš* verdankt. In Italien nennt man die Ausläufer der slowenischen Karsthochebene *carso*. Auch die Bezeichnungen für die typischen Geländeformen des Karstes sind aus den slowenischen Bezeichnungen *polje* (Feld) und *dolina* (Tal) abgeleitet. Da **Kalkstein** sehr wasserdurchlässig und leicht wasserlöslich ist, versickert Regen in tiefere, nicht durchlässige Gesteinsschichten. Das Gestein wird durch diesen Prozess regelrecht aus- und unterhöhlt, unterirdische **Grotten und Tunnelsysteme** entstehen, durch die Flüsse fließen und ihr Erosionswerk fortsetzen. Wenn die Decke einer solchen Höhle einbricht, entsteht je nach Größe eine kreiselförmige Kuhle oder größere **Mulde oder Senke**, in der sich angewehtes Erdreich und Samen sammeln. Mit der Zeit bildet sich eine dicht bewachsene Humusschicht, die in der Lage ist, Wasser zu speichern. Die Bauern im Karstland legen in diesen Poljen (wenn es sich um kleinere Mulden handelt) und Dolinen (größere Senken) ihre Felder an.

gen Böden senkt, sucht sich das Wasser wieder seinen Weg nach oben und entspringt erneut in unzähligen Quellen. Schließlich strömen die Gebirgsflüsse nach ihrem unterirdischen Intermezzo breit und träge zum Meer. Sie führen Sedimente mit sich und lagern sie an der Mündung ab. So schiebt sich die Küste immer weiter ins Meer, Sandbänke und Inseln entstehen. Die **Lagunen** bei Marano und Grado und die Lagune von Venedig sind durch diese Prozesse entstanden.

Ebenen und Hügelland

Von der Sonne grellweiß gebleicht und vom Wasser rundgeschliffen, liegen die Steine und Felsen in den breiten **Geröllbecken** der Flüsse Tagliamento und Isonzo – früher in der Schneeschmelze unüberwindliche Hindernisse tobenden Wassers, sonst aber Lebensader und Wasserreservoire für die Felder auf den Ebenen zwischen ihnen. Die **Ebenen des Friaul** entwickeln sich nach Norden hin nicht langsam zu einem Hügelland, das in die Alpen überleitet. Eher steigen die Berge unvermittelt und mit einer relativ geraden Grenze plötzlich an. Anders ist es im Osten, wo die **Colli Orientali,** das östliche Hügelland, von Udine zur slowenischen Grenze und den Julischen Alpen überleitet. Hier gedeihen die besten Weine mit der DOC Colli Orientali del Friuli. Südlich angrenzend um Gorizia liegt ein steileres und herberes Weinanbaugebiet, das häufig die kalten Windstöße der Bora heimsuchen: das **Collio,** dessen Tropfen ebenfalls zu den Spitzenweinen des Friaul zählen und dessen Winzer mit innovativem Rückgriff auf längst vergessene Rebsorten der Region international Erfolge feiern.

Aussichtspunkt über dem Tagliamento

Karst

Nur ein kleiner Teil Friauls hat Anteil am Karstgebirge, dessen Ausläufer aus dem benachbarten Slowenien das Hinterland von Triest in eine karge, von Höhlen, Dolinen und Poljen zerfurchte **Felslandschaft** verwandeln. Wasser fließt im Karst nur unterirdisch; die Oberfläche ist kahl und nur Macchia wurzelt darauf. Oberhalb von Triest ist mit der **Grotta Gigante** eine der größten Karsthöhlen Europas zu besichtigen.

Küste

Flache Küstenstriche, vor dem offenen Meer teilweise durch schmale, lang gezogene Inseln geschützt, sind typisch für das Friaul (und die Küste des nördlichen Veneto). Sie sind das Werk der in den Golf von Triest und den Golf von Venedig mündenden Flüsse, die Sedimente ins Meer tragen und so die Küste aufbauen und auch den Riegel lang gestreckter **Inseln,** die hier *lido* (Plur. *lidi)* genannt werden. Nur im Südosten, entlang des schmalen Streifens um Triest, sorgt der Karst mit kühnen **Felsabbrüchen** ins Meer für dramatische Küstenstimmung.

Flora und Fauna

Vielgestaltig wie die Region ist auch ihre Tier- und Pflanzenwelt. Die Bandbreite reicht vom hochalpinen zum mediterranen Bereich, von den Bewohnern der Sümpfe und Wasserkanäle zu den Kulturpflanzen und Viehbeständen der intensiv agrarisch genutzten Gebiete.

Das Flachland

Die flachen Regionen des Friaul sind eine dicht besiedelte Kulturlandschaft, und der Ackerbau (mit heute vornehmlich Mais und Futterpflanzen) lässt für Schutzzonen wenig Platz, sodass die naturbelassenen Areale erst an den Randzonen der Ebenen zu den Bergen hin

Vom Saulus zum Paulus – das ökologische Bewusstsein wächst

Früher galten die Italiener nicht gerade als extreme Verfechter ökologischen Verhaltens. Dies hat sich geändert. Die „Lega ambiente", den Grünen vergleichbar, aber auch breite Bevölkerungsschichten machen sich inzwischen für eine angepasste Nutzung der Natur stark. Gegen die Interessen der Politik setzen sie Naturparks durch und blockieren sinnlose, für das ökologische Gleichgewicht gefährliche Baumaßnahmen. Kläranlagen wurden und werden gebaut, und die Industrie unterliegt stärkerer Beobachtung. Es wird mit großem Engagement versucht, die Sünden der Vergangenheit rückgängig zu machen oder sie wenigstens abzumildern. Das gelingt nicht immer, insbesondere, wenn die Industrie betroffen ist, die über die Wege der „Freundschaft" viel unterlaufen kann und auch mit dem Argument der Arbeitsplatzsicherung oder -schaffung ihre ökologisch bedenklichen Projekte in der Öffentlichkeit bewirbt.

beginnen. Eine Ausnahme gibt es aber: Die Uferbereiche des **Tagliamento** wurden nie künstlich verändert und machen ihn heute zum letzten erhaltenen **Wildfluss** in Mitteleuropa. Naturschutzverbände wehren sich deshalb gegen jeden Versuch, durch Staustufen oder Rückhaltebecken einer Hochwassergefahr zu begegnen oder die Wasserversorgung zu verbessern.

Lebensraum Berge

Charakteristisch besonders für die Bergregionen des Friaul ist das Nebeneinander hochalpiner und mediterraner Pflanzen und Tiere. So wie sich die südliche Luft im Klima bemerkbar macht, drückt sie sich auch im Pflanzenwuchs aus. Günstige Winde bringen den **Karnischen und Julischen Alpen** warme, feuchte Luftmassen der Adria und diese wiederum begünstigen das Wachstum von Pflanzen und Tieren, die nicht ganz so kälteresistent sind, wie es ihrem gebirgigen Lebensraum entspricht. Exemplarisch zeigen zwei Naturparks die Besonderheiten der friaulischen Natur. Im **Parco Naturale Foresta di Tarvisio** bilden Schwarz- und Waldkiefern, Weißtannen und Buchen die Waldgemeinschaft; darin leben Auerhähne, Wildschweine, in höheren Lagen Gämsen, und gelegentlich lassen sich auch Braunbären und Luchse sehen. Die Vielfalt der julischen Fauna und Flora im **Parco Naturale delle Prealpi Giulie** ist gekennzeichnet von endemischen Pflanzen der Julier wie der Zois-Glockenblume, dem Julischen Mohn und Dolomiten-Fingerkraut; daneben wachsen das aus den Zentralalpen bekannte Edelweiß und der Felsen-Faulbaum, dessen Herkunft im mediterranen Balkanraum liegt. Steinhühner, Hermeline und Hornvipern gehören zu den Bewohnern, Uhus, Steinadler und

Gänsegeier beherrschen die Lüfte. Nur auf dem Nassfeld am Passo di Pramollo oberhalb von Pontebba erblüht die seltene **Wulfenia carinthiaca.** Die Bewunderer dieser botanischen Rarität kommen im Juni von weit her, um dem Ereignis beizuwohnen.

Im **Hochgebirge der Dolomiten** erwartet den Besucher im Parco Naturale delle Dolomiti Friulane und in den beiden venetischen Schutzgebieten Parco Nazionale delle Dolomiti Bellunesi und Parco Naturale delle Dolomiti d'Ampezzo eine Landschaft mit erstaunlichen Karsterosionsformen, in der Gämsen, Auerhähne, Rehe und Steinböcke leben. Berühmt ist die Region auch für die seltenen Orchideenarten.

Naturschutz

Dem Gedanken der Naturbewahrung hat sich Italien erst relativ spät verschrieben. Zunächst wurde das ökologische Gleichgewicht wie in vielen anderen europäischen Ländern auf dem Altar der Industrialisierung und wirtschaftlichen Entwicklung geopfert. Schwer zugängliche Bergregionen wie das nördliche Friaul waren von dieser Entwicklung relativ wenig betroffen und präsentieren deshalb heute eine nahezu intakte bzw. von angepasster bäuerlicher Nutzung geprägte Natur.

Geschichte

Von den Euganäern zu den Römern

Die ersten bekannten Siedler auf dem Territorium Friaul/Venetien waren die **Euganäer,** jungsteinzeitliche Bauern, die ihre Siedlungen auf Hügeln anlegten *(castellieri).* Ab dem 10. Jh. v. Chr. wanderten die indogermanischen **Veneter** von Nordosten ins Friaul und dann weiter nach Venetien ein. Sie unterhielten Handelskontakte mit den Etruskern und später mit dem Römischen Reich. Dieses baten die Veneter schließlich um militärische Hilfe, als ein neues Volk, die **Kelten,** über die Gebirgspässe der Ostalpen einfiel. Die Zuwanderung der Kelten erfolgte in mehreren Schüben; 188 v. Chr. schließlich war ihr Einfluss so dominant geworden, dass Rom sich zum Handeln entschloss. 183 v. Chr. griffen die **Römer** die unweit des späteren Aquileia siedelnden Verbände an. Der militärische Vorstoß auf das Territorium der Veneter sollte nicht ohne Folgen bleiben. Der römische Senat verfügte den Bau einer Kolonie; 181 v. Chr. wurde **Aquileia** gegründet. Rom kolonisierte und assimilierte die Veneter. 89 v. Chr. erhielten sie von *Caesar* schließlich die vollen Bürgerrechte. Die Gründung Aquileias sollte sich als geradezu genialer Handstreich erweisen: Die Stadt lag so günstig an den von Nord nach Süd zur Adria verlaufenden und von West nach Ost kreuzenden Handelswegen, dass sie zu einer der wichtigsten Metropolen im Römischen Reich aufstieg. Ihr Hafen war der bedeutendste an der nördlichen Adria. 115 v. Chr. avancierte Aquileia zum Verwaltungssitz der zehnten Region: **Venetia et Histriae** – Venetien und Istrien. Weitere wichtige Städte im Friaul waren **Forum Iulii** (Cividale) und **Iulium Carnicum** (Zuglio).

Völkerwanderung und Byzanz

Die römischen Fernstraßen dienten nicht nur als Einfallstor für Waren, sondern auch für Völker, die von Osten kommend nach Friaul und Venetien eindrangen. Auf die **Westgoten** folgten die **Ostgoten** und schließlich die **Hunnen.** Die einzige politische Macht, die den Verwüstungen der Völkerwanderung etwas entgegenzusetzen vermochte, war **Byzanz.** Kaiser *Justinian* schickte seinen Feldherrn *Narses,* der Mitte des 6. Jh. Friaul und Teile Venetiens sichern konnte. Doch schon 568 folgte mit den **Langobarden** die nächste Welle. Die Byzantiner flüchteten vor ihnen auf die der Küste vorgelagerten Inseln und bewahrten die Kontrolle über den Küstenstrich. Im Landesinneren herrschten die Langobarden, deren Hauptstadt Cividale war.

Kaiser und Patriarchen

Zwar waren die Langobarden sesshaft geworden, aber ihr kriegerischer Geist erwachte immer wieder und trieb die Herzöge zu waghalsigen Eroberungszügen. Rom war mehrmals Ziel langobardischer Heere, bis der Papst schließlich den Frankenkaiser **Karl den Großen** zur Hilfe rief. 776 hatte sein Heer auch Friaul besetzt und *Karl* schmückte sich mit dem Titel Kaiser der Franken und Langobarden. Um sich die Unterstützung der Kirche zu sichern, wurden dem **Patriarchen von Aquileia** beschlagnahmte Güter zurückgegeben und Privilegien gewährt, die den kirchlichen Würdenträger zu einem mächtigen Mann im Frankenreich machten. Im Gegenzug unterstützten die Patriarchen ihre Kaiser uneingeschränkt. Schließlich erhielten die Patriarchen auch den weltlichen Titel von Herzögen und die politische und juristische Oberhoheit über das Land. Vom alten Aquileia wurde der Sitz nach **Cividale** verlegt. Der Einflussbereich reichte weit nach Osten über das Gebiet des heutigen Slowenien bis an die Grenzen des Awarenreichs (Ungarn). 1019 übernahm erstmals ein deutschsprachiger Patriarch die Herrschaft in Cividale. Der aus Kärnten stammende **Poppo** verhalf der Region durch geschickte Politik wieder zu Wohlstand. Und da viele Dörfer durch Kriege und Völkerwanderung entvölkert waren, lud er **slawische Siedler** ein, sich niederzulassen.

Von Aquileia nach Venedig

Die **Byzanz verbundenen Bewohner** Venetiens hatten sich vor den Langobarden an die Küste und auf die Laguneninseln zurückgezogen und erreichten hier nach und nach eine politische Autonomie, die weder Byzanz, die Langobarden noch später das Heilige Römische Reich Deutscher Nation bzw. das Patriarchat Aquileia antasten konnte. Bereits 727 wählten Adel und Klerus

Zeittafel

6000 v. Chr.: Die ligurische Volksgruppe der Euganäer siedelt im Veneto.
1000 v. Chr.: Die indogermanischen Veneter wandern ein und verdrängen die Euganäer.
600 v. Chr.: Etrusker dringen aus Mittelitalien in die Po-Ebene vor.
500 v. Chr.: Kelten wandern im Friaul ein und stoßen langsam in die Ebenen vor.
400 v. Chr.: Gallier fallen in Italien ein; Rom beginnt Italien zu erobern.
200 v. Chr.: Die römische Provinz Gallia Cisalpina wird aufgebaut.
181 v. Chr.: Rom gründet Aquileia.
100 v. Chr.: Tergeste/Triest entsteht.
314: Aquileia wird christlich.
395: Das Römische Reich spaltet sich in Westrom und Byzanz.
401: Westgoten fallen in Oberitalien ein.
452: Die Hunnen dringen ein und zerstören Aquileia, Verona und Vicenca.
476: Westrom zerfällt.
490: Die Ostgoten fallen ein und gründen das Ostgotenreich.
541: Oberitalien kommt zu Byzanz.
568: Das Langobardenreich entsteht.
606: Aufteilung des Patriarchats von Aquileia in Aquileia und Grado.
Um 700: Venedig taucht auf der Bildfläche auf, der erste Doge regiert.
774: Das Friaul gerät unter die Herrschaft des Franken Karl der Große.
809: Die Regierung Venedigs nimmt ihren Sitz auf Rialto.
828: Slawen fallen im Friaul ein.
860: Friaul wird als Mark selbstständig.
962: Oberitalien kommt unter Otto I. zum Heiligen Römischen Reich Deutscher Nation.
997: Venedig dehnt seinen Herrschaftsbereich auf die östlichen Adriaküsten aus.
1027: Aquileia und Grado werden wieder vereint.
1122: Die Grafen von Görz begründen ihre Stammlinie.
1164: Entwicklung der Freistädte im Veneto.
1236: Triest wird Freistadt.
1382: Triest kommt zu Habsburg.
1420: Venedig übernimmt die Ländereien des Patriarchats von Aquileia.
1472: Die Türken fallen immer wieder im Friaul ein.
1571: Mit dem Seesieg von Lepanto über die türkische Flotte festigt Venedig seine Vorherrschaft an der Adria.
1797: Napoleon besetzt Venedig, ein Jahr später geht Veneto an Österreich.
1813: Die Grafschaft Görz wird österreichisch.
1866: Das Veneto tritt dem Königreich Italien bei, ebenso das Friaul bis auf Görz und Triest.
1915: Beginn des Ersten Weltkriegs, Italien kämpft auf Seiten der späteren Siegermächte; das Friaul wird zu einem seiner Hauptkriegsschauplätze mit weit über einer Million Toten.
1918: Die Pariser Vorortverträge regeln, dass Görz und Triest an Italien fallen.
1922: Unter Benito Mussolini wird Italien faschistisch.
1939: Beginn des Zweiten Weltkriegs; Italien kämpft an der Seite Hitlers als Achsenmacht.
1945: Ende des Weltkriegs, zwei Jahre später gründet sich der östliche Nachbarstaat Jugoslawien; Triest erhält einen Sonderstatus.
1954: Triest gelangt endgültig zu Italien.
1964: Gorizia, Triest und Friaul werden – mit Triest als Hauptstadt – zur italienischen Verwaltungseinheit der Region Friaul-Julisch Venetien zusammengefasst.
1976: Schwere Erdbeben im Friaul.
1991: Jugoslawien zerfällt; Slowenien und Kroatien entstehen als Nationen.
2001: Der Medienpapst Silvio Berlusconi kommt als Staats- und Regierungschef Italiens an die Macht.
2004: Die Grenze zu Slowenien wird mit dem Beitritt Sloweniens zur Innengrenze der EU.
2008: Bei den Parlamentswahlen verzeichnen Vertreter der Lega Nord in Venetien Stimmengewinne;

in Verona und zahlreichen kleineren Städten stellt sie die Bürgermeister. Friaul-Julisch Venetien führt seit 2008 ein rechtskonservatives Bündnis.

2010: Ein weiteres Mal rückt Berlusconi in die Schlagzeilen: „Bunga Bunga". Zur Last gelegt wird ihm die Förderung der Prostitution Minderjähriger; besonders die Abgeordneten Norditaliens empören sich.

2011: Mailänder Richter veröffentlichen ein Dossier und klagen Berlusconi im Schnellverfahren an. Die Medien sprechen von einer Götterdämmerung. In der Folge tritt Berlusconi, auch von den anderen europäischen Staatschefs gedrängt, zurück und eine Expertenregierung unter Mario Monti führt ab November die Geschäfte.

2012: Die Situation der italienischen Staatsfinanzen bessert sich.

2018: Bei den Parlamentswahlen erringen Cinque Stelle unter Beppo Grillo und Lega Nord mit einem Rechtsbündnis unter dem – der Nähe zu Postfaschisten verdächtigten – Matteo Salvini die Regierungsmacht.

2022: Die Parlamentswahlen sehen die postfaschistische Partei „Fratelli d'Italia" unter Giorgia Meloni mit 26 % als stärkste Kraft und mit einem Rechtsbündnis (mit Salvinis Lega Nord und Berlusconis Forza Italia) in der Folge in der Regierung – die Partei Cinque Stelle spielt politisch keine Rolle mehr. Das Friaul erlebt im Corona-Jahr die beste Tourismussaison seiner Geschichte und im Sommer einen Hitzerekord (so heiß war es in den letzten 60 Jahren nur ein weiteres Mal – 2003).

171fsk

ihr Oberhaupt, den Dux (später Doge), selbst. Als *Pippin* – König von Italien und ein Sohn Karls des Großen – 811 versuchte, das Küstenland und die Lagune zu erobern, zogen die **Dogen** von der Insel Malamocco nach Rialto um, das besser zu schützen war. 829 raubten venezianische Kaufleute in Alexandria die Reliquien des hl. Markus und brachten sie nach Civitas Rivoalti, wie die Lagunensiedlung damals hieß. 840 erhielt Venedig die Freiheit des Po-Handels. Ende des 10. Jh. hatte die **venezianische Seerepublik** ihre Handelsverbindungen im gesamten östlichen Mittelmeerraum etabliert, in Istrien besaß sie Stützpunkte, in Konstantinopel lebte eine 10.000 Einwohner zählende venezianische Gemeinde, die nicht der byzantinischen Rechtsprechung unterworfen war. 1204 zog die Serenissima schließlich gegen den politischen Rivalen Byzanz zu Felde, eroberte Konstantinopel und gewann damit die Seehandelskontrolle über das östliche Mittelmeer. Etwa zeitgleich besann man sich auf die Bedeutung des ursprünglich venezianischen Hinterlandes der Lagune, der **Terraferma,** und versuchte, diese wieder an sich zu bringen.

Friulanische Machtkämpfe

Im Friaul waren das 12. bis 14. Jh. gekennzeichnet von Rivalitäten zwischen dem Patriarchat, den immer stärker werdenden Feudalherren und den nach größerer Autonomie strebenden Städten. Den Machtkampf gewannen zunächst zu Beginn des 14. Jh. die **Grafen**

◁ Kriegerdenkmal bei Tarvisio

von Görz (Goricia), die den Patriarchen aus Cividale vertrieben. Dann wiederum gelang es dem **Patriarchen,** den aufmüpfigen Adel durch drakonische Vergeltung in die Schranken zu weisen. **Venedig** indes beobachtete die Auseinandersetzungen und schritt schließlich ein. 1420 hatte es nicht nur die küstennahe Region, sondern das gesamte Venetien und Friaul inklusive Verona und Padova besetzt; der *luogotenente* (Statthalter) residierte in **Udine.**

Habsburger Rivalitäten

Noch einmal sorgten die Grafen von Görz für eine Umschichtung des politischen Gleichgewichts, als sie Ende des 16. Jh. ein Habsburger Adelsgeschlecht als Erben ihrer Ländereien einsetzten. Venedig schickte Truppen, der in Wien regierende **Kaiser Maximilian** ebenfalls, und da auch andere europäische Fürsten und der Papst die Habsburger unterstützten, um das Hegemonialstreben Venedigs in die Schranken zu weisen, musste die Serenissima erfolglos abziehen. Das Friaul war danach geteilt: Der Osten gehörte den Habsburgern, der Westen mit Udine zu **Venedig.** Die Städte prosperierten – Venedig unterstützte den Handel, förderte die Adelsgeschlechter, ließ Repräsentativbauten errichten.

Auf dem Lande hingegen betrieb die Seerepublik eine Politik, die den Bauern den letzten Rest zum Leben nahm. Gemeindeland wurde enteignet und Adeligen zugesprochen. Die verbliebenen Ackerflächen waren zu klein, um die Menschen zu ernähren. Mit Landwirtschaft hatten die Dogen nicht viel am Hut – es sollte lange dauern, bis sie den wirtschaftlichen Wert von Landbesitz erkannten. Die Folge dieser Missachtung war eine **Verelendung der Bauern** und eine Entvölkerung ehemaliger Agrarregionen.

Von Venedig nach Italien

Erst **Napoleon** setzte Venedigs diplomatischer und militärischer Expansion ein Ende. 1797 musste der letzte Doge abdanken, Venetien und Friaul wurden französische Provinz und gingen 1813 nach dem **Wiener Kongress** schließlich an Österreich über. Bis 1866 regierte Wien, dann schloss sich Venetien dem **Königreich Italien** an, während Triest und Görz österreichisch blieben. Im **Ersten Weltkrieg** gehörte diese heutige Grenzregion zwischen Italien und Slowenien zu den am heftigsten umkämpften Fronten (Isonzo-Front/Dolomiten-Krieg). Nach dem **Zweiten Weltkrieg** wurde Triest/Istrien zunächst Italien zugesprochen. Schließlich blieben Triest und Zone A bei Rom, während Istrien und Zone B an Jugoslawien gingen. Venetien/Friaul war nun in zwei Verwaltungseinheiten aufgeteilt: Friaul-Julisch Venetien mit der Hauptstadt Triest und Venetien mit Venedig.

Staat und Verwaltung

Verwaltungstechnisch unterteilt Italien sich in 20 **Regionen,** von denen fünf einen Sonderstatus mit weitreichenden Autonomiebefugnissen haben. Zu diesen fünf Regionen gehört Friaul-Julisch Venetien (Friuli Venezia Giulia). Die Regionen unterteilen sich in 95 Provinzen.

Gesetzgebung und Kontrolle unterliegen einem aus zwei Kammern bestehenden **Parlament:** Die erste Kammer bildet der **Senat** (315 Senatoren), dessen Mitglieder aus Delegierten der Regionen und Ehrenbürgern bestehen (und der seit Langem reformiert werden soll). Die **Abgeordnetenkammer** mit 630 Mitgliedern wird in direkter Wahl alle fünf Jahre bestimmt. Neue Gesetze müssen in beiden Kammern die einfache Mehrheit bekommen.

Italienisches Staatsoberhaupt ist der **Staatspräsident,** den Parlament und Vertreter der Regionen für eine siebenjährige Amtszeit bestimmen. In Zeiten schwacher Regierungen wuchsen Staatspräsidenten über ihre eigentlich nur repräsentativen Aufgaben hinaus und wurden neben den **Ministerpräsidenten** die zweite Macht im Staate.

Italiens **Parteienlandschaft** ist tief zersplittert, und so bilden sich bereits vor den Wahlen Bündnisse. Bei den Wahlen 2022 wurde das Parteienbündnis aus Rechtskonservativen, Postfaschisten und Geriatrikern unter *Giorgia Meloni* stärkste Kraft und stellt derzeit die Regierung.

Wirtschaft und Tourismus

Die Wirtschaft in Friaul-Julisch Venetien ist stark von der **Landwirtschaft** geprägt: Von etwa 800.000 Hektar Landesfläche sind knapp die Hälfte landwirtschaftlich nutzbar, doch nur etwa 250.000 Hektar sind tatsächlich bewirtschaftet. Im Jahr 2015 zählte man knapp 40.000 landwirtschaftliche Betriebe; ihre Zahl geht konstant zurück (um 35.000 in 2022). Wie viele andere Agrarregionen auch hat Friaul mit der Abwanderung junger Arbeitskräfte zu kämpfen. Folge sind die Überalterung der Gesellschaft und ein weiterer Rückgang von Land- und Forstwirtschaft. Mithilfe der EU wurde ein Aktionsplan aufgelegt, der die Stärken der Region hervorhob und förderte: weitgehend intakte Natur, erhaltenes Brauchtum und Kultur des Friaul.

Der **Tourismus** soll langfristig die unrentable Landwirtschaft ersetzen, ohne die Ökologie der Region zu belasten. Der Ausbau länderübergreifender Angebote kurbelt den Tourismus zusätzlich an.

Die Küstenregion in Friaul-Julisch Venetien lebt aber auch von **Hafen und Industrie** an der Bucht von Triest. In den 1970er-Jahren wurde eine Ölpipeline von Triest nach Ingolstadt in Betrieb genommen; Werften und Hafen sind ein nach wie vor bedeutendes, traditionelles Standbein Triests, das allerdings maßgeblich zur Wasserverschmutzung an diesem Küstenstrich beiträgt. Um zukunftssicher zu werden und wegen der starken Konkurrenzhäfen in unmittelbarer Umgebung (das slowenische Koper und das kroatische Rijeka), unterzeichnete Triest 2019 eine Absichtserklärung mit China, Teil des Seidenstraßenprojektes zu werden – mit einer Beteiligung Chinas am Hafen.

Bevölkerung

Insgesamt nur 1,2 Mio. Menschen leben in der Region Friuli Venezia Giulia. Abgesehen von den zwei großen Städten Triest und Udine ist die Region durch viele mittlere und kleine Städte bzw. Dörfer und Weiler gekennzeichnet. Während die Bevölkerung des benachbarten Venetiens weitgehend homogen ist und italienische Ursprünge hat, ist das Friaul Heimat der **Friulaner,** die mit rund 700.000 Menschen die große Mehrheit stellen. Ihre Sprache gehört zur rätoromanischen Sprachfamilie. In schwer zugänglichen Tälern und Gebirgsregionen haben sich Sprachinseln erhalten, deren Herkunft teils deutsch ist, teils aber bis heute Rätsel aufgibt: So sprechen die Bewohner des Tals von Resia einen Dialekt, der angeblich vom Russischen abstammen soll. Zumindest unterscheidet er sich so deutlich von der Sprache benachbarter slowenischer Gemeinden, dass die Menschen auf das Friulanische als *lingua franca* zurückgreifen, um sich zu verständigen.

Architektur und Kunst

Die kulturelle Blütezeit im Friaul fällt sicherlich mit der venezianischen Epoche zwischen dem 14. und 18. Jh. zusammen. In dieser Zeit entstanden die schönsten Bauwerke, die kühnsten Fresken, die eindrücklichsten Plastiken. Aber auch die Epochen zuvor und danach haben einzigartige Kunstwerke hervorgebracht.

Römer

Zahlreich und spektakulär sind die Zeugnisse römischen Wirkens im Friaul und in Venetien. Höhepunkt ist Verona mit seinem Amphitheater, aber auch Forum und Hafenanlagen von **Aquileia** und die vielerorts vorhandenen Thermen, Überreste römischer Straßen und Fundamente von Villen lassen noch heute lebhafte Bilder des römischen Lebens entstehen. Von der römischen zur frühchristlichen Zeit leiten die **Mosaikböden** über, die in der Basilika von Aquileia entdeckt wurden: 700 m² Mosaikbilder vom 3./4. Jh. bedecken den Boden des Gotteshauses. Die Kunst des Mosaiklegens hat sich Friaul über die Jahrhunderte bewahrt. In dem Städtchen **Spilimbergo** wird sie noch heute gepflegt und unterrichtet.

Langobarden

Die Wirren der Völkerwanderung machten Kunstschaffen unmöglich. Erst mit der politischen Stabilisierung unter den Langobarden konnte man wieder bauen. In **Cividale,** ihrer damaligen Hauptstadt, hinterließen sie den **Tempietto Longobardo** mit reicher Innenausstattung. Die im Relief dargestellten Frauengestalten erinnern an antike Plastiken. Die Stuckfriese sind von großer Feinheit und haben wahrscheinlich orientalische Vorbilder. Archäologen datieren sie auf das 8. Jh. Das Zusammenspiel klassisch-antiker, germanischer (Flechtbandornamente) und orientalischer Einflüsse ist typisch für das Kunstschaffen der langobardischen Jahrhunderte. Die schönsten Exponate sind im **Archäologischen Museum von Cividale** zu besichtigen.

Slowenische Minderheit in Norditalien

Im Umland Triests und in den Gebirgsregionen des Friaul ist eine große slowenische Minderheit beheimatet. Man schätzt ihre Zahl auf etwa 50.000–100.000 Mitglieder. Je nach Region und politischer Verwaltung besitzen die Slowenen unterschiedliche **Minderheitenrechte.** In Udine ist das Slowenische beispielsweise inzwischen als Unterrichtssprache anerkannt, in anderen Bezirken wiederum nicht. Die Ereignisse nach der Gründung der sozialistischen Volksrepublik **Jugoslawien** belasten das Verhältnis zwischen Italienern und Slowenen, die über Jahrhunderte in diesem Grenzgebiet friedlich miteinander ausgekommen waren, bis heute. Den Verlust der von Italien beanspruchten Zone B (die istrische Küste von Koper bis Novigrad) empfinden vor allem rechts gerichtete Italiener noch heute als ungerecht. Auch dass Jugoslawien italienischen Besitz ohne Kompensationszahlung verstaatlichte, führte Italien lange gegen den EU-Beitritt Sloweniens (und Kroatiens) ins Feld.

Romanik und Gotik

Das eindrucksvollste Zeugnis der romanischen Kunstepoche im Friaul ist sicherlich der **Dom von Aquileia.** Erbaut wurden Teile des Gotteshauses bereits im 4. Jh., wie es die im Kirchenraum entdeckten Mosaiken belegen. Eine umfassende Renovierung bzw. ein Ausbau fand dann aber im romanischen Stil im 11. Jh. statt, und in dieser Form präsentieren sich das Innere und der Campanile noch heute. Ein weiteres Zeugnis romanischer Kunst hält die Krypta bereit: Sie ist über und über mit farbenfrohen **Fresken** aus dem 12./13. Jh. geschmückt. Die Gotik befreit die Künstler ab dem 13. Jh. von der flachen, ikonenhaften Darstellung von Ereignissen und Menschen und beendet den Rückgriff auf antike Vorbilder im Baukörper. Sie konnte sich aber in Italien nicht nachhaltig durchsetzen, bereits 1420 löst die Frührenaissance sie ab. Dennoch trieb die Gotik schönste Blüten in ihrer besonderen venezianischen Ausprägung, die aus allen von Venedig beherrschten Städten, wie **Pordenone,** bekannt ist: Fast am Übergang zur Renaissance hält zierlich Verspieltes Einzug.

Renaissance

Die Renaissance ist der Höhepunkt des Kunstschaffens in der Region und zwei ihrer Protagonisten waren *Tolmezzo* und *Pellegrino* (s. unten bei Berühmtheiten). Künstlerisch und politisch hat **Venedig** nun endgültig die Führungsrolle inne, sowohl im östlichen Mittelmeerraum als auch auf der Terraferma, dem Hinterland Venedigs. Die städtische Kultur und die Künste stehen in höchster Blüte. In der Architektur wie in der Malerei und Bildhauerei besinnt sich die Renaissance auf das **klassische Ideal der Antike:** Die Künstler studierten an den damals noch besser erhaltenen Bauten römischer Prägung die Proportionen und Maße und versuchten, diese in ihrem Schaffen umzusetzen. Anders der mit seiner im höfischen Kontext fast derb erscheinenden Malerei erfolgreiche *Giovanni Antonio de' Sacchis,* bekannt unter dem Künstlernamen **Il Pordenone** (1483–1538). Scheinbar unbekümmert jongliert der Maler mit Größenverhältnissen und Perspektiven und verleiht seinen Werken damit eine gewisse Disharmonie. Beim Altarbild im Markusdom seiner Heimatstadt Pordenone passt nichts so recht zueinander, und wie *Joseph* lässig das Jesuskind hält und den Betrachter dabei schelmisch angrinst, wirkt fast schon frech. Gelobt wurden seine überaus klaren und leuchtenden Farben, und so avancierte er zum Liebling der venezianischen Gesellschaft.

Andrea Palladio war schließlich Venedigs Stararchitekt, als es darum ging, die Terraferma zu „zivilisieren", das heißt, die ländliche Region in eine kultivierte Landschaft zu verwandeln. 1508 in Padua geboren, lernte er unter dem Einfluss des Humanisten *Giangiorgo Trissino* die klassische römische Architektur kennen. Auf dem Höhepunkt seines Schaffens veröffentlichte er 1570 „I Quattro Libri dell'Architettura", eine umfassende Darstellung der architektonischen Prinzipien, wie er sie auf der Grundlage der Harmonie- und Proportionenlehre des römischen Baumeisters *Vitruv* entwickelt hatte. Seine Architektur beeinflusste über Jahrhunderte zahlreiche Palastbauten im Einflussgebiet der Serenissima.

Barock

Anders als in Rom, wo der Barock die Stadt im Sturm eroberte, hielt sich die venezianische Gesellschaft zurück. Die Zeiten waren schwieriger geworden, das Osmanische Reich und Habsburg bedrängten die Serenissima von allen Seiten; Häfen und Landstriche gingen verloren und zugleich wütete die Pest. Ganz anders entwickelte sich hingegen die Malerei: Mit **Giovanni Battista Tiepolo** (1696–1770) hatte Venedig den bildgewaltigsten Vertreter des Spätbarock in seinen Mauern. Als Höhepunkt seines Schaffens gelten die Fresken im **Dom von Udine.** Gelobt wird seine unnachahmliche Fähigkeit, den Bildern mit dem Spiel von Licht und Schatten Transparenz zu verleihen.

Klassizismus und Neuzeit

Venedig musste Ende des 18. Jh. vor *Napoleon* kapitulieren und Habsburg erhielt Friaul und Triest. In der künstlerischen Entwicklung vollzog sich in dieser politischen Umgestaltung erneut eine Rückbesinnung auf das antike, klassische Ideal und im venezianischen Raum damit auf die Architektur *Palladios:* Zahlreiche kleinere Bauvorhaben nehmen dessen Formensprache wieder auf. **Triest** avancierte zum Zentrum des Klassizismus. Hier wirkten die Architekten **Peter von Nobile** (1774–1854) und **Matteo Pertsch** (1769–1834), beide im deutschsprachigen Raum gebürtig. Pertsch erbaute den Palazzo Carciotti. Sein originellstes Werk ist die Casa Panzera, das als Rotunde angelegte Wohnhaus eines wohlhabenden Kaufmanns.

172fsk

Von Nobile stammen die Pläne für die Kirche Sant'Antonio Nuovo am Triestiner Canal Grande. Insgesamt war das 19. Jh. im ehemaligen venezianischen Herrschaftsgebiet von künstlerischer Agonie geprägt. Auch der von Wien ausstrahlende **Jugendstil** konnte zunächst nur im habsburgischen Triest Wurzeln fassen, wo man verrückteste und imposanteste Fassaden und Bauten bewundern kann. Einer der herausragenden Vertreter des österreichischen Jugendstils sollte der Architekt **Max Fabiani** (1865–1962) aus Görz/Goricia werden: Im Friaul selbst hat er nur in **Gorizia** (→ S. 88) und **Triest** an der Casa Bartolí (u.a. an der Piazza della Borsa), gearbeitet.

Literatur

Nicht Verona, nicht Venedig waren zu Beginn des 20. Jh. das Herz der modernen Literatur, sondern **Triest,** die Stadt, in der Italienisch, Slowenisch und Deutsch gesprochen wurde, ein Melting Pot, der sich im Walzertakt drehte und zu trägen Nachmittagen im Kaffeehaus einlud. Diese Multikulturalität machte sich der Triestiner *Ettore Schmitz* zum Programm und verpasste sich das Pseudonym **Italo Svevo** (1861–1928), das Italien und Deutschland (Schwaben) im Namen trägt. Seinen 1892 in italienischer Sprache publizierten Roman

Residenz eines Kaisers: Schloss Miramare

„Una Vita" hat die Kritik verrissen, und der Autor hätte sicherlich weiter erfolglos dahingelebt, hätte er 1904 nicht Englischunterricht bei einem aus Dublin zugewanderten Iren genommen, bei **James Joyce.** Unter dessen Einfluss entwickelte er jene bemerkenswerte sprachliche Präzision, die sein Alterswerk so unnachahmlich macht.

Slawische Unruhe, deutsche Sturheit und italienisches Streben nach Harmonie seien die drei charakteristischen Elemente seiner Persönlichkeit, meinte der Triestiner Autor **Scipio Slataper** (1888–1915), auch er mit dem Blut dreier Nationen in den Adern und beständig dagegen ankämpfend. Mit Schmähungen seiner Heimatstadt machte er zunächst Furore, beschimpfte den kaufmännischen Geist seiner Landsleute, dem sie alles andere opferten. Schließlich aber versuchte er sich an einem Kulturprojekt, der Zeitschrift „Trieste", die der Rolle Triests als Kreuzungspunkt der Kulturen gerecht werden sollte. Literarisch verarbeitete Slapater seine Zerrissenheit in dem Prosagedicht „Der Karst", mit dem ihm der literarische Durchbruch gelang.

1935 wurde im istrischen Dorf Materada der Schriftsteller **Fulvio Tomizza** geboren. Als Kind erlebte er den Zweiten Weltkrieg, der in die dörfliche Welt Istriens zwar nur peripher, dafür aber immer sehr heftig eindrang. Denn eben hier, im unwegsamen Hinterland, fanden die jugoslawischen Partisanen ihre Schlupfwinkel. Mit dem Blick des Kindes auf das verwirrende Geschehen um Freund und Feind, um Jugoslawen, Deutsche und Italiener, schreibt Tomizza seinen ersten Roman „Materada", der nicht nur als literarisches Meisterwerk, sondern als Hintergrundliteratur zum Verständnis der Drei-Kulturen-Region Ostfriaul unbedingt ins Reisegepäck gehört.

Berühmtheiten aus dem Friaul

Gianfrancesco da Tolmezzo (1450–1510)

Der in Socchieve bei Udine geborene Maler beeinflusste im 15. Jh. maßgeblich die Szene. Erst der Gotik verpflichtet, ließ er sich von der venezianischen Kunst begeistern, wurde zum Gründer der Malschule von Tolmezzo und zu einem Wegbereiter der Renaissance. U. a. in den Kirchen des oberen Tagliamento-Tals sind mehrere seiner Werke erhalten.

Pellegrino da San Daniele (1467–1545)

Als Schüler von *Antonio da Firenze* und *Domenico da Tolmezzo* wandte er sich bald der venezianischen Malerei zu und avancierte zu einem der friulanischen Protagonisten der Frührenaissance mit wechselseitiger Beeinflussung mit *Il Pordenone.* Als sein Hauptwerk gilt die Freskenarbeit in der Kirche Sant'Antonio Abate in San Daniele del Friuli.

Giovanni Antonio de'Sacchis (1484–1539), Il Pordenone

Erst seiner Heimat verbunden und herkömmlich malend, entdeckte der in Pordenone zur Welt Gekommene die Renaissance für sich und adaptierte sie auf seine eigene typische Art – fast ins Derbe gehend, aber dadurch auch sehr volkstümlich und eindrücklich. Werke von ihm sind u.a. in den Kathedralen von Treviso und Pordenone erhalten.

Julius Kugy (1858–1944)

Der im Görz der Habsburger Monarchie geborene Rechtsanwalt war – aufgewachsen im Schnittfeld dreier Kulturen – kosmopolitisch und ein begeisterter Alpinist. Er gilt als einer der „Entdecker" der Julischen Alpen und hat sich mit Erstbesteigungen zahlreiche Meriten verdient. Österreicher, Slowenen und Italiener haben ihn gleichermaßen gewürdigt.

Italo Svevo (1861–1928)

Der Sohn einer Triestiner Kaufmannsfamilie schrieb, obwohl perfekt Deutsch sprechend, seine Romane, Theaterstücke und Novellen auf Italienisch. Finanziell unabhängig, konnte er sich schriftstellerische Tätigkeit leisten, die aber erst in seinen letzten Lebensjahren Beachtung fand. Heute gilt der Zeitgenosse und Freund von *James Joyce* als einer der ganz Großen in der klassischen Moderne italienischer Literatur.

Umberto Saba (1883–1957)

Der in Triest geborene Lyriker, Erzähler und Essayist verdiente seinen Lebensunterhalt als Buchhändler und Antiquar, war stark von *Nietzsche* und *Freud* beeinflusst und beschäftigte sich in seinen fast durchweg autobiografisch durchtränkten Texten mit ichbezogener Verständnissuche.

Pier Paolo Pasolini (1922–1975)

Der in Bologna geborene und in Casarsa della Delizia aufgewachsene schwule Filmemacher, Dichter und Wahlfriulaner wurde in den 1940er-Jahren geächtet, sowohl seitens der bürgerlichen Gesellschaft als auch von der Kommunistischen Partei (der er sich politisch nahe fühlte). Erfolgreich war er in den 1960ern mit Filmen und Schriften, die dem Neorealismus zugerechnet werden können. In seinem letzten Film („Die 120 Tage von Sodom"), den viele Länder (darunter die BRD) unmittelbar verboten, inszeniert er *De Sades* Roman vor dem Hintergrund der faschistischen Republik von Salò. Das Studienzentrum zu seinem Werk befindet sich in Casarsa (→ S. 288).

Ernesto Illy (1925–2008)

Der Sohn eines italienisch-ungarischen Chocolatiers hat als Lebensmittelchemiker mit Triest als Basis aus dem von seinem Vater gegründeten Geschäft einen Weltkonzern für Kaffee gemacht, war Bürgermeister der Stadt und Präsident der Region Friaul-Julisch Venetien. Heute gilt der Kaffee von Illy als der beste der Welt im Geschmack und in der Qualität von Rohstoff und Verarbeitung.

Mauro Corona (geb. 1950 in Baselga di Pinè)

Der in Erto aufgewachsene Hansdampf in allen Gassen machte sich einen Namen als Holzbildhauer und Alpinist und als mehrfach geehrter und ausgezeichneter Schriftsteller vornehmlich von autobiografisch beeinflussten Kurzgeschichten zum Leben in der Bergwelt des Friaul. Die Katastrophe von Vajont (→ S. 406) spielt in seinem Schriftwerk dabei eine besondere Rolle.

Susanna Tamaro (geb. 1957 in Triest)

Die Großnichte *Italo Svevos* hat ihr Berufsleben als Dokumentarfilmerin begonnen und als Schriftstellerin mit ihrem Werk „Geh, wohin dein Herz dich trägt" (Diogenes 2014) auch außerhalb Italiens begeisterte Kritiken erhalten: Das Leben dreier Frauengenerationen in einer Familie des 20. Jh. als Brieftagebuch.

10 Anhang

Sappada an der Piave-Quelle im Cadore

Kleine Sprachhilfe Italienisch

Ausspracheregeln

c vor den hellen Vokalen e und i immer tsch (centro/tschentro/Zentrum)
c vor den dunklen Vokalen a, o und u immer **k** (caldo/kaldo/heiß)
cc vor den hellen Vokalen e und i immer tsch, aber härter (seccia/setscha/ Stoppel)
cc vor den dunklen Vokalen a, o und u immer **k** (leccare/lekkare/lecken)
ch immer k (chiuso/kiuso/geschlossen)
cch immer k (vecchio/wekkio/alt)
g vor den hellen Vokalen e und i immer dsch (gelato/dschelato/Eis)
g vor den dunklen Vokalen a, o und u immer **g** (gusto/gusto/Geschmack)
gi vor den dunklen Vokalen a, o und u immer **dsch** (giorno/dschorno/Tag)
gh immer g (ghepardo/gepardo/Gepard)
gl wie lj (mille miglia/mille milja/tausend Meilen)
gn wie nj (magnifico/manjifiko/herrlich)
qu wie ku, das u wird gesprochen (acqua/ akua/Wasser)
v wie w (vacanze/wakanse/Ferien)
z wie ds (zucchero/dsukkero/Zucker)
h am Wortanfang immer stimmlos (hangar/angar/Hangar)
und schließlich das **r** immer richtig rollen, dann kann nichts mehr schiefgehen.

Vokabular

Allgemein

Ja	*si*
Nein	*no*
Danke	*grazie*
Bitte/gern geschehen	*prego*
Wie geht es?	*come sta?*
Bis später	*a più tardi*
Hallo, tschüss	*ciao/salve*
Guten Tag	*buon giorno*
Guten Abend (ab Nachmittag)	*buona sera*
Gute Nacht	*buona notte*
gestern	*ieri*
heute	*oggi*
morgen	*domani*
Vormittag	*mattina*
Mittag	*mezzogiorno*
Nachmittag	*pomeriggio*
Abend	*sera*
Nacht	*notte*
gut, schlecht	*buono, cattivo*
heiß, kalt	*caldo, freddo*
schnell, langsam	*presto, lento*
groß, klein	*grande, piccolo*
nah, weit	*vicino, lontano*
viel, wenig	*molto, poco*
Entschuldigung	*scusi*
macht nichts/ bitteschön	*fa niente*
Dürfte ich vorbei	*permesso*
(Kann ich) bitte …	*per favore*
das ist ….	*è …*
(sein)	*(essere)*
ich bin, du bist	*io sono, tu sei*
er/sie ist	*egli/ella è*
(haben)	*(avere)*
ich habe, du hast	*io ho, tu hai*
er/sie hat	*egli/ella ha*
(wollen)	*(volere)*
ich will, du willst	*io voglio, tu vuoi*

Kleine Sprachhilfe Italienisch

er/sie will	*egli/ella vuole*
Wie viel	*quanto*
Wo	*dove*
Warum	*perché*
Wie	*come*
Wann	*quando*
Ist es möglich, dass ...?	*È possibile ...?*
Sprechen Sie Englisch/ Deutsch/ Französisch?	*Parla inglese/ tedesco/ francese?*
Wie heißt das?	*Come si chiama?*
Was kostet das	*Quanto costa?*
Haben Sie ...?	*C'è ...?*
Wie viel Uhr ist es?	*Che ora è?*

Zahlen

1	*uno*
2	*due*
3	*tre*
4	*quattro*
5	*cinque*
6	*sei*
7	*sette*
8	*otto*
9	*nove*
10	*dieci*
11	*undici*
12	*dodici*
13	*tredici*
14	*quattordici*
15	*quindici*
16	*sedici*
17	*diciasette*
18	*diciotto*
19	*dicianove*
20	*venti*
21	*ventuno*
22	*ventidue*
23	*ventitre*
24	*ventiquattro*
31	*trentuno*
32	*trentadue*
33	*trentatre*
40	*quaranta*
50	*cinquanta*
60	*sessanta*
70	*settanta*
80	*ottanta*
90	*novanta*
100	*cento*
500	*cinquecento*
1000	*mille*
1.000.000	*centomila*

Kalender

Montag	*lunedì*
Dienstag	*martedì*
Mittwoch	*mercoledì*
Donnerstag	*giovedì*
Freitag	*venerdì*
Samstag	*sabato*
Sonntag	*domenica*
Januar	*gennaio*
Februar	*febbraio*
März	*marzo*
April	*aprile*
Mai	*maggio*
Juni	*giugno*
Juli	*luglio*
August	*agosto*
September	*settembre*
Oktober	*ottobre*
November	*novembre*
Dezember	*dicembre*

Mit dem Auto unterwegs

Tankstelle	*distributore, stazione di riforna-mento*

Benzin/Diesel/bleifrei	*benzina/ gasolio/ senza piombo*
Volltanken	*pieno*
Luftdruck prüfen	*controllare la pressione*
Wasser prüfen	*controllare l'acqua*
Auto	*macchina*
Motorrad	*moto*
Roller	*scooter*
Panne	*guasto*
Unfall	*incidente*
kaputt	*rotto*
funktioniert nicht	*non funziona*
Zündung	*accensione*
Vergaser	*carburatore*
Einspritzpumpe	*pompa d'iniezione*
Lichtmaschine	*dinamo*
Reifen	*pneumatico*
Reifen aufziehen	*montare un pneumatico*
Kupplung	*frizione*
Kupplungs-rutschen	*slittamento della frizione*
Bremsen	*freno*
die Bremse greift nicht	*i freni non funzionano*
Motor	*motore*
der Motor springt nicht an	*il motore non si mette in moto*
Autowerkstatt	*officina*
Reifenwerkstatt	*gommista*
Autoelektrowerkstatt	*elettrauto*

Verkehrsregeln

Umleitung	*deviazione*
Alle Richtungen	*tutte le direzioni*
Einbahnstraße	*senso unico*
gesperrt	*sbarrato*
Sackgasse	*strada senza uscita*
gefährlich	*pericoloso*
Steinschlag	*caduta sassi*
Kreuzung	*bivio*
langsam fahren	*rallentare*
Anfang	*inizio*
Fortsetzung	*continua*
Ende	*fine*
Straßenschäden	*strada dissestata*
bei Nebel, Schnee	*in caso di nebbia, neve*

Mit Zug/Bus/Schiff unterwegs

Zug	*treno*
Stadtbus	*bus*
Fernbus	*pullmann*
Fähre	*traghetto*
Wasserbus	*vaporetto*
Tragflügelboot	*aliscafo*
Flugzeug	*aeroplano*
Bahnhof	*stazione*
Haltestelle	*fermata*
Hafen	*porto*
Flughafen	*aeroporto*
Ausgang	*uscita*
Eingang	*entrada*
Ankunft	*arrivo*
Abfahrt	*partenza*
Verspätung	*ritardo*
Fahrkarte	*biglietto*
einfach	*solo andata*
Rückfahrkarte	*andata e ritorno*
täglich	*giornaliero*
werktäglich	*feriale*
sonn- u. feiertäglich	*festivo*

Im Notfall

Erste Hilfe	*pronto soccorso*
Krankenhaus	*ospedale*
Arzt	*dottore*
Zahnarzt	*dentista*
Apotheke	*farmacia*
Schmerzen	*dolore*
Durchfall	*diarea*
Erbrechen	*vomito*
Erkältung	*raffreddore*
Kopfschmerzen	*mal di testa*
Bauchschmerzen	*mal di ventre*
Zahnschmerzen	*mal di dente*
Sonnenbrand	*scottatura*
Sonnenstich	*insolazione*

Übernachtung

Einzelzimmer	*camera singola*
Doppelzimmer	*camera doppia*
mit/ohne Bad	*con/senza bagno*
ruhig	*tranquillo*
Meerblick	*vista al mare*
Vollpension	*pensione completa*
Halbpension	mezza pensione
Frühstück	*colazione*
Schlüssel	*chiave*

Unternehmungen

Strand	*spiaggia*
baden	*prendere un bagno*
wandern	*camminare*
spazierengehen	*andare a passeggio*
segeln	*veleggiare*
tauchen	*immergere*
Tauchsport	*subacqueo*

Navigation

rechts	*a destra*
links	*a sinistra*
geradeaus	*sempre dritto*
nächste Straße/ Ampel	*prossima strada/ prossimo semaforo*
nächste Kreuzung	*prossimo incrocio*

Im Restaurant

Speisekarte	*carta/menu*
Weinkarte	*lista dei vini*
Vorspeise	*antipasto*
Salat	*insalata*
Erster Gang	*primo*
Zweiter Gang	*secondo*
Beilage	*contorni*
Nachspeise	*dolce*
Teigwaren	*pasta*
Fleisch	*carne*
Fisch	*pesce*
Gemüse	*legumi*
Obst	*frutta*
Käse	*formaggio*
Die Rechnung bitte	*il conto per favore*
Gedeck	*coperto*
Bedienungsgeld	*servizio*
Quittung	*ricevuta*
Trinkgeld	*mancia*

Literaturtipps

Genießen

■ **Die venezianische Küche** von Russell Norman zeigt die vielseitige und leckere kulinarische Seite Venetiens. Dieses Kochbuch beinhaltet nicht nur viele verschiedene Rezepte zum Selbermachen, sondern auch Drinks und einen kleinen kulinarischen Reiseführer (Christian Verlag, 2013).

■ Das üppig bebilderte **Genießen in Friaul Julisch Venetien** von Silvia Trippolt-Maderbacher stellt Restaurants, Wein- und Olivenölproduzenten und weitere Wohlfühladressen vor (Styria Verlag, Wien 2017).

■ Sehr empfehlenswert für Wanderer im Friaul ist der von mehreren Autoren erarbeitete Band **Die letzten Täler – Wandern und Einkehren im Friaul** (Drava Verlag, 2014). Kenntnisreiche Ortsbeschreibungen, detaillierte Wanderrouten und jede Menge Tipps zum Einkehren machen diesen Band für Friaul-Liebhaber zu einem nützlichen Begleiter.

Literatur

■ Veit Heinichen lebt in Triest und lässt seinen **Commissario Laurenti** in der Hafenstadt und dem Hinterland mit seiner herben Karstlandschaft spannende Kriminalfälle lösen – dabei wird natürlich stets in den Ristoranti und Osmize getafelt, sodass diese Krimis auch gut als Reiseführer taugen (Zsolnay Verlag, dtv).

■ Susanne Schaber führt mit einfühlsamen Essays zu den schönsten Logenplätzen in Friaul und Triest: **Großes Welttheater auf kleiner Bühne** heißt das lesenswerte, nur noch antiquarisch erhältliche Buch (Picus Verlag, 2012).

■ Die **Anthologie Triest** – eine literarische Einladung mit Texten prominenter Schriftsteller wie

174f sk

Claudio Magris und Italo Svevo (Hrsg. Gaby Wurster, Wagenbach Verlag, 2009) ist ein unterhaltsamer und vielschichtiger Streifzug durch die Literaturszene im Grenzland und macht Lust, einzelne Autoren genauer zu entdecken.

Sprache

- **Italienisch – Wort für Wort,** von Ela Strieder, aus der Reihe Kauderwelsch, Reise Know-How Verlag. Als begleitendes Tonmaterial ist ein Aussprache-Trainer auf Audio-CD oder als mp3-Download erhältlich.
- **Italienisch Slang – das andere Italienisch,** von Michael Blümke, Reihe Kauderwelsch, Reise Know-How Verlag. Dazu ist ein mp3-Download erhältlich.
- **Italienisch kulinarisch,** ebenfalls von Michael Blümke, Reihe Kauderwelsch, Reise Know-How Verlag.

☐ Brücke über den Lago del Corlo

Das ist noch nicht alles!
Mehr Reise Know-How gibt es hier:
www.reise-know-how.de
Reiseführer | CityTrip | Wohnmobil-Tourguide | Landkarten

Zugspitze, Foto: Aneta Niemitz

Kauderwelsch | MeinTrip | InselTrip | Soul Places

Register

175f sk

[>] Trieste, Piazza della Borsa: Der Dichter Gabriele d'Annunzio liest

Anhang

176f sk

Die Autoren

Daniela Schetar, Ethnologin, und **Friedrich Köthe,** Soziologe, leben als freischaffende Reisejournalisten in München. Ihre Recherchereisen führen sie immer wieder nach Italien und sind ihnen keine Last, sondern die reine Lust. Ihren Urlaub verbringen sie liebend gerne an der Adria, als begeisterte Wanderer bevorzugt auch im Friaul mit seinem breiten Freizeitangebot. Im Reise Know-How Verlag sind von ihnen unter anderem erschienen: „Toskana", „Sizilien", „Florenz", „Pisa, Lucca, Livorno", „Verona" und „Liparische Inseln".

Foto: AdobeStock, EVERST

Schreiben Sie uns!

Wir hoffen, dass Ihnen dieser Reiseführer gefällt und er Ihnen ein guter Begleiter auf einer außergewöhnlichen und spannenden Reise ist.

Weil ein Reiseführer von Erfahrungen lebt, sind wir an Ihren Erlebnissen interessiert: Haben Sie in unserem Buch ein Restaurant entdeckt, das es nicht mehr gibt, eine Sehenswürdigkeit, die wir noch nicht aufgeführt haben, oder eine falsche Adresse? Dann schreiben Sie uns! **Wir nehmen jeden Hinweis und jede Kritik ernst und arbeiten kontinuierlich daran, die Bücher aktuell zu halten und immer weiter zu verbessern.** Jede Mail wird gelesen und beantwortet. Auch wenn wir nicht jeden Wunsch erfüllen können, machen wir uns immer Gedanken über Ihre Anmerkungen.

Schreiben Sie uns:
per Mail an info@reise-know-how.de oder an
Reise Know-How Verlag Peter Rump GmbH, Postfach 140666, 33626 Bielefeld

Wenn sich Ihre Infos direkt auf das Buch beziehen, würde uns die Angabe der Seitenzahl und der Auflagenzahl bzw. des Erscheinungsjahres Ihrer Ausgabe die Arbeit sehr erleichtern. Besonders hilfreiche Beiträge und Ergänzungen zu den Büchern belohnen wir mit einem Sprachführer Ihrer Wahl aus der über 240 Bände umfassenden „Kauderwelsch"-Reihe.

Herzlichen Dank und gute Reisen
Ihr Reise Know-How Verlag